JN396976

웹 3.0이 온다

챗GPT, 메타버스, IoT, 블록체인이 만들어내는
새로운 디지털 세상

웹 3.0이 온다

지은이 장세형, 이상준

펴낸이 박찬규 교정 전이주 디자인 북누리 표지디자인 Arowa & Arowana

펴낸곳 위키북스 전화 031-955-3658, 3659 팩스 031-955-3660
주소 경기도 파주시 문발로 115 세종출판벤처타운 311호

가격 32,000 페이지 476 책규격 188 x 240mm

초판 발행 2023년 07월 13일
ISBN 979-11-5839-437-0 (93000)

등록번호 제406-2006-000036호 등록일자 2006년 05월 19일
홈페이지 wikibook.co.kr 전자우편 wikibook@wikibook.co.kr

웹 3.0이 온다

장세형, 이상준
지음

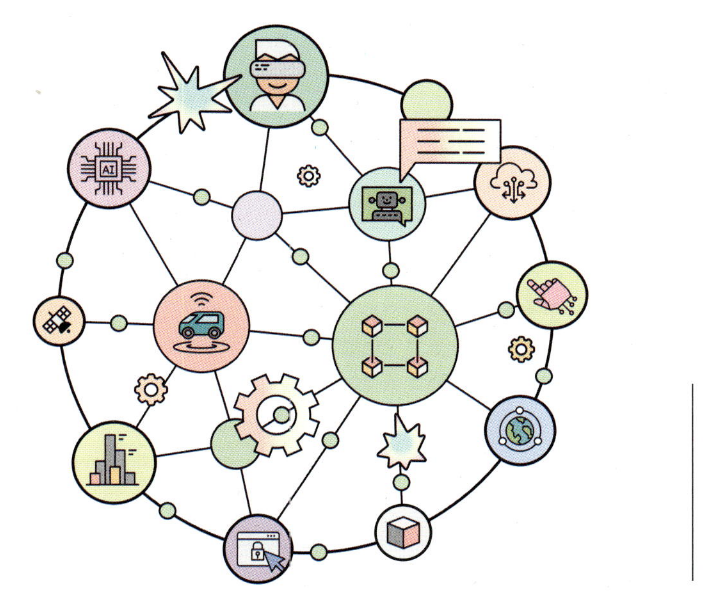

챗GPT, 메타버스,
IoT, 블록체인이
만들어내는
새로운
디지털 세상

위키북스

'웹 3.0'이라는 키워드를 검색하면 다양한 개념과 관점으로 설명하고 있다. 일반적으로 독점 플랫폼 문제점의 대안으로서 탈중앙 또는 분산 웹 관점으로 웹 3.0을 이해하고 설명하는 경우가 많다. 얼핏 보면 이런 웹 3.0 접근은 구글과 같은 독점 빅테크 플랫폼 타파(打破)라는 기치를 내세우는 것 같다. 그런데 2022년 5월에 구글이 웹 3.0 주도를 위해 전담팀을 꾸린다는 기사가 나왔다. 모순이 아닐 수 없다. 최근에는 웹 3.0을 아예 블록체인 기반 웹으로 단정하여 소개하는 사례도 많이 볼 수 있다. 하지만 다른 한편에서는 블록체인 관점의 웹 3.0을 경계하는 목소리도 있다. 웹의 창시자인 팀 버너스 리(Tim Berners Lee)는 현재 소개되는 웹 3.0은 웹이 전혀 아니며, 마케팅 용어에 불과하다는 입장을 밝히기도 했다.

블록체인이나 탈중앙 관점에서 웹 3.0을 소개하는 수많은 서적이나 보고서 등을 보면서 조금 의아한 생각이 든다. 두 가지 이유 때문이다.

첫째, 웹 3.0의 본질은 웹이다. 하지만 웹과 전혀 상관없는 이야기를 웹 3.0이라는 타이틀로 소개하고 있다. 웹 3.0을 DeFi, DAO, P2E로 소개하는 경우가 많다. DeFi(Decentralized Finance)는 금융 영역이고, DAO(Decentralized Autonomous Organization)는 조직 형태이며, P2E(Play to Earn)는 게임 또는 수익 활동 방식이다. 금융, 조직, 게임을 웹 3.0으로 소개하는 것이 과연 타당할까? 더 나아가, 남은 하드디스크 자원을 공유하고 보상받는 것을 웹 3.0이라고 부르는 어처구니없는 상황까지 펼쳐지고 있다. 이런 웹 3.0에 대한 접근 방식은 NFT에 대한 잘못된 오해와 유사해 보인다. NFT(Non-Fungible Token)의 본질은 토큰(Token)인데 토큰보다 대체불가(Non-Fungible)에 지나치게 집중하다 보니 NFT가 고유성과 희소성을 보장한다는 엉뚱한 개념으로 변질됐다. 기존 중앙화된 웹의 문제점을 개선하기 위해 '탈중앙화'와 '보상'에 너무 지나치게 집중하다 보니 웹 3.0이 웹과 동떨어진 DeFi, DAO, P2E라는 오해로 이어지고 있는 것이다.

둘째, 비트코인 이후 블록체인을 다양한 분야로 적용 및 활용하기 위한 도전과 시도가 있었지만 현재까지 유의미한 성공사례가 없는 것이 사실이다. 2018년에는 ICO로, 2020년에는 DeFi로, 2021년에는 NFT로 블록체인을 엮어서 홍보와 마케팅에 열을 올렸다. 하지만 그 결과는 현재 잘 드러나 있다. 이런 일련의 흐름은 블록체인의 성공적인 활용과 확산에 기반하기보다는 한탕주의 마케팅에 더 가깝다고 볼 수 있다. 블록체인을 NFT로 엮어서 마케팅에 활용했고, 이제 NFT 인기가 시들해지니 다시 웹 3.0이라는 키워드와 엮어 마케팅에 활용하려 한다는 인식을 지우기가 어렵다.

웹 3.0에 대한 수많은 개념과 설명이 소개되고 있지만, 정작 웹 3.0에 대한 정확한 개념을 잡기가 어렵다. 10여 년 전에는 시맨틱웹을 웹 3.0이라 호칭했고, 최근에는 탈중앙이나 분산 개념을 웹 3.0이라고 하기도 한다. 다른 한편에서는 블록체인 기술을 연계한 서비스를 웹 3.0이라고 부르는가 하면, 데이터 소유권 관점에서 웹 3.0을 소개하기도 한다.

웹 3.0에 대한 다양한 해석과 설명이 가능하겠지만, 웹 3.0의 본질은 웹이라는 사실에는 의문의 여지가 없다. 따라서 웹 3.0 역시 웹이라는 관점에서 접근하고 이해해야 한다는 것이 필자의 생각이다. 블록체인과 가상자산 분야에서 너무나 많은 오해와 잘못된 이해가 범람하고 있다. 본질적 개념에서 벗어나 자의적 해석과 의도적 왜곡을 양산하는 경우도 많다. 비트코인 백서를 보면, 비트코인이란 탈중앙화된 전자화폐 시스템(A Peer to peer Electronic Cash System)이라고 명시되어 있고, 이더리움 백서에서는 이더리움은 튜링 완전 언어를 장착한 블록체인(blockchain with a built-in fully fledged Turing-complete programming language)이라고 설명하고 있다. 백서에서 비트코인과 이더리움의 개념을 명확하게 규정하고 있음에도 불구하고 사람들은 본인들 입맛에 맞게 다양하게 개념을 해석 및 활용하고 있는 상황이다.

웹 3.0에 대한 다양한 개념과 해석의 여지가 존재하는 상황에서 웹이라는 본질에 집중해서 웹 3.0을 바라보려는 시도는 중요하다고 생각한다. 이런 배경에서 이 책을 집필하게 됐다. 웹이라는 것이 무엇인지, 웹의 특징과 그 가치는 무엇인지, 그리고 그 웹의 발전적인 형태로서 웹 3.0을 어떻게 이해하고 바라봐야 하는지?

이 책은 다른 웹 3.0 책들과 다르다. 이 책의 기획과 의도는 다음 3가지 관점에서 의의가 있다고 본다. 첫째, 웹이라는 본질에 집중해서 웹 3.0을 살펴보고자 했다. 따라서 웹의 탄생 배경과 특징을 먼저 이해하고 웹이 지닌 태생적 가치가 새로운 기술들과 접목하면서 어떻게 발전하고 배가하는지를 파헤쳐 보고자 했다. 둘째, 웹 3.0을 개념적으로 정의하고 특정 관점으로 한정하여 살펴보기보다는 다양한 관점에서 웹을 살펴보고 웹에 대한 전체적인 인사이트를 높이는 방향으로 구성했다. 셋째, 웹 3.0이라는 특정 시간적 시점을 고정하여 바라보기보다는 웹의 탄생과 발전 · 진화, 그리고 미래 웹으로 변화되어 가는 시간적 흐름 관점으로 이해해 보고자 했다.

이런 기획 의도 때문에 책을 집필하면서 어려운 점도 많았다. 먼저 웹 3.0이 명확하게 정의되지 않는 상황에서 웹 3.0에 대한 방향성을 감히 주관적인 판단으로 잡아간다는 것이 상당히 조심스러웠다. 그리고 웹의 탄생부터 차세대 웹으로 발전 · 진화되어 가는 일련의 과정을 다룬다는 것이 결코 쉽지 않았다. 또한 웹 3.0에 대한 잘못된 이해와 오해를 바로잡는 것도 상당한 도전이었다. 잘못된 이해와 오해를 바로잡기 위해서는 뒷받침할 수 있는 충분한 근거 자료와 설득력 있는 논리가 필요했기 때문이다. 하지만 무엇보다도 가장 큰 어려움은 참조할 만한 자료가 많지 않았다는 것이다. 물론 웹 3.0에 관한 다양한 자료와 서적이 있지만, 이 책의 의도와 맞지 않아서 배제했다.

이 책의 이런 구성은 주관적인 생각과 논점이 주가 되기 때문에 검증되지 않는 논조로서 한편으로 위험할 수도 있다. 독자들도 이런 점을 고려하여 책을 읽어주었으면 한다. '저자는 웹과 웹 3.0을 이렇게 이해하고 해석하는 구나' 정도로 간주해 주면 좋을 것 같다.

이 책의 구성은 다음과 같다.

1장에서는 웹의 기본적인 개념과 특징을 이해한다. 추가로 웹 2.0의 배경과 특징도 알아본다. 2장에서는 웹 3.0과 관련된 다양한 오해를 살펴본다. 웹 3.0에 대한 다양한 관점을 소개하면서 각 관점의 타당성을 살펴보고 추가로 비트코인과 블록체인에 대한 올바른 이해를 설명한다. 3장에서는 웹 3.0으로 소개되는 다양한 사례를 평가해 본다. 특히 다양한 DeFi 사례를 살펴보고 그 문제점과 웹 3.0과의 연관성을 분석해 본다. 4장에서는 웹 3.0을 올바르게 이해해 본다. 개념적 이해뿐만 아니라 웹 3.0의 구현 요소와 웹 3.0 생태계 관점에서도 살펴본다. 5장에서는 기술적인 관점에서 웹 3.0을 구현하기 위한 기술 요소 및 기술적 구현방안에 관해 설명한다. 마지막으로 6장에서는 웹의 발전적 전망을 제시한다. 인공지능, 메타버스, IoT(사물인터넷) 관점에서 웹의 전망을 살펴보고 발전적인 모습을 제시한다.

끝으로 수많은 삽화 제작과 꼼꼼한 편집으로 책의 완성도를 높여주고 책 출간을 적극적으로 지원해 주신 위키북스 박찬규 대표님과 출판사 관계자분들께 감사 인사를 드린다.

장세형 · 이상준

01
웹의 이해와 웹 2.0

03

웹 3.0 서비스 사례 평가

05 웹 3.0 구현 기술 및 구현 방안

06

차세대 웹 (Next Generation Web)

웹 3.0이
온다

01

웹의 이해와 웹 2.0

들어가며

언제부터인가 '웹 3.0'이라는 용어가 언론이나 보고서 등에 자주 등장한다. 필자는 10여 년 전에 이미 웹 3.0을 학습한 경험이 있었기 때문에 대수롭지 않게 생각했다. 당시 구입했던 웹 3.0 책과 온톨로지 관련 책들은 아직도 필자의 책장에 꽂혀 있다. 당시 웹 3.0은 시맨틱 웹에 관한 것이었다. 그런데 최근 웹 3.0은 당시 개념과 다르게 이해되고 소개되는 것 같다. 웹 3.0 관련 보고서도 찾아보고 서점에서 웹 3.0 책도 구입하여 살펴봤는데, 책 제목은 분명 '웹 3.0'인데, 내용은 그냥 블록체인과 가상자산에 대한 내용이 대부분이었다. 본능적으로 2018년 ICO, 2020년 DeFi, 2021년 NFT, 이번에는 웹 3.0으로 우려먹으려고 하나 하는 부정적인 생각부터 들었던 것이 사실이다. 필자의 다른 책들[1]을 접한 독자라면 필자가 왜 아쉬워했는지 이해할 것이라 생각한다. 평소 블록체인이나 가상자산에 대한 건전한 발전 방향을 제시하면서도 동시에 왜곡되고 잘못된 부분에 대해서는 바로잡고자 노력해 왔다고 자부한다.

필자의 다른 저서인 『NFT 실체와 가치』를 통해 NFT(Non-Fungible **Token**)의 본질은 토큰(Token)인데, 본질을 등한시하고 속성(대체 불가)에만 너무 많은 의미와 가치를 부여하여 잘못된 개념으로 왜곡됐다고 지적한 바 있다.

1 (엮은이) 비트코인의 탄생부터 블록체인의 미래까지 명쾌하게 이해하는 『비트코인 · 블록체인 바이블』(위키북스, 2021)과 NFT와 블록체인이 이끌어갈 메타버스 시대의 경제 생태계를 파헤친 『NFT 실체와 가치』(위키북스, 2022)가 있다.

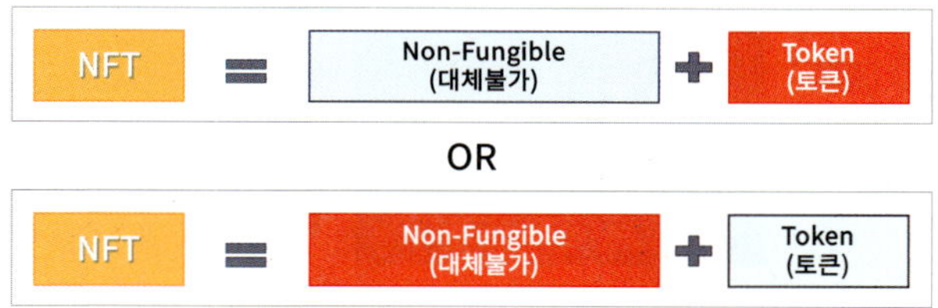

그림에서처럼 NFT의 본질은 '토큰'인데, 본질보다는 '대체불가'에만 치중하다 보니 NFT를 마치 고유성과 희소성의 가치를 부여한다는 엉뚱한 개념으로 만들어버렸다.

이런 잘못된 접근은 웹 3.0에도 그대로 적용되는 듯하다. 웹 3.0의 본질은 '웹(WEB)'이다. 그런데 이런 본질적 맥락을 뒤로 하고 웹 3.0이 지향하고자 하는 목표에만 치중하다 보니, 웹 3.0이 마치 블록체인 기반이 돼야 한다는 오해를 양산하고 있다.

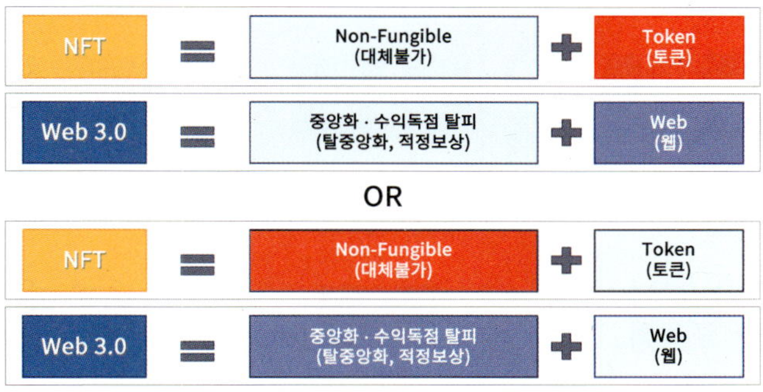

NFT(Non-Fungible Token)에서는 대체불가(Non-Fungible)에만 치중한 나머지, 본질인 토큰(Token)과는 전혀 상관없는 원본을 증명하고 고유성과 희소성의 가치를 부여하는 개념으로 왜곡되었다. 최근 웹 3.0에 대한 접근과 이해도 이와 유사하다. 웹 2.0은 '중앙화와 수익독점'이라는 문제를 가지고 있었다. 이를 개선하기 위해 '탈중앙화와 정당한 수익 보장'을 강조하다 보니 탈중앙화와 관련된 DEX, DeFi, DAO가 웹 3.0이라고 주장하기도 하고, 또한 수익독점을 개선하기 위해 '정당한 보상'에만 집중하다 보니 하드디스크의 여유 공간을 공유하고 보상받는 것이 웹 3.0이라 외치는 어처구니없는 상황이 발생하고 있다. DEX, DeFi, DAO, 그리고 하드디스크 여유 공간 공유가 웹과 무슨 상관이 있는지 모르겠다. 물론 웹이 이제 모든 영역에서 활용되다 보니, 어떤 영역이든 웹으로 연계할 수는 있다. 하지만 최근 소개되는 웹 3.0은 '웹(WEB)'이라는 본질보다는, 웹 2.0이 지닌 문제점에 대한 키워드(중앙화와 수익독점)만을 너무 부각시켜 오히려 웹과 전혀 상관없는 엉뚱한 개념으로 오해되고 있는 것 같다.

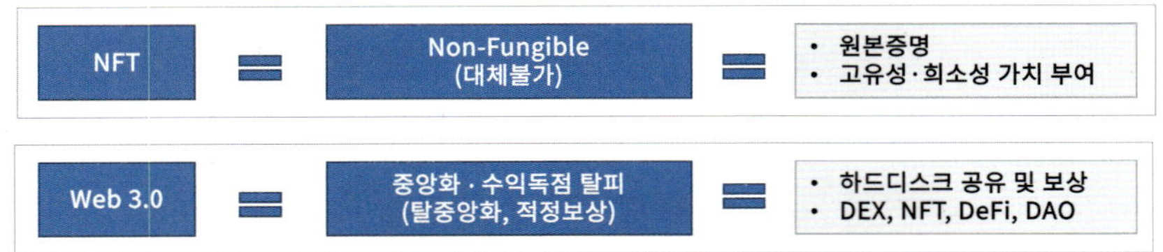

다음 그림을 살펴보자. 현행 (중앙화된) 조직의 한계점을 개선하기 위해 '탈중앙화(블록체인)' 관점에서 대응해 보려는 것이 DAO이다. 그리고 현 (중앙화된) 금융의 문제점을 개선하기 위해 '탈중앙화(블록체인)' 관점에서 대응해 보려는 것이 DeFi이다. 또한 현 (중앙화된) 웹의 한계점을 개선하기 위해 '탈중앙화(블록체인)' 관점에서 대응하려는 것이 Dweb이라고 할 수 있다. 그런데 이 각각의 다른 개념을 '탈중앙화(블록체인)'라는 키워드만을 부각시켜 이해하려다 보니, Dweb, DAO, DeFi가 웹 3.0이라고 이해하고 있는 양상이다.

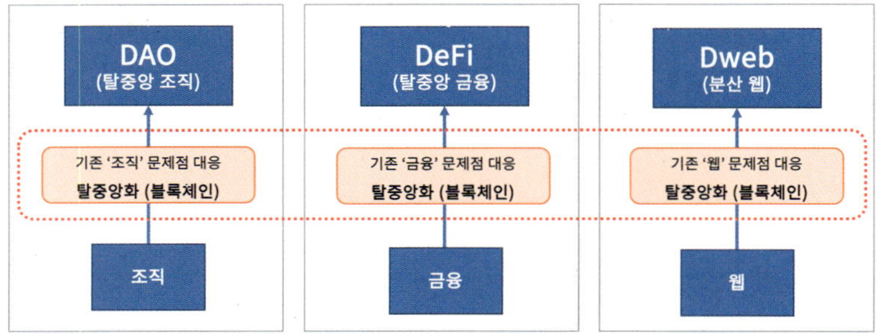

블록체인 기술이 웹 3.0 구현에 일정한 역할이나 방향성을 제시할 것이라는 점에는 동의하지만, 웹 3.0이 블록체인 기반의 웹이라는 데는 기본적으로 동의하지 않는다. 또한 DeFi, DEX, P2E 등이 웹 3.0 서비스라는 관점은 바로잡을 필요가 있다. 현재 웹 3.0에 대해 명확하게 정의된 개념은 없다. 다양한 분야에서 이해관계자 또는 웹 종사자들이 웹 3.0을 규명하고 새롭게 해석하려는 시도는 있으나, 여전히 웹 3.0에 대한 개념과 이해는 다양하다. 따라서 현시점에서 웹 3.0의 개념을 단정적으로 정의하고 그 특징과 속성을 한정해 버리는 것은 피해야 한다. 이런 관점에서 이 책은 웹 3.0을 다루지만, 웹 3.0에 대한 정의적 관점보다는 웹이라는 본질에 집중하면서 웹이 어떻게 변화 및 발전해 가는지 웹의 발전적 방향성 속에서 웹 3.0을 이해해 보고자 한다.

이 책에서 사용하는 '웹 3.0'이라는 용어는 탈중앙화된 웹이나 분산 웹을 의미하지 않으며, 시맨틱 웹을 의미하지도 않는다. 현재 웹의 문제점을 개선하고 더 발전적인 웹의 미래를 추상적으로 웹 3.0이라고 부르고자 한다. 즉, 차세대 웹을 웹 3.0으로 이해할 수도 있을 것이다.

이 책에서는 웹 3.0을 크게 4가지 관점에서 이해하고 정리해 보고자 한다.

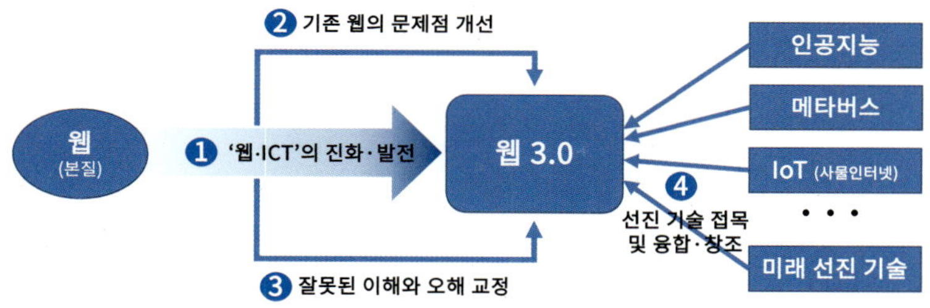

❶ '웹'이라는 본질적 요소에 집중하면서 웹의 진화와 발전 관점에서 웹 3.0을 살펴보고자 한다. 이런 관점은 1장, 4장, 5장에서 설명한다.

❷ 기존 웹(웹 2.0)이 가진 문제점을 이해하고 그 문제점을 개선하는 방향 관점에서 웹 3.0을 이해해 보고자 한다. 이런 관점은 2장, 4장, 5장을 참조하기 바란다.

❸ 블록체인에 대한 잘못된 이해와 오해를 바로잡는 방향으로 웹 3.0을 이해해 보고자 한다. 이런 관점은 2장과 3장을 참조하면 된다.

❹ 마지막으로 인공지능이나 메타버스 같은 선진 기술이 웹과 융합되면서 이루어지는 웹의 발전적 도약 관점에서 웹 3.0을 이해해 보고자 한다. 이런 관점은 6장에서 설명하겠다.

웹 3.0이 명확하게 정의되지 않은 상황이며 웹 3.0을 이해하는 다양한 관점이 존재하다 보니 책의 목차를 잡는 것이 상당히 어려웠다. 목차가 다소 어수선하게 느껴질 수 있지만, 오랜 고민 끝에 이런 목차로 마무리를 지었으니 다소 복잡해 보이더라도 이해해 주기를 부탁드린다. 또한 웹이라는 본질에 충실하면서 상기 4가지 관점을 다루다 보니 다양한 요소와 관점이 혼재되어 다소 혼란스러울 수도 있다. 우선 이 책은 상기 4가지 기준으로 접근하고 있다는 큰 맥락을 머릿속에 두고 읽어가면 좀 더 도움이 될 것이다.

1.1 웹은 어떻게 시작되었나?

앞으로 이 책에서는 웹의 본질에 대해 계속 강조할 것이다. 웹의 본질을 이해하기 위해서는 웹이 무엇이고 어떻게 시작되었는지를 이해하는 것이 중요하다. 많은 사람이 웹과 인터넷을 명확하게 구분하지 못한다. 오히려 웹보다는 인터넷이라는 단어로 웹을 설명하기도 한다. 웹을 이해하기 위해서는 인터넷을 먼저 이해할 필요가 있다.

1.1.1 인터넷의 발명

일상에서 활용되는 다수의 IT · 통신 기술을 보면 원래 군용 목적으로 개발되었다가 나중에 민간 영역으로 활용이 개방된 사례가 많다. 대표적인 사례가 GPS(위성항법장치)다. 1970년대 냉전 시대 미국 국방성은 미사일과 항공기의 위치 파악을 위해 위성을 발사하여 GPS로 활용했다. 그런데 1983년 대한항공 007편이 소련 상공에서 소련 전투기에 격추되어 탑승자 269명이 전원 사망하는 불상사가 발생한다. 원인은 당시 항공기의 항법 장치에 문제가 생겨 항로를 이탈한 것으로 분석됐다. 이 사건을 계기로 미국 레이건 대통령은 군용으로 사용하던 GPS를 민간에도 개방하도록 결정했으며, 이후 2000년에 민간에게 완전히 개방되면서 그때부터 차량용 내비게이션 등에 본격적으로 활용되기 시작했다.

또 다른 대표적인 사례는 암호 기술이다. 암호는 고대 로마에서도 군용 목적으로 활용됐다. 그리고 오늘날 현대적 암호 개념은 2차 세계대전 당시 개발되어 활용되다가 나중에 민간 영역으로 그 활용이 확대됐다.

인터넷 역시 원래 군용 목적으로 개발되었다가 민간 영역으로 개방된 대표적인 사례다.

1) 인터넷 발명은 핵무기 때문?

사람들은 모든 일상생활을 '웹(WEB)'과 함께 하고 있다. 정보 검색, 뉴스, SNS, 업무처리, 민원 서비스, 문화생활, 유튜브, Netflix, 음악 스트리밍 등 모든 것이 웹 기반으로 서비스되고 있다. 특히 스마트폰이 보급되어 웹 접속 장치가 손안으로 들어오면서 기상부터 취침까지 웹은 거의 일상과 함께한다고 할 수 있다. 최근에는 수면 상태를 점검해 주는 웨어러블 기기도 사용되면서 수면시간에도 웹을 활용하고 있다고 이해할 수 있다.

보통 '웹'을 이야기할 때 인터넷과 동일한 의미로 이해하거나 같은 개념으로 사용하기도 한다. 하지만 웹과 인터넷은 분명 다르다. 웹을 명확하게 이해하기 위해서는 우선 인터넷을 이해할 필요가 있는데, 여기서 인터넷과 웹의 차이를 통해 웹의 개념을 정확하게 이해해 보겠다.

냉전 시대와 핵무기 경쟁

인터넷은 언제 어디에서 어떻게 시작되었을까? 그 답을 얻으려면 먼저 인터넷의 초기 모델이라고 할 수 있는 ARPANET을 이해할 필요가 있다.

1903년 영국의 물리학자였던 어니스트 러더퍼드와 프레더릭 소디는 원자핵이 분열할 때 엄청난 에너지가 나오는데, 이를 이용하면 강력한 무기를 만들 수 있다고 주장했다. 그러다가 1938년 독일에서 우라늄 원자핵 분열 실험에 성공했다는 소문이 유럽에 돌기 시작했다. 이에 위협을 느낀 과학자들은 아인슈타인을 통해 미국의 루스벨트 대통령에게 편지를 보냈는데, 핵폭탄의 위험성을 알리고 미국이 선제적으로 대응해야 한다는 내용이었다. 이에 미국은 맨해튼 프로젝트라는 극비 핵무기 개발을 착수하게 됐고, 결국 1945년 히로시마와 나가사키에 원자폭탄을 투하함으로써 태평양 전쟁을 종식시켰다.

2차 세계대전 종전 이후 미국과 소련을 중심으로 한 냉전이 시작됐다. 당시에는 핵무기를 보유한 미국이 힘의 우위가 있었지만, 1949년 8월 29일 소련도 핵실험에 성공했다. 소련도 핵무기를 갖게 되면서 냉전은 새로운 국면을 맞게 되고 미국과 소련 간의 핵무기 경쟁은 더욱더 치열하게 전개됐다. 소련은 1953년 수소폭탄 실험에 이어 1957년에는 세계 최초 인공위성인 스푸트니크 1호 발사에 성공한다. 이는 군사적으로는 핵무기를 탑재한 대륙간 탄도미사일이 가능하다는 의미였고, 이에 미국은 엄청난 충격에 휩싸인다.

그림 1-1 소련 수소폭탄 '차르 봄바' (출처: RFERL.org)

이어 소련은 1961년에 인류 역사상 가장 강력한 수소폭탄 실험을 진행했는데, 그것이 바로 히로시마 폭탄의 3,333배 규모에 달하는 엄청난 위력을 지닌 '차르 봄바(Tsar Bamba)'였다. 이 핵폭탄 실험 당시 섬광은 1,000km 밖에서도 관측이 가능하고 폭발로 발생한 지진파는 지구를 11바퀴나 돌았다고 전해진다.

1962년 냉전이 가속화되고 미국과 소련의 핵무기 경쟁이 과열되어 가는 상황에서, 미국이 소련까지 사정권에 드는 핵미사일을 터키에 배치하자 소련은 이에 반발하여 미국의 턱밑인 쿠바에 핵미사일

기지를 건설하려고 시도했다. 이에 미국은 항공모함과 해군함정을 동원해서 소련 미사일이 유입되는 것을 차단하기 위해 쿠바 해상을 봉쇄하는 등 군사적 긴장이 최고조에 달했다. 실제로 핵무기가 동원되어 제3차 세계대전으로 비화할 가능성이 매우 컸던 사건이었다. 이에 역사학자인 아서 M. 슐레진저는 쿠바 미사일 위기를 '인류 역사상 가장 위험했던 순간'이라고 규정하기도 했었다.

ARPA 설립과 ARPA-NET

1940년대만 하더라도 세계에서 가장 압도적으로 군사적 우위였던 미국은 냉전 시대 도래와 소련과의 핵무기 경쟁 속에서 기존의 전략과 대응 방안을 새롭게 설계하게 된다. 미국 정부는 1957년 소련의 인공위성 발사 성공에 대한 대응 차원에서 첨단 기술 시스템을 개발하기 위해 미국 국방성과 관련된 첨단 연구 계획국(ARPA)을 설립한다.

ARPA에서는 다양한 프로젝트가 진행됐는데, 그중 하나가 1967년 연구하기 시작한 ARPA-NET이다. ARPANET의 목표는 어떤 상황에서도 통신이 끊기지 않고 유지할 수 있는 네트워크를 구축하는 것이었다. 1950년대까지만 해도 미국은 세계에서 가장 압도적인 군사력 우위를 바탕으로 한 대량보복전략을 취하고 있었다. 하지만 소련이 스푸트니크 발사에 성공하고 '차르 봄바' 수소폭탄실험에 성공하면서 기존의 대량보복전략은 수정이 불가피했다. 소련과의 다양한 전략적 상호작용을 가정하여 기존 '대량보복전략'에서 '유연반응전략'으로 선회한 것이다. 이를 위해 새로운 지휘통제체제가 필요했고, 이를 뒷받침할 수 있는 새로운 통신망이 필요했다. 극단적 상황으로 핵전쟁이 발생해도 지휘통제체제는 유지돼야 하고, 그를 위한 통신망도 항상 살아있어야 했다.

새로운 유연반응전략 수립을 위해 어떠한 상황에서도 생존 가능한 통신 네트워크를 구축하는 것이 최대 관심사였다. 이에 폴 베런(Paul Baran)이라는 과학자는 분산 네트워크 구조를 제안하게 된다. 그림 1-2의 오른쪽 그림처럼 모든 노드가 거미줄처럼 연결되어 있을 경우, 모든 노드가 파괴되지 않는 이상 다른 노드로 갈아타면서 목적지에 도달할 수 있기 때문에 통신망은 항상 살아있게 된다. 이에 ARPANET은 폴 베런의 분산 네트워크 구조를 채택하게 된다.

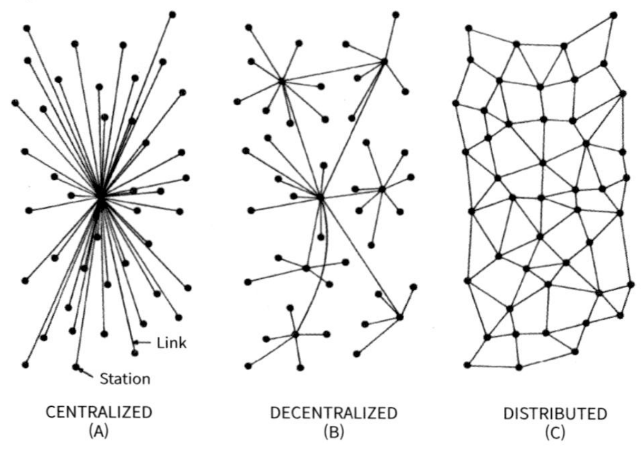

그림 1-2 통신 네트워크 유형 (출처: 폴 베런, "On Distributed Communications")

2) 인터넷의 시작

1969년 ARPANET 초기에 서부 4개 대학을 연결하는 실험을 진행했다. 이후 정부 기관을 중심으로 점점 확대하면서 미국의 동서를 연결하는 기간 통신망으로 발전했다.

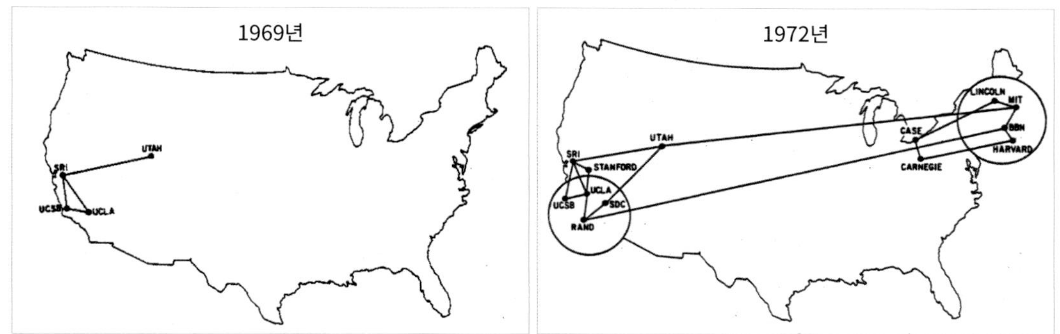

그림 1-3 ARPANET 1969–1972 (출처: Wikipedia)

원래 ARPANET는 군사용이었지만, 민간 영역 데이터 통신에 대한 요구가 증가하고 관련 연구가 활발하게 진행되면서 결국 펜타곤은 통신망을 분리했다. 군사용을 Military Network로 분리하고, ARPANET은 민간용이 됐다. 이 ARPANET이 바로 오늘날 Internet의 시초다. 그림 1-4는 1977년 당시 ARPANET의 논리 지도를 보여준다.

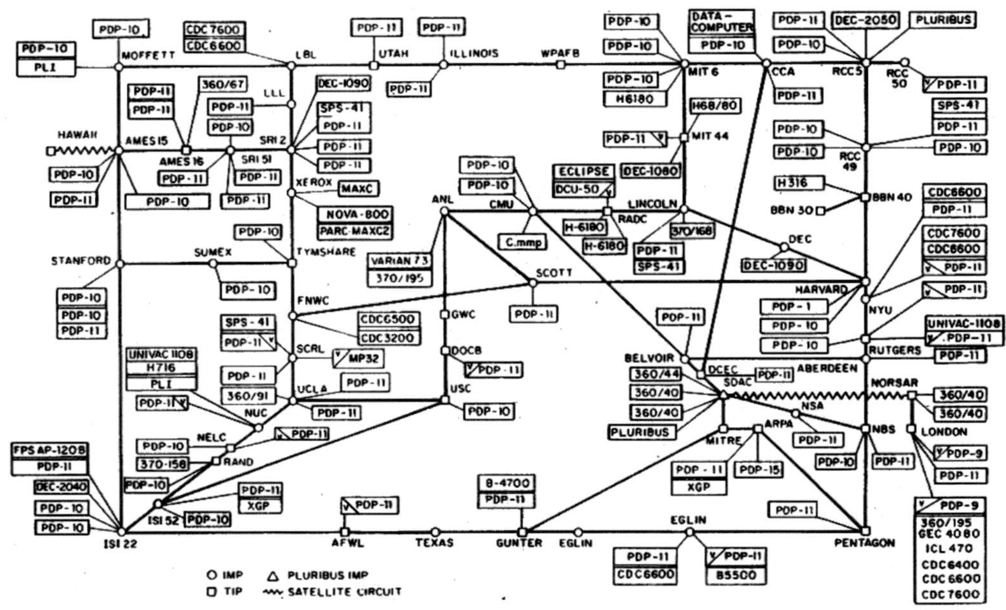

그림 1-4 ARPANET 논리 지도 (출처: Wikipedia)

인터넷의 전신인 ARPANET에 대해 살펴봤다. 이제 인터넷에 대해 한번 정리해 보겠다. 초기에는 메인프레임이라는 슈퍼컴퓨터를 사용했다. 하나의 컴퓨터를 여러 사람이 공유해서 함께 사용하는 방식이었다. 그러다가 개인용 컴퓨터가 보급되면서 한 지역 내에 수많은 컴퓨터가 네트워크로 서로 연결되는 인트라넷이 활용됐다. 그리고 외부의 다른 컴퓨터와 연결하는 Inter-Net으로 발전했다. Intra는 Within이라는 의미이고, Inter는 Among이라는 의미다.

- **Intra-Net** = Within Net (하나의 지역 안에서 연결된 네트워크)
- **Inter-Net** = Among Net (서로 다른 지역을 상호 연결하는 네트워크)

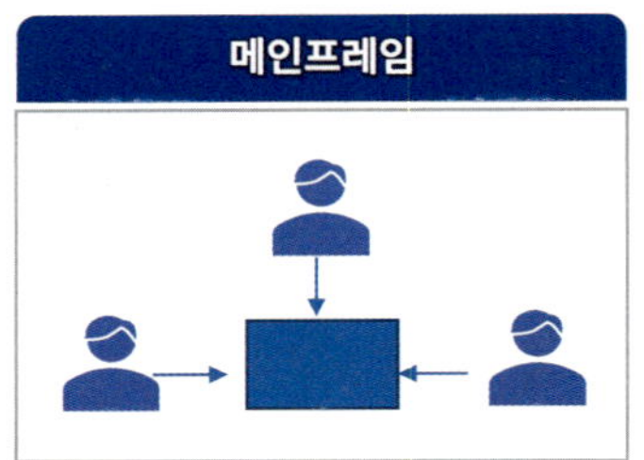

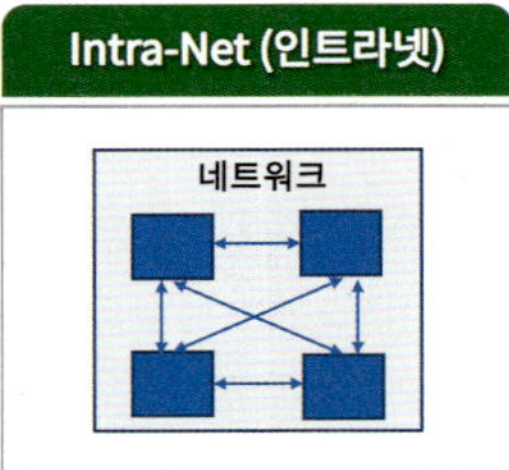

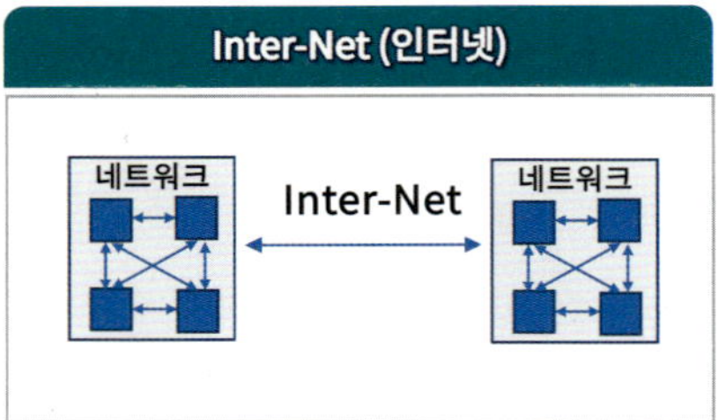

그림 1-5 인터넷 개념

일반적으로 인터넷(Internet)은 전 세계에 연결된 컴퓨터 네트워크 통신망을 의미한다. 여러 네트워크 통신망을 하나로 연결한다는 의미의 'Inter-Network'에서 유래된 개념이다.

인터넷은 개념적으로 2가지 중요한 특징을 지닌다. 하나는 전 세계 모든 컴퓨터가 하나의 통신망으로 연결된다는 것이며, 다른 하나는 분산 네트워크 구조를 통해 수많은 경로가 구축되어 어떠한 상황에서도 중단 없이 End-to-End 통신이 가능하다는 것이다.

1.1.2 인터넷과 웹의 차이

인터넷과 웹은 분명히 다르다. 이 차이점을 이해해야 웹의 본질적 개념을 좀 더 명확하게 이해할 수 있다.

1) 인터넷과 웹의 개념 차이

인터넷과 웹을 같은 개념으로 간주하거나 차이점을 불명확하게 설명하는 경우를 많이 봤다. 인터넷과 웹의 차이점을 명확하게 구분하기 위해 비유를 하나 들어 보겠다.

백제의 건국 과정을 한번 살펴보자. 고구려의 시조인 주몽은 이미 두 아들(비류, 온조)을 둔 소서노와 결혼하고 소서노의 도움을 받아 고구려를 건국한다. 주몽의 뒤를 이어 비류가 왕을 계승할 것으로 생각했지만, 주몽의 친아들인 유리가 나타나면서 결국 소서노는 두 아들을 데리고 고구려를 떠나 남쪽으로 이주한다. 남쪽으로 내려온 비류와 온조는 각각 인천의 미추홀과 한강 위례에 도읍을 정하고 백제를 건국하게 된다.

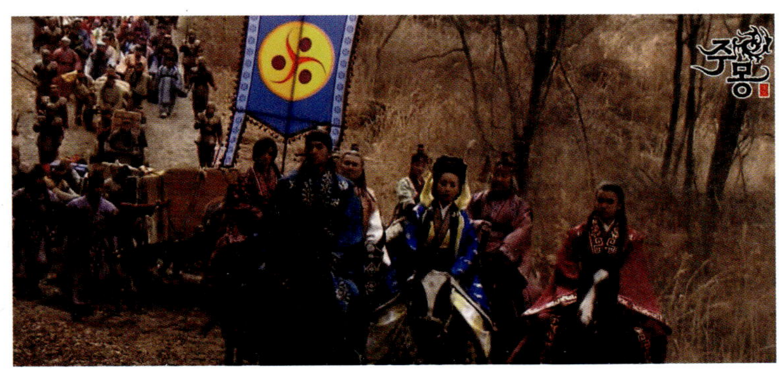

그림 1-6 고구려를 떠나는 비류와 온조 형제 (출처: 드라마 주몽)

미추홀과 위례성에 각각 도읍을 정한 두 형제는 우선 군사 이동 및 군사적 목적의 물자 교류를 위해 미추홀과 위례성 사이에 도로를 건설하고 군사적으로 활용했다. 그런데 미추홀과 위례성 사이의 도로는 물류 교류에 상당한 편리성을 제공했기 때문에 민간 영역에서도 이 도로를 사용할 수 있게 해달라는 요청이 쇄도했고, 결국 두 형제는 이 도로를 민간에서도 사용할 수 있게 개방했다.

미추홀과 위례성 사이의 도로가 민간에 개방되자, 이 도로를 이용해 다양한 새로운 서비스를 발굴하는 민간사업자가 생겨나기 시작했다. 어떤 민간사업자는 이 도로를 통해 서신을 빠르게 전달해 주는 서비스를 출시했고, 어떤 사업자는 무거운 물건을 달구지로 대신 운송해 주는 택배와 같은 서비스도 시작했다. 그리고 다른 지역의 다양한 정보와 소식을 정리해서 공유해 주는 신문과 같은 서비스도 론칭했다.

도로가 없던 상황에서는 이런 우편, 운송, 정보 서비스를 상상할 수 없었지만, 이제 도로라는 인프라가 구축되면서 그 기반으로 다양한 서비스가 생성되고 운영됐던 것이다.

비유 사례를 한번 정리해 보자.

미추홀 · 위례성 비유에서 소개한 도로는 인터넷으로 이해할 수 있다. 인터넷 이전에는 원격지에 위치한 노드에 물리적으로 접근할 수 없었다. 하지만 인터넷이 구축되면서 인터넷을 통해 원거리 접근이 가능하게 되었다. 인터넷은 일종의 온라인 도로다. 미추홀 · 위례성 도로가 뚫리자 이 도로를 기반으로 한 다양한 서비스가 개시된 것처럼, 인터넷이라는 온라인 도로가 뚫리자 이를 기반으로 다양한 서비스가 도입됐다. 대표적인 것이 이메일(Email), 데이터 저장 · 전송(FTP), 정보 공유(WEB) 서비스다.

백제 건국 비유	인터넷과 웹
도로	인터넷
도로 기반 다양한 서비스	인터넷 기반 서비스
'정보 공유' 서비스	웹

정리하면, 인터넷은 도로로 이해할 수 있고 웹은 그 도로를 기반으로 한 정보 공개 · 공유 서비스라고 할 수 있다. 도로가 건설되자 그 도로를 기반으로 한 다양한 서비스가 소개됐고 그중 하나가 바로 정보 공유 서비스였다. 도로 없이는 이런 정보 공유 서비스는 불가능했다. 이와 유사하게 인터넷이 개통되자 이를 기반으로 한 다양한 서비스가 출시됐다. 그중 하나가 정보를 공개하고 공유하는 웹(WEB) 서비스다. 인터넷이 없었을 때는 이런 웹 서비스가 불가능했다.

인류의 3대 발명품이라고 하면, 화폐, 수레바퀴, 불을 꼽는다. 거래와 경제활동의 핵심 요소는 바로 '화폐와 수레'라 할 수 있다. 거래하기 위해서는 매개 수단인 화폐가 있어야 하고, 거래 대상인 물건을 운송하기 위한 수레가 있어야 하기 때문에 화폐와 수레바퀴는 인간이 거래와 경제활동을 하는 데 있어 가장 핵심 요소라고 할 수 있다. 하지만 화폐와 수레바퀴를 활용하기 위한 보다 근원적인 것이 필요하다. 바로 길(도로)이다. 사람이나 마차 등이 잘 다닐 수 있게 만든 비교적 넓은 길을 도로라고 한다. 이런 도로가 없었다면 수레바퀴도 다닐 수 없었고 사람의 왕래도 부족하여 거래가 활성화되지 않아 화폐도 큰 의미가 없어졌을 것이다. 로마가 강성할 수 있었던 큰 요인 중 하나는 바로 로마로 통하는 수많은 도로였다.

아무리 디지털 시대라 하더라도 이 디지털이 이동할 수 있는 도로, 즉 인터넷이 없었다면 디지털의 활성화는 어려웠을 것이다. 웹도 인터넷이 없었다면 출현이 불가능했다. 인터넷 발명 이후 상당한 시간이 지나서야 웹이 소개됐다. 초기 웹은 단순히 텍스트나 이미지 정보를 접근 · 공개 · 공유하기 위한 용도였다. 하지만 최근에는 단순히 정보 접근뿐만 아니라 모든 서비스가 인터넷 기반의 웹으로 제공된다. 따라서 웹과 인터넷이 동일한 것처럼 인식될 수 있지만, 웹과 인터넷은 사실 다르다.

2) 인터넷과 웹의 구조적 차이점

인터넷과 웹의 차이점에 대한 이해를 돕기 위해 이번에는 이를 구조적으로 한번 살펴보겠다. 그림 1-7은 인터넷과 웹의 차이를 보여준다.

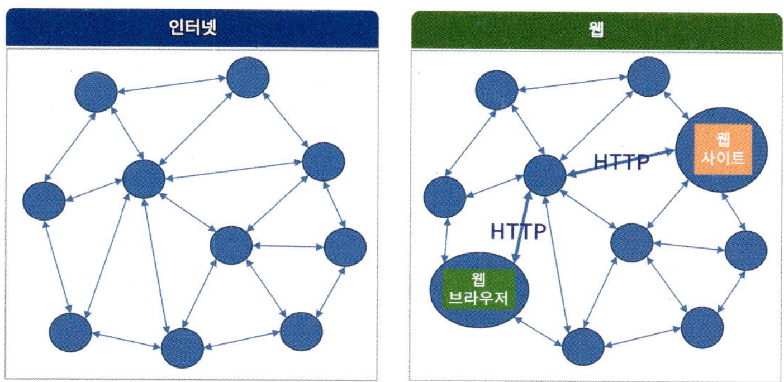

그림 1-7 인터넷과 웹의 차이

인터넷은 전 세계에 펼쳐진 노드(Node)가 모두 연결된 통신망 정도로 이해할 수 있다. 즉, 온라인 도로다. 웹은 이 인터넷을 기반으로 한 '정보에 대한 접근 및 공유 서비스'로 이해할 수 있다.

인터넷이 완성되자, 이를 기반으로 한 다양한 유형의 서비스가 창출되고 소개됐다.

- **전자우편**: Email
- **원격 시스템 접속**: Telnet
- **파일 전송**: FTP (File Transfer Protocol)
- **정보 공유**: WWW (World Wide Web)
- **뉴스 그룹**: Usenet
- **실시간 채팅**: IRC (Internet Relay Chat)

그림 1-8은 인터넷이 뚫리자 Email, FTP, Telnet, Web 서비스들이 생겨난 것을 보여준다.

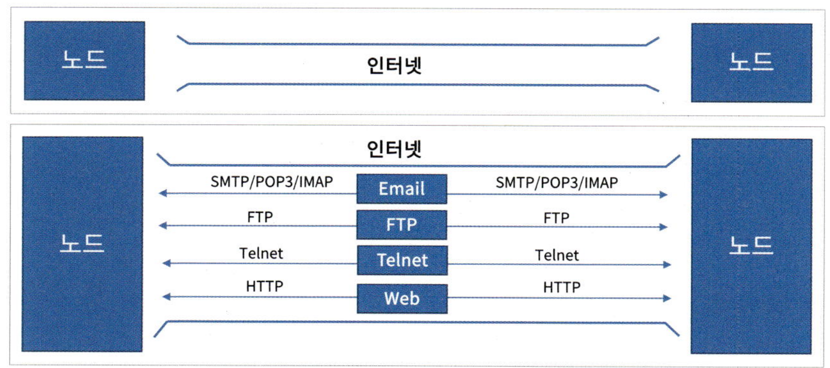

그림 1-8 인터넷 기반 서비스 유형

인터넷을 하다가 ftp나 http와 같은 단어를 본 적이 있을 것이다.

- 'mailto:// ~'는 이메일 서비스를 사용하겠다는 규약(약속)이다.
- 'ftp:// ~'는 FTP 서비스를 사용한다는 규약이다.
- 'http:// ~'는 웹 서비스를 사용한다는 의미다.

인터넷을 할 때 주소창에 보여주는 주소는 모두 'http:// ~'로 시작한다. 따라서 http를 인터넷 표준 규약(프로토콜)으로 이해할 수 있지만, 정확히 말하면 http는 인터넷 서비스 중 하나인 '웹' 서비스를 이용한다는 의미다. 정리하면 인터넷은 노드들을 연결시키는 통신망이고, 웹(Web)은 인터넷이라는 망을 이용한 서비스의 한 종류라고 볼 수 있다. 인터넷의 전신인 ARPA-NET은 1969년에 등장했고, 오늘날 인터넷은 1983년에 출현했다. 웹은 1989년에 팀 버너스 리에 의해 개발됐고, 최초의 웹사이트는 1991년에 소개됐다.

1.1.3 웹의 탄생

웹 탄생의 직접적인 요인은 인터넷이었지만, 웹이 추구하는 목표와 가치는 인터넷과 상관없이 훨씬 이전부터 고민해 왔던 영역이다.

1) 웹의 기원

웹은 1989년 3월에 팀 버너스 리에 의해 개발됐다. 오늘날 웹의 탄생에 대해 알아보기 이전에 웹이 지닌 본질적 속성을 알아보자.

웹과 관련하여 가장 많이 언급되는 단어는 바로 '정보'다. 그렇다면 정보란 무엇일까? 이 세상에는 사람들의 생활뿐만 아니라 자연 현상 또는 사회 활동과 관련된 다양한 의미 있는 단어나 정보가 있다. 이런 의미 있는 단어, 값, 수치 등 가공되지 않는 원본 데이터 자체를 '데이터(Data)'라고 한다. 그리고 이런 데이터를 어떤 목적에 맞게 체계적으로 정리하거나 용도에 맞게 재가공한 것을 '정보(Information)'라고 한다. '정보'라는 개념을 체계적으로 이해하기 위해서는 다음과 같은 4가지 관점이 필요하다.

- **정보 표현**: 정보를 표현하는 방법
- **정보 생산**: 정보를 생산하고 공유 · 전파하기 위한 수단

- **정보 접근**: 물리적으로 이격된 정보에 빠르게 접근하는 방안
- **정보 탐색**: 넘쳐나는 정보 홍수 속에서 원하는 정보를 빠르게 탐색하는 방법

정보 표현

정보를 표현하는 방법은 무엇일까? 바로 말과 글자다. 다른 사람에게 말로서 정보를 전달하면 상대방은 그 말을 듣고 정보를 취득하고 또 전파한다. 또는 정보를 글자로 기록하여 전달하면 그 글자를 읽어서 정보를 취득한다. 그런데 말은 한계점이 있다. 사람의 입을 통해 전달되기 때문에 만일 사람이 죽게 되면 그 정보도 사라진다. 또한 사람은 기억에 의존하기 때문에 정확도와 유지성도 현격히 떨어진다. 반면에 글자는 반영구적으로 유지될 수 있기 때문에 아주 훌륭한 정보 표현 수단이다. 따라서 글자는 아주 오래전부터 정보전달의 수단으로 활용됐고 모든 거래 및 정부 통치 활동에서도 글자로서 기록하게 했다. 선사시대와 역사시대를 구분하는 기준은 바로 글자의 사용 여부다. 글자가 없던 선사시대의 생활과 모습을 이해하기 위해서는 땅속에 묻힌 유물이나 화석에 의존할 수밖에 없다. 따라서 정보는 매우 제한적이다. 반면 역사시대에는 당시의 생활과 활동이 글자로 기록되어 있기 때문에 당시의 정보를 쉽게 접할 수 있다. 즉, 정보라는 개념이 존재하기 위해서는 전제 조건이 바로 글자다.

정보 생산

글자가 보편화되자 이제는 정보의 생산과 확산 방법에 대해 고민하게 됐다. 정보를 생산 및 확산시키기 위해서는 글자를 이용해 많은 문서나 책을 만들어야 했다. 하지만 필사(筆寫)는 상당히 오랜 시간과 비용을 필요로 하기 때문에 매우 고비용이며 비효율적이었다. 중세 유럽의 경우에도 필사에 의해 제작된 성경은 매우 고가였기 때문에 귀족이나 성직자 정도만 성경을 소유할 수 있었다. 정보를 독점한 귀족이나 성직자들은 성경을 멋대로 해석하면서 신의 뜻이라는 이유로 통치의 수단으로 악용하기도 했다.

그러다가 1450년에 구텐베르크에 의해 인쇄기가 발명됐다. 인쇄기 발명으로 책이 엄청난 속도로 복제됐을 뿐만 아니라 책의 가격도 아주 저렴해졌다. 결국 인쇄기는 책(정보)이 빠르게 전파되는 계기가 됐다. 정보의 독점이 인쇄기를 통해 정보의 보편화가 된 것이다. 1997년 미국 잡지인 「타임」에서 발행한 "더 라이프 밀레니엄"이라는 책은 지난 1000년간 인류 역사의 가장 중요한 발명품으로 '금속활자 인쇄술'을 선정했다.

그림 1-9 구텐베르크 금속활자 (출처: 청주고인쇄박물관)

인쇄기의 보급은 2가지 측면에서 혁신적이었다고 볼 수 있다. 하나는 문서·책의 생산성이다. 아주 적은 노력으로 대량 복사가 가능해졌다. 다른 하나는 정보의 보급이다. 대량 복사가 가능하고 비용도 저렴해지니 자연스럽게 더 많은 사람이 책을 접할 수 있게 되어 정보 확산을 가속화하는 계기가 됐다. 인쇄술의 발명은 아주 적은 비용으로도 정보를 급속도로 확산시킬 수 있는 혁명과도 같았다. 이런 인쇄술에 기반한 정보에 대한 접근과 공유는 향후 르네상스, 종교개혁, 프랑스대혁명, 산업혁명에 지대한 역할을 하게 된다.

정보 접근

인쇄술이 보급되어 대량 복사가 가능해졌다고 하더라도 문제는 여전히 남는다. 인쇄된 책이나 문서를 어떻게 빠르게 전국 또는 지구촌으로 배달·전파하느냐의 문제다. 쉬운 예로, 한양에서 책 1만 권을 인쇄해서 제주도로 전달한다고 생각해 보자. 상당히 많은 비용과 시간이 소요될 것이다. 이런 전파 비용은 결과적으로 정보에 대한 접근 비용을 상승시킨다. 정보의 운송을 위해 수레와 말이 활용됐고 도로가 뚫리고 운송수단이 발전하면서 정보에 대한 접근도 빨라지게 됐다.

정보 탐색

정보에 대한 접근을 어렵게 하는 또 다른 도전 과제가 있다. 인쇄기를 통해 수많은 책과 정보가 쏟아져 나오는 상황에서 본인에게 정말로 필요한 정보를 찾는 것은 또 다른 시간과 비용을 야기한다. 예를 들어 각각 300페이지로 된 10권의 책에서 본인이 원하는 1페이지 정보를 찾기 위해서는 산술적으로 3,000페이지를 뒤져야 하는 문제가 있다. 즉, 정보가 많아지면 많아질수록 역설적이게도 본인에게 정말 필요한 정보에 대한 접근은 어렵게 된다.

효율성과 생산성 향상을 위해 꾸준히 고민하고 방법을 찾아내는 인류의 지적 탐구 노력은 정보 탐색 방법에 대한 다양한 개선 방안을 찾아줬다. 우선 사람들은 문서나 책의 앞부분에 목차라는 것을 만들었다. 목차를 보면 본인이 원하는 정보가 담긴 영역에 쉽게 접근할 수 있다. 다음으로 인덱스(색인)의 활용이다. 문서나 책에 수록된 내용 중 원하는 항목을 쉽게 찾아볼 수 있도록 해당 단어와 페이지를 정리한 목록을 책 뒷부분에 배치했다. 그리고 사전이나 옥편처럼 순서가 필요 없는 내용에 대해서는 '알파벳 순서'나 'ㄱㄴㄷ 순서'로 배치하여 정보를 쉽게 찾을 수 있게 했다. 정보의 홍수 속에서 '목차, 인덱스, 알파벳 순서' 등을 통해 정보에 대한 접근을 용이하게 할 수 있었다.

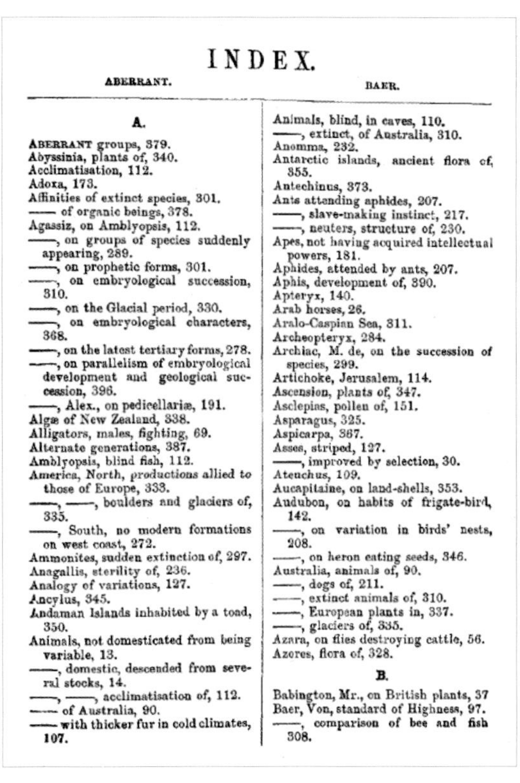

INDEX.

ABERRANT. BAER.

A.

ABERRANT groups, 379.
Abyssinia, plants of, 340.
Acclimatisation, 112.
Adoxa, 173.
Affinities of extinct species, 301.
—— of organic beings, 378.
Agassiz, on Amblyopsis, 112.
——, on groups of species suddenly appearing, 289.
——, on prophetic forms, 301.
——, on embryological succession, 310.
——, on the Glacial period, 330.
——, on embryological characters, 368.
——, on the latest tertiary forms, 278.
——, on parallelism of embryological development and geological succession, 396.
——, Alex., on pedicellariæ, 191.
Algæ of New Zealand, 338.
Alligators, males, fighting, 69.
Alternate generations, 387.
Amblyopsis, blind fish, 112.
America, North, productions allied to those of Europe, 333.
——, ——, boulders and glaciers of, 335.
——, South, no modern formations on west coast, 272.
Ammonites, sudden extinction of, 297.
Anagallis, sterility of, 236.
Analogy of variations, 127.
Ancylus, 345.
Andaman Islands inhabited by a toad, 350.
Animals, not domesticated from being variable, 13.
——, domestic, descended from several stocks, 14.
——, ——, acclimatisation of, 112.
—— of Australia, 90.
—— with thicker fur in cold climates, 107.
Animals, blind, in caves, 110.
——, extinct, of Australia, 310.
Anomma, 232.
Antarctic islands, ancient flora of, 355.
Antechinus, 373.
Ants attending aphides, 207.
——, slave-making instinct, 217.
——, neuters, structure of, 230.
Apes, not having acquired intellectual powers, 181.
Aphides, attended by ants, 207.
Aphis, development of, 390.
Apteryx, 140.
Arab horses, 26.
Aralo-Caspian Sea, 311.
Archeopteryx, 284.
Archiac, M. de, on the succession of species, 299.
Artichoke, Jerusalem, 114.
Ascension, plants of, 347.
Asclepias, pollen of, 151.
Asparagus, 325.
Aspicarpa, 367.
Asses, striped, 127.
——, improved by selection, 30.
Ateuchus, 109.
Aucapitaine, on land-shells, 353.
Audubon, on habits of frigate-bird, 142.
——, on variation in birds' nests, 208.
——, on heron eating seeds, 346.
Australia, animals of, 90.
——, dogs of, 211.
——, extinct animals of, 310.
——, European plants in, 337.
——, glaciers of, 335.
Azara, on flies destroying cattle, 56.
Azores, flora of, 328.

B.

Babington, Mr., on British plants, 37
Baer, Von, standard of Highness, 97.
——, comparison of bee and fish 308.

그림 1-10 1859년에 인쇄된 INDEX 사례 (출처: Cambridge.org)

정보에 대한 4가지 관점을 한번 정리해 보겠다. 처음에는 정보를 어떻게 경제적으로 생산하고 효율적으로 전파할지에 대한 고민이었다면, 이후에는 정보의 홍수 속에서 필요한 정보를 어떻게 효과적으로 접근할지에 대한 고민으로 이어졌다. 결국 정보라는 것은 경제적으로 생산하여, 효율적으로 전파·공유하고, 필요한 정보에 쉽고 빠르게 접근하는 요구조건을 지녔다고 볼 수 있다. 앞서 살펴본 내용을 표로 정리하면 다음과 같다.

구분		기술의 발전
정보 접근 · 공유 · 활용	정보 표현	말 ➜ 글자
	정보 생산	필사 ➜ 인쇄
	정보 접근	직접 이동 ➜ 교통 · 운송
	정보 탐색	전체 탐색 ➜ 목차 · 인덱스

2) 웹은 어떻게 시작되었나?

1969년에 ARPANET이 등장하고 1983년에 인터넷이 출현했다. 인터넷의 출현으로 원거리에 위치한 노드와도 통신할 수 있게 되었다. 인터넷이 보급된 이후 이메일이나 FTP와 같은 다양한 서비스가 소개되었는데, 이런 배경에서 인터넷을 통한 '정보 접근 및 공유' 관점의 서비스를 검토했던 사람이 바로 웹의 창시자인 팀 버너스 리(Tim Berners-Lee)다.

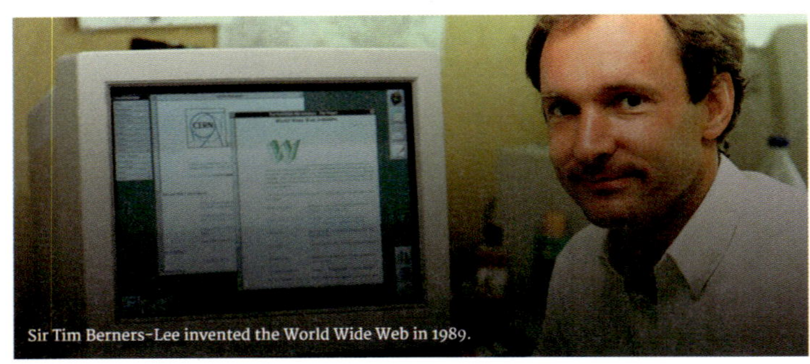

그림 1-11 웹 창시자, 팀 버너스 리 (출처: World Wide Web Foundation)

팀 버너스 리는 1980년 CERN(유럽입자물리연구소)에서 근무하던 연구원이자 컴퓨터 과학자였다. 당시 CERN에서는 한 가지 문제가 있었다. 전 세계 물리학자들이 입자 가속기 연구에 참여하고 있었는데, 정보를 공유하고 활용하는 데 상당히 어려움이 있었다. 그래서 CERN은 팀 버너스 리에게 전 세계 어디나 쉽게 정보에 접근하고 공유할 수 있는 프로그램 개발을 요청했고, 그렇게 나온 것이 바로 웹(WEB)이었다.

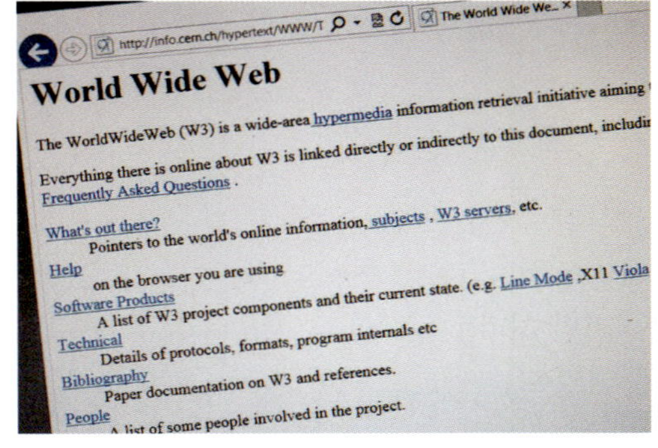

그림 1-12 최초의 웹사이트 (출처: History.com)

웹을 개발한 목적은 원거리에 분산된 정보를 쉽게 접근 및 공유하고 활용하는 것이었다. 1989년 3월에 팀 버너스 리에 의해 웹이 개발됐고, 1991년 8월 6일 최초의 웹사이트인 'http://info.cern.ch'가 서비스됐다.

초기 웹은 단순히 정보에 접근하고 공유하는 것이 목적이었기 때문에 그렇게 활성화되지는 못했다. 1993년 말 전 세계 웹 서버의 수는 겨우 500대 정도였고, 전체 인터넷 트래픽에서 웹이 차지하는 비중도 1% 정도에 불과했다.

웹의 중요한 특징 중 하나는 하이퍼링크다. 하이퍼링크는 나중에 자세히 살펴보겠지만, 모두 잘 아는 것처럼 클릭만으로 필요한 정보에 대한 접근을 아주 용이하게 한다. 그림 1-13은 순차접근, 인덱스, 하이퍼링크의 차이를 보여준다. 먼저 순차접근 상황에서는 원하는 정보를 찾을 때까지 처음부터 순차적으로 읽어가야 한다. 매우 비효율적이다. 다음으로 인덱스는 원하는 정보로 빠르게 접근할 수 있지만, 인덱스가 설계된 다른 영역에 접근하기 위해서는 또 다른 인덱스를 설계하고 접근해야 하는 문제가 있다. 반면, 하이퍼링크는 전 세계에 있는 모든 웹사이트에 링크를 통해 접근이 가능하다.

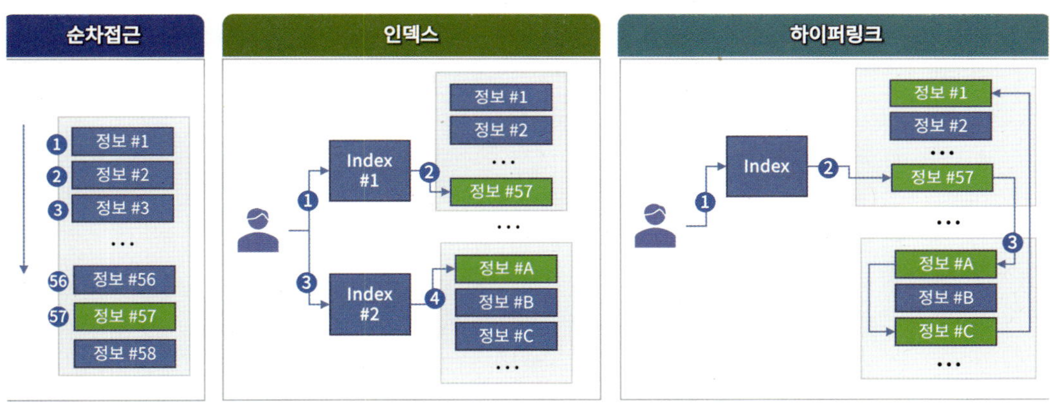

그림 1-13 하이퍼링크의 개념

앞서 정보를 정보표현, 정보생산, 정보접근, 정보탐색 관점에서 살펴봤고, 꾸준히 발전되어 왔다는 것을 설명했다. 이런 발전은 '컴퓨터, 인터넷 · 웹, 하이퍼링크' 기술의 출현으로 한 단계 더 도약하게 된다. 먼저 컴퓨터가 보급되면서 모든 정보는 컴퓨터를 통해 표현 · 생성 · 처리됐다. 이런 컴퓨터와 디지털 처리는 정보의 생산성을 극대화했다. 디지털의 속성상 'Copy & Paste'를 통해 동일한 정보가 1초도 안 되어 완벽하게 생성된다. 인터넷 · 웹이 보급되면서 아무리 먼 거리에 위치한 정보라도 단 몇 초 만에 전 세계 어디서나 접근이 가능하게 되었다. 또한 하이퍼링크로 연결된 정보는 클릭만 하면 원하는 정보만 선택해 순식간에 연결할 수 있다.

구분		기술의 발전	웹 출현
정보 접근 · 공유 · 활용	정보 표현	말 ➜ 글자	컴퓨터
	정보 생산	필사 ➜ 인쇄	디지털
	정보 접근	직접 이동 ➜ 교통 · 운송	인터넷 · 웹
	정보 탐색	전체 탐색 ➜ 목차 · 인덱스	하이퍼링크

정리하면, 컴퓨터와 디지털의 출현으로 정보의 생산성은 폭증했고, 인터넷과 웹의 발명으로 정보의 접근 · 공유 · 전파의 혁신을 가져왔으며, 하이퍼링크 기술의 도입으로 정보에 대한 탐색 비용이 현격히 개선됐다고 볼 수 있다.

인터넷과 웹의 가치를 이해하기 위해 하나의 사례를 들어 보겠다. 예를 들어, 인터넷이 보급되지 않는 상황에서 서울에 사는 홍길동이 '웹 3.0' 정보를 얻기 위해 뉴욕 모 기관에 저장된 '웹 3.0' 문서를 얻는 상황이라고 가정해 보자. 홍길동은 먼저 비행기를 타고 직접 뉴욕으로 날아가는 방법밖엔 없다. 그런데 '웹 3.0' 문서 작성의 참고문헌이 워싱턴 도서관에 있다는 사실을 알게 되었고 홍길동은 다시 자동차를 타고 워싱턴으로 이동해야 했다.

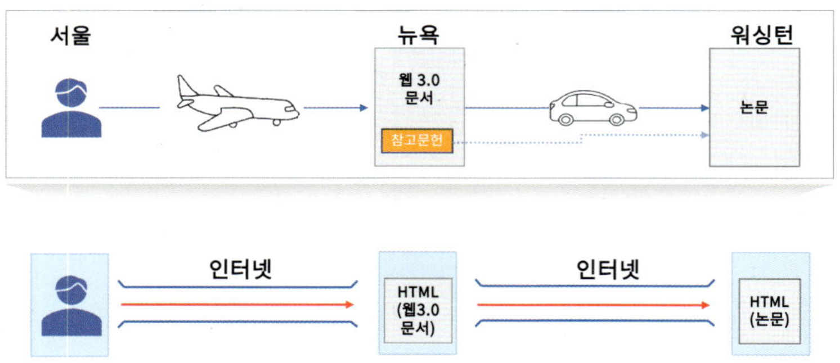

그림 1-14 인터넷 이전과 이후의 비교

하지만 인터넷과 웹이 보급된 환경이라면 홍길동은 집에 앉아서 인터넷을 통해 뉴욕에 저장된 문서에 접근할 수 있으며, 참고문헌 또한 하이퍼링크 클릭으로 순간 이동하듯이 접근할 수 있다.

이 인터넷 · 웹 방식을 적용하기 위해서는 크게 3가지 구현 요소가 필요하다. 그림 1-15를 살펴보자. 먼저 서울과 미국 간의 인터넷 통신망이 구축되어 있어야 한다. 그리고 인터넷은 디지털 정보를 전송하기 때문에 문서와 참고문헌은 디지털 형태로 전환해야 한다. 그리고 이를 구현하기 위한 다양한 프로토콜과 기술이 필요하다.

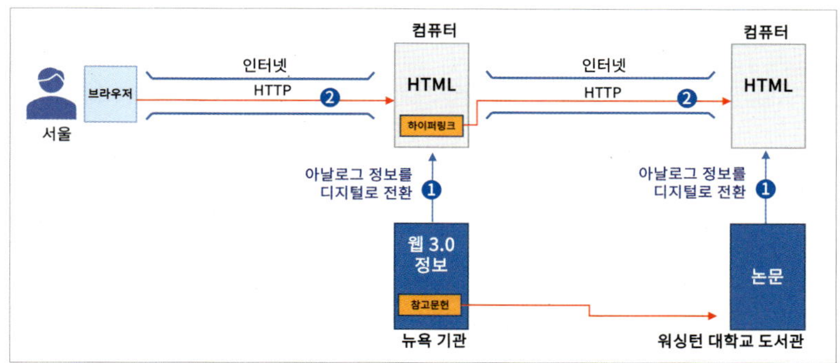

그림 1-15 인터넷 기반 웹의 구현

그림 1-15를 바탕으로 웹을 구현하기 위한 3가지 요소를 식별할 수 있다.

- 첫째, 인터넷이라는 통신망이다.
- 둘째, 인터넷으로 데이터를 전송하기 위해 아날로그 정보를 디지털로 전환해야 한다.
- 셋째, 인터넷을 통해 정보를 교환할 수 있는 다양한 규약(HTTP)과 장치(브라우저, HTML, 하이퍼링크)다.

식별된 요소들을 다시 한번 정리하면 그림 1-16과 같다. 각 요소에 대한 상세한 설명은 뒤에서 하겠다.

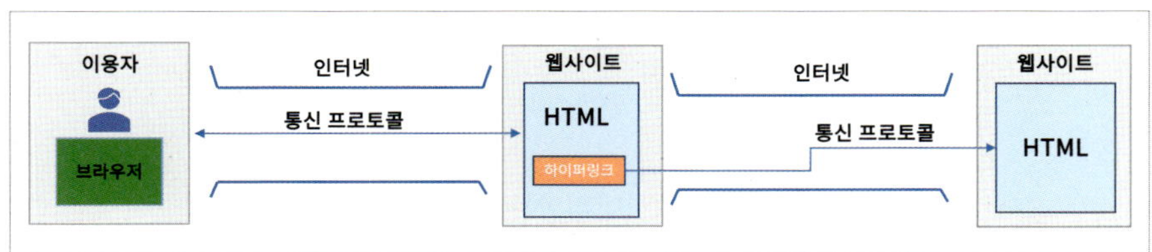

그림 1-16 인터넷 기반 웹 구현 요소 식별

1.2 웹 개념 및 작동원리

1.1절을 통해 웹의 배경과 탄생에 대해 살펴봤다. 이번에는 웹의 개념과 작동원리에 대해 간단히 살펴보고자 한다. 굳이 설명하지 않아도 되는 내용이지만, 웹의 본질에 충실하고 웹이라는 관점에서 웹 3.0을 이해하기 위해서는 간단하게라도 이해하는 것이 좋다.

1.2.1 웹의 개념

웹은 정보 집합 자체인가? 정보가 저장된 공간인가? 아니면 인터넷 기반 서비스인가?

1) 웹 개념과 기대효과

앞서 인터넷과 웹의 차이점에 대해 살펴봤지만, 그림 1-17을 통해 다시 한번 정리해 보겠다. 그림에서 보는 것처럼 먼저 인터넷이란 간단히 컴퓨터(노드)들이 네트워크로 서로 연결된 통신망 자체로 이해할 수 있다. 즉, 온라인 도로다. 웹은 이런 인터넷을 기반으로 정보를 개방하고 공유하는 서비스다. 웹으로 한정하여 살펴보자면, 웹이란 전 세계에 산재한 수많은 정보가 그물처럼 연결되어 있는 정보의 바다 정도로 이해할 수 있다.

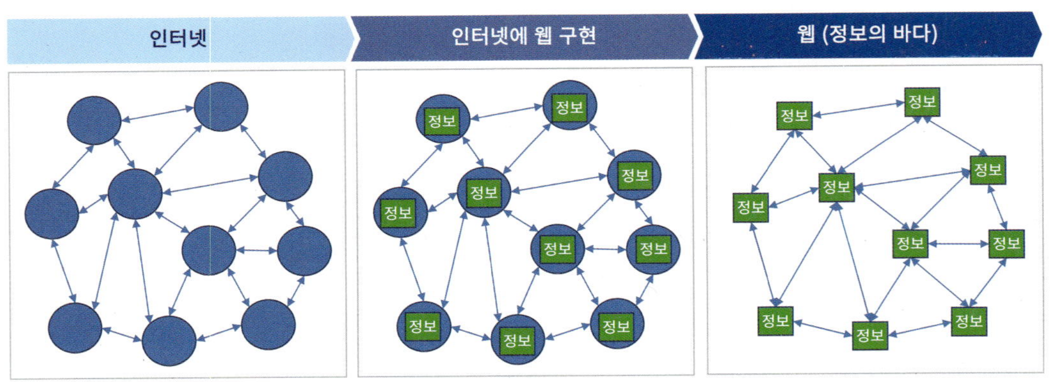

그림 1-17 인터넷 기반 웹 개념

웹이란 정보가 인터넷을 통해 거미줄처럼 연결되어 있는 상태, 또는 연결된 모든 정보 집합, 또는 공간을 의미한다고 볼 수 있다. 좀 더 구체적으로 살펴보자면, 인터넷을 통해 물리적으로 연결된 것은 웹사이트(노드)다. 웹사이트에는 수많은 웹 페이지가 저장되어 있고 필요시 제공된다. 그리고 각 웹 페이지에는 수많은 정보가 포함되어 있다. 따라서 웹은 웹 페이지들이 인터넷을 통해 연결되어 있는 것을 의미한다고도 볼 수 있다.

인터넷 기반으로 작동하는 이런 웹은 어떤 의미와 가치가 있을까?

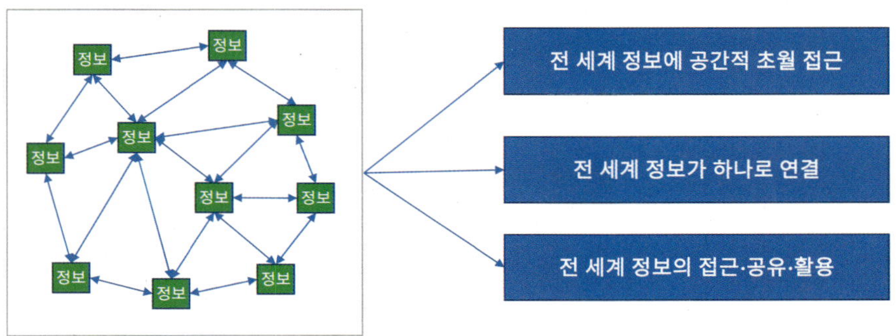

그림 1-18 웹의 기대효과

웹은 일단 인터넷을 통해 빠르게 접근할 수 있기 때문에 공간적 제약을 초월하여 접근이 가능하다. 그리고 웹에는 전 세계에 산재한 정보가 모두 하나로 연결되어 있다. 즉, 전 세계의 정보에 모두 접근할 수 있다는 이야기다. 마지막으로 이런 정보는 인터넷을 통해 쉽고 빠르게 공유 및 전파할 수 있고 활용할 수 있다.

2) 웹 작동원리

노드 간의 네트워크를 연결하는 방식은 여러 가지가 있다. 그림 1-19는 대표적인 유형을 보여준다. 노드가 동등한 지위로서 1:1로 연결되는 구조도 있고, 하나의 서버에 여러 대의 클라이언트가 연결되는 구조도 많이 활용된다. 또한 공통 서비스들을 메인 망에 연결하고 필요한 서비스에 연결하여 사용하는 구조도 가능하다.

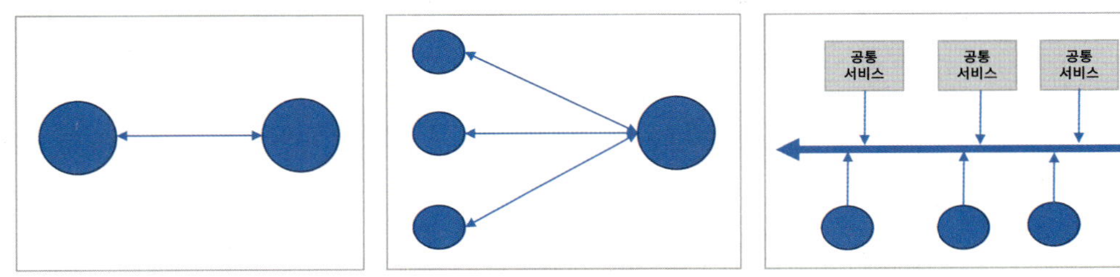

그림 1-19 정보시스템 연결 패턴 유형

이 중에서 대표적인 2가지 네트워크 구조를 설명해 보겠다. 그림 1-20에서 보는 것처럼 하나는 P2P(Peer to Peer) 구조이고 다른 하나는 서버-클라이언트(Server Client) 구조다.

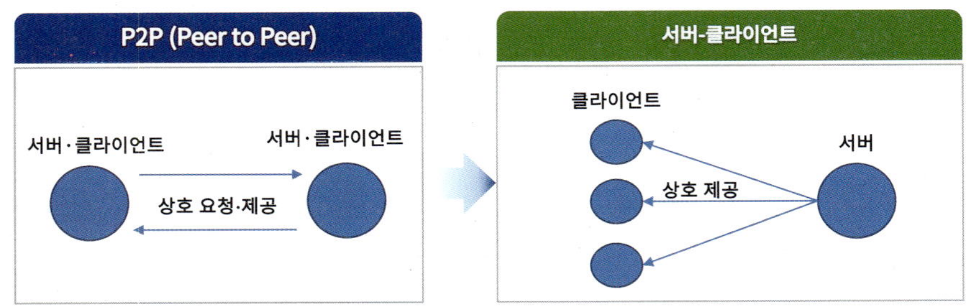

그림 1-20 P2P와 서버-클라이언트 비교

P2P 구조는 각 노드가 대등한 지위로 서로 정보를 제공하기도 하고 수신하기도 한다. 정보를 제공하는 노드를 서버라고 하고, 정보를 수신하는 노드를 클라이언트라고 한다. P2P에서 각 노드는 서버가 되기도 하고 클라이언트가 되기도 한다.

다른 한편으로 서비스 규모가 커지고 보다 전문화된 역할이 요구되면서 정보를 저장하고 제공하는 전용 서버와 해당 서버에 접속하여 정보를 제공받기만 하는 클라이언트로 구성된 '서버-클라이언트 구조'도 생겨나게 된다.

웹은 기본적으로 서버-클라이언트 구조로 서비스를 제공한다. 정보를 제공하는 전용 웹 서버가 있고 다수의 이용자는 웹 서버에 접속하여 정보를 제공받는다.

이메일 전송 서비스를 서버-클라이언트 구조로 구현하는 사례를 한번 설명해 보겠다. P2P 구조로 이메일을 전송하는 상황이라면 이메일이 직접 상대방에게 전송된다. 하지만 서버-클라이언트 구조로 이메일을 전송하는 상황이라면 이야기가 조금 달라진다. 그림 1-21은 서버-클라이언트 구조에서 홍길동이 유관순에게 이메일을 전송한다고 가정한 상황을 그림으로 표현한 것이다.

그림 1-21 서버-클라이언트의 개념 이해

❶ 홍길동은 이메일 서비스 웹사이트에 로그인하여 '유관순을 수신으로 하는 이메일'을 작성하여 전송을 클릭한다. 전송을 누르면 작성한 이메일이 유관순에게 직접 전달되는 것이 아니라 그냥 서버에 저장된다.

❷ '유관순을 수신으로 하는 이메일'이 서버에 저장되면 이어서 유관순 메일함에 수신 메일을 추가한다. 유관순은 웹사이트에 로그인하여 본인에게 수신된 메일을 확인한다.

상대방에게 이메일을 전송하는 상황이라고 하더라도 발신자 · 수신자(클라이언트) 이메일은 모두 그냥 서버에서 처리된다. 이는 뒤(그림 3-75)에서 설명할 은행을 통한 송금 과정과 유사하다.

이제 서버-클라이언트 구조에 대한 이해를 바탕으로 웹 서비스가 어떻게 작동하는지 그림 1-22를 통해 간단히 살펴보자.

- **클라이언트**: 이용자 컴퓨터를 의미하며 웹 서버에 접속하기 위해 '브라우저'가 설치되어 있어야 한다.
- **웹 서버**: 정보를 제공하는 노드로서 HTML 형식의 정보가 웹 페이지에 저장되어 있으며 하이퍼링크도 웹 페이지에 포함되어 있다.

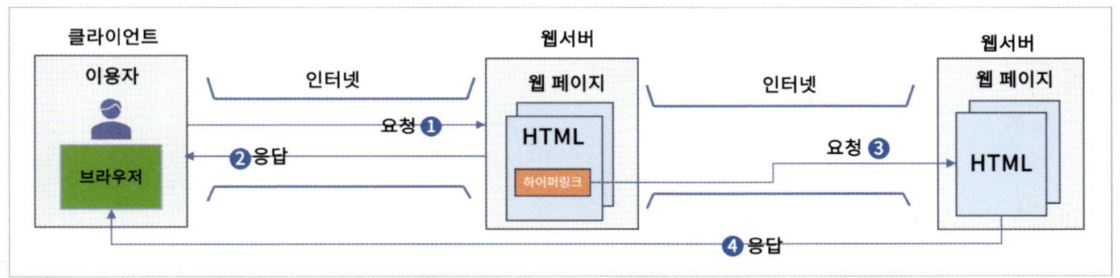

그림 1-22 인터넷 기반 웹 작동 절차

① **이용자가 정보 요청**: 이용자는 브라우저를 통해 찾고 싶은 정보를 서버에 요청

② **요청한 정보 제공**: 웹 서버는 요청한 정보를 웹 페이지에서 찾아서 응답

③ **하이퍼링크를 통한 정보 요청**: 하이퍼링크를 클릭하여 정보 요청

④ **하이퍼링크 정보 제공**: 하이퍼링크에 해당 정보를 연결하여 응답

이번에는 실제 사례를 통해 설명해 보겠다. 이용자가 네이버 지식백과에서 '웹 3.0'을 검색하는 상황을 가정해 보겠다.

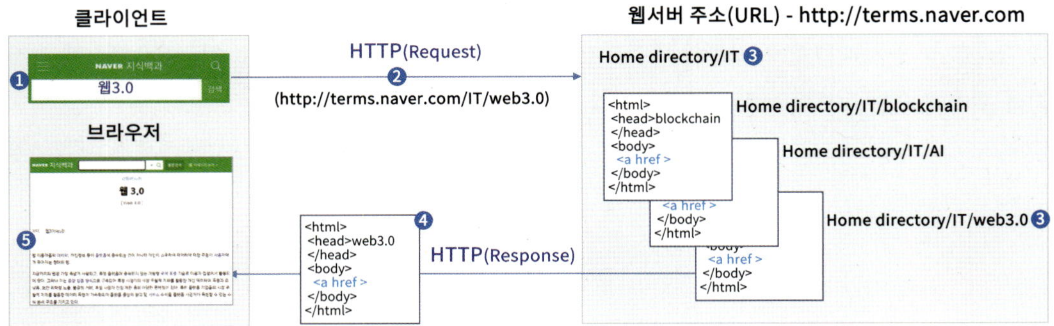

그림 1-23 웹 작동원리 상세

❶ 이용자는 웹 브라우저에서 네이버 지식백과에 접속하여 '웹 3.0' 키워드를 입력하여 검색

❷ 웹 브라우저는 이용자가 검색한 정보가 포함된 웹 페이지 위치를 확인하고 요청 메시지를 웹 서버로 전송

❸ 웹 서버는 요청한 정보(HTML 형식)가 위치한 웹 페이지 식별

❹ 요청한 정보가 포함된 웹 페이지를 웹 브라우저로 전송

❺ 웹 브라우저는 웹 서버가 전송한 HTML 파일을 해석해서 화면으로 출력

1.2.2 웹 구성요소

웹을 이해할 때, 서버는 정보 · 서비스 제공자이고 클라이언트는 정보 · 서비스 요청자이자 소비자라는 것을 항상 염두에 둘 필요가 있다. 이는 웹의 본질에 대한 이해와 향후 웹 2.0의 문제점을 이해하는 데도 도움이 된다.

1) 웹 구성요소 이해

웹은 기본적으로 서버-클라이언트 구조로 이루어져 있고 서버와 클라이언트 사이에 통신 프로토콜이 존재한다. 그림 1-22에서 살펴본 웹 구성요소를 표로 정리하면 다음과 같다.

구분	구성요소
클라이언트	브라우저
통신 프로토콜	HTTP
웹서버	URL
	HTML
	hyperlink

IT 분야 종사자라면 상기 구성요소 개념은 대충 이해하고 있겠지만, 익숙하지 않은 독자를 위해 다른 유사한 비유 사례를 통해 각각의 구성요소의 개념과 역할을 살펴보겠다. 홍길동이 유관순에게 전화를 걸어 필요한 정보를 물어보는 상황이라고 가정해 보자.

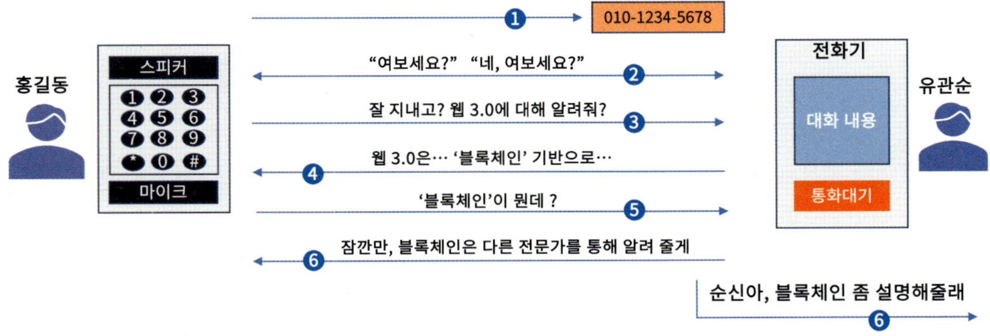

그림 1-24 전화통화 사례 비유

❶ 홍길동이 유관순에게 전화를 걸기 위해서는 먼저 유관순의 전화번호를 알아야 하고, 전화기에서 키패드로 유관순의 전화번호를 눌러 통화를 시도한다.

❷ 통화가 연결되면, 통화에서 사용되는 정형화된 멘트와 패턴이 있다.

❸ 홍길동은 본론으로 들어가, 알고 싶은 정보에 대한 요청을 한다.

❹ 유관순은 홍길동이 요청한 정보에 대한 답변을 제공한다.

❺ 답변을 듣던 중 '블록체인'에 대한 추가적인 정보 제공을 요청한다.

❻ 유관순은 통화대기를 누른 상태에서 해당 정보를 블록체인 전문가에게 연결시켜 준다. (통화대기는 다른 전화를 받기 위해 잠시 대기시키는 기능이지만, 여기에서는 다른 전화로 연결시킨다고 가정해 보겠다.)

홍길동 입장에서는 유관순과 통화하기 위해서는 스피커와 마이크, 키패드가 장착된 전화기, 그리고 유관순의 전화번호가 필요하다. 그리고 홍길동과 유관순이 통화하기 위한 일정한 전화 통신 규칙이 있다. 그리고 유관순은 요청한 정보에 대해 답변을 제공하며 추가적인 질문에 대해서는 다른 전문가에게 연결시켜 주기도 한다. 이것을 구조화하면 그림 1-25와 같다.

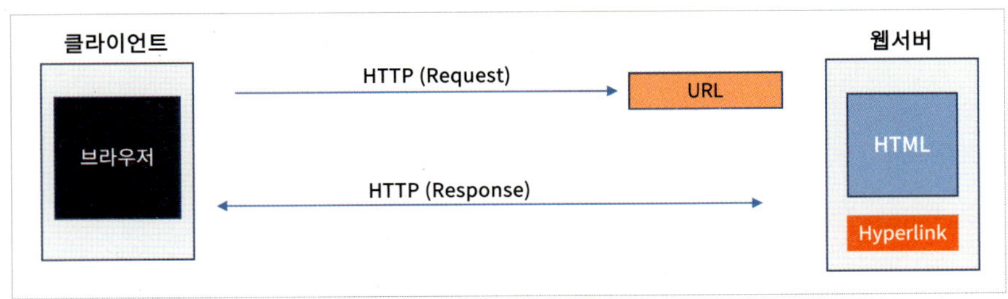

그림 1-25 웹 구현 요소 식별

그림 1-25를 표로 정리하면 다음과 같다.

구분	구성요소	전화 비유
클라이언트	브라우저	스피커, 마이크, 키패드
통신 프로토콜	HTTP	통화 매너(규칙)
웹서버	URL	전화번호
	HTML	웹 3.0 정보 (통화 본론 내용)
	hyperlink	'통화대기' 기능

통화를 위한 스피커와 마이크 그리고 키패드는 클라이언트의 브라우저와 유사한 역할을 한다고 볼 수 있으며, 통화 규칙은 HTTP라는 통신 프로토콜에 매칭된다고 볼 수 있다. 전화번호는 해당 정보가 포함된 웹 페이지 URL 주소라고 볼 수 있으며, 요청한 정보에 대한 응답 내용은 HTML로 이해할 수 있고, 통화대기 기능은 하이퍼링크로 볼 수 있다.

2) 웹 구성요소 상세

비유를 통해 웹을 구성하는 5가지 요소를 식별하고 이해했는데, 이번에는 각 요소에 관해 좀 더 자세히 살펴보겠다.

웹 브라우저

전화의 비유에서처럼, 사람은 통신 데이터를 직접 이해할 수 없다. 따라서 통신 데이터를 사람이 이해할 수 있게 스피커나 마이크를 통해 변환하여 제공해야 한다. 웹 브라우저도 이와 유사한 기능을 제공한다. 먼저 이용자가 웹 서버에 정보를 요청하기 위해서는 해당 정보가 포함된 웹 페이지 URL과 함께 웹 서버에 정보 제공을 요청해야 한다. 다음으로 웹 서버가 제공하는 정보는 HTML 형식이기 때문에 사람이 이해할 수 있게 해석하고 변환하는 과정이 필요하다. 마지막으로 변환된 화면을 웹 브라우저에 표현해야 한다.

- 접근하고자 하는 웹 서버의 URL 입력
- 웹 서버가 제공한 HTML 파일을 해석
- 해석된 HTML 파일을 화면에 출력(표현)

URL (Uniform Resource Locator)

상대방에게 전화하기 위해서는 전화번호가 필요한 것처럼, 웹 서버에 정보를 요청하기 위해서는 해당 정보가 저장된 주소, 즉 URL이 필요하다. 전화번호는 일정한 형식(010, 02, 031)이 있고 집 주소도 일정한 규칙(서울 강남구 대치동)이 있다. 이처럼 URL도 정형화된 규칙이 있다.

도서관을 방문하면 수많은 책이 책꽂이에 진열되어 있으며 원하는 책을 바로 찾는다는 것은 거의 불가능하다. 따라서 도서관에서는 책을 쉽게 찾기 위해 책마다 책의 위치를 알려주는 고유한 번호 체계가 부여된다. 이때 사용하는 번호 체계가 '청구기호'다. 청구기호는 책의 위치를 식별하기 위해 문자와 숫자를 조합한 번호로, 이 청구기호에 따라 책이 위치한다. 도서관 이용자는 도서 검색을 통해 해당 도서의 청구기호(위치 주소)를 식별해서 해당 위치로 이동하여 책을 찾는다.

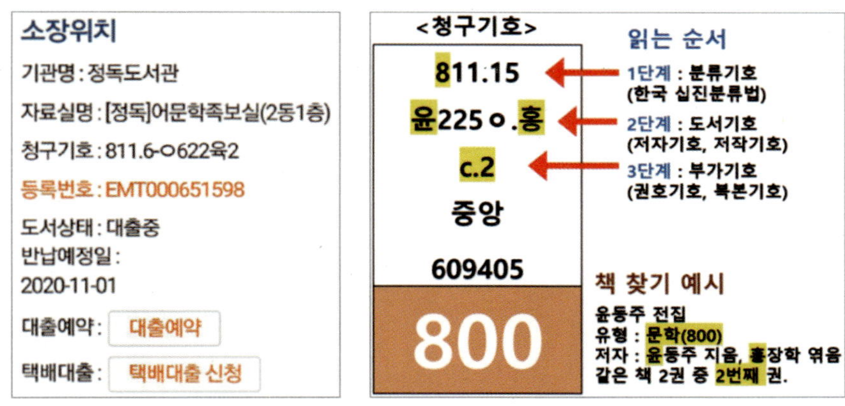

그림 1-26 도서 소장 위치 식별을 위한 청구기호 (출처: 경기대 뉴스)

집을 찾아가기 위해서는 고유한 집 주소가 필요하고, 네트워크에서 특정 노드를 찾아가기 위해서는 IP 주소가 필요하고, 도서관에서 원하는 책을 찾기 위해서는 청구기호가 필요한 것처럼, 웹에서도 원하는 파일이 저장된 위치를 식별하고 접근하기 위해서는 파일마다 고유한 주소 체계가 필요하다.

웹상에는 수많은 웹 서버가 존재하고 각 웹 서버에도 다양한 문서 파일이 존재한다. 원하는 문서 파일이 저장된 위치를 표시하는 주소가 바로 URL이다. 그림 1-27은 URL 구조를 보여준다.

그림 1-27 URL 구성

❶ **서비스 종류**: 인터넷 서비스 중 '웹' 서비스는 http로 시작

❷ **도메인**: 웹 서버 주소

❸ **포트 번호**: 애플리케이션 식별 번호

❹ **디렉터리**: 파일 경로

❺ **파일명**: 파일 이름

하이퍼링크 (Hyperlink)

주석, 인덱스, 하이퍼링크는 원하는 정보로 빨리 이동 및 접근하기 위한 장치 또는 기술이다. 웹의 대표적인 기술인 하이퍼링크는 웹 페이지에서 파란색 글자를 클릭하면 해당 정보로 바로 이동하게 된다. 그림 1-28은 일반 텍스트, 주석 달린 텍스트, 하이퍼링크의 차이점을 간략하게 보여준다.

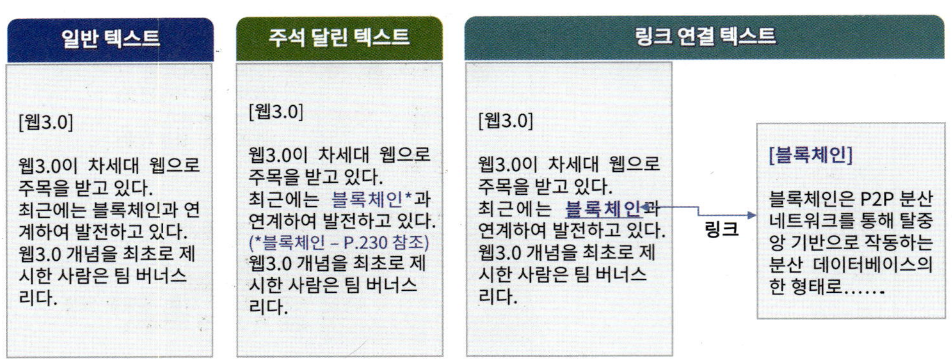

그림 1-28 주석과 링크 개념

- **일반 텍스트**: 모든 텍스트를 순서 · 순차적으로 접근 필요
- **주석 달린 텍스트**: 필요한 정보는 주석을 통해 위치를 확인하고 수동 이동
- **링크 연결 텍스트**: 필요한 정보는 클릭을 통해 자동으로 이동

일반적으로 책이나 문서에서 필요한 정보에 접근하는 방식은 '순서 · 순차적'이다. 즉, 기존 텍스트 방식에서는 텍스트를 순서대로 읽고 처리했다. 그런데 이런 순서 · 순차적 텍스트 접근은 불필요한 정보까지 읽고 처리해야 하는 매우 비효율적인 방법이었다. 이런 문제점을 개선하여 '비순서 · 비순차적' 방식으로 정보에 접근하는 대표적인 기술이 바로 하이퍼링크다. 하이퍼링크(Hyperlink)는 과도하게(Hyper) 연결(link)되어 있다는 의미로서, 단순하게 연결되어 있지 않고 공간을 초월한 과도한 연결 정도를 의미한다. 즉, 링크를 클릭하면 원하는 페이지로 순간 이동이 가능한 초월적 연

결이라는 개념 정도로 이해할 수 있다. 하이퍼텍스트(Hypertext)는 이런 하이퍼링크가 포함된 텍스트 문서라고 이해하면 된다.

정보 접근 관점에서 순서 · 순차적인 문제점을 해결하기 위해 비순서 · 비순차적인 개념의 시도는 웹과 별도로 계속 연구되어 왔던 분야다. 팀 버너스 리는 웹을 창시하면서 이런 하이퍼링크 개념을 웹에 적용했다. 하이퍼링크는 웹의 본질적 속성이라기보다는 별도로 연구되던 개념과 아이디어를 웹에 적용한 것이라고 이해하는 것이 올바르다.

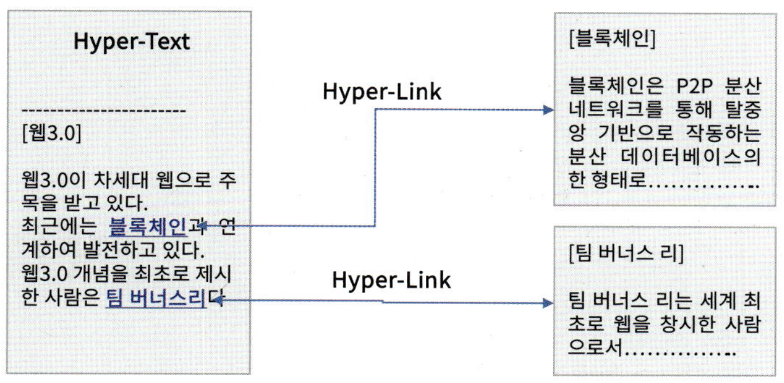

그림 1-29 하이퍼링크의 개념 이해

하이퍼링크가 얼마나 효율적인지 그림 1-30을 통해 설명해 보겠다. 왼쪽 그림은 하이퍼링크가 적용되지 않는 상황이다. 하이퍼링크가 없는 일반 텍스트 상황에서는 순차적으로 데이터에 접근한다. 100페이지로 구성된 6권의 책에서 책마다 필요한 정보가 1페이지 정도 있다고 가정해 보자. 왼쪽 상황에서 원하는 페이지 정보를 취득하기 위해서는 불필요한 356페이지를 포함하여 총 362페이지를 읽어야 한다. 반면 오른쪽 상황처럼 하이퍼링크가 연결된 경우라면 총 6페이지만 읽어도 원하는 정보를 모두 습득할 수 있다.

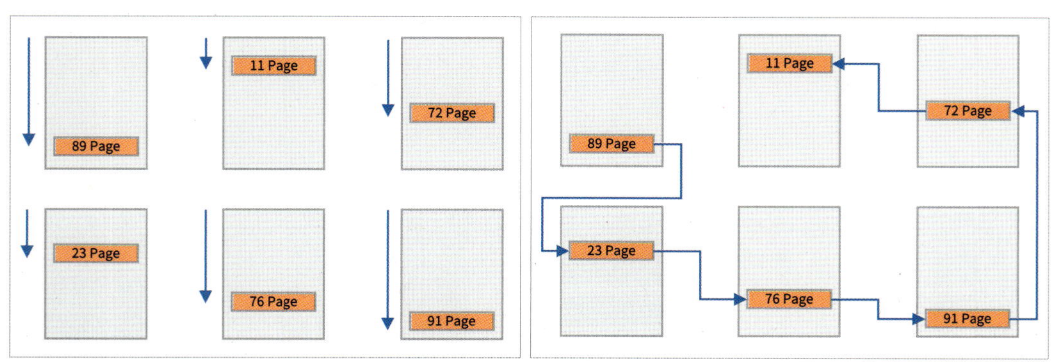

그림 1-30 하이퍼링크의 기대효과

HTML (HyperText Markup Language)

HTML은 HyperText Markup Language의 약자다. HTML을 이해하기 위해서는 먼저 마크업 언어(Markup Language)를 이해할 필요가 있다. 마크업 언어는 문서가 화면에 표시되는 형식을 나타내거나 데이터의 논리적인 구조를 명시하기 위한 규칙들을 정의한 언어로 정의된다. 무슨 말인지 명확하게 이해되지 않을 것 같아 다른 유사한 사례를 들어 보겠다. 그림 1-31은 필자가 다른 서적의 원고를 출판사에 제출했을 때 편집자가 원고를 검토하면서 잘못된 부분이나 인쇄 시 글자 크기 또는 색상 등을 일정한 교정 부호 등을 활용하여 표시한 내용이다. 여기서 교정부호로 표시하는 것이 바로 마크업이다.

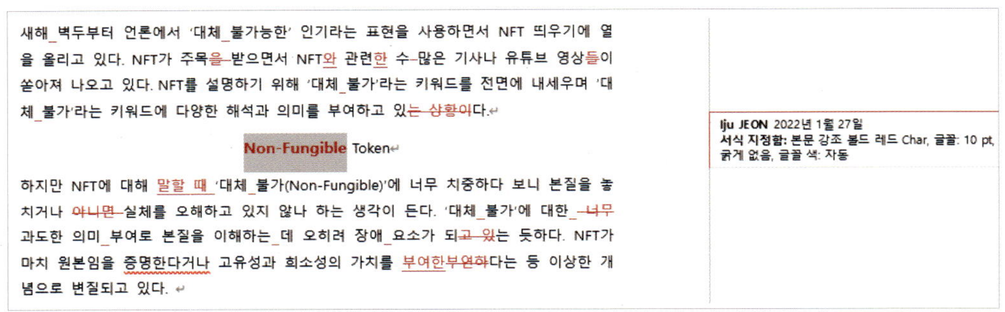

새해_벽두부터 언론에서 '대체_불가능한' 인기라는 표현을 사용하면서 NFT 띄우기에 열을 올리고 있다. NFT가 주목을 받으면서 NFT와 관련한 수 많은 기사나 유튜브 영상들이 쏟아져 나오고 있다. NFT를 설명하기 위해 '대체_불가'라는 키워드를 전면에 내세우며 '대체_불가'라는 키워드에 다양한 해석과 의미를 부여하고 있는 상황이다.

Non-Fungible Token

하지만 NFT에 대해 말할 때 '대체_불가(Non-Fungible)'에 너무 치중하다 보니 본질을 놓치거나 아니면 실체를 오해하고 있지 않나 하는 생각이 든다. '대체_불가'에 대한 너무 과도한 의미_부여로 본질을 이해하는_데 오히려 장애_요소가 되고 있는 듯하다. NFT가 마치 원본임을 증명한다거나 고유성과 희소성의 가치를 부여한부연하다는 등 이상한 개념으로 변질되고 있다.

lju JEON 2022년 1월 27일
서식 지정함: 본문 강조 볼드 레드 Char, 글꼴: 10 pt, 굵게 없음, 글꼴 색: 자동

그림 1-31 마크업(MarkUp) 일반 사례

원래 마크업 언어는 이처럼 교정 부호 등을 표기하는 데 사용됐지만, 점점 활용이 확장되면서 문서의 구조를 표현하는 언어로 발전했다. 웹은 전 세계 정보를 연결 및 공유한다는 철학을 가지고 있다. 전 세계에는 다양한 하드웨어와 운영체제, 소프트웨어가 존재하며, 따라서 웹 서비스는 이런 다양한 기반 시스템에 영향을 받거나 호환성 이슈가 발생할 수 있다. 이런 환경에서는 정보를 전 세계 노드에 연결 및 공유하는 데 한계가 있다. 이런 한계점에 대응하기 위해 적용한 기술이 HTML이다. HTML은 전 세계 다양한 기반 시스템에 독립적이면서 동시에 전 세계 어디에서나 동일한 표현이 가능하도록 문서 구조를 체계화한 것이다. 따라서 어느 시스템에서 웹에 접근하든 웹 페이지 정보는 동일하게 표현된다.

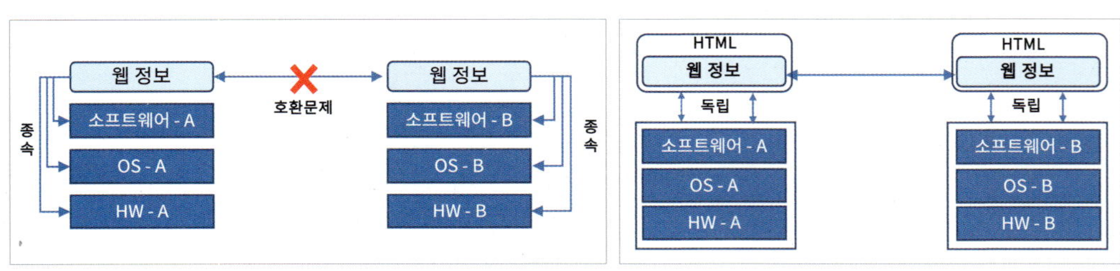

그림 1-32 HTML의 필요성

웹 서버에는 HTML 구조로 된 텍스트 형태의 정보가 저장되어 있다. 서버에는 단순히 텍스트가 저장되어 있지만, 웹 브라우저를 통해 이용자에게 실제로 보여주기 위해서는 새롭게 편집되어 좀 더 보기 좋고 구조화된 형태로 표현해야 한다. 특히 하이퍼링크로 연결된 단어는 다른 컬러로 표현해서 쉽게 식별할 수 있게 해야 한다. 그림 1-33은 웹 페이지 내용을 이용자 웹 브라우저에 표현하기 위한 편집 내용과 표현 형태를 '자연어'로 제시한 예를 보여준다. "'http://terms.naver.com/IT'로 링크를 걸고 밑줄 추가, 파란 글씨로 출력"이라고 썼다. 하지만 컴퓨터는 이런 자연어를 이해할 수 없다. 따라서 컴퓨터가 이해할 수 있는 언어로 변환해 줄 필요가 있다.

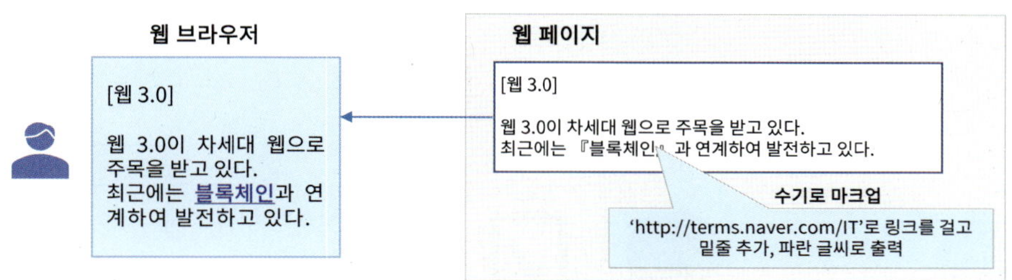

그림 1-33 마크업(MarkUp) 활용

그림 1-34는 동일한 내용을 컴퓨터가 이해할 수 있는 언어, 즉 'HTML'로 작성한 사례를 보여준다. URL을 삽입할 때 href(hypertext reference)라는 태그를 사용하는데, href는 Hypertext Reference의 약자로, 연결할 페이지의 URL을 삽입할 때 사용한다. 그림 1-34에서는 컴퓨터가 이해할 수 있게 '〈a href=http://terms.naver.com/IT〉블록체인〈/a〉'로 표현한 것을 확인할 수 있다.

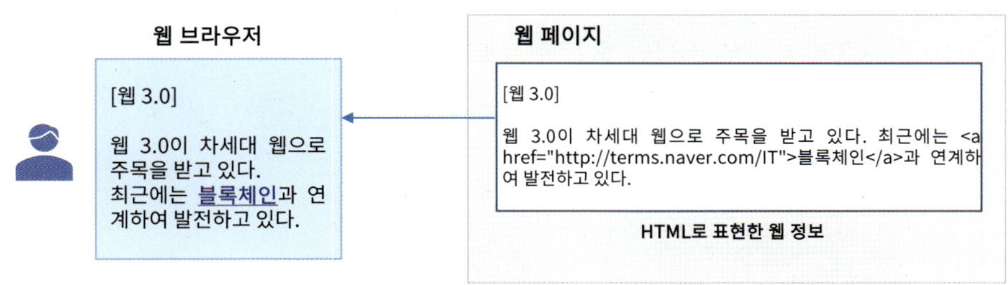

그림 1-34 HTML을 활용한 웹 브라우저

정리하면, HTML은 프로그래밍 언어는 아니며, 텍스트 형식의 웹 페이지가 브라우저를 통해 이용자에게 구조화되고 잘 표현될 수 있게 하는 일종의 교정부호와 같은 마크업 언어다.

HTTP (HyperText Transfer Protocol)

HTTP는 HyperText Transfer Protocol의 약자로, 전송(Transfer) 프로토콜로 이해할 수 있다. 한마디로 통신 규약이다. 앞선 전화 통화 사례에서도 상대방과 통화할 때는 일정한 통화 매너 및 제반 규칙이 있다고 했다. 이런 제반 규칙을 지키지 않으면 통화하기가 어렵다. 이처럼 모든 통신에는 규칙이 있다. 이를 프로토콜이라고 한다. 웹에서도 브라우저와 웹 서버 간 통신을 할 때 규칙(프로토콜)이 있는데, 이를 'HTTP(HyperText Transfer Protocol)'라고 한다. 정리하면, 'HTTP'는 웹 서버와 웹 브라우저 사이에 정보를 요청 및 전송하기 위한 통신 규약이며 통신을 위한 일정한 절차와 규칙이 있다.

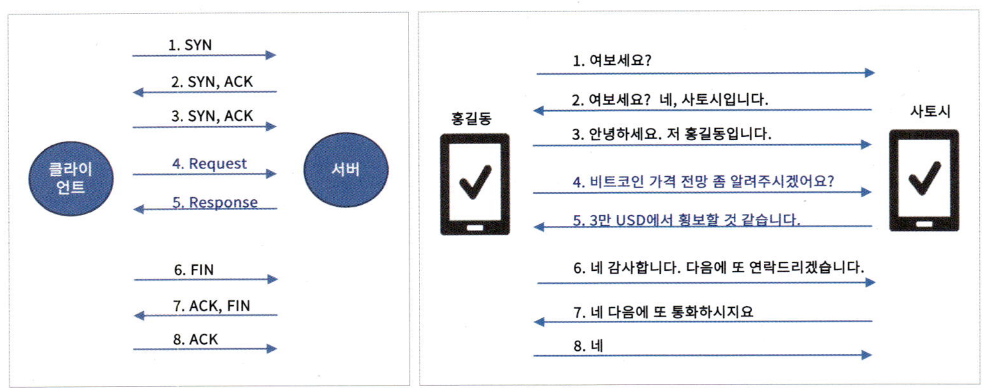

그림 1-35 전화 통화 일반 패턴

그림 1-35에서 왼쪽 그림은 실제 HTTP 모습이며 총 8단계로 구분되어 있는 것을 확인할 수 있다. 각 단계를 자세히 설명하지는 않겠지만, 오른쪽 그림의 전화 통화 규칙과 절차를 비교하면 대충 어떤 의미인지 이해할 수 있을 것이다. 총 8단계지만, 크게 3단계로 구분할 수 있다.

- **1~3번 단계:** 연결
- **4~5번 단계:** 대화 (문의와 답변)
- **6~8번 단계:** 종료

1~3단계, 6~8단계는 연결 및 종료하는 단계이며, 핵심은 4~5번 단계다. 4번 단계는 정보에 대한 요청이고, 5번 단계는 요청에 대한 응답 과정이다. 정보에 대한 요청과 응답의 경우 일정한 메시지 형식을 취하는데, 그림 1-36은 메시지 형식을 보여준다.

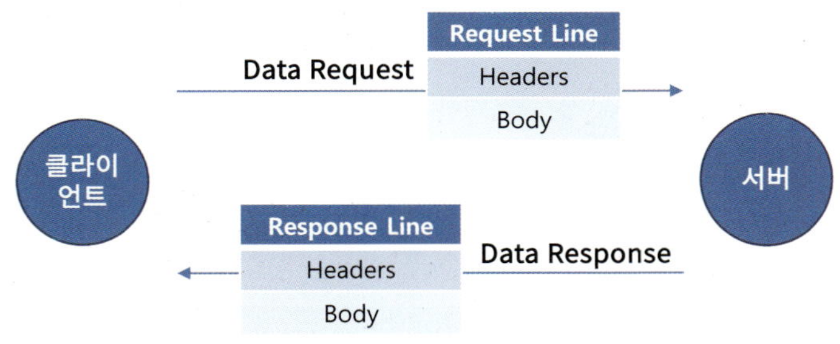

그림 1-36 HTTP 절차와 메시지 형식

4번 단계 – Request(요청)

1. Request Line: HTTP 메소드 및 HTTP 버전
2. Headers: HTTP 전송에 필요한 모든 부가 정보
3. Body: 실제 전송할 데이터가 포함

5번 단계 – Response(응답)

1. Request Line: HTTP 메소드 및 HTTP 버전
2. Headers: HTTP 전송에 필요한 모든 부가 정보
3. Body: 응답 데이터가 포함

1.3 웹의 발전과 웹 2.0

1989년 3월에 웹이 개발됐고, 1991년 8월 6일 최초의 웹사이트인 'http://info.cern.ch'가 서비스됐다. 이후 웹은 다양한 기술 또는 새로운 비즈니스 모델과 연계 및 융합하면서 웹 2.0이라는 시대를 활짝 열었다. 초기 웹이 어떻게 발전했고 웹 2.0은 무엇인지 살펴보자. 웹 3.0의 배경이 웹 2.0의 한계점이기 때문에 웹 2.0에 대한 이해도 필요하다.

1.3.1 웹의 발전 동인(動因)

웹 2.0을 포함하여 현재의 웹 발전에 기여한 기술 및 요소는 다양하다. 다만 이 책에서는 7가지만 선별해서 소개하고자 한다.

1) 웹 기반 서비스 확장

초기 웹은 단순히 정보를 제공하는 목적으로 활용됐다. 하지만 웹 이용자의 요구가 다양해지고 다양한 데이터를 연계하려는 시도도 생겨났다. 서비스와 비즈니스도 웹 기반으로 처리되기 시작했고 맞춤형 서비스도 요구되었다. 이런 환경 변화에 따라 웹 서비스도 다양하게 확장됐다.

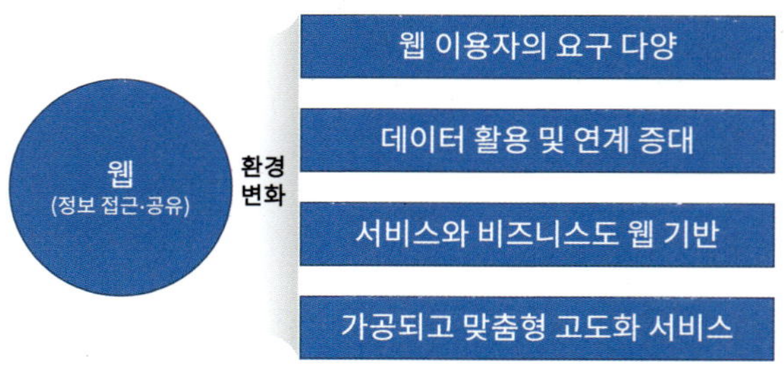

그림 1-37 웹 환경 변화 및 발전

예를 들어, 구구단 정보를 제공하는 웹 서버가 있다고 가정해 보자. 웹 서버에 '3×2'를 요청하면 '6'이라는 결과가 제공될 것이다. 초기 웹 환경에서는 이런 서비스를 제공하기 위해 모든 구구단 값이 서버에 저장돼 있고, 요청에 맞는 결과를 찾아서 제공해 주는 방식이었다. 하지만 이는 매우 비효율적이다. 구구단을 모두 서버에 저장하는 대신 곱셈 연산을 할 수 있는 프로그램을 서버에 저장하면 훨씬 더 효율적일 것이다.

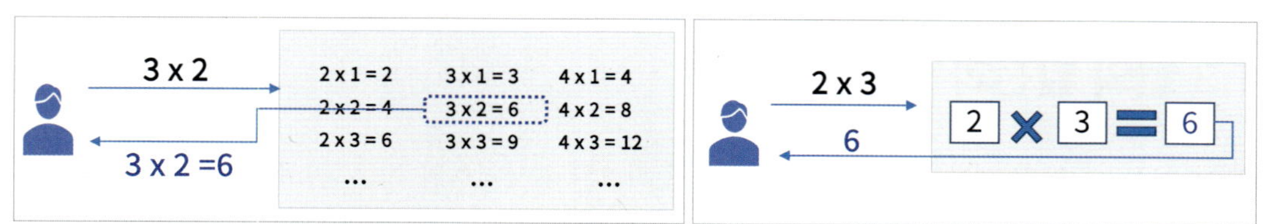

그림 1-38 연산을 통한 가공된 정보 제공

웹 초기에는 사전에 생성되고 정의된 정보만 제공했다. 그런데 환경 변화에 따른 다양한 요구조건에 부응하기 위해 요청 내용에 따라 결과도 달라질 수 있는 방식이 요구되었으며, 다양한 데이터를 활용하려는 시도도 생겨났다.

그림 1-39의 왼쪽 그림은 웹 초기 형태로서 웹 서버는 사전에 생성되고 정의된 정적 페이지만 제공한다. 반면, 오른쪽 그림은 웹의 발전되고 진화된 모습을 보여준다.

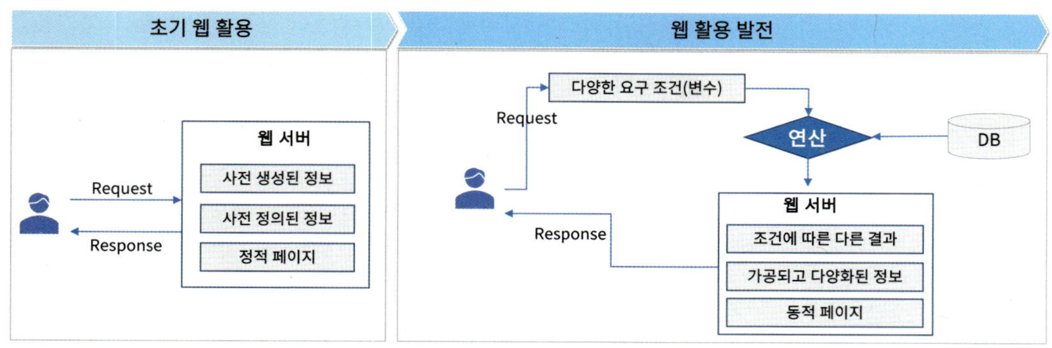

그림 1-39 웹 활용의 발전

- 이용자는 사전 정의된 정보를 일방적으로 받는 입장에서 필요한 정보를 직접 요청하는 방식으로 발전하게 된다.
- 사전 정의되고 획일화된 정보에서 개인별 요구사항에 맞게 로직이 처리된 맞춤형 정보가 제공되는 방식으로 발전했다.
- 웹이 발전하면서 다양하게 축적된 데이터를 정보 제공 서비스에 활용했다.

이처럼 웹이 발전함에 따라 웹 서비스 구현 아키텍처도 그림 1-40과 같이 변화했다.

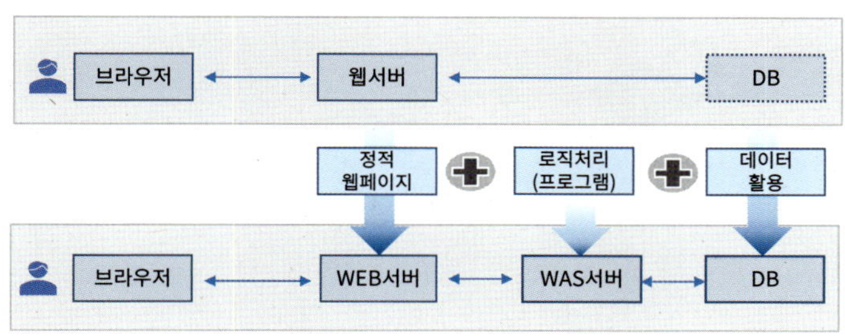

그림 1-40 웹 서비스 환경 변화에 따른 구현 아키텍처 변화

웹 초기에는 '브라우저와 웹 서버'만으로 서비스가 가능했지만, 환경 변화 및 다양한 요구조건에 부응하기 위해 구현 아키텍처도 3단계로 확장됐다. 오늘날 웹 서버는 대부분 이 3단계로 구성되어 있다.

- **WEB 서버**: 준비되고 사전 정의된 정보를 빠르게 제공 (정적 페이지)
- **WAS 서버**: 로직 처리가 필요하거나 데이터와 연계된 가공 정보를 제공해야 할 경우 별도 서버에서 처리(동적 페이지)
- **DB**: 다양한 데이터를 서비스에 활용하기 위해 데이터를 별도로 저장 및 관리

환경 변화 및 웹 서비스 확장에 따른 웹 서비스 아키텍처를 좀 더 상세히 살펴보면 그림 1-41과 같다. WEB 서버에는 HTML이 저장되어 있다. 회사소개와 같은 정적 페이지는 WEB 서버를 통해 요청과 동시에 바로 제공된다. 반면 HTML은 프로그래밍 언어가 아니기 때문에 로직 처리가 필요할 경우 프로그램 구현이 가능한 WAS 서버에서 대신 처리해 준다. WAS는 Web Application Server로서, AS 또는 AP 서버 등 다양하게 불린다. 또한 이용자 요청을 처리하는 과정에서 다양한 데이터가 필요하기 때문에 WAS 서버와 DB는 연결되어 있다.

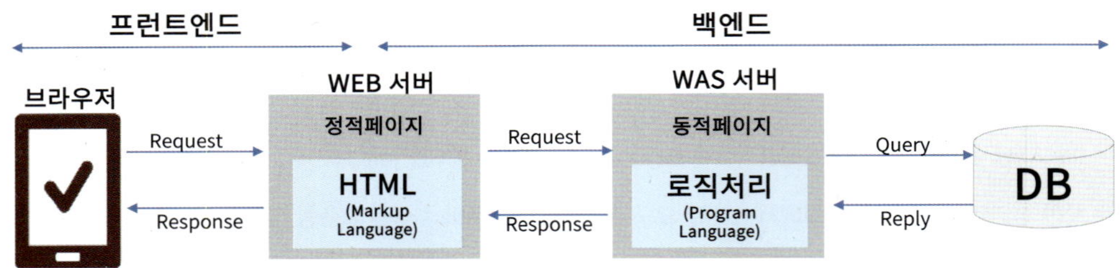

그림 1-41 웹 아키텍처 상세

현재의 웹 아키텍처 구조에서 웹 서비스가 처리되는 과정을 자세히 살펴보자.

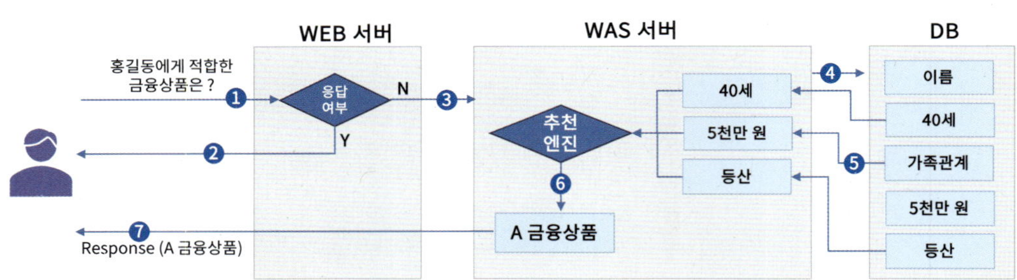

그림 1-42 웹 서비스 진화 사례

❶ 이용자는 원하는 정보를 WEB 서버에 요청

❷ WEB 서버는 요청한 정보(정적 페이지)가 있는지 체크하여 있으면 바로 응답

❸ 만일 요청한 정보가 WEB 서버에 존재하지 않으면 WAS 서버에 대신 처리 요청

❹ WAS 서버는 요청한 정보를 처리하기 위해 필요한 데이터를 DB에 요청

❺ DB는 요청한 데이터를 찾아서 WAS 서버에 전달

❻ WAS 서버는 데이터와 프로그램 구현을 통해 요청한 정보를 생성

❼ 생성된 정보를 이용자 브라우저로 전달

인터넷과 웹을 활용하기 위해서는 기본적으로 데이터가 디지털 형태로 변환돼야 한다. 이처럼 아날로그 데이터를 디지털 형태로 전환하는 것을 'Digitization'이라고 하며, 업무나 서비스 방식 · 절차도 디지털 기반으로 처리되는 것을 'Digitalization'이라고 한다. 초기 웹은 Digitization 과정을 통해 디지털화된 데이터를 인터넷을 통해 단순히 제공하는 방식이었다. 그런데 프로그램과 데이터를 연계하여 업무 프로세스가 디지털로 전환되는 Digitalization 시대로 접어들면서, 웹도 기존의 '단순 정보 제공'에서 보다 다양한 '업무 프로세스 및 서비스'를 웹으로 제공하는 환경으로 발전하게 된다.

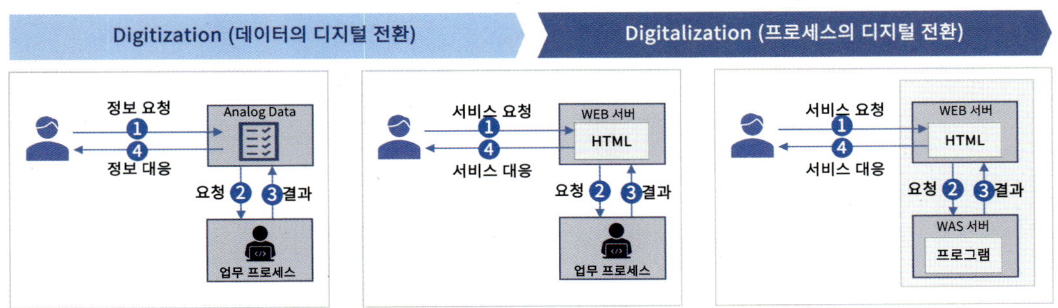

그림 1-43 데이터 · 프로세스의 디지털 전환

초기 웹은 단순히 정보 제공이 목적이었다. 하지만 오늘날 웹은 단순 정보 제공이 목적이 아니다. 정보 제공뿐만 아니라 모든 업무 및 서비스도 웹 기반으로 제공한다.

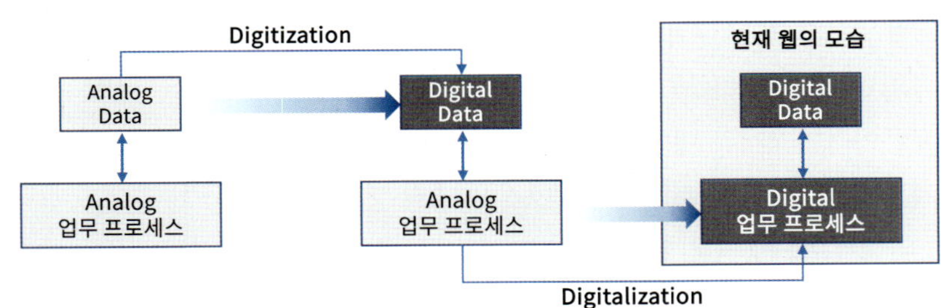

그림 1-44 Digitization과 Digitalization

초기 웹이 Digitization 기반으로 출현할 수 있었다면, 오늘날 웹은 Digitalization 기반으로 제공된다고 볼 수 있다.

2) Open API와 매시업(Mashup)

웹 2.0에서 빼놓을 수 없는 요소가 바로 Open API와 매시업(Mashup)이다. 이번에는 웹 발전의 중요한 요소인 Open API와 매시업에 대해 이해해 보겠다.

인터페이스(Interface)의 개념

API는 Application Programming Interface의 약자다. API는 일종의 인터페이스라고 볼 수 있으며, 따라서 인터페이스 의미부터 정확하게 이해할 필요가 있다.

> 인터페이스는 사물과 사물 사이, 또는 사물과 인간 사이의 경계에서
> 상호 간의 소통을 위해 만들어진 물리적 매개체나 프로토콜

인터페이스 개념을 추상화하여 표현하면 그림 1-45와 같다. 일반적으로 물리적인 매개체 또는 프로토콜이라고 설명하기도 하지만, 2개의 대상이 상호작용하는 과정을 의미하기도 한다.

그림 1-45 인터페이스 개념

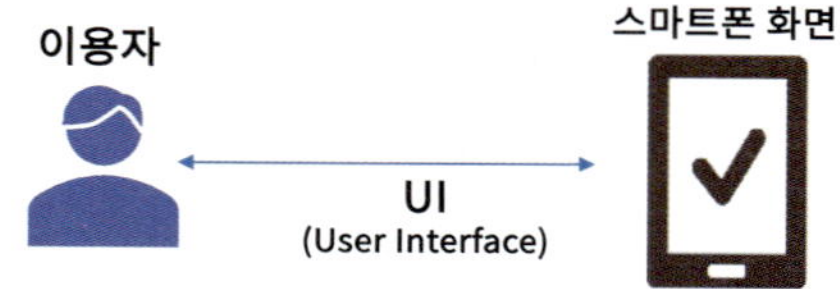

그림 1-46 UI(User Interface) 개념

일반인이 인터페이스 개념을 정확히 이해하기는 어려운데, 사례를 통해 알아보겠다. 그림 1-46은 사람과 스마트폰 사이의 UI(User Interface) 개념을 설명해 준다. 사람과 스마트폰이라는 2개의 대상이 상호작용하는 과정을 살펴보자. 과거에 사람이 컴퓨터와 상호작용(조작 및 제어)하기 위해서는 명령어를 입력해야 했다. 그러다가 마우스가 보급되면서 아이콘을 클릭하는 방식으로 상호작용이 바뀌었다. 아이폰 출시 이후에는 터치(Touch)를 통해 상호작용했다. 그리고 최근에는 음성을 통한 제어 및 조작도 가능하다. 사람과 스마트폰 사이에 이루어지는 명령어 입력, 클릭, 터치, 음성이 모두 인터페이스다. 이렇게 제어 및 조작뿐만 아니라, 화면의 배치 및 구성, 색상 및 밝기 등 상호작용에 영향을 주는 모든 것이 UI라고 이해할 수 있다. 정리하면, UI는 사용자가 스마트폰을 조작 및 활용하기 위해 제어하는 접점 및 상호작용이라고 이해할 수 있다.

API (Application Programming Interface)

인터페이스와 UI를 이해했다면 이제 API에 대해 이해해 보자. API도 이해를 돕기 위해 비유를 하나 들어보겠다. 그림 1-47은 손님이 식사를 위해 중국음식점을 방문하는 상황이다.

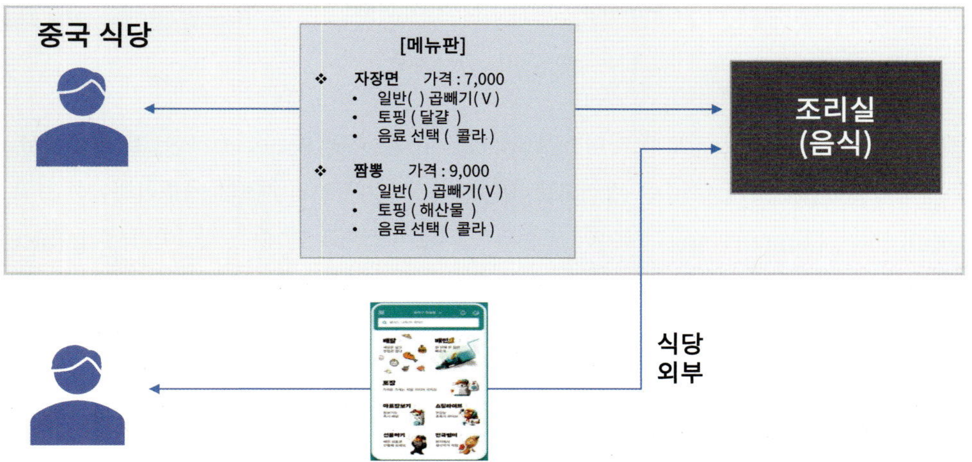

그림 1-47 API 개념 이해를 위한 메뉴판 사례 비유

중국음식점에는 손님이 주문할 요리를 위한 식재료, 주방장, 식기가 모두 갖추어져 있으며, 손님이 요청만 하면 요청한 메뉴를 준비해서 제공할 준비가 되어 있다. 그런데 손님이 식당에 들어와서 자리에 앉는다고 음식이 제공되는 것은 아니다. 손님은 본인이 원하는 요리를 조리실에 주문해야 하며 이때 손님과 조리실 사이의 커뮤니케이션이 필요하다. 손님이 조리실을 찾아가 요청하는 메뉴를 직접 말할 수 있겠지만, 정신없이 돌아가는 조리실에 직접 주문하는 것은 비효율적일 수 있다. 그래서 손님이 원하는 요리를 조리실에 주문할 수 있는 표준화된 약속을 정했는데, 그것이 바로 메뉴판이다. 손님이 메뉴판을 통해 원하는 메뉴와 요리 방식을 체크해서 조리실에 전달하면, 조리실은 메뉴판에 요청한 내용에 따라 요리를 준비해서 제공한다. 이 메뉴판은 손님과 조리실 사이의 인터페이스라고 할 수 있다.

그림 1-48을 살펴보자. 이용자가 스마트폰을 사용하기 위한 명령 방식(Touch), 메뉴 구성 및 배치가 UI라고 이해할 수 있다. 유사하게 API(Application Programming Interface)는 브라우저와 웹 서버 사이에 서비스를 요청하고 응답하기 위한 소프트웨어의 메시지 형식, 통신규약, 제어, 포맷 방식 등을 규정한 것으로 이해할 수 있다.

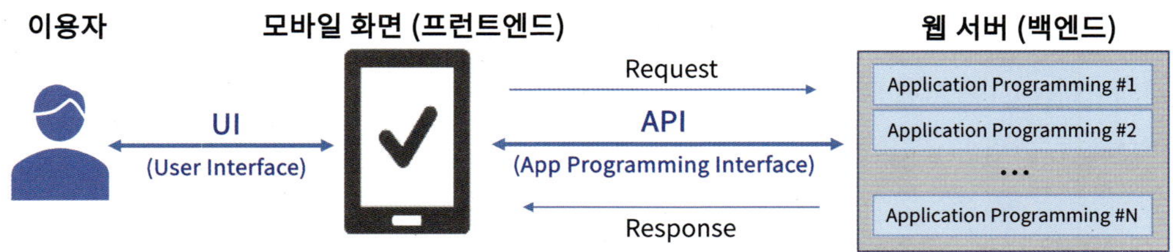

그림 1-48 UI와 API 개념도

웹 브라우저에서 웹 서버로 정보나 서비스(Application)를 요청(Request)하면, 웹 서버에서 요청에 맞는 응답(Response)을 해주는 방식으로 작동한다. 이것은 브라우저와 애플리케이션 프로그래밍(Application Programming) 사이의 일종의 인터페이스라고 할 수 있다. 여기서 Application Programming이란 어떤 기능을 가진 소프트웨어 정도로 이해하는 것이 좋다.

- UI: 사용자가 스마트폰을 조작 및 활용하기 위해 제어하는 접점 및 상호작용
- API: Application Programming을 조작 및 활용하기 위해 제어하는 접점 및 상호작용

그림 1-47을 다시 한번 살펴보자. 만일 이 메뉴판을 '배달의 민족'이라는 앱에 올리면, 식당이 아닌 외부에서도 이 조리실로 음식을 주문하고 음식을 배달받을 수 있게 된다. 이처럼 메뉴판(인터페이스)을 외부에 공개할 수 있다. 이처럼 외부에 공개된 메뉴판(인터페이스)이 바로 Open API 개념이다.

Open API

메뉴판은 원래 식당을 위한 인터페이스였지만, 배달의 민족을 통해 외부에 공개할 수 있는데, 이는 Open API 개념과 유사하다. 이처럼 Application Programming을 외부에 공개할 때 외부인이 이 프로그래밍을 잘 사용 및 활용할 수 있게 일정한 약속, 포맷, 형식 등을 규정하는 것이 필요한데, 이것이 바로 Open API다. 그림 1-49는 Open API 개념을 보여준다.

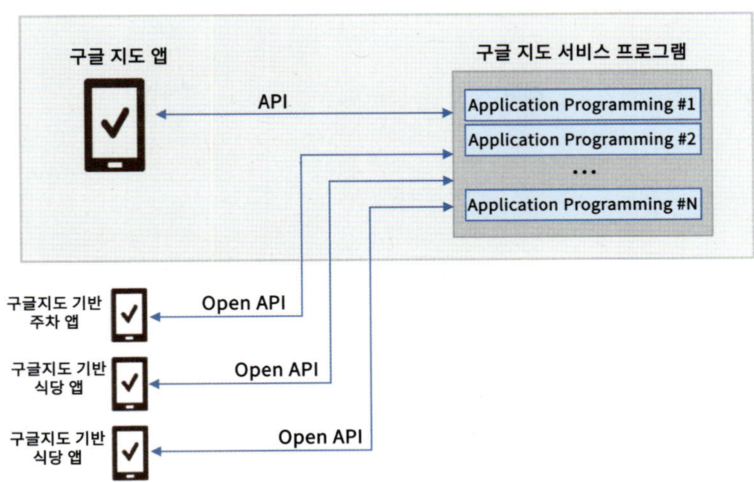

그림 1-49 Open API 개념도

예를 들어, 구글에서 지도 서비스를 제공한다고 하자. 이 지도 서비스의 구현 및 기능 제공을 위해 다양한 기능의 프로그램이 구글 웹 서버에 저장되어 있을 것이다. 외부 개발자는 해킹을 통해 해당 프로그램의 소스 코드를 훔쳐 오지 않는 이상 구글 웹 서버에 저장된 프로그램을 사용할 수 없다. 그런데 구글 웹 서버에 저장된 프로그램을 외부 개발자도 사용할 수 있게 개방해 버리면 어떨까? 외부 개발자는 별도로 프로그램을 개발할 필요 없이 구글에서 개방한 이 프로그램을 사용하면 될 것이다. 이때 외부 개발자들이 구글 서버에 저장된 프로그램을 사용할 수 있게 접근 위치, 사용 범위, 통신, 포맷, 형식 등을 규정해 줘야 하는데, 이것이 바로 Open API다.

최근 자사가 보유한 데이터나 서비스 기능을 외부에 API 형태로 공개하는 경우가 많다. 외부 개발자나 기업은 이렇게 API로 공개된 데이터와 프로그램 기능을 가져다가 새로운 서비스를 만들 수 있다. 국내 공공데이터는 대부분 Open API로 공개되어 있으며, 기상청에서 공개한 기상 데이터를 가져다 다양한 서비스를 새롭게 만들 수도 있다. 이런 Open API를 잘 활용하면 외부에 공개된 API를 이용하여 신규 서비스를 빠르게 창출할 수 있으며 이를 응용하여 다양하고 새로운 서비스 창출도 가능하다.

매시업(Mashup)

매시업은 원래 여러 가지 곡이나 장르를 섞어 새로운 노래를 만들어 낸다는 음악 용어다. IT에서도 네트워크상에 공개된 다양한 정보를 서로 연계 및 연결하여 기존에 없던 새로운 서비스를 만들어 낸다는 의미로 사용한다. 이런 매시업을 구현하기 위해 활용하는 요소가 바로 Open API다. 즉 매시업은 Open API를 활용하여 창조된 제3 서비스로 이해할 수 있다.

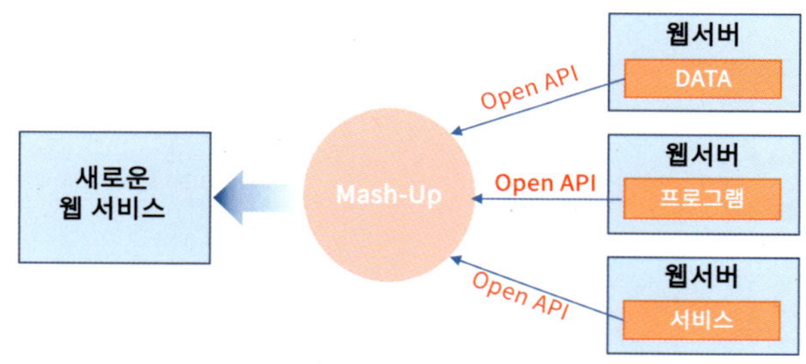

그림 1-50 매시업 개념도

최초의 매시업 사례는 2005년 폴 레이드매처(Paul Rademacher)가 기존 부동산 사이트에 공개된 구글 지도 정보를 가져와서 만든 하우징맵(HousingMaps)이라는 서비스다.

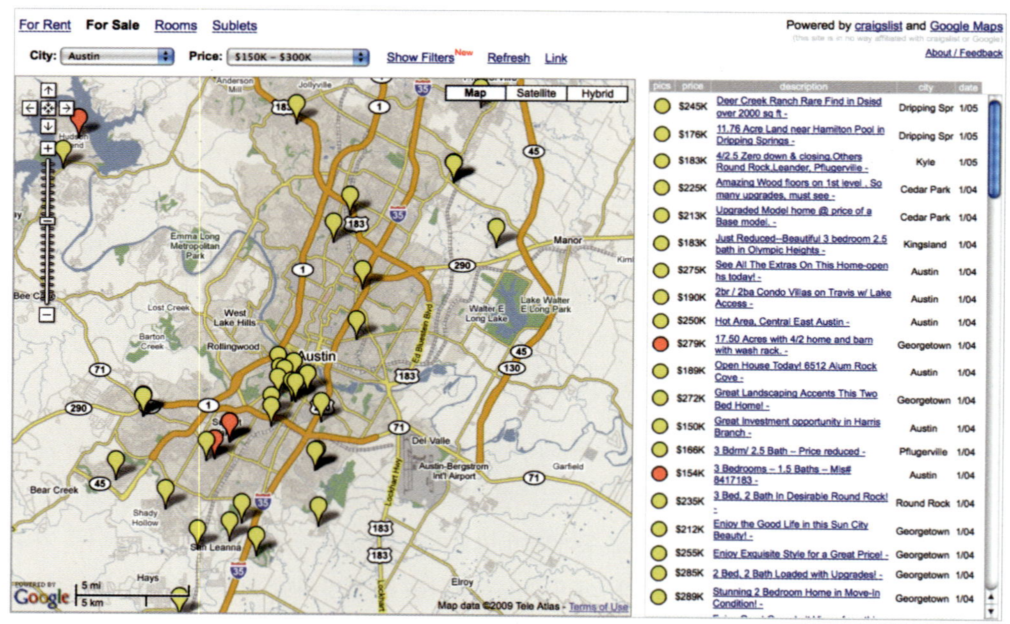

그림 1-51 최초의 매시업 'HousingMaps' (출처: HousingMaps Site)

하우징맵 사이트의 오른쪽 상단을 보면 'Powered by craigslist and Google Maps'라는 문구가 표기되어 있다. 폴 레이드매처는 Open API로 공개된 Craigslist 부동산 정보와 역시 Open API로 제공되는 구글맵을 매시업(Mashup)하여 '지도 위에 부동산 정보를 표현'하는 새로운 서비스를 쉽게 개발할 수 있었다. 매시업 사례는 다양하다. 기상청에서 무상으로 공개하는 기상 데이터를 Open API로 가져와서 다양한 날씨 관련 서비스 창출이 가능하며 서점의 서적 판매 추이를 통해 미래 동향을 분석하는 서비스를 개발할 수도 있다.

웹 환경에서 Open API · 매시업의 시사점

매시업(Mashup) 방식을 이용할 경우 거의 추가적인 개발 비용이 소요되지 않기 때문에 빠르고 쉽게 혁신적인 서비스 개발이 가능하다. 또한 다양한 기능을 매시업할 경우 기존에 없던 새로운 서비스를 창출할 수도 있다. 기존 웹이 '연결'에 기반했다면, Open API와 매시업을 기반으로 한 웹은 서로 '융합 · 창조'가 가능하다는 것을 보여준다.

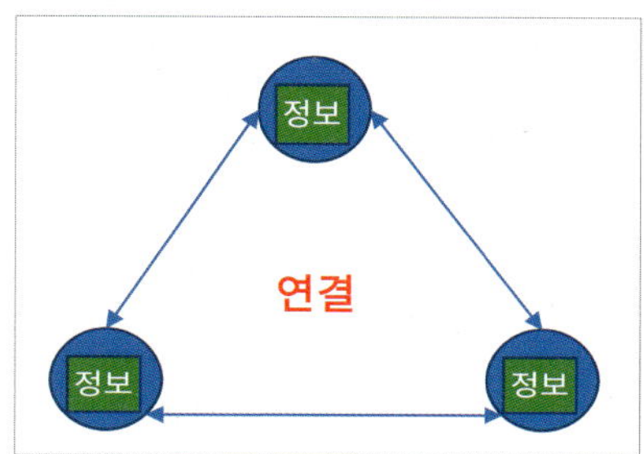

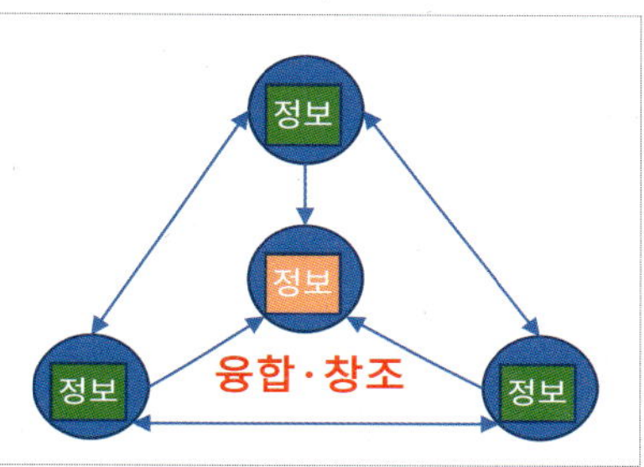

그림 1-52 Open API와 매시업을 통한 정보의 융합 · 창조

3) 플랫폼

플랫폼이 적용되지 않는 분야가 없을 정도로 플랫폼은 상당히 일반적이며 각각의 산업이나 서비스에서도 아주 중요한 역할을 한다. 이런 플랫폼은 당연히 웹 환경에서도 아주 중요한 의미를 지닌다.

플랫폼의 개념

우리는 플랫폼의 시대에 살고 있다고 할 정도로 대부분 일상이 플랫폼 기반으로 이루어져 있다. KTX가 정차하고 탑승자가 탑승하는 장소도 플랫폼이고, 물품 구매자와 판매자가 만나는 시장도 플랫폼이다. 주택 수요자와 공급자를 연결해주는 과거 복덕방도 대표적인 플랫폼이다. 배달의 민족도 플랫폼이고 카카오톡도 플랫폼이다.

플랫폼은 너무나 다양하게 활용되기 때문에 사례 제시보다는 플랫폼의 개념을 도식화하여 그림으로 나타내면 그림 1-53과 같다. 이해관계자들이 한 장소에 참여하여 다양한 상호작용을 하고, 이런 과정에서 업무 효율성이 제고되고, 규모의 경제가 구현되고, 융합 · 창조의 과정을 거쳐 새로운 부가가치가 창조되며 이는 다시 생태계 참여 유입을 가중시킨다. 이런 이해를 바탕으로 플랫폼의 특징을 3가지로 정리할 수 있다.

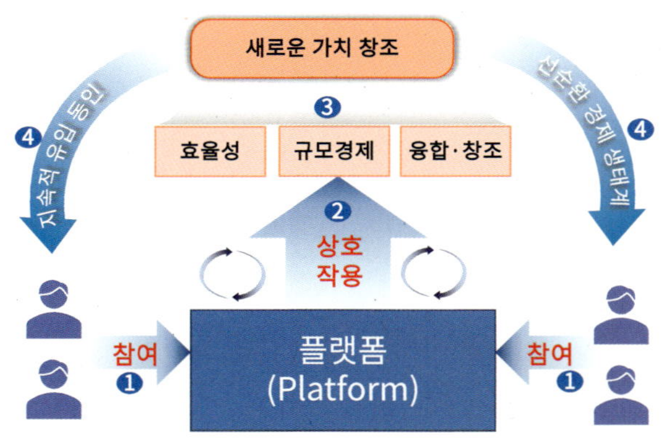

그림 1-53 플랫폼 개념도

- 수요자 · 공급자 또는 이해관계자가 함께 모인다.
- 활발한 거래 활동과 다양한 상호작용이 발생한다.
- 그 과정에서 업무 · 서비스 효율성 제고 및 새로운 가치가 창조된다.

플랫폼은 한마디로 많은 '참여와 상호작용' 통한 가치 창조의 토대라 할 수 있다.

플랫폼으로서의 웹

웹 2.0의 대표적인 특징 중 하나는 바로 '플랫폼으로서의 웹'이다. 다른 산업 · 서비스 분야에서도 플랫폼은 중추적인 역할을 한다. 하지만 웹 환경에서는 플랫폼이 더욱더 주목받는 것 같다. 왜 웹 환경에서 플랫폼이 더 부각되는 것일까?

플랫폼은 본질적으로 '참여와 상호작용' 기반으로 작동한다고 했다. 전통적인 환경에서는 사람들이 한 장소에 모이려면 많은 시간과 비용이 소요되고 한곳에 모일 수 있는 거대한 장소도 필요하다. 바꾸어 말하면, 플랫폼이 형성되고 활성화되기 위해서는 참여하고 상호작용하는 데 드는 시간과 비용을 최소화할 필요가 있다.

웹은 기본적으로 온라인 기반이며, 시공간을 초월하여 연결 및 공유가 가능하다. 회원가입만으로 참여가 가능하며 물리적 공간을 초월하여 만남과 상호작용을 할 수 있다. 온라인 기반의 디지털 세상에서 전 세계 수많은 사람은 실시간 공유 · 커뮤니케이션 · 상호작용을 하면서 새로운 가치를 창조해 낼 수 있다. 플랫폼은 결국 참여와 상호작용에 의해 조성되는데, 이런 플랫폼의 속성을 가장 잘 구현할 수 있는 것이 바로 인터넷과 웹이다. 사람들은 클릭 몇 번만으로 페이스북이라는 가상의 공간(플랫폼)에서 전 세계 사람들과 실시간으로 만나고 관계를 형성한다.

웹은 플랫폼 구현에 필요한 핵심 요소를 구현하기에 최적의 환경을 제공한다. 대표적인 플랫폼인 유튜브를 한번 살펴보자. 사람들은 누구나 자유롭게 동영상 콘텐츠를 창작하여 유튜브 플랫폼에 업로드한다. 그리고 이렇게 업로드된 수많은 동영상은 사람들에 의해 소비되고 유통된다. 이렇게 콘텐츠 생산자와 소비자가 상호작용하는 과정에서 고품질의 콘텐츠를 양산하면서 보다 많은 서비스 영역을 유튜브 플랫폼으로 끌어들이고 있다. 그리고 이를 통해 창작자들은 수익을 창출하고 기업들은 제품을 홍보한다.

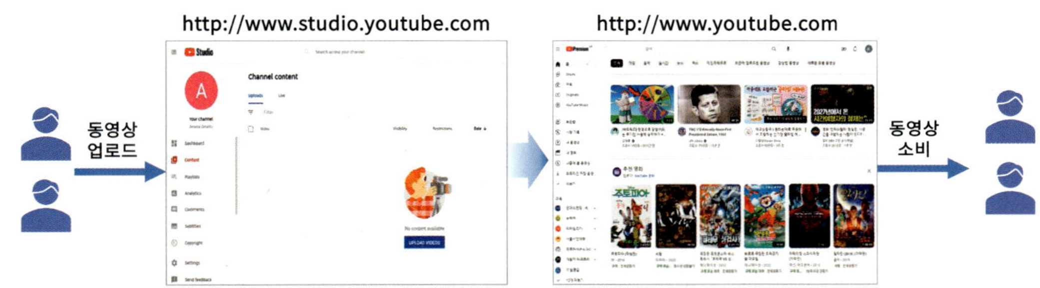

그림 1-54 플랫폼으로서의 웹

그림 1-55를 통해 웹 환경에서의 플랫폼의 유형과 각 플랫폼이 어떻게 활용되는지 살펴보자.

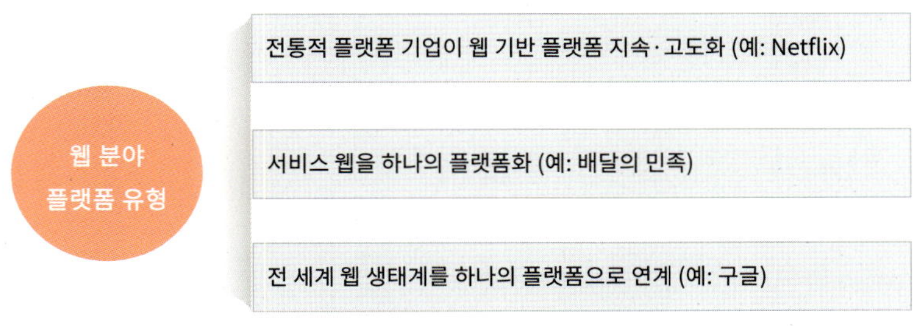

그림 1-55 웹 분야 플랫폼 유형

- 넷플릭스(Netflix)는 원래 비디오 · DVD를 수요자에게 대여하는 대표적인 영화 유통 플랫폼 기업이었다. 하지만 웹 시대 도래에 맞춰 OTT 서비스로 확장했고 현재 웹 기반으로 온라인 영화 스트리밍 서비스를 제공하는 1위 기업이 됐다. 넷플릭스는 전통적인 플랫폼 기업이 온라인 환경에 맞게 관련 서비스를 고도화한 사례의 대표적 예다.
- 배달의 민족은 온라인 기반으로 음식 수용자와 공급자를 매칭시키고 배달까지 연계하는 전형적인 플랫폼 기업이다. 온라인 공간에 배달의 민족이라는 플랫폼을 개설하고 이해관계자들을 자발적으로 참여시켜 생태계를 형성했다.
- 배달의 민족처럼 하나의 웹사이트도 플랫폼이 될 수 있지만, 여러 웹사이트가 연결된 거대한 웹도 하나의 플랫폼이라고 할 수 있다. 그런데 이런 거대한 웹에 접근하기 위해 대부분 사람은 '구글'이라는 검색 포털을 이용한다. 검색 포털은 웹 이용자와 거대한 웹을 연결해 주는 또 다른 플랫폼이라고 할 수 있다.

웹은 플랫폼 구현에 최적의 환경을 제공하며 다양한 유형의 플랫폼을 구현할 수 있다. 이런 플랫폼적 기질을 모두 갖춘 웹은 그만큼 새로운 서비스 확장 및 부가 가치 창출이 용이하다.

4) 검색 포털 서비스

전 세계 웹사이트는 몇 개나 될까? 그리고 전 세계 웹 페이지는 얼마나 많을까? 또한 각 웹 페이지에는 얼마나 많은 정보가 혼재되어 있을까? 이런 헤아릴 수 없는 정보의 바다에서 이용자가 필요로 하는 정보를 찾는다는 것은 불가능에 가깝다. 또한 각 정보에 접근하기 위해서는 정보가 저장되어 있는 고유한 주소(URL)를 알아야 하는데, 이 주소를 식별해서 관리하고 활용하기가 현실적으로 매우 불편하다.

MEMO

전 세계 웹사이트 수

Total Number of Websites by Year

Year	All Websites	Active Websites
January 2022	1,167,715,133	*198,988,100*
January 2021	1,197,982,359	*199,533,484*
January 2020	1,295,973,827	*189,000,000*
January 2019	1,518,207,412	*182,185,876*
January 2018	1,805,260,010	*171,648,771*
January 2017	1,800,047,111	*172,353,235*
January 2016	906,616,188	*170,258,872*
January 2015	876,812,666	*177,127,427*
January 2014	861,379,152	*180,067,270*
January 2013	629,939,191	*186,821,503*
January 2012	582,716,657	*182,441,983*
January 2011	273,301,445	*101,838,083*
January 2010	206,741,990	*83,456,669*
January 2009	185,497,213	*71,647,887*
January 2008	155,583,825	*68,274,154*

그림 1-56 전 세계 웹사이트 수 (출처: Siteefy.com)

얼마나 많은 웹 페이지가 있을까요? 현재 인터넷에 있는 모든 웹 페이지 수를 정확히는 알 수 없습니다. 그러나 추정치는 있습니다. 네덜란드 틸뷔르흐대학교(Tilburg University)의 연구 프로젝트에 따르면 색인된 웹에 최소 49억 8천만 페이지가 포함되어 있다고 합니다(2021년 9월 5일 기준). 하지만 실제 크기는 500억 페이지 이상인 것 같습니다.

출처: Siteefy.com

전 세계에 존재하는 수많은 웹 페이지에서 이용자가 필요로 하는 정보를 찾는다는 것은 거의 불가능에 가깝다. 이때 활용할 수 있는 도구가 바로 '검색엔진'이다. 대표적인 검색엔진을 서비스하는 기업이 바로 구글과 네이버다.

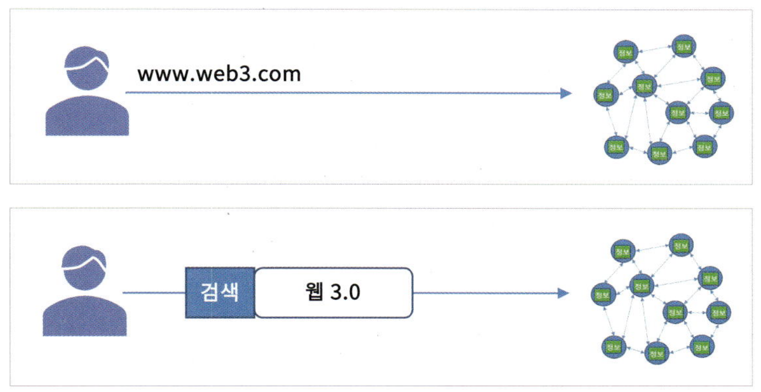

그림 1-57 웹과 검색 포털 구분

그림 1-57의 위쪽 그림을 보면, 검색엔진이 없는 웹 환경이라면 웹 정보가 저장된 위치(URL)를 모두 식별하고 정보가 저장된 주소를 직접 입력해야만 정보에 접근할 수 있다. 하지만 검색엔진을 이용하면 키워드 입력만으로 키워드와 매칭되는 웹 페이지를 찾아준다.

검색엔진 작동원리

검색엔진의 작동원리를 이해하기 위해서는 먼저 인덱스의 개념부터 이해할 필요가 있다. 책에서 원하는 정보가 담긴 페이지를 찾기 위해 일반적으로 책 뒤편에 있는 인덱스를 활용한다. 그림 1-58에서처럼 책을 집필하게 되면 책 뒷부분에 인덱스를 추가한다. 이후 책이 출간되면 독자는 먼저 인덱스를 참조해서 책에서 원하는 정보가 담긴 페이지로 바로 이동할 수 있다.

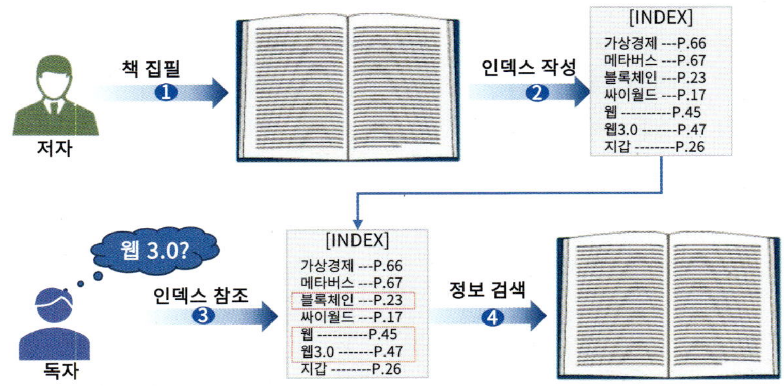

그림 1-58 정보의 빠른 검색을 위한 인덱스 활용 사례

인덱스는 수많은 데이터가 저장된 데이터베이스에서도 많이 활용된다. 데이터베이스에는 많은 테이블이 있고 테이블에는 수많은 데이터가 포함되어 있다. 수많은 데이터 저장소에서 필요한 데이터를 검색하는 것은 상당한 시간이 소요된다. 따라서 검색 속도를 높이기 위해 데이터베이스는 일반적으로 인덱스 테이블을 별도로 설계한다. 인덱스는 앞서 살펴봤던 책의 인덱스와 비슷하며 역할도 유사하다.

INDEX	
가상경제	5
블록체인	7
싸이월드	2
웹 3.0	3
...	...

TABLE		
위치	Data #1	Data #2
1	NFT	대체불가
2	싸이월드	
3	웹 3.0	
4	토큰	
5	가상경제	
6	스마트계약	
7	블록체인	
8	가상세계	
..	...	

그림 1-59 데이터베이스에서 인덱스 활용

구글이 처음 소개됐을 때 가장 놀라웠던 것은 어떻게 1초도 안 걸리는 그 짧은 시간에 전 세계에 퍼져 있는 웹 페이지 수십만 개를 찾아줄 수 있느냐는 것이었다. 정보의 바다라는 웹에서 원하는 정보를 찾는 과정에도 이 인덱스를 이용한다. 그림 1-60은 인덱스를 통해 원하는 웹 페이지에 접근하는 것을 보여준다. 이용자가 '웹 3.0'을 검색하면 먼저 사전에 정의된 인덱스에 접근하고 이 인덱스 정보를 통해 웹에 접근한다.

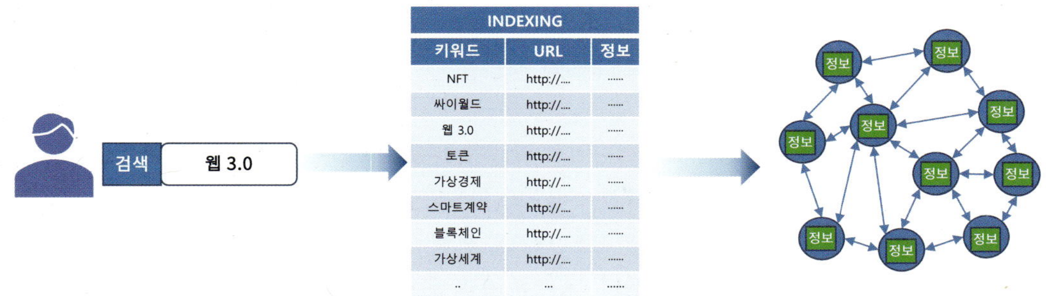

그림 1-60 검색 포털을 통한 웹 접근 방법

검색엔진은 미리 웹을 뒤져서 관련 정보와 URL을 모두 수집하고 이렇게 수집된 정보를 기반으로 인덱스를 완성시킨다. 이후에 이용자들이 검색에 키워드를 입력하면 미리 완성된 인덱스를 기반으로 원하는 웹 페이지로 연결시켜 주는 원리다.

검색엔진이 작동하는 절차를 그림 1-61을 통해 좀 더 자세히 살펴보자.

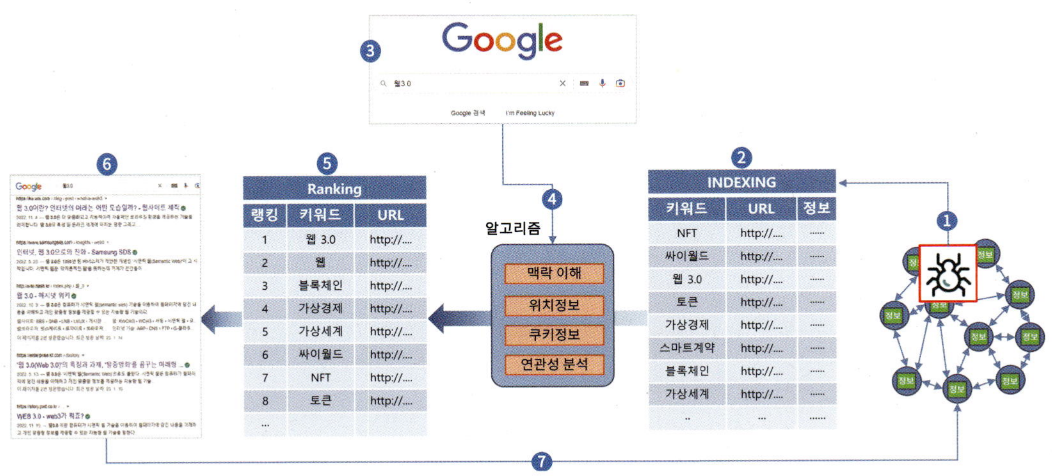

그림 1-61 검색엔진 작동 절차

❶ 웹 크롤러(Crawler)라는 봇(Bot)이 거대한 웹을 돌아다니면서 인덱스 구현에 필요한 모든 정보를 수집한다.

❷ 수집된 정보(키워드, 정보, URL 주소 등)를 기반으로 인덱스를 완성한다.

❸ 이용자는 원하는 정보를 찾기 위해 검색창에서 키워드를 검색한다.

❹ 검색엔진은 키워드와 맥락정보를 활용하여 검색 키워드와 관련이 있는 인덱스 정보를 모두 식별한다.

❺ 식별된 인덱스는 다시 우선순위 알고리즘에 따라 순서가 재배열된다.

❻ 우선순위로 식별된 웹 페이지 순서로 브라우저 상단부터 노출시킨다.

❼ 검색된 사이트를 선택하면 해당 웹 페이지로 이동한다.

구글은 이미 전 세계 웹 페이지를 돌아다니면서 검색어와 검색어 관련 요약 정보를 미리 인덱스로 구성하여 서버에 저장해 둔 상태이며, 특정 키워드가 검색되면 해당 키워드와 연관되는 정보를 인덱스에서 찾아서 제공해 준다. 전 세계 웹은 모드 링크를 통해 연결되어 있기 때문에 전 세계 인터넷을 타고 다니면서 어렵지 않게 수집할 수 있다. 그리고 검색 결과에서 이용자의 목적에 좀 더 부합하는 웹 페이지가 상단에 위치할 수 있도록 다양한 알고리즘이 활용된다.

검색엔진 구현 3요소

그림 1-62를 보면, 검색 엔진은 다음 세 가지 기본 기능을 통해 동작한다고 볼 수 있다.

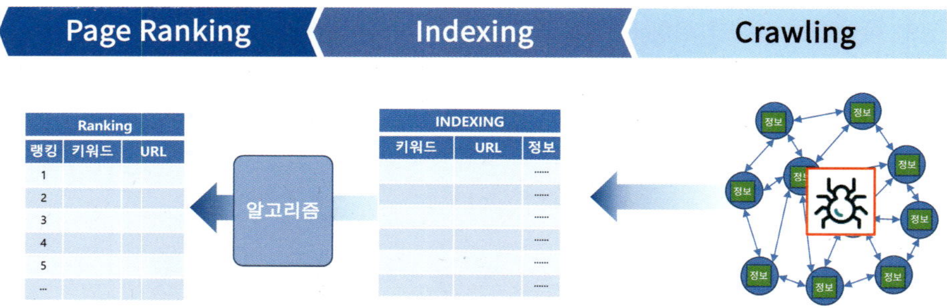

그림 1-62 검색엔진 구현 3대 요소

❶ **크롤링**(Crawling): 웹 페이지를 검색하고 필요한 정보를 수집

❷ **인덱싱**(Indexing): 수집된 정보를 인덱스로 구현 및 저장

❸ **순위**(Page Ranking): 관련성이 높은 검색 결과를 상단에 배치

❶ 크롤링 (Crawling)

크롤링은 말 그대로 크롤러(Crawler)를 이용하여 웹 페이지에 포함된 모든 정보를 긁어 오는 것을 말한다. 크롤러는 웹사이트에 있는 모든 링크를 타고 다니면서 웹 페이지를 방문하고 필요한 정보를 수집하여 검색엔진 수집 서버로 가져오는 역할을 수행한다. 웹 페이지는 외부에 공개하고 검색이 잘 되게 하는 것이 목적이기 때문에 웹 페이지를 구축할 때도 크롤러들이 해당 페이지에 접속하여 정보를 가져갈 수 있게 지원한다. 필요에 따라 외부 접근을 차단하거나 부분적 공개만 허용해야 하는 상

황이라면, 수집이 가능한 페이지와 그렇지 않은 페이지를 구분해줘야 하는데, 이런 역할을 하는 것이 바로 'Robots.txt'다. 'Robots.txt'는 크롤러가 접근 · 수집 여부 및 수집 가능 · 불가능 항목을 알려주는 역할을 한다. 웹 페이지 관리자는 크롤러가 진입하는 입구에 'Robot.txt'를 작성해 둔다. 크롤러는 Robots.txt를 참조하여 수집 여부 및 수집 가능한 항목을 식별할 수 있다.

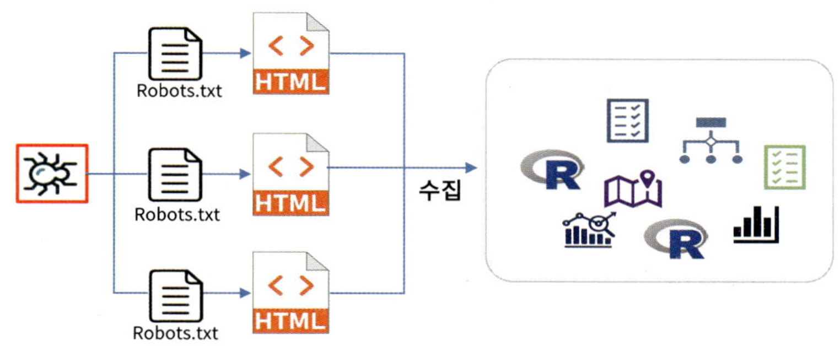

그림 1-63 크롤링(Crawling) 개념도

MEMO

Robots.txt에 포함되는 내용

- User-agent: 크롤러 명칭 (검색 엔진별로 접근 규칙을 설정할 수 있다.)
- Allow: 크롤링 허용
- Disallow: 크롤링 제한
- Sitemap: 사이트맵이 위치한 경로의 전체 URL

예】

- User-agent: *
- Allow: /post-sitemap.xml
- Disallow: /wp-admin/
- Sitemap: https://exmaple.com/sitemap.xml

웹 크롤러가 어떤 정보를 수집해 가는지 잠깐 살펴보자. 그림 1-64에서 보는 것처럼, 교보문고 홈페이지(www.kyobobook.co.kr)에서 키보드의 'F12'를 누르면 오른쪽 화면이 나타난다. 이 화면은 해당 페이지를 구현하고 있는 HTML을 보여준다. 크롤러는 이 HTML이 포함된 페이지들을 모두 분석해서 필요한 키워드와 정보를 수집해 간다.

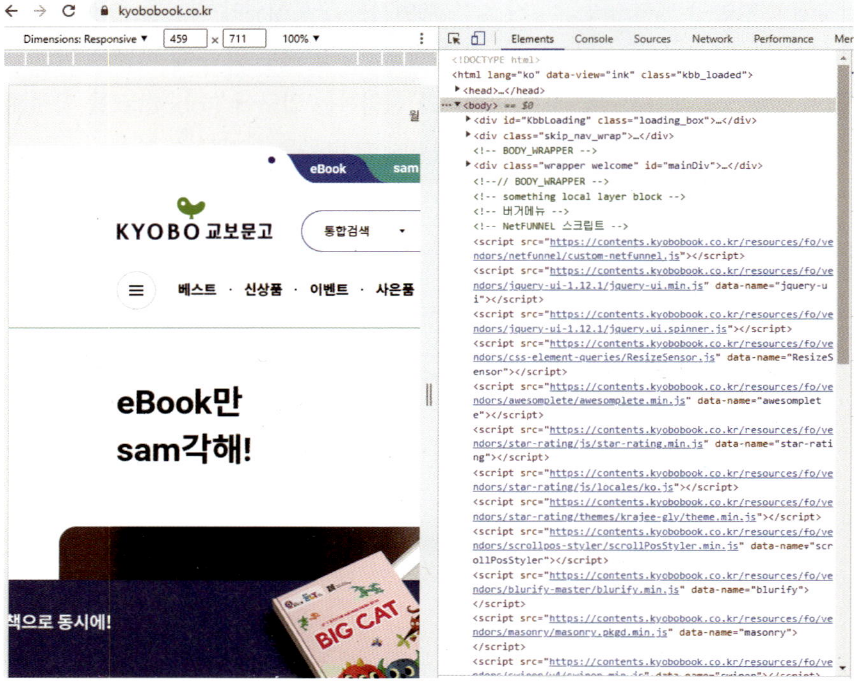

그림 1-64 크롤링 대상

예를 들어, 그림 1-65에서 보는 것처럼 크롤러가 HTML에서 '대표전화 : 1544-1900'을 수집해 갔다면, 나중에 이용자가 구글 검색에서 해당 번호를 검색하면 이 페이지를 찾아서 연결해 준다.

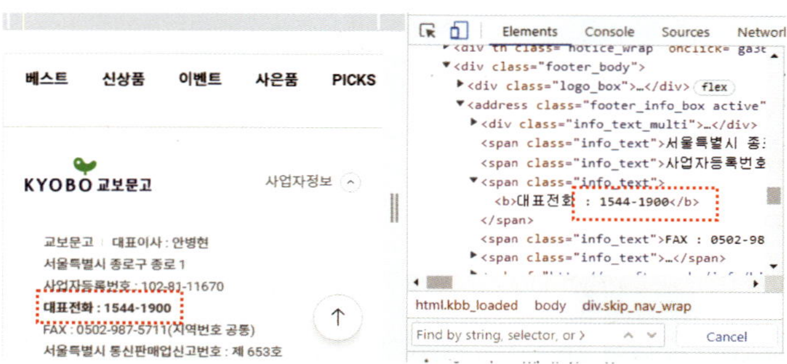

그림 1-65 크롤링을 통한 정보 수집

❷ 인덱싱 (Indexing)

인덱싱은 크롤러가 수집해온 웹 페이지 정보를 저장 및 가공하는 것을 말한다. 수집된 수많은 데이터를 다시 검색에 활용될 수 있게 정리하고 가공하는 과정이라고 볼 수 있다. 이를 인덱싱(색인을 만드는 과정)이라고 한다. 검색하면 이 인덱스를 참조해서 검색 결과를 제공한다.

그림 1-66 인덱싱 개념도

❸ 순위 (Page Ranking)

구글에서 특정 키워드를 검색하면 관련된 페이지가 적게는 수만 개, 많게는 1억 개가 넘는 페이지가 검색된다. 만일 검색된 페이지에 우선순위가 없다면 그 많은 검색된 페이지에서 원하는 정보를 찾기가 쉽지 않다. 따라서 검색엔진은 키워드 연관성 및 사용자의 의도 및 맥락 정보를 다양하게 고려해서 관련성이 높은 페이지를 상단에 보여준다.

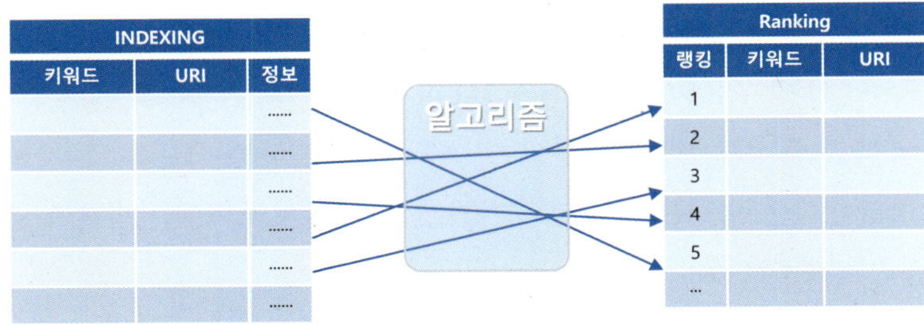

그림 1-67 페이지 랭킹 개념도

우선순위를 결정하는 알고리즘은 영업 비밀이기 때문에 당연히 공개되어 있지 않다. 대충 예상해 볼 수 있는 요소는 단어 의미와 문맥, 사용자 국가와 위치 정보, 연속 키워드의 연관성, 검색 빈도 등이 있다.

5) 프로슈머(Prosumer)

1인 창작자, 콘텐츠 크리에이터 시대다. 콘텐츠를 생산과 소비를 동시에 추구한다는 차원에서 '프로슈머(**Pro**ducer + Con**sumer**)'라는 용어도 많이 사용된다.

과거에는 정보 · 도구 · 기술의 비대칭성이 존재했다. 하지만 인터넷 기반 웹 환경을 통해 누구나 자유롭게 정보에 대한 접근이나 소비가 가능해지고, 인터넷을 기반으로 시공간을 초월하여 참여도 가능해졌다. 웹 플랫폼 기업들은 참여 확대를 유인하기 위해 다양한 콘텐츠를 창작하여 업로드할 수 있는 기반 환경이나 도구를 지원했다. 특히 스마트폰의 보급은 프로슈머 활동에 가히 혁명적인 역할을 제공했다. 모든 정보와 서비스가 손안에서 해결됐으며 언제 어디서나 정보와 콘텐츠가 생성되어 웹을 통해 전파되고 소비됐다. 또한 스마트폰을 통해 콘텐츠 생성 및 제작도 아주 용이해졌다.

그림 1-68 유튜브 크리에이터 (출처: YouTube 한국 블로그)

과거 일부 소수에 의해 콘텐츠가 생산되는 시대에서 이제 누구나 콘텐츠와 정보를 생산하는 시대가 된 것이다. 콘텐츠의 양적 규모뿐만 아니라 종류와 유형에 있어서도 놀라운 변화가 일어나고 있다. Wyzowl.com에 따르면, 유튜브에는 매일 약 370만 개의 새로운 동영상이 업로드되며, 현재 최소 8억 개 이상의 동영상이 업로드되어 있다고 평가했다. 이런 참여의 확대는 정보의 생산성과 정보의 다양성을 확대시키는 계기가 됐다.

또한 이렇게 수집 및 생성되는 수많은 정보와 데이터는 빅데이터와 AI와 연계되어 미래 이슈 아젠다를 발굴하거나 미래 트렌드를 예측할 수 있는 분석의 원천 자료로 활용되기도 한다. SNS 빅데이터를 활용한 사회 이슈 탐지 및 예측 분석 연구도 활발하다. 기업 입장에서는 상품 수요 예측 및 효율적인 생산 계획 수립도 가능하다. 또한 개인적으로는 개인 맞춤형 타깃 서비스와 마케팅도 가능해졌다.

웹 1.0은 단순히 정보를 제공하는 역할이었다. 소수에 의해 정보가 생산 및 제공되다 보니 정보의 생산성과 다양성이 떨어졌다. 다시 말하면 이는 정보의 소비 증가로 이어지기 어려운 구조였다.

반면 웹 2.0은 프로슈머 시대다. 정보 소비자가 동시에 정보 생산자가 된다. 이는 정보의 생산성 혁명을 일으켰고 동시에 정보의 다양성도 보장했으며, 이는 결국 정보 소비의 증가로 이어졌다. 더 나아가 정보의 대규모와 다양화로 개인 맞춤형 정보 제공이 가능해졌고 빅데이터 · 인공지능 기술이 가세하면서 지능형 정보도 가능해졌다. 이는 다시 정보의 소비와 생산을 더욱더 가속화하는 선순환 생태계를 조성했다.

6) 통신 기술의 발전

앞서 살펴봤던 것처럼 웹은 인터넷이라는 기반 통신망을 이용한 서비스다. 통신 기술이 인터넷의 발전을 견인하고 동시에 웹 서비스의 발전 및 진화에도 절대적인 영향을 미친다. 웹을 통해 다양한 혁신 서비스가 가능했던 이유도 결국 통신 기술이었다. 웹 기반의 메타버스가 활성화되기 위해서는 무엇보다도 통신 기술이 발전돼야 한다. 자율주행차 보급을 앞당기기 위한 핵심 요소도 바로 초저지연 · 초광대역 통신 기술이다. 아무리 다른 기술이 뛰어나다고 하더라도 결국 통신 기술의 뒷받침 없이는 웹이 발전하기는 어렵다.

유선통신 기술에서는, ADSL/VDSL을 거쳐 FTTH 광케이블 시대로 접어들면서 Gbps 급 전송 속도로 발전했다. 무선통신 기술에서도 3G, LTE, 5G 시대로 이어지고 있다. 과거 단순 텍스트 기반 정보 서비스에서 오늘날 실시간 영화 스트리밍 서비스가 가능하게 된 것도 결국 통신 기술 덕분이라고 볼 수 있다.

스마트폰도 무선 통신이라는 기술의 진보를 기반으로 하고 있으며 앞으로 도래할 3D와 4D로 구현되는 메타버스 환경도 결국 통신 기술의 발전과 직접적인 연관이 있다.

MEMO

오는 2028년 6G 시대 연다… 정부, 관련 R&D에 6253억 투자

정부가 6G(6세대 이동통신) 상용화를 선도하기 위해 6253억원 규모의 R&D(연구개발)를 추진한다. 3년 뒤 이른바 'Pre-6G' 기술 우선 시연을 계획하는 등 글로벌 시장 주도권 확보에도 나선다. 정부는 2028~2030년께 6G 상용화가 이뤄질 것으로 보고 있다.

과학기술정보통신부는 20일 오전 개최된 비상경제장관회의에서 'K-네트워크 2030 전략'을 상정했다. 이후 삼성전자 서울R&D캠퍼스에서 관련 내용을 발표한 뒤 차세대 네트워크 모범 국가 실현을 위한 민 · 관 · 대 · 중 · 소 상생협력방안도 논의했다.

출처: NEWSIS

7) 스마트폰 등장

스마트폰은 일상생활뿐만 아니라 대부분의 산업과 서비스에도 많은 변화를 야기했다. 스마트폰은 웹 관점에서도 많은 시사점을 제공한다. 스마트폰은 정보 · 서비스에 대한 접근성뿐만 아니라 정보 · 서비스 생산성 측면에서도 혁신적인 변화와 발전을 가져왔다.

스마트폰 이전에는 PC를 통해서만 웹에 접근할 수 있었다. 이는 시간적으로나 공간적으로 제약 요소다. 하지만 스마트폰의 출현으로 웹 접속 장치가 손안으로 들어왔다. 이는 사람들의 일상뿐만 아니라, 잠자리에서, 식사 중에, 화장실에서, 걸어가면서 언제 어디서나 웹에 대한 접근이 가능하게 된 것이다.

그림 1-69 스마트폰 출현 (출처: 구글 이미지)

스마트폰은 정보의 생산성 측면에서도 가히 탁월하다. 정보의 접근성이 용이해지고 접근시간이 늘어나면 자연스럽게 정보의 생산성 증대로 이어진다. 또한 스마트폰은 정보의 생산성을 극대화할 수 있는 모든 기능으로 무장되어 있다. 카메라 사진, 동영상, 센서, GPS, 텍스트 입력, 스피커 등 스마트폰을 통해 언제 어디서나 다양한 콘텐츠를 실시간으로 생성할 수 있게 됐다. 이렇게 생성된 정보 · 콘텐츠는 웹에 저장되고 이는 다시 실시간으로 공유되고 전파된다. 스마트폰으로 영화를 찍는다는 이야기도 들린다.

MEMO

'스마트폰'으로 영화 찍는 시대… 나홍진 감독 '갤럭시S23' 들었다

22일 오후 서울 코엑스 메가박스에서 열린 나홍진 감독의 단편 신작 '페이스'(Faith · 신념) 시사회장. 10분 분량의 단편 영화 감상을 위해 미디어, 관객, 관계자들 수십 명이 시사회장을 찾았다. 이날 시사회는 단순한 영화 행사를 넘어, '영화와 스마트폰 기술의 만남'이란 측면에서 의미가 있는 이벤트라는 평가를 받았다. 나 감독의 영화 '페이스'가 삼성전자(005930)의 프리미엄폰 '갤럭시S23' 울트라로 모두 촬영됐기 때문이다.

출처: 이데일리

그림 1-70은 스마트폰 전후 웹의 모습을 보여준다. 스마트폰 보급 이전에는 웹은 PC와 연결되는 것과 같았다. 즉, PC나 노트북이 존재하는 위치가 바로 웹(접근) 영역이라고 할 수 있었다. 하지만 스마트폰이 손안으로 들어오면서 웹의 영역에 대한 느낌이 완전히 달라졌다. 일상 자체가 웹이라고 할 수 있게 되었다. 이는 정보 · 서비스의 접근과 생산이 일상이라는 것을 의미하기도 한다.

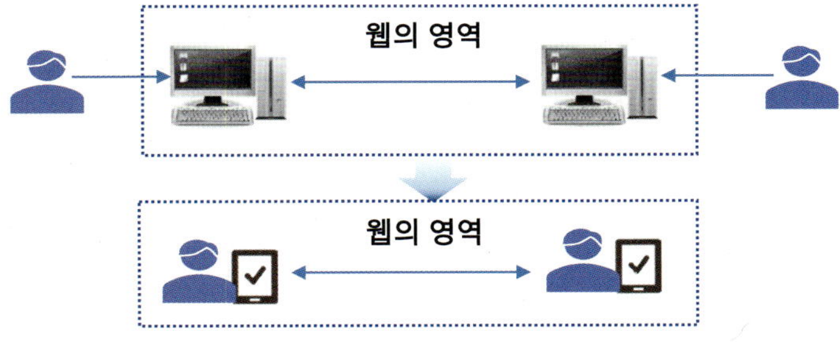

그림 1-70 스마트폰 출현으로 언제 어디서나 웹 접근

1.3.2 웹 2.0

웹 3.0은 결국 웹 2.0의 연속선상에서 이해하는 것이 필요하기 때문에 먼저 웹 2.0의 배경과 개념에 대해 한번 정리해 보겠다.

1) 웹 2.0 등장

젊은 세대는 잘 이해하지 못하겠지만 한때 회사명에 '닷컴'이란 단어가 붙었다는 이유만으로 수백억의 투자금이 유치되고, 닷컴 서비스에 진출한다는 기사 하나만으로 주가가 폭등하던 시대가 있었다. 바로 1999년부터 시작되어 2000년 정점을 찍고 2001년 붕괴된 닷컴버블이다. 당시 닷컴버블은 최근 가상화폐 버블과 비견되기도 한다. 닷컴버블은 국내뿐만 아니라 미국에서도 상당한 문제였다.

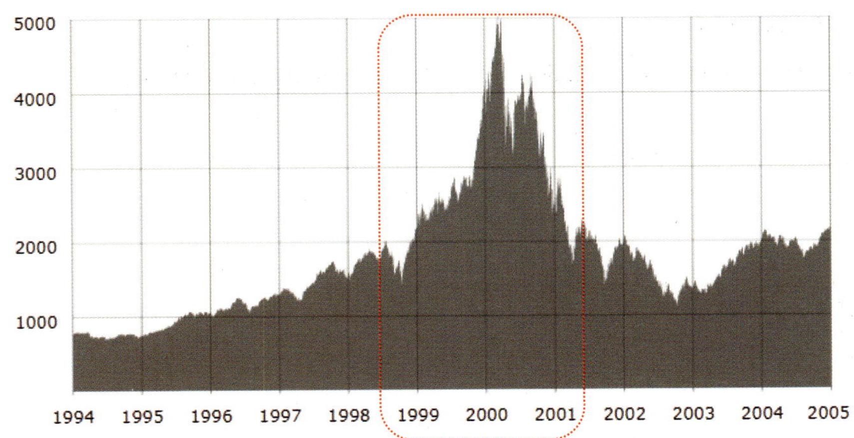

그림 1-71 닷컴버블 (출처: Wikipedia)

2000년 이후 IT 기업들의 거품이 빠지면서 상당히 많은 IT 기업이 파산하거나 역사 속으로 사라졌다. 그런데 당시 살아남은 몇 개의 IT 기업이 있었다. 야후, 아마존, 이베이 등이었고 이 살아남는 기업들의 특징 및 성공 요인을 연구하고자 하는 시도가 있었다. 살아남은 기업들의 특징을 반영하면서 기존 웹과 다른 용어로 표현해 보자는 분위기가 조성되었고 이때 '웹(Web) 2.0'이라는 용어가 제안됐다.

'웹 2.0'이라는 용어를 처음으로 제안한 사람은 오라일리 미디어(O'Reilly Media)의 부사장인 데일 도허티(Dale Dougherty)로 알려져 있다. 오라일리와 미디어라이브 인터내셔널의 콘퍼런스 브레인스토밍 세션에서 닷컴버블 붕괴에도 여전히 살아남은 회사들의 공통점과 특징을 기반으로 기존 웹과 구분하기 위해 웹 2.0이라는 용어를 쓰기로 제안하면서 탄생하게 된 것이다. 이후 오라일리 미디어(O'Reilly Media)는 2004년 10월부터 미국 샌프란시스코에서 '웹2.0 콘퍼런스'를 개최했고 이때부터 '웹 2.0'이라는 용어가 본격적으로 대두되기 시작했다. 이후 서밋(Summit)을 통해 웹 2.0의 개념과 특징을 정리해 가기 시작했고, 이를 정리하여 2005년 9월에 그 유명한 "What is Web 2.0: Design Patterns and Business Models for the Next Generation of Software"을 발표하게 된다.

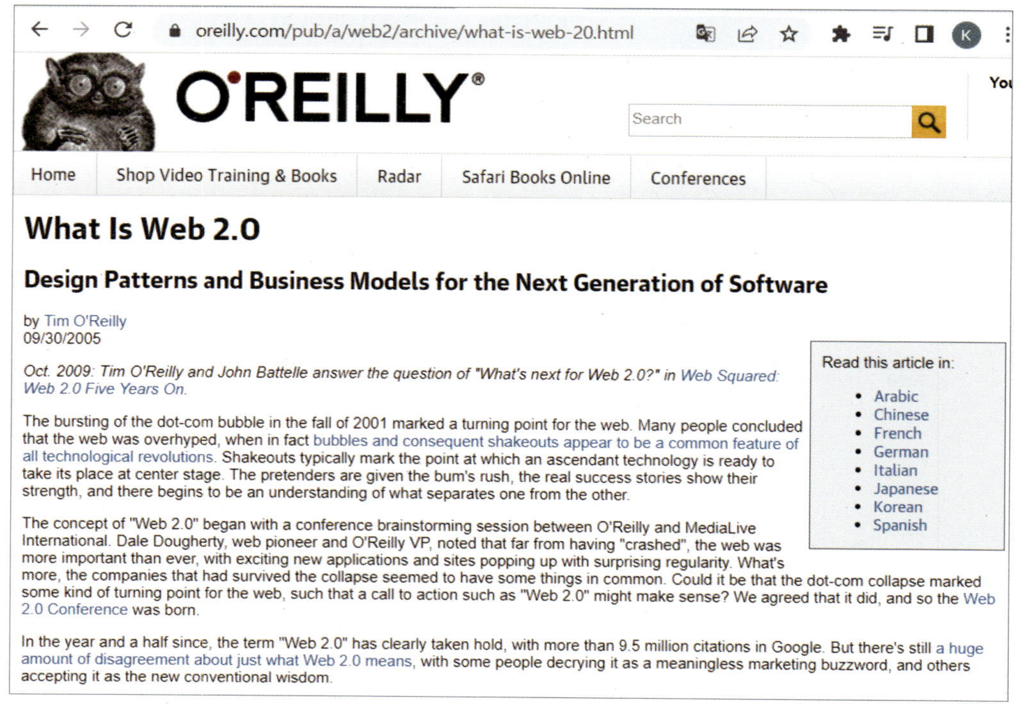

그림 1-72 웹 2.0 개념 및 소개 (출처: oreilly.com)

'What Is Web 2.0'에는 웹 2.0을 대표하는 다양한 개념과 키워드가 소개됐다. 지금은 다소 진부하게 느껴지지만, 당시에는 정말 주옥같은 키워드(매시업, 폭소노미, 롱테일, 집단지성 등)가 유행하기도 했다.

또한 웹 2.0의 7가지 특징을 제시했었다.

1. The Web As Platform (플랫폼으로서의 웹)
2. Harnessing Collective Intelligence (집단지성의 이용)
3. Data is the Next Intel Inside (넥스트 인텔 인사이드는 데이터)
4. End of the Software Release Cycle (소프트웨어 릴리스 주기의 종말)
5. Lightweight Programming Models (가벼운 프로그래밍 모델)
6. Software Above the Level of a Single Device (단일 디바이스를 넘어선 소프트웨어)
7. Rich User Experiences (풍부한 사용자 경험)

그런데 웹 2.0이라는 용어 선정은 2가지 측면에서 약간의 모순점이 있었다.

첫째, 일반적으로 실체가 존재하고 그 실체에 이름을 붙이는 것이 일반적이다. 하지만 웹 2.0은 실체가 없는 상황에서 '웹 2.0'이라는 이름부터 부여하고 그 이름의 개념과 특징을 나중에 정리해 가는 과정을 거쳤다.

둘째, 닷컴버블에서 살아남은 IT 기업의 공통점이나 특징을 웹 2.0이라는 용어로 규정했다. 물론 살아남은 IT 기업이 모두 웹과 연관된다. 하지만 살아남은 IT 기업의 공통점과 특징을 '웹 2.0'이라는 용어로 규정하는 것은 모순이다. 웹 2.0, 웹 3.0이 웹의 본질에 집중하면서 웹의 발전적 방향 관점에서 사용되는 것은 맞지만, 엉뚱하게 기업의 특징을 웹 2.0이라고 규정해 버린 것은 타당치 않아 보인다. 이러다 보니 앞에서 언급한 웹 2.0의 7가지 특징에도 웹과 상관없어 보이는 내용도 다수 포함되어 있다.

MEMO

Web 2.0 Summit

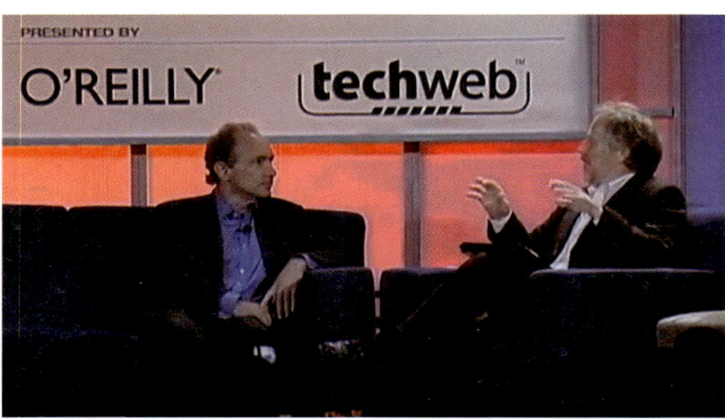

그림 1-73 'Web 2.0 Conference 2009' 팀 버너스 리와 오라일리 대담 (출처: 유튜브 캡처)

- 첫 번째 Web 2.0 회의는 2004년 10월 5일부터 7일까지 샌프란시스코의 Hotel Nikko에서 열렸습니다. Web 2.0이라는 용어가 널리 사용되기 시작한 시점으로 여겨집니다. Darcy DiNucci는 1999년에 이 용어를 만들었고 이것이 PR에 미칠 영향을 예측했습니다.
- 2005 Web 2.0 Conference는 2005년 10월 5일부터 7일까지 샌프란시스코의 Argent Hotel에서 개최되었습니다.
- 2006년에는 이벤트 이름이 'Web 2.0 Summit'으로 변경되었습니다. 2006년 행사의 주제는 'Disruption & Opportunity'였습니다.
- 2007 Web 2.0 Summit은 2007년 11월 5~7일 샌프란시스코 Palace Hotel에서 개최되었습니다. 주제는 '웹의 에지 발견'이었습니다.
- 2008 Web 2.0 Summit은 2008년 11월 5~7일 샌프란시스코 Palace Hotel에서 개최되었습니다. 주제는 'Web Meets World'였습니다.
- 2009 Web 2.0 Summit은 2009년 10월 20~22일 샌프란시스코의 Westin 호텔에서 개최되었습니다.
- 2010 Web 2.0 Summit은 2010년 11월 15일부터 17일까지 샌프란시스코 Palace Hotel에서 개최되었습니다. 주제는 '통제 지점'이었습니다.
- 2011 Web 2.0 Summit은 2011년 10월 17~19일 샌프란시스코 Palace Hotel에서 개최되었습니다. 주제는 '데이터 프레임'이었습니다.

출처: Wikipedia

2) 웹 2.0 특징

웹 2.0의 특징을 그 탄생 배경과 웹 관점에서 각각 정리해 보겠다.

웹 2.0 탄생 배경 관점에서 본 특징

웹 2.0의 탄생은 3가지 특징으로 요약할 수 있을 것 같다.

1. 웹 2.0의 대상은 웹이 아니었다. 그 대상은 닷컴버블에서 살아남은 인터넷 기업들의 특징이었다.
2. 일반적으로 용어는 존재가 우선이고 그 존재에 대해 이름을 부여한다. 하지만 웹 2.0은 용어부터 만들고 그 용어에 대한 개념과 특성을 나중에 다듬어 갔다.
3. 웹 2.0에는 팀 오라일리(Tim O'Reilly)라는 주도적인 인물이 있었고, 2004~2011년까지 Web 2.0 Conference를 꾸준히 이어오면서 웹 2.0의 발전적인 방향을 제시했다.

웹 관점에서 본 특징

웹 2.0이라는 용어의 배경과 대상은 웹과는 다소 거리가 있었지만, 이후 지속적인 서밋(Summit)과 논의를 통해 웹의 발전적인 방향이 제시됐다. 웹 2.0은 오랫동안 논의되고 발전하면서 웹 2.0의 특징을 대변할 수 있는 다양한 키워드를 양산했다.

그림 1-74 Web 2.0 관련 키워드 (출처: Wikipedia)

웹 2.0에 대한 다양한 키워드와 특징이 소개되었지만, 웹 2.0을 잘 표현할 수 있는 3가지 핵심 키워드는 참여, 공유, 개방이다. 이 3가지 키워드는 인터넷이라는 강력한 인프라의 특징과 매칭된다고도 볼 수 있을 것이다.

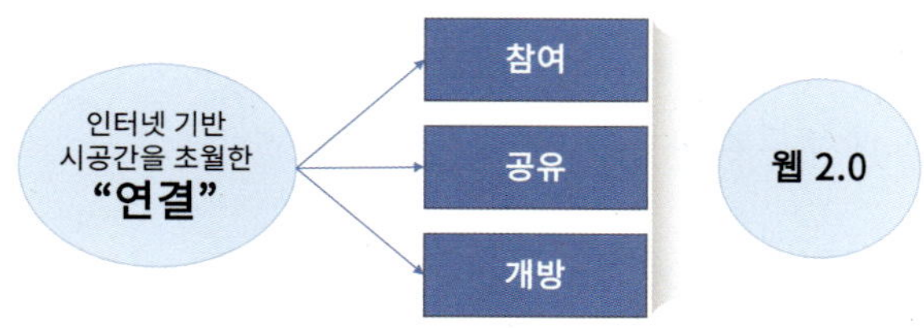

그림 1-75 웹 2.0 개념도

앞서 웹의 발전 동인 7가지(Open API, 검색 포털, 플랫폼, 스마트폰 등)를 살펴봤다. 이 7가지 요소를 반영한 웹 2.0의 모습을 하나의 그림으로 정리한다면 그림 1-76과 같을 것이다.

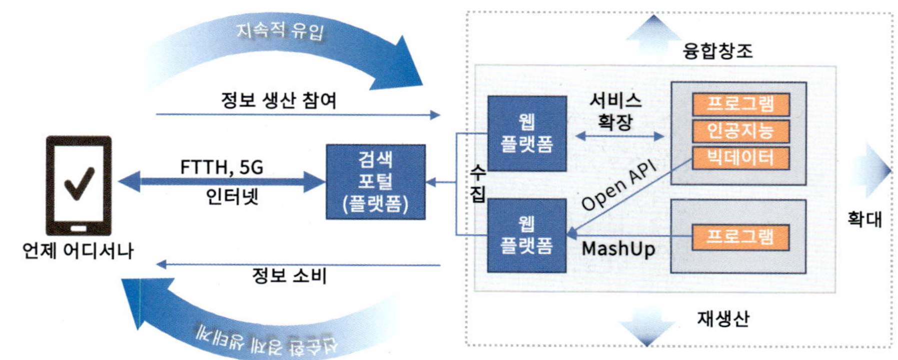

그림 1-76 웹 발전 동인을 연계한 웹 2.0 개념도

웹의 발전 동인 7가지를 정보의 접근성 · 생산성 · 다양성 관점에서 살펴보고 이를 웹 2.0 키워드와 매칭시켜 보는 방식으로 웹 2.0의 특징을 좀 더 잘 이해할 수 있을 것 같다.

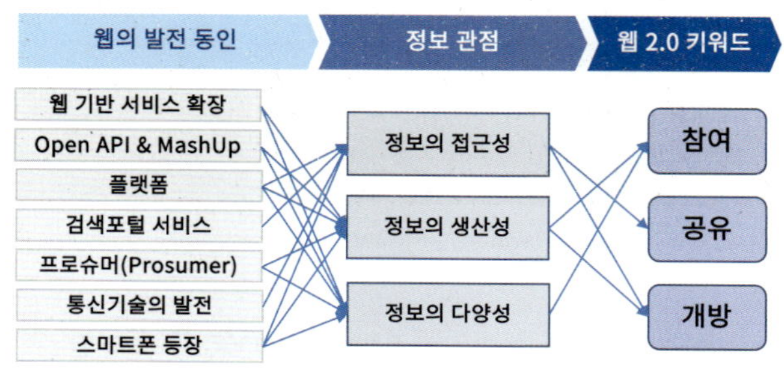

그림 1-77 웹 2.0 매트릭스

1991년 정보에 대한 접근 및 공유라는 목적으로 탄생한 웹은 다양한 기술 요소와 비즈니스 모델과 연계하면서 발전해 갔으며, 이는 정보의 접근성을 개선했고 정보의 생산성을 확대했으며 정보의 다양성을 가능하게 했다. 웹 2.0의 키워드인 참여, 공유, 개방과도 연관성을 찾아볼 수 있다.

3) 웹 2.0의 시사점과 웹 3.0

웹 2.0이라는 용어는 존재하지도 않던 실체를 용어부터 정의하고 웹의 진화 및 발전적인 방향성을 제시하고 문제점을 개선하려는 방향으로 오랫동안 논의되어 오면서 안착된 개념이다.

현재 웹 3.0도 웹 2.0이 생성되던 당시 분위기와 유사하다는 생각이 든다. 웹 3.0이라는 키워드가 많이 소개되고 인용되지만, 정작 웹 3.0을 명쾌하게 정의하지는 못하고 있다. 실체가 없기 때문에 어쩌면 정확하게 개념을 정의한다는 것 자체가 모순일 수 있다. 오히려 웹 3.0을 섣불리 정의해서는 안 된다는 생각도 든다.

2.3절에서 다루겠지만, 현재 웹 3.0은 다양한 관점에서 논의되고 있다. 이런 다양한 관점은 모두 존중되어야 하고 검토할 가치가 있다. 웹 2.0이 용어부터 만들고 웹의 발전적인 모습과 방향성을 끊임없이 논의하고 토의하는 과정을 거쳤던 것처럼, 웹 3.0도 이제 용어를 만들었으니 웹의 발전적인 모습 및 가치 지향점을 정립해 가는 과정이 필요하다고 본다. 이 시점에서 웹 3.0의 개념과 특징을 너무 단정적으로 규정해 버린다면 웹 3.0의 발전적 가치를 스스로 제약해 버리는 문제점에 빠질 수도 있다.

이런 맥락에서 이 책에서도 웹 3.0의 개념이나 특징을 너무 단정적으로 규정하기보다는 웹의 발전적인 진화 과정을 다양한 관점에서 제시해 보고자 한다.

이런 관점에서 1장에서는 웹의 본질에 집중하여, 웹의 배경, 웹의 개념과 특징, 작동원리에 대해 간단히 살펴봤다. 추가로 웹의 발전을 유인하는 7가지 배경에 관해서도 설명했다. 2장~3장에서는 현재 웹(웹 2.0)의 문제점을 진단하고 웹 3.0에 대한 다양한 오해를 다룰 예정이다. 그리고 4장에서는 웹 3.0에 대한 올바른 이해를 살펴보고, 5장에서는 웹 3.0을 구현하는 방안에 대해 간단히 살펴볼 예정이다. 그리고 마지막으로 6장에서는 인공지능과 메타버스가 이끌 차세대 웹의 모습도 알아보겠다.

02

웹 3.0에 대한 오해

웹 3.0을 바라보는 관점은 다양하다. 10여 년 전까지만 하더라도 시맨틱 웹 관점에서 웹 3.0이라는 용어를 사용했다. 이후로 분산 웹(Dweb)이라는 관점에서, 그리고 최근에는 탈중앙화나 블록체인 관점에서 웹 3.0을 바라보기도 한다. 아예 웹 3.0을 '블록체인 기반 웹'이라고 규정하는 보고서도 다수 존재한다. 1장 마무리에서 설명했던 것처럼, 웹 3.0은 현재 개념적으로 정의되지 않았다. 웹 3.0을 블록체인 기반으로 한정해 버리면 웹 3.0의 실체를 놓칠 수도 있고, 더 건설적이고 발전적인 방향을 제한할 수 있다. 더 심각한 문제는 ICO, DeFi, NFT를 거치면서 블록체인이 상당히 왜곡 또는 오용되고 있는데, 이런 오해와 잘못된 이해가 웹 3.0에도 그대로 적용되고 있다는 것이다. 정리하자면, 현재 가장 많이 논의되는 탈중앙화 · 블록체인과 연계한 웹 3.0에 대한 접근은 2가지 관점에서 문제가 있다. 하나는 웹 3.0에 대한 다양한 관점이 존재하는 상황에서 블록체인 기반으로 한정해서 웹 3.0의 개념과 특징을 제한해 버린다는 것이고, 다른 하나는 블록체인을 잘못 이해하고 왜곡되게 적용하고 있다는 것이다. 후자는 필자가 다른 책에서도 일부 지적한 내용이다. 분명 블록체인 및 관련 기술과 사상적 가치는 웹 3.0 구현에 직간접적으로 긍정적인 자양분이 될 것이라 확신한다. 하지만 잘못된 이해와 접근은 오히려 웹 3.0에 대한 부정적인 오해를 야기할 수 있다. 따라서 2장과 3장에서는 먼저 경계적 관점과 올바른 이해 관점에서 웹 3.0에 대한 오해를 먼저 다룬다. 4장과 5장에서는 블록체인이나 탈중앙화 가치를 접목하고 활용하는 방안에 대해 다룰 예정이다. 물론 블록체인 및 탈중앙화 관점뿐만 아니라 다양한 관점을 함께 다룰 예정이다.

2.1 데이터 관점의 웹 이해

데이터의 중요성은 별도로 설명하지 않겠다. 현재도 그렇고 앞으로도 데이터의 중요성은 더 강조될 것이다. 모든 서비스가 데이터와 직간접적으로 연계되어 작동하고 특히 최근에는 빅데이터나 인공지능과 연계하여 데이터의 중요성과 가치는 증대될 것이다. 이런 분위기를 피부로 느낄 수 있는 분야가 바로 데이터 관련 법 개정과 관련 정책이다. 최근 몇 년 사이 데이터 관련 법들이 제정 및 개정되었다. 데이터 산업 진흥 및 이용 촉진을 위한 데이터 기본법이 제정되었으며, 데이터 경제 구현을 위해 전자정부법, 공공데이터법, 데이터기반행정법, 지능정보화기본법 등이 개정되었다. 데이터의 생산 · 유통 · 거래 활성화를 위한 데이터산업법, 산업디지털전환법, 부정경쟁방지법 등이 제정되었다. 최근에는 마이데이터를 전 분야로 확산하고 개인정보 전송요구권을 신설하는 방향으로 개인정보보호법도 전면 개정되었다. 법뿐만 아니라 데이터 가치 평가 및 거래 활성화를 위한 데이터 거래사와 같은 제도도 속도를 내고 있다. 이렇게 많은 법이 제 · 개정되고 있다는 것은 정부 · 국회도 데이터의 중요성을 이해하고 제도적인 기반 토대를 마련해 주겠다는 의지가 있다는 것이다.

초기 웹은 정보의 제공이라는 목적으로 시작했지만, 현재는 모든 서비스 영역으로 확대됐고 대부분 서비스는 다양한 데이터를 연계 및 활용하는 방향으로 전환되고 있다. 따라서 웹 분야에서도 데이터를 빼고 논할 수 없을 것 같다. 더구나 다가올 웹의 미래(웹 3.0)를 논하면서 데이터를 떠나서 이야기한다는 것은 의미가 없다.

최근 웹 3.0을 데이터 관점에서 접근하고 이해하려는 경향이 있다. 따라서 2.1절에서는 우선 데이터에 대한 최근 트렌드와 이런 데이터가 웹과 어떤 연관성이 있고 어떤 이슈가 논의되고 있는지 살펴보고자 한다.

2.1.1 정보와 데이터

먼저 '정보'와 '데이터'의 개념은 무엇이고, 그 차이점은 무엇일까? 일반적으로 데이터와 정보의 차이, 그리고 데이터, 정보, 지식, 지혜의 차이를 설명할 때 가장 많이 인용되는 모델이 바로 DIKW 피라미드 모델이다. DIKW는 Data-Information-Knowledge-Wisdom의 약자를 딴 것으로, 그림 2-1과 같이 피라미드 형태로 설명된다고 해서 DIKW 피라미드 모델이라고 한다.

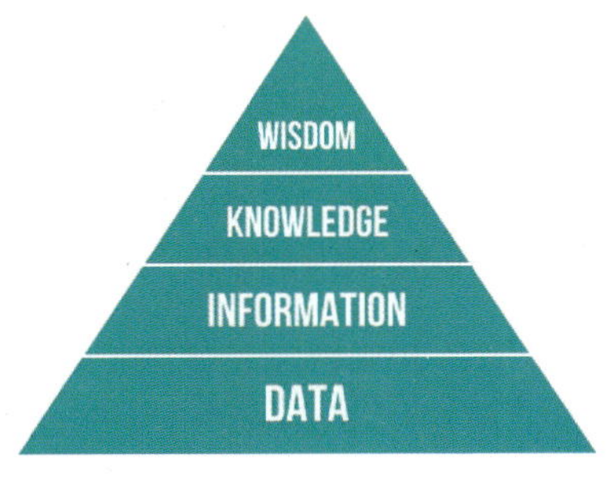

그림 2-1 데이터 · 정보 · 지식 · 지혜 관계도
(출처: Wikipedia)

DIKW 모델에 따르면, **데이터**는 사건이나 사물에 대한 묘사로서 가공되지 않는 상태의 사실을 말한다. 그리고 특정한 목적을 위해 처리되고 가공된 데이터가 **정보**다. 정보를 체계화하면 **지식**이 되고 지식을 패턴화하고 고도로 추상화하면 **지혜**가 된다. 따라서 데이터에서 지혜로 올라갈수록 가치와 활용성은 올라간다.

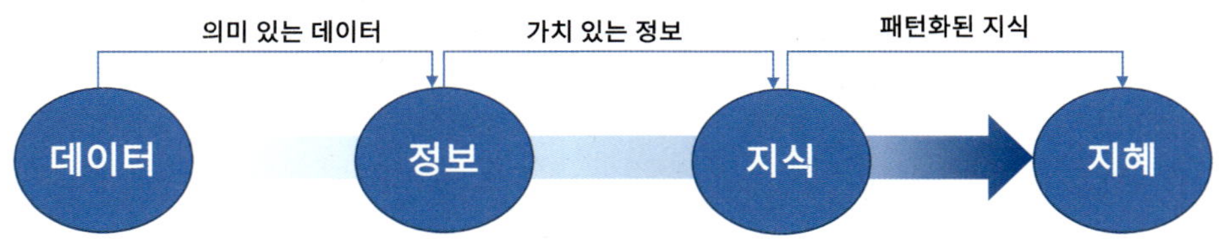

그림 2-2 데이터 · 정보 · 지식 · 지혜 개념도

정보와 데이터의 차이점을 다시 한번 정리해 보자. 데이터는 어떤 의미나 목적을 포함하지 않으면서 단순히 수집된 원시 자료 자체를 의미한다. 반면 정보는 어떤 목적이나 의도를 가지고 처리하고 분석하여 의미가 부여된 데이터를 말한다. 간단하게 말하면, 의미 있는 데이터를 정보라고 할 수 있다. 예를 들어 서울의 매일 기온 수치 자료는 데이터이며, 이 데이터를 가공한 서울 평년 기온은 정보가 되는 것이다. 그런데 데이터와 정보의 경계가 애매한 경우도 있다. 서울의 평년 기온 정보는 지구의 평년 기온의 기초 데이터가 될 수 있는 것처럼 정보라고 하더라도 또 다른 정보의 기초 데이터가 될 수 있기 때문이다. 따라서 DIKW 모델에서는 데이터와 정보를 구분했다고 하더라도 굳이 그 둘을 구분하는 것은 의미가 없다고 주장하는 의견도 많다. 이 책에서도 데이터와 정보를 명확하게 구분하여 사용하지는 않겠다.

2.1.2 데이터의 중요성 부각

데이터가 식별되고 데이터를 본격적으로 활용하기 시작하면서 데이터의 중요성이 인식됐다. 더구나 서비스들이 빅데이터와 연계되고 맞춤형 서비스나 인사이트 도출이 가능해지면서 데이터의 활용 및 중요성은 더욱 더 부각되었다.

1) 웹에서 데이터의 의미

초기 웹은 필요한 정보를 게시하고 이용자들이 이 정보에 접근하고 공유 · 소비하는 목적으로 활용됐다. 초창기 웹은 바로 '정보'라는 관점으로 접근했다고 볼 수 있다.

그림 2-3의 위쪽 그림을 보면, 초기 웹 환경에서는 웹사이트 관리자가 데이터를 가공한 정보를 웹사이트에 게시하면 이용자는 단순히 정보를 소비하는 절차로 진행되었다.

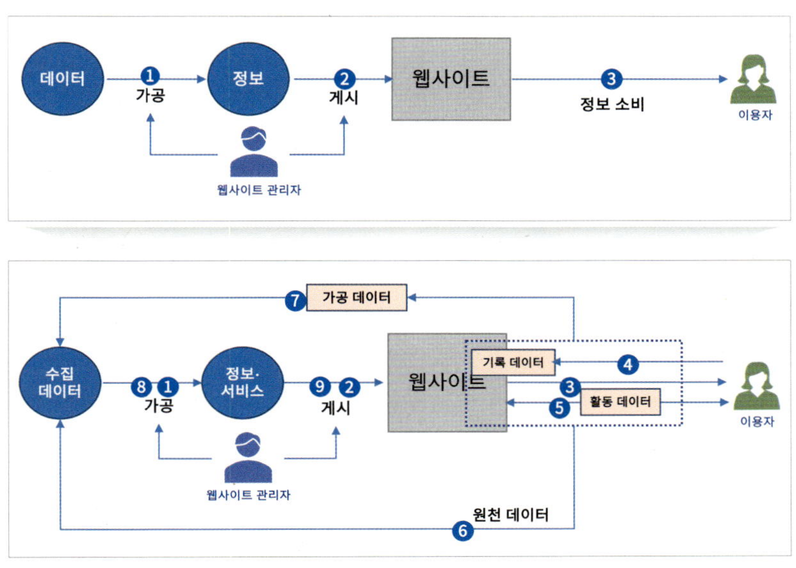

그림 2-3 웹에서의 데이터 부각

그림 2-3의 아래쪽 그림을 보면, 웹 이용자가 생성한 다양한 정보가 활용되는 것을 확인할 수 있다. 웹이 발전하고 다양한 서비스가 확대되면서 웹 이용자들은 단순히 정보에 대한 소비를 넘어 웹사이트에 직접 데이터를 기록할 뿐만 아니라 다양한 서비스 활동 과정에서 데이터를 생성하는 주체가 되었다. 이렇게 생성된 데이터는 다시 수집 및 재가공되어 더욱 풍성한 정보를 제공하거나 다양한 서비스 출현으로 발전하게 된다.

정리하면, 초기 웹 환경에서는 제공자가 일방적으로 데이터 또는 정보를 제공하는 방식이었다면, 웹 2.0 환경에서는 이용자도 서비스에 적극적으로 참여하고 있으며 참여 과정에서 발생한 다양한 데이터가 다시 수집되고 이런 데이터는 빅데이터로 축적되어 다양한 서비스 확장 및 새로운 가치 창출로 이어지고 있다고 볼 수 있다. 이런 배경 속에서 웹 2.0 환경에도 데이터의 중요성이 본격적으로 부각되었다.

2) 데이터 관점의 웹 이해

웹 2.0은 데이터의 생산 · 유통 · 소비 · 활용 측면에서 중요한 의미를 지닌다.

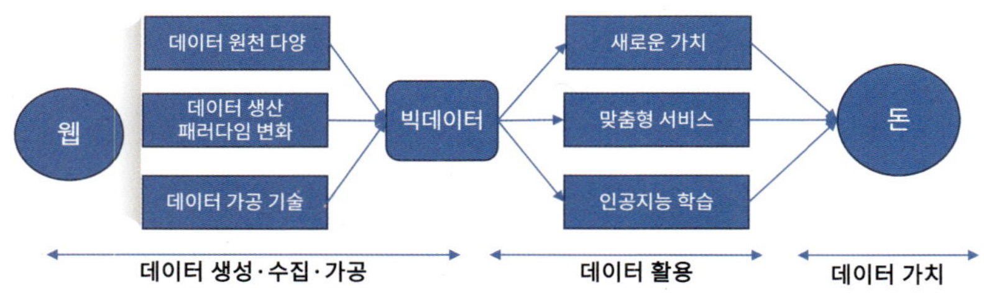

그림 2-4 데이터의 활용 및 가치

초기 웹의 기능이 단순히 정보의 제공이었다면, 웹 2.0 시대에 들어 개방과 공유가 확대됐고 이는 자연스럽게 이용자의 참여 증대로 이어졌다. 웹 이용자들은 다양한 산업 · 서비스 분야에서 데이터를 생산해 내기 시작했으며, 이는 자연스럽게 데이터 원천이 다양해지는 결과로 이어졌다. 또한 그동안 실재(實在)했지만 인식하지 못했던 활동 데이터도 데이터의 원천을 다양하게 만들었다. 특히 스마트폰의 보급으로 카메라, 센서, GPS 기능 등을 통해 생성되는 미디어 데이터, 센서 데이터, 위치 데이터 등 데이터의 원천은 더 다양해졌다.

또한 초기 웹은 콘텐츠를 일방적으로 생성하여 제공하는 방식이었다면, 웹 2.0 시대에는 누구나 콘텐츠를 직접 생산하고 동시에 소비하는 프로슈머(Prosumer) 방식의 데이터 생산 · 소비 패러다임이 생겨났다.

다른 한편으로 데이터를 수집하고 가공하고 정제하는 기술이 발전하면서 빅데이터로 연결되었고, 빅데이터는 다시 서비스 개선 및 새로운 가치를 창조하는 데 활용되었으며, 특히 최근에는 이런 기초 데이터가 ChatGPT[1]와 같은 인공지능 학습에 활용되어 혁신적인 서비스 창출로 이어지기도 한다.

결과적으로 웹은 데이터의 생산 · 소비 · 가공의 토대가 되었고, 이렇게 생산된 데이터는 다시 웹상에서 새로운 가치를 창조하고 맞춤형 서비스를 제공하고 인공지능 학습으로 재활용된다. 이는 결국 데이터는 돈이 된다는 인식을 자리 잡게 만들었다. 결국 웹은 데이터의 생산 · 유통 · 소비 · 활용의 플랫폼이 되었으며, 이것이 경제 · 수익 활동의 핵심 기반이 되었다고 볼 수 있다.

2.1.3 데이터 패러다임 변화

데이터의 중요성이 부각되면서 데이터를 바라보는 관점이나 시각이 변화하기 시작했다. 더구나 데이터가 수익과 직결되면서 기존에 인식하지 못했던 새로운 문제점이나 이슈도 대두되었다.

1 ChatGPT가 인공지능을 대표하는 브랜드가 돼 버린 것 같다. ChatGPT는 챗(Chat) 목적의 생성형 인공지능이지만, 이 책에서는 인공지능을 대표하는 하나의 아이콘 관점에서 이 용어를 자주 활용하겠다.

1) 데이터 패러다임 변화

데이터를 이해할 때 2가지 영역으로 구분하여 이해할 필요가 있다. 하나는 개인정보 측면이며 다른 하나는 공공 · 산업 데이터 측면이다. 전통적으로 개인정보는 보호해야 한다는 인식이 강했고, 공공 · 산업 데이터는 적극적으로 활용해야 한다는 측면이었다.

개인정보를 보호해야 한다는 인식도 이제 조금씩 변화되는 분위기다. 개인정보 데이터를 보호해야 한다는 인식에는 변함이 없지만, 보호 장치를 토대로 적극적으로 활용하자는 것이다. 기술적 · 제도적 보완을 통해 개인정보 데이터의 보호와 활용의 균형을 맞추는 쪽으로 나아가고 있다고 볼 수 있다. 개인정보 비식별화 기술을 확대하고 마이데이터와 같은 개인정보의 주권을 강화하는 방식으로 개인정보를 적극적으로 활용하려는 방향으로 패러다임이 변화하고 있다.

그림 2-5 데이터 패러다임 변화 (출처: '블록체인 기반 데이터 유통 모델 활성화 방안' 재가공)

공공 · 산업 데이터를 적극적으로 활용 및 활성화하는 방향은 계속 유지되고 있다. 이런 분위기에 더해 이를 좀 더 체계적이고 적극적으로 지원하기 위한 방안도 나오고 있다. 데이터 생성자의 수익 권리 보장이나 데이터를 부당하게 사용하는 것을 차단하는 산업디지털전환법과 부정경쟁방지법 제정이 대표적인 사례다.

2) 웹 관점 데이터 패러다임 변화

데이터가 돈이 된다는 인식이 확산되고, 데이터를 적극적으로 활용하는 데이터 경제 시대로 패러다임이 변화하고 있다. 그렇다면 데이터 생산 · 소비 · 유통의 기반이었던 웹에서는 데이터 패러다임과 인식이 어떻게 변하고 있을까?

빅테크와 같은 웹 플랫폼 기업은 수많은 데이터를 수집하여 이를 활용한다. 이런 데이터는 서비스 개선 및 새로운 서비스를 기획하고 출시하는 데도 중요한 토대가 되지만, 더 중요한 것은 개인정보가 포함된 데이터는 빅테크 기업의 수익과 직결된다는 점이다. 웹 플랫폼 기업들은 수집된 다양한 데이터를 자사 수익 대부분을 차지하는 맞춤형 광고에 적극 활용한다. 웹 플랫폼 기업들은 이렇게 생산 및 수집된 데이터를 독점하면서 이를 통해 막대한 수익을 독점하고 있다. 하지만 플랫폼 기업들은 이런 데이터를 무차별적으로 수집해서 수익에 활용하면서 그 관리는 소홀히 한다.

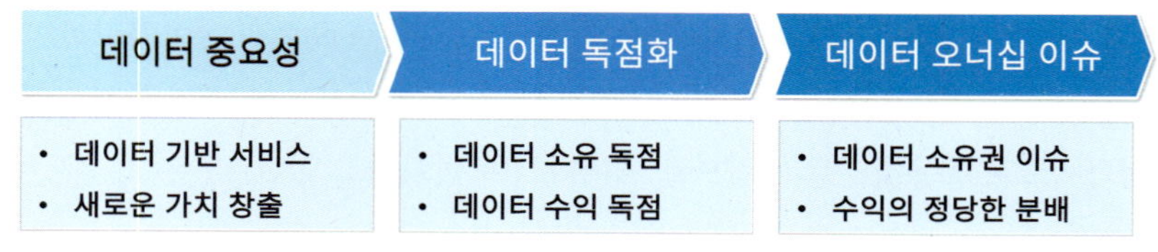

그림 2-6 데이터 문제점 및 이슈 부각

빅테크 기업의 데이터 독점 및 수익 독점은 자연스럽게 데이터 소유권 이슈와 데이터 기반으로 발생한 수익의 정당한 분배 이슈를 야기한다. 이는 결국 '데이터 오너십(Ownership)' 이슈로 발전한다. 웹에서 생성된 데이터의 대부분은 이용자가 직접 생성했거나, 아니면 이용자의 활동 내역 데이터, 그리고 이용자의 개인정보다. 이처럼 이용자의 개인정보나 이용자가 생성한 데이터의 저장 위치, 그리고 이런 데이터의 소유권, 그리고 이런 데이터 기반으로 발생한 수익의 배분 문제가 있을 수 있다.

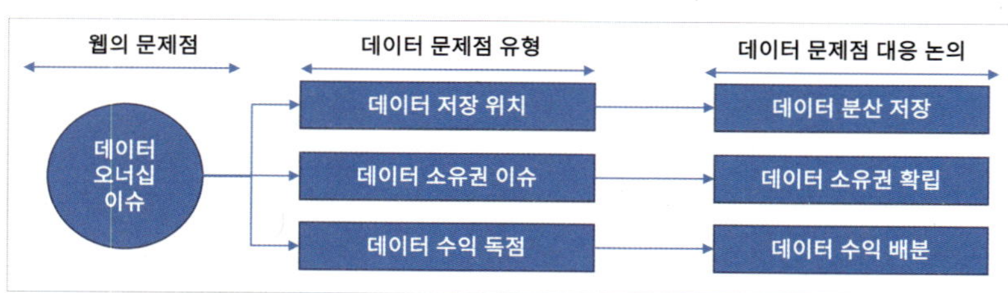

그림 2-7 데이터의 문제점 유형 및 대응 방안

이런 문제점에 대응하기 위해 빅테크가 독점적으로 저장한 데이터를 분산 저장하거나, 데이터의 소유권을 정당하게 보장한다거나 데이터의 수익을 공정하게 배분해야 한다는 인식이 확산되었고 이런 인식이 자연스럽게 웹 3.0 개념으로 이어지고 있다.

2.2 웹 2.0 문제점

개방 · 공유 · 참여로 대변되는 웹 2.0은 활짝 개화되어 새로운 서비스와 다양한 가치를 창출하는 동시에, 웹의 진화 및 발전 가운데 그 이면의 부작용도 하나둘씩 생겨나고 있다. 다양한 부작용이 논의되지만, 2.2절에서는 플랫폼 독점, 데이터, 정보 왜곡의 3가지 관점에서 한번 정리해 보고자 한다.

2.2.1 플랫폼 독점

1.3.1절에서 플랫폼의 개념과 웹과의 연계성에 대해 이미 설명했다. 필자가 생각하기에 인류가 만들어 낸 최고의 발명품 목록에 플랫폼도 추가돼야 할 것 같다. 지성을 가진 인간의 플랫폼에 대한 개념과 활용은 어쩌면 당연하다는 생각이 든다.

사람들은 다양한 거래와 경제활동을 한다. 수요자와 공급자라는 큰 축이 존재하고, 이들을 서로 만나게 하고 매칭해 주는 중개 기관이 있으며, 다양한 이해관계자가 한자리에 모여 상호작용하면서 새로운 가치를 창출하기도 한다. 전통적인 시장, 복덕방, 기차역 플랫폼 등이 모두 플랫폼이다. 플랫폼이 존재하지 않는다면 엄청난 탐색비용과 거래비용이 발생할 것이다. 플랫폼은 2가지 측면에서 최고의 발명품이다. 첫째는 탐색비용과 거래비용을 획기적으로 줄여준다. 둘째는 플랫폼을 통해 상호작용하면서 새로운 서비스와 가치를 창출한다. 즉, 플랫폼은 효율성 제고 및 경제적 가치 측면에서 매우 중요하다.

플랫폼은 효율성 개선과 경제적 가치 제고를 아이러니하게도 독점과 중앙화를 통해 구현했다고 볼 수 있다. 물건의 수요자와 공급자가 서로 직접 찾아다니는 것은 매우 불편하다. 그래서 중앙화된 하나의 시장(플랫폼)을 만들었고 시장이라는 하나의 장소로 사람들을 끌어모았다. 이용자가 각각 서로 다른 대화 메신저를 이용한다면 상당히 불편할 것이다. 이를 하나의 메신저(플랫폼)로 통일한다면 상당히 편리할 것이다. 플랫폼 독점화의 문제점을 잘 알면서도 이용자들은 하나의 메신저(예: 카카오톡)만을 원한다. 플랫폼이 추구하는 가치(Single)는 마치 제품 · 서비스의 표준화를 추구하는 이유(Single)와도 유사하다.

문제는 이렇게 엄청난 가치를 지닌 플랫폼이 수익을 좇는 특정 개인이나 기업에 의해 독점화됐을 경우다. 현재 미국이나 국내 시가총액 상위에 위치한 대부분 기업은 플랫폼 기업이다. 이들이 독점적 플랫폼을 구축하는 과정에는 일반적인 패턴이 있다.

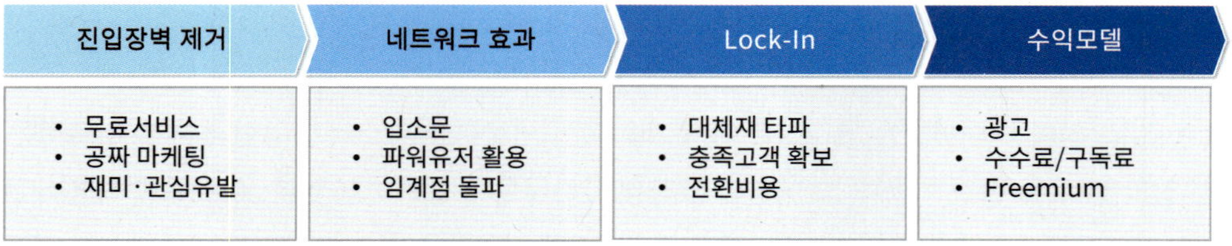

진입장벽 제거	네트워크 효과	Lock-In	수익모델
• 무료서비스 • 공짜 마케팅 • 재미·관심유발	• 입소문 • 파워유저 활용 • 임계점 돌파	• 대체재 타파 • 충족고객 확보 • 전환비용	• 광고 • 수수료/구독료 • Freemium

그림 2-8 플랫폼 구축 과정의 일반적 패턴

플랫폼 기업들은 새롭게 출시한 서비스를 무료로 제공한다. 공짜 마케팅과 다양한 재미와 관심을 유발하는 이벤트도 진행한다. 입소문이 퍼지고 파워유저들을 활용하여 더 많은 이용자를 서비스 이용에 끌어들인다. 일정한 이용자 수가 확보되면 다른 경쟁 서비스를 제거하고 다른 서비스로 전환하는 비용을 높게 만든다. 다른 경쟁 서비스가 제거되어 대체제가 사라지고 전환비용이 높아지면 그때부터 비로소 본색을 드러내고 본격적인 수익 활동을 시작한다. 이용자들이 뒤늦게 이 플랫폼을 떠나고 싶어 해도 대체제는 이미 사라졌고 플랫폼에 갇혀버렸기 때문에 이 플랫폼에 종속되어 서비스를 계속 이용할 수밖에 없는 상황에 놓이게 된다. 카카오, 구글, 페이스북, 네이버, 배달의민족 대부분이 이런 패턴을 통해 막강한 독점 플랫폼 제국을 건설했다.

이런 독점화된 플랫폼이 어떤 문제를 야기하는지, 독점적 지위 악용, 무차별적 정보 수집, 돈벌이 수단 관점에서 살펴보겠다.

1) 독점적 지위 악용

거래 및 경제 행위에서 '독점'이 야기하는 문제점과 폐단이 크다는 것을 알고 있기 때문에 각국은 대부분 독점을 규제한다. 우리나라에도 '독점규제 및 공정거래에 관한 법률(공정거래법)'이 존재한다. 공정거래법을 보면 그 목적을 다음과 같이 규정하고 있다.

> 제1조(목적) 이 법은 사업자의 시장지배적지위의 남용과 과도한 경제력의 집중을 방지하고, 부당한 공동행위 및 불공정거래행위를 규제하여 공정하고 자유로운 경쟁을 촉진함으로써 창의적인 기업활동을 조성하고 소비자를 보호함과 아울러 국민경제의 균형 있는 발전을 도모함을 목적으로 한다.

공정거래법에서는 독점과 중앙화를 철저히 경계하고 있지만, 독점과 중앙화의 특징을 배태(胚胎)하고 있는 플랫폼은 독점적 지위를 악용하고 있다.

(1) 일방적 계약 방식

이용자들이 구글이나 네이버 등의 플랫폼 서비스를 이용하기 위해서는 약관에 동의해야 한다. 약관에 동의하지 않으면 서비스를 이용할 수 없기 때문에 모든 이용자는 약관에 의무적으로 동의해야 한다. 약관은 계약 당사자가 다수의 상대방과 계약 체결을 위하여 미리 작성한 계약을 말한다. 약관도 엄연한 계약이다. 우리가 인감도장이나 서명으로 하는 그런 계약과 동일한 효능을 지닌다.

앞서 플랫폼의 문제에서 지적했던 것처럼 플랫폼이 독점화되면 대체제가 사라졌기 때문에 이용자들은 어쩔 수 없이 해당 서비스를 이용할 수밖에 없는 상황에 놓이게 된다. 그리고 그 서비스를 이용하기 위해서는 결국 약관(계약)에 동의해야 한다. 바꾸어 말하면 플랫폼 기업이 어떤 약관을 제시하든 이용자는 동의해야 하는 위치에 놓이게 된다. 플랫폼 기업들은 이런 약관을 본인의 수익을 극대화하는 방향으로 임의대로 변경하고 일방적으로 통보한다. 예를 들어, IT 초창기에는 다양한 메신저 서비스와 검색 서비스가 있었다. 하지만 이제 채팅은 카카오톡이, 그리고 검색은 네이버가 독점하게 되었다. 일상에서 이미 카카오톡이나 네이버 없이는 생활하기가 어려운 상황에 놓였다. 카카오톡과 네이버는 약관을 임의로 변경해서 이메일을 통해 일방적으로 통보한다. 이용자들은 수신된 변경 약관이 계약임에도 불구하고 읽어보지 않는다. 내용도 어렵겠지만 읽어봐도 의미가 없다. 일상에서 사용하지 않을 수 없는 카카오톡과 네이버를 계속 사용하기 위해서는 약관에 동의해야 하기 때문이다. 그리고 문제는 이런 약관이 불공정하게 또는 이용자의 권리를 침해하는 방향으로 계속 갱신된다는 것이다.

그림 2-9는 빅테크 기업의 불공정 약관에 대한 시정 명령 보도자료다. 감독기관에서도 불공정 약관의 문제점을 개선하기 위한 조치를 하고 있지만, 여전히 한계가 있다.

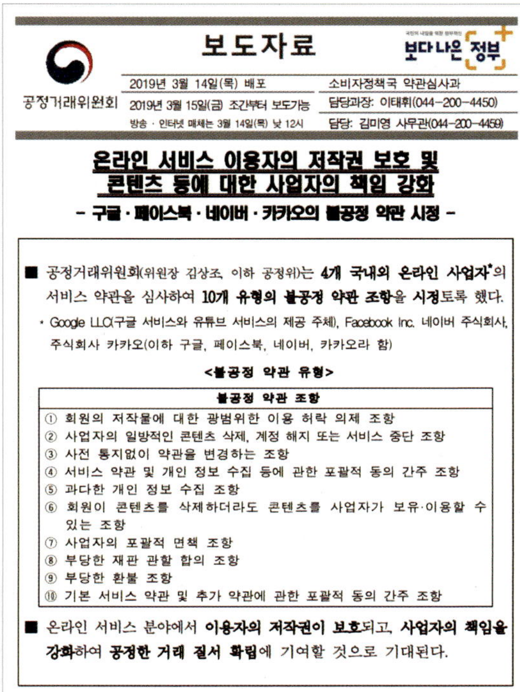

보도자료

보다 나은 정부

공정거래위원회

2019년 3월 14일(목) 배포
2019년 3월 15일(금) 조간부터 보도가능
방송 · 인터넷 매체는 3월 14일(목) 낮 12시

소비자정책국 약관심사과
담당과장: 이태휘(044-200-4450)
담당: 김미영 사무관(044-200-4459)

온라인 서비스 이용자의 저작권 보호 및 콘텐츠 등에 대한 사업자의 책임 강화

- 구글 · 페이스북 · 네이버 · 카카오의 불공정 약관 시정 -

■ 공정거래위원회(위원장 김상조, 이하 공정위)는 **4개 국내외 온라인 사업자***의 서비스 약관을 심사하여 **10개 유형의 불공정 약관 조항**을 **시정**토록 했다.

* Google LLC(구글 서비스와 유튜브 서비스의 제공 주체), Facebook Inc. 네이버 주식회사, 주식회사 카카오(이하 구글, 페이스북, 네이버, 카카오라 함)

<불공정 약관 유형>

불공정 약관 조항
① 회원의 저작물에 대한 광범위한 이용 허락 의제 조항
② 사업자의 일방적인 콘텐츠 삭제, 계정 해지 또는 서비스 중단 조항
③ 사전 통지없이 약관을 변경하는 조항
④ 서비스 약관 및 개인 정보 수집 등에 관한 포괄적 동의 간주 조항
⑤ 과다한 개인 정보 수집 조항
⑥ 회원이 콘텐츠를 삭제하더라도 콘텐츠를 사업자가 보유·이용할 수 있는 조항
⑦ 사업자의 포괄적 면책 조항
⑧ 부당한 재판 관할 합의 조항
⑨ 부당한 환불 조항
⑩ 기본 서비스 약관 및 추가 약관에 관한 포괄적 동의 간주 조항

■ 온라인 서비스 분야에서 **이용자의 저작권이 보호**되고, **사업자의 책임을 강화**하여 **공정한 거래 질서 확립**에 기여할 것으로 기대된다.

그림 2-9 불공정 약관 시정 보도자료 (출처: 공정위 보도자료)

(2) 불공정 행위

온라인 플랫폼 기업들은 독점적 지위와 시장지배력을 활용하여 다양한 불공정 행위를 일삼고 있다. 자사 계열사 상품을 우대하거나 끼워팔기를 하는 경우도 다반사다. 또한 시장을 이미 선점한 독점 플랫폼 기업들은 막강한 영향력을 동원하여 신규 플랫폼의 시장 진입을 방해하기도 한다.

온라인 플랫폼 사업자의 주요 경쟁제한행위 유형

유형	내용
중복판매 방해	경쟁 온라인 플랫폼 이용을 직·간접적으로 방해
최혜대우 요구	다른 유통사 채널보다 거래 조건을 유리하게 적용하도록 요구
자사 우대	자사 플랫폼에서 판매하는 상품 서비스를 경쟁 사업자보다 우대
끼워 팔기	온라인 플랫폼 서비스와 다른 상품 서비스를 함께 거래하도록 강제

자료: 공정거래위원회

그림 2-10 불공정 행위 유형 (출처: 공정거래위원회)

관계 당국에서도 대응 지침을 제시하고 있지만, 플랫폼 기업들은 법망을 빠져나가거나 다른 편법을 동원해서 계속 불공정 행위를 조장하고 있는 상황이다.

MEMO

최근 온라인 플랫폼 사업자 관련 주요 법 집행 사례

(자사 우대) 네이버 쇼핑 · 동영상 관련, 검색알고리즘 조정을 통해 자사 서비스를 이용하는 입점업체의 상품을 온라인 플랫폼상에 우선적으로 노출한 행위 시정('20.10월)

(멀티호밍 제한) 구글 모바일 운영체제(이하 'OS') 관련, 경쟁 OS 개발 및 출시를 방해한 행위 시정('21.9월) / 네이버 부동산 관련, 경쟁 부동산 정보 플랫폼을 이용하지 못하도록 배타조건부 계약을 체결한 행위 시정('20.9월)

(최혜 대우 요구) 배달앱 요기요가 입점 업체에 최저가 보장을 요구하고 미이행 시 계약해지 등으로 조치한 행위 시정('20.6월) / OTA(Online Travel Agency) 사업자들의 최혜 대우 계약조항 시정('21.3월)

출처: 공정거래위원회 '온라인 플랫폼 사업자의 시장지배적지위 남용행위 등 심사지침 제정안 행정예고'

(3) 알고리즘 조작

2021년 미국 〈월스트리트저널〉이 '페이스북 파일'이라는 기획 보도를 했다. 제보자가 직접 출연하여 페이스북과 소셜미디어가 우리의 삶을 어떻게 바꿔왔는지를 폭로했다. 제보자에 따르면 페이스북이 증오, 폭력, 허위 정보 등을 담은 콘텐츠가 확산되도록 고의로 방치하고 이런 행위를 은폐하고 있다고 주장했다. 페이스북이 알고리즘을 안전하게 바꾸면 이런 콘텐츠를 차단할 수 있다는 걸 알면서도 이용자가 플랫폼에 머무는 시간을 늘려 광고 수익을 높이기 위해 고의로 방치했다는 것이다.

국내에서도 빅테크 기업의 알고리즘 조작과 관련한 소식이 도마 위에 올랐던 적이 많았다. 2022년 6월 배달노동자 노동조합 라이더유니온이 배달의민족 거리 계산 알고리즘이 사기라며 배달의민족 운영사 우아한형제들을 고발한 사건이 있었다. 내비게이션 실거리 기준 배달료 도입을 합의했는데, 현실과 다르게 산정되었다는 것이 이유였다. 또한 배달업자와 가게의 노출을 통제하는 방식으로 사실상 배달업자와 가게를 통제하고 있다는 지적도 있었다.

(4) 골목상권 침해

예전에 범LG 계열 외식업체가 순대 사업에 진출했다가 언론의 뭇매를 맞고 철수한 적이 있었다. 대기업의 골목상권 진출은 어제오늘 일이 아니고 앞으로도 계속 이슈화될 것 같다.

웹 기반으로 사업을 영위하는 빅테크 기업들의 골목상권 침해도 다반사다. 2022년 6월 말 기준 카카오 계열사는 187개로 알려졌다. 2013년 국내 계열사 수는 16개에 불과했으나, 이후 해마다 평균 13.5개가 늘어났다. 이런 상태로라면 앞으로도 계열사 수는 계속 폭증할 것이다. 이런 이유로 문어발식을 넘어 지네발식 확장이라는 이야기도 나온다.

문제는 내실보다는 덩치 키우기에만 혈안이 되고 있다는 비판이다. 2022년 10월 카카오는 데이터센터 화재로 여론의 뭇매를 맞았다. 화재 발생과 대응도 문제였지만, 더 큰 문제는 일상과 연관된 그런 중요한 서비스에 이중화

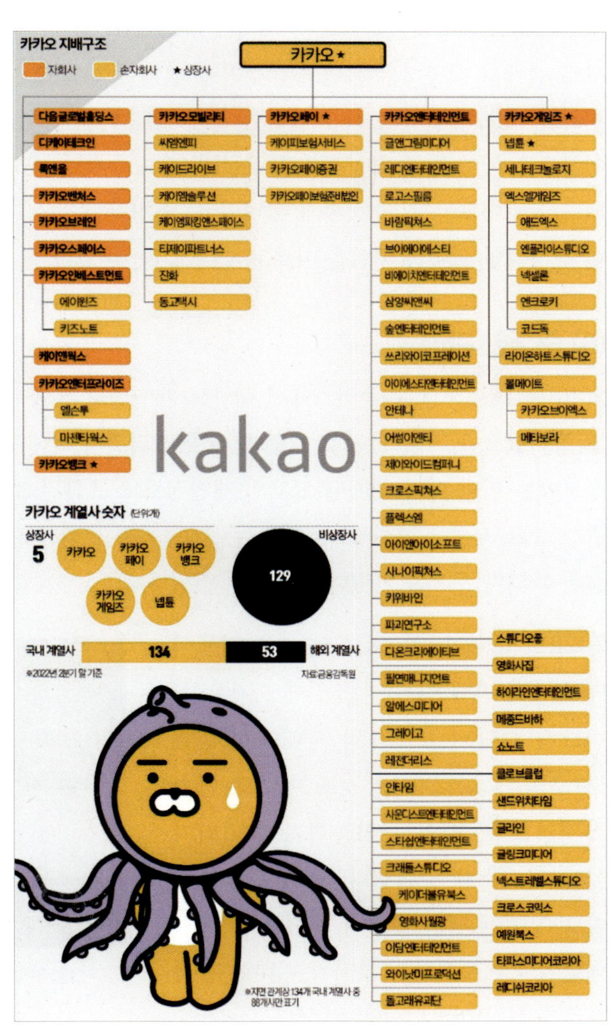

그림 2-11 2022년 6월 말 기준 카카오 계열사 현황 (출처: 한국경제신문)

가 안 되어 있었다는 사실에 대한 비판이었다. 계열사 확장에만 열을 올렸지 정작 서비스 안정화나 기본적인 투자는 하지 않고 있었다는 것이다. 투자해야 할 곳에 제대로 투자하지 않고 주먹구구식으로 운영한 결과가 이번 화재 사고로 이어졌다는 평가였다.

(5) 독과점 행위

스마트폰 시대가 도래하자, 구글은 발 빠르게 '안드로이드'라는 운영체제를 시장에 공급했다. 그것도 무상인 오픈소스 형태로 제공했다. 사람들은 구글의 오픈소스 정책을 환영하고 높게 평가했다. 삼성과 같은 스마트폰 제조사들은 무료로 공급된 안드로이드를 도입하면서 안드로이드 진영에 합류했다. 10여 년이 흐른 뒤 구글은 2022년 6월 1일부터 자사의 '인앱결제' 정책을 준수하지 않는 앱은 구글플레이에서 퇴출하겠다는 조치를 발표했다. 구글은 구글 플레이에 있는 모든 앱 개발사를 대상으로 앱에서 제공하는 콘텐츠를 추가로 결제할 때 반드시 '인앱결제' 방식을 사용해 최대 30%의 수수료를 내도록 결제 정책을 변경했다. 구글의 이런 정책은 자연스럽게 앱 개발 업체의 서비스 요금 인상으로 이어졌고, 결과적으로 구글의 30% 수수료는 소비자와 창작자가 떠안게 됐다. 10여 년 전의 안드로이드는 결코 공짜가 아니었고, 엄청난 족쇄로 부메랑이 되어 돌아왔다. 구글은 앞서 언급한 전형적인 플랫폼 패턴을 따르고 있다고 볼 수 있다.

(6) 허술한 관리

2023년 1월 초 LG유플러스에서 대규모 개인정보 유출 사고가 발생했다. 초기 18만 건이 유출됐다고 알려졌으나, 이후 추가로 11만 명이 확인되면서 피해자는 총 29만 명으로 증가했다. 유출된 개인정보에는 이미 계약 해지된 고객의 개인정보도 포함된 것으로 알려졌다. 상법상 상업장부와 영업에 관한 중요 서류에 포함된 개인정보는 10년까지 보관할 수 있어 법적으로는 문제가 되지 않지만, 허술한 관리가 문제를 키웠다는 지적이 있었다.

2022년 10월 15일 SK C&C 데이터센터에 화재가 발생했다. 이로 인해 카카오 서비스가 중단되는 초유의 사태가 발생했다. 서버에 화재가 난 것도 아니고 단순 화재였으나, 백업과 이중화가 준비되지 않아 서비스가 중단됐다. 카카오는 문어발 확장에만 열을 올렸지, 가장 기본적인 백업이나 이중화에는 투자가 미비했던 것으로 드러나 여론의 공분을 샀다.

그림 2-12 화재로 인한 카카오 서비스 장애 (출처: 연합뉴스 TV)

온라인 기반 매칭 플랫폼은 매칭에 대한 대가로 과도한 수수료를 가져간다. 하지만 정작 사기나 제품상의 문제가 있을 때는 나 몰라라 발을 뺀다. 플랫폼은 단순히 매칭만 시켜줄 뿐이라는 게 그들의 변명이다. 단순 매칭만 가능하다면 수수료를 줄였어야 한다. 수수료는 과도하게 챙기면서 책임과 관리는 허술하게 하고 있다.

카카오 먹통 사태 이후 거대 플랫폼 기업에 대한 규제 필요성이 본격 대두됐다. 카카오, 네이버, 배달의민족, 쿠팡과 같은 거대 온라인 플랫폼 기업의 독점적 지위를 악용한 알고리즘 조작, 골목상권 침탈, 자사 우대와 같은 문제점이 양산되고 있어, 이런 플랫폼 기업들을 규제하기 위한 '온라인 플랫폼 공정화법(온플법)'이 발의되어 국회에 계류 중이다. 현재 정부는 온플법보다는 자율규제 방식을 유지하고 있다. 우선 공정거래위원회와 주요 배달 플랫폼 업체들은 6개월에 걸쳐 만든 '배달 플랫폼 자율규제 방안'을 2023년 3월에 발표했다.

MEMO **배달 플랫폼 자율규제 방안 발표회 개최**

자율규제 방안 분야

① 배달 플랫폼 입점 계약 관행 개선

② 배달 플랫폼 · 입점 업체 간 분쟁 처리 절차 개선

③ 배달 플랫폼 · 입점 업체 간 상생 및 입점 업체의 부담 완화 방안 마련

출처: 공정거래위원회 – 배달 플랫폼 자율규제 방안 발표회 개최 보도자료

지금까지 플랫폼의 독점적 지위로 인해 발생하는 다양한 문제점을 살펴봤다. 마지막으로 플랫폼의 명과 암의 딜레마에 대해 이해할 필요가 있다. 플랫폼은 효율성 제고와 생산성을 향상시킨다. 그런데 플랫폼은 독점과 중앙화를 기반으로 한다고 했다. 결과적으로 독점과 중앙화는 효율성과 생산성을 향상시킨다고 볼 수 있고, 반대로 해석하면 탈-플랫폼화는 비효율성과 생산성 저하를 야기한다. 이것이 플랫폼의 딜레마다. 사람들은 플랫폼의 문제점을 지적하면서 다른 한편으로는 플랫폼을 원한다.

2) 무차별적 정보 수집

앞서 플랫폼 기업들은 다양한 데이터를 수집하고 이를 서비스 개선 및 신규 서비스 출시, 그리고 광고 수익에 활용한다고 설명했다. 이에 관해 좀 더 자세히 살펴보겠다.

빅테크 플랫폼 기업은 수집된 다양한 개인정보를 인공지능과 연계하여 맞춤형 광고에 활용하거나 이용자 취향에 맞는 콘텐츠를 보여주는 알고리즘에 활용한다. 그런데 구글과 페이스북 등 거대 플랫폼 기업이 이용자의 다양한 행태 정보를 수집하면서 이용자에게 적법한 동의를 받지 않는 경우가 발견되어 관계당국의 제재를 받기도 했다.

이해를 돕기 위해 빅테크 기업이 왜 데이터를 수집하고, 어떤 데이터가 수집되며, 수집된 데이터가 어떻게 활용되는지 간단히 살펴보겠다.

개인정보보호위원회 **보 도 자 료** 다시 도약하는 대한민국 함께 잘사는 국민의 나라

보도 일시	2022. 9. 14.(수) 14:00	배포 일시	2022. 9. 14.(수) 12:15
담당 부서	조사조정국 조사1과	책임자	과 장 박영수 (02-2100-3111)
		담당자	사무관 이승철 (02-2100-3120)

개인정보위, 구글과 메타의 개인정보 불법 수집 제재
- 동의 없이 타사 행태정보를 수집 · 이용한 행위에 대해 시정조치 -

□ **이용자 동의 없이** 개인정보(이용자의 타사 행태정보*)를 수집하여 온라인 맞춤형 광고**에 활용하는 등 **개인정보 보호법을 위반한 구글과 메타에 대하여 시정명령과 함께 약 1,000억 원의 과징금이 부과**되었다.

* (행태정보) 누리집(웹사이트) 및 앱 방문·사용 이력, 구매·검색 이력 등 **이용자의 관심, 흥미, 기호 및 성향 등을 파악·분석**할 수 있는 온라인상의 활동정보

** (맞춤형 광고) 행태정보를 통해 이용자의 **성향 등을 분석·추정하여 이용자에게 맞춤형으로 제공**하는 온라인 광고

○ 개인정보보호위원회(위원장 윤종인, 이하 개인정보위)는 **9월 14일(수) 제15회 전체회의**를 개최하여 **구글과 메타의 법 위반에 대해 심의하고,** 구글과 메타에게 위반행위 **시정명령**과 함께 **구글에는 692억 원, 메타에는 308억 원의 과징금 부과**를 의결하였다.

○ 이번 조사 · 처분은 **온라인 맞춤형 광고 플랫폼의 행태정보 수집·이용과 관련된 첫 번째 제재**이자, **개인정보보호 법규 위반으로는 가장 큰 규모의 과징금**이다.

그림 2-13 개인정보 불법 수집 제재 관련 보도자료
(출처: 개인정보보호위원회)

데이터를 왜 수집하나?

앞선 그림 2-4에서 데이터는 결국 돈이라고 했다. 수익을 추구하는 것은 기업의 목적이기 때문에 돈 때문에 데이터를 수집하는 것 자체는 비난할 일은 아니다.

일반적인 서비스는 일정한 이용료를 받고 서비스를 제공한다. 하지만 현재 대부분의 플랫폼 기업은 이용료를 받지 않는 대신 광고 수익에 의존한다. 즉, 플랫폼 기업은 데이터를 광고 수익에 활용한다.

그럼 빅테크의 광고 수익 극대화를 위해 데이터가 어떻게 활용되는지 2가지로 생각해 볼 수 있다. 첫째는 수집된 데이터는 이용자가 해당 서비스를 최대한 많이, 그리고 오랫동안 사용하게 하는 용도로 활용된다. 빅테크는 데이터 분석을 기반으로 이용자가 선호하거나 이용자의 취향에 맞는 콘텐츠나 서비스를 선별해서 추천한다. 이용자는 본인이 관심 있는 콘텐츠가 추천되면 해당 콘텐츠를 계속 소비하거나 그 서비스에 계속 머무르려고 할 것이다. 광고주 입장에서는 광고를 이용자에게 최대한 많이 노출시키는 것이 목적이기 때문에 이용자가 오래 머물수록 더 높은 광고 단가를 기꺼이 지급하려 할 것이다. 둘째는 맞춤형 광고다. 이용자와 관련된 수많은 데이터는 그 이용자가 필요로 하는 또는 선호하는 제품을 추측하는 데 도움이 된다. 이런 추천 알고리즘을 통해 이용자에게 맞는 제품 광고를 선택해서 제시하게 된다.

정리하면, 플랫폼 기업이 데이터를 수집하는 이유는 결국 돈 때문이다. 정확히는 광고 수익 극대화다. 데이터는 광고 수익 극대화를 위해 서비스를 오랫동안 소비할 수 있는 맞춤형 콘텐츠를 제공하는 용도나 맞춤형 광고를 위해 활용된다.

그림 2-14를 살펴보자. 상단 그림은 맞춤형 광고를 위해 개인정보가 어떻게 활용되는지 그 절차를 설명하고 있다. 이용자의 개인정보가 수집되면 기업은 추천 알고리즘에 따라 맞춤형 광고를 노출시키고 광고주로부터 광고료를 받는다. 이용자에게 노출된 광고를 바탕으로 제품 소비로 이어진다.

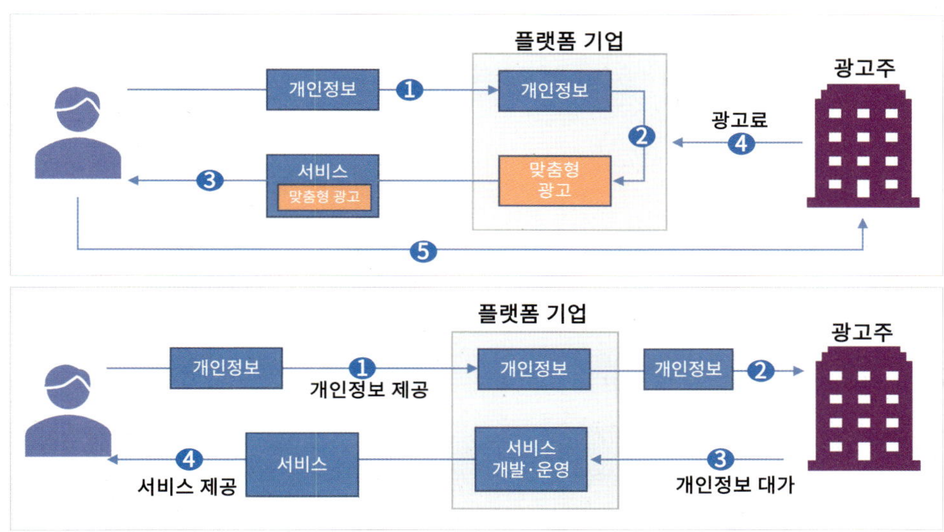

그림 2-14 플랫폼에서 개인정보의 의미

그림의 아래쪽은 실제 모습을 조금 변형한 것이다. 수집된 개인정보를 기반으로 맞춤형 광고를 제공한다는 것은 다르게 표현하면 플랫폼 기업이 개인정보를 수집하여 광고주에 판매한다는 것과 유사한 의미로 해석될 수 있다. 즉, 플랫폼 기업은 개인정보를 광고주에 판매하고 개인정보에 대한 대가로 돈을 벌고 그 돈으로 서비스를 제공한다고 이해할 수 있다.

어떤 데이터를 수집하나?

이번에는 플랫폼 기업들이 어떤 데이터를 수집하는지 알아보자. 예를 들어 사용자가 구글 서비스를 이용할 때 구글에서는 크게 2가지 유형의 정보를 수집한다.

1. 구글 회원 가입이나 콘텐츠 제작 등 사용자가 구글에 직접 제공 · 업로드하는 정보
2. 사용자가 구글 서비스를 이용하면서 발생하는 활동 정보 및 이용 정보

사용자는 구글에 회원 가입이나 부가 서비스 신청을 위해 다양한 개인정보를 제공한다. 구글 및 유튜브에 업로드하는 사진 및 동영상, 또는 구글 서비스를 이용해 전송하는 메시지 등도 수집된다. 심지어 댓글 또는 '좋아요' 표시 정보도 모두 수집된다. 또한 사용자가 구글 서비스를 이용하는 동안 사용 중인 기기 정보, 앱 정보, 브라우저뿐만 아니라 검색어 정보, 웹사이트 방문 기록 정보, 활동 정보 및 위치정보 등이 생성되고 수집된다.

구글 홈페이지 개인정보처리방침(www.policies.google.com/privacy?) 페이지를 보면, 'Google에서 수집하는 정보' 메뉴가 나온다.

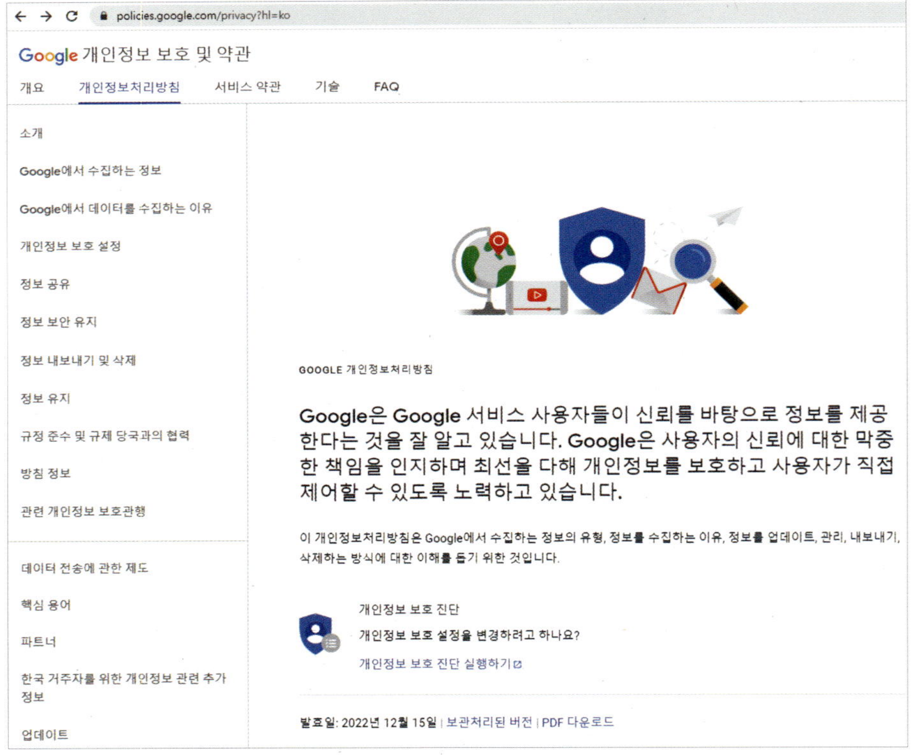

그림 2-15 구글 개인정보처리방침

'Google에서 수집하는 정보'에 소개된 내용을 재구성하여 구글에서 수집하는 데이터 유형을 표[2]로 정리하면 다음과 같다.

2 표 출처: Google 홈페이지 내용 재구성

구분	상세 구분	Google에서 수집하는 데이터 유형
사용자가 생성 및 제공한 정보	계정 생성 시	• 이름과 비밀번호를 포함한 개인정보 • 전화번호나 결제 정보 (선택) • 이메일 정보
	서비스 이용 시	• 이용자가 생성 및 업로드한 콘텐츠 • 이메일, 사진, 동영상, 문서, 스프레드 시트 • YouTube 동영상 댓글
서비스 이용 시 수집 정보	사용자 앱, 브라우저, 기기	• 고유 식별자, 브라우저 유형 및 설정, 기기 유형 및 설정, 운영체제, 통신사명, 전화번호, 네트워크 정보, 애플리케이션 버전 정보 • IP주소, 비정상 종료 보고서, 시스템 활동, 요청 날짜와 시간, 리퍼러 URL
	사용자의 활동	• 검색 단어, 시청 동영상, 콘텐츠와 광고 조회, 음성 및 오디오 정보, 구매 활동, 콘텐츠 교류 대상, Chrome 브라우징 기록 • 전화번호, 발신자 번호, 수신자 번호, 착신전환 번호, 발신자 및 수신자 이메일 주소, 통화와 메시지 일시, 통화 시간, 라우팅 정보, 통화/메시지 유형
	사용자의 위치	• GPS 및 기타 기기의 센서 데이터 • IP 주소 • Wi-Fi 액세스 포인트, 기지국, 블루투스 지원 기기 등 사용자의 기기 주변 사물에 대한 정보

사실상 구글은 이용자의 모든 개인정보 및 활동 정보를 수집하고 있다고 볼 수 있다. 이는 다시 다음과 같이 3가지 유형으로 정리할 수 있다.

- 이용자 개인정보 (이름, 성별, 생년월일, 이메일 주소 등)
- 이용자가 생성 및 업로드한 콘텐츠 (게시글, 문서, 이메일, 이미지, 동영상)
- 이용자 활동 정보 (검색 키워드, 방문 사이트, 구매 활동, 광고 클릭, 시청 동영상 등)

MEMO

사용자가 생성하거나 제공하는 정보

"사용자는 Google 계정을 만들 때 이름과 비밀번호를 포함한 개인 정보를 Google에 제공합니다. 또한 계정에 전화번호나 결제 정보를 추가하도록 선택할 수도 있습니다. Google 계정에 로그인하지 않더라도, Google과 연락을 취하거나 서비스 업데이트를 받기 위해 이메일 주소를 제공하는 것과 같이 정보를 제공하도록 선택할 수 있습니다.

또한 사용자가 서비스를 이용하면서 생성, 업로드하거나 다른 사람에게 받는 콘텐츠를 수집합니다. 여기에는 사용자가 작성하거나 수신하는 이메일, 저장하는 사진과 동영상, 작성하는 문서와 스프레드시트, YouTube 동영상에 다는 댓글 등이 포함됩니다."

출처: 구글 홈페이지 내용 인용

넷플릭스에 '스마트폰을 떨어뜨렸을 뿐인데'라는 영화가 있다. 영화의 내용을 간략하게 설명하면, 이나미라는 여성이 실수로 스마트폰을 버스에 두고 내렸는데 이를 주운 오준영이라는 남성이 악성 프로그램을 설치하여 이나미에게 돌려준다. 이 악성 프로그램을 통해 이나미의 스마트폰 화면과 카메라 화면이 그대로 오준영에게 전송된다. 그림 2-16은 오준영이 이나미의 스마트폰 화면과 카메라 영상을 실시간으로 지켜보는 장면이다.

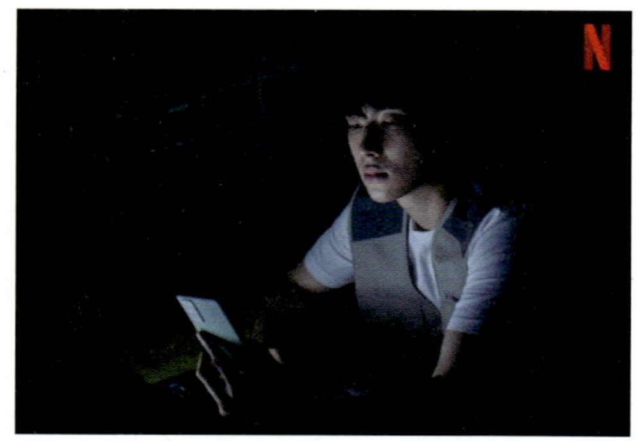

그림 2-16 '스마트폰을 떨어뜨렸을 뿐인데' 한 장면 (출처: 넷플릭스)

누군가가 본인 스마트폰의 화면과 카메라에 비친 모습을 통해 일거수일투족을 모두 파악하고 있다고 생각하면 끔찍할 것이다. 그런데 구글 역시 구글 서비스 이용자의 모든 활동 정보를 실시간으로 파악하고 심지어 데이터화하여 저장하고 있다.

수집한 데이터를 어떻게 활용하나?

구글 홈페이지를 방문하면 구글이 수집한 데이터를 어떻게 활용하는지에 대해서도 설명하고 있다. 수집된 데이터 활용 내용을 정리하면 다음 표와 같다.

데이터 활용 분야	데이터 활용 내용
1) 서비스 제공	사용자가 요청한 서비스 제공(검색 결과 등)
2) 서비스 유지 및 개선	정전 원인 및 사용자가 신고하는 문제를 해결
3) 새 서비스 개발	새로운 서비스 개발에 활용
4) 맞춤 서비스 제공	사용자를 위해 서비스 맞춤 설정
5) 실적 측정	서비스 이용 분석 및 측정
6) 사용자와 커뮤니케이션	사용자와 직접 상호작용
7) 사용자 보호	서비스 안전성과 신뢰성 개선

그런데 구글 홈페이지에는 제일 중요하고 본질적인 활용 분야가 빠져 있다. 바로 수익화다. 수익을 추구하는 기업이 수익 극대화를 목표로 하는 것은 당연하다. 구글에서는 수많은 서비스를 무료로 제공한다. 그 많은 서비스를 개발하고 출시하고 운영하기 위해서는 상당한 비용과 인력이 필요하다. 이런 막대한 비용과 기업의 수익을 충당하기 위해 이용자로부터 이용료를 받을 수도 있지만, 구글을

포함한 대부분의 빅테크 기업은 무상으로 서비스를 제공하고 대신 광고 수익에 의존한다. 무상으로 서비스하는 대신 수집된 정보를 광고와 연계한 수익모델을 가져가는 것은 결코 비난할 일은 아니다.

빅테크 기업은 절대적으로 광고 수익에 의존하기 때문에 광고업체에 대한 인수도 활발하다. 2007년에 구글은 인터넷 광고업체인 더블클릭(DoubleClick)을 인수했고, MS는 디스플레이 광고회사인 에이퀀티브(aQuantive)를 인수했다. 2009년에 구글은 7억 5천만 달러를 들여 1위 모바일광고 회사인 애드몹(AdMob)을 인수했다. 이렇게 거대 플랫폼 기업은 광고 플랫폼 업체의 인수나 다양한 이해관계자를 끌어들여 광고 생태계를 장악해 가고 있다.

참고로, 빅테크 기업은 광고 수익 극대화를 위해 실시간 광고 입찰 방식(RTB)을 활용한다. 광고 판매 지면을 제시하고 광고주들과 실시간 자동 입찰을 통해 광고를 제공하고 광고 수익을 얻는다.

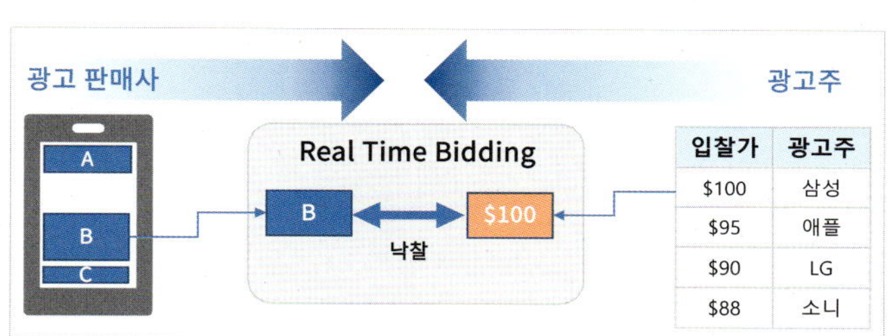

그림 2-17 광고 입찰 방식 (RTB)

구글은 수많은 개인정보를 수집하고 있는데, 그럼 구글이 수집하는 개인정보의 가치는 얼마나 될까? 개인정보의 가치를 직접 산출할 수 없지만, 개인정보를 활용해 벌어드린 광고 수익을 보면 개인정보의 가치를 유추해 볼 수 있다. 그림 2-18은 구글의 2001~2021년 광고 수익 추이를 보여준다. 2021년 한 해만 209Billion USD(약 250조 원)의 광고 수익을 올렸다.

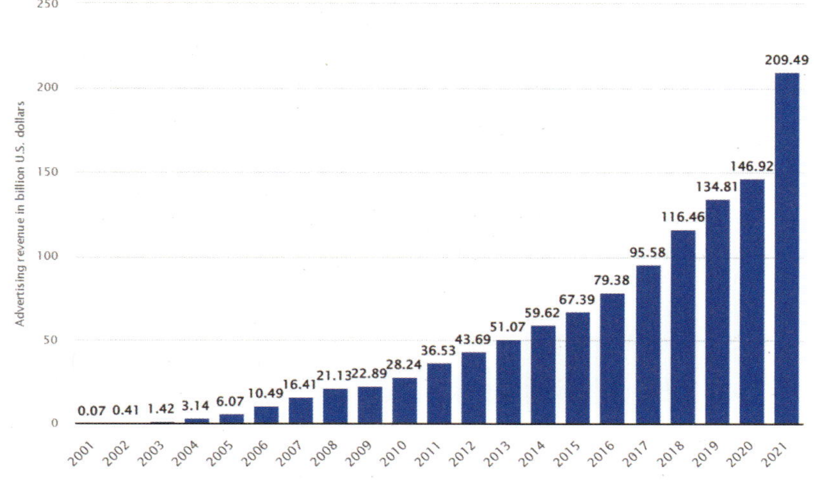

그림 2-18 구글 광고 수입 2001~2021 (출처: statista.com)

3) 돈벌이 수단

구글을 비롯한 기업의 목적은 이윤 추구다. 모든 서비스를 공짜로 제공하는 대신 개인정보를 수집해서 광고 수익을 거두는 것에 대해 결코 비난할 일은 아니라고 이미 설명했다. 그런데 문제는 그로 인한 부작용과 폐해가 너무 크고, 부도덕과 위법선상에서 줄타기를 하는 경우가 많다는 것이다.

이를 가장 잘 설명해 주는 것이, 넷플릭스에서 제공하는 '소셜 딜레마(Social Dilemma)'라는 다큐다. 개인적으로 한번 시청해 볼 것을 권한다. 알고리즘 문제점에 초점을 맞추다 보니 조금 과한 측면이 없지 않지만, 시사하는 바가 상당히 크다고 생각한다. '소셜 딜레마'라는 다큐를 보면 페이스북을 비롯한 플랫폼 기업이 어떻게 악랄하게 돈을 버는지, 그리고 얼마나 사악해질 수 있는지를 적나라하게 묘사하고 있다.

특히 플랫폼 기업들이 만들어 놓은 알고리즘이 이용자들을 어떻게 조정하는지 보여준다. 그림 2-19는 알고리즘이 이용자를 조절하는 것을 이미지로 묘사한 장면이다.

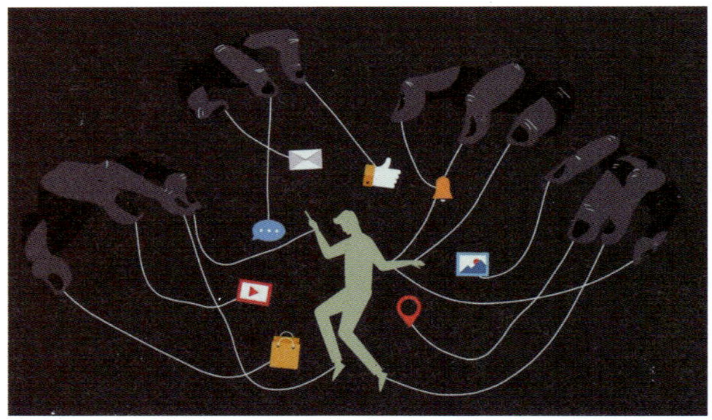

그림 2-19 '소셜 딜레마'의 한 장면 (출처: 넷플릭스)

'소셜 딜레마'는 알고리즘 설계 및 운영에 실제 참여했던 사람들을 인터뷰하는 방식으로 진행되는데, 한 인터뷰이(Interviewee)가 이런 말을 했다.

> "If you're not paying for the product, then you are the product."
> 상품의 대가를 지불하지 않는다면 바로 당신이 상품입니다.

어떤 제품과 서비스를 이용하기 위해서는 대가를 지불해야 한다. 세상에는 공짜란 없다. 하지만 그 대가를 지불하지 않는다면 다른 무언가로 대신해야 한다. 속된 표현으로 '돈이 없으면 몸으로 때워야 한다'는 말이다.

그림 2-20을 보면, 위쪽 그림은 제품·서비스를 이용하고 대가로 이용요금을 지불하는 모습을 보여준다. 반면 아래쪽 그림은 이용요금을 지불하지 않는 대신 이용자 개인정보를 제공해야 한다. 이용자의 개인정보는 제품 서비스에 대한 이용 대가다.

그림 2-20 구글 서비스 이용에 대한 대가 지불 방법

'소셜 딜레마'에서 인터뷰한 한 알고리즘 설계 및 개발자는 본인이 이런 알고리즘 설계에 참여했고 이 알고리즘이 어떻게 사람들을 중독시키는지 문제점을 잘 알고 있지만, 본인도 서비스를 이용하면서 이 알고리즘의 늪에서 벗어날 수 없었다고 토로했다. 그림 2-21은 알고리즘이 어떻게 사람을 중독시키고 이용자들이 이 알고리즘의 늪에서 빠져나올 수 없게 만드는지를 보여준다.

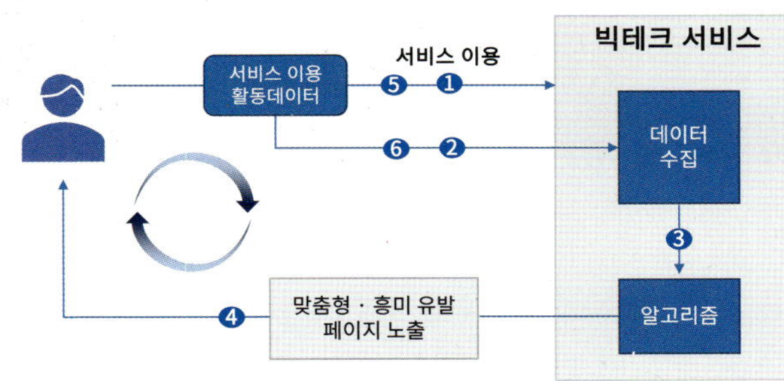

그림 2-21 빅테크의 데이터 활용 방법

❶ 서비스 이용자들은 서비스를 이용한다.

❷ 서비스를 이용하는 과정에서 다양한 개인정보 및 활동 정보가 수집된다.

❸ 빅테크 기업은 이런 수집된 정보를 기반으로 알고리즘을 완성한다.

❹ 이용자들의 흥미와 관심을 유발할 수 있는 콘텐츠나 서비스를 선별하여 제공하는 방식으로 이용자들은 서비스 이용에 더 참여한다.

❺ 이용자에 대한 철저한 분석을 통해 더 자극적이고 흥미를 유발하는 콘텐츠를 지속해서 노출시켜 이용자를 중독시키고 결국 서비스로부터 빠져나올 수 없게 만든다.

❻ 새롭게 생성된 활동 데이터는 다시 알고리즘 개선에 지속적으로 활용된다.

Google 홈페이지의 '정보' 메뉴에 가면 다음과 같이 표기되어 있다.

"Google의 목표는 전 세계의 정보를 체계화하여
모두가 편리하게 이용할 수 있도록 하는 것입니다."

그림 2-22 구글의 목표 (출처: Google 홈페이지)

Google의 목표는 수익 극대화다. 수익 극대화를 위한 방안으로 전 세계의 정보를 체계화하여 모두가 편리하게 이용할 수 있게 하고 있다고 볼 수 있다.

MEMO

디지털 시장의 경쟁 조사

2020년 10월, 미 하원 사법위원회 산하 반독점, 상업 및 행정법 소위원회는 〈디지털 시장의 경쟁 조사〉 보고서를 발표했음. 이 보고서는 다음과 같은 내용을 담고 있음.

디지털 시장은 **네트워크 효과, 전환 비용**(switching costs), **정보의 자기 강화적인 이점, 규모에 따른 수확 체증** 등의 특성을 가지고 있어 **승자독식** 경향을 보이며, 이는 새로운 경쟁자가 시장에 진입하는 데 있어 진입장벽으로 작용하고 있음.

소수 빅테크 기업으로의 시장 집중은 막대한 양의 인수합병의 결과이며 '**킬러 인수**(killer acquisition)'**를 통해 실질적, 잠재적 경쟁이 소멸**함.

빅테크는 온라인 플랫폼을 운영하면서 제3자 업체가 소비자와 연결될 수 있게 매개하는 동시에, 이들과 특정 상품을 두고 경쟁하는 이중의 역할을 수행하고 있으며, 이에 반경쟁 행위에 대한 우려가 제기되고 있음. 이러한 반경쟁 행위에는 '**데이터 착취**(data exploitation)', '**자기 사업 우대**(self-preferencing)', '**핵심 기술의 부당**

취득(appropriation of key technologies)', '**플랫폼 정책의 급격한 변경**(abruptive change to a platform's policies)' 등이 있음.

이러한 플랫폼의 시장지배력은 **(1) 혁신과 기업가 정신을 위축시키고 (2) 개인정보보호에 부정적 영향을 미치며 (3) 자유롭고 다양한 언론의 형성을 저해하고, (4) 정치적 · 경제적 자유를 위협할 우려**가 있음.

보고서는 페이스북, 구글, 아마존, 애플 등 4개 지배적 기업의 시장지배력, 인수합병 과정, 그리고 이들 기업이 어떻게 반경쟁 행위를 행사했는지 분석함.

보고서는 반독점 개혁을 위한 **3가지 방안을 권고**하고 있음. **(1) 디지털 시장의 공정한 경쟁 촉진 (2) 합병 및 독점화와 관련된 법률 강화 (3) 반독점법의 강력한 감독 및 집행 권한 회복**

출처: 진보네트워크_미국에서의 빅테크 규제 동향

2.2.2 데이터 소유권

빅테크 기업은 막강한 플랫폼을 이용하여 독점적 지위를 악용하고 무차별적인 정보를 수집하여 돈벌이 수단으로 활용하고 있다. 그리고 그 중심에는 데이터가 있다. 빅테크 기업은 데이터를 중앙집중적으로 수집하고 있고 관리에 따른 문제점이 발생하고 있으며, 데이터의 생산 주체가 소유권을 주장하지 못하는 상황이 발생하고 있고, 그렇게 소유권을 갖지 못하면서 데이터 활용에 따른 수익 배분 이슈도 발생하고 있다.

1) 데이터 소유권 문제

빅테크 기업은 이용자의 개인정보와 그들의 다양한 활동 정보를 수집하고 있다. 이 데이터의 소유 주체는 이용자지만, 빅테크 기업은 이를 독점적으로 소유하면서 수익 활동에 활용하고 있다.

데이터 소유권 개념

빅테크 기업은 이용자의 개인정보를 수집한다. 그럼 이 데이터의 소유권자는 누구이고 데이터 소유권자의 권리는 무엇일까? 데이터 소유권자는 데이터를 생성하는 주체인가, 아니면 데이터를 수집하는 빅테크 기업인가? 먼저 '개인정보보호법'에서는 정보주체의 개념과 정보주체의 권리를 다음과 같이 규정하고 있다.

제2조(정의) – '정보주체'란 처리되는 정보에 의하여 알아볼 수 있는 사람으로서 그 정보의 주체가 되는 사람을 말한다.

제4조(정보주체의 권리) 정보주체는 자신의 개인정보 처리와 관련하여 다음 각호의 권리를 가진다.

개인정보의 처리에 관한 정보를 제공받을 권리

개인정보의 처리에 관한 동의 여부, 동의 범위 등을 선택하고 결정할 권리

개인정보의 처리 여부를 확인하고 개인정보에 대하여 열람(사본의 발급을 포함한다. 이하 같다)을 요구할 권리

개인정보의 처리 정지, 정정 · 삭제 및 파기를 요구할 권리

개인정보의 처리로 인하여 발생한 피해를 신속하고 공정한 절차에 따라 구제받을 권리

EU GDPR(개인정보보호규정)에서도 정보주체(Data Subject)는 개인정보를 생성하고 자신이 생성한 개인정보에 대한 권리를 가지는 살아있는 자연인으로 규정하고 있으며, 그림 2-23과 같이 정보주체의 권리로서 8가지를 규정하고 있다.

No.	정보주체의 권리	관련 조문	
1	정보를 제공받을 권리(Right to be informed)	제1절	제12조~제14조
2	정보주체의 접근권(Right of access)	제2절	제12조, 제15조
3	정정권(Right to rectification)	제3절	제12조, 제16조, 제19조
4	삭제권('잊힐 권리')[Right to erasure('Right to be forgotten')]		제13조, 제17조, 제19조
5	처리 제한권(Right to restrict of processing)		제12조, 제18조, 제19조
6	개인정보 이동권(Right to data portability)		제12조, 제20조
7	반대권(Right to object)	제4절	제12조, 제21조
8	프로파일링을 포함한 자동화된 의사결정(Rights related to automated decision making including profiling)		제22조

그림 2-23 GDPR에서 규정한 '정보주체의 권리' (출처: EU GDPR 가이드북)

2022년에 제정된 데이터 산업법에는 '데이터생산자'를 다음과 같이 규정하고 있다.

데이터생산자란 데이터의 생성·가공·제작 등과 관련된 경제활동을 하는 자

데이터 소유권을 명확하게 규정하는 법적 근거는 없는 것 같다. 대신 법적으로 '정보주체'와 '데이터생산자'를 규정하고 있는데, 앞서 언급했던 '이용자 개인정보'는 '정보주체'에 해당된다고 볼 수 있고, '이용자가 업로드한 콘텐츠' 데이터는 '데이터생산자'에 해당할 것으로 보인다. 그런데 '이용자의 활동데이터'가 '데이터생산자'에 해당하는지는 다른 해석도 가능할 것 같다.

정리하면, 데이터 소유권자에 대한 정확한 규정은 없지만 관련 법들을 고려할 때 데이터 소유권자는 데이터를 수집하는 빅테크 기업이 아니라 데이터를 생성하고 제공하는 서비스 이용자로 이해할 수 있다.

데이터 소유권 이슈

데이터 소유권에 대한 이슈가 논의된 적은 많았지만, 데이터 소유권 이슈를 공론화한 사람은 2019년 미국 민주당 경선에 출마한 앤드루 양(Andrew Yang)이 처음이다. 앤드루는 경선 과정에서 1인당 월 1,000달러에 달하는 기본 소득을 제공하겠다는 정책을 폈고 그 재원을 기업으로부터 일종의 데이터 사용료를 거둬서 충당하겠다는 공약으로 신선한 충격을 주었다. 앤드루는 트위터에 다음과 같은 글을 게시하기도 했다.

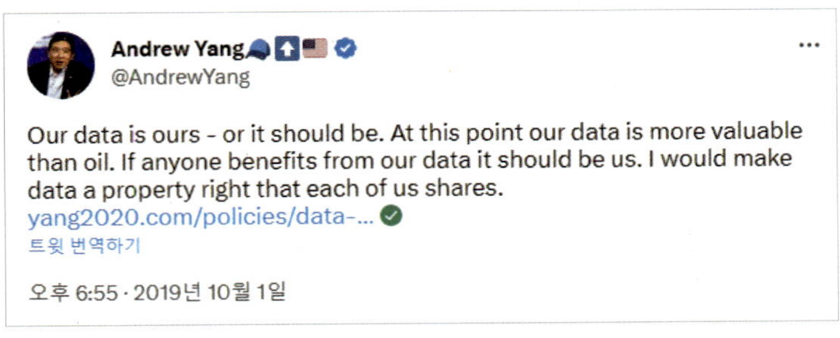

그림 2-24 데이터 소유권 이슈 관련 앤드루 양(Andrew Yang) 트위터 (출처: 트위터 캡처)

"우리 데이터는 우리 것입니다. 또는 우리 것이어야만 합니다.
이 시점에서 우리의 데이터는 석유보다 더 가치가 있습니다.
누군가가 우리 데이터로부터 이익을 얻는다면 그것은 우리여야 합니다.
나는 데이터를 우리 각자가 공유하는 재산권으로 만들 것입니다."

데이터 소유권이 지닌 가치와 그 의미를 이해하기 위해서는 먼저 소유권을 이해할 필요가 있다. 민법 제211조를 보면, '소유자는 법률의 범위 내에서 그 소유물을 사용, 수익, 처분할 권리가 있다'라고 규정하고 있다. 민법은 물건을 대상으로 한 법이라서 데이터에 민법상 소유권 적용이 가능한지를 차치한다면, 데이터 소유권이란 데이터를 사용 · 수익 · 처분할 권리라고 이해할 수 있다.

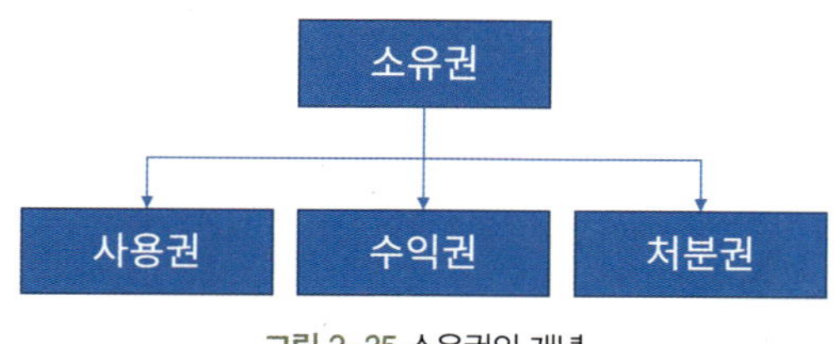

그림 2-25 소유권의 개념

빅테크의 데이터 소유권 근거

데이터 소유권은 데이터를 생성하고 제공하는 서비스 이용자에게 있지만, 현재는 빅테크 기업이 데이터 소유권에 해당하는 사용권, 수익권, 처분권을 행사하고 있다. 빅테크는 무슨 근거로 소유권을 행사하는 것일까? 이용자가 데이터의 소유권을 가지고 있다면 그 데이터의 사용권, 수익권, 처분권을 이용자가 가지는 것이다. 하지만 현실에서는 이용자가 아닌 플랫폼 기업이 그 데이터의 사용권, 수익권, 처분권을 가진다.

빅테크 기업이 데이터의 사용권, 수익권, 처분권을 행사하는 근거는 바로 '이용자와 빅테크 기업 간에 체결한 계약' 때문이다. 바로 약관이다. 빅테크 기업은 약관(계약)을 통해 이런 데이터에 대한 소유권을 확보했기 때문에 이용자의 데이터를 임의로 사용하고 수익화하고 처분할 수 있는 것이다. 이용자는 이런 약관에 동의하지 않을 수 있다. 하지만 약관에 동의하지 않으면 그 서비스를 이용할 수 없다. 다시 말하면 서비스를 이용하기 위해서는 약관에 동의해야 하고 본인의 데이터 소유권(사용권, 수익권, 처분권)을 빅테크에 넘겨야 한다.

페이스북 서비스 약관을 보면 다음과 같이 명시되어 있는 것을 확인할 수 있다.

> 3. 회원님이 저희에게 부여한 권한
>
> 회원님이 생성 및 공유한 콘텐츠에 대한 권한: 사진이나 동영상 등 공유 또는 업로드하는 콘텐츠 중에는 지식재산권법으로 보호되는 콘텐츠가 있을 수 있습니다.
>
> 회원님의 이름, 프로필 사진 및 활동에 관한 정보를 광고, 홍보 콘텐츠 또는 상업적 콘텐츠에 이용할 수 있는 권한: 회원님은 해당 설정에 따라 회원님의 이름, 프로필 사진 및 콘텐츠에 좋아요 클릭 또는 Meta 제품 이용 등 회원님의 Facebook에서의 활동(예: '좋아요' 표시)에 관한 정보를 저희 제품 전반에 보여지는 광고, 제안 및 기타 홍보 콘텐츠 또는 상업적 콘텐츠와 함께 또는 연관하여 표시할 수 있는 권한을 저희에게 무상으로 부여합니다.
>
> 회원님이 이용 또는 다운로드한 소프트웨어의 업데이트 권한: 회원님이 저희의 소프트웨어를 다운로드하거나 이용하면 가능한 경우 저희에게 소프트웨어의 업데이트를 다운로드하고 설치할 수 있는 권한을 부여합니다.

2) 데이터 수익 독점

약관(계약)을 통해 데이터 사용권, 수익권, 처분권을 인정받은 빅테크 기업은 이용자 데이터를 활용하여 막대한 광고 수익을 거두고 있다. 게다가 이런 수익을 독식하고 있다고 볼 수 있다. 문제점은 대부분 이용자가 약관(계약)을 검토하지 않고, 검토한다고 하더라도 우리가 제공한 데이터가 그렇게 엄청난 수익으로 이어진다는 것을 잘 이해하지 못한다는 것이다.

서비스를 무상으로 이용하기 때문에 데이터 소유권을 빅테크 기업에 넘기는 것은 합당한 계약으로 볼 수도 있다. 하지만 또 다른 문제점은 이렇게 수집된 데이터가 이용자들을 서비스라는 가두리에 가두고 계속 중독시켜 간다는 것이다. 더구나 우리가 제공한 데이터가 어떻게 다시 우리에게 영향을 주는지에 대한 알고리즘이 공개되어 있지 않다.

2.2.3 정보 왜곡

웹 2.0을 대표하는 키워드는 참여, 공유, 개방이다. 이런 키워드로 대변되는 다양하고 혁신적인 서비스들이 소개되었고 새로운 가치도 출현했다. 하지만 이런 특징은 동시에 부작용도 양산하고 있다. 참여, 공유, 개방을 통해 정보가 빠르게 공유되고 확산되는 장점도 있었지만, 동시에 악의적인 루머나 가짜 뉴스도 그만큼 빠르게 공유되고 확산되어 많은 사회적 문제를 야기하고 있다.

1) 정보의 홍수

참여, 공유, 개방은 데이터와 정보의 생산을 폭증시켰다. 누구나 정보를 생산할 수 있게 됐고 전파된 정보는 다시 재확산 및 재창조 과정을 거쳐 정보의 규모 자체가 극대화됐다.

필자가 구글에서 'Web 3.0'을 검색해 보니, 그 결과로 총 2,100,000,000개가 검색됐다. 이 많은 정보를 모두 읽는다는 것은 불가능하다. 또한 페이지 랭킹에 의해 상단에 노출된다고 하더라도 그것이 목적에 부합하는 정보인지, 또는 유익한 정보인지 장담할 수가 없다. 왜곡된 정보나 품질이 떨어지는 정보도 많이 포함되어 있다. 또한 속된 표현으로 정말 쓰레기 같은 정보도 넘쳐난다.

그림 2-26 구글 검색을 통해 확인할 수 있는 방대한 웹 정보 (출처: 구글 검색)

검색엔진을 활용하더라도 정보의 양 자체가 워낙 많아 원하는 정보를 찾는 것도 쉽지 않지만, 또 다른 문제점은 동일하거나 유사한 정보가 너무나 쉽게 만들어진다는 것이다. 공유 및 전파된 정보는 다양한 소스에 동일한 정보를 게시한다. 구글링을 통해 정보 검색을 하다 보면 대부분 정보가 동일한 경우가 많다. 유튜브도 마찬가지다. 정말 훌륭한 콘텐츠도 많지만, 많은 경우 자극적인 제목과 섬네일을 통해 클릭을 유도하지만 정작 시청해 보면 유사하거나 다른 영상에서 부분적으로 짜깁기한 내용 위주다. 이런 과도한 정보와 유사한 정보는 결국 정보 검색 비용을 높이는 문제점을 야기한다.

2) 필터 버블

전과(前科)가 많은 사람이 다시 재판정에 섰다고 하자. 판사의 입장에서는 이번에도 분명 죄가 있을 것이라는 편견을 가질 수 있고 명백한 증거가 없더라도 편견 때문에 재판 결과에 영향을 줄 수도 있다. 피의자에 유리한 증거는 소홀히 하고 피의자에 불리한 증거에 더 귀 기울인다면 분명 재판에 영향을 주게 된다. 만일 이 피의자가 이번 사건에서는 무고한 상황에서 판사의 편견으로 판결이 이루어진다면 억울할 수밖에 없다. 그래서 '무죄추정의 원칙'이라는 것이 있다. 아무리 피의자라 하더라도 유죄 판결이 확정될 때까지는 무죄로 추정한다는 원칙이다. 유죄로 확정하기 전까지는 죄가 없다는 전제하에 조사 및 재판 과정을 진행할 수 있게 하는 것을 말한다. 무죄추정의 원칙은 선입관의 문제점에 대한 지적과 이에 대한 경계의 자세다.

확증편향(確證偏向)이라는 개념이 있다. 자신의 견해 또는 주장에 도움이 되는 정보만 선택적으로 취하고 자신이 믿고 싶지 않은 정보는 의도적으로 외면하는 성향을 말한다. 쉽게 말해, 보고 싶은 것만 보고, 듣고 싶은 것만 듣고, 믿고 싶은 것만 믿는 그런 심리 현상을 말한다. 일종의 심리적 편견이다.

확증편향이라는 개념은 오래전부터 연구해 왔다. 1960년대 피터 캐스카트 웨이슨(Peter Cathcart Wason)은 다양한 실험과 연구를 통해 확증편향이라는 용어를 사용하기 시작했다.

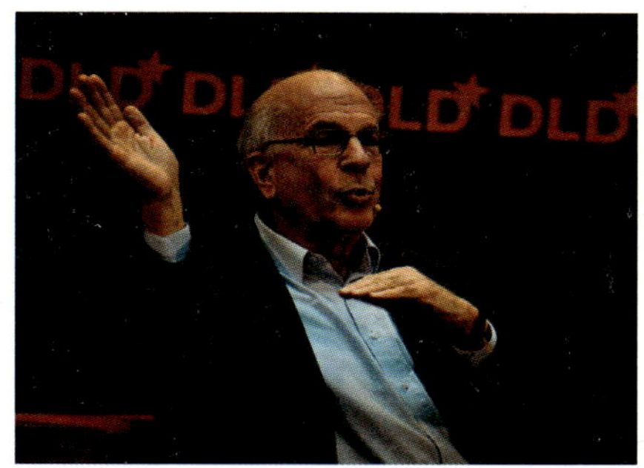

그림 2-27 대니얼 카너먼 (출처: Britannica.com)

2002년 노벨 경제학상에 경제학자가 아닌 심리학자인 대니얼 카너먼 교수가 상을 받았다. 그가 연구한 분야가 바로 확증편향이다. 그의 논지는, 사람들은 논리적·분석적으로 생각하지 않고 그동안 자신이 품어 온 신념이나 편견을 기반으로 판단한다는 것이다. 즉, 인간은 확증편향 때문에 합리적인 사고를 하지 못한다는 논지다.

앞서 언급한 '정보의 홍수' 시대의 대응 방안으로 주목받는 것이 바로 큐레이션 서비스다. 그리고 큐레이션 서비스 구현을 위한 하나의 방안으로 AI 추천 알고리즘이 주목받고 있다. AI 기반 추천 알고리즘은 분명 긍정적인 측면이 있지만, 부작용으로 '필터 버블(Filter Bubble)'을 야기한다. 필터 버블은 플랫폼 기업들이 알고리즘에 기반하여 필터링된 정보만 제공함으로써 이용자가 다양한 정보보다는 필터링된 정보만 접하게 되는 현상을 말한다. 예를 들어 동일한 키워드나 콘텐츠를 검색하더라도 이용자의 성향에 따라 전혀 다른 정보나 콘텐츠가 검색되어 노출된다. 이는 이용자가 필터링되고 편향된 정보만 접하게 되어 결국 획일적이고 그릇된 사고방식을 갖게 할 수 있다. 즉, 필터 버블은 확증편향을 가속화한다고 볼 수 있다. 플랫폼 기업들은 알고리즘을 설계할 때 필터 버블이 더욱더 가속화되도록 설계한다. 이용자들이 더 오랫동안 서비스에 머물수록 광고 수익이 올라가기 때문에 알고리즘은 이용자의 편익이나 최적화된 정보·콘텐츠를 제공하기보다는 더 자극적이고 더 노골적인 정보만 노출시킨다.

MEMO

AI가 인간을 세뇌한다?… 알고리즘의 공습

유튜브 같은 콘텐츠 플랫폼의 알고리즘 목표는 이용자들에게 개인 취향에 맞는 콘텐츠를 지속적으로 공급해 오랜 시간 플랫폼에 머물며 콘텐츠를 소비하도록 만드는 데 있다. 이처럼 개인 취향에 맞춘 콘텐츠를 지속적으로 제공하다 보니 이용자들은 갈수록 확증편향과 선택지원 편향에 포획된다. 이들이 제공하는 대로 이용자들은 믿고 싶은 것을 믿고, 확신을 강화하게 된다. 이 대목에서 이용자의 관심사에 맞춰 필터링된 인터넷 정보로 인해 편향된 정보에 갇히는 소위 '필터 버블' 문제가 대두된다. 필터 버블은 인터넷 정보기술(IT) 업체가 개인 성향에 맞춘 필터링한 정보만을 제공해 비슷한 성향의 이용자를 한 버블 안에 가두는 현상을 말한다.

이들 플랫폼이 진실의 담론이 경합하는 장이 아니라 자신이 믿고 싶은 대로 정보를 선택적으로 받아들이도록 돕는 수단 역할을 한다는 우려가 커지고 있다. 추천 알고리즘을 활용해 '가짜 정보'를 확산하는 세력들이 늘어나는 것도 걱정의 수위가 높아지는 이유다. "알고리즘을 지배하면 인간의 사고까지 지배할 수 있다"는 경고가 나오는 것도 무리는 아니다. 이 같은 정보의 편식과 확증편향은 민주주의에 잠재적인 위협으로 다가오고 있다.

출처: 한국경제 논설

3) 가짜뉴스

코로나 시대에 잘못된 정보나 왜곡된 정보가 크게 문제가 된 적이 있었다. 대표적인 것이 빌 게이츠 음모론이다. 심지어 가짜뉴스라는 것을 알면서도 너무나 광범위하게 퍼지자 혹시나 하는 생각을 했던 사람도 의외로 많았다. MIT의 한 연구는, 트위터에서 가짜뉴스는 진짜뉴스보다 6배 빨리 퍼진다는 연구 결과를 소개했다.

가짜뉴스는 계속 생성되어 왔고 존재했었다. 과거에는 언론사에서 주로 필터링을 하고 내보내기 때문에 가짜뉴스가 생성돼도 전파되는 데 한계가 있었다. 하지만 현재는 유튜브 채널 등을 통한 1인 1 미디어 시대다. 누구든지 (가짜)뉴스를 생산해 낼 수 있고 이런 가짜뉴스는 소셜 미디어를 통해 빠르게 전파된다. 그리고 알고리즘과 연계되면서 가짜뉴스를 지속적으로 노출시켜 문제를 가중시킨다.

2017년 미국 NBA의 유명한 농구 선수 카이리 어빙(Kyrie Irving)은 지구가 평평하다는 주장을 진지하게 펼쳐 사람들을 놀라게 했다. 21세기를 살아가는 사람으로서 지구가 평평하다는 것은 정말 헛소리에 불과하지만, 지지자들의 근거 없는 주장과 황당한 논리가 확산되면서 '평평한 지구학회' 회원이 10만 명에 이르기도 했다. 애슐리 랜드럼 미 텍사스 공대 교수는 연례 학술대회에서 이런 지구평면설 추종자의 급증은 유튜브 때문이라는 연구 결과를 발표했다. 음모론 영상이 계속 반복되어 추천되면서 평평한 지구도 자연스럽게 믿게 되었다는 것이다.

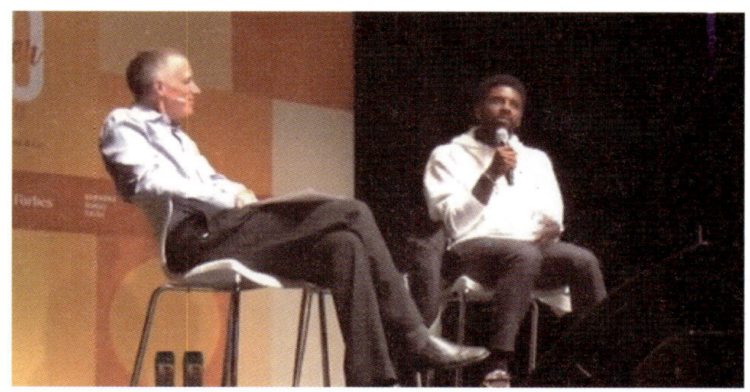

그림 2-28 '지구가 둥글다'는 발언을 사과하는 카이리 어빙 (출처: sports.yahoo.com)

문제의 핵심은 바로 유튜브 추천 알고리즘이다. 유튜브 알고리즘은 일반적으로 개인 최적 맞춤 콘텐츠 추천 방향으로 설계됐다고 알고 있지만, 실제로는 이용자의 체류시간을 가장 증대하는 방향으로 알고리즘이 설계됐다. 그것이 가짜뉴스인지는 중요하지 않다.

코로나 시대에 가짜정보가 아주 심각했다. 유튜브나 SNS를 통해 이런 가짜정보가 빠르게 전파됐다. 하지만 유튜브와 SNS 알고리즘은 이런 가짜뉴스를 걸러내는 데 관심이 없었다. 오로지 유사한 가짜뉴스를 더 추천하면서 이용자가 더 오래 시청하게 도왔다. 바꿔 말하면, 범죄 방관자를 넘어 범죄 유발자였던 셈이다.

김연아 불륜 이혼 발표라는 자극적인 제목의 영상이 공개되기도 했으며, 일본 아사다 마오가 서울 강남 자택에서 극단적 선택을 했다는 가짜 뉴스가 올라오기도 했다. 이런 가짜 뉴스가 끊이지 않는 이유는 조회수를 높여 돈을 벌려고 하는 이들 때문이다.

정보의 참여 · 공유 · 개방이라는 웹 2.0의 가치는 동시에 가짜뉴스의 참여 · 공유 · 개방이라는 부작용을 양산하고 있다고 볼 수 있다.

2.3 웹 3.0에 대한 오해 요인

웹 3.0과 관련하여 많은 오해와 혼란이 있는 것 같다. 무엇보다도 웹 3.0을 바라보는 관점과 이해가 다양하기 때문이다. 시맨틱 웹 관점에서 웹 3.0을 이해하는 사람도 있고, 블록체인이나 분산 관점에서 웹 3.0을 바라보는 사람도 있다. 또한 데이터 소유권 관점에서 바라보기도 하고 최근 소개된 메타버스나 ChatGPT 관점에서 웹 3.0을 바라보기도 한다.

2022년부터 가장 많이 주목받는 관점은 블록체인 기반의 웹 3.0이다. 웹 3.0을 웹 2.0의 문제점(중앙, 수익독점)에 대한 대안으로서 탈중앙화나 정당한 수익 보장 관점으로 이해하고, 이를 구현하기 위해 블록체인 기반으로 구현해야 한다는 논리다. 웹이라는 본질과 상관없이 '탈중앙화'나 '수익'이라는 키워드에만 집중하여 DAO, DEX, P2E 등이 웹 3.0이라고 외치고 있는 상황이다. 이는 웹 3.0에 대한 올바른 접근이 아니다.

웹 3.0이 뜨자 이를 마케팅적으로 활용하는 기업이 늘고 있다. 문제는 웹 3.0을 돈벌이 수단으로 악용하는 사례가 많다는 것이다. DeFi, NFT에 이에 이번에는 웹 3.0으로 한탕 노리는 사람이 생겨나고 있다. 이는 모두 비트코인과 블록체인에 대한 잘못된 이해와 오해에서 비롯된다.

이런 모든 요인이 웹 3.0을 잘못 이해하고, 오해하게 만들고 있다고 생각한다. 따라서 2.3절에서는 웹 3.0에 대한 오해 요인을 살펴보고 올바르게 이해해 보고자 한다.

2.3.1절에서는 우선 웹 3.0에 대한 다양한 관점을 한번 살펴보고자 한다. 2.3.2절에서는 웹 3.0에 대한 현 접근 방식이 과연 타당한지를 살펴본다. 2.3.3절에서는 가상자산과 블록체인에 대한 오해가 근본적으로 비트코인에 대한 잘못된 이해에서 비롯됐다는 판단을 근거로 비트코인을 올바르게 이해해 보고자 한다. 마지막으로 2.3.4절에서는 블록체인을 올바르게 이해해 보겠다.

2.3.1 웹 3.0에 대한 다양한 관점

웹 3.0이라는 용어와 개념과 해석이 처음으로 등장한 것은 2010년대로, 당시에는 시맨틱 웹 관점이었다. 하지만 최근에는 거대 독점 플랫폼 기업에 의해 중앙화된 인터넷 환경을 개선하기 위해 탈중앙화, 데이터 소유권, 정당한 수익 배분 관점에서 웹 3.0을 제시하는 경우가 많다.

1) 시맨틱 웹 관점

웹 2.0 시대가 활짝 개화됐지만 문제점도 있었다. 너무나 많은 웹사이트와 웹 정보가 쏟아져 나와 원하는 정보를 찾는 데 한계가 있었다. 검색엔진이 많은 도움을 주었지만, 검색 키워드 매칭 방식에 따라 원하는 정보를 정확히 검색하는 것은 여전히 한계가 있었다.

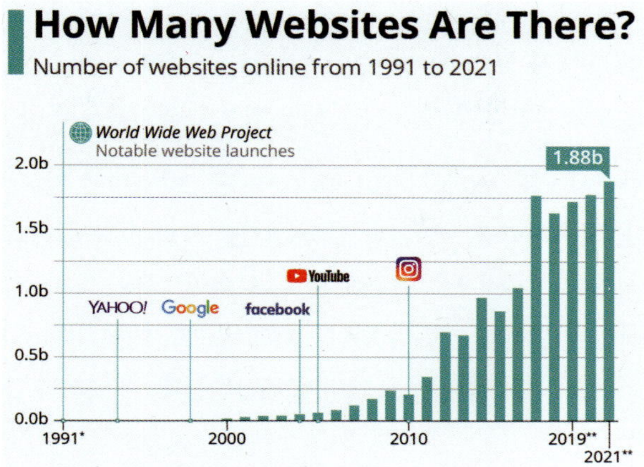

그림 2-29 웹사이트 수(數) 변화 추이 1991~2021 (출처: statista.com)

현재 검색엔진은 검색 키워드와 매칭되는 웹사이트를 찾아준다. 검색해 준 웹사이트 정보를 읽어가며 원하는 정보를 찾는 작업은 여전히 이용자의 몫이다. 또한 우연히 검색 키워드만 일치했지 막상 원하는 정보가 아닌 경우도 허다하다. 그리고 검색된 웹 페이지들은 서로 연관성이 있다기보다는 키워드 매칭 웹사이트를 각각 순서에 따라 배열만 해주는 정도다.

이런 상황에서 검색 키워드를 의미론적으로 이해하고 의미론적으로 유사한 정보가 담긴 웹사이틀 찾아주거나, 검색된 사이트들이 의미론적으로 서로 연결되어 있다면 좀 더 유익할 것이다. 이런 배경을 기반으로 팀 버너스 리는 차세대 웹으로 '시맨틱웹'을 제안했다. 팀 버너스 리는 시맨틱 웹과 관련하여 다음과 같이 설명했다.

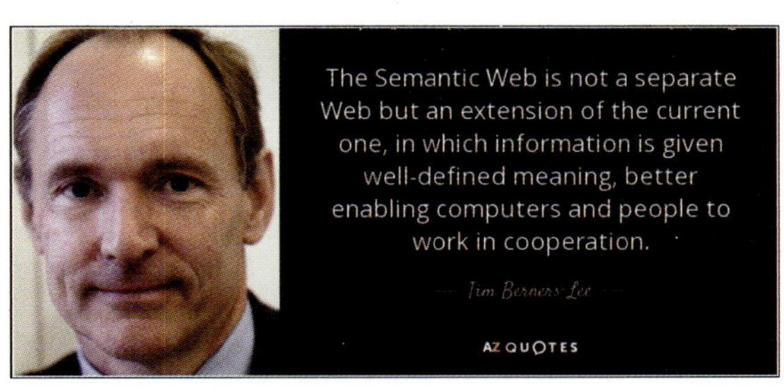

그림 2-30 팀 버너스 리의 시맨틱 관련 설명 (출처: azquotes.com)

"시맨틱웹은 별도의 웹이 아니다.
단지 현재 웹의 확장으로서 정보에 잘 정의된 의미가 부여되어
컴퓨터와 사람이 더 잘 협력할 수 있게 해주는 웹이다."

시맨틱 웹이 무엇인지 간단히 이해해 보자. 정보가 포함된 웹 페이지들은 HTML로 작성되어 있는데, 이 HTML은 '정보의 구문'를 표현하는 마크업 언어다. 정보의 의미(semantics)가 아니라 단순히 정보의 구문(syntax)만 표현할 경우 컴퓨터는 해당 정보의 의미를 이해하지 못한다.

그림 2-31은 연결 관점에서 기존 웹과 시맨틱 웹의 차이를 보여준다. 기존 웹은 하이퍼링크로 웹 페이지가 서로 연결된다. 하이퍼링크는 연결할 웹 페이지를 사람이 직접 기입해 줘야 한다. 반면 시맨틱 웹은 정보와 데이터를 의미론적으로 연결해 준다. 하이퍼링크와 달리, 정보에 의미를 부여하여 컴퓨터가 알아서 데이터를 연결하는 것을 말한다. 한때 링크드 데이터(Linked Data)라는 용어가 유행했다. 링크드 데이터는 시맨틱 웹의 기초 개념에 해당하는데, 데이터가 (의미론적으로) 서로 연결된다는 것을 의미한다.

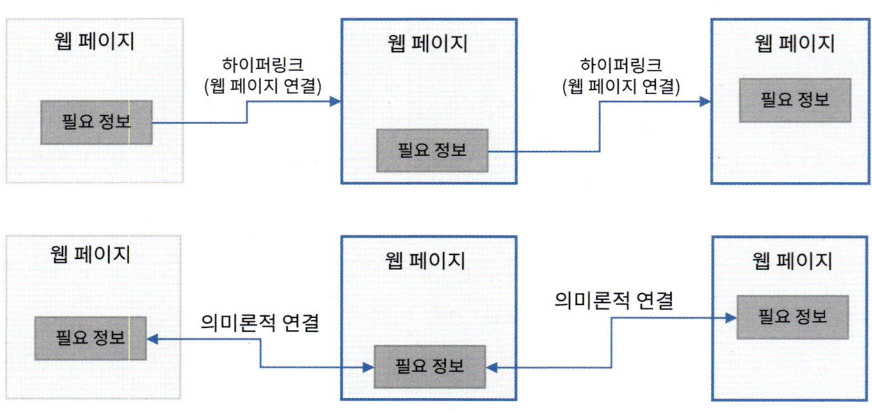

그림 2-31 기존 웹과 시맨틱 웹의 차이

그럼 컴퓨터가 이해할 수 있게 정보에 의미를 부여하는 방법은 무엇일까? 가장 일반적인 방법은 정보에 의미 관점의 메타데이터를 부여하는 것이다. 우리가 구글에서 키워드 검색을 하면 텍스트도 검색되지만, 이미지와 동영상도 검색된다. 텍스트는 검색할 때 사용된 검색 키워드와 매칭시키면 쉽게 찾을 수 있지만, 이미지와 동영상은 텍스트가 포함되지 않아 검색할 수가 없다. 하지만 보통 유튜브 영상을 업로드할 때 영상에 관한 설명이나 키워드를 함께 추가한다. 이런 설명과 키워드는 나중에 텍스트 기반 검색 시 참조가 된다. 이와 유사하게 어떤 정보에 대해 그 정보를 의미론적으로 이해할 수 있는 메타데이터를 추가하면 컴퓨터가 그 정보를 의미론적으로 이해할 수 있다.

다음 표는 앞서 살펴본 HTML 사례다. 구문의 형식을 표현하기 위해 HTML이라는 마크업 언어를 사용하고 마크업 내용에 따라 구문이 다르게 표현되는 것을 확인할 수 있다.

표현 · 형식 마크업	표현
<볼드 블루> NFT </볼드 블루>	**NFT**
<폰트 20> Web 3.0 </폰트 20>	Web 3.0
<언더라인> 3.0 </언더라인>	3.0
<기울임꼴> 블록체인 </기울임꼴>	*블록체인*

다음 표는 의미론적 마크업을 표시한 사례다. 각각의 데이터에 의미에 해당하는 메타데이터를 추가했다. 컴퓨터는 'NFT'와 'Web 3.0' 등을 이해하지 못하지만, '토큰' 또는 '웹'이라는 메타데이터를 부여했기 때문에 의미론적으로 이해하고 처리할 수 있다.

의미론적 마크업	활용
<토큰> NFT </토큰>	컴퓨터도 정보의 의미를 이해
<웹> Web 3.0 </웹>	
<세대> 3.0 </세대>	
<탈중앙분산원장> 블록체인 </탈중앙분산원장>	

기존 검색엔진은 해당 키워드가 어떤 의미인지 모르고 그냥 텍스트 매칭만을 통해 검색했다. 하지만 컴퓨터가 정보에 대한 의미를 이해하면 웹상의 다양한 정보에서 의미론적으로 유사한 정보를 검색할 수 있게 된다.

검색엔진이 정보를 찾는 과정을 살펴보자. 기존 웹에서는 검색 키워드와 일치하는 단어나 정보만 찾아준다는 한계점이 있다. 먼저 정보의 의미를 이해하지 못하기 때문에 맥락을 이해하지 못하고 단순히 키워드만 포함됐을 뿐 전혀 다른 정보를 찾아주기도 한다. 그리고 키워드와 매칭되지 않더라도 의미론적으로 연관성이 있는 다른 다양한 정보를 찾아주지 못한다.

그림 2-32의 왼쪽 그림을 보자. '웹 3.0'이라는 키워드를 검색하면 '웹 3.0'이라는 단어가 포함된 문장이나 정보만 찾아줄 뿐이다. 오른쪽 그림을 보면, 웹 3.0의 개념, 특징, 기술, 서비스 등을 찾아주고 연계된 세부 기술이나 서비스 등도 검색할 수 있게 된다.

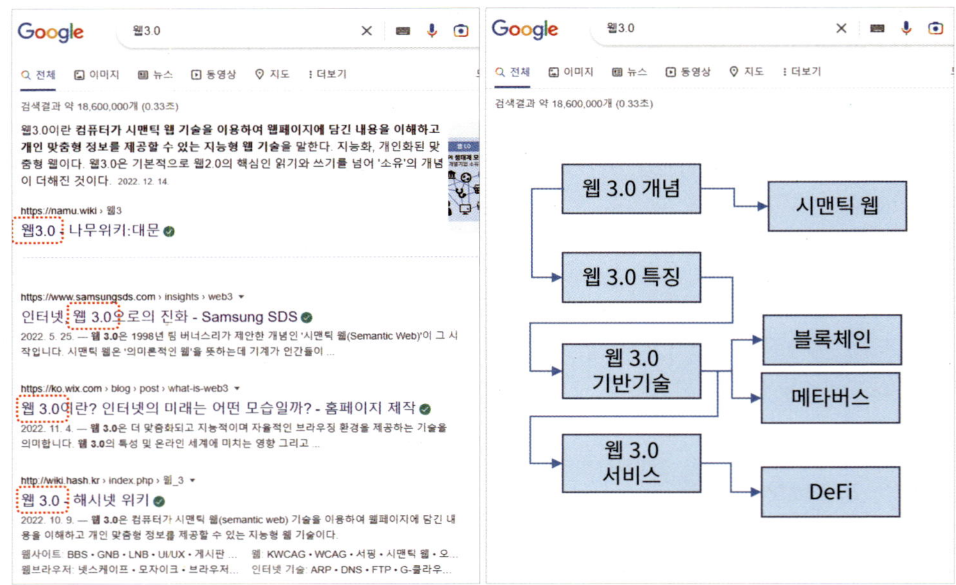

그림 2-32 시맨틱 웹에서의 검색 방법

시맨틱 웹을 구현하는 2가지 방법이 있다. 하나는 앞서 설명한 링크드 데이터를 활용하는 것이다. 다른 하나는 온톨로지를 활용하는 것이다. 이 책에서는 세부적인 설명은 하지 않겠다.

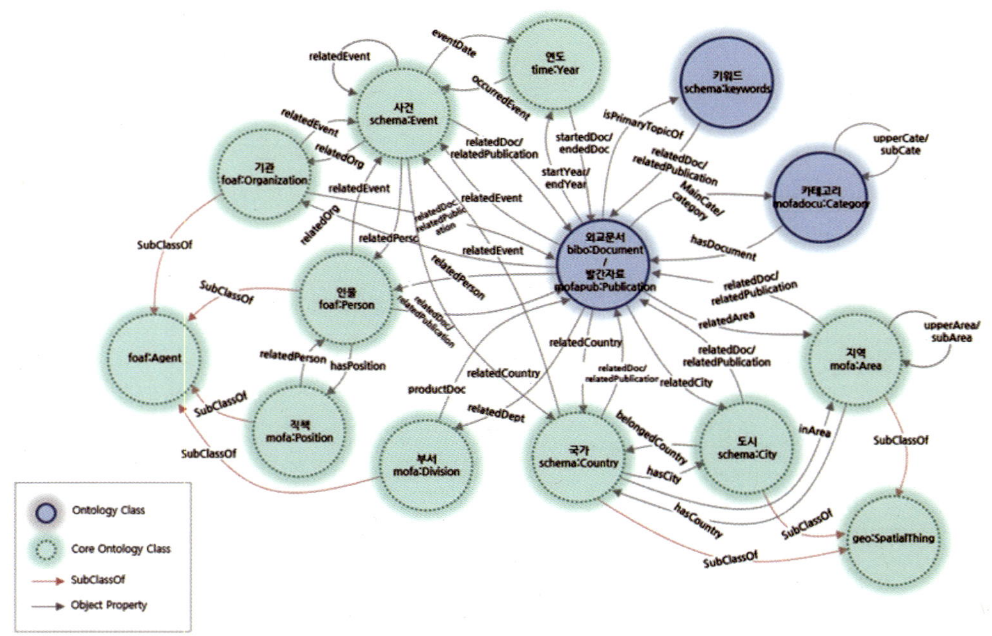

그림 2-33 온톨로지 클래스 연관도 (출처: 외교부 Open Data)

팀 버너스 리는 시맨틱 웹을 차세대 웹(Next Generation Web)이라고 명명했지만, 이후 사람들은 시맨틱 웹을 웹 3.0으로 부르기 시작했다. 10여 년 전에도 웹 3.0이라는 제목의 책이나 보고서가 많이 소개됐는데, 내용은 모두 시맨틱 웹에 관한 것이었고 시맨틱 웹과 더불어 '온톨로지'라는 책이 소개되기도 했다.

2) DWeb (Decentralized Web)

웹 3.0을 분산 웹 관점, 탈중앙화 관점, 블록체인 관점에서 이해하고 접근하려는 시도가 있다. 모두 배경과 추구하는 가치는 유사하다. 단지 주도 주체와 운영 방식이 조금 다르기 때문에 각각 구분하여 설명해 보겠다. 먼저 DWeb(탈중앙화웹)이다.

기존의 웹은 개인정보 유출, 데이터에 대한 소유권, 온라인 활동에 대한 추적 등 다양한 문제점을 가지고 있었다. 이런 문제점을 인식하고 탈중앙화 웹 관점에서 문제점을 개선하려는 단체가 있었다.

2015년 비영리 Internet Archive의 창립자였던 브루스터 케일(Brewster Kahle)은 미국의 주요 5개 자선단체로부터 인터넷을 위한 혁신적인 프로젝트(moonshot for the Internet)를 제시해 달라는 요청을 받게 된다. 케일은 그들에게 "우리는 영원히 웹을 열어 둘 필요가 있다(We need to lock the Web open for good)."라고 말하면서 개발자들에게 새롭고 분산된 웹 창조에 도전해 볼 것을 권했다. 초기 탈중앙화 웹 개척자들이 케일의 이런 요청에 호응하면서 모임이 결성됐다. 2016년 6월, Internet Archive는 80명의 초기 리더와 탈중앙화 기술 사상가들이 한자리에 모인 'Builders Day'를 포함하여, 첫 번째 Decentralized Web Summit을 개최했고, 약 350명이 참여했다.

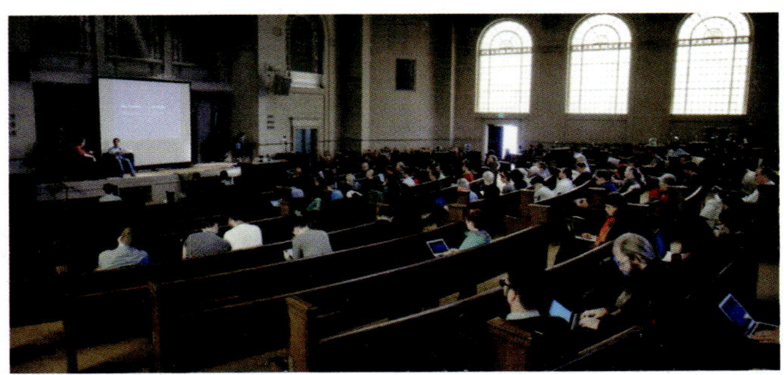

그림 2-34 Decentralized Web Summit 2016 (출처: getdweb.net)

2018년 Decentralized Web Summit에는 1,000명 이상이 참여했고, 2019년에는 'DWeb'으로 알려지면서 주최측이 'DWeb Camp'를 만들기로 결심한다. 2023년 DWeb Camp는 6월 21~25일 캘리포니아주 나바로 캠프에서 열릴 예정이다.

DWeb 홈페이지(https://getdweb.net/origin-story)를 방문하면 DWeb의 탄생과 스토리에 대한 내용을 확인할 수 있다. 또한 Dweb 홈페이에는 DWeb의 신조(Principle)가 나와 있는데, 총 5가지 원칙을 제시하고 있다.

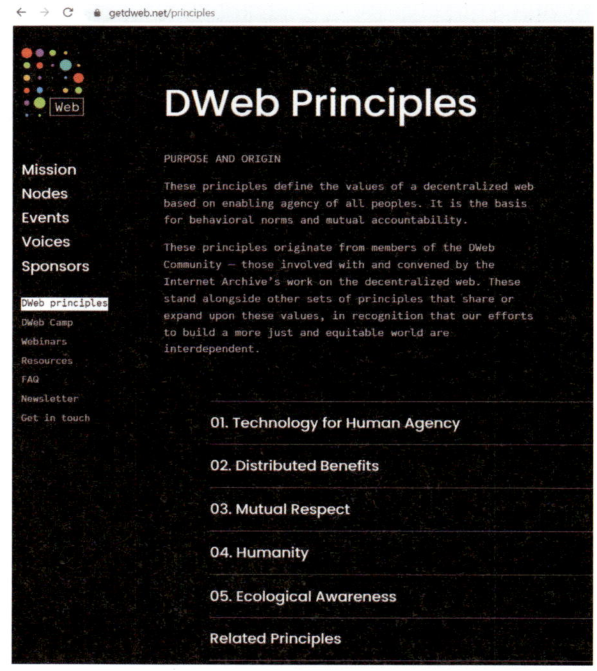

그림 2-35 Dweb 신조(Principles) (출처: getdweb.net)

DWeb의 신조 5가지 원칙을 간단히 정리하면 다음과 같다.

1. Technology for Human Agency (인간을 위한 기술)

- 기술의 수혜자인 사람이 우선하는 기술을 지지
- 공존과 상호운용성을 촉구하며 벽으로 둘러싸인 정원을 권장하지 않음
- 개방되고 포용적인 웹 구현을 위해 오픈소스 코드를 가치 있게 평가
- 위계적 통제와 권력의 불균형이 아닌 P2P 관계를 지향
- 감시와 조작 최소화, 사회적 이익을 위해 최적화, 개인에 자신의 데이터 사용 결정권 부여
- 단일 기술 솔루션보다 다양한 기술 수단이 윤리적이고 사람 중심적 결과 달성에 효과적

2. Distributed Benefits (분배 혜택)

- 탈중앙화 기술의 성공에 대한 보상과 인정을 그 성공에 기여한 사람들에게 분배
- 그것이 불가능하다면, 그에 상응하는 혜택이 커뮤니티 전체에 흘러가야
- 높은 수준의 조직 통제는 탈중앙화 웹과 상반됨

3. Mutual Respect (상호 존중)

- 존중하는 행동과 책임을 보장하기 위한 명확한 행동 강령 지지
- 참가자들이 타인을 존중하고, 신체적·정서적 경계를 존중하고, 말과 행동에 책임질 것을 기대
- 상호 신뢰 및 존중 기반의 개방적이고 투명한 조직 관행, 동기 부여 및 거버넌스 지지

4. Humanity (인류애)

- 탈중앙화 웹의 목적은 인권을 보호하고 불평등과 편견을 경험한 사람에게 권한 부여
- 자신의 데이터 및 관계, 표현의 자유, 개인정보보호에 대한 권한을 가진 사람 지지
- 인권, 학대, 무기 거래 등의 활동에 분산 도구를 사용하는 것을 규탄
- 해로움을 감소시키고, 남용의 가능성을 완화하고, 불우한 사람을 고려
- 접근성이 높은 다양한 언어와 형식의 도구 및 응용 프로그램 개발 권장

5. Ecological Awareness (생태 인식)

- 생태계에 피해를 최소화하고 환경적 건강을 악화시키는 기술은 피할 것
- 장치의 수명을 늘리는 동시에 에너지 소비 및 장치 리소스 요구사항은 줄일 것

정리하면, DWeb(Decentralized Web)은 웹과 데이터 통제의 탈중앙화, 데이터 소유권 확보, 보안성과 프라이버시 보장을 지향한다고 볼 수 있다.

3) Web3

10여 년 전부터 시맨틱 웹 관점에서 웹 3.0이라는 용어는 사용돼 왔지만, 'Web3'라는 용어를 만들고 이를 대중화한 인물은 바로 이더리움과 폴카닷(Polkadot)의 공동 설립자인 개빈 우드(Gavin Wood)다. Web3도 앞서 소개한 DWeb과 유사한 철학을 가지고 있다.

Web3를 이해하기 위해서는 먼저 개빈 우드에 대해 이해할 필요가 있다. 2013년 비탈릭 부테린은 이더리움 백서를 완성하고 이더리움 개발을 제안하게 된다. 그리고 2014년 7월에 비탈릭 부테린은 개빈 우드 등과 함께 이더리움 재단을 설립한다. 개빈 우드는 2014년 4월 17일 블로그에 'What Web 3.0 Looks Like'라는 글을 게시한다. 개빈 우드가 Web 3.0 관련 블로그 글을 게시한 때는 비탈릭 부테린과 함께 이더리움 재단 설립을 구상하고 이더리움을 기술적으로 검토하던 시기로 추측해 볼 수 있다. 따라서 웹 3.0이라는 본질적 관점보다는, 이더리움이라는 블록체인 기술의 활용 및 연계 관점에서 웹 3.0을 바라봤을 것으로 추론해 볼 수 있다.

그림 2-36 이더리움 창립 멤버(아랫줄 왼쪽 두 사람이 개빈 우드와 비탈릭 부테린) (출처: tokeneconomy.co)

그림 2-37은 개빈 우드가 블로그에 게시한 글이다(gavwood.com/dappsweb3.html).

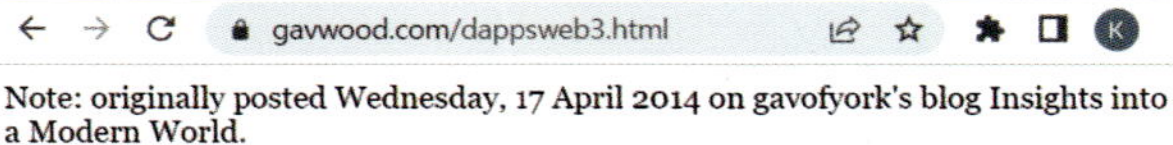

Note: originally posted Wednesday, 17 April 2014 on gavofyork's blog Insights into a Modern World.

ĐApps: What Web 3.0 Looks Like

As we move into the future, we find increasing need for a zero-trust interaction system. Even pre-Snowden, we had realised that entrusting our information to arbitrary entities on the internet was fraught with danger. However, post-Snowden the argument plainly falls in the hand of those who believe that large organisations and governments routinely attempt to stretch and overstep their authority. Thus we realise that entrusting our information to organisations in general is a fundamentally broken model. The chance of an organisation not meddling with our data is merely the effort required minus their expected gains. Given they tend to have an income model that requires they know as much about people as possible the realist will realise that the potential for convert misuse is difficult to overestimate.

The protocols and technologies on the Web, and even at large the Internet, served as a great technology preview. The workhorses of SMTP, FTP, HTTP(S), PHP, HTML, Javascript each helped contribute to the sort of rich cloud-based applications we see today such as Google's Drive, Facebook and Twitter, not to mention the countless other applications ranging through games, shopping, banking and dating. However, going into the future, much of these protocols and technologies will have to be re-engineered according to our new understandings of the interaction between society and technology.

Web 3.0, or as might be termed the "post-Snowden" web, is a reimagination of the sorts of things that we already use the Web for, but with a fundamentally different model for the interactions between parties. Information that we assume to be public, we publish. Information that we assume to be agreed, we place on a consensus-ledger. Information that we assume to be private, we keep secret and never reveal. Communication always takes place over encrypted channels and only with pseudonymous identities as endpoints; never with anything traceable (such as IP addresses). In short, we engineer the system to mathematically enforce our prior assumptions, since no government or organisation can reasonably be trusted.

그림 2-37 개빈 우드의 Web 3.0 관련 설명 (출처: gavwood.com)

Web 3.0 관련 블로그에서 그는 Web 3.0 구현을 위해 4가지 요소를 제안했다.

- Static Content Publication: 탈중앙화되고 암호화된 정보 공개
- Dynamic Messages: 강력한 암호 기반 메시지

- Trustless transactions: 합의 엔진
- Integrated user-interface: 통합 기술

개빈 우드는 2016년 이더리움 재단을 떠나고 2018년 폴카닷(Polkadot)을 공동 창업한다. 그리고 2018년 12월에 Web3 Foundation을 설립한다.

Web3 Foundation 홈페이지에 그들의 임무와 열정을 간략히 소개하고 있다.

- Our mission is to nurture cutting-edge applications for decentralized web software protocols. (우리의 임무는 탈중앙화 웹 소프트웨어 프로토콜을 위한 최첨단 애플리케이션 육성이다.)
- Our passion is delivering Web 3.0, a decentralized and fair internet where users control their own data, identity and destiny. (우리의 열정은 사용자가 자신의 데이터, 신원 및 운명을 통제하는 탈중앙화되고 공정한 인터넷인 Web 3.0을 제공하는 것이다.)

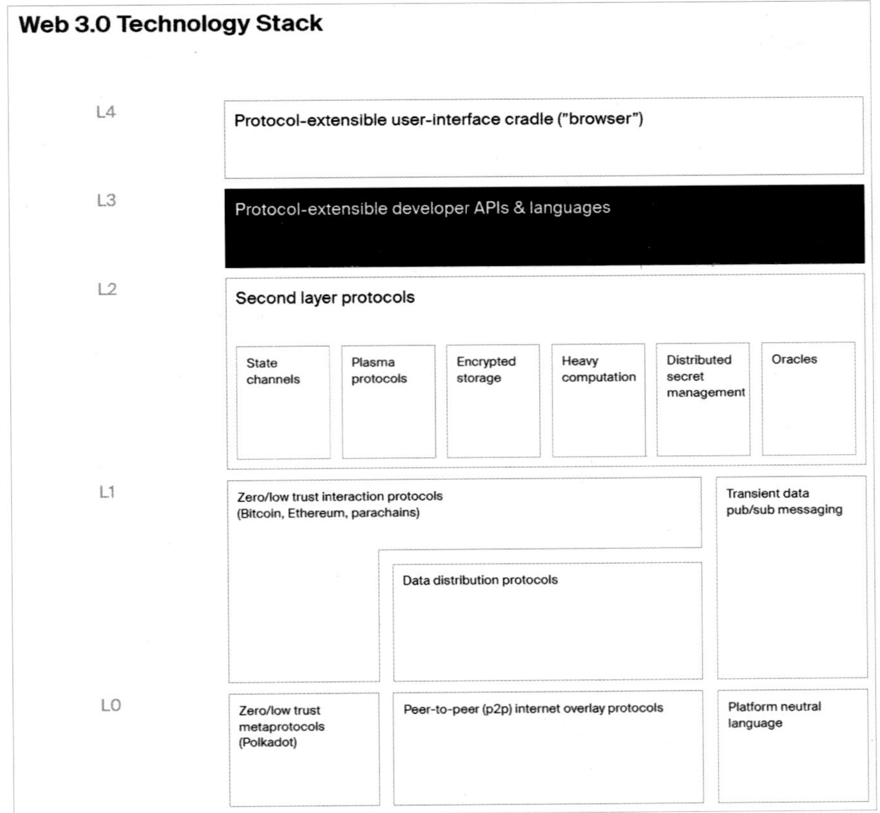

그림 2-38 Web 3.0 Foundation 홈페이지 (출처: web3.foundation)

Web3 Foundation은 추가로 Web 3.0 기술 스택도 공개하고 있다. 또한 재단은 2018년부터 Web3 Summit을 열고 있다. 2019년 Web3 Summit에서는 이 재단의 목표를 추측해 볼 수 있는 상징적인 인물이 연사로 나섰다. 바로 '에드워드 스노든'이다. 그는 2013년 미국 국가안보국이 전 세계 유명 인사와 일반인의 통화 기록 및 인터넷 사용 정도 등 개인정보를 프리즘(Prism)이라는 비밀정보 수집 프로그램을 통해 무차별적으로 수집 및 사찰해 온 사실을 폭로했다.

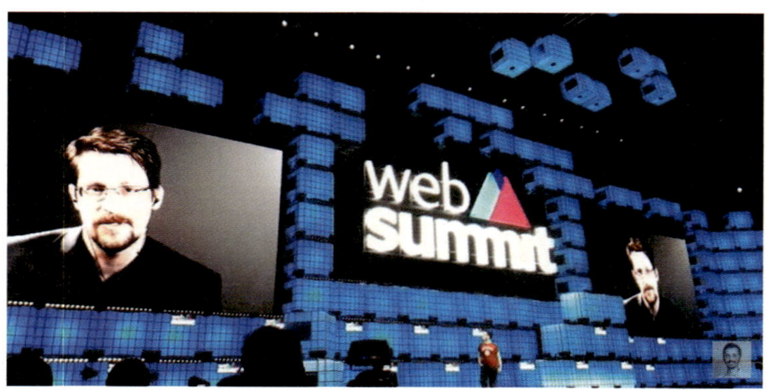

그림 2-39 Web 3.0 Summit 2019, 스노든 화상 연설 (출처: 유튜브 캡처)

마지막으로 앞서 언급했던 DWeb과 Web3는 어떤 차이점이 있을까? 그 차이점을 다음과 같이 설명하는 내용이 있어 간단히 소개한다.

DWeb은 모든 분산형 기술 프로젝트의 포괄적인 용어이며,
Web3는 블록체인, 암호화 자산, 인공 지능, 기계 학습 및 메타 우주에 의해
서비스가 점점 더 강화되는 분산형 웹의 응용 프로그램입니다.
(참조: https://guardianproject.info/2022/08/19/dweb-versus-web3-an-interns-journey/)

4) 블록체인 관점

현재 웹 3.0과 관련하여 가장 많이 소개되는 관점이 바로 블록체인 기반 관점이다. 앞서 소개한 DWeb과 Web3가 탈중앙화나 분산이라는 지향 가치 관점에서 웹 3.0을 바라본다면, 여기에서 말하는 블록체인 관점은 물리적 형태의 블록체인을 기반으로 구축된 서비스를 웹 3.0으로 이해하는 듯하다. DWeb과 Web3에서도 기반 기술로 블록체인을 활용할 수는 있지만, 블록체인을 특정하지는 않는다. 2.3.4절에서 자세히 살펴보겠지만, 블록체인 자체가 탈중앙화 구현을 의미하지는 않는다.

웹 3.0은 철저하게 '웹'이라는 본질 관점에서 다양한 구현 방향(다양한 방향 중 하나가 탈중앙화나 분산)을 검토하고 실제 구현을 위한 다양한 기술요소(다양한 기술요소 중 하나가 블록체인)로 접근하는 것이 옳으나, 현재 소개되는 '블록체인 관점'은 블록체인을 통해서 탈중앙화를 구현하고 탈중앙화를 기반으로 웹을 구현한다는 논리다. 이는 가장 잘못된 접근이고 경계해야 할 관점이다. 이 부분은 3장에서 자세히 다루겠다.

5) 웹의 진화 방향 관점

웹 3.0은 기본적으로 웹의 본질에 충실하고 웹의 진화 · 발전 관점에서 바라봐야 한다는 것이 외람되지만 필자의 생각이다. 웹 3.0은 웹 2.0을 부정하는 것이 아니라, 웹 2.0을 계승 발전시켜 한 단계 더 도약해 가는 것이라 생각한다. 물론 웹 2.0 과정에서 파생된 문제점은 개선해 나가면 되는 것이지, 이런 문제점이 있기 때문에 기존 웹을 탈중앙화로 구현한다거나 웹과 상관없는 영역을 블록체인으로 구현했다고 웹 3.0으로 간주하는 것은 너무 작위적이다. 탈중앙화의 가치나 블록체인 기술은 웹의 진화 · 발전에 분명 의미 있는 기여를 할 것이라고 생각한다. 하지만 이들은 어디까지나 웹 3.0 구현을 위한 하나의 요소이지, 웹 3.0이 탈중앙화나 블록체인 기반이라는 접근은 적절하지 않다고 생각한다.

웹의 진화 · 발전 관점에서 기존 웹의 문제점을 개선하고 발전적인 웹으로 도약하기 위한 하나의 방안으로 탈중앙화 가치나 블록체인 기술을 부분적으로 활용할 수 있다. 하지만 웹을 탈중앙화로 구현한다는 것은 현실적이지 않고 블록체인 기술을 적용한 서비스를 웹 3.0으로 규정하는 것은 본질을 호도하는 것이다.

탈중앙화라는 추상적이고 이상적인 관점에 사로잡힐 필요는 없을 것 같다. 유의미한 탈중앙화 · 블록체인 성공 사례가 소개되지 않는 상황에서 이를 웹에 적용하려는 시도는 설득력이 떨어진다. 블록체인 기반 서비스가 안 되니 DeFi로 옮기고, 다시 DeFi가 시들해지니 NFT로 옮기고, NFT가 시들해지니 웹 3.0에 적용해 보겠다는 것은 너무 무책임하다. 현재 탈중앙화나 블록체인 기반 서비스로 성공한 서비스는 비트코인이 유일하다. 좀 더 내막을 들여다보면 비트코인도 원래 의도와 상당히 거리가 있다. 비트코인은 백서 제목에도 나와 있는 것처럼 화폐 시스템이다. 하지만 비트코인은 화폐 시스템으로 활용되지 않으며 막연히 안전자산 정도로 포지션을 가져가는 분위기다. 언론에서 블록체인 기반 서비스라고 소개하거나, DeFi나 NFT가 블록체인 기반인 것처럼 포장하지만 대부분 블록체인을 잘못 이해하고 오해해서 비롯된 것이다. 이 부분은 3장에서 자세히 설명하겠다.

6) 기타 관점

메사리(Messari) 리서치 애널리스트인 에시타 난디니(Eshita Nandini)가 웹 3.0을 'Read-Write-Own' 키워드로 간략하고 명확하게 정의하면서 크게 주목받았다. 이에 많은 보고서에서 관련 키워드를 인용해 웹 3.0을 설명하기 시작하면서 웹 3.0을 대표하는 특징이자 키워드로 받아들여지는 것 같다. 에시타 난디니는 Web1, Web2, Web3을 다음과 같이 정리했다.

Web3: in a nutshell

0x29Bc September 10th, 2021

I wanted to write a quick post delving into Web3 after receiving several questions about it. Without any long narratives, I'll give it a go with as simple of an explanation as I can.

To understand Web3, let's go through the features of Web1 and Web2.

Web1: Read-Only

Web2: Read-Write

Web3: Read-Write-Own

그림 2-40 Messari, Eshita의 웹 3.0 관련 설명 (출처: Eshita.mirror.xyz)

- **Web1**: Read-Only
- **Web2**: Read-Write
- **Web3**: Read-Write-Own

웹 2.0의 대표적인 문제점 중 하나가 데이터 소유권 이슈였다는 관점에서 'Read-Write-Own' 키워드는 고개가 끄덕여지는 측면이 있지만, 다가올 미래의 웹을 'Read-Write-Own'으로 특징짓기에는 개인적으로 무리가 있어 보인다.

지금까지 웹 3.0을 바라보는 총 6가지 관점을 살펴봤다. 여기서 소개한 관점 외에도 더 다양한 관점과 이해가 있을 수 있다. 이처럼 웹 3.0에 대한 이해와 관점이 다양한 상황에서 웹 3.0을 단정적으로 특징지어 버리기에는 무리가 있어 보인다. 우선 그림 2-41에서 웹 3.0 관련 배경이나 이벤트를 시간순으로 한번 정리해 보았다.

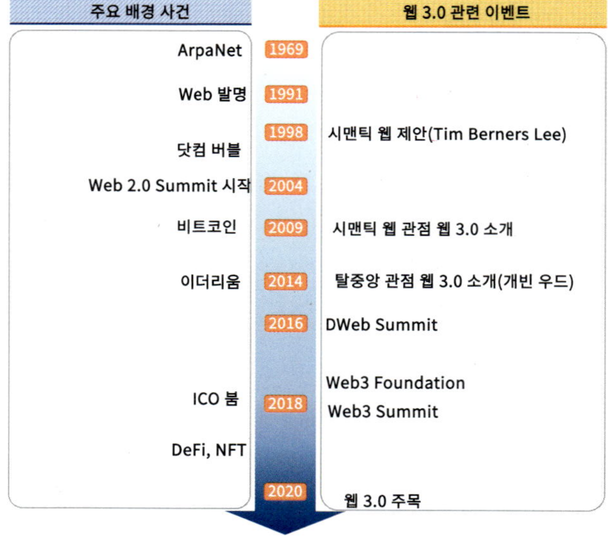

그림 2-41 웹 3.0 관련 배경 사건 및 웹 3.0 이벤트 정리

2.3.2 웹 3.0에 대한 접근의 타당성 검토

2.3.1절에서는 웹 3.0에 대한 다양한 관점과 접근을 살펴봤다. 물론 각 관점은 나름대로 의미가 있다. 하지만 한계점도 있어 보이고 잘못 접근하는 것 같기도 하다. 2.3.2절에서는 2.3.1절에서 다루었던 다양한 접근이 과연 타당하고 합리적인지 살펴보고자 한다. 물론 이것은 개인적인 생각과 판단이라는 것을 참조해 주길 바란다.

1) 본질을 벗어난 접근

본말전도(本末顚倒)

웹 3.0의 본질은 웹이다. 하지만 웹이라는 본질에 집중하기보다는 탈중앙화와 적정 보상에만 집중하는 것 같다. 이러다 보니 DeFi, DAO, DEX가 웹 3.0으로 소개되고 하드디스크 유휴 공간을 제공하고 보상받는 것이 웹 3.0이라고 말하기도 한다.

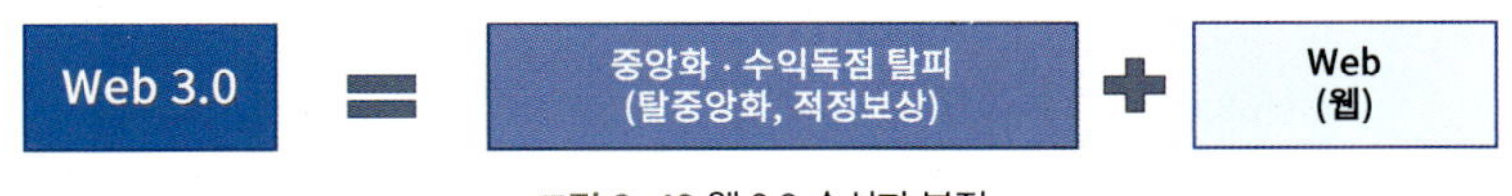

그림 2-42 웹 3.0 속성과 본질

그림 2-43을 살펴보자. 웹 2.0의 문제점으로 중앙독점과 수익독점이 제기됐다. 본질은 등한시한 채 이 '중앙독점'과 '수익독점'이라는 키워드에만 집중하다 보니 대안으로 '탈중앙'과 '적정 보상'이라는 키워드가 도출되고, 그것을 구현하는 기술인 블록체인과 자연스럽게 연계된다. 결과적으로 웹 3.0은 블록체인 기반 웹이라는 결론에 이르게 된다. 이런 논리는 앞서 언급했던 NFT에 대한 오해와 유사하다.

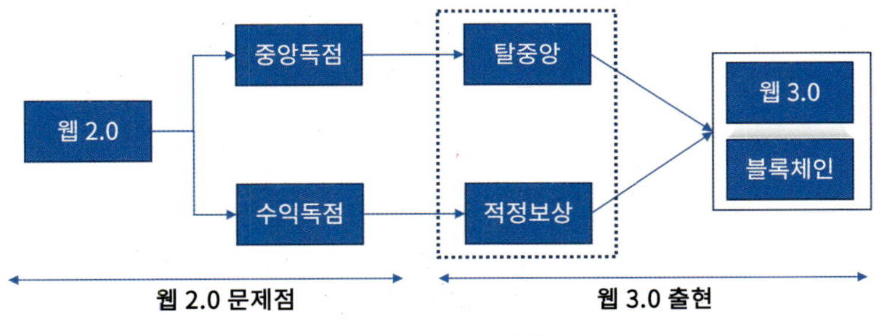

그림 2-43 웹 3.0 출현 배경

웹의 탈중앙화된 형태가 DWeb이다. 금융의 탈중앙화된 형태가 DeFi이다. 조직의 탈중앙화된 형태가 DAO이다. DWeb의 본질은 웹이고, DeFi의 본질은 금융이고, DAO의 본질은 조직이다. 그런데 각각의 본질을 등한시하고 탈중앙화와 블록체인이라는 키워드만 강조하다 보니, 웹 3.0의 대표적인 서비스가 DeFi이고 DAO라는 주장에 이르게 된 것이다.

마케팅적 접근

웹 3.0이 계속 소개되고는 있었지만, 웹 3.0이라는 용어가 대중적으로 알려지게 된 계기는 바로 일론 머스크의 트위터 메시지일 것이다. 일론 머스크는 웹 3.0이 실제보다 오히려 마케팅 용어에 가깝다고 지적하기도 했다.

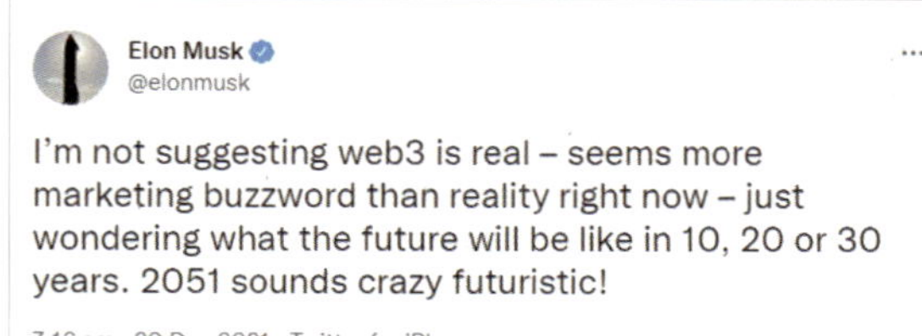

그림 2-44 웹 3.0 관련 '일론 머스크' 트위터 (출처: 트위터)

웹의 창시자인 팀 버너스 리는 Web Summit 2022에서 연사로 나와 Web3에 대한 자신의 입장을 밝히기도 했다. 그는 연설에서 'Web3 is not the web at all'이라고 언급하기도 했다. 그림 2-45는 그가 Web Summit에서 연설하는 장면인데, 배경 화면을 보면 'Web3 ≠ Web'이라는 문구가 보이는 것을 확인할 수 있다.

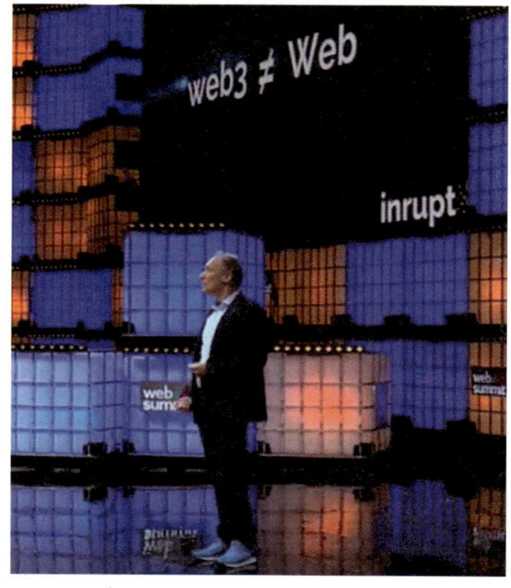

그림 2-45 Web3 Summit 2022에서 연설하는 팀 버너스 리 (출처: 유튜브)

한쪽에서는 Web3, Web 3.0을 미래의 웹이라고 외치고 있지만, 다른 한쪽에서는 많은 사람들이 Web 3.0은 단순히 마케팅 용어에 불과하다고 폄훼하고 있다. 무엇이 맞는지는 모르겠다. 하지만 하나 분명한 사실은 Web 3.0이 현재 이해관계자들에 의해 마케팅 용어로 많이 활용되고 있다는 것이다. 이를 대표하는 사례가 앞서 언급한 2020년대의 DeFi, 2021년의 NFT, 현재의 Web 3.0이다. 이는 탈중앙화와 블록체인이 얼마나 마케팅적으로 많이 활용되는지를 잘 보여준다.

다른 사례를 들어보자. 2022년 5월에 구글이 웹 3.0 조직을 신설했다는 기사가 있었다(매일경제). 웹 3.0은 기존 웹 2.0의 중앙독점적 플랫폼 기업에 대응하기 위해 탈중앙화된 웹으로 대변된다. 그런데 웹 2.0 빅테크 플랫폼 기업의 대명사인 구글에서 웹 3.0 조직을 신설했다는 것은 모순이다. 웹 3.0이 얼마나 잘못 이해되고 마케팅적으로 활용되고 있는지 알 수 있는 부분이다.

문제의 본질

웹 2.0에서 문제의 본질은 데이터의 집중화가 아니다. 빅데이터와 인공지능 시대에 맞춰 데이터에 대한 시대적 흐름은 데이터를 계속 한곳에 집중하여 분석하고 활용하는 것이다. 이에 데이터를 분산시켜 웹 2.0의 문제를 해결한다는 것은 옳은 접근이 아니다.

또한 웹 2.0에서 문제의 본질은 플랫폼이 아니다. 플랫폼은 효율성과 생산성을 제고하는 유용한 기반이자 도구다. 플랫폼은 속성상 독점화되고 중앙화돼야 그 가치와 효용성이 배가 된다. 플랫폼을 탈중앙화하는 것은 플랫폼 자체를 부정한다는 의미일 수 있다. 플랫폼 자체가 문제가 아니고 플랫폼을 독점한 기업이 문제다. 더 정확히 이야기하자면, 플랫폼 운영에 대한 독점적이고 잘못된 의사결정이다. 이에 대응하는 것은 규제와 법이다.

문제의 본질은 데이터 집중화도 아니고 중앙 플랫폼도 아닌데, 데이터를 분산시키고 탈중앙화(탈플랫폼화)를 통해 웹 2.0의 문제를 해결한다고 한다. 웹 2.0의 문제를 개선하기 위해서는 문제의 본질을 제대로 이해할 필요가 있다.

2) 오해와 잘못된 이해에 기반한 접근

FTX가 법원에 파산신청을 했을 때 가까운 지인이 이런 질문을 한 적이 있었다. “FTX는 블록체인 기반이고, 블록체인은 탈중앙화이기 때문에 신뢰를 보장하는데 어떻게 사기를 칠 수 있느냐?” 어디서부터 어떻게 설명해야 하고 무엇이 이런 잘못된 이해와 오해를 야기했는지 정말 답답한 생각이 들었다.

DeFi, NFT, 웹 3.0 모두가 블록체인과 가상자산에 대한 잘못된 이해와 오해에서 비롯됐다는 생각이 든다. 웹 3.0을 비롯한 모든 오해의 근원이 블록체인과 가상자산에 대한 잘못된 이해라는 생각에 2.3.3절과 2.3.4절, 그리고 3장 전체를 통해 이 주제를 비중 있게 다루고자 한다. 블록체인과 가상자산에 대한 오해를 바로잡지 않으면 웹 3.0뿐만 아니라 앞으로도 계속 블록체인이라는 키워드에 편승한 다른 산업·서비스에서도 똑같은 오해가 발생할 수 있기 때문이다.

3) 이상적인 접근

필자는 다른 저서에서 탈중앙화라는 이상에 대해 공산주의 비유를 통해 설명한 적이 있다. 초기 자본주의는 소수의 자본가가 자본을 독점하고 대다수의 가난한 노동자의 노동력을 착취해서 수익을 독점한다는 문제점이 있었다. 이런 문제점을 해결하기 위해 기존 체제를 타파하고 현실과 동떨어진 이상적인 사상을 제시했다. 그것이 모두 똑같이 일하고 균등하게 배분한다는 공산(共産)주의라는 획일화된 체제를 만들어버렸다.

공산주의는 다양한 시사점을 제시한다. 첫째, 기존 자본주의의 문제점을 해결하기 위해 공산주의 혁명 외에는 다른 방법이나 대안이 없었냐는 것이다. 둘째, 모든 사람이 똑같이 일하고 그 결과를 동일하게 배분한다는 것이 현실적으로 실현 가능하냐는 것이다. 똑같이 일하고 똑같이 배분한다는 것은 현실적으로 실현 불가능하다. 또한 심지어 자본가들이 독점했던 지위를 공산주의 혁명 주도 세력이 독차지했을 뿐 동일한 분배는 이루어지지 않았다. 마지막으로 과연 공산주의가 정의에 부합하느냐는 것이다. 무조건적인 평등과 성과에 상관없는 동일 대우가 정의에 부합하느냐는 문제도 있다.

앞에서 언급한 시사점을 웹에 적용해 하나씩 살펴보자. 기존 중앙화된 웹의 문제점을 개선하기 위해 탈중앙화 웹을 외친다. 중앙화된 웹의 문제점을 해결 및 대응하기 위해 기존 시스템을 타파하는 탈중앙화된 웹 외에는 다른 방법이나 대안이 없을까? 교통사고로 하루에도 수십 명이 다치거나 사망한다. 자동차가 문제의 원인이니 자동차를 없애고 '탈-자동차'를 제시하는 것 외에는 대안이 없는 것일까? 탈-자동차는 현실적인 접근이 아니다. 오히려 현실적인 대응 방안은 자동차를 유지하되 교통사고를 야기하는 문제에 대응하는 법규를 강화하는 것이 현실적인 대응 방법일 수 있다. 과속 방지, 1시간 주행 후 의무 휴식, 음주운전 차단, 차량 문제 해결을 위한 자동차 제조상의 안전 법규 강화 등을 예로 들 수 있다.

다음으로 탈중앙화된 웹이나 블록체인 기반 웹이 현실적으로 가능하냐는 문제다. 중앙화가 문제점으로 인식되면서 중앙화가 악(惡)이고 탈중앙화 · 블록체인이 마치 선(善)인 것처럼 인식되고 있다. 이는 아주 잘못된 접근이다. 2009년 탈중앙화된 화폐 시스템인 비트코인 출현 이후 다양한 탈중앙화 프로젝트나 서비스 시도가 있었다. 하지만 현재까지도 성공한 프로젝트라고 소개할 만한 사례는 아직 없다. 그만큼 실현도 불가능하고 현실과 맞지 않는다는 방증이다. 중앙화된 정부에 문제점이 있으니 탈중앙화한 무정부주의가 과연 선(善)이라고 할 수 있겠는가? 탈중앙화가 마치 선이고 미래에 추구해야 할 가치로 여기는데, 이것은 올바른 접근이 아니다.

마지막으로 과연 탈중앙화나 블록체인이 정의에 부합하느냐는 문제가 있다. 탈중앙화란 권한을 탈중앙화하지만 동시에 그에 따른 책임도 탈중앙화한다. 중앙기관이 없기 때문에 모든 권한은 참여자 개인에게 귀속된다. 그리고 동시에 그에 따른 모든 책임도 개인에게 돌아간다.

탈중앙화나 분산 또는 블록체인이 추구하고자 하는 가치와 철학이 허무맹랑하고 비현실적이라는 것을 강조하고자 하는 것이 결코 아니다. 그보다는 탈중앙화와 블록체인을 선으로 포장하고 그에 편승하여 악의적 이득을 취하고자 하는 것에 대한 경계이자, 웹 3.0 구현에 필요한 요소인지 한번 냉정하게 고민해 보자는 취지다. 탈중앙화나 블록체인도 차세대 웹 구현을 위해 분명 의미 있고 필요한 기술이다. 하지만 탈중앙화나 블록체인에 대한 환상에서는 빨리 벗어날 필요가 있다.

2.3.3 비트코인에 대한 올바른 이해

DeFi, NFT, 웹 3.0에 대한 잘못된 이해와 접근의 가장 근원적인 원인은 비트코인과 블록체인에 대한 잘못된 이해와 오해라고 생각한다. 비트코인은 여타 다른 가상화폐와 전혀 다른 개념이다. 그런데 토큰, 코인, 비트코인을 모두 동일선상에서 이해하려고 하니 많은 오해를 야기하고 있다. 먼저 이번 절에서는 비트코인에 대한 오해를 해소하고 정확하게 이해해 보자.

1) 비트코인은 왜 만들었나?

필자는 강의를 자주 다니는 편인데, 비트코인이 무엇이냐고 물어보면 제대로 대답하는 사람이 없었던 것 같다. 실제로 정확하게 대답한 사람은 한 명도 없었다. 이제 비트코인을 모르는 사람이 없고 비트코인 가격이 한때 8천만 원까지 치솟기도 했지만, 비트코인이 무엇인지 정확히 아는 사람은 거의 없다는 것은 아이러니다.

사토시 나카모토는 비트코인을 세상에 내놓고 잠적해 버렸다. 따라서 비트코인이 무엇이고 어떤 배경에서 만들어졌는지는 사토시 나카모토가 남긴 몇 건의 기록을 통해 확인할 수 있다. 사토시 나카모토가 남긴 주요 기록으로는 '비트코인 백서'와 'P2P Foundation에 게시한 글'이 있다.

Bitcoin: A Peer-to-Peer Electronic Cash System

Satoshi Nakamoto
satoshin@gmx.com
www.bitcoin.org

Abstract. A purely peer-to-peer version of electronic cash would allow online payments to be sent directly from one party to another without going through a financial institution. Digital signatures provide part of the solution, but the main benefits are lost if a trusted third party is still required to prevent double-spending. We propose a solution to the double-spending problem using a peer-to-peer network. The network timestamps transactions by hashing them into an ongoing chain of hash-based proof-of-work, forming a record that cannot be changed without redoing the proof-of-work. The longest chain not only serves as proof of the sequence of events witnessed, but proof that it came from the largest pool of CPU power. As long as a majority of CPU power is controlled by nodes that are not cooperating to attack the network, they'll generate the longest chain and outpace attackers. The network itself requires minimal structure. Messages are broadcast on a best effort basis, and nodes can leave and rejoin the network at will, accepting the longest proof-of-work chain as proof of what happened while they were gone.

1. Introduction

Commerce on the Internet has come to rely almost exclusively on financial institutions serving as trusted third parties to process electronic payments. While the system works well enough for most transactions, it still suffers from the inherent weaknesses of the trust based model. Completely non-reversible transactions are not really possible, since financial institutions cannot avoid mediating disputes. The cost of mediation increases transaction costs, limiting the minimum practical transaction size and cutting off the possibility for small casual transactions, and there is a broader cost in the loss of ability to make non-reversible payments for non-reversible services. With the possibility of reversal, the need for trust spreads. Merchants must be wary of their customers, hassling them for more information than they would otherwise need. A certain percentage of fraud is accepted as unavoidable. These costs and payment uncertainties can be avoided in person by using physical currency, but no mechanism exists to make payments over a communications channel without a trusted party.

What is needed is an electronic payment system based on cryptographic proof instead of trust, allowing any two willing parties to transact directly with each other without the need for a trusted third party. Transactions that are computationally impractical to reverse would protect sellers from fraud, and routine escrow mechanisms could easily be implemented to protect buyers. In this paper, we propose a solution to the double-spending problem using a peer-to-peer distributed timestamp server to generate computational proof of the chronological order of transactions. The system is secure as long as honest nodes collectively control more CPU power than any cooperating group of attacker nodes.

P2P Foundation

Bitcoin open source implementation of P2P currency

2009-02-11 22:27:00 UTC - Original Post - View in Thread

I've developed a new open source P2P e-cash system called Bitcoin. It's completely decentralized, with no central server or trusted parties, because everything is based on crypto proof instead of trust. Give it a try, or take a look at the screenshots and design paper:

Download Bitcoin v0.1 at http://www.bitcoin.org

The root problem with conventional currency is all the trust that's required to make it work. The central bank must be trusted not to debase the currency, but the history of fiat currencies is full of breaches of that trust. Banks must be trusted to hold our money and transfer it electronically, but they lend it out in waves of credit bubbles with barely a fraction in reserve. We have to trust them with our privacy, trust them not to let identity thieves drain our accounts. Their massive overhead costs make micropayments impossible.

A generation ago, multi-user time-sharing computer systems had a similar problem. Before strong encryption, users had to rely on password protection to secure their files, placing trust in the system administrator to keep their information private. Privacy could always be overridden by the admin based on his judgment call weighing the principle of privacy against other concerns, or at the behest of his superiors. Then strong encryption became available to the masses, and trust was no longer required. Data could be secured in a way that was physically impossible for others to access, no matter for what reason, no matter how good the excuse, no matter what.

It's time we had the same thing for money. With e-currency based on cryptographic proof, without the need to trust a third party middleman, money can be secure and transactions effortless.

One of the fundamental building blocks for such a system is digital signatures. A digital coin contains the public key of its owner. To transfer it, the owner signs the coin together with the public key of the next owner. Anyone can check the signatures to verify the chain of ownership. It works well to secure ownership, but leaves one big problem unsolved: double-spending. Any owner could try to re-spend an already spent coin by signing it again to another owner. The usual solution is for a trusted company with a central database to check for double-spending, but that just gets back to the trust model. In its central position, the company can override the users, and the fees needed to support the company make micropayments impractical.

Bitcoin's solution is to use a peer-to-peer network to check for double-spending. In a nutshell, the network works like a distributed timestamp server, stamping the first transaction to spend a coin. It takes advantage of the nature of information being easy to spread but hard to stifle. For details on how it works, see the design paper at http://www.bitcoin.org/bitcoin.pdf

The result is a distributed system with no single point of failure. Users hold the crypto keys to their own money and transact directly with each other, with the help of the P2P network to check for double-spending.

Satoshi Nakamoto
http://www.bitcoin.org

그림 2-46 사토시 나카모토 백서 및 기록

비트코인 백서의 제목을 보면, 'Bitcoin: A Peer-to-Peer Electronic Cash System'이라고 명시되어 있다. 백서의 제목처럼 비트코인은 개인 대 개인 간 전자 화폐 시스템, 바꾸어 말하면 '탈중앙 기반 전자 화폐 시스템'이다.

화폐 시스템이다 보니, 백서와 P2P Foundation에 게시된 내용을 보면 대부분 화폐에 대한 이야기다. 일부 내용을 소개하면 다음과 같다.

- 새로운 화폐(비트코인) 발행 방식은 금을 채굴하는 것과 유사하게 일정한 화폐량을 안정적으로 공급하는 방식과 유사하다.
- 중앙은행은 화폐 가치를 떨어뜨리지 않도록(인플레이션이 발생하지 않도록) 신뢰를 보장해야 하지만, 역사적으로 보면 기존 법정화폐는 그런 신뢰를 저버렸다.
- 시중은행은 우리의 돈을 잘 보관하고 있어야 하지만, 극히 일부만 유보금으로 남기고 막대한 대출을 통해 신용 거품을 야기하고 있다.
- 암호 증명에 기반한 전자화폐로 제3 신뢰 기관 없이도 돈을 안전하고 쉽게 거래할 수 있게 되었다.

금본위제

비트코인의 배경과 개념을 이해하기 위해서는 화폐의 역사에 대한 배경지식이 필요하다. 화폐의 가장 기본적인 기능은 바로 거래 교환의 매개 수단이다. 화폐는 귀중한 재화나 서비스와 교환할 수 있기 때문에 옛날 사람들은 화폐도 재화만큼 동등한 가치가 있어야 한다고 생각했다. 따라서 화폐도 재화와 유사한 내재적 가치가 있어야 한다고 생각했고, 이런 생각에 기반하여 유럽에서는 오래전부터 금본위제가 화폐 시스템으로 자리 잡았다.

'금본위제'란 금을 화폐의 근간으로 한다는 제도로서, 초기 금본위제는 금을 재가공하여 금화 형태로 화폐를 사용했다. 그런데 금화는 무게, 금화 훼손, 유통 비활성화 등의 이유로 화폐로서 부적절했다. 그래서 개선된 방식이 금을 직접 화폐로 사용하지 않고, 금을 금고에 보관하고 보관된 금과 동일한 가치만큼의 지폐를 화폐로 제조해서 사용하는 것이었다.

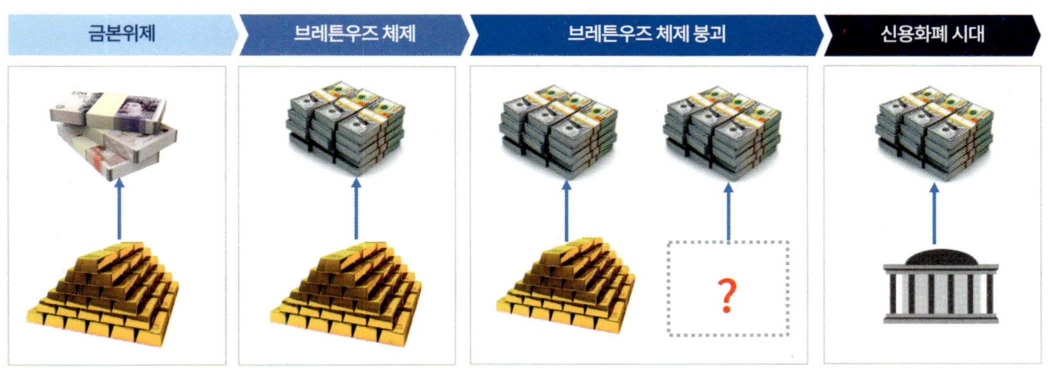

그림 2-47 화폐의 변천사

그림 2-47처럼 금본위제는 금을 기초자산으로 하여 지폐를 발행하여 화폐로 사용했다. 지폐는 아무런 내재가치가 없었지만 금을 담보로 발행됐기 때문에 금과 동일한 가치로 인정받을 수 있었다. 금본위제의 중요한 특징은 화폐를 추가로 발행하기 위해서는 반드시 금이 먼저 금고에 입고돼야 한다는 것이었다. 금고에 입고된 금의 양만큼 화폐를 추가로 발행할 수 있었다.

그런데 2차 세계대전이 끝나면서 각 국가 단위로 진행되던 금본위제가 미국 중심의 금본위제로 변경된다. 이를 브레튼우즈 체제라고 한다. 브레튼우즈 체제란 미국만이 금을 기반으로 지폐(달러)를 발행하고 미국 달러를 각국의 화폐와 고정된 환율로 교환하는 방식이다. 예를 들어 우리나라가 금을 미국에 맡기면 미국은 입고된 금을 기반으로 미국 달러를 발행하고 이 달러를 고정된 환율로 우리나라 원화와 교환해 주는 방식이었다.

신용화폐 시대

잘 유지되던 브레튼우즈 체제는 베트남 전쟁을 통해 폐지된다. 베트남전에 참전한 미국은 쉽게 전쟁을 마무리할 수 있을 거라 생각했지만, 정글과 게릴라라는 복병으로 인해 전쟁이 장기화되면서 천문학적인 달러가 투입되고 있었다. 미국은 전쟁 재원을 충당하기 위해서 보관된 금보다 훨씬 더 많은 금을 다른 국가들 몰래 찍어내고 있었다. 이를 눈치챈 유럽 국가들이 맡겨 둔 금을 되찾아 오고자 했지만 미국은 돌려줄 금이 없었다. 금본위제의 특징은 금을 맡기면 화폐를 발행하고 다시 화폐를 제시하면 금을 돌려주는 방식이었다. 그런데 미국은 보유된 금보다 훨씬 더 많은 달러를 몰래 찍어내고 있었기 때문에 달러를 제시해도 돌려줄 금이 존재하지 않았다. 결국 1971년 미국의 닉슨 대통령은 더 이상 화폐를 금으로 교환해 주지 않겠다고 일방적으로 선언해 버렸는데, 이것이 바로 닉슨 쇼크다. 닉슨 선언을 계기로 오랫동안 유지되어 온 금본위제는 역사의 뒤안길로 사라지고 신용화폐 시대가 도래한다.

금본위제는 금이라는 실질 가치를 지닌 기초자산을 기반으로 화폐를 발행하는 방식이었다. 따라서 금본위제에서는 화폐가 남발하는 것을 차단할 수 있었다. 하지만 금본위제가 폐지되면서 중앙정부의 신용을 기반으로 얼마든지 화폐를 발행할 수 있는 시대가 도래했다. 인기 영합 정치나 권력을 유지하기 위한 독재자들은 화폐 발행을 남발했다. 과도한 화폐 발행은 필연적으로 화폐 가치를 떨어뜨리고 물가가 상승하는 인플레이션으로 이어지고, 인플레이션이 심화되면 하이퍼-인플레이션이라는 문제가 발생한다.

그림 2-48 화폐 남발에 따른 하이퍼인플레이션

제1차 세계대전의 패배로 막대한 배상금이 부과된 독일은 전쟁배상금을 갚기 위해 엄청난 돈을 찍어냈다. 결과적으로 물가가 20억 배 상승하는 초인플레이션이 발생했다. 그로 인해 화폐가치가 폭락하면서 경제가 파탄 나는 상황에 놓이게 된다. 그림 2-48의 왼쪽 그림은 독일의 여인이 아침 식사 준비를 위해 가치가 폭락한 지폐를 불쏘시개로 사용하는 사진이다. 그림 2-48 오른쪽 그림은 경제가 어려워지자 이를 타개하기 위해 화폐 발행을 남발한 아르헨티나와 베네수엘라의 길거리 모습이다. 화폐 남발에 따른 가치 폭락으로 아무런 가치와 쓸모가 없는 지폐가 땅에 쓰레기처럼 버려진 모습이다.

사토시 나카모토가 남긴 기록을 다시 한번 되짚어 보자.

> '중앙은행은 화폐 가치를 떨어뜨리지 않도록(인플레이션이 발생하지 않도록) 신뢰를 보장해야 하지만, 역사적으로 보면 기존 법정화폐는 그런 신뢰를 저버렸다.'
>
> - 사토시 나카모토

시중은행에 의한 화폐 창조

우리나라 한국은행법에 따르면 화폐는 한국은행만 발행할 수 있다고 규정하고 있다. 그런데 시중은행도 신용창조라는 형태로 화폐를 창조한다. 그것도 은행법에서 이를 규정해 주고 있다. 은행은 입금된 돈의 지급준비금(약 7%)만 남기고 대출해 준다. 대출의 형태로 시중에 풀린 돈은 결국 어떠한 형태로든 은행에 다시 입고될 것이다. 이를 은행 입장에서 보면 돈이 다시 입금이 되고 입금된 돈의 7%만 남기고 다시 대출해 준다. 이런 과정을 거치면 초기 입금된 돈의 10배 이상을 대출해 줄 수 있는 신용창조가 발생한다. 신용창조에 대한 자세한 절차는 나중에 그림 3-53에서 자세히 설명하겠다.

그림 2-49 은행의 수익 메커니즘

그림 2-49를 보면, 고객들이 은행에 예금하면 은행은 7%의 지급준비금만 남기고 나머지는 대출해 준다. 대출된 돈이 다시 입금으로 들어오면 입금된 돈의 7%만 남기고 이를 다시 대출해 주는 방식으로 입금된 돈의 10배 이상의 대출이 가능하다. 은행은 이렇게 신용창조된 엄청난 대출금으로부터 막대한 이자수익을 거둔다.

여기서 문제는 시중은행은 예금자들이 맡긴 돈의 7%만 보유하고 있다는 것이다. 은행 시스템은 예금자들이 맡긴 돈을 동시에 찾아가지 않는다는 전제하에 작동한다. 만일 고객들이 맡긴 돈을 동시에 찾아가려고 한다면 산술적으로 고객의 93%는 맡긴 돈을 한 푼도 받을 수 없게 된다. 믿기 어렵겠지만 엄연한 현실이다. 이렇게 고객들이 동시에 돈을 찾아가는 것을 뱅크런(Bankrun)이라고 한다. 이런 뱅크런은 은행이 생겨난 이후 동서고금을 막론하고 항상 존재해 왔다. 우리나라도 과거 부산저축은행에서 뱅크런이 발생한 적이 있다.

그림 2-50 동서고금을 막론하고 발생했던 뱅크런

사토시 나카모토가 남긴 기록을 다시 한번 상기해 보자.

> '시중은행은 우리의 돈을 잘 보관하고 있어야 하지만,
> 극히 일부만 유보금으로 남기고 막대한 대출을 통해 신용 거품을 야기하고 있다.'
> - 사토시 나카모토

2) 비트코인은 무엇인가?

전통적인 화폐 시스템은 중앙정부가 법정화폐를 발행하고 시중은행을 통해 신용창조의 과정을 거친다. 중앙은행은 정부의 신용을 기반으로 화폐를 발행하고, 이렇게 발행된 화폐는 시중은행을 통해 10배 이상의 신용창조가 가능하다.

반면 비트코인은 어떠한가? 비트코인은 'A Peer-to-Peer Electronic Cash System'이라고 했다. 기본적으로 중앙은행이 존재하지 않는다. 탈중앙 기반으로 발행된다. 그리고 시중은행을 거치지 않기 때문에 신용창조의 과정도 없고 개인 대 개인(P2P)으로 화폐 거래가 가능하다. 그림 2-51을 보면 중앙은행과 비트코인의 화폐 발행 및 거래 시스템을 이해할 수 있다.

그림 2-51 전통적 화폐 발행과 비트코인 발행 비교

그럼 비트코인은 무엇일까? 여기에서 자세히 언급하지는 않겠지만, 사토시 나카모토가 남긴 기록과 용어, 그리고 비트코인 설계 원리를 자세히 살펴보면 비트코인은 '금-본위제(Gold Standard)'와 상당히 유사하다. 바꾸어 말하면, 비트코인은 '디지털 금본위제(Digital Gold Standard)'로 이해할 수 있다.

금본위제에서는 금이라는 기초자산을 기반으로 화폐가 발행되기 때문에 화폐가 남발되는 것을 차단할 수 있었다. 하지만 신용화폐 시대로 들어서면서 화폐가 남발되는 문제가 발생했다. 비트코인 백서와 기록에서도 알 수 있는 것처럼, 사토시 나카모토는 기존 화폐 시스템의 화폐 남발을 비판적으로 바라봤고 금본위제와 아주 유사하게 화폐 시스템(비트코인)을 설계했다. 비트코인은 '금본위제'로의 회귀를 염두에 둔 화폐 시스템이라고 할 수 있다. 정확히는 '디지털 금본위제'를 염두에 두었다고 볼 수 있다. 그림 2-52는 비트코인이 금본위제와 상당히 유사하다는 것을 보여준다.

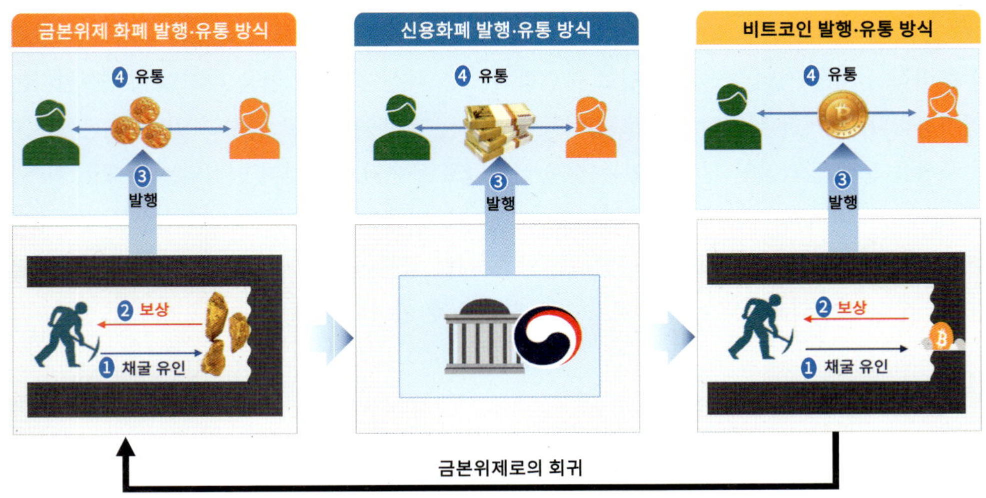

그림 2-52 비트코인의 목표

비트코인 백서에는 비트코인의 개념 및 목표를 잘 이해할 수 있는 내용이 있다.

New transaction broadcasts do not necessarily need to reach all nodes. As long as they reach many nodes, they will get into a block before long. Block broadcasts are also tolerant of dropped messages. If a node does not receive a block, it will request it when it receives the next block and realizes it missed one.

6. Incentive

By convention, the first transaction in a block is a special transaction that starts a new coin owned by the creator of the block. This adds an incentive for nodes to support the network, and provides a way to initially distribute coins into circulation, since there is no central authority to issue them. The steady addition of a constant of amount of new coins is analogous to gold miners expending resources to add gold to circulation. In our case, it is CPU time and electricity that is expended.

The incentive can also be funded with transaction fees. If the output value of a transaction is less than its input value, the difference is a transaction fee that is added to the incentive value of the block containing the transaction. Once a predetermined number of coins have entered circulation, the incentive can transition entirely to transaction fees and be completely inflation free.

The incentive may help encourage nodes to stay honest. If a greedy attacker is able to assemble more CPU power than all the honest nodes, he would have to choose between using it to defraud people by stealing back his payments, or using it to generate new coins. He ought to find it more profitable to play by the rules, such rules that favour him with more new coins than everyone else combined, than to undermine the system and the validity of his own wealth.

그림 2-53 비트코인 백서 내용 일부

'The steady addition of a constant of amount of new coins is analogous to gold miners expending resources to add gold to circulation. In our case, it is CPU time and electricity that is expended'

"새로운 화폐(비트코인) 발행 방식은 금을 채굴하는 것과 유사하게 일정한 화폐량을 안정적으로 공급하는 방식이다. 금 채굴에 일정한 노력과 작업이 소요되는 것처럼 비트코인에서는 CPU 연산과 에너지 소비라는 자원을 통해 화폐를 발행한다."

비트코인이 '디지털 금본위제'를 표방했다고 했는데, 여기서 한 가지 드는 의문은 고유한 화학적 속성과 물리적 실체를 지닌 금을 디지털로 구현할 수 있느냐는 것이다. 금을 디지털로 구현한다는 것은 불가능하다. 하지만 디지털 시대로 접어들면서 모든 것이 디지털로 변하고 있다. 최근에는 메타버스 세상을 통해 물리적인 실체가 있는 것도 디지털로 구현되고 그것이 인정되는 시대로 접어들고 있다. 사람도 아바타라는 디지털로 구현이 되고 있으며, 디센트럴랜드에서는 디지털 토지가 수억 원에 거래되기도 한다. 그림 2-54는 '금본위제'와 '디지털 금본위제'를 비교하여 보여준다. 디지털 금본위제를 구현하기 위해서는 먼저 디지털 금을 구현할 수 있어야 한다.

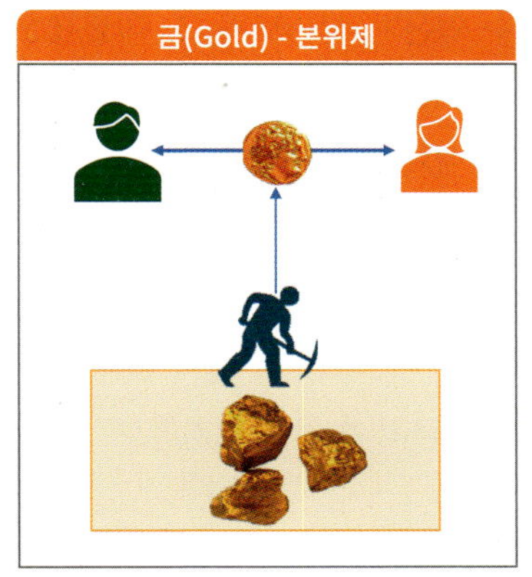

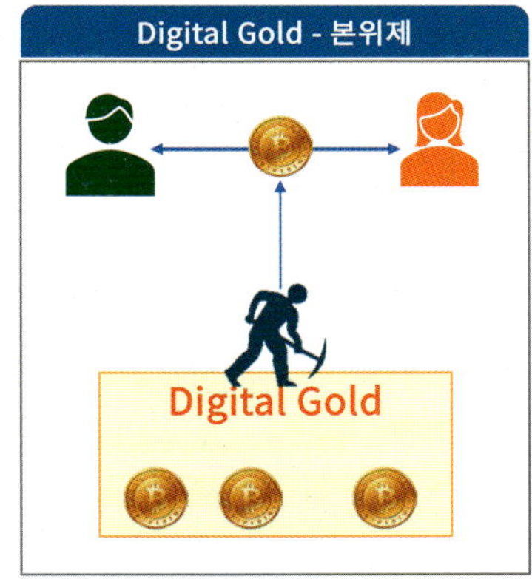

그림 2-54 금본위제 관점의 비트코인

그럼 금을 어떻게 디지털로 구현할 수 있을까? 단순 이미지 형태의 디지털 금이 아니라 실제 금과 동일한 가치와 신뢰를 지닌 디지털 금을 어떻게 구현할 수 있을까? 생각할 수 있는 하나의 방법은 금본위제 시대에 화폐로서 금이 지닌 속성을 식별하고 그 속성을 디지털로 그대로 구현할 수 있다면 디지털 금으로 간주할 수도 있겠다는 것이다. 물론 디지털 금을 신뢰하고 인정해 주는 것은 사회적 합의나 신뢰가 뒷받침되어야 한다.

금은 물리적인 실체가 있지만, 화폐적 관점에서 금의 특징을 식별하고 그 특징을 디지털로 구현할 수 있다면 '디지털 형태의 금'도 구현 가능하고 사회적으로 인정도 받을 수 있을 것이다. 그럼 앞서 설명한 금본위제와 신용화폐의 특징을 다시 한번 상기하면서, '화폐로서 금'이 지닌 속성을 한번 식별해 보자.

- 금은 매장량이 한정되어 있어 희소성의 가치가 있다.
- 금은 연금술에 의해 창조되는 것이 아니라 땅 속에서 곡괭이질을 통해 채굴해야 한다.
- 금의 매장 위치를 알 수 없기 때문에 곡괭이질을 많이 하면 할수록 채굴 확률은 높다.
- 초기에는 많은 채굴이 가능하지만 시간이 흐를수록 채굴량은 줄어든다.
- 금은 희소하고 채굴하기도 힘들기 때문에 채굴 급증에 따른 가치 하락을 차단할 수 있다.
- 금 채굴 과정은 힘들지만 채굴 시 금을 소유할 수 있기 때문에 자발적으로 참여한다.

화폐로서 금이 지닌 속성을 간단히 정리하면, 금의 매장량은 유한하여 희소성의 가치가 있고, 채굴 과정이 매우 어렵기 때문에 공급 급증에 따른 화폐 가치 하락을 차단할 수 있으며, 채굴 위치를 모르기 때문에 열심히 채굴하는 방법밖에 없고, 열심히 채굴에 참여하면 보상으로 금을 얻을 수 있다.

이제 이렇게 식별된 금의 속성을 디지털로 구현할 수 있는지 살펴보자. 그림 2-55의 왼쪽 그림은 화폐로서의 비트코인 설계 원칙을 정리한 내용이다. 비트코인 총 발행량은 2,100만 개로 한정되어 있다. 그리고 약 10분에 한 번씩만 발행되게 설계되어 있으며 4년마다 발행 금액이 절반으로 줄어들도록 설계되어 있다. 비트코인을 발행하는 방법은 특별한 수학적 공식이나 로직이 있는 것이 아니라 단순 연산 작업을 거쳐야만 발행할 수 있게 설계되어 있다. 그리고 마지막으로 가장 열심히 연산 작업에 참여한 노드에 보상으로 비트코인이 지급된다. 비트코인의 설계 원칙을 보면 앞서 설명한 '화폐로서의 금'의 속성과 정확히 일치한다. 화폐로서의 금의 속성을 디지털로 그대로 구현할 수 있다면 '디지털 금'으로 간주할 수 있을 것이다.

구분	비트코인
총 발행량	2,100만 개
발행 주기	10분에 한 번씩만 비트코인 발행
발행 규모	4년마다 발행 금액이 절반으로 감소
발행 방식	연산 (조건을 충족하는 값을 가장 먼저 찾는 연산 수행)
발행 대상	가장 먼저 연산을 수행한 노드에 보상으로 지급

구현

Digital Gold

그림 2-55 Digital Gold 설계 요구사항

추가로 '금을 채굴하는 방식'과 '비트코인을 채굴하는 방식'을 좀 더 자세히 살펴보자. 그림 2-56은 두 방식을 비교해서 보여준다. 먼저 금을 채굴하는 방식을 정리해 보자.

- 금의 매장 위치를 알 수 없다. 따라서 금 채굴은 운도 많이 따른다.
- 하지만 열심히 채굴하다 보면 금을 채굴할 확률은 높아진다.
- 그냥 열심히 금을 찾을 때까지 곡괭이질을 해야 한다.
- 금을 찾기 위한 일련의 곡괭이질을 작업(Work)이라고 한다.

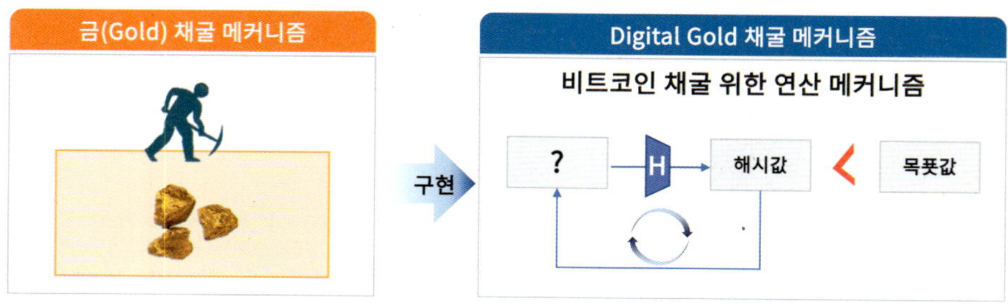

그림 2-56 Digital Gold 채굴 메커니즘

이제 비트코인을 채굴하는 방식을 살펴보자.

- 비트코인을 채굴하기 위해서는 조건을 충족하는 해시값을 찾아야 하는데, 해시값은 랜덤하게 결정된다. 비트코인 채굴은 운이 많이 따른다.
- 하지만 연산 작업을 열심히 반복하다 보면 조건을 충족하는 정답을 찾을 확률은 높아진다.
- 특별한 공식이 있지 않으며 숫자를 대입해 가면서 열심히 연산 작업을 해야 한다.
- 조건 충족 해시값을 찾기 위한 일련의 과정을 작업증명(Proof of Work)이라 한다.

다음 표를 통해 금과 비트코인을 비교해 보자. 사람마다 이해와 해석이 다를 수 있겠지만, 비트코인의 설계 원리를 보면 금본위제와 상당히 유사해 보이며, 따라서 디지털 금본위제로 간주할 수 있을 것 같다.

구분	금본위제	비트코인
총 매장량	유한	유한 (2,100만 개)
취득 방식	채굴	채굴(POW)
발행 어려움	채굴 어려움	연산 어려움
통화량	단계적 공급 축소	10분에 한 번 발행
		4년마다 절반
		난이도 설계

비트코인은 아무런 내재적 가치가 없다는 공격을 많이 받는다. 그림 2-57을 한번 살펴보자. 비트코인은 0과 1로 구성된 디지털 형태로 아무런 내재적 가치가 없다. 이런 관점에서 보자면 지폐도 내재적 가치가 없기는 마찬가지다. 금본위제에서 발행되는 지폐나 중앙은행을 통해 발행되는 법정화폐도 모두 내재적 가치가 없는 종이 쪼가리에 불과하다.

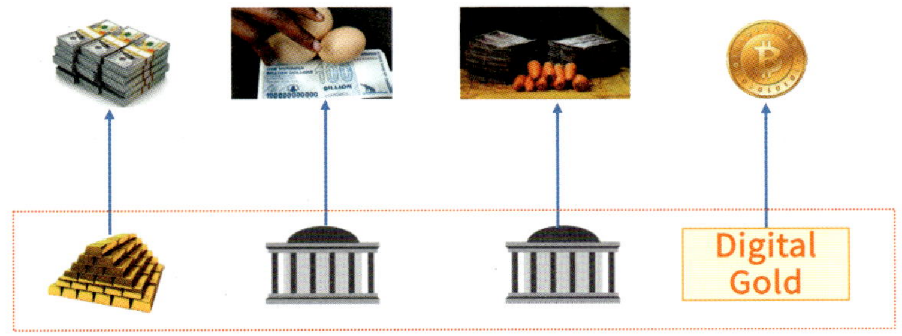

그림 2-57 기초자산과 연계된 화폐의 가치

지폐나 법정화폐 모두 내재적 가치가 없지만 그 화폐 발행의 기반이 되는 기초자산에 대한 신뢰 때문에 가치가 있다고 믿는 것이다. 금본위제 기반으로 발행되는 지폐는 실질적 금을 담보로 해서 발행했기 때문에 가치가 있다. 그리고 중앙정부의 신용을 기반으로 한 법정화폐도 중앙정부라는 강력한 신뢰 기관을 기반으로 발행됐기 때문에 그 가치를 신뢰할 수 있다. 즉, 지폐에 대한 가치 신뢰가 아니라 그 기초자산에 해당하는 금이나 중앙정부에 대한 신뢰로 이해할 수 있다.

비트코인은 디지털 골드 기반으로 발행된 전자화폐라고 볼 수 있다. 앞서 살펴봤던 것처럼 비트코인은 '화폐로서 금'의 속성을 지닌 디지털 금으로 간주될 수 있다. 디지털 형태의 금이 가치가 있다고 판단할지는 결국 사회적 합의 또는 사회 구성원들의 신뢰 부여 여부에 달렸다. 사토시 나카모토의 말처럼 중앙정부는 화폐 가치를 떨어뜨리지 않도록(인플레이션이 발생하지 않도록) 신뢰를 보장해야 하지만, 역사적으로 그런 신뢰를 저버렸다(화폐를 남발하여 화폐 가치를 떨어뜨렸다). 이런 상황에서 '무책임한 중앙 정부'와 '화폐가 남발되지 않도록 설계한 디지털 금' 중에서 어느 쪽을 더 신뢰할지는 사회 구성원들이 판단할 것이라 생각한다.

지금까지 비트코인에 대해 살펴봤는데, 비트코인은 기타의 가상화폐와는 다르다. 비트코인은 기존 법정화폐의 문제점에 대한 대안으로 세상에 나왔다. 말 그대로 기존 법정화폐를 대체하려는 목적으로 발행됐다. 내재적 가치는 없지만, 금의 속성을 디지털 형태로 구현한 디지털 골드를 신뢰하게 된다면 그 기반으로 발행된 비트코인도 신뢰할 수 있을 것이다. 비트코인 이후 다양한 가상화폐가 쏟아져 나오고 있다. 비트코인에서 영감을 받은 수많은 가상화폐가 마치 비트코인과 유사한 개념으로 인식되면서 미래 화폐로 간주되거나 가상화폐가 탈중앙화 기반으로 발행되는 것으로 착각하고 있다. 뒤에서 설명하겠지만, 비트코인을 제외한 대부분 가상화폐는 화폐도 아니고 탈중앙화 기반도 아니다.

3) 비트코인과 토큰·코인 차이

비트코인과 토큰 · 코인의 차이점을 이해하기 위해서는 먼저 비트코인이 어떻게 코인과 토큰에 영향을 주었는지 이해할 필요가 있다.

이더리움 이해

그림 2-58은 이더리움의 출현 배경을 설명하고 있으며, 동시에 비트코인과 이더리움의 차이도 보여준다.

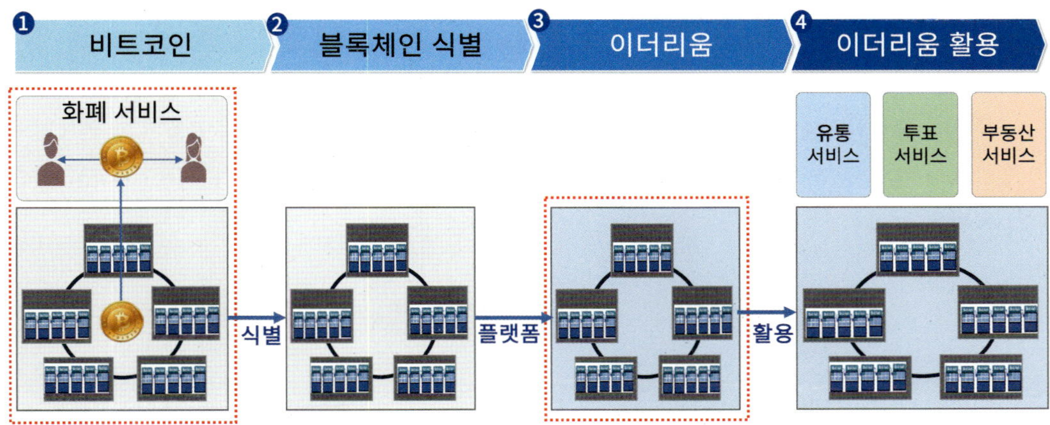

그림 2-58 이더리움 출현 배경

❶ 비트코인은 화폐 시스템이다. 기존 중앙은행과 시중은행의 문제점에 대응하기 위해 탈중앙화된 화폐 시스템을 만들고자 했다. 화폐 시스템을 탈중앙화 기반으로 구현하기 위해 적용한 기술이 블록체인이다. 따라서 비트코인은 블록체인이라는 기반기술을 포함한 탈중앙 화폐 시스템(Peer-to-Peer Electronic Cash System)이다.

❷ 초기 비트코인은 화폐로서 큰 주목을 받았지만, 승인 시간 및 정부의 제재 등으로 기대만큼 활성화되지 못하고 인기와 주목도 점점 시들어갔다. 그러던 중 비트코인 구현을 위한 기반기술에 관심을 갖고 이 부분만 따로 떼어내 이를 '블록체인'이라고 명명했다. (비트코인 백서 및 관련 기록에도 '블록체인'이라는 용어는 존재하지 않으며, 비트코인 출현 이후 별도로 붙여진 이름이다).

❸ 비트코인의 기반기술인 블록체인을 다양한 분야에 활용하기 위한 시도가 있었다. 하지만 비트코인 블록체인은 화폐 목적으로 설계됐기 때문에 다른 서비스에 적용하기에는 한계가 있었다. 그래서 다양한 서비스 분야에서도 활용이 가능한 범용 블록체인 플랫폼을 개발하려는 시도가 있었는데, 그것이 바로 이더리움이다. 비트코인은 블록체인이 장착된 '화폐 시스템'이라면 이더리움은 범용 '블록체인 플랫폼'이라고 할 수 있다.

❹ 다양한 서비스 활용이 가능한 범용 블록체인 플랫폼이 나오자, 서비스 영역에서는 별도의 블록체인 구축 없이 이더리움을 활용하여 그 기반으로 서비스를 출시할 수 있게 됐다. 이런 서비스가 바로 DApp(디앱)이다.

코인(Coin) 이해

비트코인은 화폐 시스템이지만, 화폐 시스템 기반으로 발행되는 화폐 자체를 의미하기도 한다. 탈중앙화 기반으로 발행되는 비트코인(화폐)은 2가지 의미와 목적을 지닌다. 첫째는 화폐다. 둘째는 인센티브 활용이다. 중앙기관이나 중앙시스템이 존재하지 않는 상황에서는 운영 주체가 없다 보니 시스템을 작동시키기 위해 자발적인 참여가 필요하며, 자발적인 참여를 유인하기 위한 인센티브가 필요하다. 비트코인에서는 화폐 발행과 인센티브 지급을 연계하여 설계했다. 화폐 발행에 참여하여 열심히 작업한 노드에게 보상으로 비트코인(화폐)을 지급하는 방식으로 화폐가 발행된다. 앞선 그림 2-52를 다시 한번 살펴보면 이해가 될 것이다.

어떤 주체나 중앙시스템이 존재하지 않는 탈중앙시스템에서는 자발적인 참여 유인을 위한 인센티브가 필요하다. 탈중앙 화폐 시스템인 비트코인도 인센티브가 필요하다. 비트코인에서는 화폐를 인센티브로 활용했다.

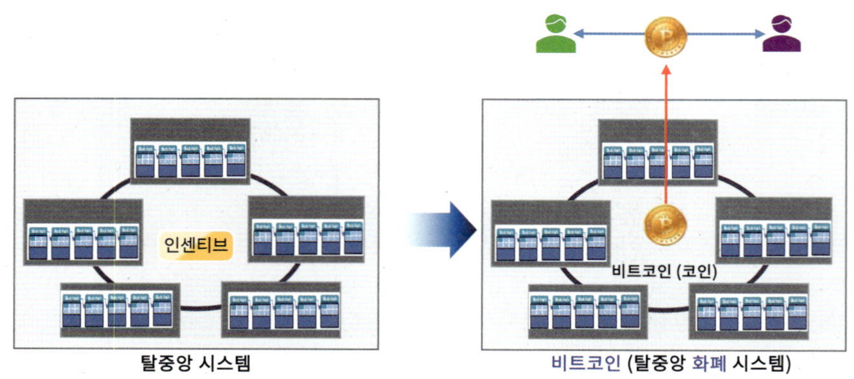

그림 2-59 탈중앙시스템과 코인 관계

그림 2-59를 보면 탈중앙시스템 구현을 위해서는 인센티브가 필요한데, 비트코인에서는 화폐를 발행해서 인센티브로 지급하는 방식으로 화폐가 세상으로 유입된다고 볼 수 있다.

이처럼 탈중앙 구현을 위한 블록체인에서 인센티브 지급을 목적으로 발행하는 것을 '코인(Coin)'이라고 한다. 참고로 코인과 토큰에 대한 명확한 정의는 없지만, 이들은 업계에서 보편적으로 사용되는 용어다.

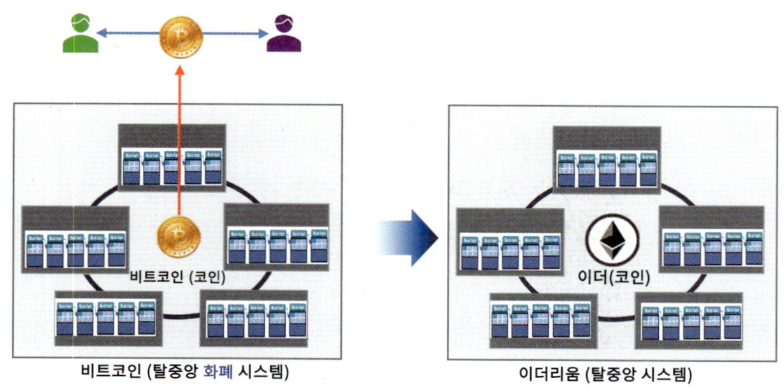

그림 2-60 비트코인과 이더(ETH)의 유사점과 차이점

그림 2-60에서 비트코인은 탈중앙시스템에서 인센티브로 활용되고 동시에 화폐라는 서비스에서도 활용된다고 볼 수 있다. 이더리움도 탈중앙시스템이기 때문에 인센티브가 필요하다. 이더리움에서 채굴되는 이더(ETH)는 인센티브 목적으로 발행되는 코인이다. 하지만 이더리움은 단순히 블록체인 플랫폼이기 때문에 이더리움 기반으로 발행된 이더(ETH)는 비트코인 같은 화폐가 아니며 단순히 이더리움 생태계 내에서 활용되는 코인 정도로 이해할 수 있다. 보상으로 지급받은 이더(ETH)는 이더리움이라는 생태계 내에서만 트랜잭션 처리를 위한 수수료 등으로 활용될 수 있다.

토큰(Token) 이해

블록체인과 가상자산 분야에서 가장 많이 오해를 야기하는 분야가 바로 토큰이다. 가상자산에 투자하고 있다는 사람들에게 물어보면, 비트코인과 마찬가지로 토큰을 제대로 설명하는 사람은 없다.

먼저 토큰의 사전적 의미부터 이해해 보자. 『옥스포드 영영사전(Oxford Learner's Dictionary)』에서 'Token'이라는 단어를 검색해 보면 다음과 같이 정의되어 있다.

- A round piece of metal or plastic used **instead of** money to operate some machines or as a form of payment (기계를 작동시키기 위해 돈 **대신** 사용되는 둥근 형태의 금속이나 플라스틱)
- A piece of paper that you can collect when you buy a particular product and then **exchange for** something (어떤 제품을 사고 무언가로 **교환**할 때 사용할 수 있는 종이조각)
- something that is a **symbol** of a feeling, a fact, an event, etc. (느낌, 사실, 사건 등을 **상징**하는 것)

사전적 정의로부터 키워드만 도출하면 다음과 같다.

- Instead: 무언가를 **대신**하여
- Exchange: 무언가와 **맞바꿀** 수 있는
- Symbol: 무언가를 **상징**하는

요약하면, '무언가를 대신 및 대표하여 다른 무엇으로 상징화한 것'이 토큰이라고 이해할 수 있다. 이런 토큰의 개념을 구조화하여 표현하면 그림 2-61과 같다.

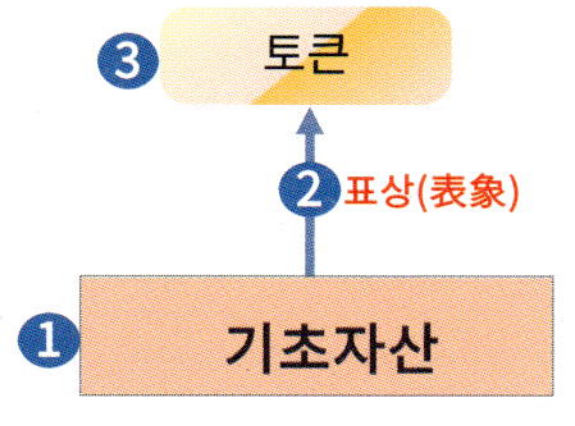

그림 2-61 토큰 개념도

토큰의 개념도를 기준으로 토큰 개념을 설명하기 위해 3가지 요소가 식별된다.

❶ **기초자산**: 대체 및 상징화할 기초 대상

❷ **표상**: 대체 및 상징화할 내용 (어떤 목적 및 역할로 대체할 것인지)

❸ **토큰**(Token): 상징화한 대체품

그럼 기초자산을 왜 대체 및 상징화하는 것일까? 예전에 버스를 탑승할 때 현금 대신 금속 형태로 제조된 '버스 토큰'을 이용했다. 현금은 거스름돈이나 도용의 위험이 있었고, 그래서 현금을 기초자산으로 상징화한 금속 형태가 바로 버스 토큰이다. 여기에서 토큰 개념의 3요소를 적용하면, 현금은 기초자산에 해당되고, 표상은 버스 탑승 권리가 되며, 버스 토큰은 바로 토큰에 해당된다. 버스 토큰의 사례처럼, 토큰을 이용하는 이유는 기초자산을 거래나 경제 활동에 그대로 활용할 경우 불편하거나 비효율적일 때가 많기 때문이다. 이때 좀 더 거래를 편리하고 효율적으로 처리하기 위해 다른 형태로 대체하는 것이 바로 토큰이라고 할 수 있다.

그림 2-62는 다양한 기초자산을 기반으로 발행하는 토큰 사례를 보여준다. 물리적인 가치를 지닌 실질 자산뿐만 아니라 무형의 권리나 디지털 자산도 모두 기초자산으로 간주할 수 있다.

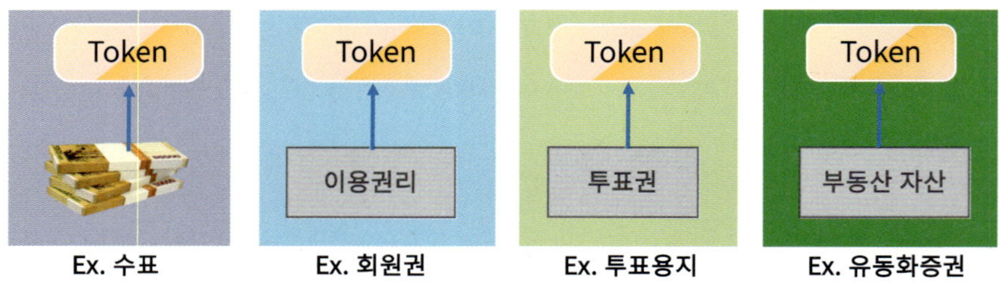

그림 2-62 다양한 기초자산과 토큰 사례

우리는 토큰이라는 용어를 사용하지 않았을 뿐 오래전부터 일상에서 범용적으로 토큰을 활용하고 있다. 우리가 일상에서 사용하는 증서나 증권도 모두 토큰의 일종이라고 볼 수 있다. 수표도 현금의 불편함을 대체한 토큰으로 이해할 수 있고, 영화 티켓도 영화 상영 권리를 상징화한 토큰이다. 토큰을 증서, 증권, 이용권 등을 포괄하는 개념 정도로 이해해도 좋다.

최근 스테이블(Stable) 코인이 주목받고 있다. 법정화폐는 종이 형태이기 때문에 온라인 송금이나 디지털 처리가 어렵다. 따라서 종이 지폐를 온라인으로 처리하기 위해서는 반드시 중개 기관인 은행이 필요하다. 만일 법정화폐가 디지털 형태로 발행된다면 은행 없이도 P2P(개인 대 개인)로 온라인 송금이 가능하다. 이런 목적으로 설계되어 발행되는 것이 바로 스테이블 코인이다.

그림 2-63은 대표적인 스테이블 코인인 테더(Tether)의 개념도다. 법정화폐인 USD를 기초자산으로 하여 1:1로 페깅[3]하여 디지털 형태로 대체한 것이 바로 테더(Tether)다. 스테이블 코인도 전형적인 토큰 개념으로 이해할 수 있다. USD를 1:1로 페깅하고 있어 사실상 화폐처럼 사용할 수 있기 때문에 화폐와 의미가 더 가까운 코인이라는 명칭을 사용하고 있지만, 구조적으로는 토큰에 해당한다.

그림 2-63 테더(Tether) 개념도

NFT(Non-Fungible Token) 이해

NFT를 잘 이해하고 있다는 지인에게 '토큰'이 무엇이냐고 질문한 적이 있다. NFT는 잘 설명하면서 토큰에 대해서는 제대로 답변하지 못했다. NFT는 Non-Fungible **Token**의 약자로, 실체는 토큰이다. NFT는 잘 이해하고 설명하면서 그 실체인 토큰을 제대로 설명하지 못한다는 것은 모순이다. 이런 모순이 NFT의 현실이다.

NFT도 토큰의 한 유형이다. 토큰의 개념도와 3요소가 NFT에도 그대로 적용된다. 기초자산을 기반으로 토큰을 발행했을 때 그 토큰이 다른 토큰과 대체가 가능하면 FT(Fungible Token)가 되고, 발행된 토큰이 다른 토큰과 대체가 불가능하면 NFT(Non-Fungible Token)가 되는 것이다. 그림 2-64는 NFT의 개념도를 나타내는데, 토큰과 동일하다는 것을 알 수 있다.

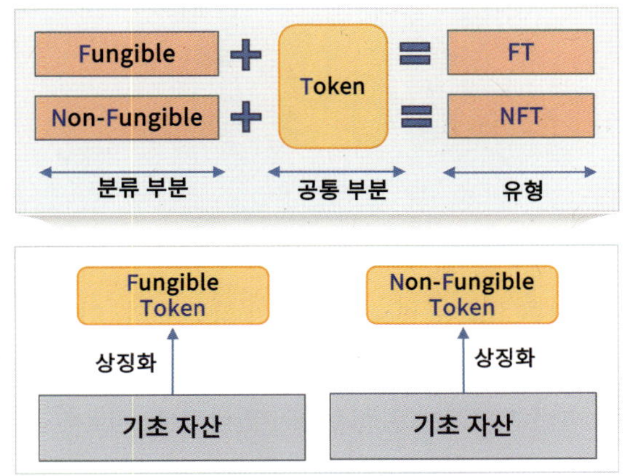

그림 2-64 NFT 개념도와 본질

3 '페깅(Pegging)'은 원래 '못을 박아서 고정하기'라는 뜻이다. 가상화폐 분야에서는 가상화폐의 가격을 특정 법정화폐의 가치에 못을 박아 놓는다는 뜻으로 '가격을 고정한다'는 의미로 이해하면 된다.

그림 2-65에서 보는 것처럼 NFT의 본질은 토큰인데, 본질(Token)은 도외시하고 속성(Non-Fungible)에만 치중하다 보니, NFT가 '대체불가'를 대변하는 키워드가 되어 버렸고, 따라서 NFT가 마치 원본을 증명하고 고유성과 희소성의 가치를 부여한다는 엉뚱한 개념으로 변질되었다.

그림 2-65 NFT에 대한 올바른 이해와 잘못된 이해

그림 2-66은 FT와 NFT의 차이점을 보여준다. FT와 NFT는 토큰이라는 관점에서 동일하다. 다만 발행된 토큰의 대체 가능 여부에 따라 FT와 NFT로 구분된다고 보면 된다.

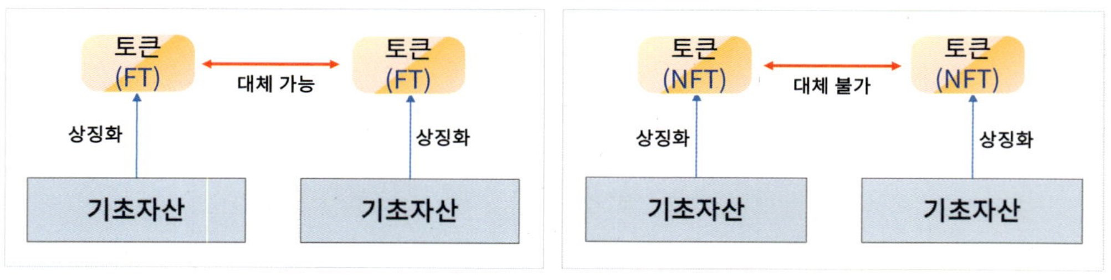

그림 2-66 FT와 NFT의 구분

NFT를 오해하게 만드는 또 다른 요소는 바로 '대체불가'의 의미다. 여기에서 대체불가란 어떤 귀중한 가치가 있어 다른 어떤 것과도 대체되지 않아 희소성의 가치가 있다는 그런 의미가 아니다. 사람이 태어나면 고유한 주민등록번호가 부여된 신분증이 발급된다. 고유한 주민등록번호가 각각 부여되어 있기 때문에 내 신분증과 다른 사람의 신분증은 대체가 되지 않는다. 내가 그린 미술 작품과 다른 사람이 그린 미술 작품은 고유한 아우라가 있기 때문에 서로 대체되지 않는다. 대체불가는 이런 의미다. 반면 내가 가진 1만 원과 다른 사람이 가진 1만 원은 대체가 가능하다. 또는 내가 가진 1만 원과 다른 사람이 가진 1천 원짜리 10장은 서로 대체가 가능하다. '대체불가'는 거기에 특별한 의미가 있는 것이 아니라 아주 단순한 개념이다.

NFT가 특히 미술작품에서 많이 주목받는다. 그림 2-67은 미술작품에 NFT가 적용된 사례다. 미술작품에 적용된 NFT도 앞서 설명한 토큰의 개념 정도로 이해하면 된다. 그림 2-67의 왼쪽 그림을 보면, 어떤 미술작품이 있을 때 '제품확인서'를 발행해 준다. 미술작품 자체로는 이 미술작품에 대한 정보나 내용을 확인할 수 없기 때문에 거래 시 불편하다. 따라서 미술작품을 기초자산으로 하여 작품에 대한 내용을 기입한 종이 형태의 제품확인서를 발급해 줄 수 있다. 이 제품확인서가 바로 토큰과 동일한 개념이다. 이 제품확인서는 다른 미술작품의 제품확인서와 대체가 불가능하다. 제품확인서가 일종의 토큰이라고 했기 때문에 제품확인서를 다르게 표현하면 바로 '대체불가 토큰', 즉 'NFT'가 되는 것이다.

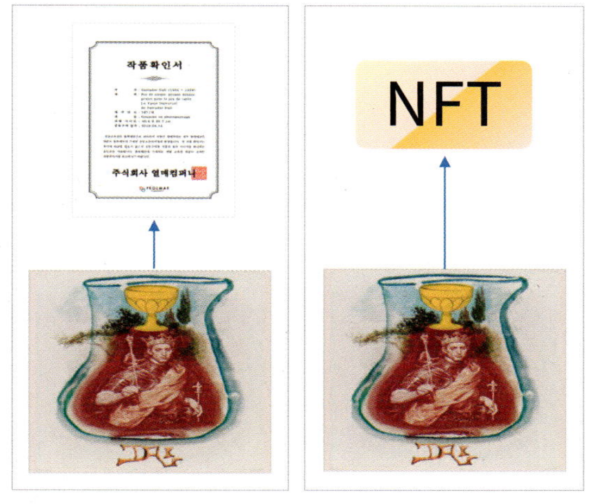

그림 2-67 미술작품에서 NFT의 의미 (이미지 출처: 아트앤가이드)

앞서 토큰의 개념 3요소에서 '표상'에 대해 설명했다. 기초자산을 토큰으로 상징화하고자 하는 내용이 바로 표상이다. 해당 토큰의 의미와 역할은 바로 표상에 의해 결정된다. 그림 2-68은 기초자산이 동일하더라도 표상을 어떻게 하느냐에 따라 토큰의 의미와 역할이 달라지는 것을 보여준다. 기초자산에 해당하는 디지털 작품을 작품 확인 목적으로 표상하면 작품 확인용 NFT가 되고, 소유권리 관점에서 표상하면 작품 소유권용 NFT가 되는 것이다.

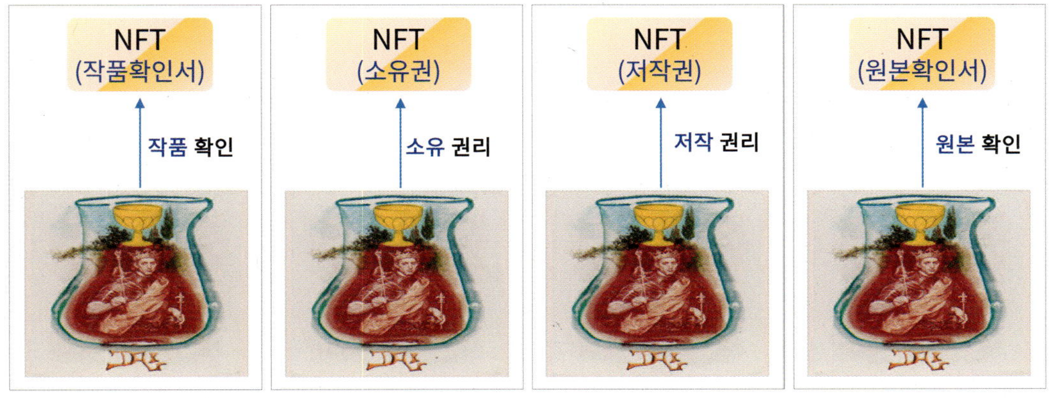

그림 2-68 NFT의 다양한 역할과 활용

디지털 작품에서 NFT가 왜 중요하고 어떻게 활용될 수 있는지는 3장에서 좀 더 자세히 설명하겠다. 우선 여기에서는 NFT도 토큰의 한 유형이며, 비트코인, 코인, 토큰이 어떻게 구분되는지만 이해하면 된다.

토큰과 블록체인 연계성

많은 사람이 토큰이 블록체인 기반으로 발행되는 것으로 오해한다. 또한 토큰을 비트코인과 유사한 (가상)화폐 개념으로 이해하는 경우도 많다. 하지만 앞서 토큰과 NFT의 개념에서 살펴봤듯이 토큰은 원래 블록체인과 직접적인 연관성은 없고 오래전부터 다양한 영역에서 이미 사용되어 온 개념이다.

그림 2-69는 코인과 토큰의 발행 및 사용 위치를 보여주고 있으며, 블록체인의 연관성 여부도 설명해 주고 있다.

- 코인은 블록체인에서 인센티브 목적으로 발행되며, 토큰은 서비스 영역에서 기초자산을 대체하는 용도로 활용된다.
- 코인은 블록체인과 직접적인 연관이 있지만, 토큰은 서비스 영역에서 발행 및 유통되기 때문에 중앙시스템 기반이 될 수도 있고 블록체인 기반이 될 수도 있다.

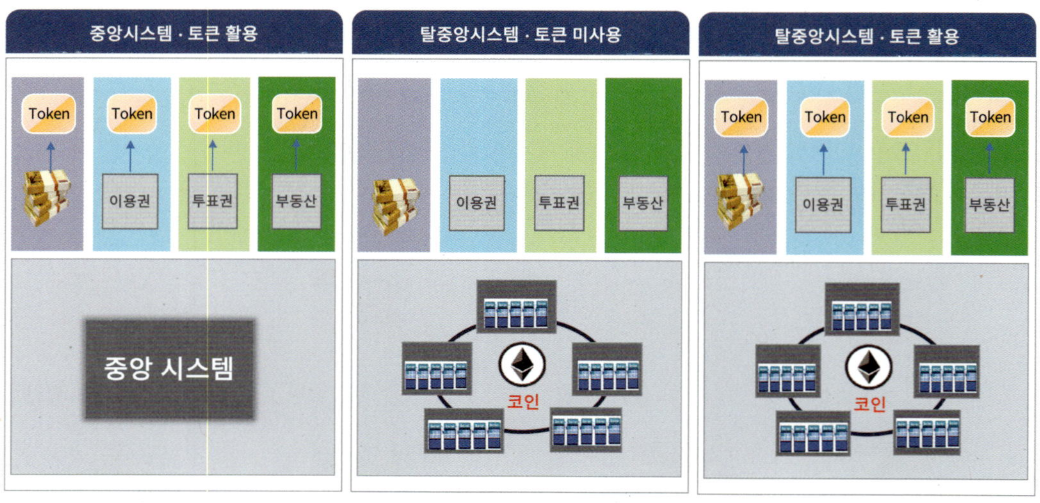

그림 2-69 코인 · 토큰과 블록체인의 관계성

그림 2-69의 왼쪽 그림을 보면, 중앙시스템 기반으로 작동하는 서비스라 하더라도 해당 서비스에서 기초자산을 토큰으로 대체할 필요가 있으면 토큰으로 발행해서 사용하면 된다. 물론 블록체인 기반 서비스에서도 필요에 따라 기초자산을 토큰으로 발행하면 된다. 반대로 아무리 블록체인 기반이라 하더라도 해당 서비스에서 기초자산을 토큰으로 대체할 필요가 없다면 발행하지 않아도 된다. 정

리하면, 토큰은 블록체인과 상관없이 서비스 영역에서 거래의 편리성과 효율성을 위해 기초자산을 토큰으로 대체하여 발행할지 여부에 따라 결정된다고 보면 된다.

반면 코인은 어떠한가? 앞서 코인은 탈중앙시스템인 블록체인에서 자발적인 참여 유인을 위해 인센티브 목적으로 발행되는 것이라고 했다. 따라서 코인은 블록체인 영역에서 발행되는 것이다. (정확히 말하면 완전 탈중앙화 형태로 자발적인 참여 유인이 필요한 Public 블록체인에서 코인 발행이 필요하며, Private 블록체인의 경우에는 인센티브 설계를 할 필요가 없다.)

그림 2-70을 통해 비트코인, 코인, 토큰을 구분해서 이해해 보자. 비트코인은 서비스 영역에서 법정화폐를 대체할 목적으로 발행된 화폐다. 그리고 디지털 금을 기초자산으로 하여 화폐 목적으로 발행된 토큰으로 이해할 수 있다. 동시에 탈중앙시스템 기반으로 작동하다 보니 인센티브 목적으로 비트코인이라는 코인을 활용한다. 비트코인은 화폐지만, 코인, 토큰 관점에서 보면 코인이기도 하고 토큰이기도 하다.

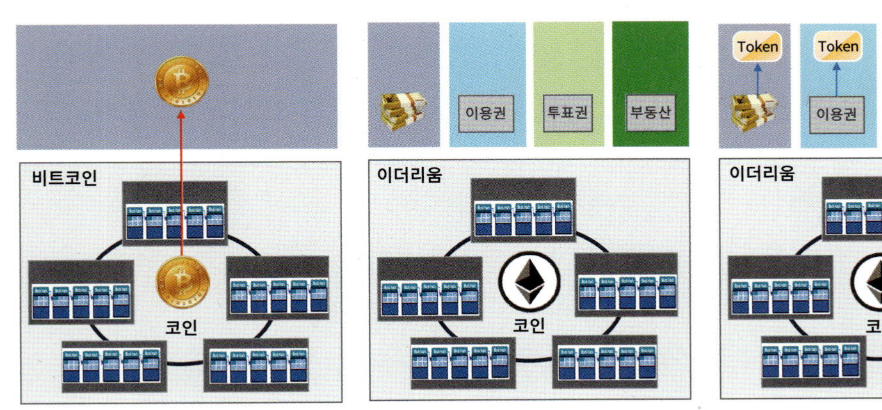

그림 2-70 비트코인 · 코인 · 토큰 개념 구분

이더(ETH)는 이더리움이라는 탈중앙 블록체인 플랫폼에서 인센티브 목적으로 발행되기 때문에 전형적인 코인이다.

이더리움 기반으로 운영되는 서비스 영역에서 불편한 기초자산의 편리성 · 효율성 제고를 위해 토큰으로 대체하여 활용할 수 있다. 법정화폐를 상징화한 스테이블 코인이나, 이용권리를 상징화한 증서, 또는 부동산의 유동성 확보를 위해 발행되는 유동화 증권 모두 토큰으로 이해할 수 있다.

정리하면, 비트코인은 화폐다. 하지만 비트코인 이후에 발행된 다양한 코인과 토큰들은 (스테이블 코인처럼) 화폐 목적으로 발행되는 경우도 일부 있지만, 대부분 화폐가 아니다. 물론 코인과 토큰이

해당 생태계 내에서 거래 수단으로 활용될 수 있기 때문에 화폐 개념으로도 활용될 수는 있지만, 범용 화폐는 아니다.

마지막으로 토큰과 블록체인은 무슨 연관성이 있을까? 필자는 토큰이 블록체인과 직접적인 연관성이 없다는 뉘앙스로 계속 설명하고 있지만, 현실에서는 블록체인에서 가장 많이 언급되는 키워드가 바로 토큰이다. 비탈릭 부테린은 이더리움 백서에서 본인이 개발한 이더리움의 활용 분야를 언급하고 있는데, 처음 언급한 것이 바로 'Token Systems'이다. 기존의 토큰 개념과 토큰 활용을 이더리움 기반으로 구현한다면 훨씬 더 유용할 것이라는 생각이었다. 이 세상에는 무수한 기초자산이 있다. 이런 기초자산은 거래하기에 불편하고 비효율적일 때가 많다. 따라서 이런 기초자산을 디지털 형태의 토큰으로 상징화하여 스마트 컨트랙트 기반으로 처리한다면 신뢰가 보장된 거래 혁신이 가능하다고 생각한 것이다. 이더리움 백서에서 이더리움 활용 분야로 토큰이 소개되면서부터 토큰과 블록체인(이더리움)이 직접적인 연관성이 있는 것처럼 포장되어 소개되고 있다고 이해하면 된다. 이 부분은 3장에서 다시 설명하겠다.

4) 가상자산에 대한 올바른 이해

비트코인, 암호화폐, 가상화폐, 전자화폐, 가상자산, 코인, 토큰, NFT 등 정말 다양한 용어가 사용된다. 이렇다 보니 이 용어 때문에 많은 오해와 혼란이 야기되는 것 같다.

업계의 이해관계자들이 마케팅 목적에 유리하게 다양한 용어를 혼용하다 보니 더 혼란을 가중시키는 것 같다. 먼저 가상화폐 관련하여 용어를 처음으로 공식적으로 규정한 사례는 바로 '특정 금융거래정보의 보고 및 이용 등에 관한 법률(특금법)'이다.

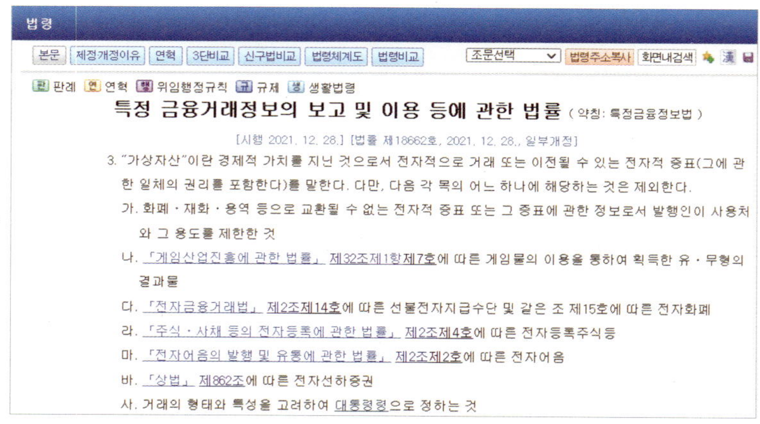

특정 금융거래정보의 보고 및 이용 등에 관한 법률 (약칭: 특정금융정보법)

[시행 2021. 12. 28.] [법률 제18662호, 2021. 12. 28., 일부개정]

3. "가상자산"이란 경제적 가치를 지닌 것으로서 전자적으로 거래 또는 이전될 수 있는 전자적 증표(그에 관한 일체의 권리를 포함한다)를 말한다. 다만, 다음 각 목의 어느 하나에 해당하는 것은 제외한다.

가. 화폐ㆍ재화ㆍ용역 등으로 교환될 수 없는 전자적 증표 또는 그 증표에 관한 정보로서 발행인이 사용처와 그 용도를 제한한 것

나. 「게임산업진흥에 관한 법률」 제32조제1항제7호에 따른 게임물의 이용을 통하여 획득한 유ㆍ무형의 결과물

다. 「전자금융거래법」 제2조제14호에 따른 선불전자지급수단 및 같은 조 제15호에 따른 전자화폐

라. 「주식ㆍ사채 등의 전자등록에 관한 법률」 제2조제4호에 따른 전자등록주식등

마. 「전자어음의 발행 및 유통에 관한 법률」 제2조제2호에 따른 전자어음

바. 「상법」 제862조에 따른 전자선하증권

사. 거래의 형태와 특성을 고려하여 대통령령으로 정하는 것

그림 2-71 특정금융정보법 (출처: law.go.kr)

ICO와 사회 문제가 대두되고 다양한 용어 사용에 따른 혼선을 피하고자 특금법을 제정하면서 용어를 정의했는데, 그것이 바로 '가상자산'이다. 특금법상 규정된 '가상자산'의 개념과 범위를 한번 살펴보자.

> 3. "가상자산"이란 경제적 가치를 지닌 것으로서 전자적으로 거래 또는 이전될 수 있는 전자적 증표(그에 관한 일체의 권리를 포함한다)를 말한다. 다만, 다음 각 목의 어느 하나에 해당하는 것은 제외한다.
>
> 가. 화폐 · 재화 · 용역 등으로 교환될 수 없는 전자적 증표 또는 그 증표에 관한 정보로서 발행인이 사용처와 그 용도를 제한한 것
>
> 나. 「게임산업진흥에 관한 법률」 제32조제1항제7호에 따른 게임물의 이용을 통하여 획득한 유 · 무형의 결과물
>
> 다. 「전자금융거래법」 제2조제14호에 따른 선불전자지급수단 및 같은 조 제15호에 따른 전자화폐
>
> 라. 「주식 · 사채 등의 전자등록에 관한 법률」 제2조제4호에 따른 전자등록주식등
>
> 마. 「전자어음의 발행 및 유통에 관한 법률」 제2조제2호에 따른 전자어음
>
> 바. 「상법」 제862조에 따른 전자선하증권
>
> 사. 거래의 형태와 특성을 고려하여 대통령령으로 정하는 것

특금법에서 규정한 가상자산 관련하여 주요 항목을 발췌해서 살펴보면 다음과 같다.

- 첫째, 경제적 가치가 있어야 한다.
- 둘째, 화폐 · 재화 · 용역 등으로 교환될 수 없는 전자적 증표는 가상자산에서 제외된다.
- 셋째, 게임물의 이용을 통하여 획득한 유 · 무형의 결과물은 가상자산에서 제외된다.

비트코인은 경제적 가치가 있다고 할 수 있을까? 그리고 화폐 · 재화 · 용역 등으로 교환될 수 없는 증표는 가상자산이 아니라고 한다. 화폐 · 재화 · 용역 등으로 교환돼야 한다는 의미는, 금본위제 기반으로 발행된 화폐가 기초자산인 금으로 태환될 수 있어야 한다는 의미다. 이것은 가상자산 거래소에서 가상자산을 화폐로 교환한다는 의미가 아니라 기초자산으로 교환할 수 있어야 한다는 의미일 것이다. 그리고 게임을 통해 발행된 유 · 무형의 결과물은 가상자산에서 제외된다고 한다. 현재 게임에서 토큰이나 NFT를 발행해서 가상자산으로 많이 거래되고 있다.

이렇게 특금법에서 규정한 가상자산의 개념과 범위 관점에서 보면, 현재 소개되는 대부분의 코인과 토큰은 가상자산 영역에 포함되지 않는다고 볼 수 있다. 그런데 시장에서는 다양한 코인과 토큰을 포함하는 범용 용어로 '가상자산'이란 용어를 사용한다. 용어상 혼선은 당분간 불가피할 것 같다.

2.3.4 블록체인에 대한 오해

비트코인이나 가상자산 못지 않게 사람들이 잘못 이해하고 있는 분야가 블록체인이다. 우선 다음 질문을 가지고 자가점검을 한번 해 보기 바란다.

- 블록체인을 도입하면 탈중앙화가 구현되는가?
- 탈중앙화를 구현하기 위해 블록체인이 필요한가?
- 블록체인 없이 탈중앙화 구현이 가능한가?
- 토큰을 블록체인 기반으로 발행하는가?
- 블록체인이란 무엇인가?

1) 비트코인과 블록체인 관계

전통적인 시스템은 중앙시스템과 중앙장부 기반이다. 화폐 시스템도 마찬가지다. 그런데 비트코인은 기존 중앙시스템의 문제점에 대한 대응으로 탈중앙시스템 및 분산장부 기반으로 설계됐다.

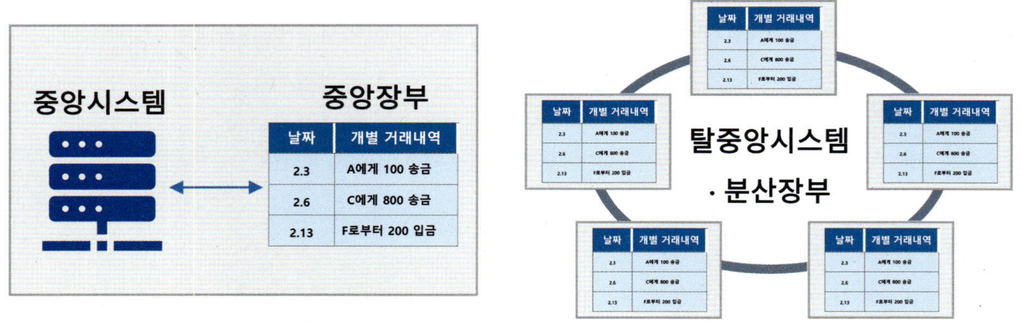

그림 2-72 중앙시스템과 탈중앙시스템 구분

중앙시스템과 중앙장부을 구현하고 운영하는 것은 상대적으로 쉽고 간단하다. 반대로 탈중앙시스템과 분산장부를 구현하는 것은 상대적으로 어렵다. 중앙시스템이 가진 전통적인 문제점과 한계점을 잘 알고 있지만, 탈중앙시스템과 분산장부를 구현하고 운영하는 것이 기술적으로 쉽지 않기 때문에 현재까지 잘 활용되지 못하고 있었다. 그런데 2008년 사토시 나카모토는 탈중앙시스템과 분산장부 기반으로 서비스를 구현해 보였다. 그것도 가장 민감한 분야 중 하나인 화폐 시스템에서 탈중앙시스템과 분산장부 기반으로 구현이 가능하다는 것을 보여줬다. 사람들이 비트코인과 그 기술에 열광했던 이유도 이 때문이다.

그럼 사토시 나카모토는 탈중앙시스템과 분산장부를 어떻게 구현했을까? 어떤 제품이나 서비스를 개발할 때 가장 먼저 살펴봐야 하는 것이 요구사항이다. 우선 탈중앙시스템과 분산장부 기반 화폐 시스템 구현을 위한 요구사항부터 살펴보자. 그림 2-73을 보면, 총 5가지 요구사항을 식별하고 도출할 수 있다.

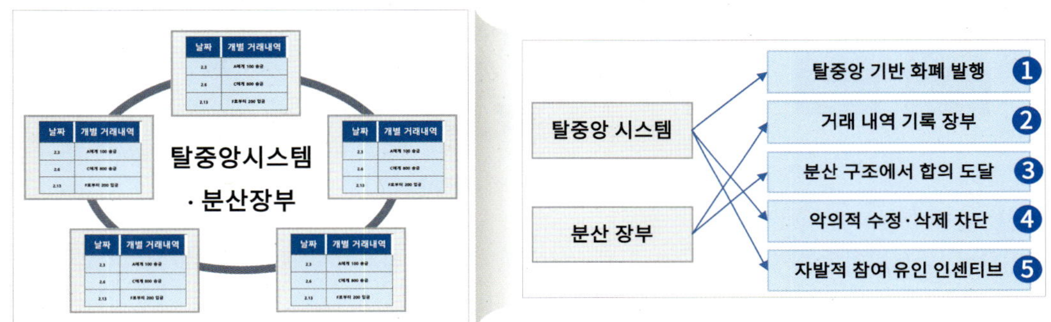

그림 2-73 탈중앙시스템 · 분산장부 구현 요구사항 식별

❶ 탈중앙시스템 기반으로 화폐를 발행해야 한다.

❷ 화폐 시스템에서 거래 내역을 기록할 장부가 있어야 한다.

❸ 탈중앙화와 투명성 제고를 위해 장부를 분산 구조로 설계해야 한다.

❹ 완전 탈중앙화된 환경에서 악의적인 노드의 수정 · 삭제 위협을 차단해야 한다.

❺ 탈중앙시스템 구현을 위해 자발적 참여 유인을 위한 인센티브 설계가 필요하다.

식별된 5가지 요구사항을 분석해 보면, 그림 2-74에서처럼 2가지 영역으로 구분할 수 있다. 하나는 장부이고, 다른 하나는 화폐를 발행하고 운영하는 메커니즘 설계다. 결론부터 이야기하자면, '장부 구현'을 위해 블록체인이라는 기술을 채택했고, 장부와 연계하여 '화폐 발행 · 운영 메커니즘 구현'을 하기 위해 POW(작업증명)라는 아이디어를 차용했다. 참고로 블록체인 기술이나 POW는 비트코인 이전부터 설계되어 활용되고 있었다. 사토시 나카모토는 이런 기술과 아이디어를 비트코인에도 적용했다.

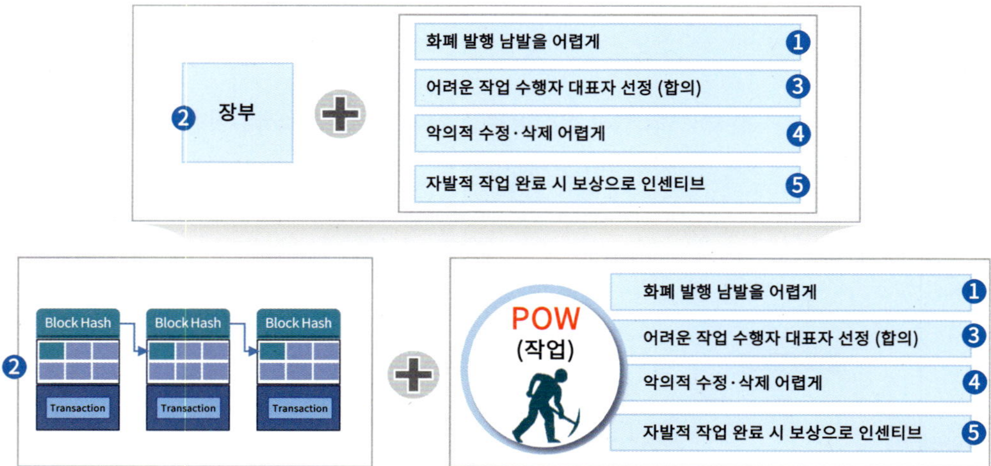

그림 2-74 요구사항 구현을 위한 핵심 요소(블록체인, POW) 식별

정리하면, 비트코인은 탈중앙 기반 화폐 시스템이고, 이를 구현하기 위해 '블록체인'과 'POW'를 활용했다고 이해할 수 있다. 먼저 블록체인에 대해 이해해 보자.

블록체인 이해

블록체인은 5장에서 기술적 관점에서 좀 더 자세히 다룰 예정이기 때문에 여기에서는 개념적으로만 간단히 이해하고 넘어가겠다.

화폐 및 물건 거래에서 장부라는 것이 필요하다. 그림 2-75의 위쪽 그림을 살펴보자. 거래 내역이 발생하면, 거래 내역을 장부에 차곡차곡 기입한다. 장부 한 페이지에 거래 내역이 모두 채워지면 해당 페이지에 대한 요약본을 별도로 정리하여 완성하고, 완성된 장부를 전체 장부에 추가하는 방식으로 장부를 계속 갱신한다.

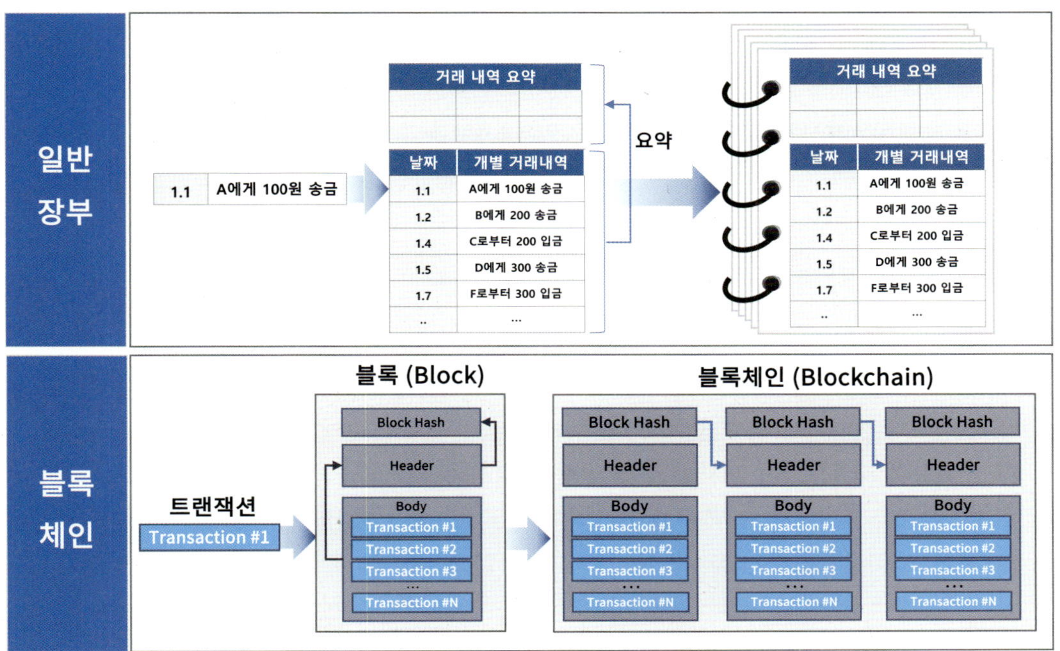

그림 2-75 블록체인 이해

블록체인도 일종의 장부로서, 블록체인의 구성 및 작성 원리는 앞서 다룬 장부의 구성 및 작성 원리와 유사하다. 먼저 블록은 Body, Header, Block Hash로 구성된다. 거래 내역에 해당하는 트랜잭션이 생성되면 먼저 Body에 차곡차곡 저장된다. 그리고 트랜잭션이 모두 채워지면, Body에 대한 요약본이 Header에 포함되고, 마지막으로 Block Hash가 결정되면 블록이 완성된다. 완성된 블록을 기존 블록체인에 계속 연결해 나간다.

그림 2-76은 블록의 구성 요소와 블록이 완성되는 과정을 보여준다. 블록은 Body와, 6개 항목으로 구성된 Header, 그리고 Block Hash로 구성된다.

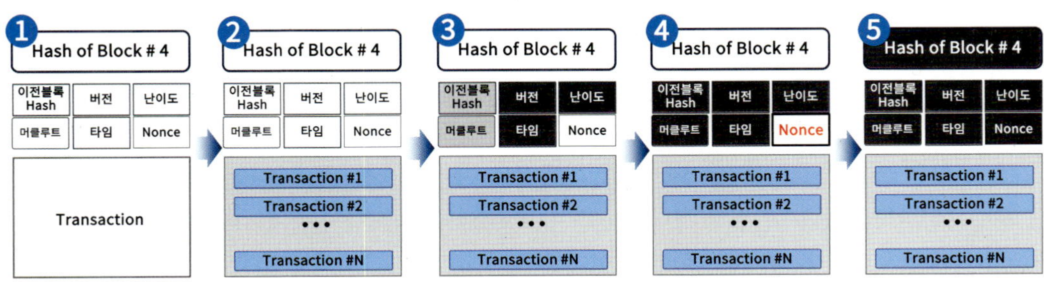

그림 2-76 블록의 완성 절차 이해

❶ 블록의 초기 상태는 모든 항목이 비어 있다. 일반 종이 장부가 작성되기 전에 공백 상태인 것과 같은 의미이다.

❷ 트랜잭션이 계속 생성되면 Body에 차곡차곡 쌓이게 된다.

❸ 트랜잭션이 모두 쌓이면 '머클루트' 값이 결정되고, 이전 블록의 해시값에 의해 '이전블록 Hash'가 결정된다. 그리고 버전, 난이도, 타임은 시스템적으로 결정된다.

❹ Nonce와 Block Hash만 남은 상태인데, 연산작업을 통해서 이 값을 찾아야 한다.

❺ Nonce 값을 찾게 되면 비로소 블록의 모든 항목이 채워지면서 블록이 완성된다.

MEMO

Nonce 개념

Nonce(논스)는 일반적으로 아직 결정되지 않는 임의의 수를 의미한다. 일반적으로 수학에서 사용하는 X 값이다. 'X-파일'이라고 있다. 'X'는 '미지의, 모르는'의 뜻으로 파일(File)과 묶어서 'X-파일'이라고 한다. 현재 밝혀지지 않은 사건이나 범죄 목록, 즉 미제사건 파일이라는 의미다. 실체는 있지만 아직 밝혀지지 않는 것을 말한다.

블록체인에서도 Nonce는 현시점에서는 아직 정해지지 않았지만 정해져야 하는 값 정도로 이해할 수 있다.

그림 2-77을 통해 블록의 3요소(Body, Header, Block Hash)가 어떻게 구성되고 어떻게 연결되는지를 확인할 수 있다. 자세한 작동원리는 5장에서 설명할 예정이기 때문에 우선 그림만 주의 깊게 한번 살펴보고 넘어가겠다.

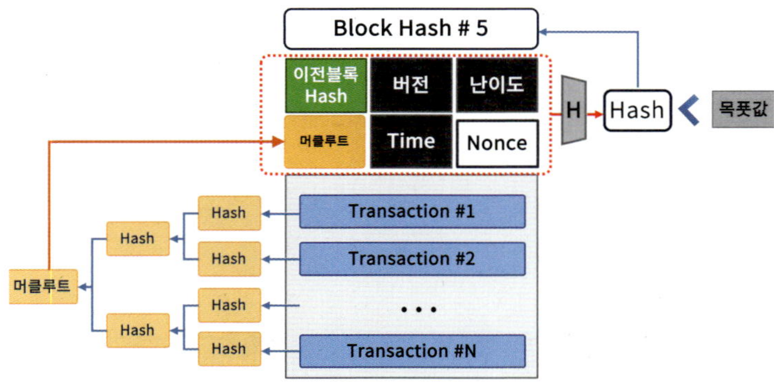

그림 2-77 블록의 구성과 완성 원리

그림 2-78은 블록체인의 개념을 보여준다. 새로운 블록이 완성될 때 이전 블록의 해시값이 새로운 블록에 포함된다는 것을 알 수 있다. 이때, 마치 블록들이 체인처럼 연결되어 있다고 해서 블록체인이라고 부른다.

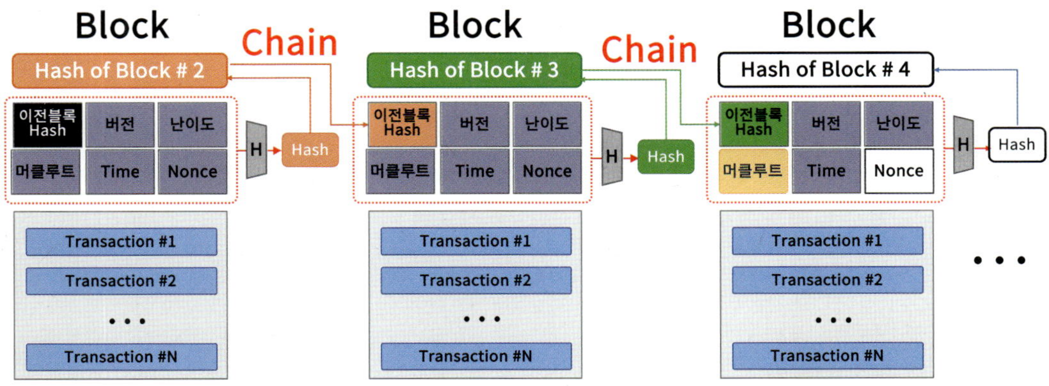

그림 2-78 블록체인의 개념도

작업증명(POW) 이해

앞서 작업증명(POW)을 통해 화폐 발행 및 운영 메커니즘을 구현했다고 했는데, 어떻게 구현되는지 개념적으로만 간단히 살펴보자.

먼저 그림 2-76 ④번 그림에서 Nonce 값만 결정되면 블록이 완성된다고 했다. 조건(Header의 해시값이 목푯값보다 작아야 함)을 충족하는 Nonce 값을 찾기 위해서는 무수히 많은 연산 작업을 완료해야 한다. 조건을 충족하는 작업을 완료했다는 의미는 조건을 충족하는 Nonce 값을 찾았다는 의미이기도 하다. 따라서 조건을 충족하는 Nonce 값을 찾으면, 즉 요구되는 연산작업을 완료했다는 것을 증명하면 블록이 완성된다. Nonce 값을 찾기 위한 무수히 많은 연산 과정을 작업(Work)이라고 하고, 그 작업을 완료했다는 것을 증명하는 것은 '조건 충족 Nonce 값' 자체가 된다. 즉, 작업증명(POW)이라는 것은 조건을 충족하는 Nonce 값을 의미한다.

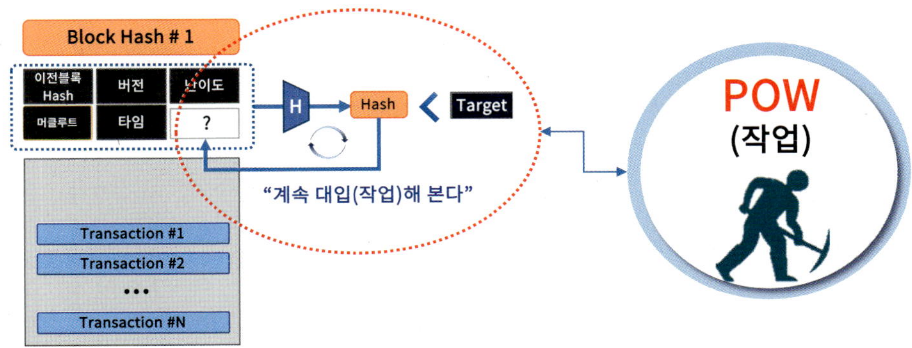

그림 2-79 블록체인과 POW 연계 방안

작업증명(POW)이란 많은 연산 작업을 완료해서 조건을 충족하는 Nonce 값을 찾았다는 것을 의미한다. 따라서 조건을 충족하는 연산작업을 완료했다는 것은 작업을 완료했다는 증명, 바로 작업증명(POW)이 된다.

그림 2-80은 Nonce 값을 찾게 되면, 즉 작업증명(POW)을 하게 되면, 탈중앙 기반의 화폐 발행 및 운영 메커니즘이 어떻게 구현되는지를 보여준다.

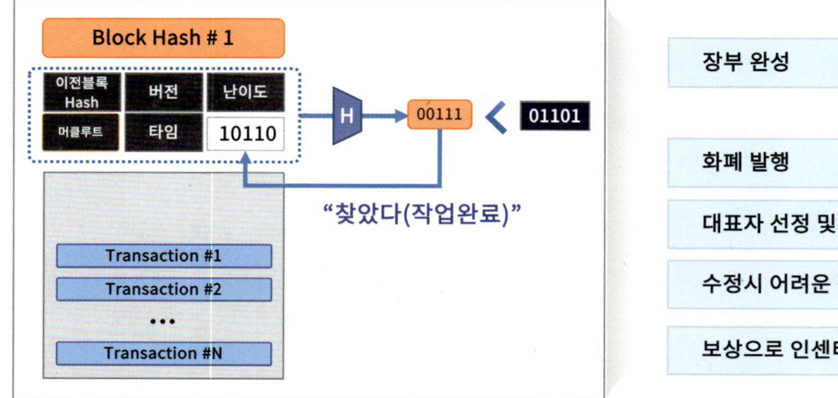

그림 2-80 블록체인과 POW를 통한 요구사항 구현

❶ 거래내역이 쌓이면 블록이 생성되는데, Nonce 값을 찾아야만 비로소 장부가 완성된다. 이 Nonce 값을 찾기 위해 연산 경쟁을 하고 가장 먼저 Nonce 값을 찾는, 즉 작업증명(POW)을 한 노드에게 보상으로 화폐를 발행해 준다.

❸ Nonce 값을 찾으면 블록이 완성되는데, 작업증명을 한 블록이 대표 블록으로 선정되고 다른 노드에 전파시키는 방식으로 분산된 장부가 합의에 도달한다.

❹ 장부를 완성하기 위해서는 Nonce 값을 완성해야 하는데, 데이터가 수정되면 장부를 완성시키기 위해 Nonce 값을 다시 찾아야 한다. 연결된 모든 블록체인의 Nonce 값을 다시 찾는 것은 사실상 불가능에 가깝기 때문에 수정 · 삭제가 불가능해진다.

❺ Nonce 값을 가장 먼저 찾은 노드에게 보상으로 화폐를 지급한다.

앞에서 탈중앙화된 화폐 시스템 구현을 위한 5가지 요구사항을 식별했는데, 이 5가지 요구사항이 포함된 개념도가 그림 2-81이다.

그림 2-81 탈중앙 화폐 시스템 구현을 위한 블록체인과 POW 연계 개념도

먼저 거래 내역을 기록할 수 있는 장부가 있어야 하는데, 이 장부를 위해 블록체인을 활용했다. 그림 2-81에서 각 노드는 모두 블록체인을 저장하고 있다. 그리고 블록을 완성하는 과정에서 Nonce 값을 찾아야 하는데, 비트코인 네트워크에 참여한 모든 노드가 경쟁적으로 Nonce 값 찾기(POW) 경쟁에 돌입하고, Nonce 값을 가장 먼저 찾게 되면 블록이 완성되고, 완성된 블록은 대표 블록으로 선정되어 다른 노드에 전파시키는 방식으로 합의에 도달한다. Nonce 값을 가장 먼저 찾은 노드에게는 보상으로 비트코인이 발행된다. 그리고 블록을 수정 · 삭제하기 위해서는 Nonce 값을 다시 찾아야 하는데, 모든 블록이 체인처럼 연결되어 있어 모든 블록의 Nonce 값을 다시 찾는 것은 불가능하기 때문에 수정 · 삭제가 불가능해진다.

마지막으로 한 가지 부연하고 넘어가겠다. 탈중앙 화폐 시스템인 비트코인에서는 왜 작업을 수행해야 할까? 중앙시스템은 중앙기관과 중앙 관리자가 있다. 중앙시스템에서 필요한 요구사항을 수행하면 된다. 중앙시스템에서 화폐를 발행하고 장부를 생성하여 관리하면 된다. 그런데 탈중앙시스템은 상황이 다르다. 화폐를 발행할 주체도 없고 장부를 생성 및 관리할 주체도 없다. 화폐를 발행하고 장부를 생성할 대표자를 선정해야 한다. 탈중앙화된 비트코인에서는 화폐 발행이나 장부 생성을 할 수 있는 대표자를 선정하기 위한 하나의 방안으로 (연산) 작업 방식을 설계했다. 모두 참여해서 연산작업(Work)을 수행하고 연산작업을 가장 먼저 수행한 노드가 대표자로 선정되어 화폐 발행도 하고 장부 생성도 하게 한 것이다. 그리고 이렇게 자발적인 참여 유인을 위해 대표자로 선정되면 보상으로 비트코인을 지급하는 방식으로 설계했다.

2) 비트코인 관점의 블록체인 이해

비트코인이 이 세상에 나오게 된 배경 및 설계 과정을 그림 2-82를 통해 한번 살펴보자. 사토시 나카모토의 백서와 기록에서 살펴본 것처럼 비트코인을 만든 배경은 명확하다. 기존 중앙은행의 화폐 남발과 시중은행의 신용 창조가 그 원인이었다. 사토시 나카모토는 현 화폐 시스템 문제의 원인을 중앙정부(은행)와 시중은행에서 찾았다. 따라서 탈중앙 기반의 화폐 시스템을 구현하고자 했다. 탈중앙 기반으로 민감한 화폐 시스템을 구현하기 위해 총 5가지의 요구사항을 식별했다. 그리고 이 요구사항을 구현하기 위한 설계 방안으로 블록체인 기술과 POW라는 아이디어를 활용했다. 이런 과정을 거쳐 탄생한 것이 바로 비트코인 논문 제목이기도 한 'A Peer-to-Peer Electronic Cash System'이다.

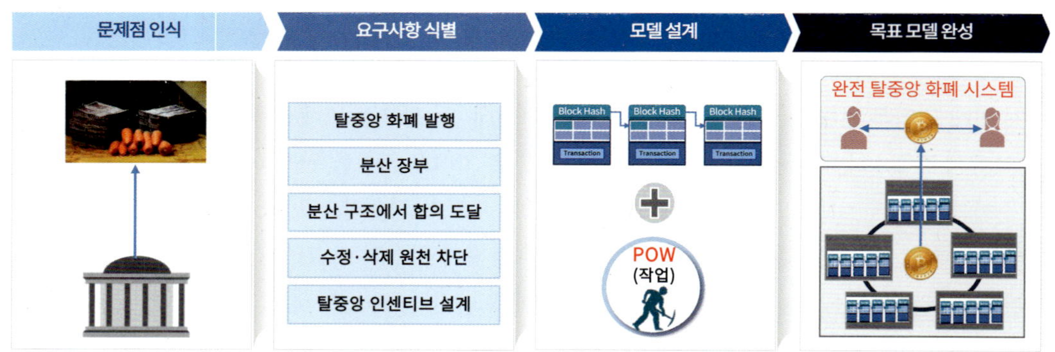

그림 2-82 비트코인 구현 단계

비트코인 관점에서 블록체인을 어떻게 이해해야 하는지 한번 정리해 보겠다.

1. 블록체인은 비트코인이라는 목표 시스템을 구현하기 위한 하나의 설계 방안이자 요소다. 탈중앙 화폐 시스템을 구현하는 기술은 다양할 수 있다. 블록체인과 POW는 그중 하나일 뿐이다. 블록체인과 POW는 비트코인 이전부터 개발되어 활용된 기술 및 아이디어다. 사토시 나카모토는 이미 있는 기술들을 찾아서 비트코인에 적용했다.

2. '탈중앙 · 분산장부 기반 화폐 시스템'은 역대급으로 가장 구현하기 어려운 시스템이다. 화폐와 같은 가장 민감한 시스템을 탈중앙으로 구현한다는 것은 거의 불가능에 가깝다. 또한 화폐 시스템을 분산장부 기반으로 구현하면 이중 지불 문제가 발생하기 때문에 현실적으로 맞지 않다. 이런 역대급 무식한 시스템을 구현하려다 보니 '철저한 탈중앙화', '완전한 비가역성', '완벽한 투명공개'라는 극단적인 설계 옵션이 필요했다. 그리고 이런 무식한 설계 원칙을 구현

하기 위한 기술 요소 중 하나가 바로 블록체인이다. 비트코인 블록체인 이후 다른 서비스에서도 블록체인을 활용하려는 시도가 많다. 일상의 일반적인 서비스 구현을 위해 굳이 이런 불편한 블록체인을 활용해야 하는지는 고민해 볼 필요가 있다.

3. 사토시 나카모토는 탈중앙 화폐 시스템을 구현한다는 목표를 가지고 기존의 다양한 기술, 기법, 아이디어를 적절히 잘 조합하여 비트코인을 설계했다. 이 설계의 결과물이 블록체인이다. 블록체인은 완성되고 검증된 모델이라기보다는 탈중앙 화폐 시스템 구현을 위해 여러 요소를 조합한 모델이다. 목적이 분명했던 이 모델이 다른 서비스에 맞을지는 의문이다. 이더리움이 범용 플랫폼을 지향했다고는 하지만, IF/While 구문 프로그래밍이 가능하게 설계했을 뿐 비트코인 블록체인과 큰 차이점은 없다.

그림 2-83을 살펴보자. 위쪽 그림은 비트코인 구현 절차를 보여준다. 비트코인은 기존 화폐 시스템에 대한 문제점 인식에서부터 출발했다. 그리고 이런 문제점을 개선하기 위한 요구사항을 식별했고 이 요구사항을 구현하기 위해 채택한 기술 및 아이디어가 '블록체인과 POW'다. 그리고 블록체인과 POW를 활용해서 '탈중앙 화폐 시스템'을 구현했다.

아래쪽 그림은 투표 시스템 구현 절차를 보여준다. 기존 투표 시스템의 문제점을 식별하고 그 문제점을 개선하기 위한 요구사항을 도출한다. 이제 그 요구사항을 구현하기 위한 설계 방안이 필요할 것이다. 그런데 탈중앙 화폐 시스템 구현을 위해 활용된 설계 방안(블록체인, POW)을 투표 시스템 개선을 위한 설계 모델로 활용하는 것이 적절한지 고민해 봐야 한다.

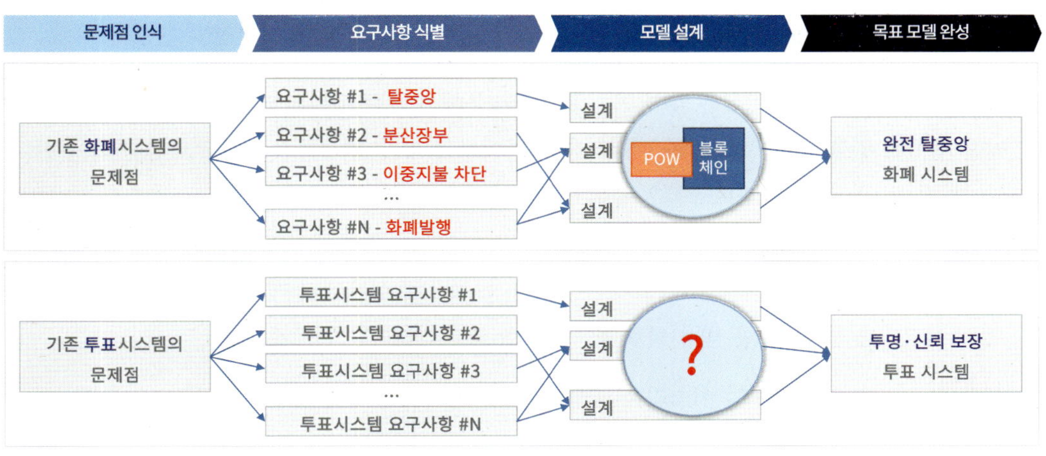

그림 2-83 비트코인 구현 절차의 시사점

지금까지 한 이야기를 정리해 보겠다.

블록체인은 화폐와 같은 민감한 시스템도 탈중앙 · 분산장부 기반으로 구현될 수 있다는 가능성을 보여줬다. 블록체인이 가진 고유한 특성과 활용 방안을 잘 설계하면 다양한 분야에서 활용도 기대된다.

다만 블록체인 자체는 큰 의미가 없고 활용 가치도 크지 않다. 사토시 나카모토는 블록체인이라는 형체에 POW를 적절히 접목하고 분산 저장하는 방식으로 필요한 요구사항을 각각 설계(그림 2-79 참조)할 수 있었고 투명성 · 비가역성 · 익명성이 보장되는 탈중앙 화폐 시스템을 구현할 수 있었다. 블록체인 자체가 중요한 것이 아니라, 블록체인을 POW 등과 연계하거나 목적에 맞게 분산 배치하는 등 추가적인 설계 방안이 중요하다.

탈중앙화를 구현하는 방식은 다양하다. 또한 탈중앙화 기반 화폐 시스템을 설계하는 방안도 다양하다. '블록체인과 POW' 조합은 탈중앙 화폐 시스템 구현을 위해 사토시 나카모토가 제시한 하나의 옵션일 뿐이다. 탈중앙화 구현을 위해 블록체인이 반드시 필요한 것도 아니고, 블록체인을 도입한다고 해서 무조건 탈중앙화 서비스가 되는 것도 아니다.

블록체인에 대한 환상과 블록체인 기반으로 구축해야 한다는 강박관념에서 벗어날 필요가 있다. 블록체인은 화폐 시스템을 탈중앙으로 구현 가능하게 한 훌륭한 기술이다. 하지만 블록체인이 굳이 필요하지 않은 영역에 억지로 블록체인을 끼워 넣을 필요는 없다.

3) 비트코인과 이더리움 차이

비트코인과 이더리움의 차이점은 앞선 그림 2-58을 통해서 간단히 설명했다. 비트코인과 이더리움은 어떤 차이가 있을까? 비트코인과 이더리움의 차이를 설명할 때 2가지 관점으로 접근해야 한다. 하나는 목적 및 활용이다. 비트코인은 블록체인 기술을 장착한 화폐 시스템이다. 반면 이더리움은 블록체인 자체다. 다른 하나는 비트코인 블록체인과 이더리움 블록체인의 차이점이다. 비트코인을 구현하기 위해 활용된 (비트코인) 블록체인은 화폐 목적으로 설계됐기 때문에 한계점이 있다고 했다. 반면 이더리움 블록체인은 범용 플랫폼을 지향한 블록체인이라고 볼 수 있다.

그림 2-84는 비트코인 백서와 이더리움 백서다. 먼저 비트코인 백서의 내용 일부를 보자.

Bitcoin: A Peer-to-Peer Electronic Cash System

P2P 기반 전자화폐를 이용하여 은행을 거치지 않고 직접 송금하는 것이 가능하다. 전자서명이 일정 해결책을 제시하겠지만, 이중지불 방지를 위해 제3 신뢰 기관이 여전히 필요한 상황이라면 큰 의미가 없다. 우리는 P2P 네트워크를 사용하면서 이중지불 문제를 해결한 솔루션을 제안하고자 한다.

Bitcoin: A Peer-to-Peer Electronic Cash System

Satoshi Nakamoto
satoshin@gmx.com
www.bitcoin.org

Abstract. A purely peer-to-peer version of electronic cash would allow online payments to be sent directly from one party to another without going through a financial institution. Digital signatures provide part of the solution, but the main benefits are lost if a trusted third party is still required to prevent double-spending. We propose a solution to the double-spending problem using a peer-to-peer network. The network timestamps transactions by hashing them into an ongoing chain of hash-based proof-of-work, forming a record that cannot be changed without redoing the proof-of-work. The longest chain not only serves as proof of the sequence of events witnessed, but proof that it came from the largest pool of CPU power. As long as a majority of CPU power is controlled by nodes that are not cooperating to attack the network, they'll generate the longest chain and outpace attackers. The network itself requires minimal structure. Messages are broadcast on a best effort basis, and nodes can leave and rejoin the network at will, accepting the longest proof-of-work chain as proof of what happened while they were gone.

ethereum.org/en/whitepaper/

Use Ethereum Learn Developers Enterprise Community

HOME / WHITEPAPER

Page last updated: February 4, 2023

Ethereum Whitepaper

This introductory paper was originally published in 2014 by Vitalik Buterin, the founder of Ethereum, before the project's launch in 2015. It's worth noting that Ethereum, like many community-driven, open-source software projects, has evolved since its initial inception.

While several years old, we maintain this paper because it continues to serve as a useful reference and an accurate representation of Ethereum and its vision. To learn about the latest developments of Ethereum, and how changes to the protocol are made, we recommend this guide.

Researchers and academics seeking a historical or canonical version of the whitepaper [from December 2014] should use this PDF.

그림 2-84 비트코인 백서와 이더리움 백서

다음으로 이더리움 백서의 일부 내용을 살펴보자.

A Next=Generation Smart Contract and Decentralized Application Platform

사토시 나카모토가 2008 ~ 2009년에 개발한 **비트코인은 종종 화폐와 통화 분야에서 매우 근본적인 혁신**으로 묘사되어 왔는데, 이것은 비트코인이 어떤 담보나 내재적인 가치를 가지지 않으며 중앙화된 발행기관이나 통제기관도 없는 디지털 자산의 첫 번째 사례였기 때문이다. 하지만 비트코인 실험의 더욱 중요한 측면은 **비트코인을 떠받치고 있는 분산합의 수단으로서의 블록체인 기술**이며, 이에 대한 관심이 급격하게 늘어나고 있다.

이더리움이 제공하려는 것은 **완벽한 튜링 완전(Turing-complete) 프로그래밍 언어가 장착된 블록체인**이다. 이 프로그래밍 언어는 코딩된 규칙에 따라 '어떤 상태'를 다르게 변환시키는 기능(arbitrary state transition functions)이 포함된 "계약(contracts)"을 유저들이 작성할 수 있게 함으로써 앞서 설명한 시스템들을 구현 가능하게 할 뿐만 아니라 우리가 아직 상상하지 못한 다른 많은 애플리케이션도 매우 쉽게 만들 수 있게 도와줄 것이다.

이더리움 백서 내용을 통해 이더리움을 이해할 수 있는 2가지 요소를 발견할 수 있다.

- 이더리움은 비트코인 구현의 기반이 되는 블록체인 기술에 관심
- 이더리움은 비트코인에 활용된 블록체인 기술과는 다른 '튜링 완전 프로그래밍 언어'를 장착한 블록체인

정리하면, 이더리움은 '튜링 완전 프로그래밍 언어를 장착한 블록체인'이라고 할 수 있다.

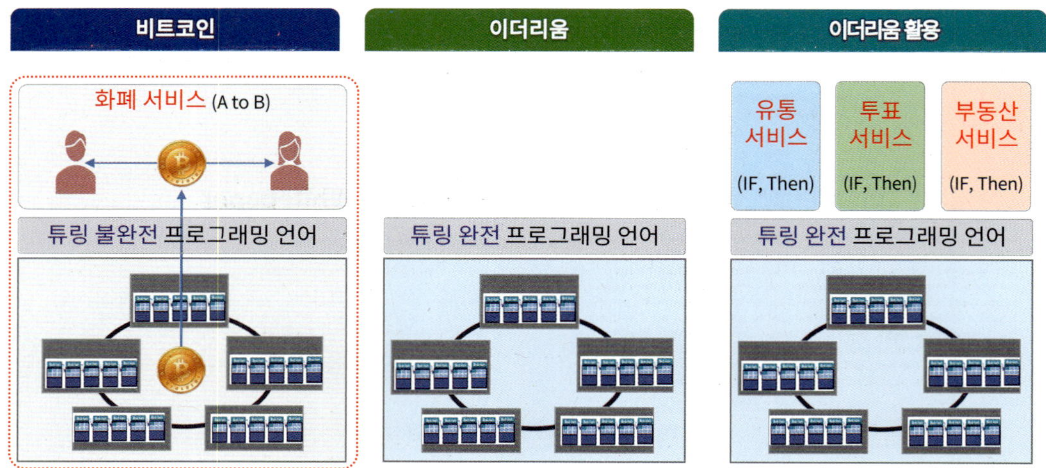

그림 2-85 튜링 완전 언어와 튜링 불완전 언어의 차이

그림 2-85를 보면, 비트코인은 '튜링 불완전 프로그래밍 언어'를 사용하고 있는 반면, 이더리움은 '튜링 완전 프로그래밍 언어'를 장착하고 있다. 그리고 비트코인은 튜링 불완전 프로그래밍 언어를 기반으로 화폐 서비스를 구현하고 있으며, 이더리움은 튜링 완전 프로그래밍 언어를 기반으로 'IF, Then' 구현이 가능한 다양한 응용 서비스를 구현하는 것을 확인할 수 있다.

먼저 '튜링 완전 언어'와 '튜링 불완전 언어'를 이해해 보자. '튜링 완전 언어'는 영국의 유명한 수학자인 앨런 튜링이 1930년대에 제시한 개념이다. 세상의 모든 문제를 기계적으로 해결할 수 있게 프로그램으로 구현 가능한 언어가 '튜링 완전 언어'이다. 프로그램 개발을 해 본 사람은 이해하겠지만, IF 문과 반복(While)만으로 웬만한 서비스는 모두 프로그래밍이 가능하다는 것을 알 수 있다. 쉽게 말하면, IF 문과 While 문이 지원되는 프로그래밍 언어를 '튜링 완전 언어'라고 볼 수 있다. 요즘에 활용되는 프로그래밍 언어는 모두 IF 조건문과 While 반복문을 지원한다. 따라서 모두 튜링 완전 언어다.

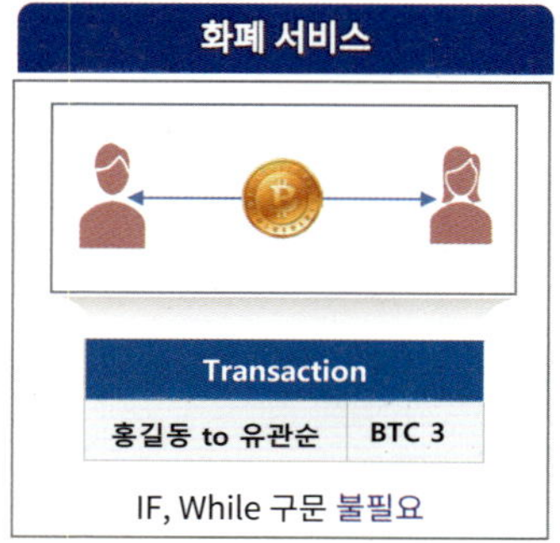

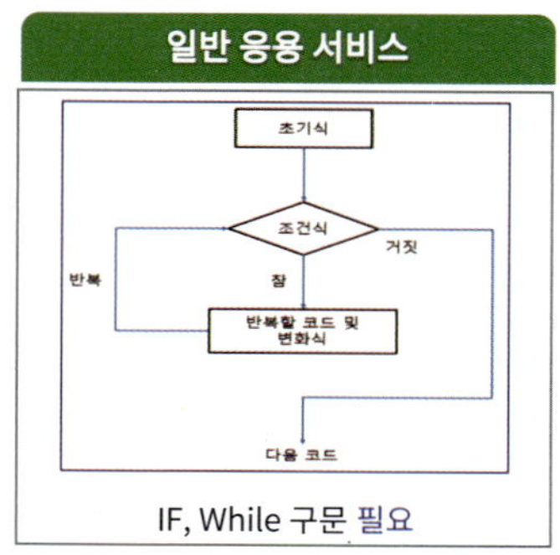

그림 2-86 튜링 완전 언어 필요성

반면에 비트코인에 활용된 Script는 IF 조건문과 While 반복문을 지원하지 않는다. 그림 2-86을 보면, 화폐 서비스는 단순히 '홍길동이 유관순에게 3BTC를 송금했다'는 기록의 연속이다. 다시 말하면 화폐 서비스에서는 IF 문과 While 문이 굳이 필요하지 않기 때문에 비트코인에서는 IF 문과 While 문을 지원하지 않았다. 하지만 다른 대부분 응용 프로그램을 구현하기 위해서는 IF와 While 구문이 필요하다. 비트코인 블록체인은 IF와 While을 지원하지 않기 때문에 다른 응용 서비스에 활용하는 데 한계가 있었다. 그래서 이더리움은 IF 문과 While 문이 지원되는 언어(튜링 완전 프로그래밍 언어)를 장착한 블록체인을 구현하고자 했던 것이다. IF 문과 While 문이 지원되기 때문에 다양한 응용 서비스에도 적용할 수 있다. 앞선 이더리움 백서의 내용을 다시 한번 살펴보면 이제 이해가 될 것이다.

4) 블록체인에 대한 올바른 이해

지금까지 블록체인 관련하여 살펴본 내용을 몇 가지 관점으로 한번 정리해 보자.

비트코인과 블록체인 관계

사토시 나카모토가 궁극적으로 추구하고자 한 목표는 블록체인이나 탈중앙화가 아니다. 바로 신뢰 구현이다. 중앙정부는 필요한 적정량의 화폐를 발행하면서 화폐 가치를 유지해 줄 것이라는 신뢰를 보장해야 한다. 하지만 역사적으로 중앙정부는 인기 영합 정치에 편승하여 화폐 발행을 남발하여 화폐 가치를 폭락시키는 등 신뢰를 저버리는 일이 많았다. 시중은행은 우리가 맡긴 예금을 잘 보관할 것이라 믿었는데, 막대한 신용 거품을 야기했다. 기존 중앙은행과 시중은행에 대한 신뢰의 배신이 문제였다. 사토시 나카모토는 이런 신뢰 문제를 해결하기 위해 탈중앙 방식을 채택했다. 그리고 탈중앙 방식으로 신뢰를 구현하기 위한 다양한 방법 중 블록체인이라는 기술을 활용했다. 블록체인은 신뢰를 구현하기 위한 다양한 선택지 중 하나일 뿐이다. 좀 더 자세히 언급하자면 탈중앙 방식으로 신뢰를 구현하기 위한 하나의 옵션일 뿐이다.

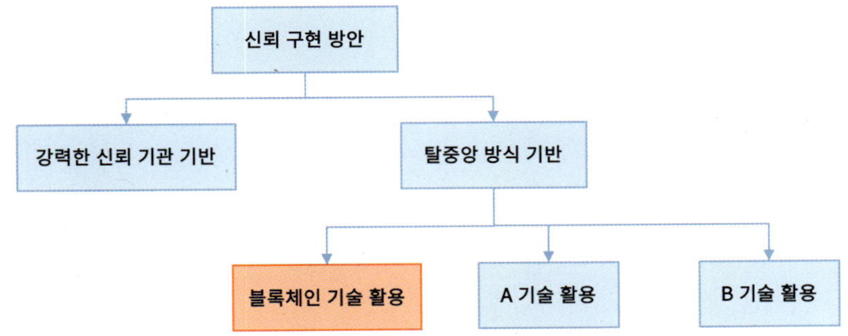

그림 2-87 비트코인과 블록체인 관계에 대한 올바른 이해

신뢰를 구현하는 방안은 다양하다. 제3 신뢰 기관을 통해 신뢰를 보장할 수 있고 반대로 탈중앙화 기반으로 신뢰를 보장할 수 있다. 또는 제3 신뢰 기관과 탈중앙화를 적절히 조합하여 설계할 수도 있다. 블록체인은 신뢰 구현을 위한 탈중앙 방식의 한 유형으로 이해하면 된다.

블록체인과 탈중앙화 관계

블록체인을 도입하면 탈중앙화가 구현된다고 믿는 사람이 의외로 많다. 하지만 블록체인은 앞선 그림 2-75에서 보여준 모습 그 자체다. 블록체인 자체가 탈중앙화를 의미하지는 않는다. 블록체인은 데이터를 기록하는 장부의 성격을 갖는다. 탈중앙시스템을 구현하는 과정에서 장부에 해당하는 영역을 블록체인으로 구현할 수 있다. 탈중앙시스템이라 하더라도 하나의 장부만 설계할 수도 있고 블록체인이 아닌 다른 장부를 활용할 수도 있다. 비트코인은 투명성을 확보하기 위해 참여한 모든 노드가 동일한 장부(블록체인)를 저장하는 분산 장부 구조를 채택했다. 그리고 이런 분산 장부 구조를 구현하기 위해 합의 알고리즘을 추가로 설계한 것이다.

분산된 시스템 · 장부 자체가 탈중앙화를 의미하지는 않는다. 기업에서 필요에 의해 분산 데이터베이스를 운영하는 경우가 있다. 데이터베이스가 분산되어 있지만, 관리하고 운영하는 주체는 한 곳이다. 이처럼 데이터베이스가 분산됐다고 하더라도 그것이 탈중앙화가 되는 것은 아니다. 현재 블록체인 활용 사례를 보면, 전산실 한 곳에 3~5개의 서버를 두고 각 서버에 블록체인을 설치하여 탈중앙 서비스라고 홍보하는 사례도 많다. 이것은 탈중앙화가 아니다.

블록체인과 투명성의 관계에 대해서도 살펴보자. 블록체인 자체가 투명성을 보장해 주는 것은 아니다. 블록체인이란 장부를 네트워크 참여자 모두가 소유할 수 있게 허용하는 방식으로 설계했기 때문에 투명성이 보장되는 것이다.

블록체인 환상

DAO(탈중앙자율조직)의 장점에 대해 이야기할 때 다음과 같은 내용을 의외로 많이 듣는다. "토큰이 스마트 컨트랙트로 발행되고 스마트 컨트랙트는 블록체인에 저장되어 완전히 공개되기 때문에 토큰 발행량을 투명하게 알 수 있다."

토큰 발행에 관한 스마트 컨트랙트가 블록체인에 저장되어 위변조가 차단되고 모두에게 투명하게 공개되기 때문에 상당한 신뢰성이 보장되는 것처럼 비친다.

그럼 이런 질문을 한번 해보자. 블록체인 기반으로 발행되지 않는 삼성전자 주식 발행량에 대한 정보는 불투명하고 신뢰할 수 없는가? 그림 2-88은 '주식회사의 정보공개'와 'DAO의 블록체인을 통한 정보공개'를 보여준다. 주식회사는 발행된 주식 내용을 등기소에 등기해야 한다. 등기소는 등기

내역이 위변조되지 않도록 관리하면서 누구에게나 투명하게 공개한다. 따라서 누구나 삼성전자의 주식 발행량을 투명하게 알 수 있다. DAO에서는 발행된 토큰에 대한 스마트 컨트랙트를 블록체인에 저장한다. 블록체인 내에 기록된 스마트 컨트랙트는 위변조되지 않으며 누구에게나 투명하게 공개된다. 이렇게 DAO의 장점으로 소개되는 내용은 사실 이미 등기 시스템을 통해 구현되고 있다.

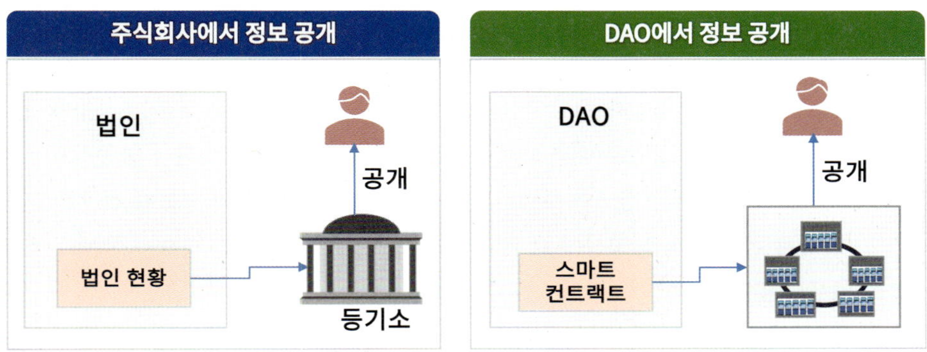

그림 2-88 주식회사와 DAO의 정보 공개성

혹자는 블록체인이 위변조가 불가능하기 때문에 더 신뢰할 수 있다고 한다. 그럼 국민은행 중앙장부와 등기소의 장부는 쉽게 위변조가 가능한가? 중앙시스템은 철저한 중앙 통제 장치를 통해 악의적인 위변조를 차단한다. 하지만 탈중앙시스템은 이런 중앙 통제 장치가 없다. 어쩔 수 없이 물리적으로 불가능한 블록체인을 통해 위변조를 차단하고자 했다. 중앙 시스템이 위변조에 취약하기 때문에 블록체인을 도입하는 것이 아니라, 탈중앙시스템에서는 중앙 통제 장치가 없기 때문에 블록체인을 도입할 수밖에 없다. 블록체인을 도입한다고 위변조 문제가 해결될까? 한 명의 관리자가 블록체인 노드 3개를 관리하고 있는 상황이라면 위변조는 얼마든지 가능하다. Public 블록체인이라 하더라도 마음만 먹으면 위변조 시도가 가능하다. 시도하지 않을 뿐이다.

블록체인은 분명 유용하고 전통 시스템 문제에 대한 대안으로 활용될 수 있지만, 그 환상에서 벗어날 필요는 있다.

블록체인과 암호화폐

이 부분은 앞서 다루었기 때문에 짧게 정리하겠다.

- Public 블록체인에서는 인센티브 목적으로 코인(Coin) 발행이 필요하다.
- Private 블록체인에서는 코인(Coin) 발행이 굳이 필요 없다.

- 토큰은 블록체인과 상관없이 발행할 수 있다. 토큰은 비트코인처럼 채굴하는 것이 아니라 스마트 컨트랙트나 프로그램으로 그냥 발행하는 것이다.
- NFT는 토큰의 한 유형이며 블록체인 없이 발행이 가능하다. NFT도 기초자산을 기반으로 발행된 토큰이다. 단지 그 토큰에 고유한 시리얼 넘버가 부여되어 다른 토큰과 대체가 불가능한 것을 의미한다. 발행된 NFT는 블록체인에 저장해도 좋겠지만, 신뢰가 보장된 다른 저장소에 보관해도 상관없다.

블록체인 도입 방안

블록체인의 주요한 특징은 투명성과 개방성이다. 누구나 참여가 가능하고 장부는 모두에게 투명하게 공개되어 있다. 얼핏 보면 상당히 매력적인 특징으로 보인다. 하지만 회사나 공공기관에서 블록체인을 도입할 경우 회사의 모든 정보가 투명하게 공개되고 누구나 회사의 정보에 접근할 수 있다면 큰 문제가 된다. 완전한 개방과 투명성이 요구되는 서비스 영역도 있지만, 제한된 참여와 제한된 접근이 필요한 경우도 많다.

따라서 비트코인이나 이더리움 같은 참여 · 접근 제한이 없는 Public 블록체인 기반으로 서비스를 기획하기도 하지만, 참여 · 접근 제한이 있는 Private 블록체인으로 서비스를 설계하는 경우도 많다. 공공기관이나 엔터프라이즈 시장에서 블록체인을 도입했다고 하면 대부분 Private 블록체인 기반이라고 이해하면 된다.

많은 사람이 블록체인 기반으로 서비스가 운영된다고 하면 앞선 그림 2-81을 생각할 수 있다. 블록체인으로만 구현된 서비스 사례다. 하지만 이렇게 블록체인만으로 서비스가 구축된 사례는 비트코인을 포함하여 손으로 꼽을 정도다. 현실적인 블록체인 연계 서비스는 대부분 그림 2-89과 같다. WEB 서버와 WAS 서버가 별도로 존재하며 데이터 기록 부분도 블록체인 단독으로 활용하기보다는 오라클과 같은 전통적인 데이터베이스와 연계하여 활용하는 경우가 많다.

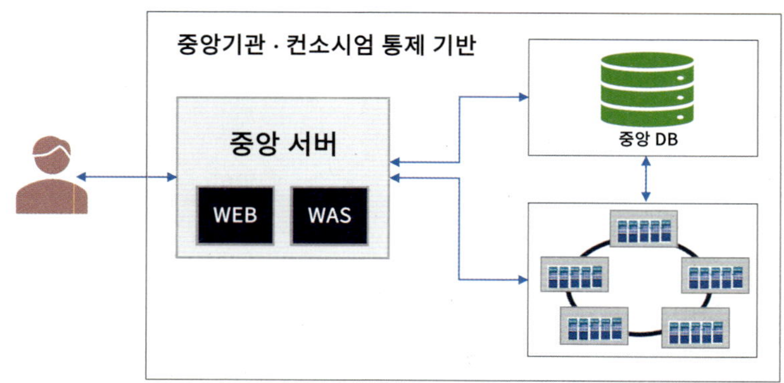

그림 2-89 블록체인의 현실적인 도입 방안

블록체인에 대한 잘못된 이해와 오해에 관한 설명은 이 정도에서 마무리하겠다. 웹 3.0 관련 책에서 이에 관해 너무 방대하게 다룰 필요는 없을 것 같다. 하지만 블록체인에 대해 잘못 이해하고 오해하는 부분이 너무 많다. 이런 잘못된 이해와 오해가 DeFi, NFT, 웹 3.0에 대한 오해로 이어지는 것 같다.

03

웹 3.0 서비스 사례 평가

2장에서 웹 3.0에 대한 오해를 살펴봤다. 웹 3.0에 대한 다양한 관점과 이해는 모두 존중할 만하다고 했고, 다른 한편으로 현재 논의되고 있는 웹 3.0에 대한 관점과 이해가 타당한지에 대한 개인적인 의견도 피력했다. 웹 3.0을 정의상 규정하기 어려운 현 상황에서 너무 단정적이고 제한적 시선으로 바라보는 것도 경계해야겠지만, 동시에 잘못된 이해와 오해에 대해서는 바로잡는 것도 의미가 있다고 생각한다.

이번 3장에서는 현재 웹 3.0으로 소개되는 다양한 사례를 한번 평가해 보려고 한다. 웹 3.0 관련 보고서나 서적을 보면 웹 3.0에 대한 다양한 서비스 사례가 소개된다. 그중 5가지 서비스 분야를 선별해서 한번 평가해 보겠다. 비판적인 평가가 아니라 건설적인 평가를 해보겠다는 것이다.

그림 3-1은 현재 웹 3.0에 대한 이해와 서비스 사례를 정리한 것이다. 웹 2.0의 문제점을 플랫폼 · 중앙화와 수익독점 관점에서 바라보고, 블록체인 기반으로 탈중앙 · 분산과 보상 · 수익 관점으로 웹 3.0을 바라보려는 시도다. 그리고 이런 웹 3.0 서비스 사례로, 데이터 분산, 프로토콜 경제, P2P, DAO, DeFi 등을 소개한다.

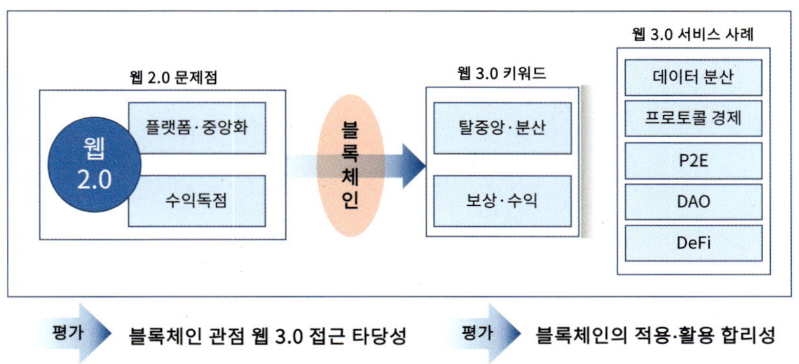

그림 3-1 웹 3.0 서비스 사례 평가 프레임워크

이런 일련의 과정으로 웹 3.0에 접근하는 것이 타당한지와 각 사례에 블록체인을 적용 및 활용하는 것이 과연 합리적인지 한번 살펴보고자 한다.

3.1 웹 3.0 서비스 사례 평가

총 5가지 사례를 살펴볼 텐데, 3.1절에서는 데이터 분산, 프로토콜 경제, P2E, DAO를 살펴보고, DeFi는 3.2절에서 별도로 다루겠다.

3.1.1 데이터 분산 관점 웹 3.0 평가

웹 2.0의 가장 큰 문제점으로 지적된 것은 플랫폼 기업의 데이터 독점 및 그에 따른 수익독점이다. 이를 위해 블록체인 기반으로 데이터를 분산해야 한다는 주장이 있다. 이에 데이터 분산이 타당한지, 그리고 그것을 블록체인 기반으로 구현할 수 있는지 한번 살펴보고자 한다.

1) 블록체인 기반 데이터 분산 타당성

'데이터 분산'이란 2가지 의미로 해석할 수 있다. 하나는 데이터를 여러 개로 쪼개서 분산 저장하는 방식이고, 다른 하나는 데이터를 복제하여 동일한 데이터를 여러 곳에 분산 저장하는 방식이다.

- **데이터를 여러 곳에 저장하는 방식:** 분산 DB, IPFS
- **동일한 데이터를 복제하여 여러 곳에 저장하는 방식:** 이중화 · 백업, 블록체인

분산 DB는 전통적인 중앙 데이터베이스에서 필요에 의해 데이터를 분산 저장 및 처리하는 방식이고, IPFS는 데이터를 쪼개서 여러 컴퓨터와 저장 공간에 분산하는 방식이다.

한편 이중화와 백업은 서비스의 영속성 및 보안 측면에서 동일한 데이터를 복제하여 저장하는 것이며, 블록체인은 탈중앙화와 투명성 제고를 위해 모든 참여자가 거의 실시간으로 동일한 장부를 저장 및 소유하는 것을 말한다.

웹 2.0의 문제점으로 지적된 플랫폼 기업들의 데이터를 분산해야 한다는 것은 첫 번째 의미에 해당하는, 데이터를 분산하여 여러 곳에 저장하는 방식을 의미한다.

블록체인과 데이터 분산

그림 3-2는 블록체인이 데이터를 저장하는 방식과 블록체인을 통해 데이터를 분산 저장할 수 있는지를 보여준다. 블록체인은 데이터를 분리해서 분산 저장하는 방식이 아니라, 생성된 데이터를 실시간으로 전파하고 합의에 따라 참여자 모두가 동일한 장부를 가지게 하는 기술이다.

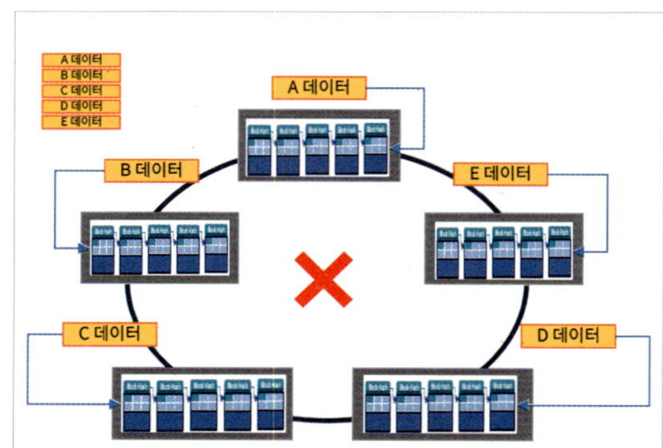

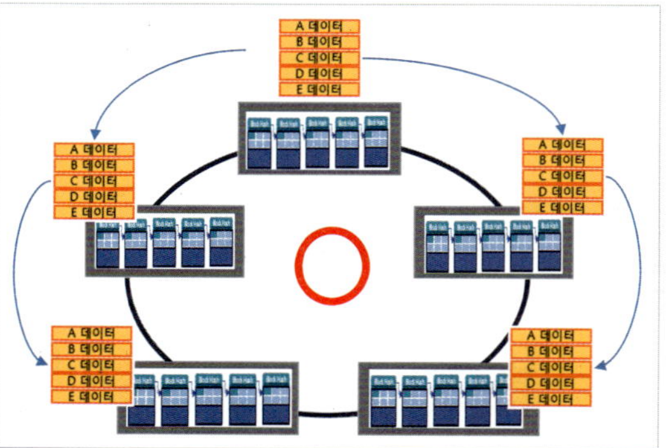

그림 3-2 데이터 분산과 블록체인 개념 이해

그래도 플랫폼 기업 혼자서 모든 데이터를 저장하는 것보다는 블록체인을 활용해서 여러 사람이 모두 동일한 데이터를 함께 소유하는 것이 더 합리적이지 않느냐고 반문할 수 있다. 플랫폼 기업뿐만 아니라 다른 다양한 이해관계자가 블록체인을 활용하여 동일한 데이터를 모두 저장 및 소유하는 상황을 가정하고 다음 사항을 살펴보자.

- 블록체인 노드 참여자를 어떻게 구성할 것인가?
- 생성된 데이터의 전파 및 합의 시간
- 가스 수수료 문제
- 중복 복제는 엄청난 비효율

먼저 블록체인을 이용해서 데이터를 저장한다면 참여 노드를 어떻게 구성할 것인지를 고민해야 한다. 노드 참여자를 제한할 것인지, 아니면 참여 제한을 두지 않을 것인지 검토해야 한다. 참여 제한을 두지 않는다면 노드 참여자의 개인정보 및 데이터 관리를 어떻게 할지, 그리고 참여자에 대한 보상은 어떻게 설계할 것인지 등을 고려해야 한다.

플랫폼 기업들이 웹을 통해 생성하는 데이터는 규모 면에서 엄청나다. 블록체인을 통해 분산 저장한다면 이런 엄청난 데이터가 실시간으로 네트워크를 통해 참여한 모든 노드에 전파되고 합의 과정도 거쳐야 한다. 비트코인이 블록체인 기반으로 서비스가 가능했던 이유는, 비트코인은 화폐 시스템으로서 '홍길동이 유관순에게 3BTC 송금'이라는 아주 최소한의 데이터만 생성하고 전파되기 때문에 크게 문제가 되지 않았기 때문이다. 하지만 플랫폼 기업들이 양산하는 데이터의 규모는 비트코인 데이터와 비교가 되지 않는다.

현재 플랫폼 기업은 데이터의 생성, 수집, 저장, 활용을 위한 제반 비용을 충당하고 있다(물론 이 비용은 데이터를 이용한 광고 수익으로 충당하겠지만). 데이터 라이프 사이클이 블록체인 기반으로 처리된다면 관련 수수료나 비용은 어떻게 처리해야 할까? 데이터 저장 공간을 제공하는 노드에 인센티브를 제공하는 설계 방안을 수립한다고 하더라도 트랜잭션 처리에 따른 (가스) 수수료 비용도 상당할 것이다.

페이스북이나 구글이 저장 및 관리하는 데이터 규모는 실로 엄청나다. 이들 빅테크 기업은 늘어나는 데이터를 감당하기 위해 계속 데이터센터를 추가로 증설하고 있다. 그런데 블록체인 네트워크에 참여한 모든 노드가 동일한 데이터를 중복 복제하여 저장하고 있는 것은 매우 비효율적인 것을 넘어 재앙이 될 수 있다.

혹자는 블록체인을 오프체인(Off-Chain)과 연계하고, 중앙저장소와 하이브리드로 설계하면서 부분적으로 IPFS를 활용하는 다양한 방법을 제시할 수 있다. 하지만 이렇게 복잡하게 구현하는 것보다는 기존 방식을 유지하면서 문제점에 대한 대응 방안을 찾아보는 것도 하나의 방법일 것이다. 데이터를 저장 위치 관점이 아닌 소유권 관점으로 접근하여 마이데이터 개념을 더 활성화하는 것도 하나의 방법일 것이며 문제점에 대해 법 · 규제를 강화하는 것도 현실적인 방법일 수 있다.

데이터 통합 트렌드

최근 IT 트렌드의 대세는 (빅)데이터와 인공지능(AI)이다. 이런 트렌드에 맞춰 데이터를 통합하는 것이 전반적인 분위기 흐름이다. 웹 2.0의 문제점에 대한 대응으로 데이터를 분산해야 한다는 주장과 최근 데이터의 통합 트렌드는 왠지 상충되어 보인다. 웹 3.0 관점에서는 데이터가 소유권, 공정

배분, 중앙화에 따른 리스크이고, 현 인공지능 분야에서는 데이터를 연계 및 통합하여 활용하는 측면에서 바라본다. 아무튼 현 IT 트렌드와 데이터 분산은 배치되는 측면이 있다.

윤석열 정부의 IT 분야 핵심 공약 및 추진 과제는 디지털플랫폼 정부다. 관련 보고서에서도 데이터의 연계 및 통합의 필요성을 제시하고 있다.

> '디지털플랫폼 정부에서는 다양한 데이터를 연계·활용하므로
> 다양한 데이터를 통합하는 데이터 아키텍처의 구조화가 필요'

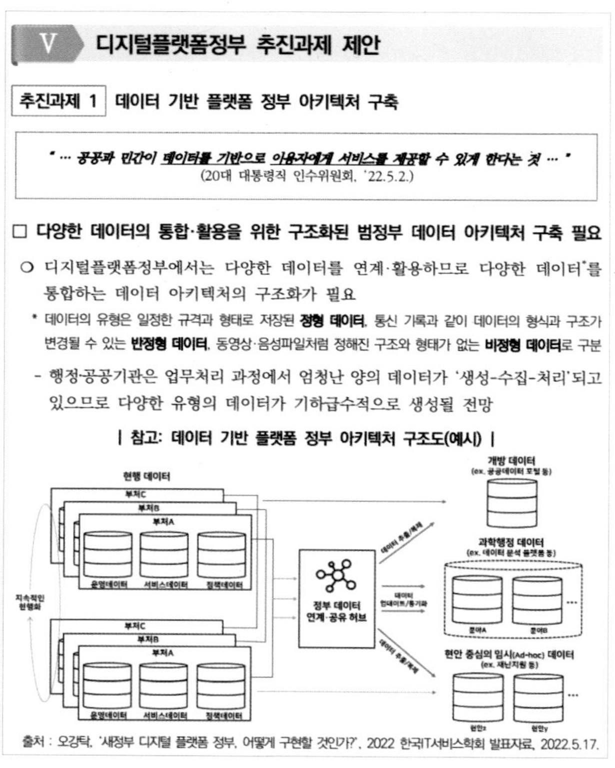

V 디지털플랫폼정부 추진과제 제안

추진과제 1 데이터 기반 플랫폼 정부 아키텍처 구축

" … 공공과 민간이 데이터를 기반으로 이용자에게 서비스를 제공할 수 있게 한다는 것 … "
(20대 대통령직 인수위원회, '22.5.2.)

□ 다양한 데이터의 통합·활용을 위한 구조화된 범정부 데이터 아키텍처 구축 필요

ㅇ 디지털플랫폼정부에서는 다양한 데이터를 연계·활용하므로 다양한 데이터*를 통합하는 데이터 아키텍처의 구조화가 필요

* 데이터의 유형은 일정한 규격과 형태로 저장된 **정형 데이터**, 통신 기록과 같이 데이터의 형식과 구조가 변경될 수 있는 **반정형 데이터**, 동영상·음성파일처럼 정해진 구조와 형태가 없는 **비정형 데이터**로 구분

- 행정·공공기관은 업무처리 과정에서 엄청난 양의 데이터가 '생성-수집-처리'되고 있으므로 다양한 유형의 데이터가 기하급수적으로 생성될 전망

| 참고: 데이터 기반 플랫폼 정부 아키텍처 구조도(예시) |

출처 : 오강탁, '새정부 디지털 플랫폼 정부, 어떻게 구현할 것인가?', 2022 한국IT서비스학회 발표자료, 2022.5.17.

그림 3-3 '디지털플랫폼정부' 구현을 위한 추진 방향과 과제 (출처: NIA 보고서)

2) 데이터 주권 확립

데이터를 물리적으로 분산시키겠다는 것은 어쩌면 비효율적 · 비현실적이며, 트렌드와도 맞지 않을 수 있다. 더 나아가 데이터 분산을 블록체인 기반으로 구현한다는 것은 실현 가능성 측면에서 상당한 의구심이 든다.

오히려 현재의 데이터 통합 및 집중 방식을 유지하면서, 발생하는 문제점은 법 · 컴플라이언스 관점으로 대응하고, 동시에 데이터의 소유권과 주권을 이용자에게 돌려주는 방안이 좀 더 현실적일 수 있다. 이런 배경에서 나온 개념이 '마이데이터(MyData)'다.

마이데이터는 개인 데이터를 생산하는 정보 주체인 개인이 본인 데이터에 대한 권리를 가지고, 본인이 원하는 방식으로 관리하고 처리하는 패러다임이다.

- **데이터 권한**: 개인이 개인 데이터의 접근, 이동, 활용 등에 대한 통제권 및 결정권 소유
- **데이터 제공**: 개인 데이터를 보유한 기관(업)은 개인이 요구할 경우 제공
- **데이터 활용**: 개인의 요청 및 승인(동의)에 의한 데이터의 자유로운 이동 및 제공

미국, 영국, 스웨덴 등에서는 마이데이터 제도와 문화가 일찍이 자리 잡고 있었고, 우리나라도 2018년 발표한 '데이터 산업 활성화 전략'에서 제시되었다. 후속 사업으로 금융 분야 마이데이터 서비스가 소개됐고, 마이데이터 정책 추진의 근거를 정립하기 위한 개인정보보호법과 신용정보법, 민원처리법 및 전자정부법이 개정됐다. 그리고 2021년에는 마이데이터 제도의 발전 및 서비스의 확산을 위한 '마이데이터 발전 종합정책'이 발표되기도 했다.

'마이데이터 발전 종합정책'은 데이터의 개방 · 활용 정도에 따라 마이데이터 발전의 0~4단계를 제시했다.

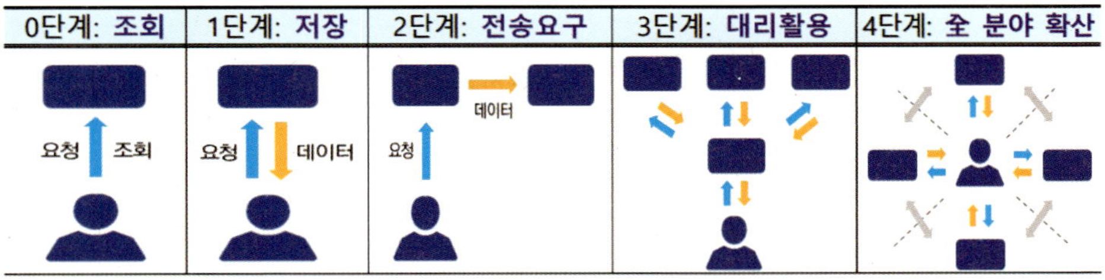

0단계: 조회	1단계: 저장	2단계: 전송요구	3단계: 대리활용	4단계: 全 분야 확산
요청 / 조회	요청 / 데이터	요청 / 데이터		

그림 3-4 마이데이터 발전 단계 (출처: 마이데이터 발전 종합 정책)

- 0단계 - (조회) 스마트폰으로 기관 홈페이지에 접속해서 정보를 열람하는 수준
- 1단계: (저장) 기관 홈페이지에 접속해서 나에 관한 데이터를 내려받아 저장하는 수준
- 2단계: (전송요구) 한 기관에서 다른 기관으로 내 데이터를 전송하도록 요구하고 이를 이행하는 단계
- 3단계: (대리활용) 전송 요구를 통해 내 데이터를 한곳으로 모은 후, 이를 기반으로 맞춤형 서비스를 제공받는 단계
- 4단계: 본인의 적극적 관리 · 통제하에 모든 분야에서 내 데이터를 내 뜻대로 안전하고 편리하게 활용하는 단계

4단계로 가기에는 아직 기술적 · 제도적 정비가 필요하다. 하지만 4단계에 진입한다면 데이터 소유권 · 주권을 상당 수준 구현할 수 있을 것이다.

추가로 DID(분산ID)도 연계해서 한번 살펴보겠다. 데이터 분산이 주목받자, DID(분산ID)도 신원정보를 분산시키는 개념이니 웹 3.0 대표 서비스가 아니냐는 질문을 받은 적이 있었다. 그런데 이런 개인신원인증 정보가 중앙독점으로 관리되지 않고 개인에게 분산된 것은 이미 오래전부터 있어 왔다. 바로 공동인증서(과거 공인인증서)다.

그림 3-5를 보면, 공인인증서와 DID의 개념을 비교해서 보여준다. 예전에는 개인신원정보가 모두 기업의 중앙 데이터베이스에 저장되어 있었다. 그런데 공인인증서의 등장으로 개인신원 인증에 필요한 개인키를 개인이 직접 보관하고 관리할 수 있게 됐다. 사람들은 이 개인키를 USB 메모리에 담고 다니면서 필요할 때 신원인증에 활용했다. 공인인증서는 전형적으로 신원인증을 분산시킨 방식이다. DID도 공인인증서와 설계 원리 및 작동방식은 거의 동일하다. 단지 기존 공인인증서가 공개키를 PKI에 저장했다면, DID는 블록체인에 저장한다는 차이가 있다. 물론 DID를 구현하는 방법은 여러 가지이고 다양한 표준이 검토되고 있지만, 핵심 원리는 공인인증서와 유사하다.

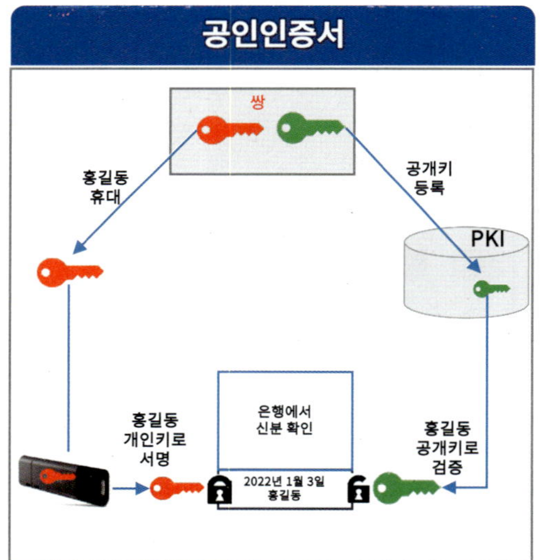

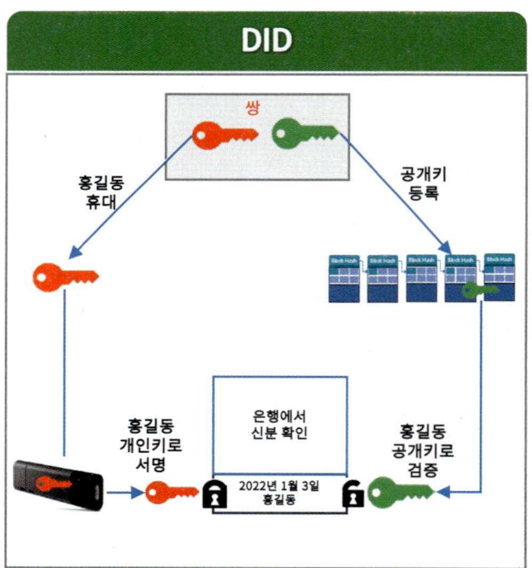

그림 3-5 공인인증서와 DID 비교

3) 웹 3.0과 데이터 분산

웹 2.0의 대표적인 문제점은 빅테크 플랫폼 기업의 데이터 독점이며, 이를 해결하기 위해 블록체인 기반으로 데이터를 분산시켜야 하고 이것이 웹 3.0이라고 많이 이야기한다.

필자가 잘못 이해하고 있거나 놓치고 있는 부분이 있을 수도 있겠지만, 앞서 살펴봤던 것처럼 블록체인을 통해 데이터를 분산시키는 것은 현실적으로 맞지 않는다. 더구나 최근 데이터 관련 트렌드는 데이터 분산이 아니라 데이터 통합이다.

데이터가 물리적으로 통합되고 빅테크 플랫폼 기업에 의해 독점화되는 것은 분명 웹 2.0의 한계점이자 문제점이다. 하지만 그렇다고 플랫폼 기반 데이터를 분산시키는 것은 현실적으로 맞지 않으며, 블록체인 기반으로 분산시킨다는 것도 기술 구현 관점에서 설득력이 떨어진다.

데이터가 물리적으로 통합되고 중앙화되는 것은 문제의 본질이 아니다. 핵심은 데이터의 주권을 회복하고 데이터의 소유권을 어떻게 보장하느냐 하는 것이다. 데이터 주권을 회복하는 방안으로 검토해 볼 수 있는 것이 바로 '마이데이터(MyData)'다. '마이데이터'의 사용과 그 활용 분야가 계속 확대되고 있다. 그리고 플랫폼 기업의 데이터 중앙화 문제점에 대응하기 위해 데이터를 분산시키기보다는 법 · 제도를 통해 통제하고 보완하는 것이 더 현실적이라는 의견도 앞에서 제시했다.

빅테크 플랫폼 기업의 데이터 독점 및 중앙화 문제에 보다 근원적으로 접근하기 위해 우선 검토해야 하는 하나의 이슈가 있다. 빅테크 기업은 합법적인 계약에 의해 이용자의 정보를 수집하고 활용한다는 것이다. 빅테크 기업이 우리의 개인정보를 약탈해 간 것이 결코 아니다. 이용자와 계약(약관)에 의해 합법적으로 수집하고 저장해서 활용하고 있다. 빅테크 기업이 서비스를 제공하기 위해서는 엄청난 개발 및 운용 비용이 발생한다. 이 비용을 충당하기 위한 방법은 서비스 이용료를 받거나, 아니면 개인정보를 수집 · 활용하여 광고 수익을 거둬야 한다. 대부분 플랫폼 기업은 후자의 전략을 취하고 있다. 다시 한번 말하지만, 빅테크 기업은 이용자와 약관을 통해 개인정보를 합법적으로 수집하고 있다.

그런데 문제는 플랫폼이 독점화되어 다른 대안이 없는 상황에서 필요한 서비스를 이용하기 위해서는 어쩔 수 없이 개인정보를 제공해야 한다는 것이다. 즉, 서비스를 이용하기 위해서는 선택의 여지 없이 개인정보를 제공해야 한다. 그림 3-6을 보면, 개인정보와 민감정보를 제공하고 심지어 제3자에게 제공한다는 것까지 모두 동의해야 회원 가입이 가능하고 서비스를 이용할 수 있게 된다.

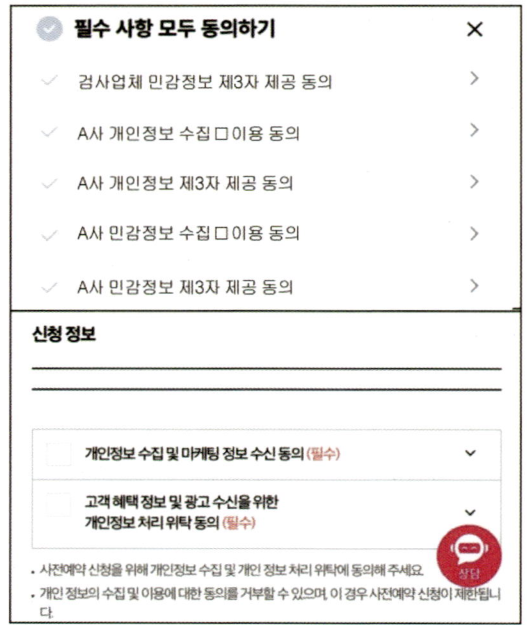

그림 3-6 회원 가입을 위한 개인정보 활용 동의 사례 (출처: 여성동아)

그럼 현재 빅테크 플랫폼 기업의 데이터 독점 문제에 대응할 수 있는 방안은 무엇일까?

- 첫째, 이용자의 개인정보가 수집되는 것을 허용하고 싶지 않다면 대신 서비스 이용료를 지불하는 것도 하나의 방법이다. 하지만 이것은 현실성이 떨어진다.
- 둘째, 빅테크 기업이 서비스를 공짜로 제공하고 개인정보 수집을 허용하지만, 법을 신설하여 개인정보 수집 · 활용 · 수익 과정에서 법인 기업을 통제하는 것이다. 예를 들어, 법에 기반하여 데이터 수집 범위를 특정 데이터로 제한하거나, (앤드루 양의 대선 공약처럼) 수익의 일정 부분을 세금으로 거둬들일 수도 있다.
- 셋째, 현재 체제를 유지하면서 빅테크 기업에 대해 간접적으로 법규제를 강화하는 것이다. 예를 들어 개인정보와 활동 정보의 수집 내용을 이용자에게 좀 더 정확히 알리고, 개인정보가 수집 · 저장 · 활용되는 라이프 사이클 과정을 투명하게 공개하고, 데이터가 학습되고 활용되는 알고리즘을 투명하게 공개하게 하는 것이다.

빅테크 기업의 플랫폼 독점 및 데이터 중앙화의 문제점에 대응하기 위한 새로운 접근도 검토해 볼 수 있다. 특정 기업 또는 특정 주체가 플랫폼 서비스를 설계 · 개발 · 운영하지 않고 생태계 참여자 모두가 인센티브 기반으로 플랫폼 서비스 주체자로 참여하고 기여에 따라 적절한 보상을 받게 설계하는 것이다. 이것이 바로 '토큰 이코노미(Token Economy)'이다. 물론 생태계 참여자들이 인센티브 기반으로 자발적으로 참여하고 적절한 보상이 돌아가는 선순환 구조를 설계하기가 그다지 쉬운 일은 아니다. 하지만 장기적 관점에서 지속적으로 시도하고 발전 방향을 고민해 볼 가치는 있는 영역이다.

종합적으로 검토해 봤을 때, 현 데이터 중앙화의 문제점에 대응하기 위해 블록체인 기반 데이터 분산을 통해 웹 3.0을 구현한다는 것은 다소 설득력이 떨어진다.

3.1.2 프로토콜 경제 관점 웹 3.0 평가

웹 2.0의 또 다른 문제점으로 자주 소개되는 것이 플랫폼 독점이다. 이런 독점화된 플랫폼 대응 차원에서 자연스럽게 '프로토콜 경제'가 대안으로 소개되면서 웹 3.0으로 연결되는 것 같다. 먼저 프로토콜 경제의 개념을 살펴보고 이 관점의 타당성을 한번 평가해 보겠다.

1) 프로토콜 경제(Protocol Economy) 개념

'프로토콜(Protocol)'은 사전적 의미로 인터넷에서 활용되는 통신 규약을 뜻하지만, 경제적 의미로는 시장 참여자들이 상호 협의 · 합의에 의해 자유롭게 만들고 통제하는 규약이라는 의미로 쓰이며, 이런 약속을 토대로 탈중앙화, 탈독점화, 공정한 분배(분권화)를 추구한다.

기존 플랫폼 경제는, 거대 플랫폼 사업자가 구축한 생태계 내에서 경제가 작동하고 플랫폼 기업이 정한 규칙에 따라 서비스와 보상이 결정되는 방식이었다. 반면 프로토콜 경제는 거대 플랫폼 사업자가 아닌 경제 참여자가 협의 · 합의하여 프로토콜(규칙)을 결정하고 이 프로토콜 기반으로 경제가 작동하는 것이다.

그림 3-7을 보면 플랫폼 경제와 프로토콜 경제를 비교해서 이해할 수 있다. 플랫폼 경제에서는 플랫폼 규칙을 플랫폼 기업이 결정하면서 정보와 수익을 독점하고 있다. 물론 보상도 이루어지지만, 합리적 보상 수준은 아니다. 프로토콜 경제는 중앙 플랫폼이 존재하지 않으며 이해관계자들의 상호 합의된 규칙에 따라 정보와 수익이 결정되고 처리되는 것을 말한다.

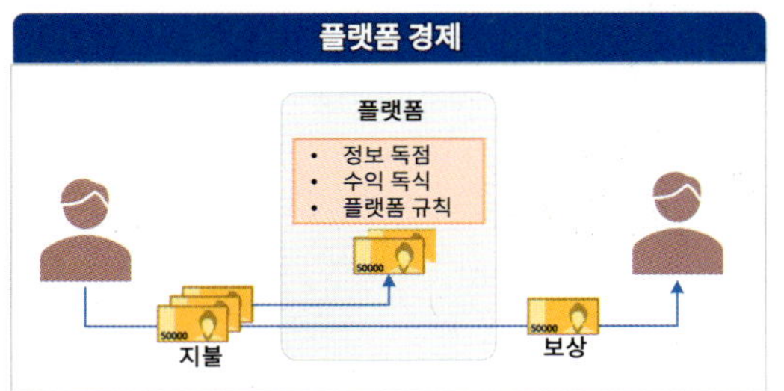

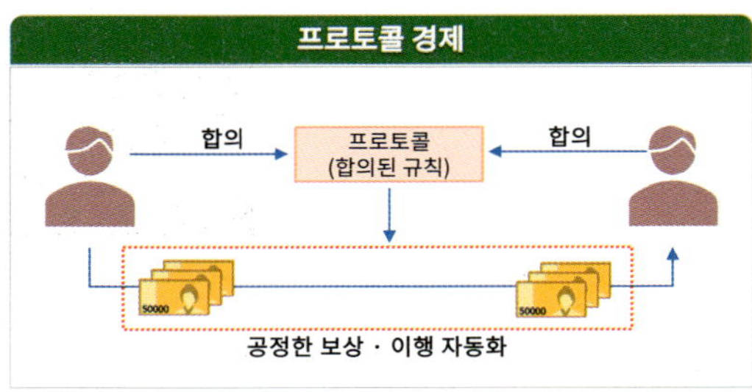

그림 3-7 플랫폼 경제와 프로토콜 경제 비교

프로토콜 경제라고 하면 특별한 기술이 활용되거나 심오한 철학이 담겨 있을 거라 생각할 수 있지만, 쉽게 말하면 블록체인과 스마트 컨트랙트로 작동하는 경제로 이해하면 된다. 그리고 스마트 컨트랙트 역시 뭔가 특별한 기술로 생각할 필요 없이 그냥 '프로그래밍' 정도로 생각하는 것이 이해하기 편하다.

웹 3.0 관점에서 소개되는 프로토콜 경제를 정리하면, 프로토콜 경제는 기존 거대 플랫폼 기업들에 의한 정보 · 이익 독점에 대응하기 위해 경제에 참여하는 당사자들이 상호 합의 하에 계약(프로그램)을 맺고 그 계약에 따라 경제가 작동되고 공정한 보상이 자동으로 이루어지는 것을 말한다.

2) 프로토콜 경제 구현 방안

프로토콜 경제는 스마트 컨트랙트와 블록체인 기반으로 작동되는 경제 구조라고 했는데, 여기서 먼저 스마트 컨트랙트를 이해할 필요가 있다. 스마트 컨트랙트 기술에 관한 자세한 내용은 5장에서 살펴보겠고, 여기서는 프로토콜 경제 구현 관점에서 개념만 간단히 살펴보겠다.

닉 자보(Nick Szabo)가 제시한 스마트 컨트랙트

'스마트 컨트랙트(Smart Contract)'라는 개념을 최초로 제시한 사람은 닉 자보(Nick Szabo)다. 닉 자보는 스마트 컨트랙트뿐만 아니라 '비트골드(BitGold)'를 개발한 사람으로도 유명하다. 그리고 이 비트골드는 비트코인과 기술적으로나 구조적으로 매우 유사하여, '닉 자보'가 '사토시 나카모토'라고 추론하는 사람도 많다.

그림 3-8 스마트 컨트랙트 개념을 최초로 제시한 '닉 자보'

닉 자보는 스마트 컨트랙트 관련하여 총 3건의 자료를 남겼다.

그림 3-9 스마트 컨트랙트 관련 닉 자보 문서

- 1994 – 'Smart Contracts'
  (https://www.fon.hum.uva.nl/rob/Courses/InformationInSpeech/CDROM/Literature/LOTwinterschool2006/szabo.best.vwh.net/smart.contracts.html)
- 1996년 – 'Smart Contracts: Building Blocks for Digital Markets'
  (https://www.fon.hum.uva.nl/rob/Courses/InformationInSpeech/CDROM/Literature/LOTwinterschool2006/szabo.best.vwh.net/smart_contracts_2.html)
- 1997년 – 'Formalizing and Securing Relationships on Public Networks'
  (https://firstmonday.org/ojs/index.php/fm/article/view/548/469)

관련 자료는 상당히 난해하여 이해하기가 어렵다. 이 자료는 인터넷에도 게시되어 있으니 참조하기 바란다. 여기서는 1994년에 게시된 'Smart Contracts'라는 문서에서 스마트 컨트랙트의 개념을 이해할 수 있는 일부 내용만 발췌해서 소개한다.

> A smart contract is a computerized transaction protocol that executes the terms of a contract. The general objectives of smart contract design are to satisfy common contractual conditions (such as payment terms, liens, confidentiality, and even enforcement), minimize exceptions both malicious and accidental, and minimize the need for trusted intermediaries. Related economic goals include lowering fraud loss, arbitration and enforcement costs, and other transaction costs.

(스마트 계약은 계약 조건을 실행하는 전산화된 거래 프로토콜이다. 스마트 계약 설계의 일반적인 목표는 일반적인 계약 조건(예: 지불 조건, 유치권, 기밀성, 심지어 집행)을 충족하고, 악의적이거나 우발적인 예외를 최소화하고, 신뢰할 수 있는 중개자의 필요성을 최소화하는 것이다. 관련 경제적 목표에는 사기 손실, 중재 및 집행 비용 및 기타 거래 비용을 낮추는 것이 포함된다.)

이더리움 스마트 컨트랙트

닉 자보가 스마트 컨트랙트 개념을 제시했지만, 이더리움의 대표적인 특징의 하나가 바로 스마트 컨트랙트다. 그런데 자세히 살펴보면 닉 자보의 스마트 컨트랙트와 이더리움의 스마트 컨트랙트는 다소 차이가 있다는 것을 알 수 있다.

2장에서 비트코인과 이더리움의 차이점을 설명하면서 화폐 송금 서비스인 비트코인은 IF 문이 필요 없지만, 다른 다양한 서비스 애플리케이션 구현을 위해서는 IF 문이 필요하고, 이런 IF/While 문을 지원하는 튜링 완전(Turing-complete) 언어를 장착한 것이 이더리움이라고 설명한 적이 있다.

What Ethereum intends to provide is a blockchain with a built-in fully fledged Turing-complete programming language that can be used to create "contracts" that can be used to encode arbitrary state transition functions, allowing users to create any of the systems described above, as well as many others that we have not yet imagined, simply by writing up the logic in a few lines of code.

(이더리움이 제공하려는 것은 완벽한 튜링 완전(turing-complete) 프로그래밍 언어가 장착된 블록체인이다. 이 프로그래밍 언어는, **코딩된 규칙에 따라 '어떤 상태'를 다르게 변환시키는 기능이 포함된 "계약(contracts)"을 유저들이 작성**할 수 있게 함으로써 앞서 설명한 시스템들을 구현 가능하게 할 뿐만 아니라 우리가 아직 상상하지 못한 다른 많은 애플리케이션도 매우 쉽게 만들 수 있도록 도와줄 것이다.)

– 이더리움 백서 일부 내용

이더리움 백서의 내용을 보면, 이더리움에서 제공하는 튜링 완전 프로그래밍 언어는 코딩된 규칙에 따라 '어떤 상태'를 다르게 변환하는 기능이 포함된 계약을 이용자들이 직접 작성할 수 있게 했다고 설명한다. 이더리움 백서에서 명시한 '계약'은 IF 조건이 있는 프로그램을 작성하여 블록체인에 저장하고, IF 조건이 충족되면 해당 프로그램이 실행되어 상태가 자동으로 변하는 것을 의미한다. 현재 모든 프로그램은 조건 변수에 따라 상태가 변화하는 방식으로 기능이 구현된다. 따라서 이더리움에서 명시된 '계약(Contract)'은 닉 자보나 우리가 일반적으로 이해하는 계약(Contract) 개념이라기보다는 그냥 튜링 완전 언어가 지원되는 '프로그램' 정도로 이해할 수 있다. 이더리움 백서에 'Smart

Contract'라는 용어를 사용하여 설명하는 사례가 있는데, 자세히 살펴보면 계약(Contract) 개념보다는 그냥 프로그램 정도로 이해하는 것이 맞다.

이런 논란을 의식했는지, 이더리움 창시자인 비탈릭 부테린도 스마트 컨트랙트와 관련하여 다음과 같은 글을 트위터에 올렸다.

그림 3-10 스마트 컨트랙트 개념에 대한 비탈릭 부테린 입장 (출처: 트위터 캡처)

> To be clear, at this point I quite regret adopting the term "smart contracts". I should have called them something more boring and technical, perhaps something like "persistent scripts"
>
> 명확히 하자면, 현시점에서 나는 "스마트 컨트랙트"라는 용어를 채택한 것을 매우 후회한다. 좀 더 완고하고 기술적인 용어를, 예를 들자면 "Persistent scripts" 같은 용어를 사용했어야 했다.

스마트 컨트랙트 개념도

스마트 컨트랙트는 '법적인 계약' 관점보다는 'IF 문이 포함된 프로그램' 정도로 이해하면 된다. 그리고 활용 관점에서는 어떤 조건을 프로그램으로 작성하여 블록체인에 저장하고, 조건이 충족되면 프로그램이 자동으로 실행되게 활용할 수 있다.

스마트 컨트랙트는 서비스 개발에서 사용하는 프로그램 정도다. 하지만 이 프로그램이 블록체인과 연계되면 더 많은 가치 구현이 가능하다. 이 프로그램을 블록체인에 저장하면 위변조가 불가능하며, 참여한 모든 노드에 의해 실행되기 때문에 강제 이행이 가능하다. 전통적으로 거래에서 가장 큰 문제는 악의적인 위변조와 계약 불이행이며 이런 문제를 해결하기 위해 제3 신뢰 기관(공증, 법원 등)을 활용한다. 그런데 프로그램이 블록체인과 연계된다면 위변조가 차단되고 강제이행이 가능하여 제3 신뢰 기관 없이도 신뢰 있는 거래가 가능하다. 이것이 일반 프로그램과 다른 스마트 컨트랙트의 가치다.

우선 스마트 컨트랙트의 개념을 구조화하여 나타내면 그림 3-11과 같다.

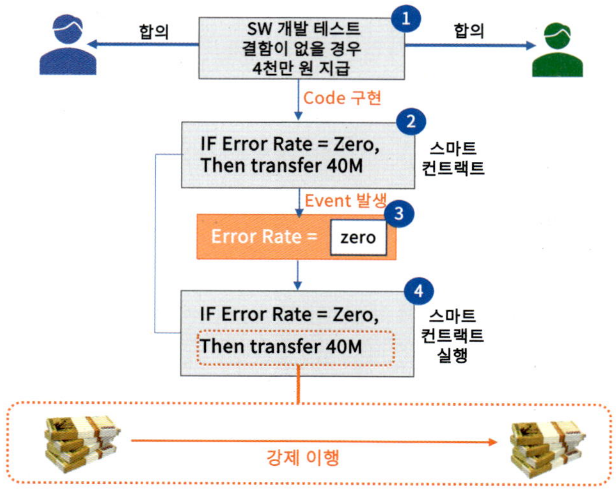

그림 3-11 스마트 컨트랙트 개념도

❶ 이해 관계자 간 합의에 의해 합의된 내용을 완성한다.

❷ 합의된 내용을 프로그램 코드(스마트 컨트랙트)로 작성한다.

❸ 이벤트가 발생하여 조건이 충족되었다.

❹ 조건이 충족되어, 합의된 프로그램(스마트 컨트랙트)이 실행된다.

그런데 스마트 컨트랙트가 구현되기 위해서는 한 가지 중요한 요소가 필요하다. 그림 3-12를 통해 설명해 보겠다. 경마 경기에서 '5번 말이 승리하면, 1백만 원을 지급한다'라는 합의를 했다고 가정해 보자. 합의된 내용을 코드(스마트 컨트랙트)로 작성했고, 실제로 5번 말이 승리했다. 이제 프로그램을 실행하면 된다. 그런데 여기에는 2가지 문제점이 있다.

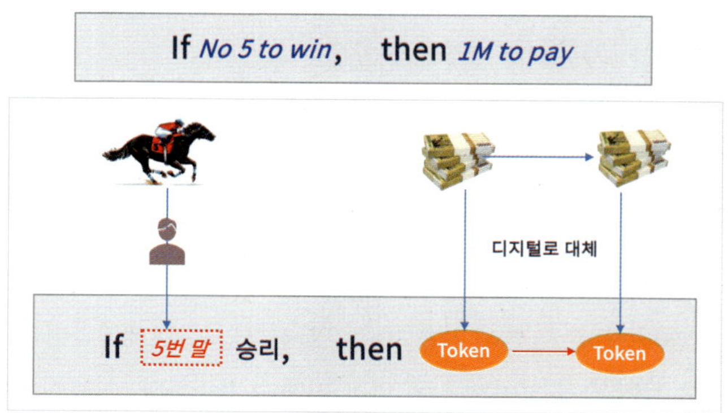

그림 3-12 스마트 컨트랙트 구현을 위한 도전 과제

프로그램은 코드다. 조건의 충족 여부를 확인하기 위해서는 누군가 조건이 충족된 변수를 입력해 줘야 한다. 또 다른 문제는 1백만 원이라는 지폐는 프로그램을 통해 자동으로 이전하는 것이 불가능하다.

전자의 문제를 오라클 문제(Oracle Problem)라고 한다. 조건의 충족 여부를 프로그램이 식별하기 위해서는 누군가 외부의 데이터를 입력해 줘야 한다. 이때 외부에서 데이터를 가져오는 과정에서 데이터 무결성이 훼손될 수 있다. 예를 들어 '5번 말'이 승리했지만 데이터를 입력하는 사람이 고의 또는 실수로 '4번 말'을 입력하면 문제가 발생한다. 이런 오라클 문제를 해결하기 위한 다양한 방안이 검토되고 있다. 센서를 통해 외부 데이터를 디지털 데이터로 자동으로 생성하여 프로그램과 연계하는 것도 하나의 방안이다.

후자의 문제는 프로그램은 물리적 형체를 제어할 수 없다는 것이다. 컴퓨터 프로그램은 오직 디지털 데이터만 처리 및 실행이 가능하지, 물리적인 형체나 실물 자산을 제어할 수 없다. 즉, 물리적인 형체나 실물 자산을 프로그램으로 제어가 가능하게 하기 위해 디지털 형태로 대체해 줘야 한다. 앞서 토큰이라는 개념에 대해 살펴봤다. 기초자산이 거래하기 불편할 때 거래하기 편리하게 다른 것으로 대체한 것이 바로 토큰이라고 했다. 그림 3-12 사례에서도 지폐를 디지털 형태의 화폐(토큰)로 대체한다면 프로그램으로 실행이 가능하다. 이처럼 스마트 컨트랙트를 적용하기 위해서는 그 대상이 반드시 디지털로 대체돼야 한다.

이더리움 백서에는 이더리움을 활용하기에 적합한 다양한 응용(Applications) 분야를 소개하고 있는데, 첫 번째로 제시된 분야가 바로 토큰(Token Systems)이다. 이 세상에는 수많은 기초자산이 있는데, 이런 기초자산은 거래하기가 불편할 뿐만 아니라 거래하기 위해서는 다양한 신뢰 기관이 필요하다. 하지만 이런 기초자산을 디지털 형태의 토큰으로 대체하고 이를 스마트 컨트랙트라는 프로그램으로 처리한다면 아주 편리하고 효율적인 거래가 가능하다. 더구나 스마트 컨트랙트를 블록체인에 저장하고 블록체인 노드를 통해 실행된다면 위변조 차단과 강제이행 구현도 가능하게 된다. 이것이 이더리움에서 추구하고자 하는 가치이며, 스마트 컨트랙트가 작동하기 위해서는 선제적으로 토큰으로 변환돼야 한다. 이런 관점에서 이더리움 활용 분야로서 'Token Systems'가 제시됐다고 유추해 볼 수 있다.

Applications

In general, there are three types of applications on top of Ethereum. The first category is financial applications, providing users with more powerful ways of managing and entering into contracts using their money. This includes sub-currencies, financial derivatives, hedging contracts, savings wallets, wills, and ultimately even some classes of full-scale employment contracts. The second category is semi-financial applications, where money is involved but there is also a heavy non-monetary side to what is being done; a perfect example is self-enforcing bounties for solutions to computational problems. Finally, there are applications such as online voting and decentralized governance that are not financial at all.

Token Systems

On-blockchain token systems have many applications ranging from sub-currencies representing assets such as USD or gold to company stocks, individual tokens representing smart property, secure unforgeable coupons, and even token systems with no ties to conventional value at all, used as point systems for incentivization. Token systems are surprisingly easy to implement in Ethereum. The key point to understand is that all a currency, or token system, fundamentally is, is a database with one operation: subtract X units from A and give X units to B, with the proviso that (i) A had at least X units before the transaction and (2) the transaction is approved by A. All that it takes to implement a token system is to implement this logic into a contract.

The basic code for implementing a token system in Serpent looks as follows:

```
def send(to, value):
    if self.storage[msg.sender] >= value:
        self.storage[msg.sender] = self.storage[msg.sender] - value
        self.storage[to] = self.storage[to] + value
```

그림 3-13 이더리움 백서에 제시된 이더리움 활용 방안 (Token Systems)

이더리움의 핵심 요소는 스마트 컨트랙트를 이용한 거래의 편리성 · 신속성 · 신뢰성이다. 그리고 이를 구현하기 위한 전제가 바로 '토큰화'다. 이더리움 생태계에서 토큰이 중요한 이유가 바로 이것이다. 이더리움 생태계에서 토큰을 가상화폐나 투자 · 투기 요소로 간주하면 안 된다. 다양한 기초자산의 거래를 편리하고 효율적이며 신뢰를 보장할 수 있게 하는 수단이 바로 디지털 형태의 토큰과 이와 연계한 스마트 컨트랙트다.

3) 웹 3.0과 프로토콜 경제

웹 2.0의 문제점은 '플랫폼' 기반 경제다. 따라서 웹 3.0 구현을 위한 핵심 분야로 '프로토콜 경제'가 자주 언급된다. 웹 3.0 프로토콜 경제를 구현하기 위한 중요한 요소는 바로 '스마트 컨트랙트와 토큰'이다. 그럼 스마트 컨트랙트와 토큰만 있으면 프로토콜 경제가 구현되고 웹 3.0이 실현되는 것일까? 그림 3-14를 자세히 살펴보자.

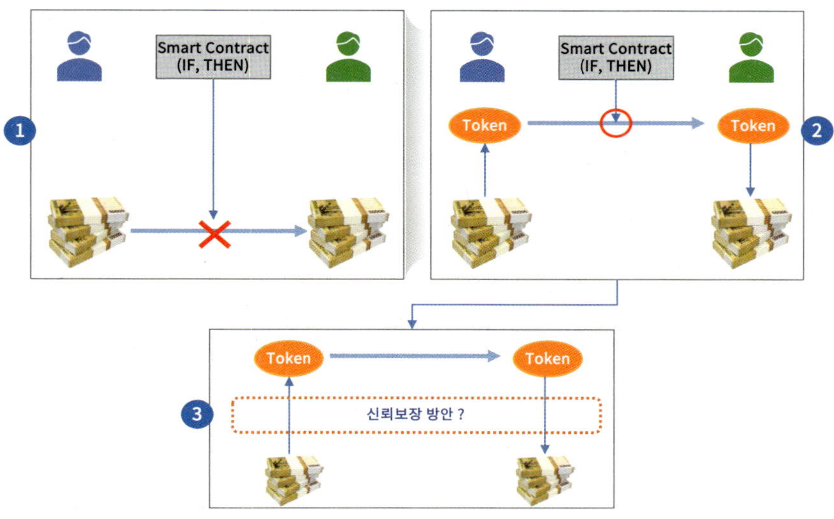

그림 3-14 프로토콜 경제 구현의 한계점

그림의 ❶은 물리적 형태의 자산은 스마트 컨트랙트로 제어가 안 된다는 것을 보여준다.

그림의 ❷는 물리적 형태의 자산을 스마트 컨트랙트로 제어하기 위해서는 물리적 형태의 자산이 디지털 형태의 토큰으로 대체돼야 한다는 것을 의미한다.

그림의 ❸은 물리적 형태의 자산을 디지털 형태의 토큰으로 대체할 때 신뢰성을 어떻게 확보하느냐는 문제에 봉착하는 것을 나타낸다. 예를 들어 5만 원의 지폐를 토큰으로 대체했다면, 이 토큰이 5만 원이라는 기초자산을 기반으로 발행됐다는 것을 어떻게 보장하느냐는 문제다. 즉, 이 토큰이 5만 원의 가치가 있다는 것을 어떻게 신뢰할 수 있느냐는 이슈다. 따라서 기초자산과 토큰의 연계성을 보장하기 위해서는 어쩔 수 없이 제3 신뢰 기관이 필요하게 된다.

물리적 형태의 자산이나 실물자산을 기반으로 프로토콜 경제를 구현하기 위해서는 어떠한 형태로든 제3 신뢰 기관이 필요하다. 하지만 만일 기초자산 자체가 디지털이라면 제3신뢰 기관 없이도 암호기술만으로 신뢰 구현이 가능하다(나중에 그림 4-49에서 설명하겠다). 비트코인 역시 암호기술을 적용하기 위해서는 태생적으로 디지털 형태의 전자 화폐여야 했다('Bitcoin: A Peer-to-Peer <u>Electronic</u> Cash System').

실물자산을 토큰으로 발행하기 위해서는 제3 신뢰 기관이 필요하다. 현실에서 증권을 발행할 때 제3 신뢰 기관을 이용하는 것과 유사하다. 하지만 기초자산 자체가 디지털이라면 제3 신뢰 기관 없이도 토큰 발행이 가능하며 이를 바로 스마트 컨트랙트와 연계한다면 상당한 편리성과 효율성을 구현할 수 있다. 이 부분은 5장에서 다시 설명하겠다.

정리하면, 토큰과 스마트 컨트랙트로 작동하는 프로토콜 경제를 구현하여 웹 3.0을 실현할 수 있다. 하지만 실물자산을 토큰으로 발행하기 위해서는 여전히 제3 신뢰 기관이 필요하며 스마트 컨트랙트를 실행하는 과정에서 오라클 문제도 발생한다. 모든 것이 디지털인 미래 메타버스 세상에서는 프로토콜 경제 기반의 웹 3.0 실현이 가능하겠지만, 현 상황에서는 여전히 다양한 한계점과 도전과제가 있다.

3.1.3 수익과 보상 관점 웹 3.0 평가

웹 2.0의 또 다른 주요 문제점 중 하나가 플랫폼 기업의 수익 독식이다. 빅테크 플랫폼 기업은 이용자가 제공한 데이터를 기반으로 막대한 광고 수익을 거두고 있으며, 이를 독점하고 있다. 이런 문제점에 대한 대응으로 '수익 배분' 및 '적절한 보상'이 웹 3.0 구현의 주요 관심사다. 이런 관점에서 웹 3.0 구현을 위한 다양한 사례가 소개되는데, 그중 가장 많이 주목받는 분야가 바로 P2E(Play to Earn)다. P2E가 활성화되면서 M2E, C2E, D2E, L2E 등이 소개되고 있으며, 이를 포괄해서 X2E(X to Earn)로 발전하는 추세다.

1) P2E(Play to Earn) 개념

초등학교에 다니는 딸이 어느 날 갑자기 자기가 돈을 벌었다며 자랑스럽게 과자 교환 쿠폰을 선물이라며 보내준 적이 있다. 어떻게 돈을 벌었냐고 물었더니, '캐시워크'라는 어플이 있는데 걷기만 해도 돈이 생기고 거기에 있는 광고도 보고 문제도 풀면 돈이 쌓여서 그 돈으로 쿠폰을 구입할 수 있다고 했다. 그 이후로 아이의 스마트폰 활용을 자세히 살펴보니 상당한 시간을 캐시워크 앱에서 보내고 있는 것을 확인할 수 있었다.

그림 3-15 P2E의 대표 사례, 캐시워크 (출처: 캐시워크 홈페이지)

'캐시워크'는 대표적인 리워드 앱(Reward App)이다. 캐시워크는 걷기만 해도 돈을 주는데, 1만 보를 걸으면 100캐시를 지급한다. 이런 유사한 앱은 구글 플레이에 넘쳐난다. 일정 시간 동안 스마트폰을 사용하지 않으면 캐시가 적립되는 타임스프레드라는 앱도 있고, 잠금 화면을 해제할 때마다 캐시가 쌓이는 캐시슬라이드라는 앱도 있다. 모두 리워드 앱이다. 이런 리워드 앱은 유형에 따라, P2E(Play to Earn), M2E(Move to Earn), W2E(Walk to Earn) 등 다양한 용어를 양산해 내고 있다. 그리고 최근 이런 P2E 개념이 적극적으로 도입되는 분야가 바로 게임이다. 이용자들이 게임에 참여하면 토큰이나 NFT 등을 보상으로 지급해 준다.

그림 3-16을 통해 P2E 개념을 이해해 보자. 다음 그림의 왼쪽을 보면, 이용자가 게임에 참여(Play)하면 수익(Earning)이 제공되는 것을 보여준다.

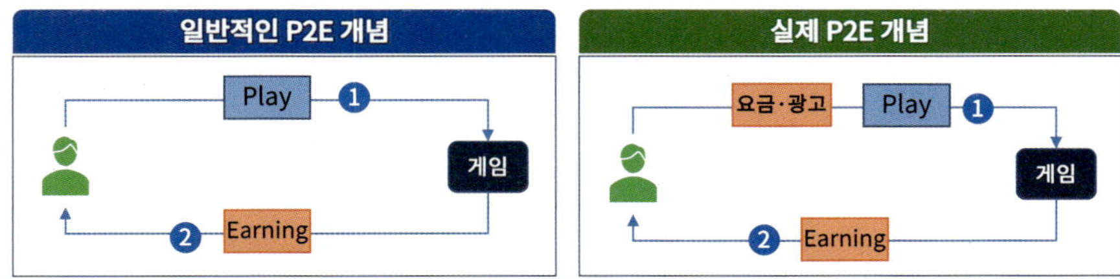

그림 3-16 P2E 개념 이해

하지만 실제 P2E는 조금 다르다. 세상에 공짜는 없다. 앞서 빅테크 플랫폼을 설명하면서 서비스를 이용하기 위해서는 서비스 이용료를 지불하든지, 아니면 최소한 개인정보라도 제공해야 한다고 했다. P2E도 마찬가지다. 그림 3-16의 오른쪽 그림을 보면, 게임을 하기 위해서는 게임 이용료를 지불해야 한다. 그리고 그 이용료의 일부를 보상이나 경품 또는 토큰 형태 등으로 돌려주는데, 우리는 그것을 수익(Earning)이라고 생각한다. 만일 이용료를 지불하지 않는다면 광고라도 봐줘야 한다. 그리고 광고를 통해 발생한 수익의 일부를 이용자에게 돌려주는 것이다.

걷기만 해도 돈을 준다는 캐시워크를 다시 살펴보자. 이는 마치 걷기만 해도 돈이 창조되고, 이렇게 창조된 돈을 이용자에게 보상으로 돌려준다는 개념으로 받아들이게 한다. 그렇다면 게임사는 보상으로 지급하는 돈이 어디에서 나오는 것일까? 캐시워크를 실제 사용해 보면, 하루 동안 걷기로 보상받을 수 있는 최대 금액은 100캐시다. 이것은 사실상 미끼다. 실제로 캐시워크에서는 다양한 광고가 나오고 광고를 시청해야 캐시가 쌓인다. 그리고 문제를 풀면 캐시를 지급받는데, 문제도 광고에 등장한 문구를 맞추는 문제다. 결국 광고를 시청하라는 의미다. 게임사는 광고 노출을 통해 광고 수익을 얻고 그 광고 수익의 일부를 이용자에게 돌려주는 것이다. P2E의 본질은 이용자들이 앱에 참여해서 열심히 광고를 봐주고 광고 수익 중 일부를 이용자에게 돌려주는 것이다. 이런 실체를 알게 되면 참여할 이용자들이 없기 때문에 걷기나 스마트폰 화면 잠금, 스마트폰 잠금 중단 등으로 포장하고 눈가림하는 것이다.

2) P2E 작동원리 이해

P2E라는 개념이 마치 놀기만 해도, 건강한 걷기만 해도, 또는 스마트폰 사용을 줄이는 좋은 행동을 유발하면서 돈까지 벌게 해주는 혁신적인 메커니즘으로 오해하거나 착각한다. P2E라는 용어로 포장했지만, P2E가 가진 본질과 그 작동원리는 항상 있었다. 최근에는 게임에도 P2E가 주목받으면서 게임에 참여해서 토큰이나 NFT로 보상받고 그 가상화폐를 거래소에 팔아서 수익을 보는 방식이 활성화되는 분위기다. P2E의 작동원리를 다양한 관점에서 살펴보겠다.

P2E 작동원리

P2E의 작동원리를 이해해 보자. 그림 3-17에서 몇 가지 P2E 사례를 제시하고 있다.

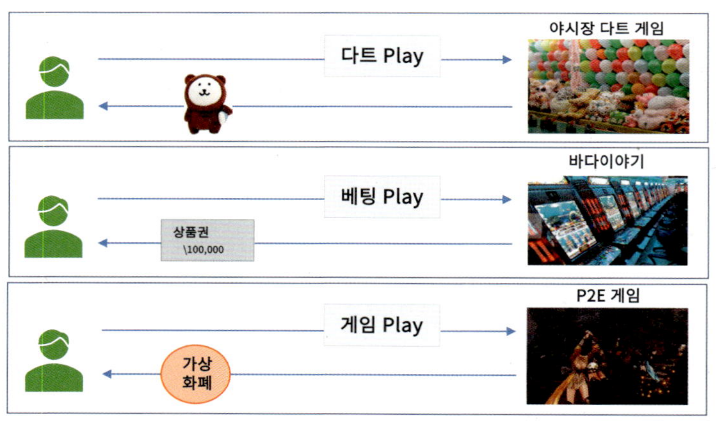

그림 3-17 P2E의 다양한 사례 이해

지금은 민원이 제기되어 보기 드문 광경이 됐지만, 몇 년 전까지만 해도 아파트 단지에 야시장이 종종 들어섰다. 길거리 음식뿐만 아니라 아이들을 위한 다양한 놀이나 게임도 들어섰다. 그중 풍선을 달아두고 다트(Dart)를 던져 맞추면 경품으로 인형을 선물로 주는 게임도 있었다.

2002년 월드컵을 앞두고 관광업계가 관광 활성화를 위해 '상품권의 경품화' 허용을 강력하게 요구했고, 그 요구는 결국 받아들여졌다. 경품이란 이벤트 등을 통해 당첨된 사람에게 상품을 주는 것을 말한다. 즉, 상품권을 경품으로 제공할 수 있게 허용한 것이다. 좋은 취지에서 허용된 '상품권의 경품화'는 나비효과처럼 아무도 예상하지 못한 엄청난 결과와 파장으로 이어졌다. 바로 2000년대 초반 전국을 강타했던 '바다이야기'다. 당시 바다이야기가 정치권까지 연루됐다는 뉴스가 나오면서 파장이 컸으며, 강력한 게임산업법을 제정하게 된 배경이 됐다.

2004년 바다이야기라는 일명 파칭코 게임기기가 국내에 출시된다. 현금으로 베팅하는 게임은 도박으로 간주되어 법으로 금지되어 있다. 하지만 바다이야기는 숫자를 맞추면 상품권을 경품으로 지급했다. 상품권의 경품화가 허용된 상황이었기 때문에 법망을 피할 수 있었다. 그런데 문제는 게임장 바로 옆에 상품권을 현금으로 몰래 교환해 주는 환전소가 함께 운영되고 있었다. 이는 마치 카지노에서 게임 칩을 현금으로 환전해 주는 장소와 동일했다. 경품으로 지급된 상품권은 바로 현금으로 환전할 수 있기 때문에 바다이야기는 사실상 도박이었다. 수많은 사람이 도박에 빠져 모든 재산을 탕진하거나 가정파탄이 나고 목숨을 끊는 사례도 발생했다.

게임을 통해 아이템을 보상받는 사례는 계속 있었다. 그런데 게임이 P2E 게임으로 발전하고 가상자산이나 NFT와 연계되는 분위기로 흘러가고 있다. 게임을 하면서 게임에서 이기면 아이템을 얻거나, 채굴을 통해서 토큰이나 NFT를 보상으로 받는다. 이렇게 보상받은 토큰이나 NFT는 거래소를 통해 현금화할 수 있다.

야시장 다트 게임을 다시 살펴보자. 풍선을 다트로 맞추면 인형을 경품으로 지급해 준다. 만일 야시장 한쪽 구석에서 경품으로 받은 인형을 돈으로 환전해 주는 환전소가 있다면 어떨까? 결국 다트 게임도 도박이 되는 것이다.

3가지 사례를 살펴봤는데, 모두 동일하다. 게임에 참여하고 인형, 상품권, 가상화폐를 경품이나 보상으로 지급받고 이를 현금으로 교환하는 형태로, 모두 P2E에 해당한다.

그림 3-18은 바다이야기와 P2E 게임의 절차를 설명해 주고 있다. 이용자는 바다이야기나 게임에 참여한다. 그러면 보상으로 상품권이나 가상화폐가 지급된다. 이용자는 이렇게 획득한 보상을 상품권 교환소나 가상자산 거래소를 통해 현금화할 수 있다.

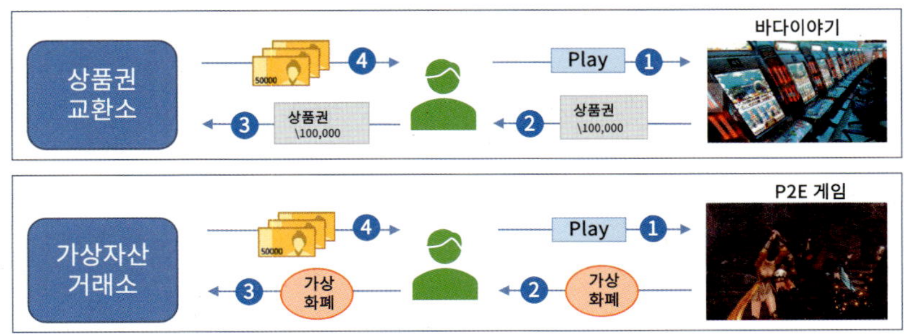

그림 3-18 바다이야기와 P2E 게임

P2E 경품 비용의 출처

야시장, 바다이야기, 게임에서 경품, 상품권, 가상화폐를 보상으로 지급한다고 했는데, 그럼 경품, 상품권, 가상화폐라는 비용의 출처는 어디일까? 게임사는 어떤 비용으로 이런 경품을 마련해서 무상으로 제공할까? 이는 앞서 설명한 캐시워크 모델과 유사하다.

P2E 경품 비용의 출처는 그림 3-19와 같이 총 3가지 정도로 이해할 수 있다.

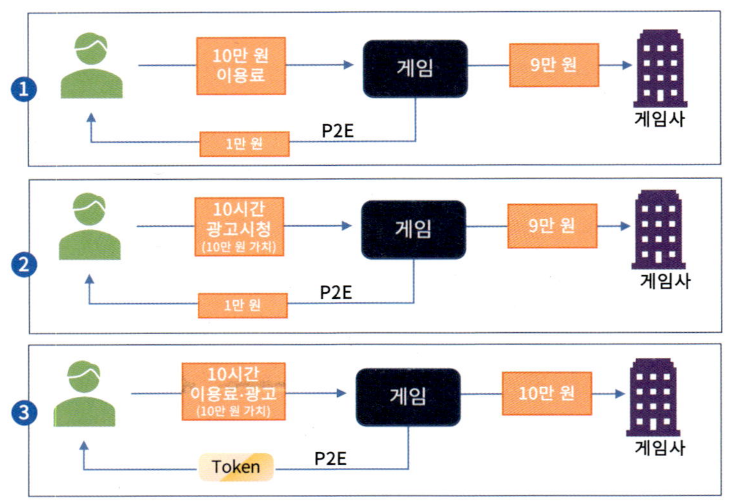

그림 3-19 P2E 경품의 출처 이해

❶ 다트 게임에 참여하기 위해서는 5천 원이라는 비용을 지불해야 하고, 바다이야기 게임을 하기 위해서는 수많은 5백 원짜리 동전을 게임 기계에 투입해야 하고, PC 게임을 즐기기 위해서도 수많은 게임 비용을 지불해야 한다. 그림에서처럼 '10만 원의 비용을 지불하면 1만 원 경품'이라는 명목으로 제공하고, 나머지 9만 원은 게임사가 소유한다.

❷ 이용료를 지불하지 않는다면 그 비용만큼의 광고를 의무적으로 시청해야 한다. 세상에는 공짜가 없다고 했다. 게임사는 수익이 박하다면 결국 광고시청 시간을 늘릴 것이다.

❸ 게임사가 이용료나 광고 수익의 일부(1만 원)를 이용자에게 돌려주지 않고도 보상하는 방법이 있다. 바로 토큰이나 NFT를 발행해서 보상으로 지급하는 것이다.

그런데 ❸의 상황은 왠지 어색하다. 보상으로 지급되는 토큰은 어떤 의미와 어떤 활용성이 있기에 보상으로 활용되는 것일까?

P2E 경품의 활용

P2E를 통해 토큰이나 NFT를 보상으로 받는 상황을 가정해 보자. 보상받은 토큰은 현재는 2가지로 생각해 볼 수 있다. 그림 3-20의 위쪽 그림은 보상받은 토큰의 활용처가 정해져 있는 경우이고, 아래쪽 그림은 토큰의 용도가 별도로 정의되지 않는 상황이다. 먼저 그림 3-20의 위쪽 그림을 보면, 보상으로 토큰을 지급받았는데 그 토큰이 게임이용권이나 게임 아이템 구입에 활용될 수 있는 경우다. 이런 경우에는 이용요금의 일부를 돌려주는 방식이기 때문에 그림 3-19의 ❶ 상황과 동일하다고 할 수 있다.

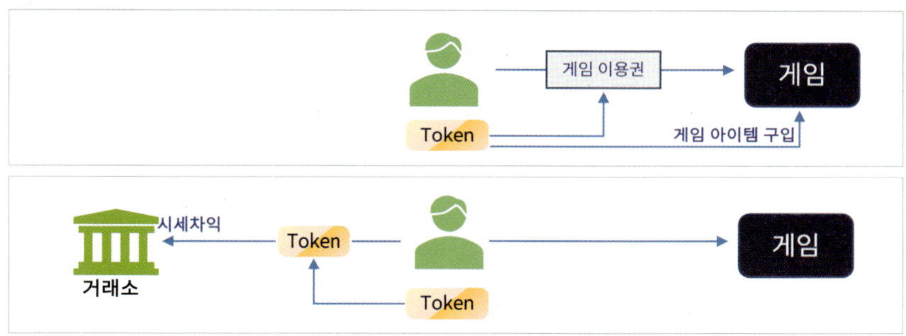

그림 3-20 P2E 경품의 활용성 이해

그런데 3-20의 아래 그림에서처럼, 보상받은 토큰이나 NFT가 다른 어떤 활용 용도 없이 단순히 거래소에서 시세차익을 통해서만 수익을 보는 경우라면 어떨까? 토큰이나 NFT가 특별한 활용성 없이 오로지 거래소에서의 시세차익만 볼 수 있게 설계된 경우라면 명백한 한계점이 있다.

그림 3-21의 왼쪽 그림을 살펴보자. 보상으로 지급받은 토큰이 다른 특별한 활용 용도가 없이 오직 거래소에서 시세차익만을 통해 그 가치를 인정받기 위해서는 한 가지 전제 조건이 필요하다. 토큰의 가격이 계속 상승한다는 전제가 있어야 한다. 현재의 토큰 가격이 앞으로 상승한다는 전제 조건이 있어야 시세 차익을 기대하며 기꺼이 게임에 참여하여 보상으로 토큰을 받고자 할 것이다. 만일 지급받은 토큰의 가격이 더 이상 상승하기 어려운 구조라면 보상받은 토큰의 시세차익을 기대할 수 없다. 시세차익을 기대할 수 없다면 이 토큰은 더 이상 보상으로서 의미가 없다.

토큰의 활용이 오직 시세차익이라면 토큰의 가격이 계속 상승한다는 보장이 있어야 시세차익을 기대하며 게임에 참여할 것이다. 만일 가격이 많이 올라 더 이상 상승하지 않고 현재 가격으로 유지되는 상황이라면 어떨까?

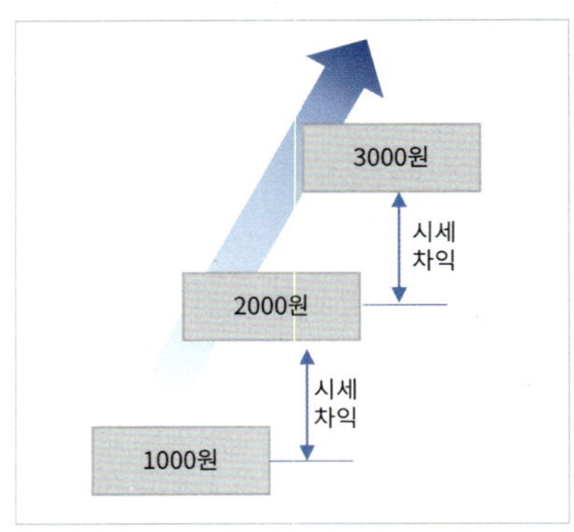

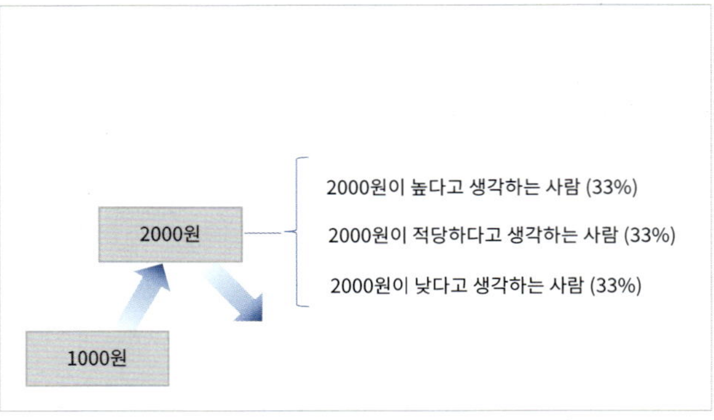

그림 3-21 활용성이 단순 시세차익인 경우의 문제점

그림 3-21의 오른쪽 그림을 살펴보자. 만일 아파트 가격이 1000원에서 2000원으로 상승했다고 가정해 보자. 이때 아파트 거래에 참여하는 실수요자들 중에 2000원이 비싸다, 적정하다, 싸다고 생각하는 사람이 각각 33%씩 존재한다고 가정해 보자. 이럴 경우 2000원으로 형성된 가격은 어떻게 될까? 33%는 높다고 생각하고 팔려고 할 것이고 다른 33%는 낮다고 생각하고 사려고 할 것이며, 따라서 2000원의 가격에 사고파는 거래가 이루어질 것이다. 그리고 나머지 33%는 2000원이 적당하다고 생각하고 그 가격에 그대로 살고자 하기 때문에 2000원이 유지된다. 결국 실수요자만 존재하는 상황이라면 2000원이라는 가격이 유지된다.

이번에는 앞 상황과 동일한 조건인데, 실수요자가 아닌 시세차익을 바라보는 투기 세력만 거래에 참여하는 상황이라고 가정해 보자. 33%는 2000원이 높다고 생각하고 팔려고 할 것이고 다른 33%는 낮다고 생각해서 2000원에 거래가 이루어질 것이다. 가격이 앞으로 2000원으로 계속 유지되는 상황이라면 나머지 33%는 어떤 선택을 하게 될까? 실수요자가 아닌 투기 세력들은 오직 시세차익을 보기 위해 거래에 참여했기 때문에 2000원이라는 가격이 앞으로 계속 유지된다는 생각이 들면 소유할 이유가 없어진다. 기회비용과 대출에 따른 이자 비용도 생각해야 하기 때문에 결국 팔려고 할 것이다. 그렇게 되면 결국 가격은 2000원이 유지되지 않고 하락한다.

보상으로 지급받은 토큰도 그 활용처가 없이 오직 시세차익만을 통해 그 가치가 보장될 수 있다면 한계가 있을 수밖에 없다. 오직 시세차익만 보고 들어왔는데, 더 이상 오르지 않고 그 가격이 유지된다면 토큰을 소유하고 있을 이유가 없다. 결국 팔고 떠나기 때문에 가격은 떨어질 수밖에 없다. 초기 이용자만 시세차익을 통해 돈을 벌고 나머지 대부분의 사람은 돈을 잃게 되는 구조다.

정리해 보자. 아파트 매매에서 실수요자 위주로 거래에 참여한다면 수요와 공급의 법칙에 따라 적정 가격이 설정되고 그 가격대가 유지되거나 완만하게 상승한다. 하지만 일단 투기 세력이 시장에 들어

오면 시장은 왜곡된다. 투기 세력은 실수요자가 아니다. 오로지 시세차익만 바라보고 들어온 사람들이다. 그들에게는 단기간에 가격을 올리고 고점에 팔고 나가야 의미 있는 거래다. 결국 초기 상승장에서 팔고 나간 사람만 돈을 벌고, 나중에 진입한 사람은 돈을 잃게 되는 구조다. 토큰 거래도 마찬가지다. 특별한 활용 용도 없이 거래소에서 거래를 통해 시세차익만 바라볼 수 있게 설계된 토큰은 거의 유사한 패턴을 지닌다. 시세차익만 바라보는 설계라면 가격이 끊임없이 계속 상승해야 이용자들은 계속 시세차익을 바라보며 게임에 참여할 것이다. 하지만 가격이 계속 오를 수는 없다. 더 이상 가격이 상승하지 않는다면, 유일한 목적이자 의미였던 시세차익 실현이 안 되기 때문에 더 이상 게임에 참여할 이유가 없어진다. 게임 참여자는 줄어들고 토큰의 가격은 결국 폭락하게 된다. 다양한 P2E 게임이 소개됐는데, 이들 게임의 패턴을 살펴보면 거의 유사하다. 초기 이용자만 돈을 벌고 나머지 대부분의 사람은 돈을 잃었다. 이것이 시세차익만을 목적으로 설계된 토큰의 구조적 한계다.

그림 3-20을 다시 한번 살펴보자. 게임에서 보상으로 토큰을 지급한다면, 그 토큰의 활용처를 일단 점검해 볼 필요가 있다. 그 토큰이 어떤 활용 목적으로 설계되어 있다면 가치가 있지만, 단순히 거래소에서 시세차익만 볼 수 있게 설계됐다면 그 가치가 지속되기는 어렵다.

P2E의 본질과 한계점

P2E의 본질은 이용자가 게임 이용요금을 지불하든 광고를 시청하든 어떤 가치를 제공했을 때 그 가치의 일부를 돌려받는 것이라고 할 수 있다. 그림 3-22에서처럼 'A = B + C'이기 때문에 이용자가 100이라는 가치를 창조했다면 80을 게임사가 가져가고 나머지 20을 보상으로 지급받는 구조다.

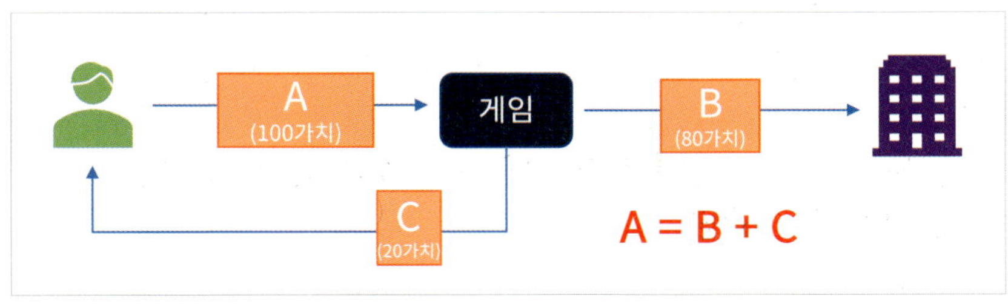

그림 3-22 P2E 본질

그림 3-22를 다른 각도에서 보면, 이용자가 100을 창조했는데 20만 보상으로 받고 있다면 80만큼 오히려 손해를 보고 있다고 해석할 수 있다. 그런데 예를 들어 회사 사장이 종업원을 고용할 때 고용된 사람이 300만 원의 가치를 창조하고 월급으로 300만 원을 요구한다면 사장은 이 사람을 고용할 이유가 없다. 300만 원 월급을 지불하려면 이 종업원은 300만 원 이상의 가치를 창조해야 한다. 그

림 3-22에서처럼 이용자가 100이라는 가치를 창조하고 20이라는 가치만 얻는다고 그것이 손해라고 해석하는 것은 무리가 있다. 게임에 참여하지 않으면 20이라는 가치도 얻을 수 없기 때문이다.

그럼에도 불구하고 현실의 P2E는 상당한 문제점을 내포하고 있다. 예를 들어, 직장에서 기회비용이 너무나 큰 정말 쥐꼬리만 한 월급을 받는다거나, 아니면 뽑기를 통해 월급을 준다거나, 또는 돈 대신 지급 기한이 없는 어떤 어음을 끊어준다면 문제가 있다.

현재 P2E의 한계점을 4가지로 구분해서 설명해 보겠다.

1. 너무 적은 보상
2. 확률에 기반한 보상 제공
3. 활용이 불분명한 보상(경품)
4. 마케팅 기반 악용

먼저, 보상으로 제공되는 금액이 'Earn(수익)'이라는 명칭을 붙이기에 부끄러울 정도로 너무 적은 경우다. 물론 기여 가치가 적으니 보상금액도 적은 것은 당연하다. 하지만 100~200원이라는 보상을 지급하면서 마케팅을 통해 마치 무슨 돈을 벌 수 있다고 홍보하는 것은 무리가 있어 보인다.

캐시워크는 하루에 만 보 걷기를 하면 100캐시를 지급한다. 물론 '돈 버는 퀴즈'를 통해 광고를 시청하고 문제를 풀면 추가적인 캐시가 지급된다. 타임스프레드는 스마트폰을 60분 동안 방치하면 6캐시가 제공된다. 경제활동을 하지 않은 청소년들이나 기회비용에 대한 개념이 없는 사람이라면 '땅을 파봐라 10원이 나오나'라고 생각하면서 기꺼이 참여할 수 있다. 하지만 시간과 노력에 비해 돈을 번다고 하기에는 부끄러운 금액이다.

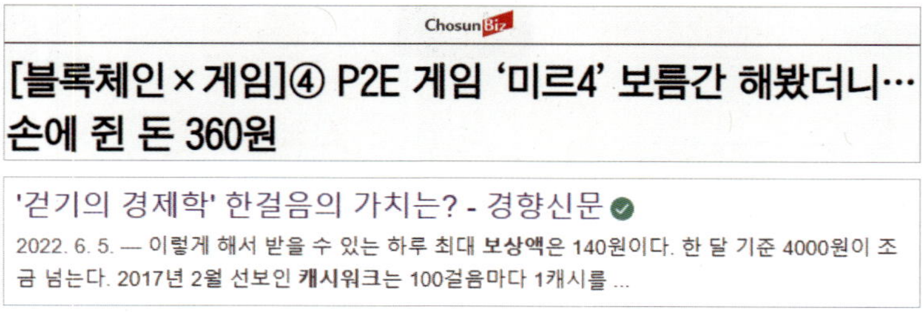

ChosunBiz

[블록체인×게임]④ P2E 게임 '미르4' 보름간 해봤더니… 손에 쥔 돈 360원

'걷기의 경제학' 한걸음의 가치는? - 경향신문

2022. 6. 5. — 이렇게 해서 받을 수 있는 하루 최대 **보상액**은 140원이다. 한 달 기준 4000원이 조금 넘는다. 2017년 2월 선보인 **캐시워크**는 100걸음마다 1캐시를 ...

그림 3-23 P2E 수익 사례 (출처: 조선비즈 기사)

엄격하고 냉정한 의미에서 보자면 현재 소개되는 대부분의 P2E는 돈을 버는 것이 아니라 엄청난 기회비용이 발생하고 시간 낭비를 하고 있다고 보는 것이 더 맞을 것이다. 조금 부정적인 관점에서 보자면, 수많은 사람이 열심히 참여하여 P2E 게임사의 수익을 위해 대신 광고를 시청해 주고 있는 것과 유사하다. 더 격하게 표현하자면, P2E 이용자들은 게임사의 마케팅에 놀아나고 있는 것이다.

두 번째는 보상 지급 방식이 확률에 기반한다는 것이다. 예를 들어 게임에서는 시간과 비용을 많이 투자하면 할수록 더 좋은 장비 아이템을 획득할 수 있는 구조여야 한다. 그런데 아이템 지급 방식이 확률적으로 결정된다. 즉, 복불복이다. 게임사는 악의적으로 의미 없는 아이템이 나올 확률은 높게 설정하고 좋은 아이템이 나올 확률을 매우 낮게 설정하여, 좋은 아이템을 얻기 위해 막대한 시간과 비용을 쏟게 설정해 두었다. 더 큰 문제는 아이템이 나올 확률을 공개하지도 않는다. 아이템을 획득할 확률이 공개되지 않으니 이용자는 막연한 기대를 갖고 시간과 비용을 계속 지불한다. 이것이 바로 최근 게임 업계의 민감한 이슈인 '확률형 아이템 확률 공개'다. 이 부분은 다음 장에서 설명하겠다.

세 번째는 보상으로 제공되는 토큰이나 경품의 활용이 불분명한 경우다. 많은 게임에서 보상으로 토큰이나 NFT를 발행해 준다. 그런데 이 토큰이나 NFT의 활용처가 없는 것이 대부분이다. 오로지 거래소에서 시세차익만 누릴 수 있다. 그런데 앞서 설명했던 것처럼 시세차익만으로 작동하는 것은 한계가 있다.

마지막으로 마케팅적으로 악용할 수 있다는 것이다. 예를 들어 원래 이용 요금이 10만 원이었는데, P2E 게임이라고 홍보하면서 이용 요금을 12만 원으로 인상하고 1만 원을 돌려주는 방식으로 악용할 수 있다.

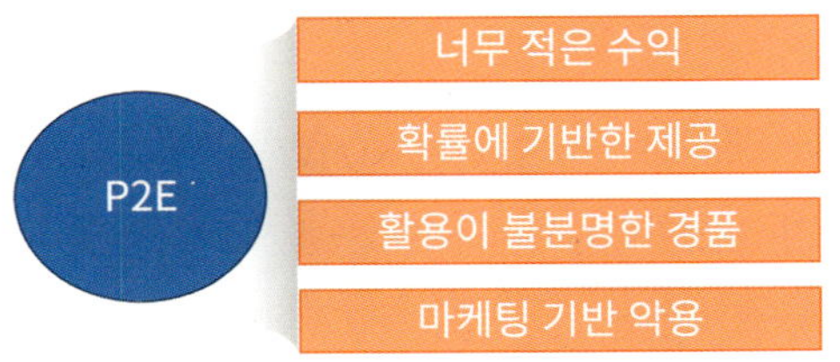

그림 3-24 P2E 한계점 및 문제점

P2E나 캐시워크 같은 콘셉트를 다소 부정적인 시각에서 살펴봤지만, 꼭 그런 것만은 아니다. 예를 들어 건강보험 상품을 판매하는 보험회사에서 금연이나 걷기를 장려하고 보상을 지급하는 P2E를 선보일 수 있다. 고객들이 금연 활동이나 일정한 운동 임무를 수행하면 보상을 지급하는 것이다. 고객들이 건강을 회복하여 진료 · 치료 비용이 줄어든다면 보험회사는 절감한 진료 비용을 보상금으로 충당할 수 있다. P2E는 무조건 부정적으로 볼 게 아니라 어떻게 설계하느냐에 따라 달라진다.

3) P2E 법적 이슈 이해

P2E가 웹 3.0과 연계하여 많이 소개되고 있지만, 국내 P2E 게임은 법적으로 금지되어 있다. P2E 생태계와 향후 웹 3.0과의 연계성을 이해하기 위해 우선 P2E 관련 법적 이슈를 이해하는 것이 필요하다.

P2E 관련 법률 이해

'게임산업진흥에 관한 법률(이하 게임산업법)'이 있다. 법의 명칭에서도 게임산업의 진흥을 위해 제정된 법임을 알 수 있다. 이 법의 제1조(목적)를 보면, 게임산업법의 목적은 게임산업 진흥과 건전한 게임문화 확립이라고 규정하고 있다. 하지만 게임산업법은 게임에 대한 규제 성격이 강하다.

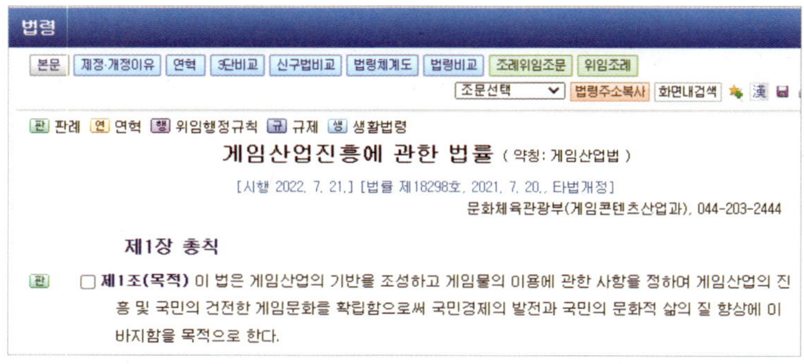

법령

본문 제정·개정이유 연혁 3단비교 신구법비교 법령체계도 법령비교 조례위임조문 위임조례

조문선택 법령주소복사 화면내검색

판 판례 연 연혁 행 위임행정규칙 규 규제 생 생활법령

게임산업진흥에 관한 법률 (약칭: 게임산업법)

[시행 2022. 7. 21.] [법률 제18298호, 2021. 7. 20., 타법개정]

문화체육관광부(게임콘텐츠산업과), 044-203-2444

제1장 총칙

제1조(목적) 이 법은 게임산업의 기반을 조성하고 게임물의 이용에 관한 사항을 정하여 게임산업의 진흥 및 국민의 건전한 게임문화를 확립함으로써 국민경제의 발전과 국민의 문화적 삶의 질 향상에 이바지함을 목적으로 한다.

그림 3-25 게임산업법 (출처: law.go.kr)

게임산업법이 제정된 배경은 바로 바다이야기다. 이러다 보니 게임산업법은 바다이야기가 야기했던 문제점을 모두 규제하는 방식으로 법 항목이 구성됐다. 게임산업법에서 규제 항목을 자세히 살펴보면 3가지로 요약된다. '사행성', '경품', '환금성'이 그것이다. 게임산업법에서는 사행성을 금지하고 있으며, 경품 제공도 금지하고, 환금성도 허용하지 않는다. 하나씩 자세히 살펴보자.

제2조(정의) 이 법에서 사용하는 용어의 정의는 다음과 같다.

1의2. "사행성게임물"이라 함은 다음 각 목에 해당하는 게임물로서, 그 결과에 따라 재산상 이익 또는 손실을 주는 것을 말한다.

가. <u>베팅이나 배당을 내용으로 하는 게임물</u>

나. <u>우연적인 방법으로 결과가 결정되는 게임물</u>

다. 「한국마사회법」에서 규율하는 경마와 이를 모사한 게임물

라. 「경륜 · 경정법」에서 규율하는 경륜 · 경정과 이를 모사한 게임물

마. 「관광진흥법」에서 규율하는 카지노와 이를 모사한 게임물

바. 그 밖에 대통령령이 정하는 게임물

→ 게임산업법 제2조를 보면, 베팅이나 우연적인 방법, 즉 확률에 기반한 게임을 사행성 게임으로 간주하여 이를 금지하고 있다.

제28조(게임물 관련사업자의 준수사항) 게임물 관련사업자는 다음 각 호의 사항을 지켜야 한다.

3. **경품 등을 제공하여 사행성을 조장하지 아니할 것**. 다만, 청소년게임제공업의 전체이용가 게임물에 대하여 대통령령이 정하는 경품의 종류(완구류 및 문구류 등. 다만, 현금, 상품권 및 유가증권은 제외한다) · 지급기준 · 제공방법 등에 의한 경우에는 그러하지 아니하다.

→ 제28조를 보면, 경품을 제공하는 것을 사행성으로 간주하고 금지하고 있다. 단, 완구류나 문구류 등은 예외로 본다. 야시장에서 간단한 완구류를 경품으로 제공하는 것은 법에 저촉되지 않는다.

제32조(불법게임물 등의 유통금지 등) ①누구든지 게임물의 유통질서를 저해하는 다음 각 호의 행위를 하여서는 아니 된다.

7. 누구든지 게임물의 이용을 통하여 획득한 **유 · 무형의 결과물**(점수, **경품**, 게임 내에서 사용되는 **가상의 화폐**로서 대통령령이 정하는 게임머니 및 대통령령이 정하는 이와 유사한 것을 말한다)을 **환전 또는 환전 알선하거나 재매입을 업으로 하는 행위**

→ 게임을 통해 획득한 경품, 가상화폐, 게임머니 등을 환전하는 것을 금지한다.

파이브스타즈 개발사 스카이피플이 게임물관리위원회를 상대로 등급 분류 거부 처분을 취소해 달라는 소송을 제기했지만, 법원에서 이를 기각했다. 법원의 판단은 이러했다. 게임산업법 제28조에 근거하여, 파이브스타즈 속 아이템을 게임산업법상 금지하고 있는 경품으로 보고 사행성을 조장하는 행위로 본 것이다.

연합뉴스 + 구독

P2E게임 불허한 법적 근거는…법원 "NFT, 사행성 경품 해당"

입력 2023.01.16. 오후 2:40 · 수정 2023.01.16. 오후 2:41 기사원문

(서울=연합뉴스) 김주환 기자 = 법원이 P2E(Play to Earn) 게임, 즉 '돈 버는 게임'의 국내 유통 금지 조치가 합당하다고 본 배경에는 게임 보상으로 지급되는 대체불가토큰(NFT)이 사행성 경품에 해당한다는 판단이 작용한 것으로 파악됐다.

서울행정법원 행정4부(김정중 부장판사)는 지난 13일 P2E 게임 '파이브스타즈 for 클레이튼' 개발사 스카이피플이 게임물관리위원회를 상대로 등급분류 거부 처분을 취소해 달라며 낸 소송을 기각했다.

'파이브스타즈'는 플레이하면서 얻은 캐릭터와 아이템을 NFT화해 다른 플랫폼에서 거래할 수 있는 역할수행게임(RPG) 장르의 게임이다.

16일 입수한 사건 판결문에 따르면, 재판부는 '파이브스타즈' 속 NFT화 가능한 아이템을 "게임산업법상 금지하고 있는 경품"으로 보고, 이를 제공하는 것은 "그 자체로 사행성을 조장하는 행위"라고 판시했다.

게임산업진흥에 관한 법률(게임산업법) 28조 3호는 게임물 관련 사업자의 준수사항으로 '경품 등을 제공해 사행성을 조장하지 아니할 것'이라고 명시하고 있다.

그림 3-26 P2E 게임 불허 법적 근거 (출처: 연합뉴스)

게임산업법의 주요 규제 항목을 정리해 보자.

- 기본적으로 사행성 게임을 금지하고 있다. 베팅이나 확률에 기반한 게임을 사행성으로 간주하고 이를 금지한다. 확률형 아이템도 사행성 게임으로 간주하여 규제를 강화하는 추세다.
- 게임을 통해 경품을 제공하는 것을 사행성으로 간주하여 금지한다. 게임을 통해 보상으로 제공하는 P2E 게임은 경품을 제공하는 것으로 보고 사행성으로 간주하여 국내에서는 허용하지 않는다. 최근 이슈가 됐던 위메이드(Wemade)의 P2E 게임인 미르도 국내에서는 P2E가 적용되지 않는 버전으로 출시됐고, 해외에서는 P2E가 적용되어 출시됐다.
- 게임을 통해 획득한 게임머니, 가상화폐 등을 환전하는 것이 금지되기 때문에 게임을 통해 발행된 가상화폐나 NFT를 거래소에서 거래할 수 없다.

확률형 아이템

게임을 하다 보면, 성능 개선 및 기능 강화를 위해 다양한 아이템이 필요하다. 일반 상식으로 볼 때 투입시간과 투입비용에 비례하여 좋은 아이템이 발행되는 것이 맞다. 하지만 아이템은 확률에 기반하여 발행된다. 복불복으로 대박 아이템이 나올 거라는 기대감에 이용자는 계속 뽑기에 도전하면서 더 많은 시간과 비용을 투입했고 이는 고스란히 게임사의 수익으로 이어졌다. 게임사들은 고의로 좋은 아이템이 나올 확률은 매우 낮추고 크게 쓸모없는 잡동사니 아이템이 나올 확률만 높여서 더 많은 비용을 쓰게 악의적으로 설계했다. 이런 확률형 아이템이 그동안 국내 게임사들의 핵심 수익모델이었다. 게다가 이런 확률 정보를 공개하지도 않고 있다.

확률형 아이템이 문제가 되자, 최근 정치권에서도 이를 규제하기 위한 법안을 발의하고 있는 상황이다. 확률형 아이템은 2가지 이슈가 있다. 하나는 확률형 아이템 자체가 확률에 기반하기 때문에 사행성 조장 위험이 있어 규제해야 한다는 것이고, 다른 하나는 게임사가 아이템 획득 확률을 공개하지 않는다는 점이다. 따라서 정치권에서는 아이템 확률을 의무적으로 공개하라는 법안을 제출해 놓은 상태다.

P2E 관련 법률 시사점

경마와 로또도 앞서 살펴본 P2E와 거의 유사하다. 더구나 사행성의 기준이 되는 '우연성'에 의해 결과가 결정되고 현금으로 환전되기 때문에 경마와 로또는 명백한 사행성 게임이다.

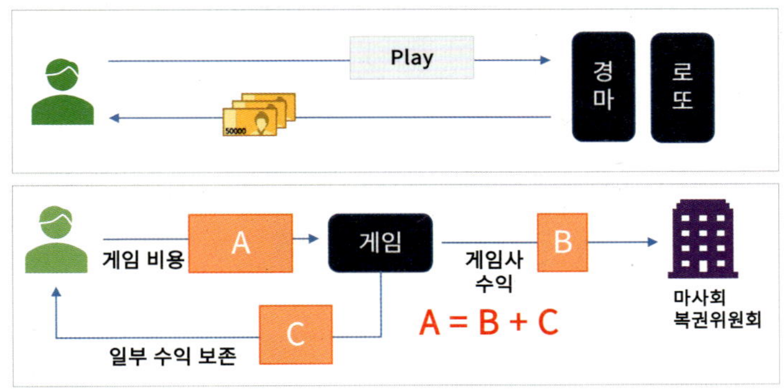

그림 3-27 P2E와 사행성 게임

게임산업법에서는 분명히 사행성 게임을 금지하고 있는데, 경마와 로또가 허용되는 이유는 무엇일까? 그것은 경마와 로또에 관한 특별법이 제정되어 허가하고 있기 때문이다.

복권 및 복권기금법 – 제2조(정의) 이 법에서 사용하는 용어의 뜻은 다음과 같다. 〈개정 2016. 3. 29.〉

1. "복권"이란 다수인으로부터 금전을 모아 추첨 등의 방법으로 결정된 당첨자에게 당첨금을 지급하기 위하여 발행하는 표권(票券)으로서 다음 각 목의 것을 말한다

2. "당첨금"이란 추첨 등을 통하여 복권의 당첨자에게 한꺼번에 또는 분할 등의 방법으로 지급하는 금액[상품으로 지급하는 경우 그 가액(價額)을 포함한다]을 말한다.

3. "복권유통비용"이란 수수료, 광고비, 발행경비 및 세금 등 복권의 발행 · 관리 및 판매를 위하여 지출되는 모든 비용(당첨금은 제외한다)을 말한다.

4. "복권수익금"이란 복권의 판매금액에서 당첨금 및 복권유통비용을 제외한 금액을 말한다.

한국마사회법 – 제2조(정의)

1. "경마"란 기수가 타고 있는 말의 경주에 대하여 승마투표권(勝馬投票券)을 발매(發賣)하고, 승마투표 적중자에게 환급금을 지급하는 행위를 말한다.

7. "환급금"이란 경주에 출전한 말의 도착순위가 확정되었을 때 마사회가 승마투표권발매 금액 중에서 발매수득금 및 각종 세금을 뺀 후 승마투표 적중자 또는 승마투표권 구매자에게 지급하는 금액을 말한다.

P2E 관점에서 비트코인을 한번 살펴보자. 비트코인이 발행되는 원리는 조건을 충족하는 해시값을 먼저 찾으면 승리하는 일종의 게임이다. 게임에서 승리하면 보상으로 비트코인을 지급받는다. 그리고 해시값은 어떤 입력값 대비 랜덤으로 결정된다. 정리하면, 참여자가 채굴 게임에 참여하여 확률에 기반한 해시값을 먼저 찾으면 보상으로 비트코인을 지급한다. 이런 논리라면 비트코인도 전형적인 P2E 게임이며, 그것도 우연에 의해 결과가 결정되는 사행성 게임이다. 그림 3-28은 비트코인이 사행성 P2E 게임과 유사하다는 것을 보여준다.

그림 3-28 비트코인과 P2E

하지만 현재 비트코인은 사행성 게임으로 간주되지 않으며 법으로 금지하지도 않는다. 다양한 해석이 가능하겠지만, 비트코인 채굴을 게임으로 간주하기는 어려워 보이기 때문일 것이다. 금을 채굴하기 위해 땅속에서 열심히 채굴에 참여하는 것을 게임이라고 할 수 없는 것과 같다.

4) 웹 3.0과 P2E

P2E를 웹 3.0 관점에서 간략히 평가해 보자. 2가지 관점에서 살펴보겠다. 하나는 P2E가 과연 유의미하고 가치 있는 서비스인가 하는 관점이고, 다른 하나는 P2E가 웹 3.0의 목표와 가치에 부합하느냐 하는 관점이다.

먼저 P2E는 앞서 살펴봤던 것처럼 어떤 유의미한 수익을 얻는다고 보기 어려우며 어떤 기여에 대한 정당한 대가와도 거리가 있어 보인다. 오히려 상술이나 마케팅 용어에 불과하다는 생각이 든다. 나름대로 의미 있는 P2E나 유사한 서비스 모델도 분명히 있기 때문에 P2E 자체를 비판적으로 볼 생각은 전혀 없다. 하지만 최근 블록체인 연계나 웹 3.0 분위기에 편승한 P2E는 대부분 유의미한 가치가 있는 서비스로 보기 어렵다.

다음으로 P2E가 과연 웹 3.0의 목표와 가치에 부합하는지 살펴보자. 웹 2.0의 문제점은, 다수의 이용자가 개인정보나 다양한 콘텐츠로 플랫폼에 기여하고 있음에도 불구하고 그로 인해 발생하는 수익의 대부분이 플랫폼 기업으로만 돌아간다는 것이었다. 따라서 웹 3.0이 추구하는 가치는 한마디로 '기여에 대한 정당한 보상'으로 이해할 수 있다.

그런데 P2E는 어떠한가? P2E 걷기 앱은 분명 이용자의 걷기를 장려하여 공익적인 측면도 있다. 하지만 대부분 P2E는 어디까지나 기업의 사업모델의 한 형태일 뿐이다. 겉으로는 P2E라는 키워드와 걷기를 통해 국민 건강 증진에 기여한다는 명분을 내세우지만, 실제로는 사람들을 끌어들여 최대한 광고에 노출시켜 수익을 창조하고 그중 일부를 보상이라는 명목으로 지급하는 것일 뿐이다. 걷기는 미끼일 뿐이고 실제는 광고 시청 유도와 광고 수익 실현이다. 이런 P2E를 '기여에 대한 정당한 보상'으로 간주하기는 어려워 보인다.

웹 3.0을 '기여에 대한 정당한 보상'에 초점을 맞춘다면 P2E보다는 유튜브의 수익 공유 모델이 오히려 웹 3.0에 더 가깝다고 볼 수 있다.

3.1.4 DAO(탈중앙 자율 조직) 관점 웹 3.0 평가

웹 3.0과 관련하여 자주 소개되는 또 다른 분야가 바로 DAO(탈중앙 자율 조직)다. DAO와 웹과의 관계에 대해 살펴보고 웹 3.0 관점에서 평가해 보자.

1) DAO(Decentralized Autonomous Organizations) 개념

이더리움 백서를 보면, 이더리움의 활용(Application) 분야로 총 6개 영역을 제시하고 있는데, 첫 번째로 언급된 분야가 'Token Systems'이며, 다섯 번째로 언급된 분야가 'DAO'다.

이더리움 백서에서는 DAO 개념을 다음과 같이 소개하고 있다.

The general concept of a "decentralized autonomous organization" is that of a virtual entity that has a certain set of members or shareholders which, perhaps with a 67% majority, have the right to spend the entity's funds and modify its code.

조직의 67%(2/3) 이상의 대다수가 모여 조직의 자금을 소비하고 코드를 수정할 수 있는 권리를 가지는, 특정 구성원들 혹은 주주들로 이루어진 가상의 조직

Decentralized Autonomous Organizations

The general concept of a "decentralized autonomous organization" is that of a virtual entity that has a certain set of members or shareholders which, perhaps with a 67% majority, have the right to spend the entity's funds and modify its code. The members would collectively decide on how the organization should allocate its funds. Methods for allocating a DAO's funds could range from bounties, salaries to even more exotic mechanisms such as an internal currency to reward work. This essentially replicates the legal trappings of a traditional company or nonprofit but using only cryptographic blockchain technology for enforcement. So far much of the talk around DAOs has been around the "capitalist" model of a "decentralized autonomous corporation" (DAC) with dividend-receiving shareholders and tradable shares; an alternative, perhaps described as a "decentralized autonomous community", would have all members have an equal share in the decision making and require 67% of existing members to agree to add or remove a member. The requirement that one person can only have one membership would then need to be enforced collectively by the group.

그림 3-29 이더리움 백서에 소개된 DAO 개념 (출처: 이더리움 백서)

DAO라는 개념을 좀 더 일반화하여 정리하면, DAO는 어떤 공동의 목적이나 목표를 가지고 자유롭게 조직을 구성하여 모든 참여자가 협의 및 합의를 통해 의사결정을 하고 발생하는 수익을 공평하게 보상받는 조직 구조로 이해할 수 있다.

일반적으로 조직(Organization)이라고 하면 특정 목적을 달성하기 위해 여러 구성 요소가 모이는 집단 또는 협동 체계를 말한다. 조직의 형태로는 중앙화된 조직과 탈중앙화된 조직이 있다. 그림 3-30은 전통적인 중앙화 조직과 DAO의 개념적 차이를 보여준다.

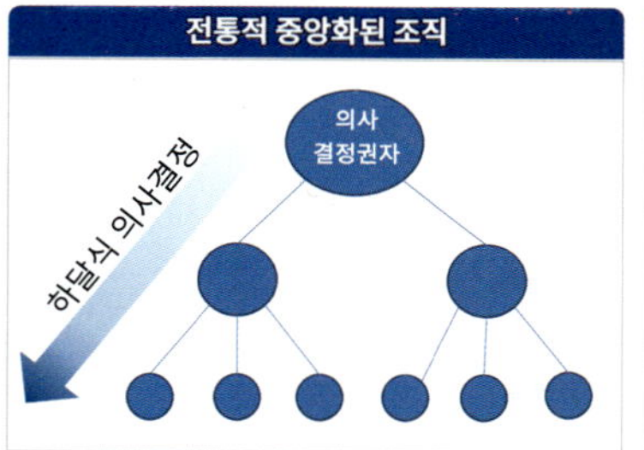

그림 3-30 전통적 중앙화된 조직과 DAO 개념 비교

중앙화된 조직은 일반적으로 최상위 의사결정권자에 의해 의사결정이 이루어지고 책임도 의사결정자에 돌아가기 때문에 절차나 구조가 단순한 반면, DAO는 참여자가 모두 모여 협의와 합의를 통해 의사가 결정되며 책임도 결국 분산되어 돌아가기 때문에 다소 복잡하고 절차도 까다롭다.

탈중앙화된 자율 조직은 이미 다양한 형태로 존재해 왔는데, 대표적인 사례가 '조합'이다. 조합은 민법과 상법에서도 규정하고 있다. 그런데 조합은 2가지 측면에서 DAO와 다르다. 하나는 조직이 활동하는 무대(On-line 또는 Off-line)이고, 다른 하나는 조직 간 신뢰 보장 방안이다.

DAO가 기존 조직 형태와 다른 가장 큰 차이점은 온라인에 기반하여 조직이 결성되고 활동한다는 점이다. 온라인에 기반한 조직의 구성과 활동이 시공간을 초월하여 이루어지며 활동 분야와 의사결정 과정이 그만큼 신속하고 역동적으로 이루어진다. 반면, 조합은 현실 세계에서 공동의 이해관계를 위해 결성된 조직이다.

두 번째 차이는 조직 간 신뢰 보장 방안이다. 중앙화된 기관이나 주체가 없는 상황에서 참여자 간의 신뢰를 보장하는 것은 쉽지 않다. 그래서 조합은 민법, 상법과 같은 법적 요소에 기반하며, 이해관계자 간의 합의에 기초한 계약서 및 제3 신뢰 기관에 의존한다. 반면 DAO는 온라인에 기반하며, 법이나 제3 신뢰 기관 대신, 블록체인이나 스마트 컨트랙트와 같은 기술을 기반으로 한다. 그림 3-31은 DAO가 스마트 컨트랙트나 토큰과 같은 기술을 활용하여 제3 신뢰 기관 없이도 신뢰가 형성되어 작동하는 개념도를 보여준다.

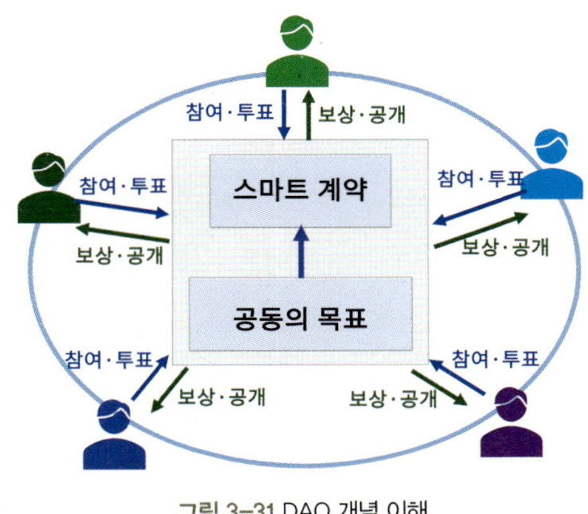

그림 3-31 DAO 개념 이해

DAO가 작동하기 위해 사용되는 스마트 컨트랙트, 토큰, 블록체인 등의 기술은 앞서 설명한 프로토콜 경제 구현 방안과 유사하게 작동한다고 이해하면 된다.

2) DAO와 웹 플랫폼과의 관계

웹 3.0을 대변하는 키워드로 탈중앙화가 주목받으면서 웹과는 별도로 '탈중앙화' 자체에 집중하다 보니 자연스럽게 DAO나 DeFi가 웹 3.0으로 소개되지만, DAO나 DeFi를 웹 3.0과 연계하기 위해서는 먼저 웹과의 연계 관점에서 한번 살펴볼 필요가 있다.

DAO와 블록체인 관계

기존 조직의 형태는 대부분 중앙화된 조직의 형태를 지닌다. 조직의 의사결정권자는 조직을 위한 내규나 규정을 제정하여 내부 조직원이 준수하게 하고 있다. 그리고 대외적으로는 관련 법규 등에 의해 통제받는다.

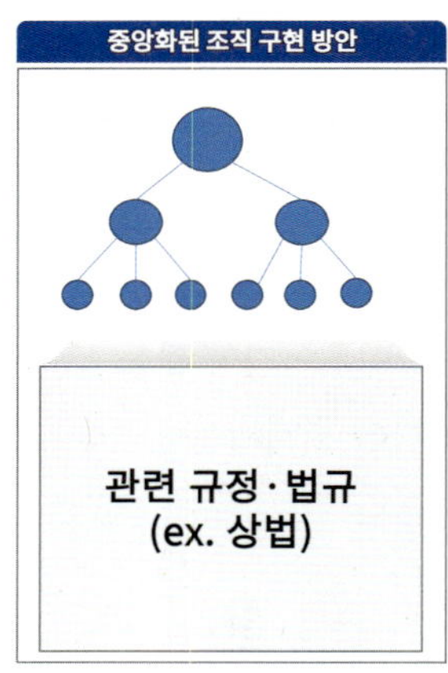

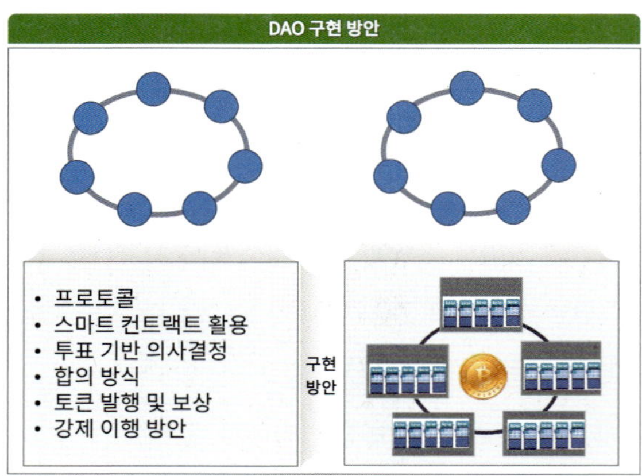

그림 3-32 DAO 구현 방안

반면에 DAO는 탈중앙화되어 있어 이해관계자들의 합의에 의해 규칙(프로토콜)이 정해진다. 합의된 규칙은 스마트 컨트랙트로 코드화되고 조건이 충족되면 토큰을 통해 자동으로 처리된다. DAO 구현을 위해 필요한 프로토콜, 스마트 컨트랙트, 토큰이 상호 작용하기 위한 기반 인프라 기술이 필요한데, 그것이 바로 블록체인이다.

프로젝트 관점 DAO의 의미

DAO는 공동의 이해관계를 위해 자율적으로 구성된 조직이다. 어떤 대의(大義)나 사회운동을 목표로 구성될 수도 있겠지만, 경제적 이해관계, 즉 수익 추구 측면이 많은 것이 사실이다. 어떤 프로젝트에 지분 참여를 하고 수익이 발생하면 해당 수익만큼 보상받는 구조가 가장 흔하다. 그림 3-33은 주식회사와 DAO의 차이점을 설명하고 있다.

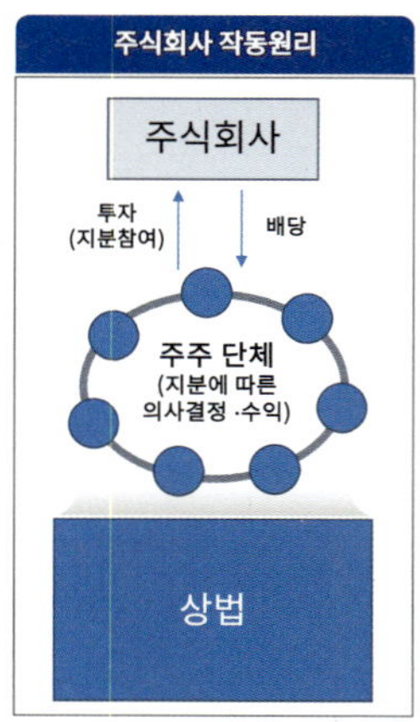

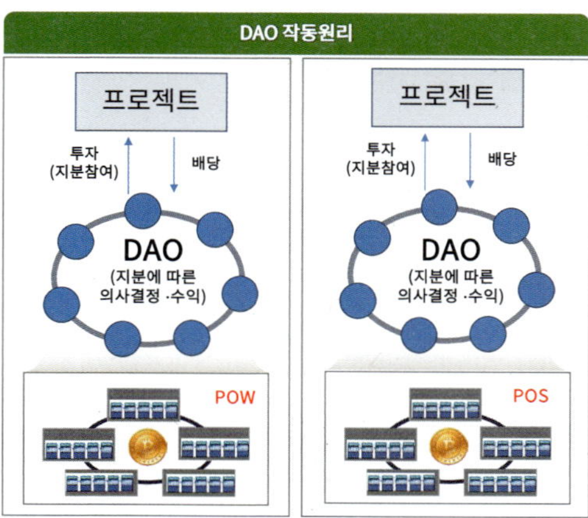

그림 3-33 DAO와 블록체인 관계

어떤 사업을 하기 위해서는 막대한 자본이 필요하다. 대부분 혼자서 자본을 조달하기 어렵기 때문에 다수의 사람으로부터 자본을 유치하고 회사 경영을 통해 발생한 수익은 지분에 따라 나눠줄 수 있다. 이것이 바로 주식회사다. 주식회사도 결국 공동의 이해관계를 위해 구성된 조직이라고 볼 수 있다. 주식회사도 지분에 따라 의사결정과 배당이 결정된다. DAO도 이와 유사하다. 다수의 이해관계자가 지분에 참여하고 지분에 따라 의사결정권 및 수익이 배분되는 구조다. (DAO는 지분에 상관없이 1인 1표로 설정하는 경우도 많다.)

정리하면, 주식회사의 주주는 주식회사라는 공동의 이해관계를 위해 결성된 조직으로서 주주들이 의사결정 참여나 배당을 받을 수 있으며 상법의 통제를 받는다면, DAO는 프로젝트라는 공동의 이해관계를 위해 결성된 조직으로서 조직원들이 의사결정 참여나 배당을 받을 수 있으며 블록체인이라는 기술을 통해 구현된다고 볼 수 있다.

DAO와 웹 플랫폼과의 관계

DAO를 좀 더 명확하게 이해하기 위해서는 DAO를 협의적 개념과 광의적 개념으로 구분해서 이해하는 것이 좋을 것 같다.

DAO를 협의적 관점에서 바라보면, DAO는 기존 조합이나 심지어 주식회사와도 유사하다고 볼 수 있다. 조합은 이해관계자들이 서로 협의 및 합의에 의해 규칙을 정하고 공동의 프로젝트에 참여하여 수익이 발생하면 지분에 따라 수익을 분배한다는 특징을 지닌다. 주식회사도 마찬가지다. 이해관계자들이 회사의 운영에 관한 의사결정에 참여할 수 있으며 회사의 수익이 발생하면 지분에 따라 배당을 받는다는 특징을 지닌다. 이런 관점에서 보면, DAO는 온라인에 기반하고 스마트 컨트랙트와 블록체인이라는 기술을 활용할 뿐 조합이나 심지어 주식회사와 유사한 조직 형태로 볼 수 있다.

DAO를 광의적 관점에서 바라보면, DAO를 특정 프로젝트 투자 조직 정도로 한정하여 바라볼 것이 아니라 해당 생태계에 참여하면서 참여와 기여에 따라 인센티브 기반으로 보상이 돌아가는 생태계 구현을 위한 멤버 정도로 이해할 수 있다.

- **협의적 개념:** 공동의 이해관계를 위해 자율적으로 모인 조직
- **광의적 개념:** 서비스 생태계 참여자

여기에서는 먼저 협의적 관점의 DAO를 살펴보겠다. 유튜브는 유튜브라는 플랫폼과 그 플랫폼을 소유·경영하는 구글로 구분할 수 있다. 유튜브는 동영상을 생산·소비할 수 있는 웹 플랫폼이다. 그리고 이 플랫폼을 소유하고 운영하는 조직이 바로 구글이다. 그리고 구글은 주식회사로서 수많은 주주가 지분 참여를 하고 있다.

그림 3-34는 유튜브 플랫폼과 그 플랫폼의 소유 · 경영 조직을 분리하여 보여주고 있으며, 조직이 구글인 경우와 DAO인 경우로 구분하여 제시하고 있다. 그림 3-34의 왼쪽 그림은 현재 유튜브 플랫폼과 구글의 관계를 보여준다.

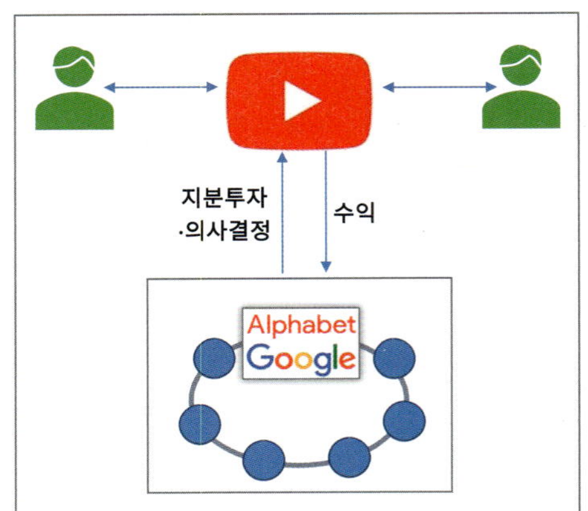

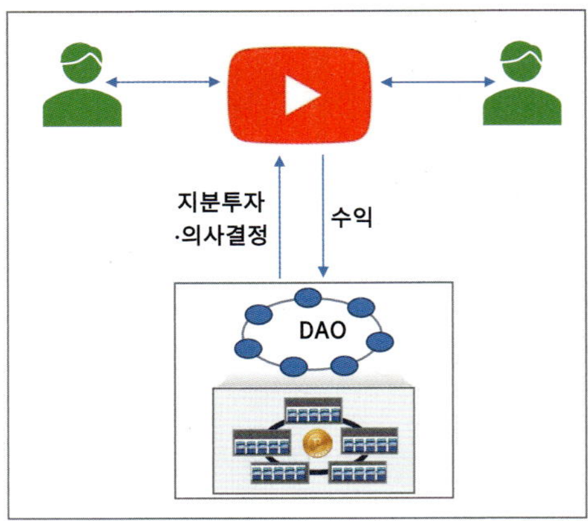

그림 3-34 플랫폼 운영을 위한 2가지 조직의 형태

그림 3-34의 오른쪽 그림은 DAO라는 조직이 '너튜브'라는 서비스를 기획하고 투자하여 운영하는 상황이라고 가정해 보겠다. 누군가가 너튜브라는 동영상 공유 플랫폼을 제안했고 이 제안에 관심을 가진 이해관계자들이 온라인 기반으로 조직(DAO)을 결성했다. 이들은 지분 참여 방식, 의사결정 방식, 플랫폼 운영방식과 배당방식 등을 투표를 통해 합의했고 합의된 내용을 스마트 컨트랙트로 작성하여 블록체인에 저장했다. 너튜브 플랫폼이 정식 출시되어 수익이 발생하자 블록체인에 저장된 스마트 컨트랙트에 따라 수익이 자동으로 투자자들에게 배당됐다.

앞의 사례에서 살펴본 것처럼, DAO도 운영방식이나 작동원리가 주식회사의 모습과 크게 다르지 않다. 주식회사는 오프라인에 기반하고 상법 등에 기반한다면 DAO는 온라인에 기반하고 스마트 컨트랙트 기술 등에 기반한다고 볼 수 있다. 초기 DAO는 법적 통제 장치도 없고 상당히 유연하고 자율적인 모습을 보인다. 하지만 DAO가 발전하고 경제적 이해관계가 심화할수록 기존의 주식회사와 아주 유사한 형태로 변해갈 수 있다.

앞서 웹 2.0의 문제점을 다루면서, 플랫폼 자체가 문제가 아니라 플랫폼을 운영하고 의사결정 하는 기업이 문제라는 것을 지적한 바 있다. DAO는 웹 플랫폼을 소유 · 운영하는 독점 기업과의 비교 관점에서 그 의미를 찾아볼 수 있다.

3) 웹 3.0과 DAO 시사점

DAO가 웹 3.0을 위한 중요한 요소로 소개된다. 웹 2.0의 큰 문제점이 독점 플랫폼 기업이었기 때문에 대안으로 자연스럽게 DAO가 소개되고 있으며, 따라서 웹 3.0 구현을 위한 핵심 요소로 DAO가 자주 언급된다.

웹 3.0과 DAO의 연관성

그림 3-35는 '플랫폼'과 '플랫폼의 소유 · 운영 조직'을 구분하여 제시하고 있다.

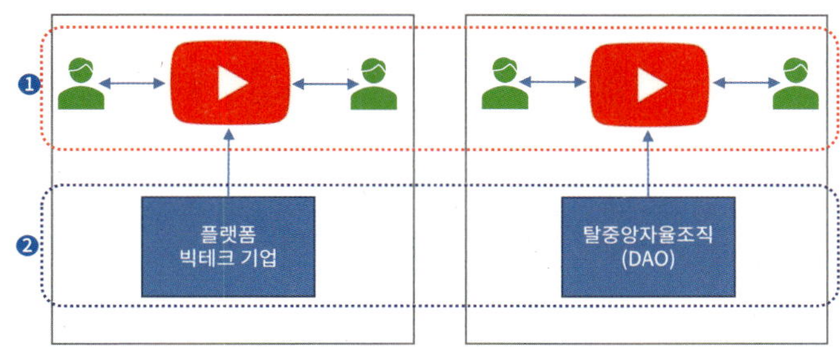

그림 3-35 플랫폼과 플랫폼 소유자의 구분

❶ 웹 플랫폼

❷ 웹 플랫폼 소유 · 운영 기업 · 조직

협의적 관점에서 DAO는 주식회사와 유사하다고 했다. 웹 2.0의 문제점이 플랫폼 자체가 아니라 그 플랫폼의 운영방식에 대해 의사결정 하는 구글이라면, 협의적 관점의 DAO는 구글이라는 주식회사와 유사하기 때문에 DAO 역시 웹 2.0의 문제점을 그대로 지니고 있다고 볼 수 있다.

- 구글은 플랫폼을 소유하면서 독점화하고, 이를 통해 막대한 수익 독점
- DAO는 플랫폼을 소유하면서 독점화하고, 이를 통해 막대한 수익 독점

그렇다면 DAO는 탈중앙화라는 키워드와 겹칠 뿐, 웹 2.0 문제점(플랫폼 소유 및 수익 독점)의 대안은 될 수 없다는 결론에 이르게 된다. 물론 여기에서 DAO는 경제적 이익을 위해 조직된 협의적 개념이라는 가정을 전제로 한다.

웹 3.0과 토큰 이코노미

이제 광의적 관점에서 DAO를 한번 살펴보자. 광의적 관점의 DAO에서는 플랫폼을 특정 개인 또는 조직이 소유하는 것이 아니라 생태계 참여자 전체가 플랫폼의 '소유자'이자, '기여자'이자, '수혜자'가 되는 형태를 말한다.

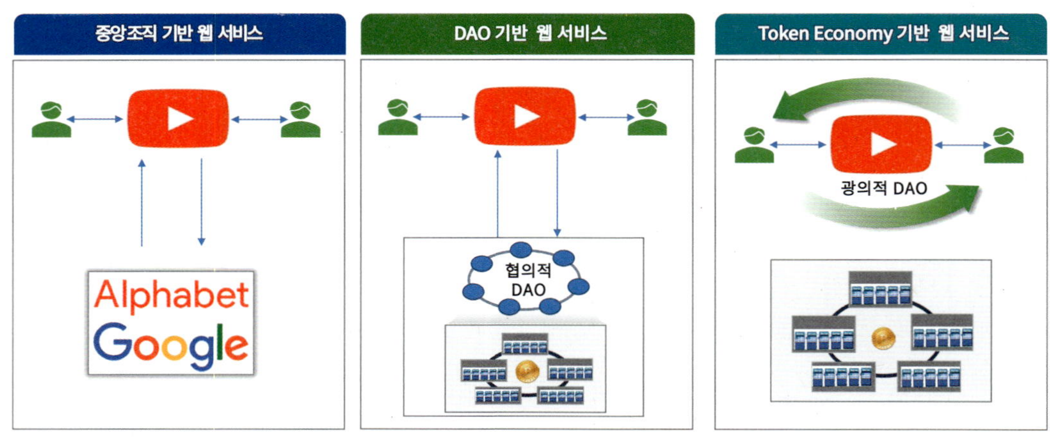

그림 3-36 협의적 DAO 개념과 광의적 DAO 개념

이해관계를 지닌 특정 회사나 조직이 서비스 플랫폼의 운영방식과 수익배분 방식을 결정하는 것이 아니라 생태계 참여자 전체가 의사결정에 참여할 수 있으며 '참여 · 기여에 따라 적절한 보상'이 이루어지는 프로토콜 설계를 통해 생태계 전체가 작동하는 구조다. 이를 보통 '토큰 이코노미'라고 한다. 토큰 이코노미는 특정 중앙 조직이 존재하지 않는 상황에서 자발적 참여 및 작동을 위한 보상체계를 설계하고 토큰 발행 및 제공을 통해 시스템과 서비스가 건전하게 발전해 나갈 수 있도록 설계된 경제 메커니즘을 의미한다. 이것이 독점 플랫폼 대응 관점의 진정한 웹 3.0이라고 볼 수 있다. 그리고 이런 토큰 이코노미를 구현하기 위한 핵심 기술 요소가 토큰, 스마트 컨트랙트, 블록체인 기술이다. 물론 토큰 이코노미를 구현하는 것은 다소 이상에 가깝다. 하지만 구현을 위한 지속적인 고민과 노력은 계속 필요해 보인다.

3.2 DeFi(탈중앙화 금융) 사례 평가

앞에서 웹 3.0 사례로 총 5가지를 선별했다. 데이터 분산, 프로토콜 경제, P2E, DAO는 3.1절에서 살펴봤고, 마지막 DeFi를 3.2절에서 다루겠다. DeFi와 웹 3.0의 연계성을 한번 냉정한 시각으로 살펴보자. DeFi와 웹 3.0의 관련성 여부는 차치하고라도, 많은 사람이 DeFi를 잘못 이해하거나 DeFi와 관련해 많은 오해와 왜곡을 양산하고 있다. 따라서 이번 3.2절에서는 다소 많은 지면을 할애해 DeFi에 대해 살펴볼 예정이다.

3.2.1 DeFi 올바른 개념

비트코인, 이더리움, 블록체인, NFT 등이 언론에 자주 소개된다. 하지만 비트코인, 이더리움, 블록체인을 명확하게 구분하여 설명할 수 있는 사람은 거의 없었다. 또한 토큰과 NFT 개념을 정확하게 구분하여 제시하는 사람도 없었다. DeFi도 마찬가지다. DeFi에 대한 올바른 개념 이해 없이 DeFi를 막연히 가상화폐와 관련된 금융 정도로 생각하는 사람이 의외로 많다. 물론 정확하게 정립되지 않는 상황에서 이해관계자들이 본인의 이해관계에 따라 다양한 용어와 개념으로 남발하다 보니 이해하기 힘든 것이 사실이다. 따라서 여기서는 DeFi를 설명하기 전에 DeFi의 올바른 개념부터 살펴보겠다.

1) DeFi 개념 이해

DeFi는 '<u>De</u>centralized <u>Fi</u>nance'의 약자다. DeFi 이해를 위해 먼저 Finance(금융)를 이해하고, 이어서 DeFi의 개념도 이해해 보겠다.

금융(Finance)

금융의 개념을 살펴보면, 간단히 '금전의 융통', 즉 금전을 빌려주고 이자와 함께 갚는 행위를 말한다. 쉽게 말하면 돈을 빌려주고 갚는 행위를 금융이라고 볼 수 있다. 돈을 빌려주는 것은 리스크가 존재하며 기회손실 또한 발생한다. 따라서 돈을 빌려주고 원금만 받는 경우는 없고, 이자를 함께 지급해야 한다. 그림 3-37은 금융의 개념을 보여준다.

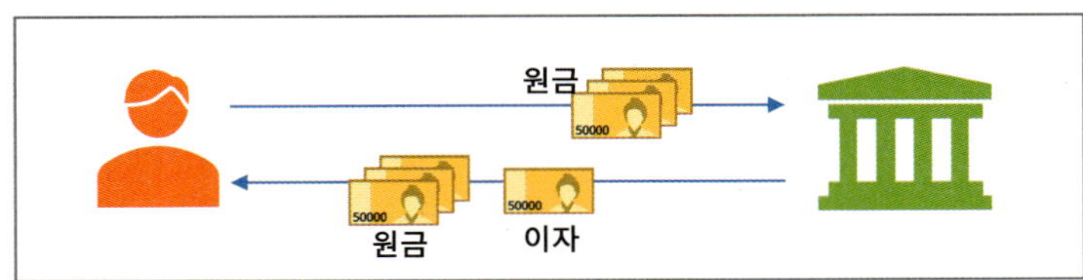

그림 3-37 금융의 개념

자금 거래가 이루어지는 시장을 금융시장이라고 한다. 금융시장은 몇 가지 특징이 있다. 금융시장에는 돈을 빌리는 사람과 빌려주는 사람이 모두 참여한다. 또한 돈거래는 리스크가 크고 신용 문제가 있기 때문에 일반적으로 중개 기관이 필요하다. 따라서 금융시장에는 돈을 빌리는 사람, 돈을 빌려주는 사람, 그리고 중개 기관이 존재한다.

돈을 빌릴 사람이 돈을 빌려줄 사람을 일일이 찾아다닐 경우 높은 탐색비용이 발생한다. 따라서 중간에 돈에 대한 수요자와 공급자를 매칭해 줄 중개 기관을 두면 효율적이다. 또한 돈거래에서 신용 문제가 발생할 경우 중개 기관을 통해 신용 점검 및 리스크를 줄일 수 있다. 금융시장에서 이런 중개 기관을 금융기관이라고 한다. 그림 3-37은 금융시장의 참여자들과 활동 절차를 보여준다.

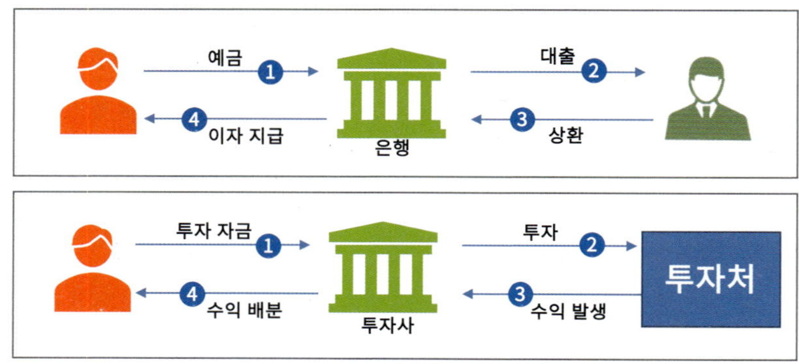

그림 3-38 전통적 금융 메커니즘 이해

정리하면, 금융이란 돈을 빌리고 이자와 함께 갚는 행위를 말하며, 금융시장에는 돈에 대한 수요자와 공급자 그리고 중간 금융기관이 존재한다. 금융기관의 대표적인 사례로는, 은행, 종합금융회사, 투자신탁회사, 증권기관, 상호저축은행, 보험회사, 여신전문금융기관 등이 있다.

DeFi (Decentralized Finance)

이제 DeFi를 이해해 보자. 전통적인 금융은 항상 중간에 중개 기관(금융기관)이 존재한다. 중개 기관은 신뢰 보장을 위해 필요한 요소지만, 과도한 중개 수수료 및 다양한 도덕적 해이(Moral Hazard)가 발생하고 있다. 따라서 이런 중개 기관을 제거하고 기술로서 신뢰를 보장해 보려는 시도가 있는데, 그것이 바로 DeFi다. De-Fi는 중앙의 중개 기관 또는 제3 신뢰 기관 없이 개인 간 직접 금융거래를 하는 것을 의미한다. 그림 3-39는 DeFi의 개념을 보여주며 그림 3-38과 대비된다.

그림 3-39 DeFi(탈중앙 금융) 개념

P2P(Peer to Peer) 금융 거래는 탐색비용 이슈도 있지만, 무엇보다도 신뢰를 보장하기 어렵기 때문에 그동안 주목받지 못했다. 그런데 블록체인과 스마트 컨트랙트 기술 등이 도입되고 제3 신뢰 기관 없이도 신뢰를 보장할 수 있는 방안이 소개되면서 P2P 금융(DeFi)이 본격적으로 주목받게 되었다.

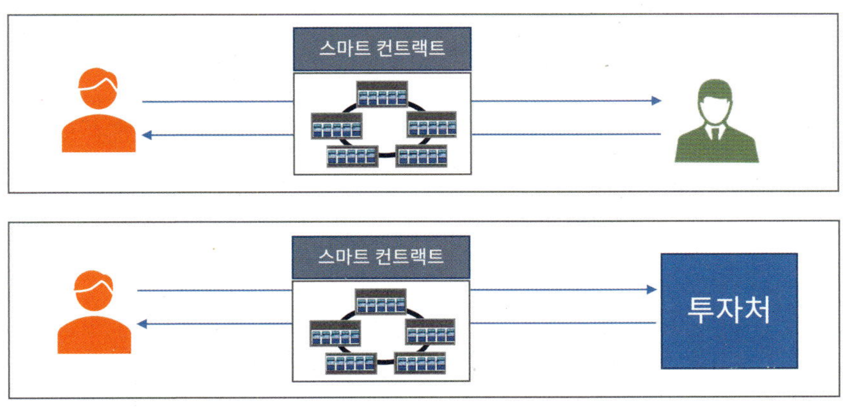

그림 3-40 DeFi 신뢰 구현 방안

2) DeFi가 웹 3.0인가?

그럼 DeFi와 웹 3.0은 어떻게 연계될 수 있을까? 그림 3-41을 살펴보자. 웹 2.0과 웹 3.0은 웹이라는 관점에서 접근하고 CeFi와 DeFi는 금융이라는 관점에서 접근해야 하는데, '탈중앙화'라는 키워드에만 집중하여 'DeFi'와 '웹 3.0'을 서로 연계시키다 보니 웹 3.0의 사례가 DeFi가 되어 버렸다.

그런데 이런 논리라면, CeFi는 웹 2.0 사례라는 모순에 빠지게 된다. 하지만 CeFi를 웹 2.0이라고 이야기하지 않는다.

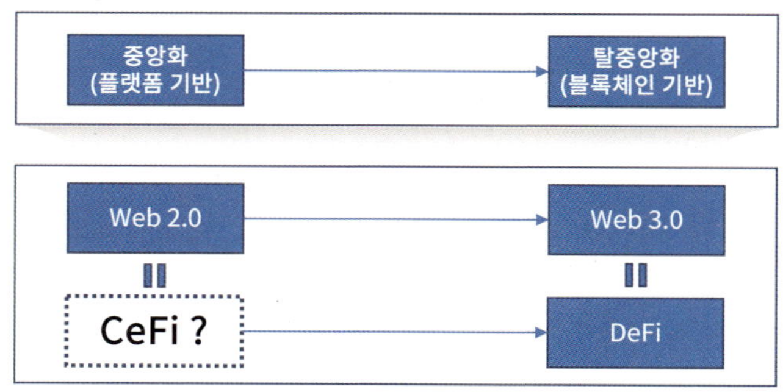

그림 3-41 웹 3.0과 DeFi 관련성

웹 3.0은 철저하게 웹이라는 관점에서 접근해야 하는데, 웹 3.0이 추구해야 할 가치 중 하나인 '탈중앙화'에만 너무 집중하다 보니 웹과 상관없더라도 '탈중앙화'와 엮을 수 있는 것을 가져다가 웹 3.0이라고 우기고 있는 상황처럼 보인다.

3.2.2 현행 DeFi 문제점

현재 웹 3.0에서 가장 자주 소개되는 서비스 영역 중 하나가 DeFi인데, 많은 사람이 DeFi의 개념을 잘못 이해하거나 본인에게 유리한 명분(탈중앙화, 익명성 등)만 내세우며 전통적으로 금융이 가졌던 문제점들을 그대로 답습해 가고 있다. FTX 파산이나 테라 폭락 그리고 위메이드 사태 모두 법의 테두리에서 벗어나 과거 금융이 가졌던 문제점을 그대로 재현하고 있다.

현행 DeFi의 문제점을, DeFi 개념 혼동, 전통적 금융 문제점 답습, 폰지사기, 코인과 토큰에 대한 오해 관점에서 한번 살펴보겠다.

1) DeFi 개념 혼동

DeFi는 크게 2가지 관점에서 개념을 혼동하여 이해하는 것 같다. 하나는 앞서 설명한 탈중개 관점이고, 다른 하나는 가상자산 관점이다. 그림 3-42는 DeFi 이해에 대한 다양한 관점을 보여준다. 하나는 탈중개 관점이고, 다른 하나는 전통적인 중개 기관을 유지하면서 금전 대신 가상자산을 빌리고 빌려주는 관점, 마지막은 가상자산을 탈중개 기반으로 빌리고 빌려주는 관점이다.

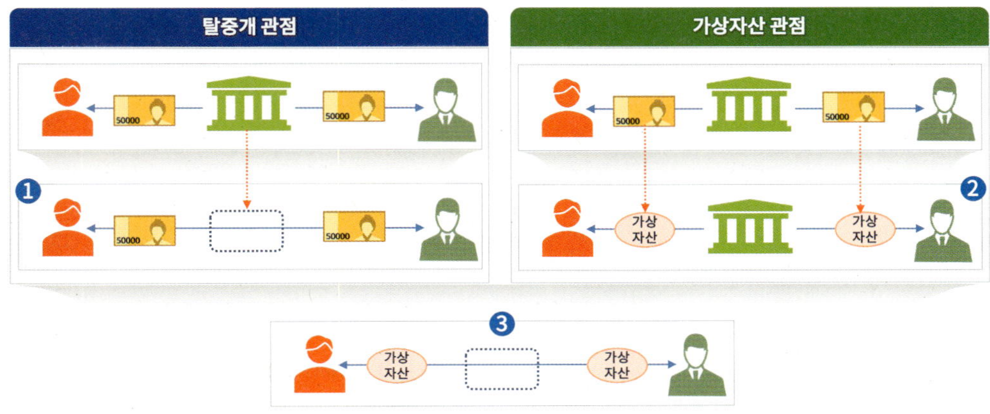

그림 3-42 DeFi 개념 규명을 위한 접근 관점

❶ **탈중개 관점**: 전통적 화폐 · 자산 기반 탈중앙 · 탈중개 금융

❷ **가상자산 관점**: 가상화폐 · 가상자산 기반 중앙 · 중개 금융

❸ **탈중개 · 가상자산 관점**: 가상화폐 · 가상자산 기반 탈중앙 · 탈중개 금융

다양한 DeFi 사례

가상자산(가상화폐)이 탈중개 기반으로 거래 및 운영되는 것으로 착각하는 사람이 많은데, 현재 대부분 가상자산 금융은 운용사나 중개 기관을 기반으로 이루어진다.

'중개 · 탈중개' 관점과 '금전 · 가상자산' 관점을 다양하게 조합하면 그림 3-43과 같이 총 7가지 시나리오가 가능하다.

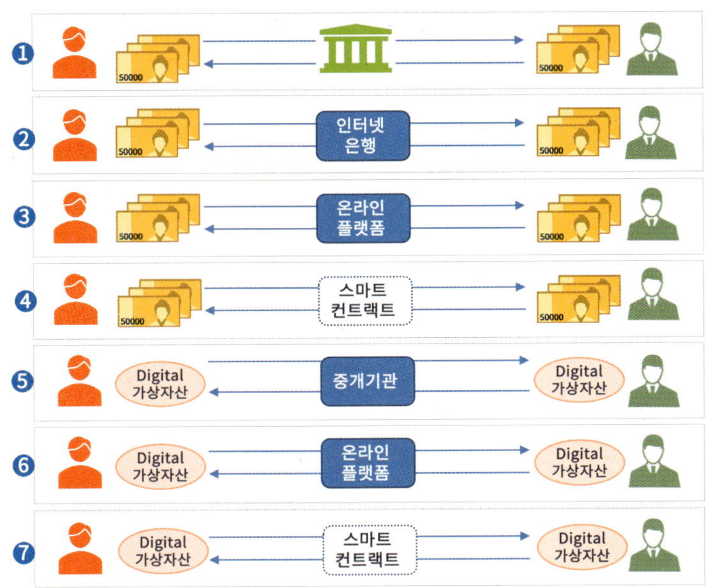

그림 3-43 다양한 금융 유형과 DeFi 개념 정의

❶ 상황은 전통적인 금융의 모습을 보여준다. 물리적인 금융 사업장 · 영업장이 존재하며, 단순 금융 매칭 서비스가 아니라 자금을 모아서 대출 업무 등을 운용한다고 볼 수 있다. 그리고 이런 상황에서는 은행법에 의해 법적 통제를 받는다.

❷ 상황은 인터넷 은행이다. 물리적인 사업장 · 영업장이 존재하지 않으나, 금융업무는 ❶번 상황과 유사하다. 그리고 인터넷 은행은 인터넷전문은행법에 의해 법적 통제를 받는다.

❸ 상황은 은행이나 금융업이 아니라 단지 온라인 플랫폼 기반으로 금융 수요자와 공급자를 연계해 주는 서비스다. 물리적인 사업장 · 영업장이 존재하지 않으며 단지 금융 수요자와 공급자를 온라인 플랫폼 기반으로 1:1 또는 1:N으로 매칭만 시켜준다. 온라인 금융 플랫폼은 온라인투자연계금융업법에 의해 법적 통제를 받는다.

❹ 상황은 전통적인 화폐 · 금전을 이용하지만, 은행이나 중개 플랫폼이 존재하지 않는다. 단지 스마트 컨트랙트와 블록체인 기술을 활용하여 P2P 금융 거래를 지원한다. ❹ 상황에서는 적용할 수 있는 법이 없으며, 단지 스마트 컨트랙트 기술을 활용한다.

❺ 상황은 가상화폐 · 가상자산을 이용하지만, 전통적인 중개 기관이 존재하는 상황이다. 현재 가상자산 거래소이면서 다양한 가상자산 금융을 취급하는 바이낸스나 파산 신청을 했던 FTX가 대표적인 사례다. 이 상황에도 적용받는 법은 없다.

❻ 상황은 가상화폐 · 가상자산을 온라인 플랫폼을 통해 거래하는 상황이다.

❼ 상황은 가상화폐 · 가상자산이 중개 기관이나 중개 플랫폼 없이 스마트 컨트랙트를 통해 P2P로 금융 거래가 이루어지는 상황이다.

다양한 DeFi 시나리오를 살펴봤는데, ❸ 상황은 일반적으로 'P2P 대출'이라고 한다. 그리고 DeFi라고 하면 일반적으로 ❺, ❻번 상황으로 이해한다. 즉, 가상화폐나 가상자산을 거래소나 가상자산 금융기관에 예치하면 대출 및 투자활동을 통해 발생한 수익을 되돌려 주는 방식이다. 국내 가상자산 거래소는 규제가 엄격하여 거래 서비스 외에 가상자산을 활용한 금융서비스는 하지 않지만, FTX나 바이낸스 같은 외국계 거래소는 적극적으로 금융서비스를 진행하고 있다. 그리고 개인적으로 DeFi를 이렇게 규정하는 것은 맞지 않다고 생각하지만, 우선 현업에서는 이렇게 많이 이해하고 있다.

DeFi를 어떤 관점에서 이해해야 하나?

금융을 사전에서 찾아보면, 금전을 금융기관 통해 융통(대출, 원금 상환, 이자 변제)하는 것으로 정의한다. 현실에서 다양한 DeFi 시나리오를 예상할 수 있었는데, 이런 DeFi 사례들이 타당하고 적정한지를 검토하기 위해 다음 그림 3-44와 같이 총 5가지 관점에서 살펴볼 수 있다.

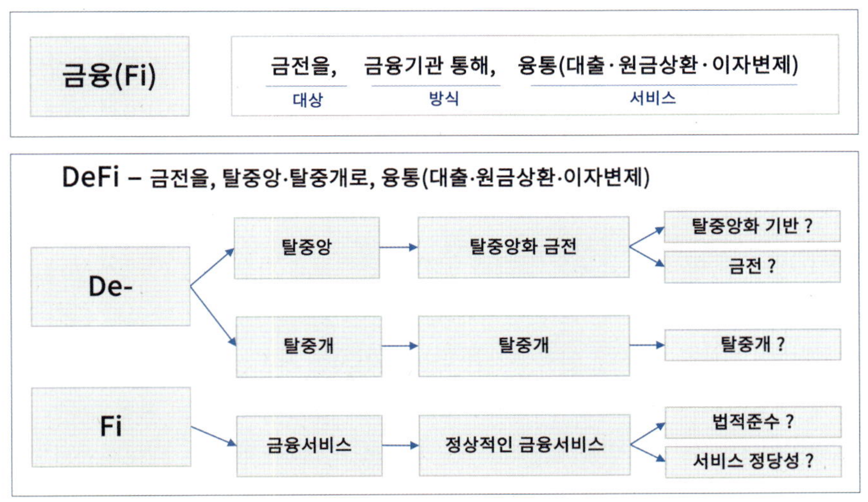

그림 3-44 DeFi 개념 이해를 위한 다양한 관점

- 소개되는 DeFi가 탈중앙화 기반인지?
- 금융으로 거래되는 대상이 금전에 해당하는지?
- 금융 거래가 탈중개로 진행되는지?
- 법적 요구조건을 준수하는지?
- 금융 서비스가 목적에 부합하고 서비스 정당성을 확보했는지?

먼저 탈중앙화 기반인지 관점에서 살펴보자. 전통적인 금전은 모두 중앙화 기반으로 발행 및 거래된다. 그럼 토큰과 코인 같은 가상자산은 어떤가? 많은 사람이 가상화폐 · 자산을 탈중앙 기반으로 발행 또는 거래되는 것으로 착각하는데, 현재 거래되고 유통되는 대부분 가상자산은 모두 중앙화 기반이다. 탈중앙화 기반으로 발행 및 거래되는 것은 비트코인을 비롯하여 손으로 꼽을 정도다. FTX라는 거래소에 가상자산을 예치하면 이자로 FTT라는 가상화폐를 지급하는데, FTT는 FTX라는 회사가 발행하는 가상화폐다. 위메이드에서 발행하는 위믹스(WEMIX)도 마찬가지다.

다음은 금전에 해당하느냐는 관점이다. 비트코인, 코인, 토큰 모두 가상화폐라는 명칭으로 사용되다 보니 법정화폐와 유사한 화폐 개념으로 이해하거나 금전으로 오해하는 경우가 많다. 비트코인은 화폐 목적으로 발행된 것이 맞다. 하지만 그림 2-70에서 살펴봤던 것처럼 비트코인과 일부 스테이블 코인을 제외하면 대부분 금전에 해당되지 않는다.

다음은 탈중개 관점이다. 탈중개란 중개 기관이 없이 당사자 간 직접 거래하는 것을 말한다. 앞선 그림 3-43에서 ❸번은 중개 기관 없이 온라인 플랫폼 기반으로 거래하기 때문에 탈중개로 생각할 수 있지만, 온라인 플랫폼도 엄연한 중개 플랫폼이다. '배달의 민족'도 이해 당사자를 서로 매칭해주는 온라인 중개 플랫폼이다. 많은 사람이 가상자산 금융이 ❼번 사례처럼 처리되는 것으로 이해할 수 있지만, 실제로 대부분 가상자산 금융은 ❺, ❻번 방식으로 처리된다.

다음은 법적 요건 준수 여부다. 금융은 상당히 민감한 영역이고 가장 많은 사고가 발생하는 산업이기도 하다. 따라서 전통적인 금융은 모두 강력한 법에 의해 통제받고 있다. 예금과 대출 서비스를 하는 은행은 은행법의 통제를 받으며, 금융투자를 하는 투자사는 자본시장법의 통제를 받는다. 그런데 가상화폐의 경우에는 마치 금전처럼 소개하고 금융처럼 거래하면서, 다른 한편으로는 가상화폐가 탈중앙화 기반이기 때문에 적용받을 법이 없다는 식으로 포장하면서 법의 테두리에서 벗어나 온갖 금융 사기를 치고 있는 것이 현실이다.

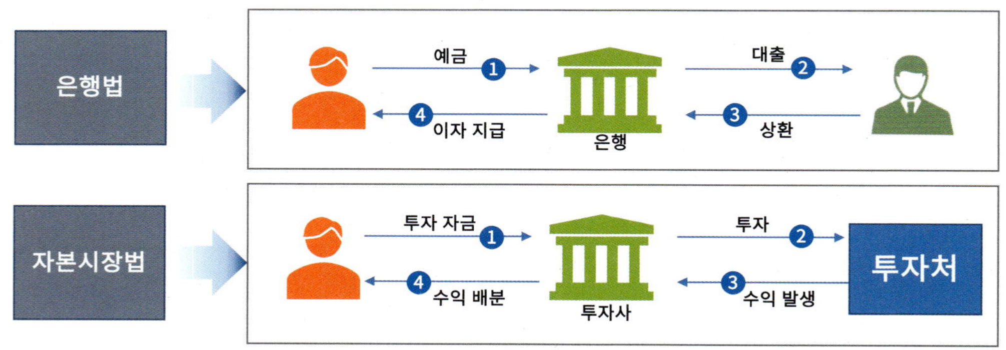

그림 3-45 전통적 금융의 컴플라이언스

마지막으로 금융 서비스의 정당성 측면이다. 그림 3-46은 전형적인 금융 서비스(대출, 투자)를 보여준다. 금융기관(은행, 투자사)은 예금자 · 투자자에게 금융 상품을 소개하고, 예금 · 투자 자금을 받아 대출 · 투자를 하고, 이자수익과 투자수익이 발생하면 예금자나 투자자에게 이자나 투자수익을 배분해 주는 방식으로 진행된다. 그런데 그림 3-46의 ❶, ❷, ❸, ❹ 영역에서 문제가 발생할 수 있다.

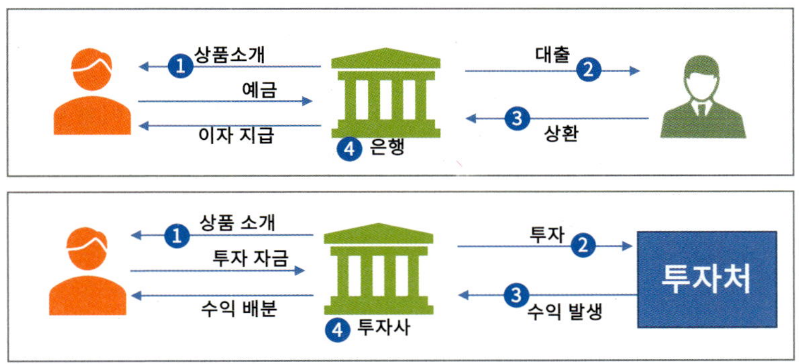

그림 3-46 금융 생태계 요소 식별 및 문제점 발생 지점 식별

❶ 금융기관이 금융상품을 소개하는 과정으로, 예금과 투자를 유치하는 과정에서 투자자를 속이거나 잘못된 정보 제공을 통해 예금자나 투자자에게 손해를 끼치는 경우가 실제로 종종 발생한다.

❷ 금융기관이 예금 또는 투자금을 유치했으면 약속한 곳에 대출이나 투자활동을 해야 하는데, 투자금을 다른 곳으로 도용하거나 빼돌리는 문제가 발생한다.

❸ 대출 활동이나 투자활동을 통해 발생한 수익을 예금자나 투자자에 되돌려줘야 하는데, 대출 활동이나 투자활동과 무관한 방식으로 이자나 수익을 지불하는 문제가 발생한다. 예를 들면 폰지사기다.

❹ 금융기관은 고객이 맡긴 자금을 책임지고 잘 운용해야 하는 의무를 가지고 있지만, 리스크 관리 등의 의무를 소홀히 하는 경우가 많다.

이를 다시 간략하게 정리하면,

1. 예금 · 투자 상품에 대한 정보를 고객에게 정확하게 설명해 줘야 한다.
2. 예금이나 투자금은 약속한 목적에 맞게 운용돼야 한다.
3. 투자수익으로 이자를 지급하고 수익을 배분해 줘야 한다.
4. 금융기관은 리스크를 잘 관리해야 할 의무가 있다.

2) 전통적 금융 문제점 답습

오늘날 금융시스템은 하루아침에 이루어진 것이 아니다. 그동안 수많은 금융사기나 금융 문제점들이 있었고, 이런 문제점들을 차단하고 건전한 금융 서비스를 구현하기 위해 꾸준히 개선하는 과정에서 오늘날 금융시스템으로 안착했다고 볼 수 있다. 그리고 오늘날 금융시스템의 근간에는 강력한 법과 규제가 자리 잡고 있다.

현재 DeFi는 '가상화폐 또는 가상자산'을 기반으로 한 금융(예금, 대출, 투자)으로 많이 이해한다. 그런데 문제는 이런 가상자산 금융이 과거 전통적인 금융이 가졌던 문제점을 그대로 재현 및 답습하고 있다는 점이다. 더 큰 문제는 기존 금융은 이제 법적 테두리에 의해 통제되고 보호받지만, 가상자산 금융은 아무런 법적 통제 장치 없이 고삐 풀린 망아지처럼 잠재적인 폭탄을 양산하고 있다는 점이다. 악습과 사기행각은 그대로 답습하면서 악습을 규제하기 위한 법망은 피해 가는 상황이라고 진단할 수 있다.

가상자산 금융의 문제점을 정확히 이해하기 위해서는 과거 전통적인 금융시스템이 가졌던 문제점을 이해할 필요가 있다. 전통적인 금융시스템의 문제점을 중앙은행, 시중은행, 투자금융기관으로 구분하여 살펴보겠다.

(1) 중앙은행

중앙은행과 신용화폐

2장에서 금본위제와 신용화폐 시대에 대해 설명했다. 유럽에서는 오랫동안 금본위제라는 화폐 시스템이 안착되어 있었다. 화폐는 가치 있는 재화나 서비스를 구입할 수 있기 때문에 화폐도 재화나 서비스만큼 가치가 있어야 한다고 생각했다. 그래서 가치가 있는 금을 기초자산으로 하여 화폐를 발행하는 금본위제가 당연하게 여겨졌다. 금본위제의 가장 큰 특징은 화폐를 찍어내기 위해서는 먼저 금을 금고에 보관해야 했다는 점이다.

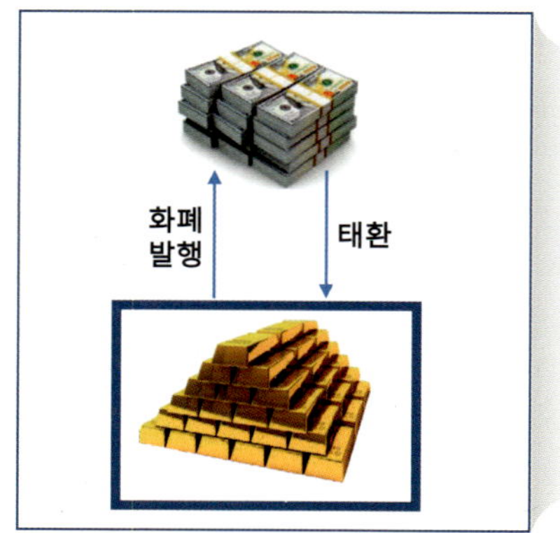

그림 3-47 신용화폐 시대 도래에 따른 중앙은행의 문제점

1~2차 세계대전을 겪으면서 금본위제가 잠시 폐지됐지만, 2차 대전 이후 다시 미국 중심의 금본위제인 브레튼우즈 체제가 출범했다. 그런데 미국은 베트남 전쟁을 치르면서 천문학적인 달러가 필요

해지자 추가적인 금을 보관시키지 않고 달러를 몰래 찍어냈고, 그로 인해 결국 브레튼우즈 체제는 붕괴되고 비로소 신용화폐 시대가 도래하게 된다.

그럼 여기서 한 가지 의문이 든다. 금본위제는 금을 일단 지하 금고에 보관하고 보관된 금만큼 화폐를 추가로 발행할 수 있는 제도인데, 어떻게 미국은 금을 추가로 보관시키지 않고도 화폐를 더 찍어낼 수 있었을까?

그림 3-48 뉴욕 연방준비은행 지하금고 (출처: 연합뉴스)

미국은 브레튼우즈 체제를 철저하게 독점적으로 관리하고, 관련된 장부 내역을 외부에 단 한 번도 공개한 적이 없었다. 금이 보관되어 있다는 뉴욕 연방준비은행 지하 금고는 출입이 엄격하게 통제되어 실제로 금이 저장되어 있는지를 확인할 수 없었다. 이런 폐쇄성을 기반으로 미국은 금본위제 상황에서도 달러를 마음대로 찍어낼 수 있었다.

정리해 보자. 금본위제는 금을 금고에 보관하고 보관된 금만큼 화폐를 발행하는 방식이다. 화폐를 추가로 발행하기 위해서는 먼저 금을 추가로 금고에 보관해야 한다. 하지만 미국은 금고와 장부 내역을 외부에 단 한 번도 공개하지 않았고, 이런 폐쇄성을 기반으로 금이 존재하지 않는 상황에서도 몰래 달러를 발행할 수 있었다.

그림 3-49 브레튼우즈 체제 붕괴 배경

현재 가상자산 분야도 전통적인 금융이 가진 문제점을 그대로 답습하고 있다. 대표적인 스테이블 코인인 테더(Tether)는 USD와 1:1로 페깅되어 있다. 이를 다르게 표현하면, 100억 USDT(Tether)를 발행하기 위해서는 기초자산으로 100억 달러를 금고에 예치해야 한다. 하지만 나중에 확인한 결과, 총 발행된 USDT 대비 보관된 달러는 고작 4%에 불과했다. 이것이 가능했던 이유는 테더 또한 단 한 번도 장부 내역을 외부에 공개한 적이 없었기 때문이다. 검찰에 소송을 당하자 어쩔 수 없이 공개한 것이다.

화폐는 그냥 찍어낸다는 오해 야기

브레튼우즈 체제의 붕괴는 단순히 금본위제가 폐지됐다는 것 이상의 의미를 지닌다. 금본위제 폐지로 신용화폐 시대가 도래하자, 이제 돈이라는 것은 신용을 기반으로 그냥 찍어낼 수 있다는 잘못된 생각을 가지게 만들었다. 금본위제에서는 태환이라는 과정이 있어 달러를 제시하면 기초자산에 해당하는 금을 돌려줘야 하기 때문에 함부로 돈을 찍어낼 수 없었다. 하지만 신용화폐 시대에는 태환도 필요 없으며 그냥 돈을 찍어내면 된다.

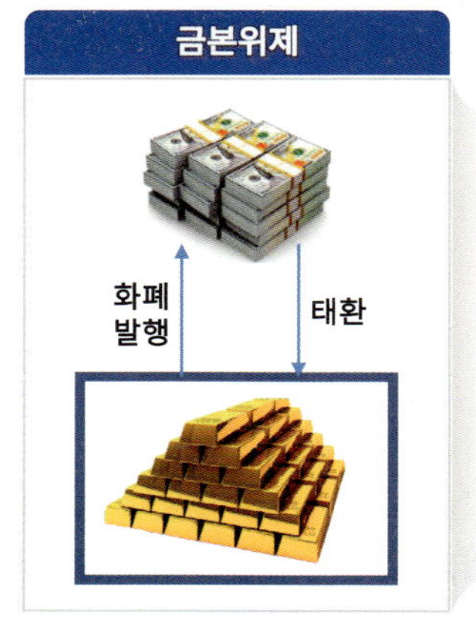

그림 3-50 신용화폐 시대 화폐의 문제점

법정화폐는 영어로 'Fiat Money'라고 한다. Fiat의 어원은 성경 창세기에 나온다. 라틴어 성경책 창세기 1장 3절을 보면 다음과 같은 문구가 있다.

Dixitque Deus: "Fiat lux". Et facta est lux.

(하나님이 말씀하시기를, "빛이 생겨라!" 하시자 빛이 생겨났다.)

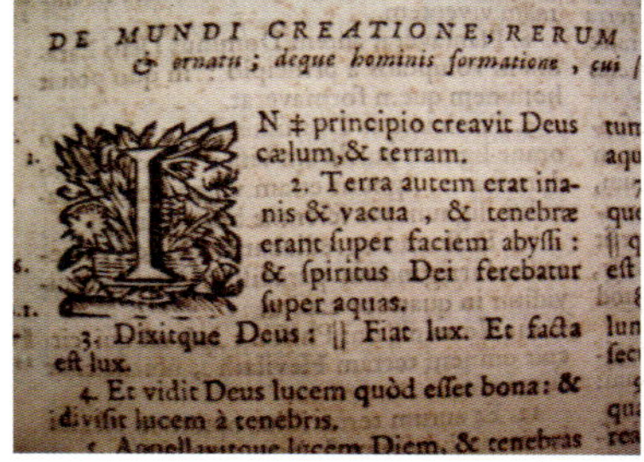
DE MUNDI CREATIONE, RERUM
& ornatu; deque hominis formatione, cui

IN ‡ principio creavit Deus cælum, & terram.
2. Terra autem erat inanis & vacua, & tenebræ erant super faciem abyssi: & spiritus Dei ferebatur super aquas.
3. Dixitque Deus: || Fiat lux. Et facta est lux.
4. Et vidit Deus lucem quòd esset bona: & divisit lucem à tenebris.

그림 3-51 성경 창세기 1장 (출처: es.alereia.org)

여기에서 Fiat는 '생겨라'라는 의미다. 법정화폐에서의 Fiat도 유사한 의미다. 화폐가 생겨라 함에 화폐가 생겨났다는 의미다. 금본위제에서는 금이라는 기초자산이 있어야만 화폐를 찍어낼 수 있었지만, 신용화폐 시대에는 그냥 찍어내면 되는 상황이다. 이제 화폐란 아무런 가치가 없더라도 그냥 찍어내면 되는 세상이 되었다.

이런 화폐에 대한 잘못된 생각은 가상화폐에도 그대로 적용되었다. 아무런 내재적 가치나 기초자산 담보 없이도 그냥 가상화폐를 찍어서 발행하고 있다. 가상화폐 취급 회사에 다니는 지인을 만나서 회사 운영에 대해 문의했더니, 그 회사는 가상화폐만 발행해서 팔아도 회사 운영하는 데 전혀 문제는 없다는 취지의 답변이 돌아왔다. 한때 이슈가 됐던 위메이드(Wemade)는 가상화폐(위믹스)를 발행해서 기업 인수에 활용했다. 파산 신청을 했던 FTX는 고객들이 가상자산을 맡기면 자체 발행한 가상화폐(FTT)로 이자를 지불한다.

화폐 남발과 인플레이션

2장에서 비트코인의 배경은 과도한 화폐 남발이라고 설명했다. 전 세계적으로 금융 위기가 발생한 배경을 보면 대부분 과도한 화폐 발행과 그로 인한 버블이 주요 원인이다. 현재 신용화폐의 문제점은 실질 자산에 기반하지도 않고 또한 과도하게 발행되는 특성을 지닌다. 이런 신용화폐가 과도하게 발행될 경우 거품이 형성되고 결국 붕괴되는 문제점을 야기한다.

MEMO

코로나19 후폭풍 인플레이션의 치명적 위험

최근 세계 각국 정부가 인플레이션 압박에 시달리고 있다. 코로나19를 극복하는 과정에서 불가피하게 공급한 대규모 유동성으로 인플레이션 유발 효과가 일어나리라는 것은 어느 정도 예상했지만 공급망 교란, 유가 상승까지 겹쳐 인플레이션 압박이 더욱 거세다. 인플레이션을 잡기 위해 중앙은행과 정부가 화폐를 회수한다면 회수한 화폐는 어떻게 관리할까? 현재 **전 세계는 이미 넘쳐나는 화폐 때문에 화폐 소각 방법을 고민하는 지경**에까지 왔다.

출처: 주간동아

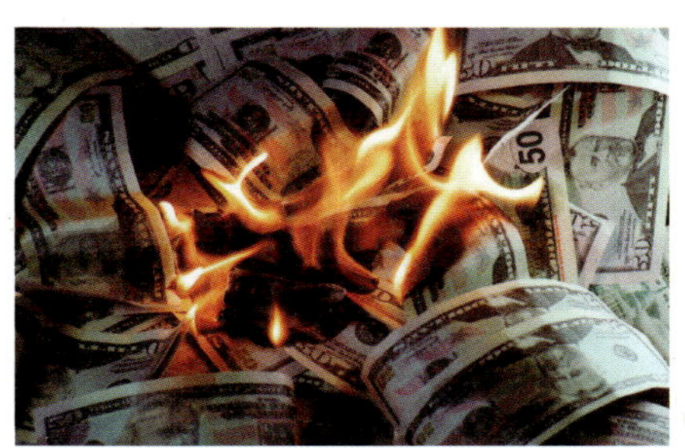

그림 3-52 인플레이션 대응을 위한 화폐 소각
(이미지 출처: 주간동아)

법정화폐는 그래도 정부에서 보증하는 화폐다. 하지만 가상화폐는 어떠한가? 대부분 활용처가 없거나 용도가 불분명하다. 발행한 회사의 지분을 보장하거나 서비스의 이용권을 의미하지도 않고 막연하게 생태계에서 거래 수단으로 활용되거나 거래소에서 거래할 수 있다는 정도다. FTX가 이자 지급 목적으로 발행하는 가상화폐(FTT)는 활용처가 없다. 위메이드에서 발행한 가상화폐도 용도가 불명확하다. 이런 의미 없는 가상화폐가 계속 발행되어 거품을 형성하고 있다.

(2) 시중은행

시중은행의 사업 메커니즘은 그림 3-53과 같다. 시중은행은 고객이 예금한 돈을 대출하고 대출을 통해 발생한 이자소득 중 일부를 고객에게 지급해야 한다. 또한 고객이 맡긴 예금을 요구할 경우 언제든지 돌려줘야 한다.

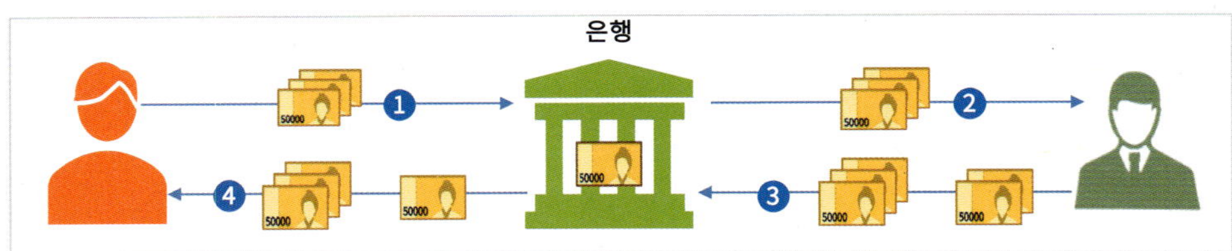

그림 3-53 은행의 사업 메커니즘

신용 거품

화폐는 한국은행만 발행하는 것으로 알려져 있지만, 시중은행도 신용창조라는 과정을 통해 화폐를 발행한다. 그림 3-54는 은행의 신용창조 과정을 보여준다(지급준비율 10% 가정). 시중은행에 100억 원이 있다면 10%만 지급준비금으로 남기고 나머지 90%는 대출을 통해 화폐를 창조한다. 대출된 화폐는 어떠한 형태로든 은행에 다시 입금될 것이고 은행은 다시 입금된 돈의 10%만 지급준비금으로 남기고 나머지를 다시 대출해 줄 수 있다. 이렇게 반복하다 보면 초기 100억 원이 1,000억 원으로 신용창조된다. 말이 안 된다고 생각할 수 있겠지만, 이는 엄연히 시중은행의 주요한 사업 모델이다.

비트코인 백서에서도 지적했던 것처럼 시중은행에 의한 이런 신용창조는 심각한 신용 거품을 야기한다. 중앙은행에 의한 화폐 남발보다 더 무서운 것이 바로 시중은행에 의한 신용창조다.

시중은행에 의한 이런 신용창조는 가상자산 시장에서도 그대로 재현되고 있다. 가상화폐를 취급하는 거래소나 가상자산 금융기관은 가상자산을 모금하고 이를 다시 계속 대출해 주는 방식으로 신용 거품을 야기하고 있다. 시중은행은 법적 장치를 통해 어느 정도 통제되지만, 가상자산은 아무런 통제 장치 없이 레버리지나 파생상품을 통해 막대한 신용 거품을 야기하며 잠재적인 리스크를 양산하고 있다. 이런 리스크가 현실이 된 사례가 바로 FTX 파산이다.

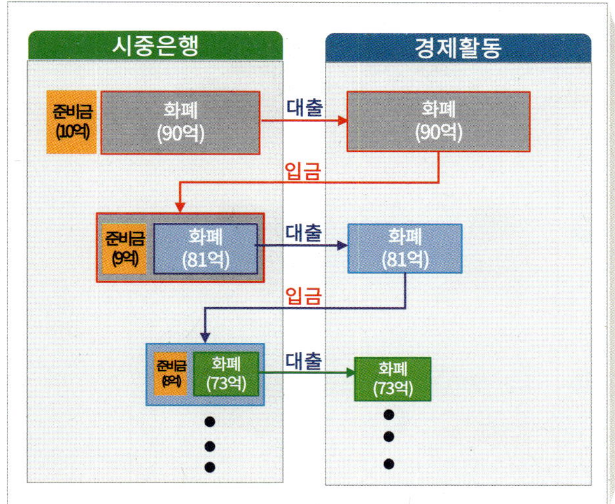

No	입금	지급준비금 (10%)	대출	신용 창조 (누적)
1	100	10	90	
2	90	9	81	190
3	81	8	73	271
4	73	7	66	344
5	66	7	59	410
6	59	6	53	469
7	53	5	48	522
8	48	5	43	570
9	43	4	39	613
10	39	4	35	651
…	…	…	…	…
72	0	0	0	999
73	0	0	0	1,000
합계	1,000	100	900	1,000

그림 3-54 은행의 신용창조

뱅크런(Bank Run)

앞서 그림 2-49를 통해, 시중은행에 의한 뱅크런 문제점을 설명한 적이 있다. 최초의 뱅크런이 발생했던 금세공업자 이야기를 해 보겠다.

중세 유럽은 금본위제였다. 중세 상인들은 상거래를 위해 많은 금이 필요했지만, 금을 직접 보관 및 취급하는 것은 상당히 위험 부담이 있었다. 그래서 상인들은 당시 많은 금을 취급하면서 크고 튼튼한 금고를 보유하고 있던 금세공업자에게 금을 보관했다.

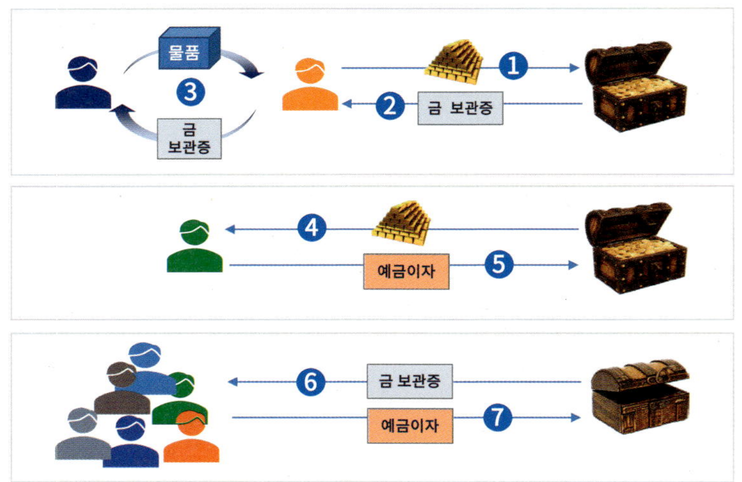

그림 3-55 금세공업자 사례와 오늘날 금융 시스템의 문제점

❶ 상인은 금세공업자의 금고에 금을 보관했다.

❷ 금을 보관하면 금세공업자는 금 보관증을 발행해 줬다.

❸ 상인은 거래 대금 지불을 위해 금이 필요했지만, 금 보관증은 언제든지 금을 되찾아 올 수 있는 증서 역할을 했기 때문에 금을 다시 찾아오는 대신 금 보관증을 거래 대금으로 활용했다.

❹ 금 보관증만 시장에서 유통되고 맡긴 금을 찾아가지 않자, 금세공업자는 금고에 보관된 금을 주인의 허락도 없이 다른 사람들에게 대출해 줬다.

❺ 남의 금을 몰래 대출하고 이자수익을 받아서 많은 돈을 벌게 됐다.

❻ 금고에 얼마만큼의 금이 보관되어 있는지 금세공업자 외에는 아무도 모른다는 점을 이용하여, 금세공업자는 금이 존재하지 않는 상황에서도 금 보관증을 발행하면서 더 큰 돈을 벌었다.

❼ 존재하지도 않은 금을 대출하고 이자수익을 받았다.

금세공업자는 이런 방식으로 엄청난 부를 쌓았고 나중에 오늘날의 은행으로 발전한다. 금세공업자는 고객들이 돈을 맡기면 혹시 찾아갈 것을 대비해 일부 금액만 남기고 나머지는 대출을 통해 막대한 수익을 올렸다. 이런 수익 모델이 가능했던 이유는 금을 맡긴 고객들이 동시에 금을 찾아가지 않았기 때문이다. 그런데 이를 눈치챈 고객들이 동시에 금을 찾아가기 위해 은행에 몰려왔고, 이미 대출을 통해 금고에 금이 존재하지 않았던 금세공업자는 고객들에게 한 푼도 돌려줄 수 없는 상황에 놓였다.

은행시스템은 기본적으로 고객이 돈을 동시에 찾아가지 않는다는 전제로 작동하는데, 만일 뱅크런(동시에 찾아가고자 하면)이 발생하면 대부분의 고객은 한 푼도 찾을 수 없게 된다. 가상자산 시장에서도 이런 뱅크런은 아주 흔한 상황이다. 테라 가격이 1달러 이하로 떨어지자 투자자들이 대규모 매도에 나서는 뱅크런이 발생했으며, 암호화폐 담보 대출 서비스 업체인 '셀시우스'에서도 대규모 뱅크런이 발생했다. FTX에서도 파산신청 후 대규모 뱅크런이 발생했다. 가상자산 취급 기관도 기본적으로 '동시에 찾아가지 않는다'는 전제로 시스템이 작동하는데, 만일 모두가 동시에 투자금을 회수하려는 뱅크런이 발생하면, 상당수의 투자자는 한 푼도 건지지 못하는 상황에 놓이게 된다.

(3) 투자금융기관

먼저 앞선 그림 3-46을 다시 한번 살펴보자. 금융 관련 문제가 발생할 수 있는 4가지 영역을 살펴봤다. 영역별 예상되는 문제점을 다음과 같이 정리할 수 있다.

❶ 복잡한 설계로 투자자를 속이거나 불완전 판매

❷ 원래 투자 목적과 다르게 자금 운영

❸ 투자 수익이 아닌 다른 돈으로 이자 지급 (예: 폰지사기)

❹ 남의 돈에 대한 리스크 관리 소홀

❶ 복잡한 설계로 투자자를 속이거나 불완전 판매

얼마 전에 가상자산 금융상품 업체로부터 가상자산 상품 기획에 참여해 달라는 제안을 받은 적이 있다. 상품에 대한 소개를 받았는데, 블록체인과 가상자산이 상당히 복잡하게 얽혀 있었다. 자세히 들여다보니, 블록체인과 가상자산은 일종의 장막이었고 핵심은 쉽게 말해 일반 금융상품에 투자하라는 것이었다. 그들은 단순한 금융상품을 왜 이렇게 복잡하게 설계했던 것일까? 사람들은 일반적으로 금융상품에 대한 투자에 소극적이기 때문에 블록체인이라는 기술을 접목하여 신뢰성과 투명성으로 포장하고자 했고 추가로 가상자산이라는 요소를 추가하여 수익성이 좋다고 홍보하기 위한 것이었다.

투자기관에서 제안하는 상품은 상당히 복잡하게 설계된 경우가 많다. 금융상품 자체가 복잡한 경우도 있지만, 실제로는 대부분의 경우 일부러 복잡하게 만드는 경향이 있다. 복잡하게 만들어야 금융소비자들의 합리적인 판단을 흐리게 하여 상품 판매를 늘릴 수 있기 때문이다.

MEMO

파생금융상품의 덫…'복잡한 투자 구조' 고의였나?

케이비증권이 판매한 신탁상품의 내용과 구조를 보면, 전문가가 아니면 이해하기 힘들다. 해당 상품은 홍콩의 자산운용사 트랜스아시아(TA)가 수출입기업의 매출채권에 투자하는 무역금융펀드를 기초자산으로 만든 파생결합증권(DLS) 상품이다.

학계에선 이런 금융상품의 복잡성에 대해 다음과 같이 설명하고 있다. "투자손실 가능성을 줄여보기 위해 복잡성이 생겨난 것이라 하더라도, 금융상품의 복잡성은 투자 의사 결정 과정에서 고려해야 할 새로운 차원이기 때문에 금융소비자에게 부가적인 위험이 된다.

좀더 주목할 대목은 증권 발행자의 전략적 의사결정으로 인해 복잡성이 생겨난다는 견해이다. **이른바 '고의적 복잡성'의 관점이다.** 논문의 책임저자인 반주일 상명대 교수(글로벌경영학)는 〈한겨레〉와 한 통화에서 "**금융회사가 금융상품을 복잡하게 만드는 것은 금융소비자의 합리적인 판단을 가로막아 상품 판매를 최대한 늘리려는 의도**로 볼 수 있다"고 말했다.

출처: 한겨레

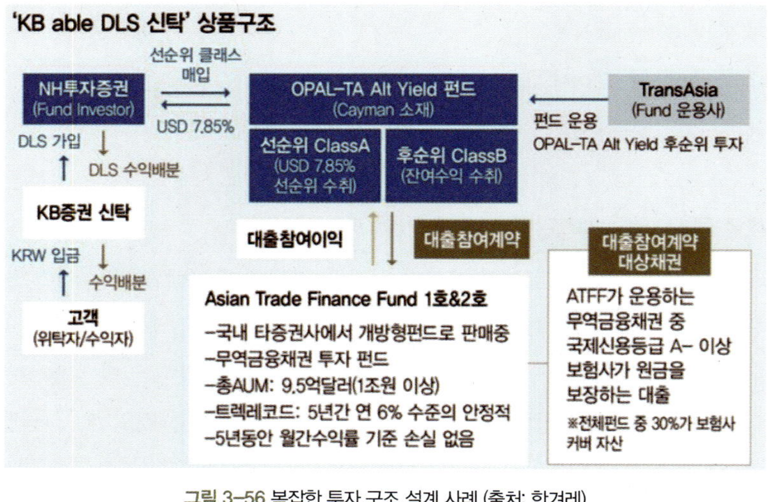

그림 3-56 복잡한 투자 구조 설계 사례 (출처: 한겨레)

금융상품이 복잡한 것도 문제지만, 상품에 대한 정확한 정보를 제공하지 않는 것도 문제다. 금융상품의 불완전판매란 금융회사가 고객에게 금융상품을 판매할 때 상품에 대한 기본 내용 및 투자 위험성 등에 대한 안내 없이 판매한 것을 말한다. 우리나라는 금융소비자보호법에 따라 금융상품의 불완전판매를 법적으로 금지하고 있다.

복잡한 설계와 불완전 판매는 가상자산 분야에도 그대로 나타나고 있다. 코인과 토큰을 발행할 때 일반적으로 백서(White Paper)를 공개한다. 그런데 백서가 매우 허접하거나 심지어 백서가 아예 공개되지 않는 경우도 허다하다. 오랫동안 블록체인을 검토해 온 필자에게도 백서의 내용은 너무나 복잡하고 이해하기 어려운 경우가 대부분이다. 발행된 코인이나 토큰이 서비스와 어떻게 연계되고 어떻게 활용되는지 알 수가 없다. FTX에 이자로 지급하는 FTT가 어떠한 용도인지 알 수가 없다. 위메이드에서 발행한 위믹스 백서를 보면, 총 10억 개의 위믹스가 발행됐고, 그중 74%는 생태계 장기 성장을 위해 활용된다고만 명시되어 있다. 어떻게 활용된다는 건지 너무 막연하다.

테라의 권도형 대표도 투자자 유인을 위해 테라와 루나 이외에도 다양한 가상화폐를 만들었다. '미러 프로토콜'이라는 이름으로 미국 주식의 주가를 추종하는 가상화폐 'm에셋'과 이 프로토콜의 성장에 따라 수익을 볼 수 있는 'MIR 토큰', 다른 블록체인에서도 교환할 수 있는 'w루나' 등 모두 5가지 가상자산을 만들어 유통했다(참조: 연합뉴스 기사). 이런 복잡한 설계로 실체에 대한 이해를 어렵게 하고 투자자를 현혹했다고 볼 수 있다.

❷ 원래 투자 목적과 다르게 자금 운영

한때 상조회사가 우후죽순처럼 생겨나기 시작했다. 충분히 예상할 수 있었던 문제점이 나중에 터져 나오기 시작했다. 고객이 맡긴 돈을 본래 목적에 제대로 운용하지 않고 개인적으로 횡령하거나 다른 목적으로 자금을 도용하면서 폐업해 버리는 경우가 빈번하게 발생했다. 소비자들의 피해사례가 늘어나자 정부에서도 할부거래법이라는 일명 상조법을 제정하게 됐다.

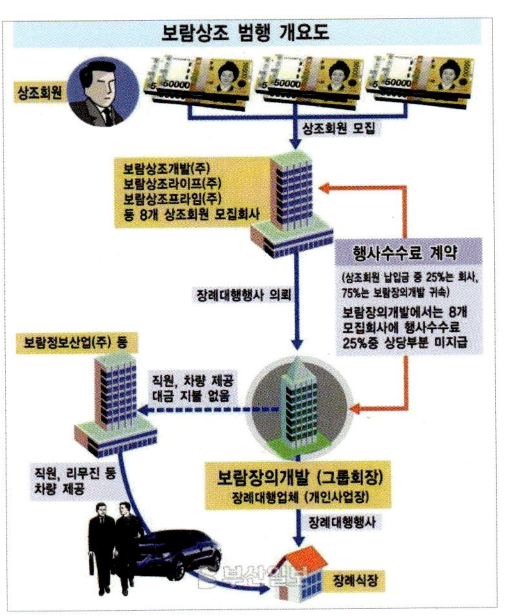

그림 3-57 보람상조 범행 개요도 (출처: 부산일보)

MEMO

보람상조 회장 형제 등 301억 횡령

2007년부터 지난해까지 6개 다른 계열사 자금을 횡령하는 등 모두 9개 회사 자금 301억 원을 횡령했다. 보람장의개발은 8개 상조회원 모집회사의 알선 수수료 일부도 지급하지 않았다.

검찰은 이렇게 빼돌린 돈은 최 회장 일가가 부동산 구매와 자녀 유학비 등에 사용한 것으로 보고 있다.

출처: 중앙일보

상조회사의 사례를 들었지만, 원래 투자목적과 다르게 자금이 운용되는 사례는 다반사다. 이런 문제점에 대응하기 위해서 할부 거래법이나 자본시장법을 통해 엄격히 관리하고 있다.

파산 신청한 FTX의 CEO, 샘 뱅크먼-프리드는 고객들이 맡긴 돈을 암호화폐 헤지펀드 계열사인 '알라메다 리서치'로 빼돌려 이 회사의 채무를 갚고 지출에 충당했다. 또한 고객의 돈으로 호화 부동산을 사들이고 정치자금으로도 활용했다. 그는 FTX가 최고 수준의 자동화된 리스크 관리 시스템을 갖고 있다고 투자자들을 속이면서 투자자들의 자금을 마치 돼지 저금통처럼 이용하고 있었다.

❸ 투자 수익이 아닌 다른 돈으로 이자 지급

고객이 은행에 예금을 하면, 은행은 대출이라는 활동을 통해 발생한 수익을 이자로 지급하는 것이 맞다. 투자자가 투자회사에 투자금을 맡겼다면, 투자회사는 투자활동을 통해 발생한 수익의 일부를 돌려주는 것이 맞다. 하지만 투자 수익이 아닌 다른 돈으로 이자나 배당금을 지급하는 사례가 많았다. 대표적인 사례가 바로 '폰지사기'다.

폰지사기는 1920년대 찰스 폰지(Charles Ponzi)가 벌인 사기 행각에서 유래된 용어다. 찰스 폰지는 새로운 사업에 투자해서 수익을 돌려주겠다는 명목으로 막대한 투자자금을 유치했다. 하지만 실제 사업에 투자하지는 않고 신규 투자자의 돈으로 기존 투자자에게 이자나 배당금을 지급하는 방식으로 사기 행각을 벌였다. 이런 하석상대(아랫돌 빼서 윗돌 괴기) 형식의 사기를 일반적으로 폰지사기라고 한다.

그림 3-58 찰스 폰지 (출처: Wikipedia)

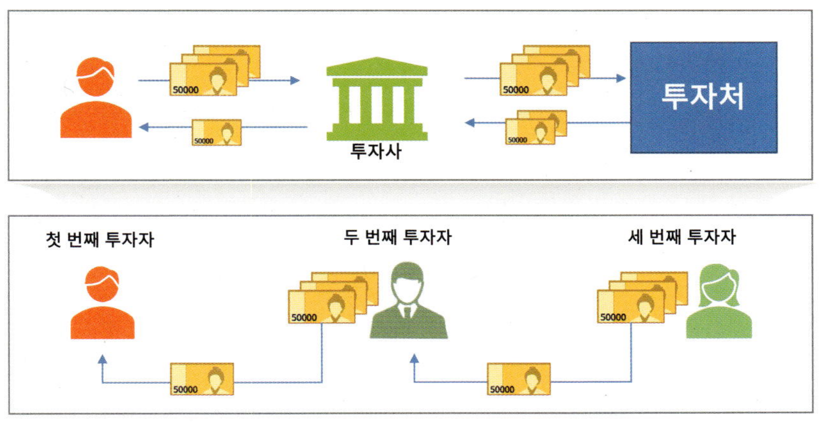

그림 3-59 정상적인 금융과 폰지사기 비교

그림 3-59의 위쪽 그림은 정상적인 투자활동을 보여준다. 반면 아래 그림은 폰지사기 개념을 설명해 준다. 이자나 배당금을 새로운 투자자의 돈으로 충당하는 방식이다.

가상자산 분야도 이런 폰지사기는 매우 흔하다. 파산 신청한 FTX나 테라 모두 폰지사기로 의심받고 있다. 고객들이 맡긴 가상자산으로 정상적인 투자활동을 하지 않고, 신규 투자자의 가상자산으로 이자를 지불하는 경우가 허다하다.

MEMO **폰지 사기**

미국 캘리포니아 금융 당국이 '폰지 사기'로 간주된 가상자산 거래 업체들의 운영을 중단시켰다. 27일(미국 시간) 캘리포니아 금융보호혁신국(DFPI)은 가상자산 거래 업체 11곳에 영업 중단 명령을 내렸다고 발표했다. 이번 중단 명령을 받은 업체 중 9곳은 투자자로부터 받은 자금을 가상자산에 대신 투자하는 업체였으며, 한 곳은 메타버스 소프트웨어 개발에 필요하다는 이유로 투자자로부터 가상자산을 모금했다. 나머지 한 곳은 디파이(DeFi, 탈중앙화금융) 업체를 표방했다.

출처: 코인데스크 코리아

폰지사기는 제도권 금융뿐만 아니라 가상자산 금융에서도 아주 빈번하게 발생하고 있기 때문에 별도로 설명하겠다.

❹ 남의 돈에 대한 리스크 관리 소홀

제도권 금융 시장에서도 도덕적 해이(Moral Hazard) 문제는 심각하다. 2008년 글로벌 금융위기가 발생했을 때 신용평가사들의 도덕적 해이가 세계의 지탄을 받았던 적이 있다. 국내 라임자산운용 사태도 결국 도덕적 해이로 비롯된 것이다. 금융기관들은 고객 수익 극대화보다는 본인의 이익이 극대화되는 방향으로 자금을 운용하기 쉽고, 또한 자기 돈이 아니라는 안일함 때문에 리스크 관리 소홀로 '하이 리스크 하이 리턴'에 대한 유혹이 크다. 제도권에 있고 법적인 통제를 받는 금융기관도 도덕적 해이가 만연한 상황에서, 법적 통제 장치가 전혀 없는 가상자산 금융기관의 도덕적 해이는 어느 정도인지 충분히 예상할 수 있을 것이다.

한번 정리해 보겠다.

전통적 금융의 문제점을 3가지로 구분하여 살펴봤다.

- **중앙은행**: 미국의 사기(금 보관 없이 달러 발행), 신용화폐 남발
- **시중은행**: 신용거품, 뱅크런
- **투자금융기관**: 불완전판매, 자금 도용, 폰지사기, 도덕적 해이

동일하게 가상자산 금융의 문제점도 살펴봤다.

- 테더(Tether)의 4% USD 보유, 무분별한 가상화폐 발행
- 가상화폐의 무차별적인 레버리지와 파생상품, 가상화폐 뱅크런 사태
- 복잡한 가상화폐, 가상화폐 사적 도용, 폰지사기, 도덕적 해이

현재 가상자산 시장은 전통적인 금융이 가지고 있던 문제점을 그대로 답습하고 있다. 그런데 문제는 전통적인 금융은 강력한 법 · 제도에 의해 통제되고 규제받지만, 가상자산 금융은 아무런 법적 제재나 통제를 받고 있지 않다는 점이다. 제도권 금융의 경우, 금융회사가 파산 등의 사유로 예금 등을 지급할 수 없는 상황에 대처하기 위해 예금자보호법을 제정하여 운영하고 있다. 그뿐만 아니라, 금융소비자보호법, 자본시장법, 유사수신행위 금지법, 특정금융정보법 등으로 다양한 분야에서 건전한 금융시장 질서 확립을 위해 규제하고 있다.

가상자산 분야도 조금씩 관련 법을 제정하거나 추진하는 모습을 보여주고 있다. 먼저 특금법이 제정됐고, 최근에는 토큰증권을 인정하고 자본시장법으로 통합하는 방향으로 검토하고 있으며, 디지털자산법도 국회 차원에서 추진 중이다. 하지만 가상자산 금융(DeFi) 분야는 여전히 너무나 큰 위험요소가 도사리고 있다.

3) 폰지사기

'단군 이래 최대 사기꾼'이라는 타이틀을 가진 희대의 사기꾼은 바로 조희팔이다. 의료기기 대여 사업을 통해 35%의 고수익을 보장하겠다고 속이고 투자금을 끌어들였다. 그는 신규투자자의 돈으로 기존 투자자의 수익을 보존하는 전형적인 폰지사기 수법을 활용했다.

그림 3-60 희대의 사기꾼 조희팔 (출처: 시사IN)

2008년 조희팔과는 비교도 안 될 정도의 통 큰 사기꾼이 미국에서 전격 체포됐다. 나스닥증권거래소 위원장을 지냈고 월가의 유명한 펀드 매니저였던 버나드 메이도프(Bernard Madoff)가 다단계 금융사기 협의로 FBI에 전격 체포된 것이다. 그는 투자회사를 설립하여 투자금을 모집하면서 10%의 안정적인 수익을 보장했다. 오랫동안 자금 운영 경험이 있던 버나드 메이도프는 투자 원금을 한꺼번에 찾아가지 않고 찾아가더라도 동시에 찾아가지 않는다는 속성을 활용하여 신규 투자자로부터 유입되는 투자금으로 기존 투자자의 수익금을 충당하는 방식으로 자산을 운영했는데, 이는 전형적인 폰지사기였다.

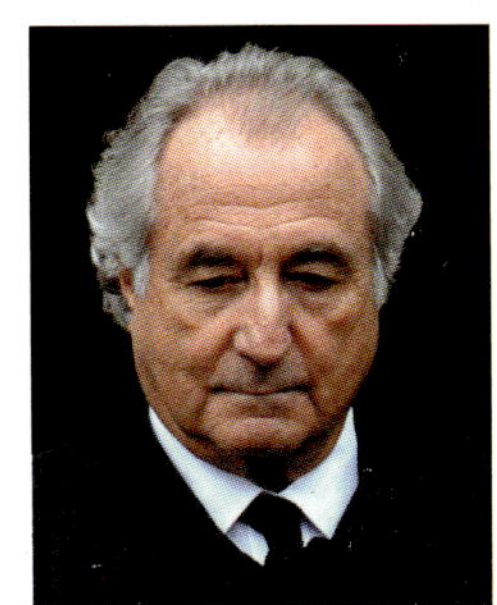

그림 3-61 버나드 메이도프 (출처: 서울경제)

하석상대(下石上臺)는 무조건 사기인가?

폰지사기는 폰지가 활용한 기법을 통한 사기를 말한다. 형법에서 사기라 하면 사람을 기망하여 재물의 교부를 받거나 재산상의 이익을 취득하는 것을 말한다. 바꾸어 말하면 폰지의 기법을 사용했다 하더라도 남을 기망(속임)할 생각이 없었다면 사기가 아닐 수도 있다는 해석도 가능하다.

사기 의도 여부에 따라 폰지사기도 3가지 유형으로 구분할 수 있다.

- 처음부터 사기를 목적으로 신규 투자자 자금을 기존 투자자 이자로 지급한 사례
- 처음에는 그렇게 할 생각은 없었지만, 나중에 자금 상황이 여의찮아 부득이하게 폰지사기 기법을 제한적으로 활용한 사례
- 폰지사기 구조라는 것을 알지만, 사업의 특성상 전략적으로 폰지사기 구조를 채택한 사례

첫 번째 사례는 무조건 사기지만, 두 번째와 세 번째는 정상참작이나 다툼의 여지가 있어 보인다. 2021년 머지포인트 환불 사태가 언론의 주목을 받았다. 폰지사기로 의심을 받았으며, 머지포인트 운영사 대표 남매가 1심에서 실형을 선고받았다.

먼저 머지포인트의 비즈니스 모델을 이해해 보자. 머지포인트는 쉽게 말해, 액면가보다 할인된 머지포인트 상품권을 결제하면 액면가에 해당하는 머지머니를 충전해 주고 고객들이 이를 가맹점에서 사용하는 방식이다. 그림 3-61에서 보는 것처럼, 고객이 10만 원을 지불하면, 12만 원의 머지머니가 충전되고, 고객은 가맹점에서 12만 원을 소비할 수 있는 구조다.

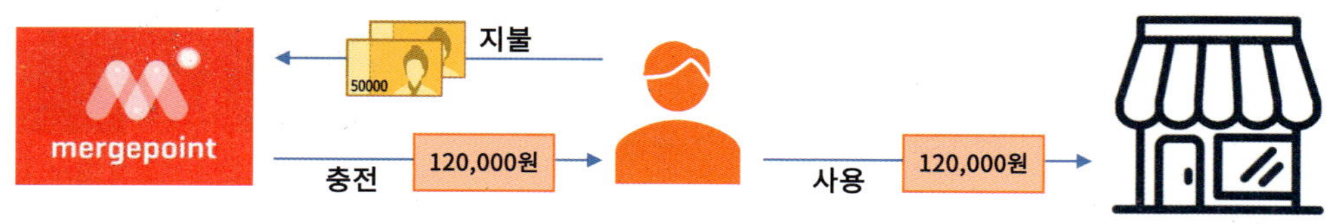

그림 3-62 머지포인트 개념도

쉽게 말해 20%를 할인해 준다는 의미인데, 그럼 여기에서 의구심이 생긴다. 20%를 할인해 주면 계속 누적 적자만 생기는 구조인데, 수익을 추구하는 기업에서 어떤 수익모델을 가져갈 수 있느냐는 의문이다. 머지포인트 남매가 주장하는 것은, 머지머니를 초반에 대규모로 판매하면 많은 자금이 한꺼번에 유입되어 이에 따른 이자수익이 발생할 수 있고, 머지를 구입하고 만료일까지 사용하지 않아서 생기는 수익(낙전수입)이 발생하며, 20% 할인율의 일부를 가맹점에 전가해 보충한다는 전략이었다. 현실성은 떨어지지만, 나름대로 명분은 가지고 있었다.

이들에게 적용된 혐의는 20% 할인으로 회사 적자가 누적되어 사업이 중단될 위기에 처했음에도 57만 명의 신규 가입을 통해 2,521억 원어치의 머지머니를 판매해 돌려막기를 했다는 의혹이다. 쉽게 말해 신규 가입자의 돈으로 기존의 손실을 보전하는 폰지사기 구조라는 것이다. 이들 남매는 쿠팡이나 마켓컬리처럼 사업 초반의 손실을 새로운 투자 유치로 버티고 나중에 규모의 경제를 통해 수익모델을 만들려고 했다고 항변했다.

쿠팡이나 마켓컬리 또한 초기에 막대한 적자를 냈지만, 신규 투자로 이 적자를 메꾸고 있다. 얼핏 보면 폰지사기 수법과 닮았다. 하지만 근본적인 차이점은 폰지사기는 사기를 칠 목적으로 자금을 모집하고 아무런 활동도 하지 않으면서 신규투자금을 기존 투자금 이자 지급에 활용했지만, 쿠팡이나 마켓컬리는 지속적인 영업활동과 투자활동을 통해 부족한 자금을 신규 투자로 보충한다는 것이다. 머지포인트 남매의 항변에도 불구하고 이들은 회사 적자가 누적되는 상황에서도 슈퍼카와 명품으로 사치하는 등의 모습을 보여 결국 실형을 선고받았다.

머지포인트의 사업구조와 유사한 모델이 있다. 바로 지역화폐다. 그림 3-63에서 보다시피, 주민이 10만 원을 지불하면 11만 원의 지역화폐를 발행해 주고, 주민은 11만 원을 가맹점에서 사용할 수 있다. 즉, 10% 할인해 주는 구조다.

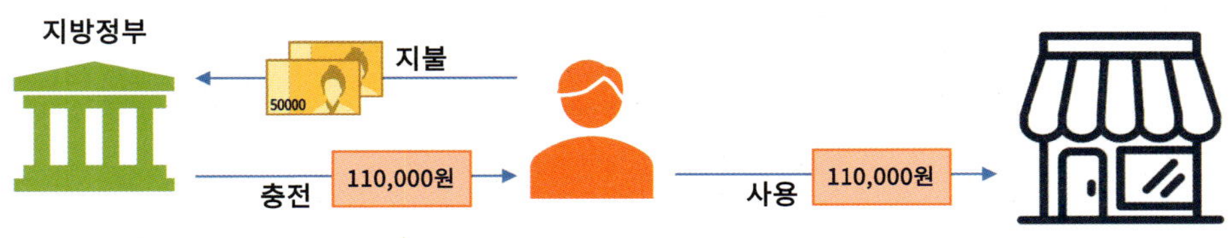

그림 3-63 지역화폐 개념도

그럼 지역화폐의 이 10% 할인은 어떻게 충당하는 것일까? 바로 세금이다. 세금으로 충당하기 때문에 운영상 문제가 없으며, 만일 세금이 삭감되면 더 이상 지역화폐 발행은 어렵게 된다.

조금 더 개념을 확장해 보자. 폰지사기 구조와 유사하게 작동하는 또 하나의 사례가 있다. 바로 국민연금이다. 국민연금은 구조적 특성상 '세대 간 연대' 원리로 작동한다. 신규 세대가 기존 세대의 분담금을 충당하는 방식이다. 물론 폰지사기와 국민연금 방식은 근본적으로 다르다. 국민연금의 절반은 본인이 낸 보험료이고 나머지 절반은 미래 세대가 부담한다. 또한 국민연금은 계속 투자 운영을 통해 수익이 발생하며, 국가라는 강력한 신뢰 기관을 기반으로 운영된다.

신규 자금으로 기존 투자자에 충당하는 것이 무조건 사기라고 치부하기에는 한계가 있다. 앞서 소개한 폰지사기 유형 3가지를 다시 한번 살펴보면서 정확하게 알아두기 바란다.

가상자산 시장에서도 이런 폰지사기는 아주 흔하게 발생한다. 루나 재단은 UST(테라 스테이블 코인)를 매입만 하면, 20%의 이자 수익을 보장하겠다고 약속하고 투자자를 끌어모았다. 그런데 루나 재단은 20%의 이자 수익의 출처(20% 수익 창출 방법)를 설명하지 못했다. 카일 사마니(Kyle Samani)라는 사람이 트위터에서 권도형 대표에게 20%의 이자 수익 출처에 대해 질문했는데, 권도형 대표는 다음과 같이 답변했다.

Kyle Samani: "Serious question - Where is this 300M coming from?"

(진지하게 질문을 하겠는데, 300M의 출처는 어떻게 됩니까?)

Do Kwon: "Your mom, obviously" (너의 엄마)

그림 3-64 테라 권도형 대표 트위터 메시지 (출처: 트위터 캡처)

20%의 이자를 지급하기로 했다면 가장 중요한 요소는 20% 이자 재원 조성 방안이다. 그런데 권도형 대표는 이에 대한 명확한 답변을 하지 못했고, 결국 폰지사기로 의심을 받게 되었다.

MEMO

이더리움 창시자, 테라 · 루나 저격…"루나 사태는 폰지사기"

시가총액 2위 가상자산 이더리움을 개발한 비탈릭 부테린이 테라USD(UST)와 루나 폭락 사태에 '폰지사기'라며 즉각 실험을 중단할 것을 요구했다. 부테린은 이번 루나 · 테라 코인의 폭락 사태를 계기로 폰지사기와 같은 알고리즘 기반 스테이블 코인 등의 실험을 중단해야 한다는 의견에 강력한 지지 의사를 표명했다고 현지 시각 16일 경제 매체 벤징가가 보도했습니다. 스테이블 코인은 달러 등 법정 통화에 그 가치를 연동하도록 설계된 가상화폐를 말한다.

출처: SBS Biz (2022-05-17)

MEMO

FTX 파산은 제2의 테라 사태…폰지사기와 다름없어

"FTX의 파산 과정은 마치 테라 폭락 사태와 같았다. 폰지사기와 같은 수법을 활용하다 문제가 일어났고 수십억 달러의 돈이 단 며칠 만에 사라졌다." 비트코인 전문 투자 업체 스완비트코인 대표 코리 클립스텐은 FTX의 몰락에 대해 이같이 말했다.

출처: 글로벌이코노믹

4) 코인과 토큰에 대한 오해

앞에서 DeFi는 탈중앙이나 탈중개 관점 금융이 맞지만, 업계에서는 가상자산의 융통을 DeFi로 간주하는 경향이 있다고 설명했다. 가상자산이라고 하면 코인, 토큰, NFT 등을 의미하는데, 이런 가상화폐들을 기반으로 금융 활동을 하는 것이 DeFi라고 많이들 알고 있다.

가상자산의 의미와 역할

앞서 비트코인, 코인, 토큰의 차이점을 설명했다. 그림 2-70에서 설명했던 내용을 사례, 목적, 발행 방식 등의 관점에서 간략하게 표로 정리하면 다음과 같다. 코인은 탈중앙시스템에서 인센티브 목적으로 발행되는 것이고, 토큰은 서비스 영역에서 기초자산 거래의 효율성 제고를 위해 다른 것으로 대체한 것이다.

구분	구분	목적	방식	발행방식	발행량
코인	비트코인	화폐/인센티브	채굴	POW	2100만개
	이더리움	인센티브	채굴	POW	무한공급
				POS	
	기타 코인	인센티브	채굴	POW	목표수량 설정 or 단계적 조정 or 무한공급
				POS	
				DPOS	
			발행		
토큰	토큰	서비스 목적 구현	발행		설계 초기 설정 or 단계적 증액

가상자산의 가치

2장에서 비트코인, 코인, 토큰의 개념에 관해 설명했다. 그럼 이들 가치의 근거는 무엇이고, 그 가치 수준은 어떻게 평가할 수 있을까? 어떤 재화에 가치가 있다고 평가하기 위해서는 내재적 가치가 있든지, 기초자산을 담보로 하든지, 아니면 신용 가치 또는 활용 가치가 있어야 한다. 가상자산도 마찬가지다. 다만, 가상자산은 디지털 형태이기 때문에 내재적 가치는 존재하지 않으며, 따라서 기초자산을 담보로 하거나 신뢰 기반 또는 활용처가 있어야 한다.

비트코인은 금을 디지털 형태로 구현한 화폐라고 설명했다. 이더(ETH)와 같은 코인은 이더리움 생태계에서 가스 수수료 등으로 활용 가치가 있다. 토큰은 어떤가? 토큰은 기초자산을 다른 것으로 대체한 개념이라고 설명했다. 따라서 그림 3-65에서 보는 것처럼 토큰은 기초자산의 가치에 연동된다고 볼 수 있다. 좀 더 정확히 말하자면, 기초자산을 어떤 역할과 의미로 대체할지를 결정하는 표상에 의해 그 가치가 결정된다고 볼 수 있다.

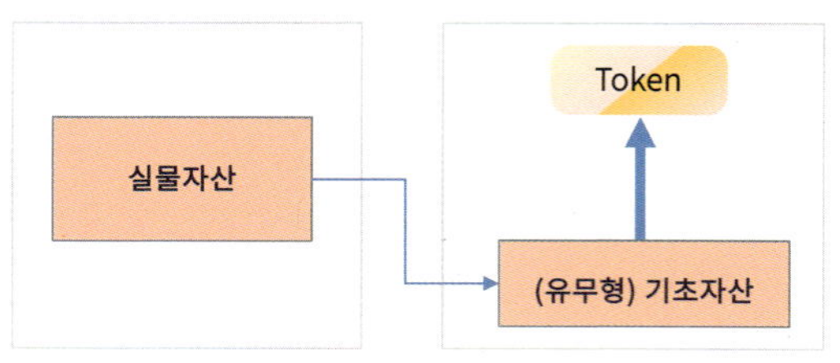

그림 3-65 토큰의 가치 평가 기준

그림 3-66은 토큰의 가치를 평가하기 위한 다양한 기초자산 사례를 보여준다. 금본위제 시대에서 지폐는 금이라는 기초자산을 상징화한 토큰으로 이해할 수 있으며, 비트코인은 디지털 골드를 기초자산으로 하는 토큰이며, 스테이블 코인인 테더(Tether)는 USD를 기초자산으로 하는 토큰이다. 무형의 어떤 권리도 기초자산으로 하여 토큰을 발행할 수 있다.

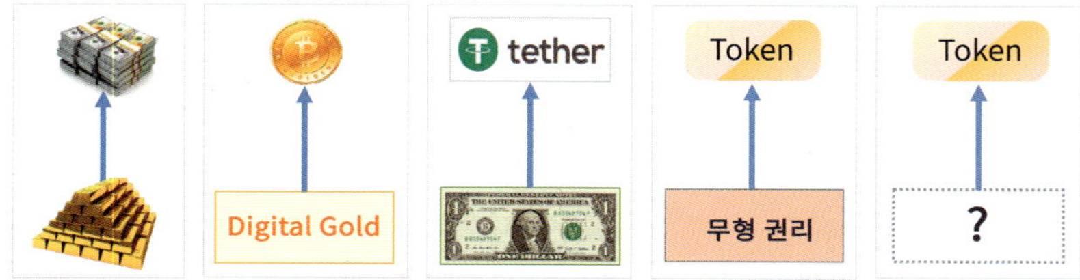

그림 3-66 다양한 토큰의 가치 평가 기준

토큰은 기초자산을 대체한 것이기 때문에 반드시 기초자산이 명확하게 규정돼 있어야 한다. 그런데 발행된 토큰에 대응되는 기초자산이 불명확하거나 규정되어 있지 않으면 그 토큰의 의미와 역할, 그리고 그 가치도 의심할 필요가 있다.

토큰과 기초자산과의 관계성, 그리고 토큰의 가치를 평가하기 위한 사례로 그림 3-67을 살펴보자. 그림 3-67의 상단 그림은 싸이월드라는 SNS 서비스가 활성화되는 상황에서 서비스에 대한 이용권리를 도토리(토큰)로 상징화하여 발행하고, 발행된 도토리(토큰)를 서비스에서 활용할 수 있음을 보여준다.

그림 3-67 토큰과 기초자산의 관계성

그런데 그림 3-67의 하단 그림을 살펴보자. 이 그림은 싸이월드라는 SNS 서비스가 존재하지 않는 상황에서 우선 도토리(토큰)부터 발행한 상황이다. 서비스가 존재하지 않고 그 서비스에서 도토리의 활용 및 이용 가치가 결정되지 않는 상황에서 도토리(토큰)부터 발행하는 것은 앞뒤가 맞지 않는다.

가상자산 시장을 보면 토큰에 대한 기초자산이 규명되지 않고 토큰이 활용될 서비스가 기획되지 않는 상황에서 토큰부터 발행된 사례가 너무 많다. 이것은 문제가 있다. 위메이드의 위믹스 74%가 생태계 장기 성장을 위해 활용된다고만 명시되어 있고 그 이용과 목적이 정확하게 규정되어 있지 않다. 이처럼 기초자산이 명확하게 규정되지 않는 토큰은 문제의 소지가 크다.

토큰은 반드시 기초자산을 기반으로 한다고 했는데, 토큰에 대한 신뢰성과 토큰의 가치를 평가하기 위해서는 기초자산에 대한 다양한 분석과 평가가 필요하다. 그림 3-68 사례를 통해 하나씩 살펴보겠다.

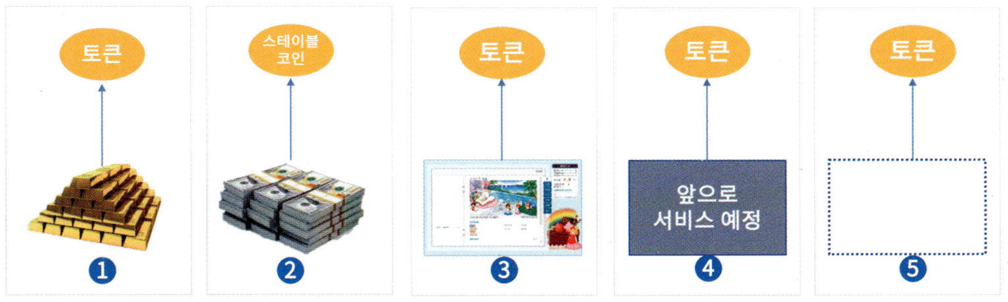

그림 3-68 기초자산 기반 토큰 발행 시 검토 사항

❶ 금이라는 기초자산을 기반으로 발행된 토큰이다. 이 경우에는 금이 진짜 금이 맞는지, 그리고 금을 기반으로 발행된 토큰의 수량이 몇 개인지를 검토해야 한다. 브레튼우즈 체제가 붕괴한 이유도 발행된 달러 대비 금이 부족했기 때문이다.

❷ USD를 기반으로 발행된 토큰, 즉 스테이블 코인이다. USD 연계 스테이블 코인의 경우에는 스테이블 코인 수만큼 USD를 보관하고 있는지 점검해야 한다. 테더(Tether)는 발행된 코인 대비 약 4%의 USD만 보유하고 있었다.

❸ 어떤 서비스를 기반으로 토큰을 발행했다면, 그 토큰이 서비스에서 어떤 의미와 역할을 하는지 우선 살펴봐야 하고, 서비스의 활성화 정도가 토큰의 가치와 연동된다고 이해할 수 있다. 그런 면에서 FTX에서 발행한 FTT는 어떤 의미가 있고 어떤 역할을 하는지 아직도 잘 모르겠다.

❹ 아직 서비스가 존재하지 않는 상황에서 토큰부터 발행됐다면 최소한 해당 서비스의 설계 및 구체적인 로드맵, 서비스의 잠재적 가치, 서비스 성공 가능성 등을 점검할 필요가 있다. 위메이드는 위믹스를 막연하게 그냥 생태계 장기 성장을 위해 활용한다고만 규정하고 있다.

❺ 발행된 토큰에 대한 기초자산이 불명확하거나 토큰에 아무런 역할과 의미가 부여되어 있지 않다면 그 토큰은 아무런 의미와 가치가 없다고 볼 수 있다. 거래소에서 유통되는 수많은 토큰은 아무런 용도 없이 그냥 발행된 것이다.

NFT 실체와 가치

2장에서 NFT의 개념과 역할에 대해서도 설명했다. 현재 NFT가 가장 적극적으로 활용되는 분야가 바로 디지털 미술품 분야다. 따라서 여기에서는 왜 NFT가 디지털 미술품 분야에서 주목받고 어떻게 활용될 수 있는지 살펴보겠다.

민법에서 동산(動産)은 인도(引渡)를 통한 점유로서 소유권을 보장받을 수 있으며, 부동산은 권리상태를 등기부에 기재함으로써 소유권을 보장받는다고 규정하고 있다. 쉽게 설명하면, 동산은 본인이 직접 점유하고 있다면 소유권을 보장해 준다. 그림 3-69의 왼쪽 그림을 살펴보자. A라는 사람이 현재 실물 그림 작품을 점유하고 있다. 따라서 A가 작품의 소유권을 가지고 있다고 할 수 있다. 그런데 A가 B에게 돈을 받고 소유권을 이전하기로 했다면 실물 그림을 B에게 인도해야 한다. 그럼 B가 그림을 점유하면서 소유권이 이전되는 것이다. 즉, 실물 작품과 같은 동산은 인도와 점유를 통해 소유권이 이전된다.

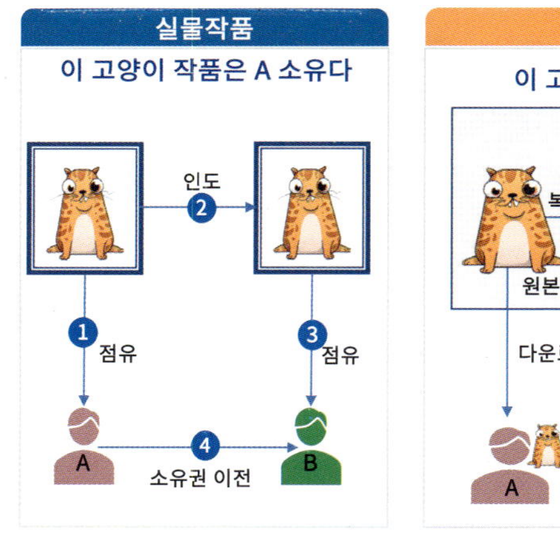

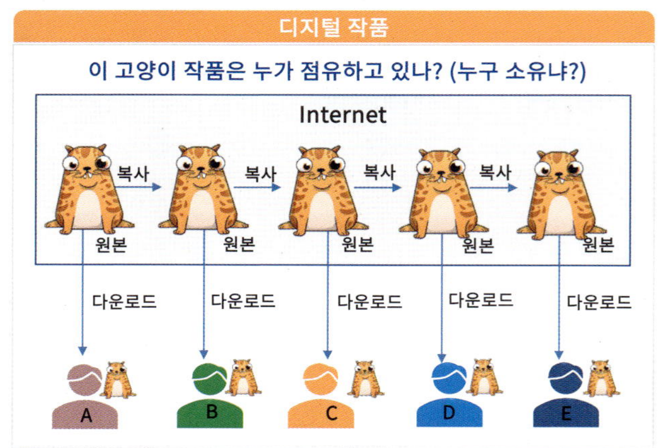

그림 3-69 디지털 작품의 소유권 보장 문제

그림 3-69의 오른쪽 그림은 디지털 작품의 소유권 이슈를 설명해 준다. '실물 작품'은 인도와 점유를 통해 소유권이 보장되는데, '디지털 작품'으로 넘어오면서 소유권에 대한 개념이 모호해진다. 디지털 작품은 인터넷 세상에서 무한 복제 및 완벽한 복제가 가능하다. 인터넷에 공개된 디지털 고양이 작품을 A, B, C, D, E가 다운로드 받아서 각각 점유하고 있는 상황이라고 하자. 민법상으로 소

유권은 인도와 점유를 통해 보장된다고 했는데, 모든 사람이 디지털 작품을 (다운로드 받아) 각각 점유하고 있는 상황이라면, 이 디지털 작품은 누가 점유하고 있다고 볼 수 있는가? 다시 말하면 이 디지털 작품이 누구의 소유인지 작품에 대한 소유권이 불분명해진다.

디지털 작품은 완벽한 복제가 가능하고, 누구나 점유 가능한 상황에서 점유를 통한 작품의 소유권 보장이 어렵다. 그럼 이런 디지털 작품은 어떻게 소유권을 보장할 수 있을까? 하나 생각해 볼 수 있는 방안으로는 디지털 작품을 기초자산으로 하고 그 소유 권리 관점에서 토큰을 발행한다면 이 토큰은 디지털 작품에 대한 소유권 개념이 된다.

그림 3-70을 통해 설명해 보겠다. 인터넷상에는 수많은 원본 디지털 작품이 복제되어 있다. 이런 환경에서 점유를 통한 소유권 보장은 어렵다. 이때 수많은 원본 디지털 작품 전체를 논리적으로 묶어 하나의 기초자산으로 간주하고 이를 소유권리 관점에서 토큰으로 발행한다면 이 토큰은 소유권 보장용 토큰이 된다. 앞서 토큰의 용도는 기초자산의 거래가 불편할 때 거래의 편리성을 위해 상징화한 것이라고 했다. 기초자산에 해당하는 디지털 작품의 소유권 보장이 어려워 거래하기가 불편할 때 이를 거래하기 편리한 토큰으로 상징화하여 발행하면 거래의 편리성을 제고할 수 있다.

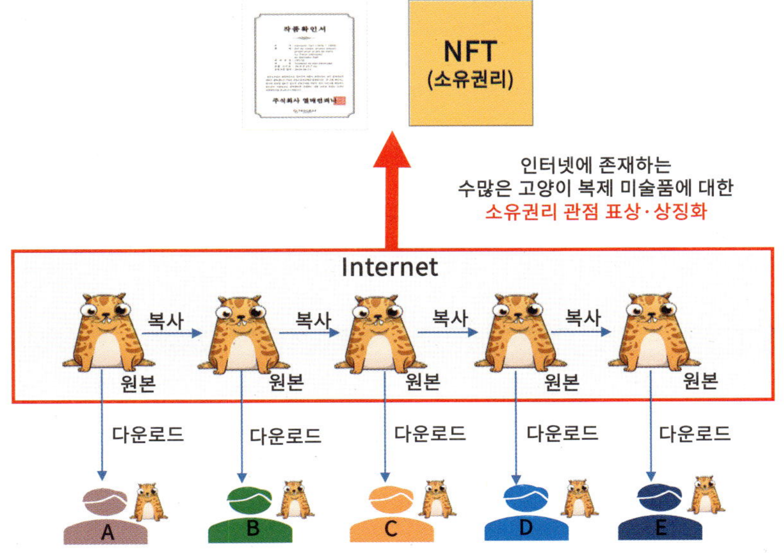

그림 3-70 디지털 작품의 소유권 보장 문제 대응 방안

이때 고양이 디지털 작품은 다른 작품과 대체가 불가능한 고유성을 지니고 있다. 따라서 토큰의 유형 중에서 NFT 형태로 발행하는 것이 맞을 것이다.

디지털 작품 외에 토큰이나 NFT를 가장 잘 활용할 수 있는 분야는 메타버스가 아닐까 싶다. 그림 3-71에서처럼 메타버스는 모든 것이 디지털이다. 디지털은 물리적 형체가 없기 때문에 거래하기가 상당히 불편하다. 이때 무형의 디지털 자산이나 대상을 상징화하여 토큰이나 NFT로 발행한다면 거래하기가 훨씬 더 편리해진다.

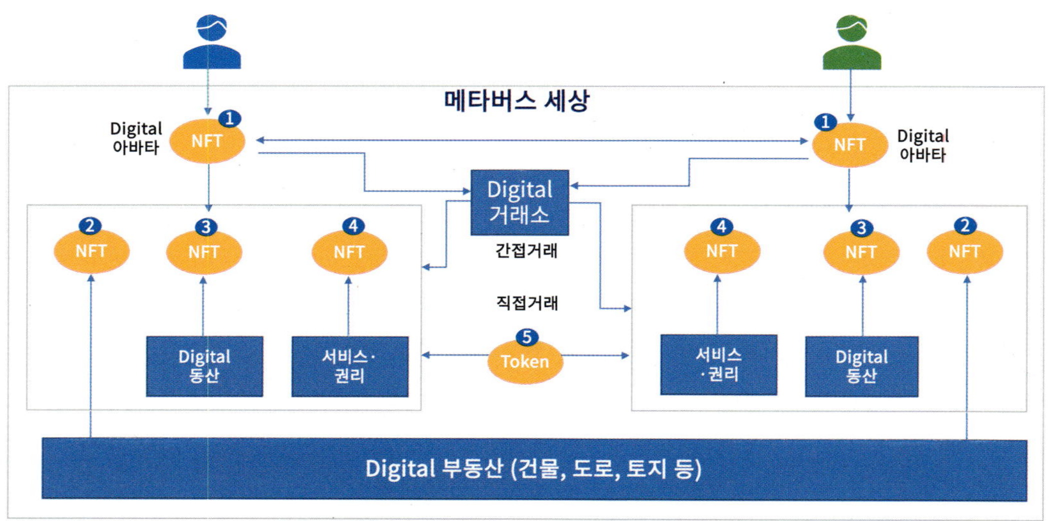

그림 3-71 메타버스 환경에서 토큰-NFT의 활용 가치

그림 3-72를 살펴보자. 맨 왼쪽 그림은 미술 작품을 기반으로 소유권 종이 증서를 발행한 상황이다. 왼쪽에서 두 번째 그림은 미술 작품에 대해 소유권 관점의 NFT를 발행한 상황이다. 세 번째는 게임 아이템을 NFT로 발행한 상황이며, 마지막은 프로필 사진을 NFT로 발행한 것이다.

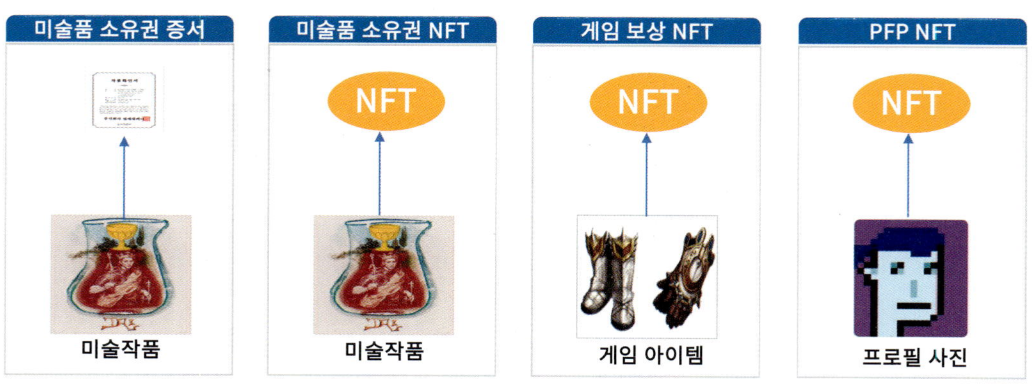

그림 3-72 다양한 NFT 활용 가치

토큰은 증서 · 증권과 거의 유사한 개념이다. 그리고 토큰이 다른 토큰과 대체가 어려운 경우 토큰의 한 유형으로서 NFT로 발행하면 된다. 토큰은 반드시 기초자산을 기반으로 발행되기 때문에 토큰의 일종인 NFT도 반드시 기초자산을 기반으로 발행된다.

현행 DeFi 문제점 정리

현행 DeFi의 문제점으로, DeFi 개념 혼동, 전통적 금융 문제점 답습, 폰지사기, 코인과 토큰에 대한 오해 관점에서 살펴봤다. 현행 DeFi의 문제점을 살펴보면서 다음과 같은 18가지 시사점을 도출할 수 있었다.

No	시사점 키워드	시사점 키워드 설명
1	토큰의 개념과 발행	현재 대부분의 가상자산은 탈중앙 기반이 아님
2	기초자산의 가치	기초자산이 보장되지 않는 가상자산이 대다수
3	온라인 플랫폼	대부분의 가상자산은 탈중개로 거래되지 않음
4	은행법 · 자본시장법	가상자산은 잠재적 문제점을 차단할 통제장치(관련법)가 없음
5	브레튼우즈 붕괴	불투명하고 독점적인 운영으로 화폐를 몰래 발행
6	신용화폐 시대 도래	돈이 필요하면 그냥 가상화폐를 찍어내면 된다는 착각 초래
7	화폐 소각	과도한 화폐 발행으로 인플레이션 초래
8	은행 성과급 잔치	은행은 중개기관으로서 과도한 수수료 취득
9	신용창조	은행은 신용창조를 통해 과도한 신용 거품을 야기
10	뱅크런	고객이 맡긴 가상자산을 대출하여 고객에게 지급할 돈이 없음
11	복잡한 상품 설계	복잡한 설계로 금융소비자의 합리적 판단 저해
12	불완전 판매	코인과 토큰의 용도와 활용을 이해할 수 없음
13	폰지 사기	정당한 투자활동 대신 아랫돌 빼서 윗돌 괴기
14	보람상조	투자목적과 다른 곳으로 자금 도용 및 횡령
15	도적적 해이	본인 돈이 아니라 남의 돈에 대한 위험 관리 소홀
16	가상자산의 의미	인센티브용 지급 코인과 기초자산을 대체한 토큰
17	가상자산의 가치	가상자산의 가치는 결국 그 기초자산의 가치에 연동
18	NFT 실체와 가치	NFT는 일종의 인증서로서 결국 그 기초자산에 연동

3.2.3절과 3.2.4절에서는 다양한 DeFi 사례를 소개하는 동시에 앞서 도출한 DeFi의 18가지 시사점을 기준으로 한번 평가해 보고자 한다.

3.2.3 탈중개 관점 DeFi 사례 평가

앞서 DeFi 개념을 크게 '탈중개' 관점과 '가상자산' 관점으로 구분하여 설명했다. 이 절에서는 탈중개 관점에서 사례를 살펴보고, 3.2.4절에서는 가상자산 관점에서 사례를 한번 살펴보겠다.

1) P2P와 플랫폼

'P2P 거래' 또는 'P2P 플랫폼'이라는 용어가 사용된다. P2P(Peer to Peer)라고 하면 개인 간 직접 거래 개념으로 이해된다. 먼저 그림 3-73을 통해 4가지 시나리오를 살펴보자.

그림 3-73 온라인과 플랫폼 관계 유형

❶ **오프라인/P2P**: 이해관계자들이 발품을 팔아 직접 상대방을 찾아 거래

❷ **온라인/P2P**: 이해관계자들이 전화/채팅으로 직접 상대방을 찾아 거래

❸ **오프라인/플랫폼**: 당근마켓을 이용하지만, 직접 대면으로 만나서 거래

❹ **온라인/플랫폼**: 쿠팡을 통해 물건을 거래

❶과 ❷의 상황은 충분히 가능한 시나리오지만, 중개 플랫폼 없이 개인 간 직접 거래 당사자를 찾아 다닌다는 것은 탐색비용과 거래비용이 너무 크다. 이러한 이유로 대부분 사람은 플랫폼을 이용한다.

그럼 '당근마켓'은 P2P인가, 아니면 플랫폼 기반인가? 당근마켓은 거래 당사자가 직접 만나서 거래하기 때문에 P2P라고 이해할 수 있다. 그런데 당근마켓이라는 플랫폼을 통해 거래 당사자를 찾기 때문에 플랫폼 기반이라고도 할 수 있다. P2P라고 하면 어떠한 중개 기관이나 플랫폼이 배제된 순수한 '개인 대 개인' 거래로 이해할 수 있지만, 실상은 탐색비용과 거래의 효율성 관점에서 플랫폼은 필요하다. P2P라고 하더라도 중간에 매칭 플랫폼은 존재하기 마련이다. 비트코인은 대표적인 P2P 서비스지만, Bitcoin Core라는 프로그램이 설치된 비트코인 네트워크라는 플랫폼을 기반으로 P2P 송금이 이루어진다. 참고로 쿠팡은 P2P와 상관없는 전형적인 플랫폼 기반 상거래 서비스다.

그림 3-74는 거래의 3가지 형태를 보여준다. 첫 번째 그림은 P2P이며, 중간에 어떤 연계 플랫폼도 없을 경우 당사자 간 탐색비용이 매우 크다. 두 번째 그림은 탐색비용 절감을 위해 매칭 서비스를 제공하는 온라인 플랫폼 기반 P2P다. 세 번째 그림은 중개 플랫폼을 기반으로 거래가 이루어진다.

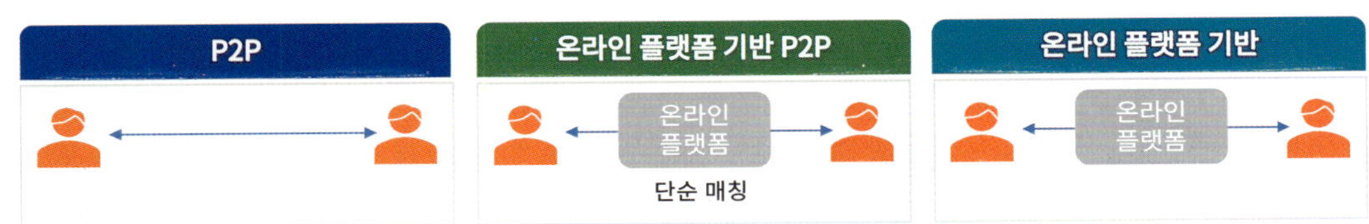

그림 3-74 P2P에 대한 올바른 이해

P2P라 하더라도 탐색비용 최소화와 효율성 관점에서 어떠한 형태로든 플랫폼이 직간접적으로 가미되는 형태로 이해하는 것이 좋다. 다만 플랫폼의 소유권 성격, 운영방식, 의사결정, 수익배분 등에 의해 플랫폼의 성격과 역할이 결정된다.

2) P2P 송금

단순히 돈을 송금하는 것은 금융(Finance) 영역에 포함되지 않는다. 하지만 탈중개 관점에서 부가적으로 설명해 보겠다. 현 지폐를 이용하여 해외에 있는 지인에게 돈을 송금하는 것에는 3가지 문제점이 있다.

- 지폐이기 때문에 온라인 등을 통한 송금이 불가능
- 국가마다 화폐가 상이
- 송금 과정의 신뢰 문제 발생

이러한 이유로 현 화폐 시스템은 그림 3-75에서 보는 바와 같이 중개 시스템(은행)이 필요하다.

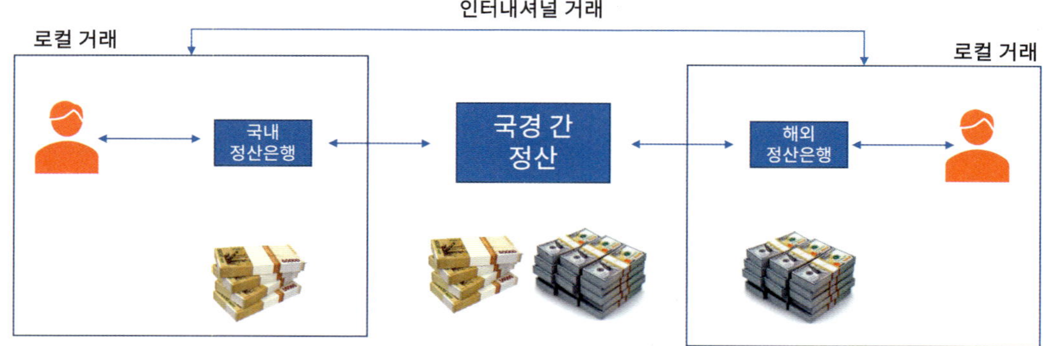

그림 3-75 송금을 위한 중개 기관

그림 3-76은 개인 간 송금에서는 중개 기관이 필요하다는 것을 보여준다. 먼저 왼쪽 그림을 보면, 종이 형태의 지폐를 온라인으로 직접 전송할 수 없기 때문에 송금 거래 당사자들이 은행에서 먼저 계좌를 개설하고 은행에 송금을 요청하면, 은행은 중앙장부를 요청에 맞게 갱신하고 갱신된 결과를 수신자에게 통보해 주는 방식으로 송금이 이루어진다.

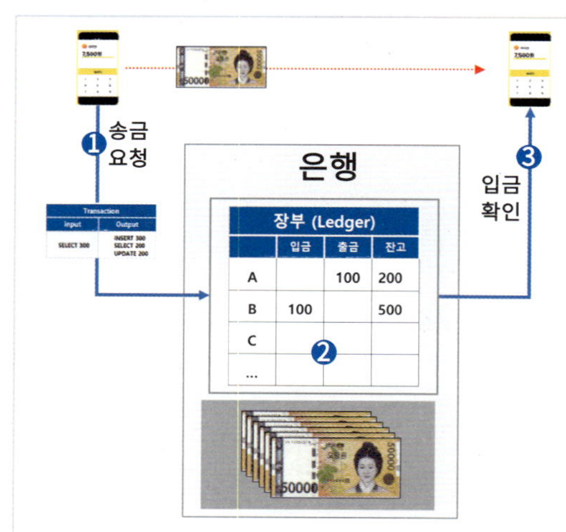

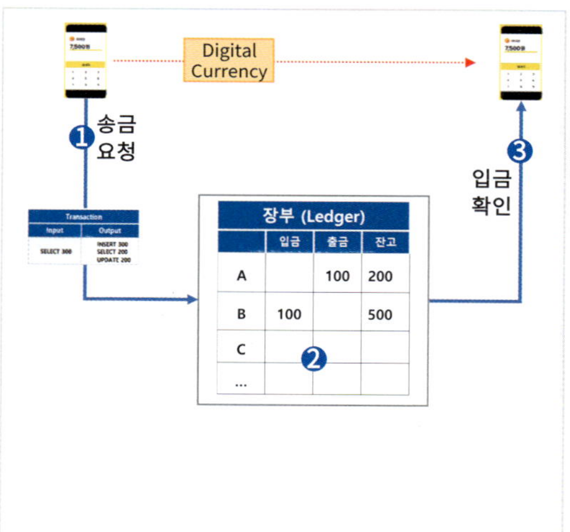

그림 3-76 중앙 장부에 의한 송금 처리

그림 3-76의 오른쪽 그림을 살펴보면, 지폐 대신 디지털 화폐로 송금한다고 하더라도 은행에 송금을 요청하면 중앙장부를 요청에 맞게 갱신하고 결과를 통보하는 방식으로 송금이 이루어진다.

그렇다면 디지털 화폐를 중앙시스템이나 중앙장부 없이 개인 간에 직접 전송하는 방법은 없을까? 이런 가능성을 제시한 것이 바로 비트코인이다. 그림 3-77은 개인 간 직접 송금 과정을 보여준다.

(참고로 그림에서 5만 원권 지폐 이미지는 디지털 형태의 화폐로 암호 기술이 적용된다고 가정하자.)

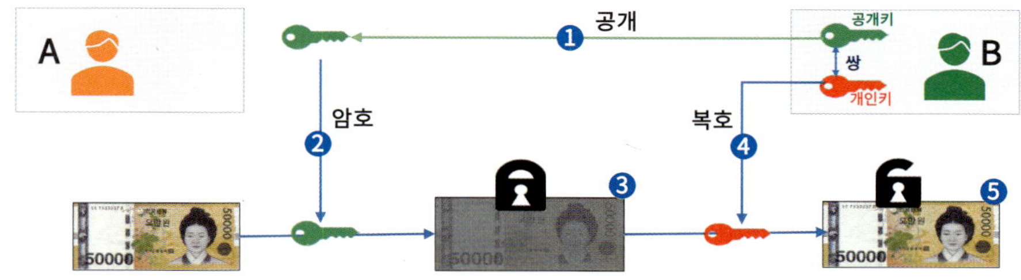

그림 3-77 P2P 송금 방법

비대칭키는 5장에서 다루겠지만, 우선 간단히 설명하겠다. 비대칭키는 2개의 키가 쌍으로 구성되며 하나의 키로 암호화하면 쌍의 관계인 다른 키로만 해독된다. 이런 원리를 바탕으로 송금 과정을 살펴보자. 수신자는 2개의 키(공개키, 개인키)를 발행해서 공개키는 송신자에게 전송하고 개인키는 오직 본인만 간직한다. 수신자로부터 공개키를 제공받은 송신자는 디지털 화폐를 암호화한다. 암호화된 화폐는 수신자가 보관 중인 개인키로만 해독할 수 있기 때문에 수신자에게 마치 P2P로 송금하는 효과를 구현할 수 있다. 이처럼 암호 기술을 이용하면 중개 기관 없이도 P2P로 송금이 가능하다.

3) P2P 대출

이번에는 P2P 대출에 대해 살펴보자. 그림 3-78은 대출의 유형을 보여준다.

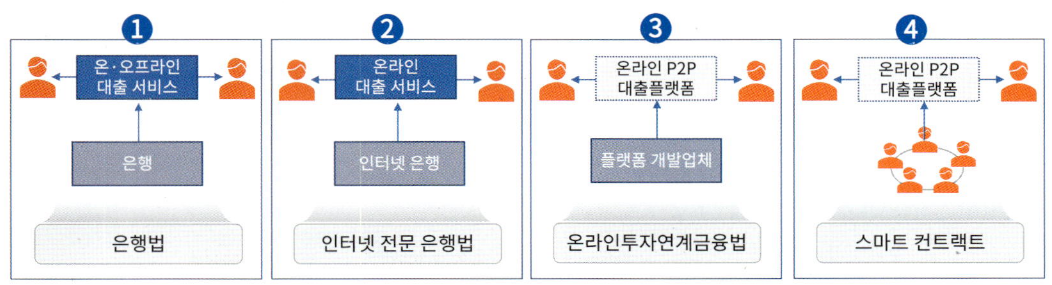

그림 3-78 P2P 대출의 올바른 이해

❶ 전통적인 은행을 통한 대출, 은행법에 의해 규제

❷ 인터넷 은행을 통해 온라인 대출, 인터넷전문은행법에 의해 규제

❸ 은행 없이 온라인 P2P 대출 플랫폼을 통해 대출, 온라인투자연계금융법에 의해 규제

❹ 별도의 대출 플랫폼 없이 이해관계자들이 합의 및 스마트 컨트랙트 활용

'P2P 대출'이라는 용어는 일반적으로 ❸의 방식을 의미한다. 은행과 인터넷 은행은 입금된 전체 자금을 직접 운용 및 관리하면서 대출을 진행한다면, 온라인 P2P 대출 플랫폼은 투자자와 차입자를 단순히 매칭만 해주는 역할을 한다. 그림 3-79는 온라인 P2P 대출 방식(❸번 방식)을 보여준다.

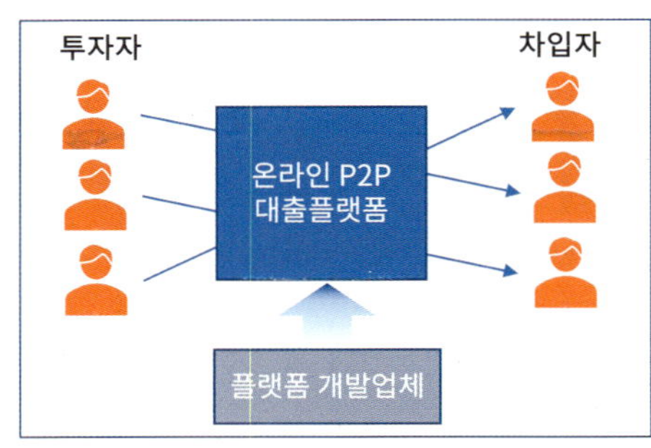

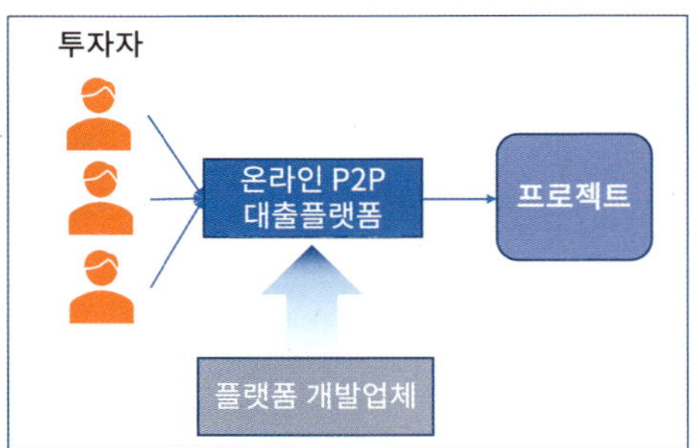

그림 3-79 온라인 P2P 대출 방식 및 문제점

투자자와 차입자를 온라인 대출 플랫폼을 통해 단순히 1:1 매칭만 해주고 수수료를 받거나 특정 프로젝트를 소개하고 투자자를 모집하는 크라우드 펀딩과 유사한 방식도 진행한다. 이런 P2P 플랫폼 기반 대출은 온갖 사기와 횡령이 만연했었다. 이런 배경에서 '온라인투자연계금융법'이 급하게 제정됐다. P2P 대출 서비스 사업자는 관계 당국의 인가가 필요하며 '온라인투자연계금융법'의 규제를 받는다.

- **대출 대상:** 법정화폐 또는 실물자산
- **사업 인가:** 인가된 P2P 플랫폼
- **관련 법 규제:** 온라인투자연계금융법

가상자산 분야에서도 P2P 대출이 활발하다. 가상자산 P2P 대출도 그림 3-78의 ❸번 방식으로 진행된다. 그런데 가상자산은 '온라인투자연계금융법'을 포함한 어떤 법적 규제도 받지 않는 무법지대라고 할 수 있다.

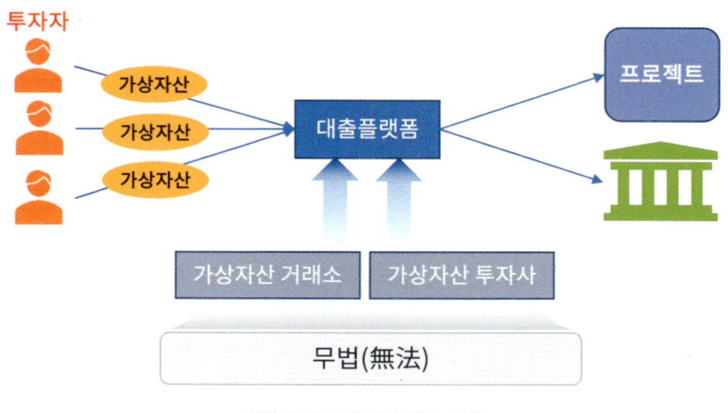

그림 3-80 가상자산의 대출

가상자산 P2P 대출이라고 하면 탈중개 방식으로 스마트컨트랙트와 블록체인 기술을 활용한다고 오해하는 경우가 많다. 하지만 현실은 가상자산 거래소나 가상자산 투자사들이 가상자산을 끌어모아 대출을 진행한다. 이런 형태의 가상자산 P2P 대출은 3가지 관점에서 문제가 있다.

- **대출 대상**: 가상자산(법적으로 가치가 인정 또는 부여되지 않았다.)
- **사업 인가**: 가상자산 P2P 대출은 별도의 사업인가가 필요 없다.
- **관련 법 규제**: 무법(無法)

현 가상자산 대출 서비스는 가치와 용도가 보장되지 않는 가상화폐를 당국의 인가도 받지 않은 사업자가 무법 상태에서 진행하고 있다고 이해하면 된다. 이런 잠재적 리스크가 현실로 나타난 것이 바로 FTX 파산이다. 현재 유통되는 가상자산은 아무런 활용 가치가 없는 경우가 대부분이다. 더구나 무법지대에서 통제와 감독도 받지 않는 무인가 기업들이 대출 서비스를 진행한다고 볼 수 있다.

웹 3.0 분야로 DeFi가 많이 소개된다. 현업에서 DeFi라고 하면 가상자산을 융통하는 것으로 많이 이해한다. 하지만 현재 거래되는 가상자산은 탈중앙으로 발행되지도 않고, 거래 또는 대출 역시 탈중앙도 아니고 탈중개도 아니다. FTX 같은 악덕 기업이 무법지대에서 본인의 사리사욕을 채우고 있는 상황이라고 볼 수밖에 없다. 그리고 이런 가상자산 대출이 웹과 무슨 연관성이 있는지 찾기 어렵다.

마지막으로, 앞서 도출했던 DeFi의 문제점 18가지 요소에서 현행 가상자산 대출 사례에 적용되는 문제점을 식별하면서 마무리하겠다.

No	시사점 키워드	시사점 키워드 설명
3	온라인 플랫폼	대부분의 가상자산은 탈중개로 거래되지 않음
4	은행법 · 자본시장법	가상자산은 잠재적 문제점을 차단할 통제장치(관련법)가 없음
15	도적적 해이	본인 돈이 아니라 남의 돈에 대한 위험 관리 소홀

3.2.4 가상자산 관점 DeFi 사례 평가

DeFi를 '탈중개' 관점과 '가상자산' 관점으로 구분했는데, 3.2.4절에서는 '가상자산' 관점에서 DeFi 사례를 평가해 보겠다. '가상자산 관점에서 DeFi'를 평가하기 위해서는, 먼저 가상자산이 '금융'이란 용어를 사용할 정도로 그 의미와 활용 가치가 있는지를 평가할 필요가 있고, 이런 가상자산의 거래와 대출 등이 금융 서비스로서 적정하고 합리적인지 검토할 필요가 있으며, 마지막으로 이런 DeFi가 웹 3.0과 어떤 연관성이 있는지를 평가해 보는 것이 필요하다.

이런 다양한 관점을 좀 더 쉽게 이해할 수 있도록 가상자산 자체, 가상자산 관련 금융 서비스, 그리고 가상자산 관련 금융 기관으로 구분해서 사례들을 살펴보겠다.

1) 가상자산

금융은 금전이나 자금을 융통하는 것을 말한다. 그럼 가상자산이 이런 금전이나 자금과 같은 의미와 가치가 있는지 검토해 볼 필요가 있다. 코인, 토큰, 스테이블 코인, 토큰증권으로 구분하여 하나씩 살펴보자.

(1) 가상자산(코인, 토큰)

사람들은 가상자산이 가치가 있다고 판단하기 때문에 거래도 발생하고 금융으로 확산되고 있다. 가상자산의 가치를 논한다면, 가치의 존재 여부와 가치의 정도를 판단하는 기준은 무엇일까? 전통적인 가치 존재 여부 및 가치의 수준을 판단하는 방법은, 첫째 내재적 가치, 둘째 기초자산 담보 가치, 셋째 신뢰 가치로 이해할 수 있다.

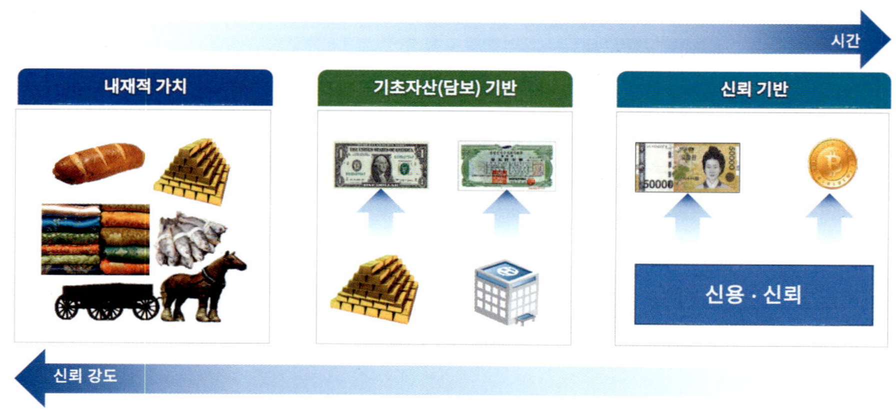

그림 3-81 가치의 평가 기준과 신뢰성

가치에 대한 신뢰의 강도는 단순 신뢰보다는 기초자산 담보 가치가, 그리고 내재적 가치가 더 강하다. 반면 시간이 흐를수록 내재적 가치 또는 담보 가치보다는 신뢰 기반 가치가 더 보편화되고 있는 것을 알 수 있다. 여기서 시간이 흐를수록 보편화되는 신뢰 기반 가치는 구성원 사이에 부여된 가치이거나 활용 가치 정도로 이해할 수 있다.

그림 3-82에서 점선은 신뢰의 기반이 되는 요소를 나타낸다. 반면 실선은 그런 신뢰를 기반으로 발행된 것을 의미한다. 실선 요소의 가치는 결국 점선 요소의 가치 여부 및 가치 수준에 의해 결정된다고 이해할 수 있다.

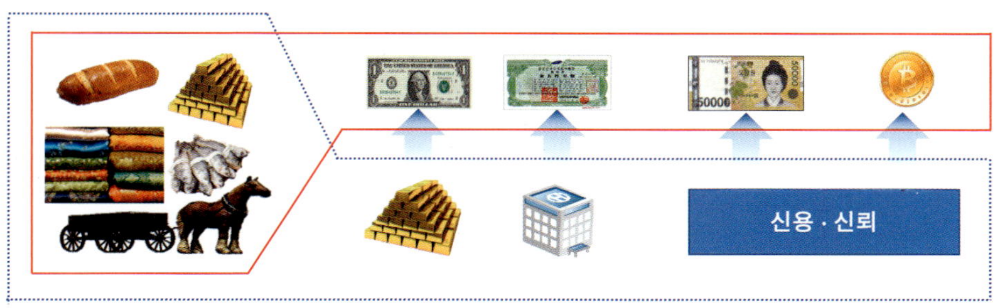

그림 3-82 내재적 가치와 기초자산 가치

'신용 · 신뢰' 기반으로 가치가 부여되는 분야를 좀 더 집중해서 한번 살펴보자. 신용 · 신뢰 기반의 가치는 내재적 · 담보 가치가 없기 때문에 신뢰를 부여하기가 어려울 때가 많다. 그림 3-83은 내재적 · 담보 가치가 없어도 신뢰를 부여하는 몇 가지 사례를 보여준다.

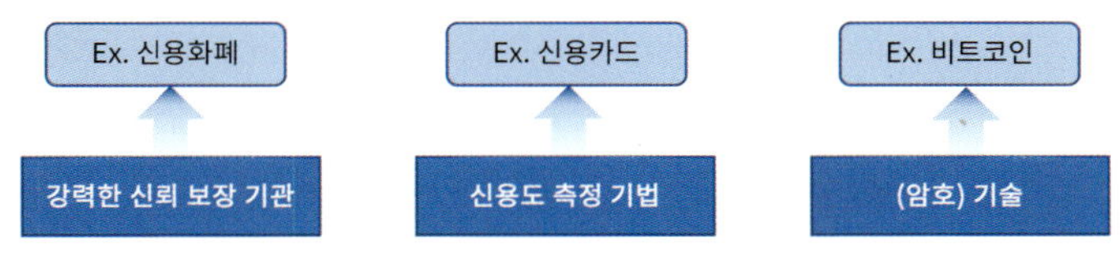

그림 3-83 기초자산의 가치 기준

먼저 법정(신용)화폐는 정부라는 강력한 신뢰 기관에 의해 신뢰성을 부여받는다. 신용카드 발급 대상자는 다양한 신용 평판을 통해 신용도가 결정된다. 예를 들어, 신용 이력, 고정수익, 평판 조회 등 신용도를 측정하는 기법을 활용하여 신용도가 측정된다. 또한 강력한 기술, 예를 들어 암호 기술 등을 통해 신뢰를 보장할 수도 있다.

가상화폐는 디지털 형태로 내재적 가치가 없다. 현재 가상화폐를 바라보는 가장 뜨거운 논쟁은 '가상화폐가 가치가 있느냐 없느냐'는 이슈다. 있다면 '어느 정도의 가치가 있느냐'이다. 내재적 가치가 없어도 신뢰 가치와 활용 가치가 있을 수 있다. 가상화폐 · 가상자산은 이런 '신뢰 가치 또는 활용 가치' 관점에서 이해할 필요가 있다. 따라서 몇 가지 가상화폐들을 '신뢰 · 활용 가치' 측면에서 한번 평가해 보겠다.

비트코인의 가치는?

먼저 비트코인은 아무런 내재적 가치나 담보 가치는 없다. 반면 전통적인 화폐 시스템의 문제점을 개선하기 위해서 강력한 암호 기술을 통해 디지털 형태의 금을 구현하고 이 디지털 금을 기반으로 화폐를 발행한다고 설명했다. 어떻게 디지털 금을 구현했는지는 그림 2-55를 통해 설명했다. 암호 기술과 이런 암호 기술 기반으로 구현한 디지털 금을 신뢰할지 여부는 결국 사회 구성원들의 판단에 달렸다.

비트코인의 가격이 급등한 타이밍을 검토해 보면, 기존 화폐 시스템에 대한 문제 이슈가 부각되고 안전자산에 대한 필요성이 제기될 때 비트코인 가격이 요동쳤다. 비트코인이 처음으로 급등한 시기는 2013년이다. 지중해의 섬나라 키프로스는 2013년 그리스 금융위기로 직격탄을 맞게 된다. 키프로스는 IMF에 구제금융을 신청하게 되는데, IMF는 구제금융 대신 은행 예금에 10%를 과세할 것을 키프로스 정부에 요구했다. 적게는 10%에서 10만 유로 이상 예금자에게는 최대 60%까지 과세한다는 말이 나온 상황이었다. 당시 러시아는 키프로스와 조세 협정을 맺고 있었고 상당액의 러시아계 자금이 키프로스에 유입된 상황이었는데, 앉아서 돈 떼일 위험에 처하자 러시아인들이 채택한 방법이 바로 비트코인이다. 비트코인은 각국 중앙은행과 정부의 통제를 받지 않기 때문에 비트코인으로 바꿔서 돈을 빼돌리려고 했던 것이다.

2023년 3월 미국 SVB(실리콘밸리뱅크)의 파산으로 비트코인이 30% 폭등했다는 기사가 있었다. SVB를 포함한 일련의 은행들의 파산으로 기존 화폐 시스템 및 은행 시스템에 대한 불신이 고조되고 반사이익으로 비트코인이 급등한 것이다.

2가지 사례만 제시했지만, 비트코인의 등락을 자세히 분석하면 기존 화폐 시스템에 대한 불신이 부각될 때 비트코인 가치가 급등한 사례가 많다. 결국 비트코인은 원래 설계 취지에 맞게 기존 화폐 시스템에 대한 대안적 성격이 크다. 비트코인의 운명이 어떻게 될지 모르겠지만 활용 가치는 분명히 있어 보인다. 그 활용 가치가 보장될 경우 사람들은 비트코인을 신뢰하고 가치가 있다고 생각하게 될 것이다.

테라의 가치는?

이번에는 테라에 대해 살펴보자. 스테이블 코인과 테라에 대해서는 다음 장에서 좀 더 자세히 살펴보기로 하고, 여기에서는 가치 여부에 대해서만 간단히 살펴보겠다.

비트코인 이후 수많은 가상화폐가 쏟아져 나왔다. 하지만 변동성도 컸고 실제로 화폐로 사용하기에는 무리라는 판단에 스테이블 코인이 등장했다. 스테이블 코인은 이름처럼 가치가 안정화된 코인이라는 의미다. 하지만 단순히 가격만 일정하게 유지한다는 의미보다는 안정된 기초자산을 기반으로 안정된 가치를 유지하면서 동시에 그 기초자산의 가치를 기반으로 가치가 부여된 코인이라는 의미가 더 강하다. 그래서 최초의 스테이블 코인이라고 할 수 있는 테더(Tether)는 법정화폐이자 기축통화인 USD를 1:1로 페깅한 형태로 설계했다. 테더의 목적은 안정된 가격을 유지하면서 USD를 기초자산으로 한 가치 있는 디지털 화폐를 발행해서 현실에서 사용하고자 한 것이다.

그런데 테라는 유의미한 기초자산을 기반으로 한 스테이블 코인이라기보다는 단순히 알고리즘으로 가격만 일정하게 유지하는 알고리즘 기반 스테이블 코인이다. 이 알고리즘은 수학적으로 1USD를 유지하는 기능만 할 뿐, 알고리즘 자체가 1USD의 가치를 부여해 주는 것은 아니다. 테더는 1USD를 기초자산으로 연동하여 가격을 안정적으로 유지하면서 동시에 1USD의 담보 가치를 부여했다면, 테라는 알고리즘적으로 1USD 가격만 유지하게 설계했다. 예를 들어 금 시세와 일치시키는 어떤 알고리즘을 개발했다고 하자. 그 알고리즘은 단순히 금 시세와 동조화하는 기능을 할 뿐이지 알고리즘 자체가 금과 같은 가치를 지니는 것은 아니다.

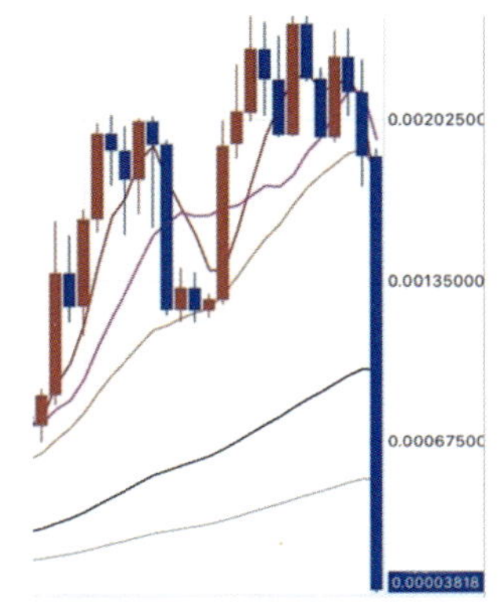

그림 3-84 테라 시세 추이 (이미지 출처: 서울신문)

테라는 아무런 의미나 가치 없이 1USD를 유지하는 알고리즘만 존재했고, 그 알고리즘의 허점에 따라 언제든지 가치가 폭락할 수 있다는 문제점이 있었기 때문에 결국 폭락하는 신세를 면하기 어려웠다.

테라가 담보 가치가 없다고 하더라도 그 활용 가치를 증명해 보였다면 신뢰를 보장받았을 수도 있다. 하지만 테라는 아무런 활용성도 보여주지 못했다. 담보 가치도 존재하지 않으며 어떤 활용성도 보여주지 못한 상황에서 알고리즘에 허점이 발생하자 결국 몰락할 수밖에 없었다.

MEMO

테라에 대한 SEC 집행국장의 평가

2023년 2월 16일 미국 증권거래위원회(SEC)는 연방법원에 권도형 대표와 테라폼랩스를 미등록증권 판매 및 사기 혐의로 기소했다. 거버 그루왈 SEC 집행국장은 다음과 같이 평가했다.

> "As alleged in our complaint, the Terraform ecosystem was neither decentralized, nor finance. It was simply a fraud propped up by a so-called algorithmic 'stablecoin' – the price of which was controlled by the defendants, not any code."

("고소장에서 주장한 바와 같이, Terraform 생태계는 탈중앙화되지도 않았고 금융도 아니었습니다. 소위 알고리즘 '스테이블 코인'에 의해 지원되는 사기일 뿐이며 가격은 코드가 아닌 피고에 의해 통제됩니다.")

출처: https://www.brecorder.com/news/40226937

우리나라 가상화폐 거래소는 관계 당국의 통제 속에 거래 본연의 업무에 충실하지만, 바이낸스나 FTX 같은 해외거래소는 거래 서비스뿐만 아니라 다양한 가상자산 금융 사업을 진행하고 있다. FTX는 가상화폐를 유치하여 레버리지와 금융 활동을 통해 덩치를 키워왔다. FTX는 이런 비즈니스 모델 때문에 단기간에 급성장한 대표적인 거래소다. 고객이 가상자산을 FTX에 예치하면 FTX는 FTT를 이자로 지급한다. FTT를 지급받아 할 수 있는 것은 거래소를 통해 단순히 시세차익을 챙기는 것뿐이다. FTT도 테라와 마찬가지로 아무런 담보 가치 또는 활용 가치가 없으면 결국 몰락할 수밖에 없다는 것을 보여줬다.

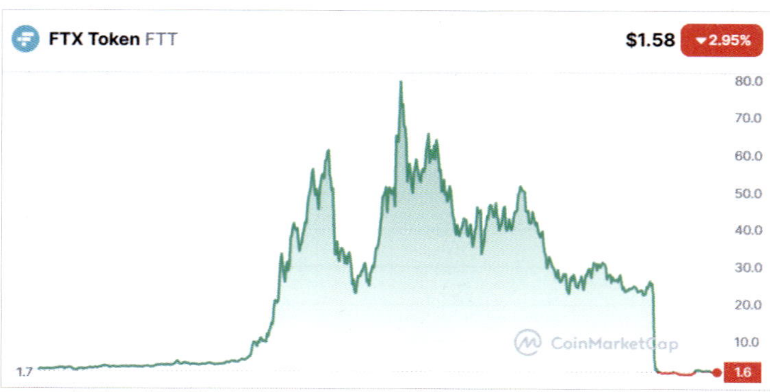

그림 3-85 FTT(FTX 발행 가상화폐) 시세 추이 (이미지 출처: 코인마켓캡)

Diem(옛 Libra) 시사점

2019년 페이스북은 '리브라(Libra)'라는 가상화폐 발행을 발표했다. 하지만 미국 정부와 일부 유럽 국가들로부터 공격을 받으면서, 성격을 조정하여 '디엠(Diem)'으로 리브랜딩했다. 리브라(Libra)의 백서를 보면, 리브라의 배경과 목표, 그리고 작동 원리가 상세히 소개되어 있다.

페이스북이 디엠을 세상에 내놓은 배경을 그림 3-87로 설명해 보겠다. 왼쪽 그림을 보면, 지폐를 기반으로 한 현행 금융 서비스는 개인 간 직접 온라인 전송이 불가능하기 때문에 은행이라는 중개 기관을 통해서만 송금이 가능하다. 고객들은 은행에 계좌를 개설하고 은행의 중앙장부를 갱신하는 방식으로 송금이 이루어진다.

An Introduction to Libra

White Paper • From the Libra Association Members

Libra's mission is to enable a simple global currency and financial infrastructure that empowers billions of people.

This document outlines our plans for a new decentralized blockchain, a low-volatility cryptocurrency, and a smart contract platform that together aim to create a new opportunity for responsible financial services innovation.

Problem Statement

The advent of the internet and mobile broadband has empowered billions of people globally to have access to the world's knowledge and information, high-fidelity communications, and a wide range of lower-cost, more convenient services. These services are now accessible using a $40 smartphone from almost anywhere in the world.[1] This connectivity has driven economic empowerment by enabling more people to access the financial ecosystem. Working together, technology companies and financial institutions have also found solutions to help increase economic empowerment around the world. Despite this progress, large swaths of the world's population are still left behind — 1.7 billion adults globally remain outside of the financial system with no access to a traditional bank, even though one billion have a mobile phone and nearly half a billion have internet access.[2]

For too many, parts of the financial system look like telecommunication networks pre-internet. Twenty years ago, the average price to send a text message in Europe was 16 cents per message.[3] Now everyone with a smartphone can communicate across the world for free with a basic data plan. Back then, telecommunications prices were high but uniform, whereas today, access to financial services is limited or restricted for those who need it most — those impacted by cost, reliability, and the ability to seamlessly send money.

All over the world, people with less money pay more for financial services. Hard-earned income is eroded by fees, from remittances and wire costs to overdraft and ATM charges. Payday loans can charge annualized interest rates of 400 percent or more, and finance charges can be as high as $30 just to borrow $100.[4] When people are asked why they remain on the fringe of the existing financial system, those who remain "unbanked" point to not having sufficient funds, high and unpredictable fees, banks being too far away, and lacking the necessary documentation.[5]

그림 3-86 Libra(Diem) 백서

전 세계 17억 명의 성인은 은행 계좌가 없어 송금 서비스를 누리지 못하는 상황이었다. 그런데 이들 중 10억 명은 모바일 폰을 가지고 있고 나머지 5억 명은 인터넷에 접근이 가능한 상황이었다. 따라서 기존 종이 화폐와 전통적 은행 시스템 대신 전자적 형태의 화폐를 발행한다면 모바일 폰과 인터넷이 가능한 총 15억 명도 은행 계좌 없이 온라인 송금 서비스를 누릴 수 있게 하겠다는 것이 디엠의 목표였다(그림 3-87 오른쪽 참조).

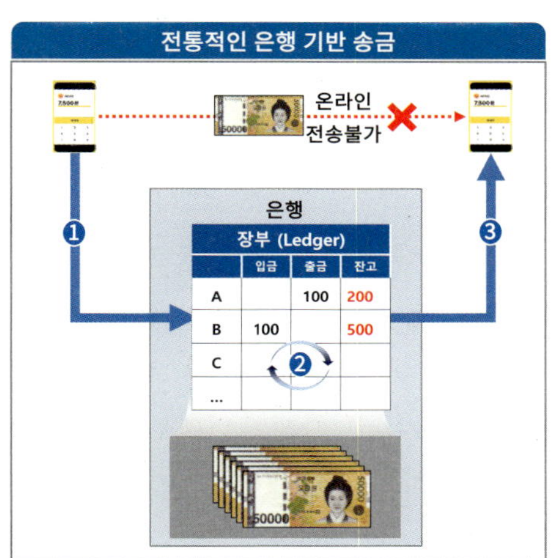

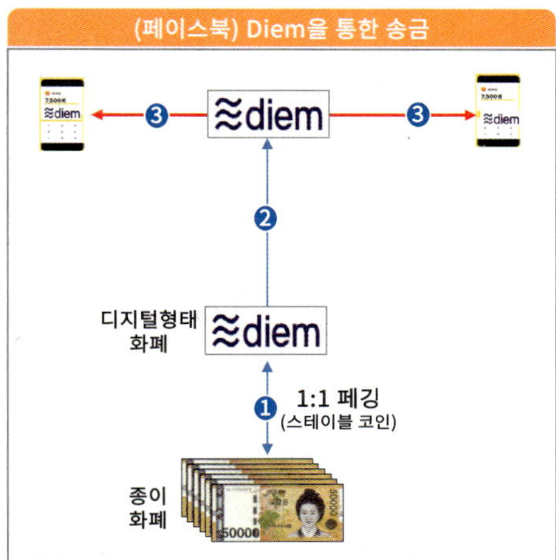

그림 3-87 Diem 목적 및 작동원리

하지만 디엠도 결국 미국 정부와 유럽 정부에 백기 투항하면서 사실상 사업을 중단하게 되었다. 미국 정부와 유럽 정부는 디엠을 왜 그렇게 엄격하게 견제했던 것일까?

MEMO

Libra 백서 일부 내용

- Libra's mission is to enable a simple global currency and financial infrastructure that empowers billions of people. (Libra의 미션은 전 세계 수많은 사람에게 간편한 형태의 글로벌 화폐와 금융 인프라를 제공하는 것이다)
- 1.7 billion adults globally remain outside of the financial system with no access to a traditional bank, even though one billion have a mobile phone and nearly half a billion have internet access. (전 세계 17억 명 이상의 성인들이 전통적인 은행 서비스에 대한 접근이 어려운 상황이다. 이들 중 10억 명이 모바일 폰을 보유하고 있고, 5억 명 이상은 인터넷을 활용하고 있음에도 그렇다)
- Libra is designed to be a stable digital cryptocurrency that will be fully backed by a reserve of real assets. (Libra는 실질 자산에 의해 그 가치가 완벽하게 보장되는 안정된 디지털 화폐라고 할 수 있다)

디엠은 다른 가상화폐와는 다른 몇 가지 특징이 있다.

- 먼저 디엠의 활용성이다. 백서에서도 밝힌 것처럼 디엠은 기존 문제점을 해결하려는 문제의식과 명확한 목표를 가지고 있었다. 전통적인 화폐 시스템(지폐, 국가별 화폐 차이, 은행 연계)은 전 세계 성인 17억 명의 송금 서비스를 막고 있었다. 이런 문제점을 해결하기 위해 전 세계 어디에서나 통용되는 디지털 형태의 화폐와 금융 인프라를 제공하고자 했다.
- 다음은 디엠의 신뢰성이다. 대부분의 가상화폐가 실질적 가치(기초자산) 기반 없이 그냥 발행하는 것이었다면 디엠은 철저하게 실질 담보 자산을 기반으로 발행한다고 밝혔다. 일종의 실질 가치 기반 스테이블 코인이다. 디엠은 여러 개의 법정화폐를 묶은 바스켓과 채권 등을 담보로 발행하도록 설계했다.
- 마지막으로 디엠의 확장성이다. 전 세계 대표적인 빅테크 기업이라는 신뢰성과 페이스북을 이용하는 수억 명의 잠재적 실이용자가 이미 확보된 상황이었다.

디엠은 활용성 · 신뢰성 · 확장성 측면에서 기존 화폐를 대체할 충분한 명분과 실력을 갖춘 가상화폐라고 볼 수 있다. 디엠이 실제로 출시되면 기존 법정화폐에 대한 심각한 도전이 될 터였고, 미국을 포함한 각국의 중앙정부는 이를 도저히 묵과할 수 없었다. 아이러니하게도 디엠의 엄청난 잠재성과 활용성 때문에 디엠 사업은 결국 중단됐다. 가상화폐가 범람하고 온갖 사기와 투기를 조장하는 상황에서 이 디엠 사례는 많은 시사점을 던져준다. 디엠은 가상화폐의 잠재성과 가상화폐의 한계라는 모순된 위치에 놓여 있다. 가상화폐는 분명 기존 화폐나 금융 시스템을 개선할 잠재성과 우수성을 가지고 있지만, 한편으로는 가상화폐가 기존 법정화폐에 도전할 경우 어떻게 된다는 것을 잘 보여주는 사례라고 볼 수 있다.

정리해 보자. 수많은 가상자산이 거래소를 통해 거래되고 있으며 가상자산이 금융으로 발전하고 있다. 가상자산이 거래 및 서비스 영역에서 중요한 역할을 할 것이라 예상한다. 하지만 그 전에 가상자산이 가치가 있느냐는 원론적인 질문에 답할 수 있어야 한다. 그리고 활용성과 의미 있는 가상자산이 되기 위해서는 어떤 기획과 설계가 필요한지도 사례를 통해 확인할 수 있었다.

가상자산과 웹은 어떤 관련성이 있고 차세대 웹인 웹 3.0과는 어떤 연관성이 있을까? 미래의 웹은 단순한 정보나 서비스 제공에서 벗어나 다양한 거래 활동 및 경제 활동이 펼쳐질 것으로 예상된다. 그렇게 되면 다양한 거래 매개 수단이 필요할 것이고 메타버스와 같은 디지털 세상에서는 거래의 편리성을 위해 토큰을 활용하는 사례도 많아질 것이다. 따라서 가상자산은 웹 3.0 구현을 위한 중요한 요소가 될 것이라 생각한다. 디엠의 가능성도 확인할 수 있었지만, 여전히 대부분 가상화폐들은 다양한 문제점과 한계점을 가지고 있다. 가상자산이 가진 한계점을 앞서 도출했던 18가지 DeFi 문제점 요소 관점에서 식별하면서 마무리하겠다.

No	시사점 키워드	시사점 키워드 설명
2	기초자산의 가치	기초자산이 보장되지 않는 가상자산이 대다수
16	가상자산의 의미	인센티브용 지급 코인과 기초자산을 대체한 토큰
17	가상자산의 가치	가상자산의 가치는 결국 그 기초자산의 가치에 연동

(2) 스테이블 코인

스테이블 코인도 가상자산의 한 형태지만, 다양한 함의적 특성을 지니고 있어 별도로 분리하여 설명해 보겠다. 그림 3-88에서 화폐의 변천사를 통해 스테이블 코인이 지닌 함의적 의미를 추론해 볼 수 있다.

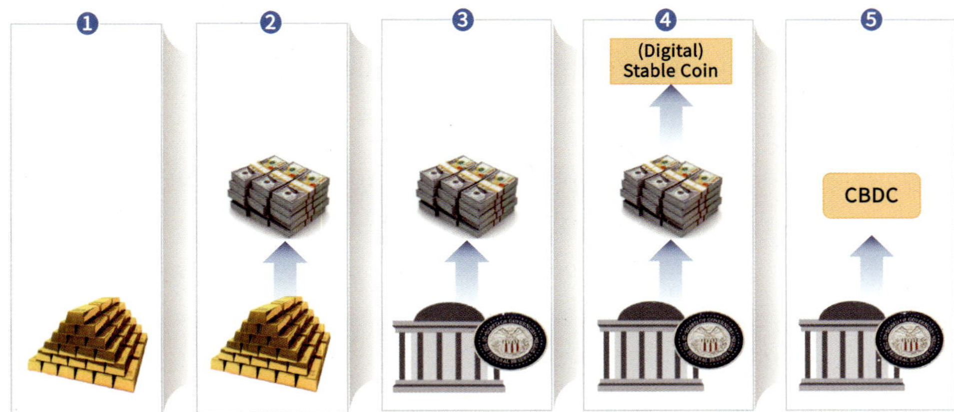

그림 3-88 스테이블 코인 개념 이해

❶ 오래전에는 금 자체를 금화 등의 화폐(금화본위제)로 사용했다.

❷ 금화본위제의 문제점 개선을 위해 금을 기초자산으로 하여 지폐를 발행하는 금핵본위제 시대로 발전한다. (지폐는 내재적 가치가 없지만 금을 통해 가치 보장)

❸ 금본위제가 사라지고 강력한 중앙정부의 신뢰를 기반으로 화폐를 발행하는 신용화폐 시대가 도래했다.

❹ 지폐는 아날로그 형태이기 때문에 디지털과 인터넷 시대에 활용하는 데 한계가 있어, 지폐를 1:1로 페깅한 디지털 스테이블 코인이 출현했다.

❺ 향후 지폐는 결국 중앙은행에서 발행하는 디지털 법정화폐(CBDC)로 대체될 것으로 예상된다. CBDC도 결국 강력한 중앙정부의 신뢰를 기반으로 발행된다.

스테이블 코인은 기초자산의 형태에 따라 그 유형이 결정된다. 기초자산의 유형으로 법정화폐, 가상자산, 알고리즘 등이 활용된다.

그림 3-89 스테이블 코인 유형

법정화폐이자 세계 기축통화인 USD를 기초자산으로 하여 1:1로 페깅한 것이 바로 테더다. 비트코인이나 이더리움 같은 안정적인 가상화폐를 기반으로 발행되는 스테이블 코인도 있는데, DAI가 그렇다. 그리고 알고리즘 기반으로 발행되는 스테이블 코인이 테라다.

다른 스테이블 코인은 기초자산이 명확하기 때문에 그 원리와 가치 보장 방안이 명확하게 이해되지만, 알고리즘에 기반한 테라는 이해하기가 다소 어렵다. 따라서 테라의 작동원리를 쉬운 사례를 들어 간단히 살펴보겠다. 그림 3-90에서 위쪽 그림은 테라가 현재 1.2USD 상황에서 어떻게 1USD로 자동으로 조절되는지, 아래쪽 그림은 테라가 현재 0.8USD 상황에서 어떻게 1USD로 자동으로 조절되는지를 보여준다.

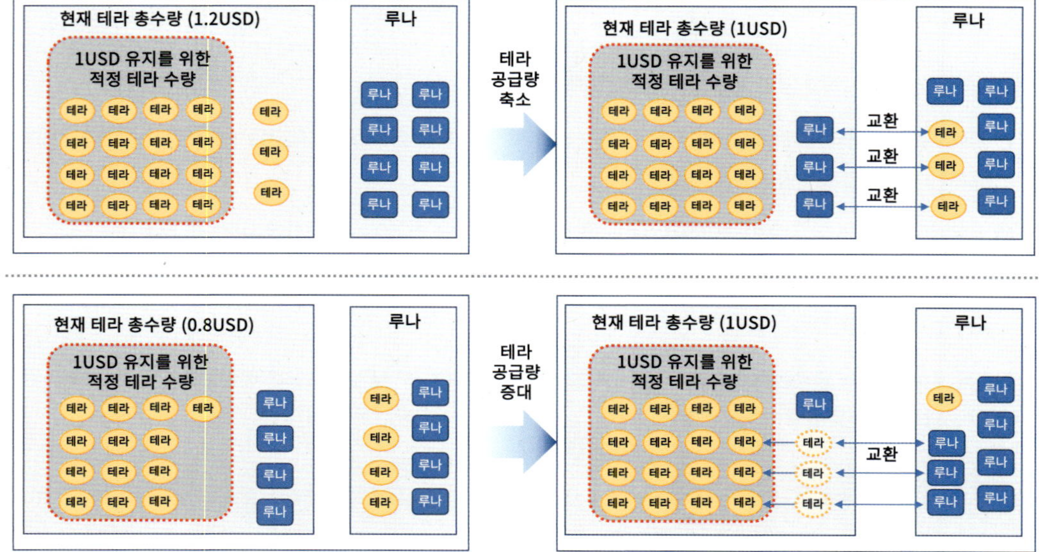

그림 3-90 알고리즘 기반 스테이블 코인(테라) 작동원리

테라가 1USD를 유지하기 위해 필요한 적정한 양이 설정되어 있다. 그런데 테라의 수량이 늘어나면 테라의 가치가 떨어진다. 이때 테라의 가치를 일정하게 유지하기 위한 루나라는 별도의 가상화폐가 있다. 테라가 1USD를 유지하기 위해 필요한 적정 수량보다 많으면 루나와 교체해서 테라의 수량을 조절한다. 반대로 테라의 수량이 부족해 가치가 상승했을 때도 마찬가지 원리로 작동한다.

스테이블 코인을 CBDC와 연계해서 설명하는 경우가 많다. 만일 CBDC가 발행된다면 비트코인이나 테더의 운명은 어떻게 될까? CBDC는 중앙은행에서 발행하는 전자적 형태의 화폐다. CBDC는 전자적 형태의 화폐이지만, 중앙은행을 통해 발행되기 때문에 사토시 나카모토가 제기했던 기존 중앙은행의 문제점(과도한 화폐 발행)을 그대로 가지고 있다. CBDC는 중앙은행에서 발행하는 디지털 화폐이고 비트코인은 탈중앙 기반으로 발행하는 디지털 화폐이기 때문에 CBDC가 비트코인을 대체하지는 않을 것 같다.

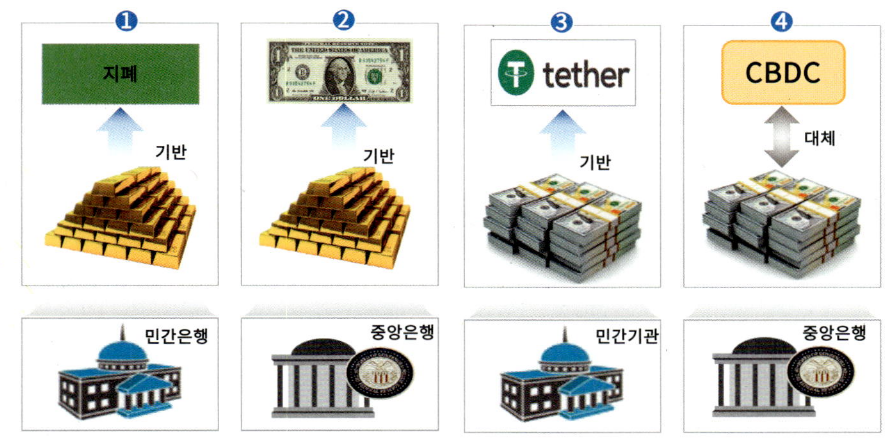

그림 3-91 스테이블 코인과 CBDC 비교

CBDC의 출현에 따른 테더의 운명은 어떻게 될까? 테더는 USD를 1:1로 페깅한 디지털 화폐다. 지폐의 한계점을 개선하기 위해 지폐를 디지털 형태로 바꾼 가상화폐가 바로 테더다. CBDC는 지폐를 디지털 화폐로 교체하는 것이기 때문에 CBDC가 출현하게 되면 테더와 같은 스테이블 코인은 더 이상 의미가 없어질 것이다. 하지만 테더는 단순히 지폐를 디지털 화폐로 교체한 것 이상의 의미를 지닌다. 국경을 초월한 세계적인 화폐나 메타버스와 같은 디지털 세상에서도 폭넓게 활용될 수 있다. 반면, CBDC는 특정 국가의 중앙은행에서 발행된 디지털 형태의 법정화폐일 뿐이다.

스테이블 코인의 가치는 어떻게 결정될까? 스테이블 코인은 결국 기초자산과 연동된다. 따라서 스테이블 코인의 가치 역시 기초자산의 가치와 연동된다고 볼 수 있다.

그림 3-92 스테이블 코인의 가치 기준

❶ USD를 기초자산으로 하고 있기 때문에 USD 액면 가치에 의해 가치가 결정된다.

❷ 비트코인과 이더리움의 가치는 계속 변동하기 때문에 이를 기반으로 한 스테이블 코인의 가치도 계속 변동된다고 볼 수 있다.

❸ 알고리즘에 의해 가격은 일정하게 유지될 수 있겠지만, 실질적 가치에 대한 신뢰성에 의문을 제기할 수 있기 때문에 한계가 있다.

스테이블 코인은 기존 지폐가 가진 문제점을 해결할 수 있고 타 국가 간 결제나 메타버스 환경에서도 그 활용성이 높다.

그런데 스테이블 코인에 대한 신뢰성이 보장되기 위해서는 스테이블 코인의 기초자산에 대한 신뢰성이 담보돼야 한다. 그림 3-93을 보면, 금본위제와 스테이블 코인은 구조적으로 유사하다. 금본위제는 금이라는 기초자산을 기반으로 좀 더 편리한 지폐를 발행해서 사용했고, 스테이블 코인은 법정화폐를 기초자산으로 좀 더 편리한 디지털 화폐를 발행해서 사용한다. 1971년 금본위제(브레튼우즈 체제)가 붕괴했던 이유는 금이라는 기초자산을 기반으로 화폐를 발행한다는 금본위제에 대한 신뢰를 저버렸기 때문이다. 금본위제는 금을 보관해야 그 금을 기초자산으로 해서 화폐를 발행할 수 있는 제도인데, 금을 보관하지 않고 추가로 화폐를 발행했기 때문에 그 신뢰성이 무너졌고 결국 브레튼우즈 체제가 종식된 것이다.

USD와 1:1로 페깅하여 발행되는 테더 역시 테더 수량만큼 USD를 예치해야 하지만, 그러지 않았다. 테더가 보유한 USD 규모는 발행된 테더 수량 대비 약 3.87%에 불과했다. USD와 1:1로 페깅한 스테이블 코인이 실제로 USD를 3.87%만 보유하고 있다면, 누가 그 스테이블 코인을 신뢰할 수 있겠는가?

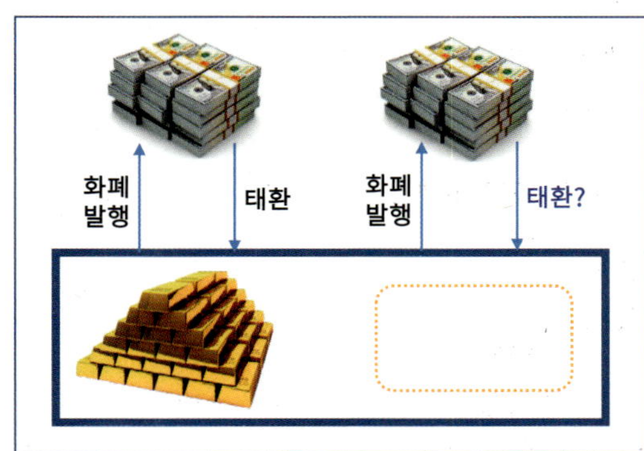

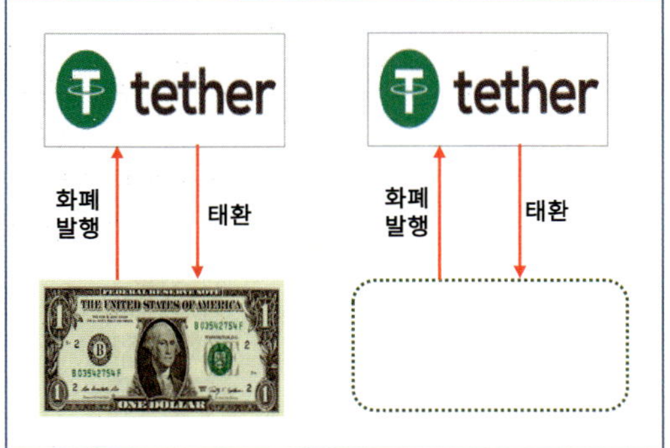

그림 3-93 스테이블 코인(예: 테더) 가치 신뢰성

웹 환경이나 메타버스 세상에서는 다양한 디지털 가상화폐가 필요할 것이다. 그런 차원에서 스테이블 코인도 웹 3.0 구현에 하나의 중요한 요소가 될 수 있다. 하지만 현 가상자산 시장에서 벌어지는 스테이블 코인은 그 신뢰성이 매우 떨어진다. 아무런 가치가 없는 알고리즘으로 가격을 유지하다 결국 사라졌고, USD와 1:1 페깅한다던 테더는 1970년 미국처럼 전 세계를 상대로 거짓말을 하고 있었다. 스테이블 코인이 가진 한계점을 앞서 도출했던 18가지 DeFi 문제점 요소 관점에서 식별하면서 마무리하겠다.

No	시사점 키워드	시사점 키워드 설명
2	기초자산의 가치	기초자산이 보장되지 않는 가상자산이 대다수
5	브레튼우즈 붕괴	불투명하고 독점적인 운영으로 화폐를 몰래 발행
16	가상자산의 의미	인센티브용 지급 코인과 기초자산을 대체한 토큰
17	가상자산의 가치	가상자산의 가치는 결국 그 기초자산의 가치에 연동

(3) 토큰증권

2023년 2월 6일 금융위원회에서 '토큰증권 발행 · 유통 규율체계 정비방안'이라는 보도자료를 배포했다. 말도 많고 탈도 많았던 토큰이 비로소 '토큰증권'이라는 명칭으로 제도권에 들어오게 되었다. 그리고 자본시장법이라는 규제도 받게 되었다. 토큰은 크게, 결제 · 지불 토큰, 유틸리티 토큰, 증권형 토큰 등 3가지 유형으로 구분된다. 결제 · 지불 토큰의 대표적인 사례는 앞서 살펴본 디엠(Diem)이고, 유틸리티 토큰의 사례는 파일코인(Filecoin) 등이 있으며, 증권형 토큰의 사례로는 자산유동화 증권이나 조각투자 증권 등이다. 토큰증권이란 증권성을 지닌 증권을 토큰 형태로 발행하는 것을 말하며, 앞의 유형 중에는 3번째에 해당한다.

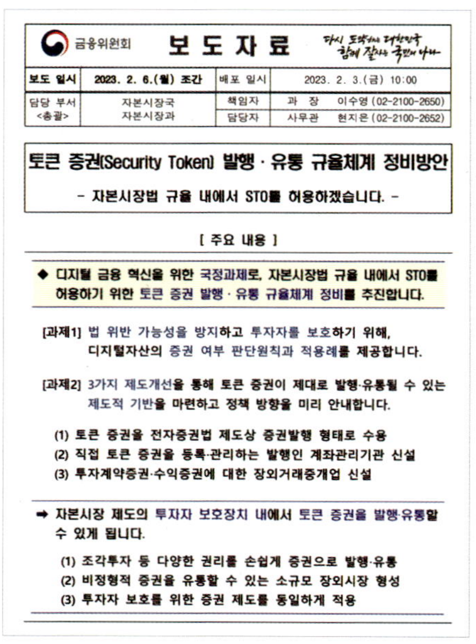

금융위원회 **보 도 자 료** 다시 도약하는 대한민국 함께 잘사는 국민의 나라

보도 일시	2023. 2. 6.(월) 조간	배포 일시	2023. 2. 3.(금) 10:00
담당 부서 <총괄>	자본시장국 자본시장과	책임자	과 장 이수영 (02-2100-2650)
		담당자	사무관 현지은 (02-2100-2652)

토큰 증권(Security Token) 발행 · 유통 규율체계 정비방안

- 자본시장법 규율 내에서 STO를 허용하겠습니다. -

[주요 내용]

◆ 디지털 금융 혁신을 위한 국정과제로, 자본시장법 규율 내에서 STO를 허용하기 위한 토큰 증권 발행 · 유통 규율체계 정비를 추진합니다.

[과제1] 법 위반 가능성을 방지하고 투자자를 보호하기 위해, 디지털자산의 증권 여부 판단원칙과 적용례를 제공합니다.

[과제2] 3가지 제도개선을 통해 토큰 증권이 제대로 발행·유통될 수 있는 제도적 기반을 마련하고 정책 방향을 미리 안내합니다.

(1) 토큰 증권을 전자증권법 제도상 증권발행 형태로 수용
(2) 직접 토큰 증권을 등록·관리하는 발행인 계좌관리기관 신설
(3) 투자계약증권·수익증권에 대한 장외거래중개업 신설

➡ 자본시장 제도의 투자자 보호장치 내에서 토큰 증권을 발행·유통할 수 있게 됩니다.

(1) 조각투자 등 다양한 권리를 손쉽게 증권으로 발행·유통
(2) 비정형적 증권을 유통할 수 있는 소규모 장외시장 형성
(3) 투자자 보호를 위한 증권 제도를 동일하게 적용

그림 3-94 토큰증권 가이드 관련 보도자료 (출처: 금융위원회)

이번 '토큰증권' 발표를 볼 때 토큰이라는 것은 가치와 활용성이 있어야 한다는 것을 간접적으로 시사하고 있으며 그 활용성과 신뢰성을 보장받기 위해서는 자본시장법과 같은 제도권으로 들어와야 한다는 것을 시사한다. 토큰증권이 시사하는 바를 18가지 요소 관점에서 식별하면서 마무리하겠다.

No	시사점 키워드	시사점 키워드 설명
1	토큰의 개념과 발행	현재 대부분의 가상자산은 탈중앙 기반이 아님
2	기초자산의 가치	기초자산이 보장되지 않는 가상자산이 대다수
4	은행법 · 자본시장법	가상자산은 잠재적 문제점을 차단할 통제장치(관련법)가 없음

2) 가상자산 금융 서비스 (스테이킹, 유동성 풀)

앞서 가상자산 자체에 대해 평가해 봤는데, 이번에는 가상자산 관련 금융 서비스에 대해 살펴보겠다. 가상자산 거래소 글로벌 1위인 바이낸스는 다양한 가상자산 관련 금융 서비스를 제공한다. 그림 3-95는 바이낸스에서 제공하는 가상자산과 관련한 금융서비스를 보여준다.

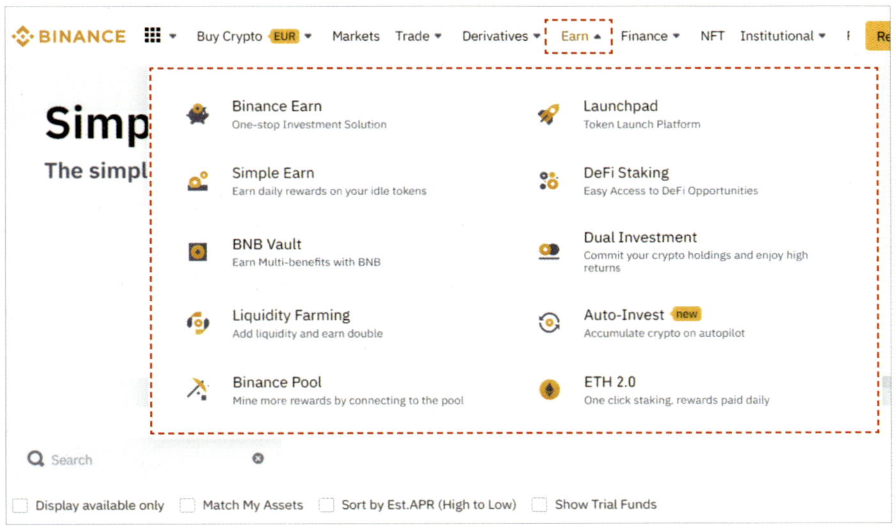

그림 3-95 바이낸스 가상자산 금융 (출처: 바이낸스 홈페이지)

가상자산과 연계된 다양한 금융서비스가 있지만, 여기에서는 스테이킹, 유동성 풀, 예치와 대출 3가지를 살펴보겠다.

(1) 스테이킹 (Staking)

스테이킹을 이해하기 위해서는 먼저 블록체인의 합의 알고리즘을 이해할 필요가 있다. 블록체인은 분산 장부 구조를 가지다 보니 장부가 서로 불일치되는 문제가 발생한다. 따라서 합의 알고리즘을 통해 네트워크에 참여한 모든 장부가 일치되게 해야 한다.

블록체인이 합의에 도달하는 과정을 설명하기 위해 다른 사례를 한번 들어 보겠다. 예를 들어 회사 팀원들이 점심 메뉴를 선정하는 과정을 살펴보자. 팀원들이 각자 선호하는 메뉴가 달라 합의에 도달하지 못한 상황이다. 이때 점심 메뉴를 하나로 통일하는 방법은 크게 2가지가 있다. 하나는 다수결로 결정하는 것이고, 다른 하나는 주변 상권과 음식에 일가견이 있는 대표자를 선정해서 그 대표자에게 메뉴 선정을 위임하는 것이다. 블록체인의 분산된 장부가 합의에 도달하는 방식도 이와 유사하다. 다수결에 의해 분산된 장부가 합의에 도달할 수 있고, 아니면 대표 장부를 선정해서 대표 장부를 모두 따르는 방식으로 합의에 도달할 수도 있다.

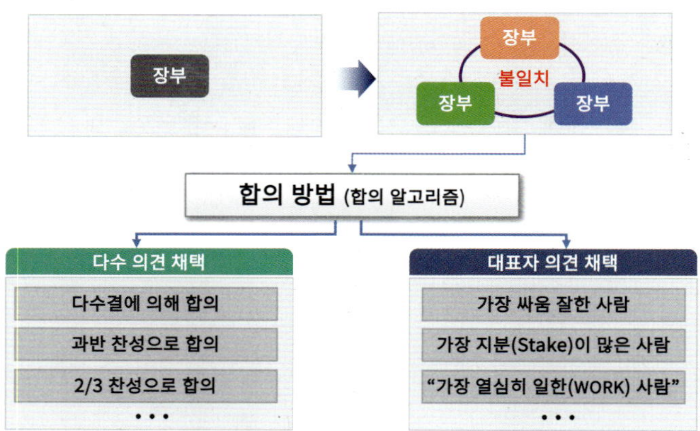

그림 3-96 합의 알고리즘 이해

대표자 선정을 통해 합의에 도달하는 대표적인 사례가 바로 비트코인의 POW나 이더리움의 POS이다. 대표자 선정을 통해 합의에 도달하는 방식이라 하더라도 대표자를 어떻게 선정하느냐는 문제가 남아있다. 가장 싸움을 잘한 사람을 대표자로 선출할 수 있고, 지분(Stake)이 가장 많은 사람, 아니면 작업(Work)을 가장 많이 한 사람을 대표자로 선정할 수 있다. 이때 지분(Stake)이 가장 많은 사람을 대표자로 뽑는 방식이 이더리움의 POS(Proof Of Stake)이고, 가장 많은 작업(Work)을 수행한 사람을 대표자로 뽑는 방식이 비트코인의 POW(Proof Of Work)다.

비트코인은 연산 작업(Work)을 가장 많이 한 노드의 장부를 대표 장부로 선정하고 이 장부를 전파하는 방식으로 합의에 도달한다. 그리고 작업을 했다는 것을 가장 먼저 증명하면 보상으로 비트코인이 지급된다. 초기에는 개별 노드가 PC 수준의 컴퓨팅 연산 장치를 활용하여 채굴에 참여했다. 하지만 비트코인의 가치가 상승하면서 연산 경쟁이 심화되고 그에 따라 연산장치도 CPU에서 GPU, ASIC으로 발전하게 되었다. 경쟁이 더욱 심화되어 혼자서는 채굴 경쟁에서 승리하기가 어려워지자 마이닝 풀(Mining Pool)이라는 그룹을 형성해서 채굴 경쟁에 참여했다.

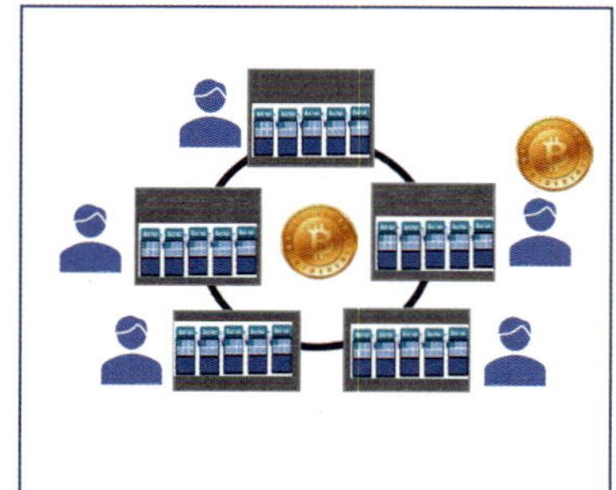

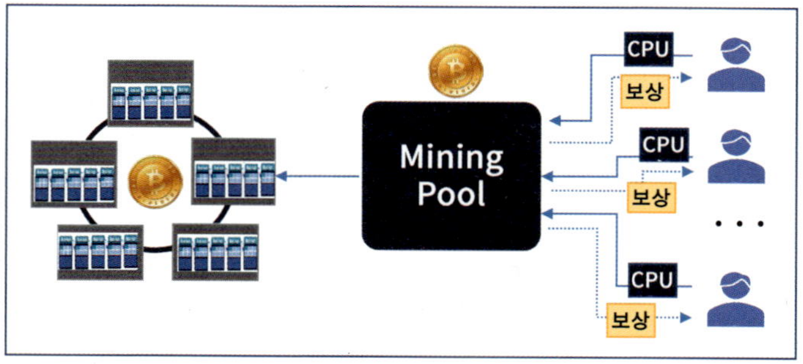

그림 3-97 POW에서 마이닝 풀 개념 이해

그림 3-97은 여러 노드가 마이닝 풀(Mining Pool)에 참여하여 연산 장치를 제공하고 채굴에 성공하면 연산에 기여한 비율에 따라 보상이 분배되는 방식을 보여준다.

이더리움도 초기에는 POW 방식을 채택했다. 그런데 에너지 문제 등을 이유로 2022년에 POW에서 POS 방식으로 전환했다. POS 방식은 참여 노드가 보유한 지분(Stake)이 많을수록 채굴이 용이해지는 특성을 지닌다. 이에 POW와 유사하게 개별적인 지분으로 참여하는 것이 아니라 본인이 보유한 가상화폐 보유량(지분)을 지분 풀(Staking Pool)에 참여시키고, 채굴에 성공하면 제공된 가상화폐 수량에 따라 보상받게 되는 구조로 발전하게 된다.

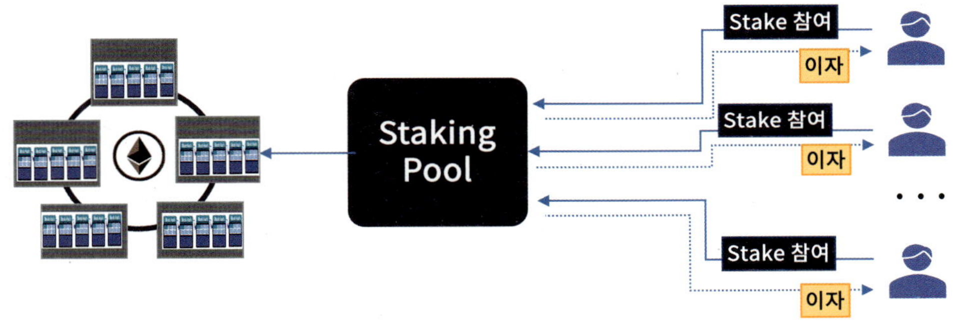

그림 3-98 스테이킹(Staking) 개념 이해

그림 3-98은 스테이킹 풀(Staking Pool)에 참여하고 보상받는 구조를 보여준다. 일반적으로 본인이 소유한 가상화폐를 예치하고 이자를 받는다는 표현을 사용하지만, 실제로는 본인이 보유한 가상화폐를 스테이킹 풀에 예치하고 채굴에 성공하고 검증 업무를 통해 발생한 수익의 일부를 보상받는 것으로 이해하면 된다.

전통적으로 금융이라고 하면, 고객이 자금을 예치하면 대출이나 투자활동을 통해 수익을 창출하고 그 수익의 일부를 돌려주는 것을 의미한다. 유사하게 고객이 가진 가상자산을 예치하면 그 가상자산을 스테이킹 풀에 투자하여 수익이 발생하면 그 수익의 일부를 돌려주기 때문에 가상자산 금융이라고 볼 수 있다. 그리고 DeFi를 가상자산 관점의 금융으로 이해한다면 스테이킹(Staking)은 대표적인 DeFi로 간주할 수 있다. 물론 일부 사람들은 채굴 풀에 참여해서 용돈 정도 버는 것을 금융으로 간주하기는 어렵다는 의견도 있다.

(2) 유동성 풀

가상자산 분야에서 스테이킹 못지않게 자주 언급되는 용어가 유동성 풀이다. 유동성 풀을 이해하기 위해서는 먼저 가상자산 거래소와 DEX(탈중앙거래소)를 이해할 필요가 있다.

증권 거래소와 가상자산 거래소

주식회사의 주식이 발행되면 증권거래소를 통해 거래가 이루어진다. 이때 발행된 증권은 모두 주식예탁결제원이라는 기관에 예치한다. 증권거래소에서는 주식이 실제 거래되는 것이 아니며 예치 내역을 장부상에 기록하고 장부의 상태를 변화시키는 방식으로 거래가 이루어진다.

주식을 주식예탁결제원에 예치하는 이유는 2가지로 볼 수 있다. 종이 형태의 주식이 외부에 자유롭게 유통될 경우 위조될 가능성이 있고 종이 형태의 실물 주식을 거래하는 것은 불편하기 때문이다. 따라서 실제 주식은 주식예탁결제원에 예치하고 거래소는 장부를 통해서만 거래하는 것이 훨씬 더 편리하고 효율적이다.

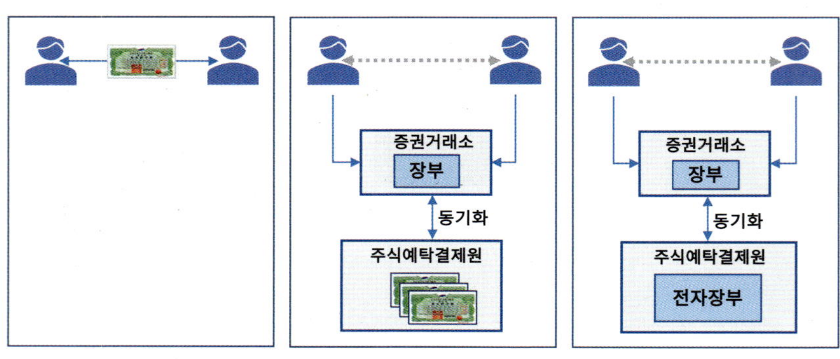

그림 3-99 증권거래소와 주식예탁결제원

2019년에 법이 개정되어 전자증권 제도가 도입되었다. 더 이상 실물 증권은 발행하지 않으며 모두 전자적 형태의 증권을 발행한다. 그런데 전자증권 역시 여전히 주식예탁결제원 장부에 기록하며, 증권거래소는 주식예탁결제원으로부터 전자증권 내역을 가져와서 거래 장부로 활용한다.

그림 3-100은 증권 거래소와 가상자산 거래소를 비교해서 보여준다. 가상자산 거래소도 기본적으로 증권 거래소의 구조와 역할이 비슷하다고 볼 수 있다. 증권의 경우 모든 (전자) 증권은 주식예탁결제원에 저장되어 있고, 증권거래소는 증권 내역을 장부에 기록하고 장부를 기준으로 거래가 이루어진다. 가상자산 거래도 마찬가

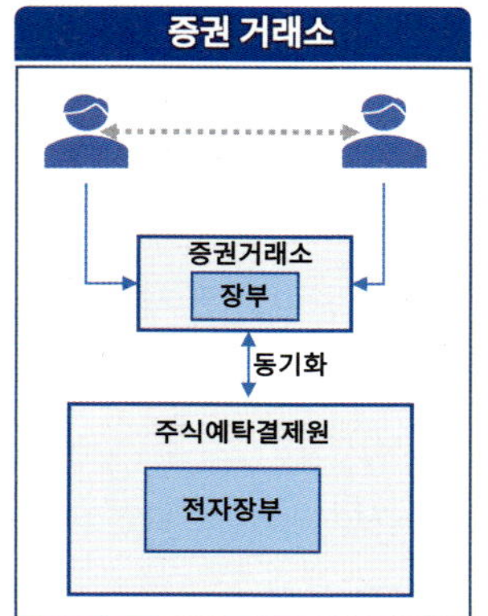

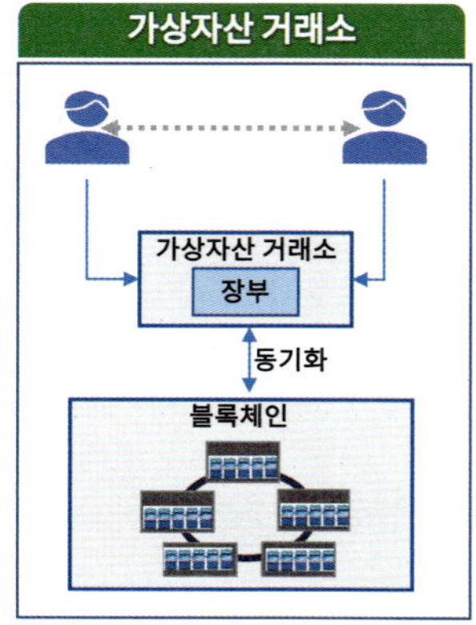

그림 3-100 증권과 가상자산의 실제 저장 위치

지다. 가상화폐는 모두 블록체인에 저장되어 있으며 가상자산 거래소는 블록체인에 저장된 가상화폐 내역을 가져와 거래소 장부에 기록하고 그 장부를 이용해서 거래가 이루어진다.

유동성 공급

주식시장에 유동성 공급 제도(LP)라는 것이 있다. 특정 종목의 거래량이 부족할 경우 주가가 저평가될 수 있으며, 거래량이 부족한 탓에 주가 변동성이 상당히 크게 영향을 받을 수 있다. 따라서 인위적으로 이런 종목의 유동성을 풍부하게 하는 것이 바로 유동성 공급 제도다.

MEMO

유동성 공급자 제도(Liquidity Provider)

상장사 가운데 자본금이 적거나 주식 분산이 안 돼 거래가 활발하지 못한 종목에 대해 상장사와 계약을 맺은 증권사(발행사)가 해당 종목의 매도 · 매수 호가 차이가 클 경우 이를 축소하는 방향으로 호가를 제시, 원활한 거래를 유도하는 것

출처: 한경 용어사전

유동성이 부족할 경우 예상할 수 있는 한 가지 문제점을 그림 3-101을 통해 살펴보자. 유동성이 부족하다 보니 매수 수량이 절대적으로 부족하다. 이때 한 투자자가 급전이 필요하여 대량 매도를 하게 된다면 1번의 매도만으로 주가는 폭락하게 된다.

매도주문 1000주, 시장가격 →

호가창		
Sell	Price	Buy
...	...	...
23	1,400	
5	1,300	
3	1,200	3
	1,100	12
	1,000	32
	900	9
	800	28
	700	15
	600	23
	500	12
	400	5
...	...	...

그림 3-101 유동성풀이 부족한 경우 문제점 사례

DEX(Decentralized EXchange)

가상자산 거래소라고 하면 모든 거래 내역이 블록체인에 저장될 것으로 착각할 수 있다. 앞서 살펴봤던 것처럼 증권 거래소와 가상자산 거래소는 데이터베이스만 존재한다. 단순히 호가창을 통해 거래가 이루어지며 거래 내역에 따라 데이터베이스상의 숫자를 단순히 변경하는 방식으로 거래가 처리된다. 이 부분은 5장에서 좀 더 자세히 살펴보겠다.

탈중앙화를 지향하는 가상화폐 시장에서 가상화폐가 중앙 거래소로 거래가 이루어지는 것이 탈중앙화 가치와 맞지 않는다는 의견이 많아 탈중앙 기반으로 가상자산 거래소를 설계하려는 시도도 있었

다. 초기 탈중앙 거래소(DEX)는 중앙 거래소에서 사용하는 호가창 방식으로 거래를 설계했다. 하지만 거래 유통량이 부족하고 거래를 블록체인 장부를 통해 처리하려다 보니 속도가 너무 느려 현실적으로 사용할 수 없었다.

그래서 기존 호가창 방식이 아니라 전혀 새로운 방식으로 DEX를 구현하려는 시도가 있었다. 대표적인 DEX가 바로 유니스왑이다. 유니스왑이 적용한 방식은 AMM(Automated Market Makers)이다. AMM은 토큰 교환 시 수학공식에 의해 토큰의 가격이 자동으로 결정되게 하는 알고리즘인데, 이해하기가 다소 어렵기 때문에 쉬운 비유를 통해 설명해 보겠다. 그림 3-102를 살펴보자. 예를 들어, 무게를 기준으로 강호동과 같은 무게의 어린이 여러 명을 상호 교환해야 하는 상황이라고 가정해 보자. 가장 간단한 방법은 저울을 가진 기관에서 강호동의 몸무게(100Kg)를 측정하고 어린이들의 몸무게를 합산해서 100Kg에 도달하면 서로 교환하면 될 것이다.

그런데 만일 저울을 가진 기관이 없다면 어떻게 해야 할까? 하나 생각해 볼 수 있는 아이디어는 바로 시소(Seesaw)를 이용하는 것이다. 강호동과 어린이들의 몸무게를 측정할 수 없는 상황에서 강호동이 먼저 시소 왼쪽에 올라가고 어린이들이 한 명씩 시소 오른쪽에 올라 균형이 맞춰지는 상황에 도달하면, 몸무게를 측정하지 않더라도 강호동의 몸무게와 어린이 3명의 몸무게가 같다고 판단해 교환할 수 있게 된다.

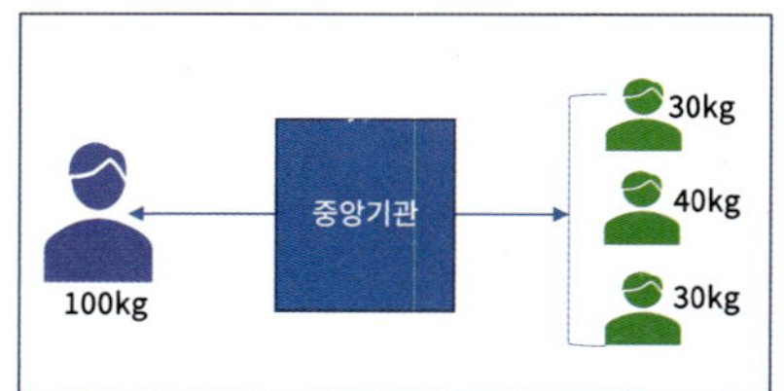

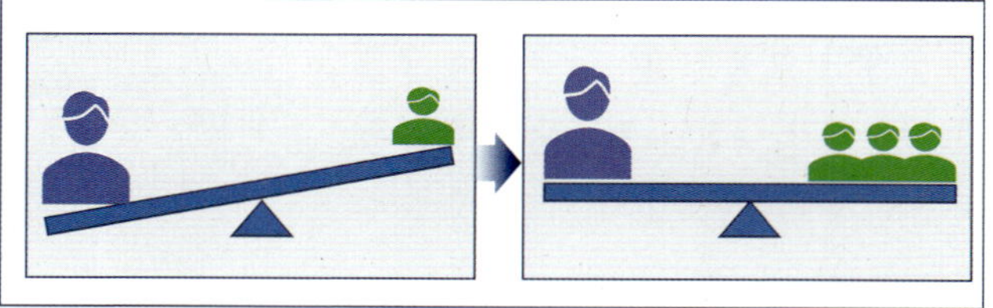

그림 3-102 양쪽 균형을 맞추는 방법

이제 혼자가 아닌 여러 명이 시소 양쪽에 올라와 있고 서로 이동하면서 균형을 맞추는 상황을 생각해 보자. 그림 3-103은 초기에 균형 잡힌 상황에서 시소에 있는 사람들이 균형을 계속 유지하면서 오고 가는 것을 시도하는 모습이다. 시소의 균형을 계속 유지하면서 참여한 사람들이 이동하게 되면 이동 교환 비율을 알게 된다.

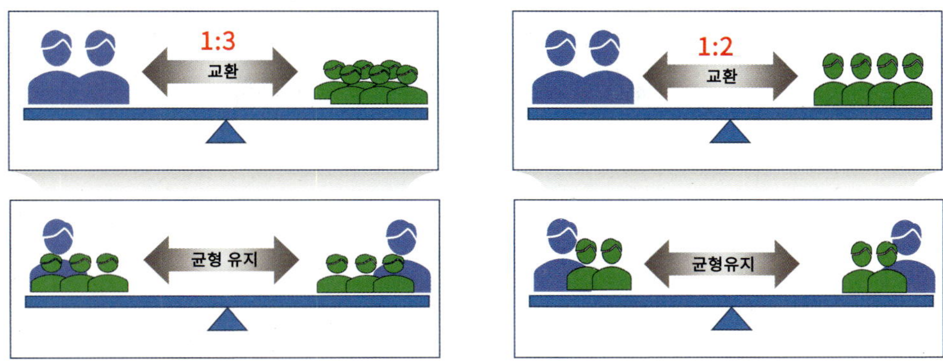

그림 3-103 중개 기관 없이 균형을 유지하는 방법

정리하면, 저울을 가진 기관이 없더라도 시소의 균형을 통해 사람들의 이동 인원수 교환 비율을 알아낼 수 있게 된다.

그림 3-104의 위쪽 그림을 살펴보자. 만일 시소에 올라간 사람 수가 아주 적다면 이동 거래도 활발하지 않으며 교환 비율도 정확히 맞추기가 어려울 것이다. 시소에서 사람들의 이동 거래가 활성화되고 거래 비율을 정확히 맞추기 위해서는 일단 많은 사람이 시소에 올라가는 것이 중요하다. 그런데 많은 사람을 시소에 올라가게 하려면 일정한 보상이 필요하다.

정리하면, 시소의 균형을 유지하면서 상호 거래가 이루어지면 대상의 교환 비율을 알 수 있다. 그리고 활발한 거래와 정확한 교환 비율을 체크하기 위해서는 보다 많은 사람이 참여하는 것이 필요하다. 그리고 이런 많은 사람이 참여하게 하기 위해서는 보상 방안이 필요하다.

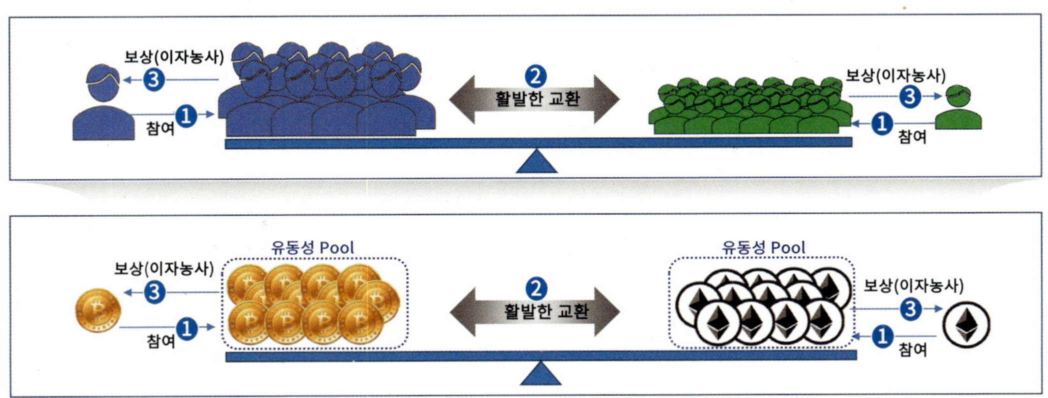

그림 3-104 DEX에서 탈중개 거래 원리 및 유동성 풀의 필요성

그림 3-104의 아래쪽 그림을 살펴보자. 비트코인과 이더리움이 교환하는 과정을 보여준다. 많은 비트코인과 이더리움이 유동성 풀에 유입되고 양쪽 균형이 유지되게 상호 교환이 이루어진다면 비트코인과 이더리움의 교환 비율을 산출해 낼 수 있다. 이 교환 비율로 비트코인과 이더리움의 거래 가격이 결정된다. 이 메커니즘이 작동하기 위해서는 더 많은 가상화폐가 유동성 풀에 참여하는 것이 필요하다. 따라서 거래를 통해 발생한 수수료 일부를 유동성 풀 참여에 대한 보상으로 지급한다. 업계에서는 이를 이자 농사라고 부르기도 한다.

비유를 통해 탈중앙 환경에서 거래가 이루어지는 상황을 살펴봤는데, 좀 더 현실에 맞게 정리해서 살펴보겠다. 유니스왑에서 적용하는 AMM은 'K = X * Y'라는 공식을 사용한다.

- K = 상수
- X = 거래 계약 안에 있는 토큰 X의 수량
- Y = 거래 계약 안에 있는 토큰 Y의 수량

정리하면, X와 Y의 곱이 항상 상수(K)로 유지되게 하는 방식으로 거래 비율이 결정된다.

그림 3-105를 통해 좀 더 자세히 살펴보자. 비트코인이 10개, 이더리움이 20개 있는 상황이라고 가정해 보자. 10(X) 곱하기 20(Y)은 200(K)이다. 여기서 상수 200은 앞선 시소 사례에서 시소의 균형점이라 볼 수 있다. 상수 200이 항상 유지되게 거래 비율이 맞춰지면 된다. 누가 1BTC를 거래하기 위해 오퍼를 했다. 그럼 비트코인은 11(X)로 변경된다. 이때 X와 Y의 곱은 항상 상수 200을 유지해야 하기 때문에 Y의 값은 18.18로 조절돼야 한다. 이 원리에 의해 1BTC는 1.8ETH로 교환할 수 있다.

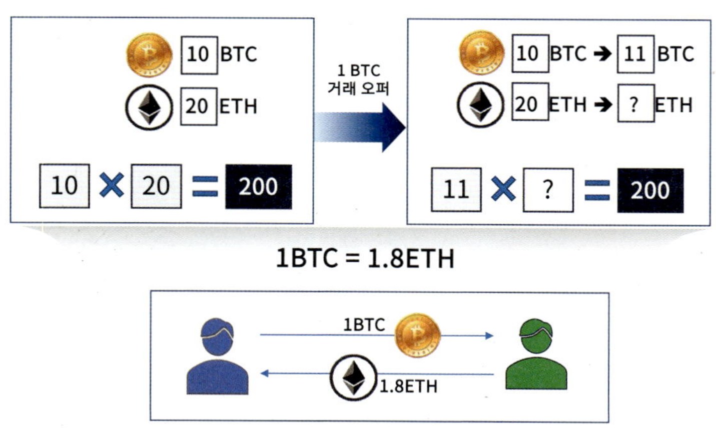

그림 3-105 DEX 실제 거래 원리

중앙거래소나 호가창이 없더라도 AMM을 통해 비트코인과 이더리움이 일정한 교환 비율로 거래가 이루어지는 것을 확인할 수 있다.

금융은 예금 · 투자금을 대출이나 투자활동을 통해 발생된 수익을 이자나 배당으로 제공하는 것을 말한다. 그런데 DEX에서 유동성 풀에 참여하고 받는 이자는 엄격한 의미에서 이자라기보다는 보상에 더 가깝다. 유동성에 참여를 유인하기 위한 일종의 당근이기 때문이다.

(3) 예치와 대출

대출 부분은 앞서 3.2.3절 'P2P 대출' 부분에서 이미 설명했다. 그리고 현 가상자산의 P2P 대출의 한계점에 관해서도 설명했다. 가상자산 자체에 대한 신뢰성 문제도 있지만, 이런 가상자산의 예치와 대출이 탈중개나 탈중앙도 아니고 도덕적 해이가 만연한 FTX 같은 기관을 통해 이루어지고 있다는 것이 큰 문제다. 이들은 전통적인 금융기관이 보여줬던 모든 문제점은 그대로 재현하고 있지만, 정작 현행법의 제재는 적용받지 않고 있다.

가상자산을 활용한 금융 서비스로서 크게 스테이킹, 유동성 풀, 예치와 대출에 대해 알아봤다. 가상자산을 통한 다양한 수익 활동이 DeFi라는 개념으로 진행되는 것을 확인할 수 있었다. 하지만 가상자산 자체에 대한 신뢰 문제나 FTX 같은 기관을 통해 거래되는 가상자산 금융은 여전히 상당한 리스크가 존재한다.

가상자산 금융 서비스가 가진 한계점을 앞서 도출했던 18가지 DeFi 문제점 요소 관점에서 식별하면서 마무리하겠다.

No	시사점 키워드	시사점 키워드 설명
2	기초자산의 가치	기초자산이 보장되지 않는 가상자산이 대다수
4	은행법 · 자본시장법	가상자산은 잠재적 문제점을 차단할 통제장치(관련법)가 없음
8	은행 성과급 잔치	은행은 중개기관으로서 과도한 수수료 취득
10	뱅크런	고객이 맡긴 가상자산을 대출하여 고객에게 지급할 돈이 없음
17	가상자산의 가치	가상자산의 가치는 결국 그 기초자산의 가치에 연동

3) 가상자산 금융기관

이번에는 가상자산 분야에서 최근 논란이 됐던 테라, FTX, 위메이드를 금융기관이라는 범주로 묶어서 한번 다루어 보고자 한다. 이 3곳은 앞서 충분히 다루었기 때문에 이 업체들이 DeFi 문제점 18가지 중에서 어떤 문제점이 있었는지를 식별하는 수준 정도로 간략하게 살펴보겠다.

(1) 테라

테라는 앞서 식별한 18가지 DeFi 문제점 요소를 대부분 갖춘 문제 프로젝트였다. 단순 알고리즘에 기반하여 발행된 테라는 아무런 가치와 활용처가 존재하지 않았다. 더구나 자금을 끌어들이기 위해 20%라는 이자 수익을 보장한다고 했지만, 20% 이자의 원천을 제시하지 못했으며 그 과정에서 폰지사기 수법을 사용했다는 의심을 받고 있다. 테라 대폭락 이후 권도형 대표가 보여준 사후 처리 과정도 투자자의 공분을 사기에 충분했다. 최근 권도형 대표가 체포되어 앞으로 수사하는 과정에서 테라의 문제점이 밝혀질 것이라 생각한다. 현재 언론에 소개된 내용만 보더라도 테라의 문제점은 결코 적지 않다.

테라가 가졌던 문제점을 DeFi 문제점 18가지 요소에서 다음과 같이 식별할 수 있을 것 같다.

No	시사점 키워드	시사점 키워드 설명
2	기초자산의 가치	기초자산이 보장되지 않는 가상자산이 대다수
4	은행법 · 자본시장법	가상자산은 잠재적 문제점을 차단할 통제장치(관련법)가 없음
6	신용화폐 시대 도래	돈이 필요하면 그냥 가상화폐를 찍어내면 된다는 착각 초래
7	화폐 소각	과도한 화폐 발행으로 인플레이션 초래
10	뱅크런	고객이 맡긴 가상자산을 대출하여 고객에게 지급할 돈이 없음
12	불완전 판매	코인과 토큰의 용도와 활용을 이해할 수 없음
13	폰지 사기	정당한 투자활동 대신 아랫돌 빼서 윗돌 괴기
14	보람상조	투자목적과 다른 곳으로 자금 도용 및 횡령
15	도적적 해이	본인 돈이 아니라 남의 돈에 대한 위험 관리 소홀
16	가상자산의 의미	인센티브용 지급 코인과 기초자산을 대체한 토큰
17	가상자산의 가치	가상자산의 가치는 결국 그 기초자산의 가치에 연동

(2) FTX

FTX는 가상자산 거래, 예치, 레버리지, 가상화폐 발행 등 거의 모든 부분에서 총체적 문제점을 그대로 드러냈다고 볼 수 있다. FTX의 문제점 위치를 그림 3-106으로 식별해서 살펴보자.

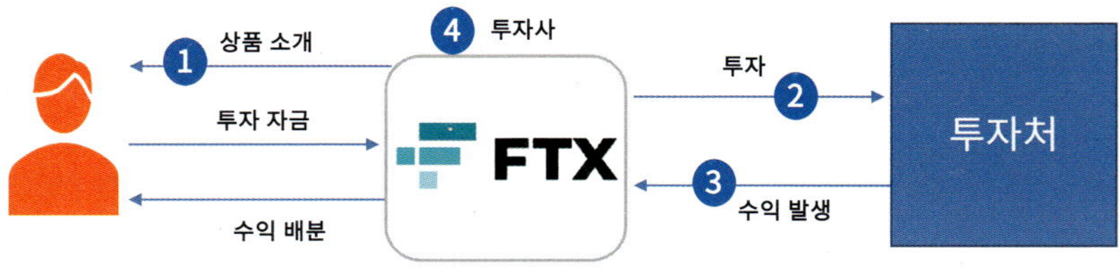

그림 3-106 FTX에서 문제점 발생 영역

❶ 예금 · 투자 상품을 정확히 소개하고 속이면 안 된다.

❷ 예금이나 투자한 돈은 대출이나 투자 목적에 맞게 운용돼야 한다.

❸ 대출이나 투자활동을 통해 발생한 수익으로 이자 · 수익을 지급해야 한다.

❹ 금융기관은 리스크를 잘 관리해야 한다.

❶ 예금 · 투자 상품을 정확히 소개하고 속이면 안 된다.

예전에 금융기관의 불공정 영업행위가 많은 문제가 됐다. 이에 금융소비자보호법을 제정했다. 금융소비자보호법은 금융기관이 금융소비자(투자자)에게 금융상품을 판매하여 자금을 유치할 경우 속이지 말고 '제대로 판매하라'는 취지에서 만들어졌다. 금융소비자보호법은 6가지 원칙이 있다. 적합성 원칙, 적정성 원칙, 설명의무, 불공정 영업행위 금지, 부당권 행위 금지, 허위 · 과장광고 금지가 그것이다.

증권을 발행하는 경우에도 자본시장법의 엄격한 통제를 받는다. 증권을 발행할 때 증권신고서와 투자설명서를 작성하여 제출해야 한다. 투자자들이 투자를 위한 정보로 참조하기 위함이다. 증권신고서와 투자설명서를 작성할 때는 관련 정보를 누락해도 안 되고 거짓이 있어서도 안 되고 나중에 이것을 위반해서도 안 된다.

반면, FTX를 포함한 대부분의 가상자산 금융기관은 가상자산이 기존 법에 적용되지 않는다는 점을 악용하여 이런 의무를 소홀히 하고 있다. 바이낸스와 FTX 홈페이지에 가면 다양한 가상자산 금융서비스가 소개되어 있다. 하지만 금융소비자보호법이나 자본시장법 등에서 소비자 보호를 위한 내용은 거의 전무하다. 가상자산 금융상품을 제대로 판매하지 않고 있다.

많은 사람이 가상자산 금융을 오해하고 있다. 가상자산이 스마트 컨트랙트 기반으로 발행되고 모든 거래 내역이 블록체인을 통해 투명하게 공개되기 때문에 투명하고 신뢰할 수 있다고 착각한다.

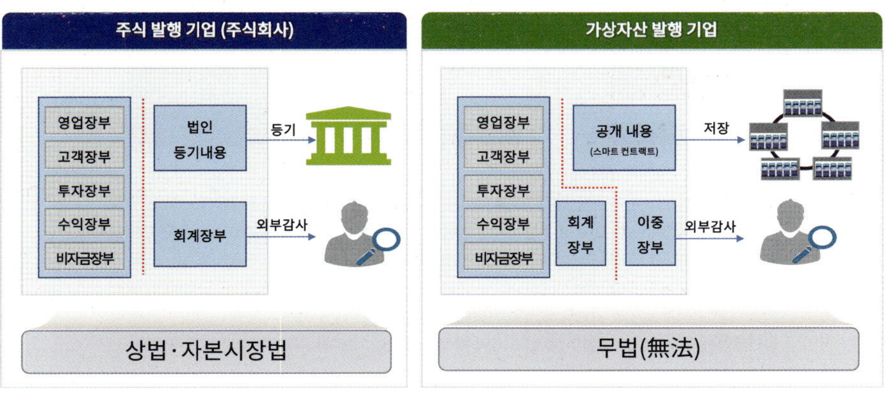

그림 3-107 주식회사 대비 가상자산 발행 기업의 문제점

그림 3-107은 주식회사와 가상자산 발행 기업의 정보 공개 관점에서의 차이를 보여준다. 주식회사는 법인 등기내용을 등기소에 등기하여 투명하게 공개하고 있으며 외부 회계감사를 받는다. 이는 상법 및 자본시장법에 의해 엄격히 통제받으며 문제가 있을 경우 처벌을 받는다. 하지만 외부에 공개되는 정보는 극히 일부이며, 이런 관련 법으로 통제받고 있음에도 내부적으로 별도의 장부를 통해 불법을 자행하는 경우를 많이 볼 수 있다.

법의 통제를 받지 않은 가상자산 발행 기업의 문제점은 훨씬 더 심각하다. 가상자산 발행 기업은 토큰 발행 관련 내용을 스마트 컨트랙트로 작성하여 블록체인에 저장하면 투명하게 공개되고 필요에 의해 외부감사도 받을 수 있다. 하지만 이를 제재할 수 있는 관련 법은 없는 상황에서 얼마든지 이중장부를 작성할 수 있으며, 블록체인에 공개할 정보도 얼마든지 선택적으로 제공할 수 있다. 일부 정보만 블록체인을 통해 공개하고 악의적인 실제 정보나 장부는 공개하지 않으면 그만이다. 스마트 컨트랙트와 블록체인만 있으면 저절로 투명성과 신뢰성이 보장된다는 환상은 버려야 한다.

❷ 예금이나 투자한 돈은 대출이나 투자 목적에 맞게 운용돼야 한다.

제도권 금융은 투자 명목으로 자금을 유치할 때 어디에 어떻게 투자하여 수익을 낼 것인지에 대한 투자계획서를 공개하고, 만일 투자계획이 변경된다면 이를 투자자에 알려야 한다. 그리고 투자 목적에 맞게 자금을 운용해야 한다. 하지만 FTX는 고객이 맡긴 가상자산을 계열사 부채 문제 해결을 위해 사용하거나 인수·합병을 위한 자금으로도 활용했다. 고객의 가상자산을 담보로 해서 다른 자산을 대출받기도 하고, 정치 후원금으로도 활용했다. 심지어 고객의 자금을 개인적 용도로 활용하면서 사치 생활을 누리기도 했다.

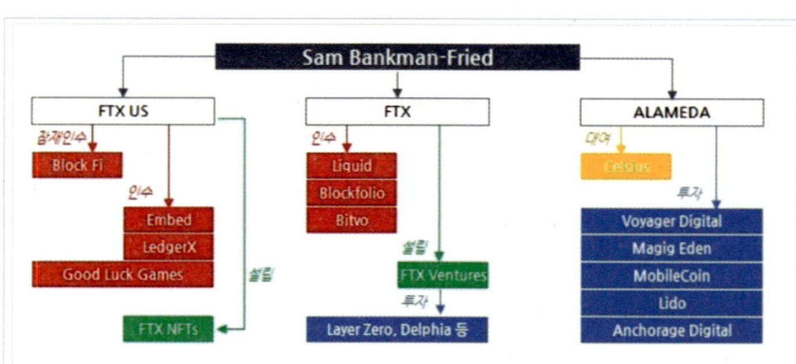

▶결국 거래소 고객 돈에 손을 대다(?)=월스트리트저널(WSJ)은 FTX가 알라메다에 100억 달러 상당의 고객 돈을 빌려줬다고 익명의 관계자를 인용해 보도했다. 이 관계자는 "SBF가 최근 투자자 모임에서 알라메다가 FTX에 약 100억 달러를 빌렸다고 말했다"고 전했다. 이 자금의 출처는 FTX 고객이 거래를 위해 맡긴 돈이며, 이 같은 의사결정은 SBF가 내렸다는 게 이 관계자의 전언이다. FTX가 보유한 고객자산은 약 160억 달러였는데, 이 가운데 절 반 이상을 계열사에 부당지원 한 것이다. 알라메라는 FTX의 100억 달러 외에도 15억 달러의 자금을 외부에서 차입한 것으로 알려졌다.

그림 3-108 투자 목적과 다른 곳으로 자금 도용 및 횡령 관련 내용 (출처: 헤럴드경제)

❸ 대출이나 투자수익을 통해 발생한 수익으로 이자 · 수익을 지급해야 한다.

금융은 고객으로부터 유치한 예금 · 투자금을 대출이나 투자활동에 활용해 수익을 발생시키고 그 수익을 이자나 배당으로 지급해야 한다. 그림 3-109는 정상적인 금융 활동을 보여준다. 고객이 예금하면 그 돈을 굴려서 발생한 수익을 돌려줘야 한다.

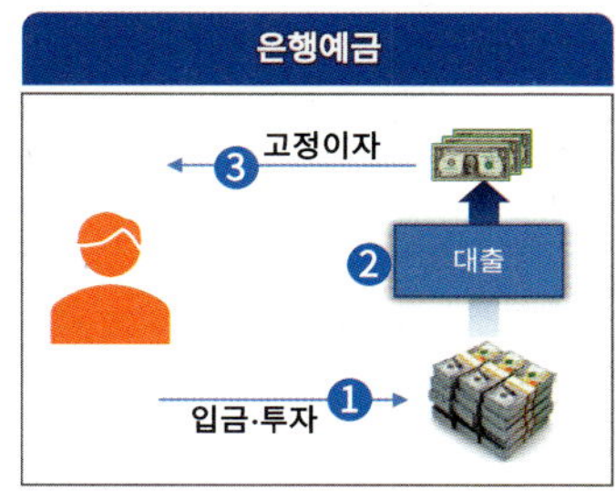

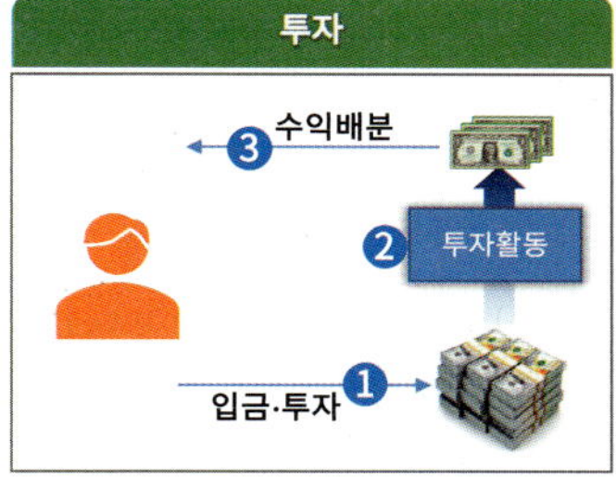

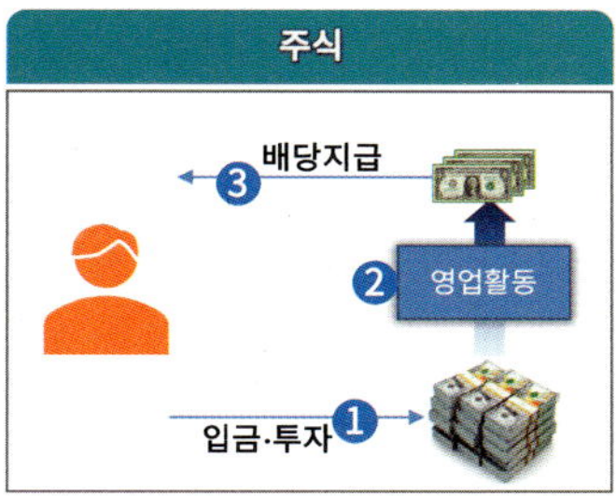

그림 3-109 정상적인 금융 활동

그림 3-110은 비정상적인 금융 활동의 모습을 보여준다. 고객이 예금한 돈을 투자 활동에 사용하지 않고 고객 돈의 일부를 이자로 지급한다거나, 신규 투자자의 예금을 기존 투자자의 이자로 활용한다거나, 자체 발행한 화폐로 이자를 대신 지급하기도 한다. FTX는 정상적인 금융 활동을 하지 않았다. 고객이 맡긴 가상자산 예금을 용도와 상관없이 멋대로 활용했다. 그리고 고객을 위한 이자나 수익은 자체 발행한 FTT로 충당했다.

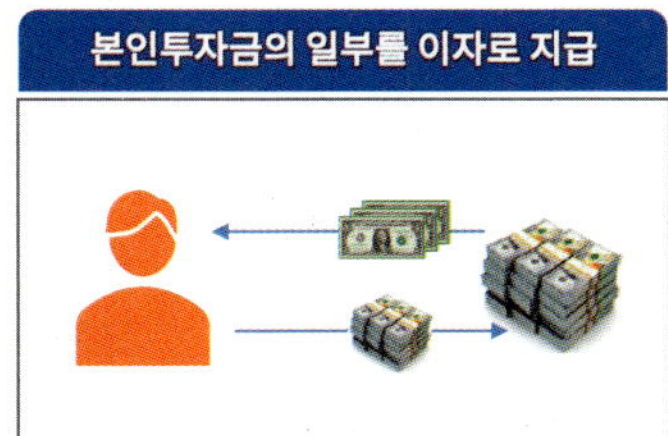

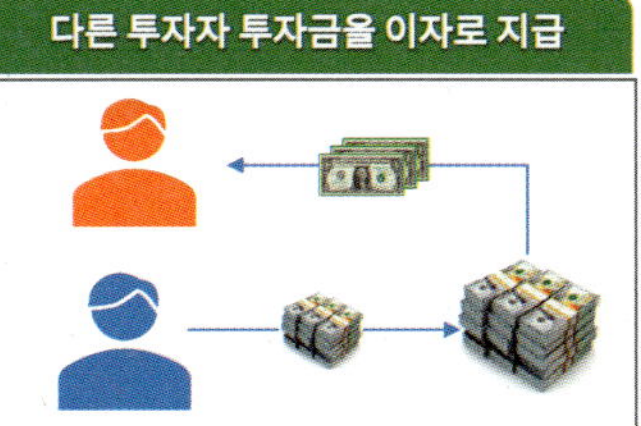

그림 3-110 비정상적인 금융 활동

그림 3-111의 기사에서도 소개하고 있는 것처럼, FTX는 자체 코인(FTT)을 발행해서 도깨비방망이처럼 활용했다. '금 나와라 뚝딱, 가상화폐 나와라 뚝딱!'

> ▶도깨비 방망이 된 코인발행=가상자산거래소인 FTX가 어떻게 160억 달러에 달하는 막대한 현금을 보유할 수 있을까? FTX는 투자자들의 거래 편의를 위해 FTT라는 코인을 발행한다. 이 코인을 활용해 가상자산을 거래하면 수수료와 스테이킹에서 혜택을 준다. FTX는 FTT의 발행과 소각을 통해 가치를 유지한다. 거래하는 가격이 오르면 각종 혜택도 커지는 만큼 FTT 가치도 오를 수 있다.

그림 3-111 코인 발행을 도깨비방망이로 활용한 FTX (출처: 헤럴드경제)

❹ 금융기관은 리스크를 잘 관리해야 한다.

FTX는 가상자산 운용을 워낙 폐쇄적이고 불투명하게 했기 때문에 현재 자세한 파산 원인과 내막은 알 수 없다. 수사 결과가 좀 더 나와봐야 할 것 같다. 하지만 언론의 보도 등을 종합해 볼 때 가장 큰 문제점은 도덕적 해이와 리스크 관리 소홀로 귀결되는 것 같다. 고객의 돈을 취급하는 기관에서는 철저하게 리스크 관리를 해야 했다. 하지만 언론의 보도를 보면 정말 믿기지 않는 행태가 곳곳에서 포착된다.

MEMO

고객 돈으로 빚 돌려막기, 직원 해킹설도…FTX 몰락의 길

표면적으로는 유동성 위기가 주요 원인이지만, **사태를 악화시킨 것은 내부 감시나 통제 소홀이라는 지적**도 나오고 있다. 12일 〈로이터〉 통신은 FTX가 계열사인 알라메다 리서치의 부채 문제를 해결하기 위해 고객의 돈을 끌어다 썼다고 보도했다. 〈월스트리트저널〉은 FTX와 알라메다의 경영진들이 이 사실을 알고 있었다고 전했다. 고객의 돈을 마음대로 유용하는 과정에서 **내부의 통제가 제대로 작동하지 않았던** 셈이다. 파산신청 다음날의 해킹이 회사의 파산으로 전 재산을 날리게 된 직원의 소행일 수 있다는 외신 보도도 **회사 내부의 '기강 해이'** 주장에 힘을 싣고 있다."

출처: 한겨레

FTX 파산 사태와 함께 고객 자금 유용 등 연이어 드러나는 **도덕적 해이** 행태로 인해 가상화폐 시장 신뢰성에 대한 의문도 더욱 커질 것으로 전망된다. 이론적으로 FTX와 같은 가상화폐 거래소는 가상화폐 거래에 따른 수수료를 주 수입원으로 하지만 알라메다는 수익 창출을 위해 변동성을 활용한 여러 투자 기법들을 사용하면서 **리스크 관리와 함께 내부 단속에도 실패**한 모습이다.

출처: 아주경제

FTX 파산 신청은 DeFi의 총체적 문제점과 DeFi의 현주소를 적나라하게 보여줬다. FTX의 문제점을 DeFi 18가지 요소에서 식별하면 다음과 같다.

No	시사점 키워드	시사점 키워드 설명
1	토큰의 개념과 발행	현재 대부분의 가상자산은 탈중앙 기반이 아님
2	기초자산의 가치	기초자산이 보장되지 않는 가상자산이 대다수
4	은행법 · 자본시장법	가상자산은 잠재적 문제점을 차단할 통제장치(관련법)가 없음
6	신용화폐 시대 도래	돈이 필요하면 그냥 가상화폐를 찍어내면 된다는 착각 초래
7	화폐 소각	과도한 화폐 발행으로 인플레이션 초래
8	은행 성과급 잔치	은행은 중개기관으로서 과도한 수수료 취득
9	신용창조	은행은 신용창조를 통해 과도한 신용 거품을 야기

No	시사점 키워드	시사점 키워드 설명
10	뱅크런	고객이 맡긴 가상자산을 대출하여 고객에게 지급할 돈이 없음
12	불완전 판매	코인과 토큰의 용도와 활용을 이해할 수 없음
13	폰지 사기	정당한 투자활동 대신 아랫돌 빼서 윗돌 괴기
14	보람상조	투자목적과 다른 곳으로 자금 도용 및 횡령
15	도적적 해이	본인 돈이 아니라 남의 돈에 대한 위험 관리 소홀
16	가상자산의 의미	인센티브용 지급 코인과 기초자산을 대체한 토큰
17	가상자산의 가치	가상자산의 가치는 결국 그 기초자산의 가치에 연동

(3) 위메이드(Wemade)

2022년 해외에서 가상자산 분야에서 가장 이슈가 됐던 사건이 테라 사태와 FTX 파산이었다면, 국내에서는 위메이드의 위믹스 상장폐지가 아니었나 싶다.

위메이드는 중견 게임 회사로서 2018년부터 2020년까지 영업 적자를 기록했다. 이에 새로운 돌파구가 필요했고 그것이 바로 P2E 게임이었다. 위믹스라는 가상화폐를 발행하고 게임을 통해 위믹스를 보상받는 구조였다. 위믹스 백서를 보면 총 10억 개가 발행됐으며, 그중 74%에 해당하는 7.4억 개가 장기적 생태계 확장을 지원하기 위한 용도로 할당되어 있다.

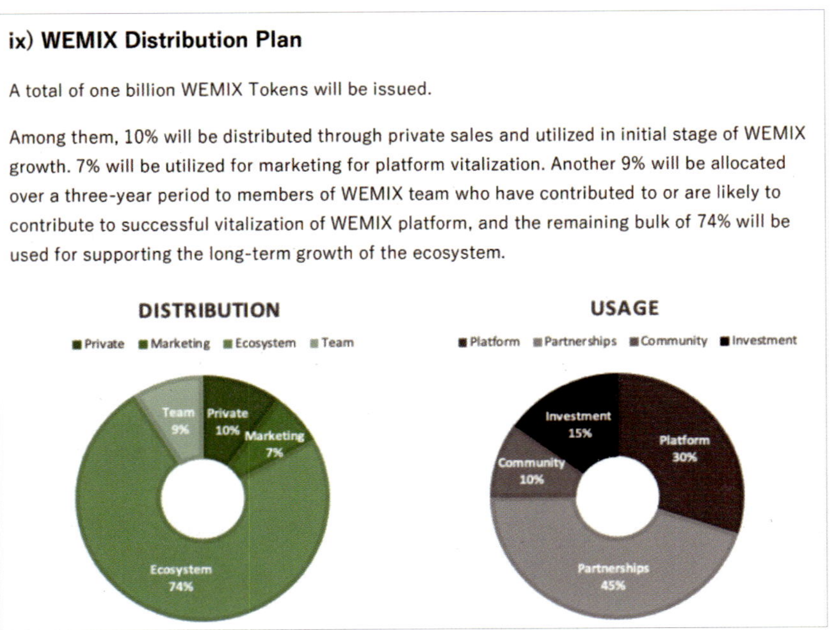

ix) WEMIX Distribution Plan

A total of one billion WEMIX Tokens will be issued.

Among them, 10% will be distributed through private sales and utilized in initial stage of WEMIX growth. 7% will be utilized for marketing for platform vitalization. Another 9% will be allocated over a three-year period to members of WEMIX team who have contributed to or are likely to contribute to successful vitalization of WEMIX platform, and the remaining bulk of 74% will be used for supporting the long-term growth of the ecosystem.

그림 3-112 백서에 표기된 위믹스 유통 계획

위메이드는 2021년 12월 20일 애니팡 개발사인 선데이토즈를 인수했는데, 이때 위메이드가 보유하고 있던 위믹스 일부를 팔아 현금을 확보해 인수자금으로 활용한 것으로 알려졌다. 논란이 됐지만, 백서에 74%가 생태계 확장을 위한 용도로 할당되어 있고 게임사 인수·합병도 일종의 생태계 확장을 위한 조치이기 때문에 문제 될 것이 없다는 입장을 유지했다. 또한 위메이드는 위믹스의 유통 물량이 2.46억 개라고 했는데, 실제 유통량은 3.18억 개로 나타났다. 이에 위메이드는 스테이블코인(KSD)을 대출받기 위해 위믹스를 담보로 활용했다고 밝혔는데, 담보도 결국 유통 물량에 해당하기 때문에 다시 한번 문제가 되었다. 결국 DAXA(가상자산 거래소 공동협의체)는 제출한 위믹스의 유통량과 실제 유통량에 현저한 차이가 있었다는 점을 들어 상장폐지를 결정했다. DAXA가 상장폐지 이유로 내세운 것은 크게 3가지다. 첫째는 위믹스의 중대한 유통량 위반, 둘째는 투자자들에 대한 미흡하거나 잘못된 정보 제공, 셋째는 소명 기간 중 제출된 자료의 오류 및 신뢰 훼손이었다[1].

위메이드의 위믹스는 3가지 정도의 시사점을 준다. 첫째는 도깨비방망이처럼 가상화폐를 찍어내고 이를 인수자금으로 활용하는 상황이 발생한다는 점이다. 한편으로 이런 도깨비방망이를 사용할 줄 모르는 사람은 바보가 되는 상황이 되어 버렸다. 위메이드에서 발행한 위믹스는 사실상 활용 가치가 없으며 단지 거래소에서 현금화하는 용도로 쓰인다. 국내 게임산업법은 사행성, 경품, 환금성을 허용하지 않는다. 그래서 위메이드는 P2E 게임을 해외 버전에만 적용했다. 74%를 생태계 확장용으로 할당해 두고, 가치를 띄워 그것을 팔아 현금화하고 그 돈을 기업 인수자금으로 사용했다. 앞서 설명했던 것처럼 결국은 위믹스를 매입했던 투자자만 손실을 보는 구조였다.

둘째는 가상화폐에 적용할 수 있는 법이 없어 교묘하게 법망을 회피하고 있다는 점이다. 주식회사는 상법과 자본시장법에 기반하여 주식발행량, 액면가, 증자, 감자, 소각, 자기주식의 취득 및 처분 등을 모두 등기 및 공시하게 되어 있다. 공시를 제대로 하지 않으면 처벌을 받는다. 주식을 거래하고 매매하는 과정에서 이런 정보의 변경은 투자자에게 위험을 초래할 수 있기 때문이다. 투자자들은 공시된 정보를 통해 믿고 투자 활동을 한다.

가상자산의 경우에는 적용할 수 있는 법이 현재 없다. 주로 백서를 통해 관련 정보를 제공하지만, 백서가 법으로 제재를 받지 않기 때문에 백서 내용이 부실하거나 백서 내용을 지키지 않는 경우도 허다하다. 위믹스 상장폐지의 표면적인 이유는 발행량과 유통량의 차이였지만, 그동안 불투명한 정보와 잘못된 정보로 계속 논란의 대상이 됐고 이 부분도 DAXA의 결정에 영향을 끼쳤다.

셋째는 매끄럽지 못한 상장폐지 기준이었다. 물론 문제의 원인은 위메이드가 제공했지만, DAXA의 대응 과정도 도마 위에 올랐다. 상장폐지 과정 및 기준이 다소 혼란스러웠기 때문이다. 주식과 증권

1 이 단락의 내용은 언론 내용을 종합한 것이다.

은 자본시장법에서 규정한 기준을 따르지만, 가상자산은 별도의 상장폐지 기준이 없다. 따라서 현재 가상자산의 거래소 상장폐지 결정권은 DAXA에 일임된 상태다. DAXA는 2022년 6월에 가상자산 상장 · 폐지 공동 평가 기준과 심사 가이드라인을 만들겠다고 했지만, 현재까지 확정되지 않는 상황이다. 위믹스 상장폐지의 주요 원인은 계획 유통량과 실제 유통량의 차이다. 하지만 계획 유통량과 실제 유통량이 차이가 나는 경우는 비일비재하다. 다른 가상자산은 그대로 두고 위믹스만 상장을 폐지하는 것은 형평성에 어긋난다는 것이 위메이드의 주장이다. 하지만 여론이 위메이드에 곱지 않은 시선을 보냈던 이유는 위메이드는 상장회사로서 누구보다도 문제가 될 수 있다는 것을 잘 알면서도 그런 모습을 보인 것에 대한 실망이라고 할 수 있다.

위믹스의 상장폐지에 초점을 맞췄지만, 위믹스 자체의 구조적인 문제점을 포함하여 여러 가지 문제점을 가지고 있었다는 것을 확인할 수 있다. 위믹스의 문제점으로 다음과 같은 요소를 식별할 수 있을 것 같다.

No	시사점 키워드	시사점 키워드 설명
1	토큰의 개념과 발행	현재 대부분의 가상자산은 탈중앙 기반이 아님
2	기초자산의 가치	기초자산이 보장되지 않는 가상자산이 대다수
4	은행법 · 자본시장법	가상자산은 잠재적 문제점을 차단할 통제장치(관련법)가 없음
5	브레튼우즈 붕괴	불투명하고 독점적인 운영으로 화폐를 몰래 발행
6	신용화폐 시대 도래	돈이 필요하면 그냥 가상화폐를 찍어내면 된다는 착각 초래
7	화폐 소각	과도한 화폐 발행으로 인플레이션 초래
12	불완전 판매	코인과 토큰의 용도와 활용을 이해할 수 없음
14	보람상조	투자목적과 다른 곳으로 자금 도용 및 횡령
15	도적적 해이	본인 돈이 아니라 남의 돈에 대한 위험 관리 소홀
16	가상자산의 의미	인센티브용 지급 코인과 기초자산을 대체한 토큰
17	가상자산의 가치	가상자산의 가치는 결국 그 기초자산의 가치에 연동
18	NFT 실체와 가치	NFT는 일종의 인증서로서 결국 그 기초자산에 연동

04

웹 3.0의 올바른 이해

2장에서는 웹 3.0에 대한 다양한 관점과 오해를 살펴봤다. 3장에서는 현재 소개되는 다양한 웹 3.0 사례를 살펴보고 해당 사례들이 웹 3.0으로 간주하기에는 다소 아쉬운 모습이 있다는 것을 살펴봤다. 2장과 3장의 전체적인 요지는 현재 논의되는 웹 3.0의 방향과 접근이 과연 타당한지 여전히 의문이라는 취지다.

이번 4장에서는 웹 3.0을 올바르게 이해해 보려고 한다. 현재 웹 3.0의 진행을 보면 새로운 혁신 기술이나 새로운 패러다임에 기반하기보다는 기존 웹 2.0의 문제점에 대한 자각에서 비롯되었다고 볼 수 있다. 웹 2.0의 문제점을 부각시키고 그 문제점에 대한 대안을 제시하는 방식으로 접근하는 것 같다. 그것도 탈중앙 · 블록체인과 억지로 연결하려는 모습이 역력하다. 이런 접근도 의미가 있겠지만, 우리가 놓치고 있는 것은 없는지 또는 웹 3.0에 대한 다른 관점은 없는지 한번 살펴볼 필요는 있을 것 같다.

웹 3.0의 개념이 아직 정립되지 않는 상황에서 웹 3.0을 특정 개념으로 한정하기보다는 웹의 발전 방향 측면에서 더욱 다양한 관점으로 웹 3.0을 올바르게 이해해 보고자 한다. 더 많은 관점이 있을 수 있겠지만, 이 책에서는 다음 관점으로 접근해 보겠다.

- 웹 2.0의 문제점은 다른 방안을 통해 대응 가능한지?
- 웹의 본질에 집중하면서 웹 2.0의 계승 · 발전적 측면은 어떠한지?
- 특정 테마보다는 다양한 기술과 아이디어가 융합 · 연계하는 웹의 발전 방향은?

- 이상적 · 추상적 미래 웹보다는 더 현실적이고 실현 가능한 웹의 발전 모습은?
- 새로운 패러다임(ChatGPT, 메타버스)이 웹에 미칠 영향은?

5가지 관점을 제시했는데, 관점별로 하나씩 살펴보기보다는 각 관점이 혼합된 형태로 설명해 보겠다.

4.1절에서는 과연 현재의 웹 3.0 개념이 타당한지를 간단히 살펴본다.

4.2절에서는 웹 3.0에 대한 올바른 이해를 3가지 관점에서 살펴본다.

4.3절에서는 4.2절에서 제시한 웹 3.0의 모습을 실현하기 위한 구현 요소를 살펴본다.

4.4절에서는 웹 3.0의 생태계 구현 방안을 살펴본다.

4.1 현(現) 웹 3.0 개념의 타당성 검토

현재 웹 3.0은 웹 2.0의 문제점을 인식하고 이런 문제점에 대응하는 방향으로 진행된다고 했다. 따라서 4.1절에서는 먼저 웹 2.0의 문제점 대응을 위한 다른 방안은 없는지, 그리고 웹 2.0의 대안으로 제시된 방안이 현실적으로 구현 가능한지 간단히 살펴보겠다.

4.1.1 웹 2.0 문제점에 대한 대응 활동

2.2절에서 웹 2.0의 문제점으로 플랫폼 독점, 정보 왜곡을 살펴봤다. 이런 문제점에 대한 대응 활동을 간단히 살펴보자.

1) 플랫폼 개선

거대 빅테크 플랫폼의 문제점에 대한 지적은 어제오늘이 일이 아니다. 오래전부터 빅테크 플랫폼의 문제점은 꾸준히 제기되어 왔으며, 이런 문제점을 자발적으로 개선하려는 노력과 동시에 외부 규제를 통해 플랫폼의 문제점이 조금씩 개선되어 가고 있다.

그림 4-1 유튜브 플랫폼 생태계

유튜브는 몇 가지 관점에서 상당히 의미 있는 플랫폼이다. 먼저 선순환 생태계가 잘 갖추어져 있다. 누구나 쉽게 영상 창작자가 되어 영상을 제작하여 게시하면, 영상 소비자들은 이를 소비한다. 영상을 소비하는 과정에서 일정한 이용료(프리미엄 가입) 또는 광고 시청을 통해 수익이 창출된다. 창출된 수익은 창작자들에게 배분된다. 수익이라는 보상 때문에 창작자는 더 고품질의 영상을 제작한다. 선순환 생태계가 조성되면서 더 많은 생산자와 소비자가 생태계에 참여하고 콘텐츠의 양적 · 질적 성장도 동반된다. 이런 과정을 통해 유튜브 생태계는 지속해서 확장 및 발전해 가고 있다.

다른 여타 P2E에 비해 유튜브는 의미 있는 수익도 창출할 수 있다. 다니던 직장을 그만두고 유튜브 크리에이터로 직업을 선택한 사람도 많다. 유튜브 광고 수익은 유튜브와 창작자가 45:55의 비율로 배분한다. 여전히 플랫폼 소유자인 유튜브가 상당히 많은 수익을 가져가는 문제점은 남아 있다. 돈이 된다는 인식이 퍼지면서 이제는 기업형이나 MCN(Multi Channel Network)과 같은 기획사 형태의 참여도 늘어나는 추세다.

선순환 생태계가 잘 조성되고 많은 사람이 상당한 수익을 창출하고 있지만, 유튜브 역시 기존 빅테크 플랫폼의 문제점으로부터 자유로울 수는 없다. 그래서 유튜브를 목표로 하되 이를 탈중앙화 기반으로 구현해 보려는 시도도 있었다. 바로 D-Tube(https://d.tube)가 그것이다. 디튜브는 탈중앙화된 유튜브(Decentralized Youtube)라는 뜻으로, 기존 유튜브 플랫폼을 탈중앙화 기반으로 구현한 플랫폼이라고 할 수 있다. 디튜브는 유튜브와 달리 중앙화된 기관이나 서버가 존재하지 않으며, IPFS 기반의 P2P 네트워크를 활용한다. 디튜브를 통해 발생한 수익은 90%가 창작자에게 돌아가게 설계되어 있다.

스팀잇(Steemit)이라는 플랫폼이 있다. 기존 콘텐츠 플랫폼은 광고가 너무 많고 콘텐츠 생산에 대한 동기 부여가 부족했다. 또한 콘텐츠에 대한 피드백 활동도 부족하여 콘텐츠 정화 작업이 제대로 이루어지지 않았다. 이런 문제점을 개선하기 위해 스팀잇은 생태계 모든 참여자에게 인센티브 메커니즘을 적용했다. 창작자에게는 보상을 통해 고품질의 콘텐츠 생산을 장려했으며, 콘텐츠 소비자들은 콘텐츠 평가(예: 좋아요)를 통해 약간의 보상과 함께 콘텐츠 정화 및 품질 제고에 기여했다.

인터넷을 이용하다 보면 너무 많은 광고 때문에 피로감을 느낄 때가 많다. 그래서 광고 차단 기능을 표준으로 탑재한 오픈소스 웹브라우저인 'Brave'가 소개됐다. Brave는 광고 차단 기능을 탑재했으며 쿠키를 이용해 사용자 행동을 추적하는 행위도 차단한다. Brave는 무조건 광고를 차단한다기보다는 안전하고 유익한 광고를 게재하고 광고 수익 또한 적절히 배분하는 방식으로 운영된다.

기존의 중앙화된 플랫폼에 대한 대안으로 주목받는 분야가 바로 DAO(Decentralized Autonomous Organization)다. DAO는 중앙화된 조직 없이 참여자들의 투표와 스마트 컨트랙트를 통해 의사결정 및 실행이 이루어진다.

플랫폼의 문제점에 대응하려는 노력과 함께 웹 2.0의 문제점을 개선하는 사업 모델도 계속 소개되고 있다.

2) 데이터 주권 강화

중앙 집중화된 데이터의 문제점에 대응하기 위해 데이터를 물리적으로 분산시키는 것보다 데이터의 주권을 강화하는 쪽이 더 현실적이라고 앞서 설명했다. 앞선 그림 3-4에서 소개했던 마이데이터 발전 단계 중 4단계는 본인의 적극적 관리 · 통제 하에 모든 분야에서 본인 데이터를 내 뜻대로 안전하고 편리하게 활용하는 단계다. 빅데이터와 인공지능으로 데이터가 통합되어 가는 추세에서 데이터를 분산시키는 것보다 마이데이터 발전 4단계 구현을 위해 제도적 장치 및 생태계 조성을 위한 노력이 더 더 현실적일 수 있다.

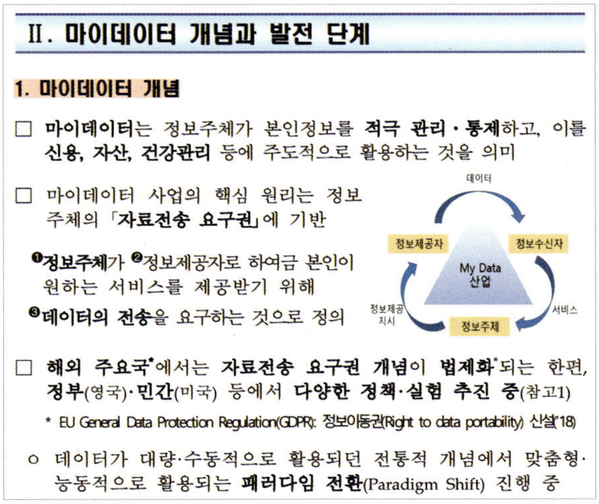

Ⅱ. 마이데이터 개념과 발전 단계

1. 마이데이터 개념

□ **마이데이터**는 정보주체가 본인정보를 **적극 관리 · 통제**하고, 이를 **신용, 자산, 건강관리** 등에 주도적으로 활용하는 것을 의미

□ 마이데이터 사업의 핵심 원리는 정보주체의 「**자료전송 요구권**」에 기반

❶**정보주체**가 ❷정보제공자로 하여금 본인이 원하는 서비스를 제공받기 위해 ❸**데이터의 전송**을 요구하는 것으로 정의

□ **해외 주요국***에서는 **자료전송 요구권 개념**이 **법제화***되는 한편, **정부**(영국)·**민간**(미국) 등에서 **다양한 정책·실험 추진 중**(참고1)

* EU General Data Protection Regulation(GDPR): 정보이동권(Right to data portability) 신설('18)

ㅇ 데이터가 대량·수동적으로 활용되던 전통적 개념에서 맞춤형·능동적으로 활용되는 **패러다임 전환**(Paradigm Shift) 진행 중

그림 4-2 정보 주체에 대한 권리 강화 정책 (출처: 마이데이터 발전 종합 정책)

데이터 주권 강화를 위한 법적 대응도 빨라지고 있다. 2023년 3월 개인정보보호법 개정안이 국무회의에서 의결됐다. 이번 개정안을 통해 곳곳에 흩어진 개인정보를 의료, 금융 등 모든 분야에서 능동적으로 활용할 수 있게 됐고, 서비스 사이트 가입 시 '개인정보 수집 필수동의란'도 사라진다. 특히 자신의 개인정보를 보유한 기업이나 기관에게 그 정보를 다른 곳으로 옮기도록 요구할 수 있는 '개인정보 전송요구권'의 일반법적 근거를 신설했다. 이를 통해 그동안 금융 · 공공 일부 분야에서 제한적으로 활용되던 마이데이터 서비스가 의료 · 유통 등 모든 영역으로 확대될 것으로 예상된다. 국내뿐만 아니라 해외에서도 데이터 주권을 강화하는 방향으로 꾸준히 진행되고 있다.

3) 웹 부작용 대응

웹2.0 시대의 도래로 연결 · 개방 · 공유를 통해 정보가 전 세계로 빠르게 확산되고 보급되는 장점도 있었지만, 연결 · 개방 · 공유는 또 다른 부작용을 야기하고 있다. 가짜뉴스 확산, 리벤지 포르노 유포, 사이버 범죄 및 해킹 사고가 그것이다.

유튜브 시청이 폭증하면서 동시에 유튜브를 통한 가짜뉴스 확산이 큰 문제가 되고 있다. 이에 유튜브는 공신력 있는 콘텐츠가 우선 노출되게 조치하겠다고 발표했다. 불법 촬영물을 유통할 경우 성폭력처벌법이 강화되어 엄벌에 처하고 있다. 페이스북과 인스타그램에서 거짓 또는 조작된 콘텐츠가 범람하자, 해당 콘텐츠에 경고 라벨을 표시하는 장치를 추가했다.

웹의 부작용 역시 기술적 · 제도적 · 법적 장치를 통해 조금씩 개선되어 가고 있다.

4) 당근마켓의 시사점

앞서 플랫폼과 플랫폼의 소유자를 구분해서 이해해야 한다고 설명했다. 플랫폼 자체는 효율성 · 생산성 제고 측면에서 중요한 장치이자 도구다. 그리고 플랫폼은 중앙화되고 독점화될수록 효율성과 생산성이 더 높아진다는 의견도 제시했다. 문제는 플랫폼이 아니라 플랫폼 소유 기업이고 정확히는 플랫폼 소유 기업의 경영 마인드다.

전통적인 유통 플랫폼은 데이터, 유통, 결제, 판매수수료, 광고 수익 등을 독점하면서 정작 문제가 발생했을 때는 '우리는 단순 거래 연계이며 해당 제품에 대해서는 판매자에게 문의 바랍니다'라는 입장을 유지해 왔다. 하지만 당근마켓이라는 중고 거래 플랫폼은 기존 다른 플랫폼과 차이가 있다.

그림 4-3을 살펴보자. 왼쪽 첫 번째 그림은 전통적인 플랫폼과 플랫폼 소유 기업을 나타낸다. 전통적인 플랫폼은 데이터, 유통, 결제, 판매수수료, 광고 수익을 독점한다. 두 번째 그림은 이런 플랫폼 독점 기업의 문제점 대응을 위해 플랫폼 소유를 탈중앙화나 DAO 형태로 구현하는 사례다. 이상적

이지만 다소 현실성이 떨어진다. 마지막은 당근마켓이다. 당근마켓은 중고 물품 수요자와 공급자를 연결만 시켜줄 뿐 거래, 판매, 결제는 당사자가 직접 만나서 이루어진다. 거래 당사자들은 플랫폼에 참여해서 이야기하고 거래 물품 정보를 나누는 정도이기 때문에 독점 플랫폼이라는 인상이 들지는 않는다.

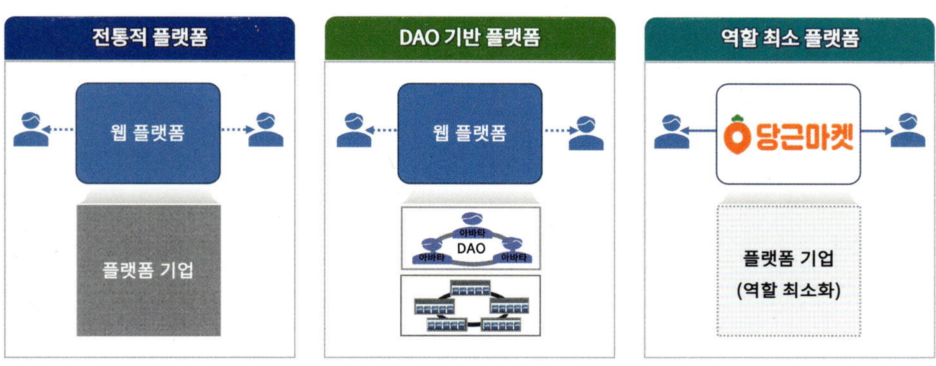

그림 4-3 전통적 플랫폼 기업과 당근마켓

당근마켓에 대해 좀 더 자세히 알아보자. 먼저 '당근'의 의미는 '**당**신의 **근**처'를 의미한다. 당근마켓의 가장 큰 특징은 '지역 기반' 플랫폼으로서 거래할 수 있는 범위를 6km로 제한한다는 점이다. 당근마켓에서 거래하기 위해서는 GPS 기반으로 해당 지역을 인증받아야 한다. '6km'가 가지는 의미는 택배를 이용하지 않고 자전거나 자가용을 통해 짧게 이동해서 구매자와 판매자가 직접 만나 제품을 확인하고 결제까지 할 수 있다는 것이다. 거래 가능 지역을 확대하면 훨씬 더 많은 거래가 이루어질 것 같은데, 이렇게 거리를 제한하는 이유는 무엇일까? 다양한 이유도 있겠지만, 우선 '신뢰'라는 관점에서 살펴보고자 한다.

그림 4-4는 거래 지역 관점에서 3가지 상황을 소개한다. 먼저 왼쪽 그림은 같은 동네에 거주하는 두 사람이 서로 거래하는 상황이다. 가운데는 지리적으로 이격(離隔)되어 있는 두 당사자가 거래하는 상황이다. 오른쪽은 물리적 위치를 초월하여 온라인으로 거래가 이루어지는 상황이다.

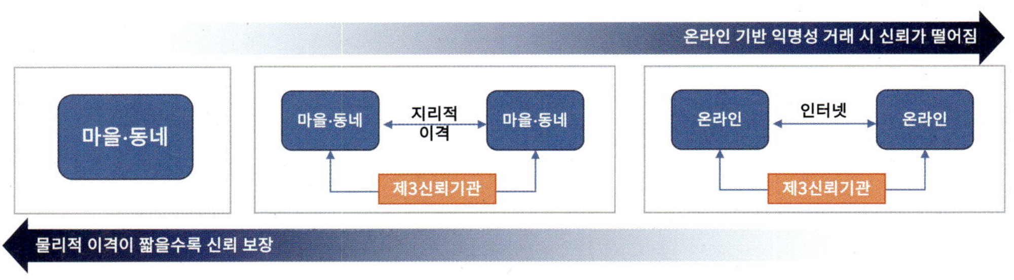

그림 4-4 당근마켓의 시사점

같은 동네보다는 이격된 동네, 그리고 온라인으로 갈수록 거래 당사자 간 신뢰는 떨어진다. 같은 동네에 살면 언제든 마주칠 수 있기 때문에 제품을 속여 판매하기가 어려워진다. 또한 직접 만나서 제품을 살펴보고 거래 여부를 결정하기 때문에 더 안전하다. 또한 동네 주민끼리 대면으로 만나서 인사도 하고 정보도 교류할 수 있다. 이렇게 커뮤니티가 형성되면 더 많은 물품 거래와 정보 교환이 가능하게 된다. 당근마켓 관계자도 당근마켓의 목표는 중고 물품 거래가 아니라 '동네 커뮤니티 플랫폼'이라고 언급했다. 반면 대부분의 다른 거래 플랫폼은 온라인으로 익명성에 기반한 거래가 이루어진다. 상대방이 누구인지도 모르고 상대방과 마주칠 가능성도 없기 때문에 그만큼 신뢰는 떨어진다.

그림 4-5는 플랫폼에서 신뢰를 보장하는 방안을 제시한다. 전통적인 플랫폼은 제3 신뢰 기관을 통해 신뢰를 보장한다. 에스크로 서비스를 이용하거나 사기 상황에서는 법의 힘을 이용한다. 블록체인을 통해 신뢰를 구현할 수도 있다. 거래 계약을 스마트 컨트랙트로 구현하고 이를 블록체인에 저장해 자동으로 이행하게 할 수 있다. 당근마켓은 거래 가능 지역을 제한하고 거래 당사자가 서로 대면으로 만나서 거래하는 방식으로 신뢰를 보장할 수 있다.

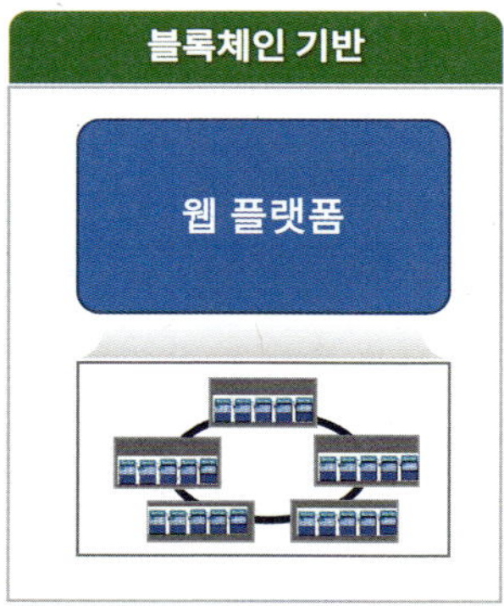

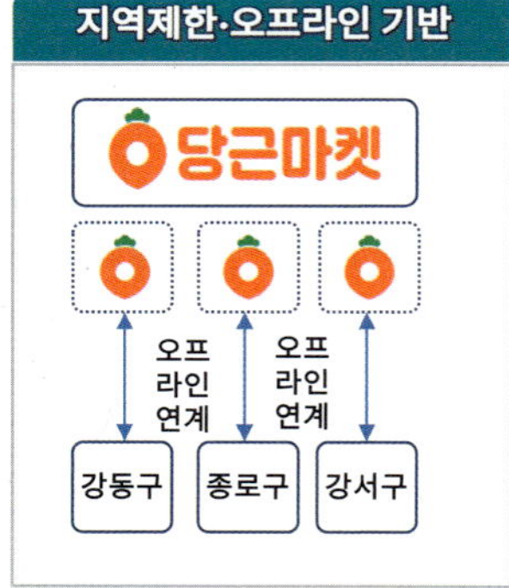

그림 4-5 신뢰를 보장하는 방법 유형

웹 2.0의 문제점에 대한 대응 활동 몇 가지 사례를 살펴봤다. 웹 2.0의 문제점을 인식하고 자발적으로 대응하려는 시도도 있었고, 웹 2.0의 문제점을 개선하는 새로운 사업모델을 제시하기도 했다. 또한 법 · 제도적 장치를 통해 웹 2.0의 문제점에 대응해 가고 있다. 생태계가 그렇듯이, 참여자들은 문제점을 인식하고 자발적인 정화 노력을 기울여 왔던 것을 알 수 있다. 웹 생태계 역시 웹 2.0 문제점을 해결하기 위한 노력은 계속 이루어질 것이라 믿는다.

4.1.2 현(現) 웹 3.0 개념 구현 가능성 검토

웹 3.0으로 간주되는 개념의 구현 가능성은 이미 2장에서 전반적으로 살펴봤기 때문에 여기서는 기존 내용을 정리하는 수준에서 간단히 살펴보겠다.

데이터의 분산 저장이 가능한가?

데이터 분산 저장의 필요성에는 공감한다. 하지만 데이터를 분산 저장하는 구체적인 방안이 제시돼야 한다. 일반적으로 블록체인 기반으로 데이터를 분산하거나 IPFS와 같은 분산 저장 장치를 활용해야 한다는 의견 정도가 있을 뿐이다.

먼저 블록체인은 그림 3-2에서 설명했던 것처럼 데이터를 분할해서 분산시킨다는 개념이 아니다. 모든 노드가 동일한 장부를 공동으로 소유한다는 개념이다. 웹 2.0의 문제점이 데이터 독점과 수익 독점이었다면 블록체인은 투명성을 높이기 위한 취지다. 또한 거대 빅테크 플랫폼 기업들이 소유한 엄청난 데이터 규모를 모든 네트워크 참여자가 모두 복사하여 저장한다는 것은 구현하기도 힘들고 그럴 이유도 없다. 비트코인이 동일한 장부를 모두 공유할 수 있었던 이유는 데이터의 규모가 매우 단순하고 소량이었기 때문이다.

IPFS의 발전 방향은 좀 더 지켜봐야 한다. 그런데 IPFS가 기존 프로토콜이나 저장방식을 완전히 대체할 것이라고 기대하지는 않는다. 단지 보조 및 보완하는 방식으로 연계될 것으로 예상된다.

탈중앙화 웹 구현이 가능한가?

탈중앙화는 이상이다. 기술적으로 구현하기도 힘들고 현실의 정서나 제도와도 맞지 않는다. 웹을 탈중앙화 기반으로 검토하기 전에 최소한 다른 탈중앙화 선진 사례를 참조할 필요가 있다. 탈중앙화 사례라면 비트코인 정도다. 하지만 비트코인 역시 성공한 탈중앙 화폐 시스템이라고 보기 어렵다.

중앙시스템은 수백 년을 거쳐오면서 시행착오와 문제점 대응 경험도 축적되어 있다. 반면 탈중앙화는 우리가 지금까지 경험해 보지 못했던 영역이다. 어떤 한계점과 부작용이 도사리고 있는지 파악하기에는 관련 경험과 지혜도 부족하다. 탈중앙화는 장점 못지않은 단점과 부작용도 존재한다. 이런 문제점도 선제적으로 살펴야 한다.

한편 탈중앙화가 추구하고자 하는 철학이나 가치는 존중받으면서 기존 시스템 설계에 시사점을 제시할 필요는 있어 보인다. 또한 탈중앙화 구현 요소들을 부분적으로 적용하는 것도 필요해 보인다. 웹도 마찬가지다. 탈중앙 기반 웹으로의 전환은 조심스럽게 접근해야겠지만, 탈중앙 가치와 철학, 그리고 구현 기술 요소들은 기존 웹의 문제점 개선을 위해 적극적으로 검토할 필요가 있다.

탈-플랫폼화 웹 구현이 가능한가?

웹 2.0의 독점 플랫폼 문제점 개선을 위해 플랫폼으로부터 탈피해야 한다는 의견이 있을 수 있다. '탈-플랫폼'으로 접근하는 것은 옳지 않다는 의견을 여러 번 제시했다. 문제는 플랫폼 자체가 아니라 플랫폼의 운영자와 운영방식이다.

플랫폼의 문제점은 결국 플랫폼을 소유한 기업들의 전략과 의사결정에 의해 결정된다. 대안으로 플랫폼 소유 조직을 DAO 방식으로 구성하거나 토큰 이코노미 방식으로 서비스 플랫폼을 설계하는 것도 고려해 볼 수 있다. 하지만 가장 현실적인 접근은 법적 제재와 컴플라이언스 대응이라는 개인적인 의견을 피력하기도 했다.

블록체인 기반 웹 구현이 가능한가?

블록체인 기술이 소개된 지도 약 14년이 흘렀지만, 현재까지 블록체인 기반의 킬러 애플리케이션이라 할 정도의 서비스는 소개되지 않고 있다. 그나마 유일하게 작동하고 있는 것이 비트코인 정도다. 그도 그럴 것이 블록체인은 비트코인을 위해 만들어졌기 때문에 잘 작동한다고 할 수 있다. 3.2절에서 살펴봤던 것처럼 DeFi를 블록체인 성공사례로 여전히 이해하고 있다면 큰 오산이다.

2017년 이후 6년 동안의 블록체인 활용 · 응용 진행 경과를 살펴보자. 2017~2018년 ICO와 가상화폐가 연계하여 블록체인을 띄웠다. 거품이 가시니 이제는 DeFi로 다시 한번 띄웠다. DeFi 거품이 꺼지자 이번에는 NFT로 다시 갈아탔다. NFT 역시 거품이 사라지자, 이번에는 웹 3.0 테마에 올라타는 모양새다. 다른 분야에서도 성공하지 못했던 블록체인이 웹 3.0에서 성공한다는 보장은 없다. 또한 다른 분야에서 성공하지 못했으니 웹 3.0에 적용하겠다는 것도 설득력이 약하다.

앞서 2.3.4절에서 자세히 설명했던 것처럼, 블록체인은 탈중앙화를 구현하기 위한 하나의 기술 또는 방법이다. 좀 더 정확히 설명하면, 사토시 나카모토라는 사람이 탈중앙 화폐 시스템을 구현하기 위해 적용한 기술 중 하나다. 블록체인을 사용하지 않는다고 해서 탈중앙 화폐 시스템을 구현할 수 없는 것도 아니고, 블록체인만 사용하면 탈중앙화가 자동으로 구현되는 것도 아니다. 어디까지나 하나의 기술이다. 웹 3.0을 구현하기 위해 필요하면 블록체인을 부분적으로 접목하면 된다. 하지만 블록체인을 도입해서 탈중앙화 웹을 구현하겠다는 것은 잘못된 접근이다.

4.1.3 웹 3.0 개념의 타당성 검토

웹 3.0이 언론의 주목을 받을 때 필자 또한 다양한 관련 보고서 · 서적을 참조하고 공공기관에서 주최하는 웹 3.0 관련 세미나나 콘퍼런스도 빼놓지 않고 참여해 경청했다. 웹 3.0 개념과 관련하여 공통적으로 귀결되는 몇 가지 키워드가 있었다. '블록체인', '탈중앙', '분산', '데이터 소유권', '정당한 보상' 등이 그것이다. 키워드만 보더라도 현재 웹 3.0이 어떤 개념으로 검토되고 있는지 대충 이해할 거라 생각한다.

4장 서두에서 웹 3.0을 올바르게 이해하기 위해서 5가지 관점으로 접근해 본다고 언급했다. 필자가 생각하는 웹 3.0에 대한 올바른 이해에 들어가기에 앞서 현재 소개되는 웹 3.0 개념의 타당성을 마지막으로 한번 정리해 보고자 한다. 이 부분 역시 2장에서 대부분 다룬 내용이기 때문에 간단히 정리하겠다.

웹 3.0에 대한 다양한 관점

앞서 2.3.1절을 통해 웹 3.0에 대한 다양한 관점과 이해가 논의되는 것을 살펴봤다. 시맨틱웹을 웹 3.0으로 간주하는 사례도 살펴봤고, 분산 웹, 탈중앙화 웹도 살펴봤다. 그리고 DeFi나 P2E 같은 블록체인 또는 가상자산 관점에서 웹 3.0을 바라보는 내용도 설명했다. 또한 웹의 본질에 집중해서 웹의 진화 방향 관점에서도 설명했다. 아울러 데이터를 소유한다는 관점에서도 다루었다.

2.3.1절에서는 다루지 않았지만, 최근 주목받는 메타버스와 ChatGPT 관점의 웹을 웹 3.0이라고 설명하는 사례도 있다. 이러한 다양한 관점과 해석이 존재하는 상황에서 웹 3.0을 단정적으로 정의하는 것은 웹 3.0에 대한 더 다양한 발전 방향을 스스로 제한할 수 있다는 우려도 있다.

웹 3.0에 대한 다양한 관점의 타당성 검토

2.3.2절을 통해 웹 3.0에 대한 다양한 관점에서 각 관점이 합리적이고 타당한지도 살펴봤다. 또한 본말이 전도되고, 마케팅적인 접근, 문제의 본질에 대한 오해, 블록체인과 가상자산에 대한 오해, 이상적인 접근 등을 소개하며 웹 3.0 개념이 합리적이고 타당한지 설득하기 어렵다는 의견도 제시했다.

웹 3.0 서비스의 적합성

3.1절과 3.2절에서 현재 웹 3.0 서비스로 소개되는 다양한 사례도 살펴봤다. 데이터 분산, 프로토콜 경제, 수익과 보상, DAO, DeFi 등을 살펴봤고 각각의 사례에 대해 평가하면서 이런 사례가 서비스로서 타당하고 합리적인지 살펴보고 웹 3.0 서비스로 적합한지도 살펴봤다. 많은 사례가 의미 있는 서비스로서 또는 웹 3.0으로서 간주하기 어렵거나 부분 한계점이 있다는 의견도 밝혔다.

웹 2.0 문제점 대응 활동

현재 웹 3.0은 웹 2.0의 문제점 대응 관점에서 바라보는 경향이 크다. 웹 2.0 문제 대응을 위해 '탈중앙 · 분산' 같은 추상적이고 이상적인 대안 제시보다는 좀 더 현실적인 방안도 검토할 수 있다. 따라서 현재 웹 2.0의 문제점 대응 활동 사례도 살펴보고 관련 법 · 규제를 통한 대응 방안도 검토했다. 근본적인 문제점을 해결하기에는 무리가 있어 보이지만, 현실적인 측면에서는 더 타당성이 있어 보이기도 한다.

현실적 구현 가능성

4.1.2절을 통해 현재 소개되는 웹 3.0 개념이 현실적으로 구현 가능한지도 살펴봤다. 분산 저장, 탈중앙, 탈플랫폼, 블록체인 웹이 현실적으로 구현 가능한지도 간단히 살펴봤다. 물리적으로 구현 가능한지도 살펴봐야겠지만, 효율성 · 경제성 관점에서도 검토해야 한다. 효율성과 경제성을 검토하는 것은 쉽지 않아 보인다. 우리가 아직 경험해 보지 못한 분산 저장, 탈중앙, 탈플랫폼, 블록체인을 경제성과 효율성 관점에서 실증적으로 평가하고 검토한 사례가 없기 때문이다.

놓치고 있는 웹 3.0 견인 요소

웹은 인터넷 인프라를 기반으로 정보에 대한 접근 및 공유를 위해 탄생한 기술이다. 웹은 다양한 문제점도 노출됐지만, 전체적으로 정보 혁신 및 서비스 가치 창출로 발전되어 가는 추세다. 정보 혁신 및 서비스 가치 창출을 위한 중요한 기술(예: ChatGPT, 메타버스 등)이 미래 웹의 발전적 모델에 중요한 역할을 할 것이라 생각한다. 웹 3.0을 웹 2.0의 문제점 대응 방안으로 한정하여 바라볼 것이 아니라, 웹의 본질적인 목적과 가치를 견인할 새로운 혁신 기술과 목표를 놓치고 있지는 않은지 살펴볼 필요도 있다.

4.2 웹 3.0에 대한 올바른 이해

'웹 2.0'이라는 용어부터 만들고 웹 2.0의 개념과 특징을 정립해 갔던 것처럼, 웹 3.0 역시 현재는 '웹 3.0'이라는 용어만 출현했을 뿐 웹 3.0의 개념은 계속 정립해 가는 과정으로 이해된다.

따라서 웹 3.0을 단정적이고 정의적 관점에서 정리하지는 않겠다. 또한 웹 3.0 소개 책이지만, 웹 3.0의 개념을 정의하지도 않겠다. 다만, 웹 3.0을 어떤 관점에서 바라보고 어떻게 이해해야 하는지를 살펴볼 것이다. 'Web 3.0'은 'Web'이라는 본질과 '3.0'이라는 진화 · 발전 단계로 이해할 수 있다.

일반적으로 진화 · 발전 단계를 논할 때 1세대, 2세대, 3세대, 또는 1.0, 2.0, 3.0이라는 단어로 구분 짓는 경우가 많다. 이런 세대를 구분하는 기준은 다양하다.

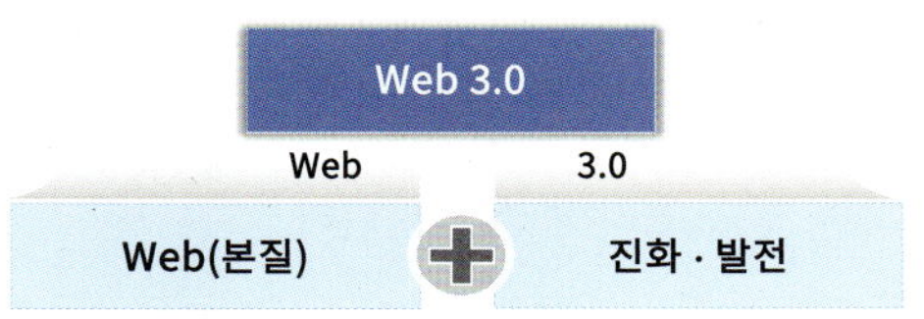

그림 4-6 웹 3.0에 대한 올바른 이해

첫째, 기존 세대의 문제점이나 한계점을 극복하고 새로운 세대로 발전한다는 관점으로 구분한다. 예를 들어 정부 1.0, 정부 2.0, 정부 3.0이 그런 사례다. 정부 1.0은 정부 중심으로 일방향으로 정보가 제공된다는 한계점이 있었다. 이런 한계점을 극복하기 위해 정부 2.0이 대두됐다. 정부 2.0은 국민 중심으로 양방향 정보 제공이 가능했다. 하지만 정부 2.0은 국민의 다양한 요구 환경에 대응하지 못한다는 한계가 있었다. 그래서 정부 3.0이 소개됐다. 정부 3.0은 국민 개개인 중심으로 양방향 개인 맞춤형 정보가 제공되는 특징을 지닌다.

둘째, 새로운 혁신 기술이 기폭제가 되어 새로운 세대가 도래하는 사례도 있다. 증기기관, 전기, 컴퓨터, 데이터 · 인공지능이라는 혁신 기술을 통해 1차 산업혁명, 2차 산업혁명, 3차 산업혁명, 4차 산업혁명 세대를 열었다.

셋째, 혁신적인 제품과 서비스가 새로운 시대를 열어젖히는 사례도 있다. 아이폰을 통해 '모바일 Only' 시대를 열었고, ChatGPT를 통해 '지식의 보편화' 시대를 열었다.

넷째, 하나의 기술이 지속해서 진화 및 발전하는 상황에 세대를 붙이기도 한다. 예를 들어 통신 기술 1G, 2G, 3G, 4G, 5G가 대표적인 사례다.

웹 3.0은 웹의 진화 · 발전 단계로 이해할 수 있다. 웹 3.0은 웹의 발전 형태 또는 발전 방향이라고 이해할 수 있으며, 따라서 웹이라는 본질적 개념에 집중하면서 그 웹의 발전 형태로 접근하는 것이 웹3.0에 대한 올바른 접근이자 이해라고 생각한다.

- 웹은 정보에 대한 접근을 위해 탄생한 기술이다. 따라서 정보가 어떻게 변화 및 발전, 활용되어 가는지, 즉 '정보'의 발전 관점에서 웹을 이해하는 것이 필요해 보인다.
- 사람들은 웹사이트 접근을 통해 정보를 소비하기도 하고 제공하기도 한다. 최근에는 대부분 서비스가 웹사이트를 통해 처리된다. 결국 웹사이트는 하나의 플랫폼이라고 할 수 있다. 무수한 웹에서 정보 검색 서비스를 제공하는 검색엔진도 하나의 플랫폼이라고 할 수 있으며, 모든 정보가 연결된 이 웹 자체도 하나의 거대한 플랫폼이라고 볼 수 있다. 따라서 '플랫폼' 관점에서 접근하는 것도 필요해 보인다.
- 인터넷과 웹이 구현되고 서비스화하기 위한 전제 조건이 있다. 바로 디지털이다. '디지털'이 발전되어 온 방향에 따라 그에 맞게 웹도 발전되어 온 것을 알 수 있다.

따라서 이 책에서는 웹 3.0에 대한 정의보다는, '웹의 발전 및 진화' 측면에서 다음 3가지 관점으로 웹의 미래를 살펴보고 웹 3.0도 이해해 보고자 한다. 물론 이것은 필자의 주관적인 논지이자 생각이라는 것도 고려해 주길 바란다.

1. '정보' 관점에 집중해서 웹의 발전을 이해해 본다.
2. '플랫폼' 관점에서 웹을 이해해 본다.
3. '디지털' 관점에서 웹을 이해해 본다.

4.2.1 '정보' 관점에서 웹 3.0 이해

과거에는 정보에 대한 접근이 상당히 제약되었고 정보를 생산하는 것도 어려운 도전 과제였다. 하지만 인터넷과 웹의 출현은 정보에 대한 새로운 패러다임을 제시했다. 인터넷 기술과 하이퍼링크 기술을 이용하여 정보에 대한 접근이 용이해졌으며, 정보가 디지털 기반으로 생성 및 처리되면서 정보의 생산성도 급증하게 되었다.

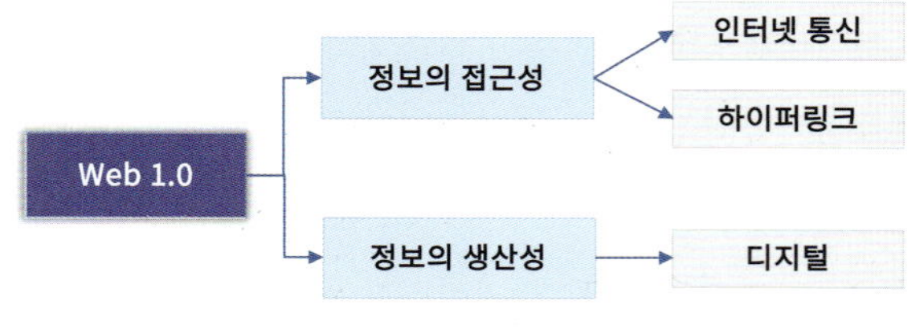

그림 4-7 정보 관점 웹 1.0 구현 요소

좀 더 다양한 기술과 비즈니스 모델이 소개되면서 웹은 웹 2.0이라는 새로운 시대를 활짝 열었다. 웹 2.0 역시 정보의 접근성과 생산성 관점에서 살펴보면, 기존 웹 1.0 기술 요소에 추가하여 검색엔진, 통신 기술 발전, 정보 접근의 지능화, 스마트폰 출현 등을 통해 정보에 대한 접근성이 더욱더 확대됐다. 또한 SNS, 프로슈머, 데이터 활용, 프로그램, 알고리즘, 스마트폰, Open API & Mashup 기술 등을 기반으로 정보나 데이터의 생산성도 폭증하는 계기가 됐다.

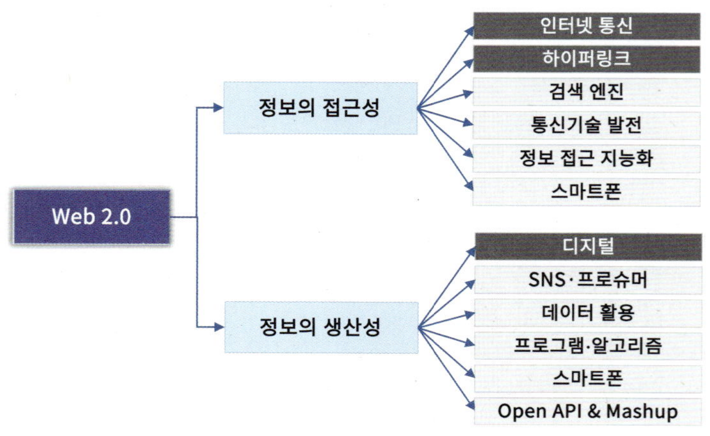

그림 4-8 정보 관점 웹 2.0 구현 요소

1) 정보 관점 웹 2.0의 개선 방향

웹 2.0의 출현은 정보의 접근성과 생산성 측면에서 새로운 가치 창출 및 새로운 혁신 서비스를 내놓았지만, 동시에 다양한 부작용 및 문제점도 인식되기 시작했다.

플랫폼 독점에 따라 정보의 독점을 탈피해야 한다는 목소리도 있었고, 데이터 중앙화에 따른 개인정보 유출 차단, 데이터 소유권 이슈에 따라 정보의 주권을 확립해야 한다는 목소리도 있었다. 그림 4-9는 웹 2.0의 그런 문제점 및 개선 요소를 식별한 것이다.

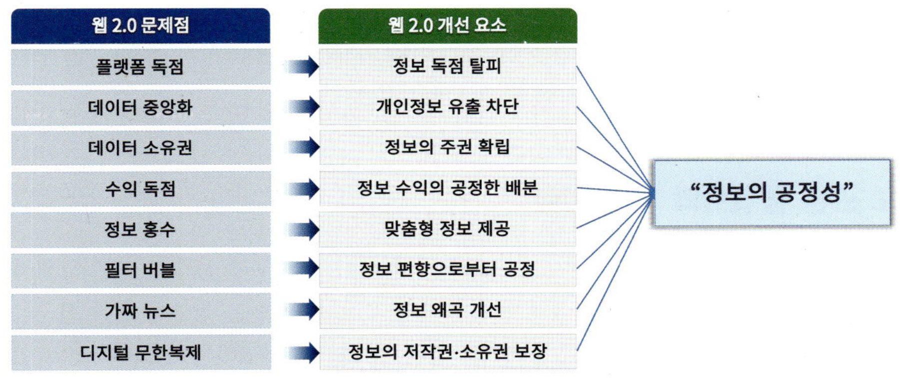

그림 4-9 웹 2.0 문제점 대응을 위한 키워드 도출

웹 2.0의 개선 요소로는 정보 독점 탈피, 개인정보 유출 차단, 정보의 주권 확립, 정보 수익의 공정한 배분, 맞춤형 정보 제공, 정보 편향으로부터 공정, 정보 왜곡 개선, 정보의 저작권, 정보의 소유권 보장이 있다. 이런 개선 요소를 하나의 키워드로 묶는다면 '정보의 공정성'이 아닐까 하고 필자는 생각한다.

산업혁명과 자본주의 이야기를 한번 해보겠다. 기계가 발명되면서 산업혁명이 시작됐다. 산업혁명은 생산성을 증폭시켰고 다양한 사회 편익도 제공했다. 하지만 자본과 권력을 가진 소수 자본가가 수많은 노동자의 노동력을 활용하여 막대한 수익을 거두었지만, 수익의 대부분은 자본가가 독점했다. 자본가들은 대기업으로 성장했고 독점과 카르텔을 형성하여 다양한 문제점을 야기했다. 이런 자본주의의 문제점과 카르텔 기업에 대해 지식인들은 문제점과 대안을 제시하기도 했다. 이에 시민들도 목소리를 높였고 노동자들도 단체교섭을 통해 협상력을 높였다. 정부도 강력한 규제 장치를 법제화하기 시작했고, 이런 분위기에 맞춰 독점 기업들이 스스로 문제점을 개선해 보려는 시도도 있었다. 노조가 생겨나고 정당한 보상과 대가도 주어지게 됐다. 이런 분위기는 결국 복지, 사회정의, 민주주의, ESG로 발전하게 되었다.

산업혁명 → 생산성 혁신 → 독점 · 문제점 → 공정 · 정의 · 복지

인터넷 · 웹 혁명 → 정보 접근 · 생산 혁신 → 독점 · 문제점 → (정보의 공정성?)

산업혁명과 자본주의 발전 및 진행 방향을 보면 인터넷과 웹의 발전 모습과 유사해 보인다. 물론 다소 인위적으로 유사하게 맞춘 측면도 있다. 앞선 웹 2.0의 개선 요소 8가지를 하나의 키워드로 요약한다면 '정보의 공정성'을 제시할 수 있고, 인터넷 · 웹의 발전 방향 관점에서 보더라도 정보의 공정성 이슈가 대두된다.

여기에서 '정보의 공정성'이 웹 3.0을 대변하는 키워드라는 의미는 아니다. 웹의 진화 · 발전 측면에서 '정보의 공정성'이라는 이슈가 대두되는 것이며, 이런 이슈는 웹 3.0 또는 차세대 웹 구현 방향성에 일정한 유의미한 시사점을 제시하게 될 것이라 생각한다.

2) 정보 관점 웹 3.0의 지향 방향

이번에는 우리가 정보에 접근하고 정보를 취득하는 목적 관점에서 발전 방향을 한번 살펴보고자 한다. 그림 4-10을 보면 웹의 궁극적인 목표를 설명해 준다. 웹의 출현은 정보에 대한 접근을 용이하게 했다. 그리고 검색엔진의 출현으로 필요한 정보를 쉽고 빠르게 검색할 수 있게 됐다. 사람들은 검색엔진을 통해 수집된 정보를 정리하고 학습하여 정보를 체득하고, 이런 정보와 지식을 의사결정에 활용한다.

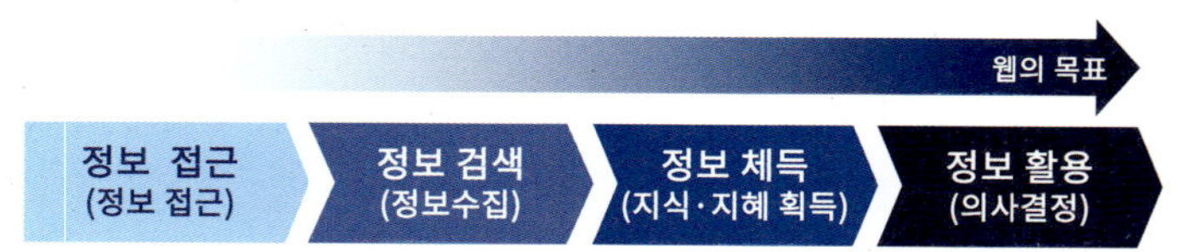

그림 4-10 정보 관점 웹의 진화 · 발전

지식과 지혜의 차이점

2장에서 DIKW 피라미드 모델을 소개하고 데이터와 정보의 차이점도 소개했다. 이번에는 지식과 지혜의 차이점을 살펴보겠다. 지식은 교육이나 경험을 통해 배운 정보의 축적인 반면, 지혜는 다른 사람의 유익을 위해 지식을 적용하는 방법으로 간단히 개념화할 수 있다.

MEMO

지식과 지혜의 주요 차이점

1. 지식은 학습하고 경험함으로써 무언가 또는 누군가에 관한 정보 및 사실의 수집을 의미합니다. 개인이 판단하고, 실생활에서 교육과 경험을 적용하고 올바른 선택을 할 수 있는 능력을 지혜라고 합니다.
2. 지식은 체계화된 정보일 뿐입니다. 과다한 정보에 관한 것이 아니라, 관련성이 있어야 합니다. 오히려 지혜는 실용적인 삶에 대한 지식을 구현하는 품질입니다.
3. 지식은 본질적으로 선택적인 것이며 본질적으로 전문화된 정보만을 저장합니다. 반대로 지혜는 포괄적이며 통합되어 있습니다.
4. 지식은 결정론적인 반면, 지혜는 비결정적입니다.
5. 지혜는 사람의 분별력과 추론력을 개발하는 반면, 지식은 특정 주제에 대한 이해를 유도합니다.
6. 지식의 접근 방식은 이론적입니다. 대조적으로, 지혜의 접근 방식은 영적입니다.
7. 지식은 관찰이나 교육을 통해 사실에 대해 학습함으로써 취득합니다. 반대로 지혜는 일상생활에서 경험을 통해 개발되고 발전합니다.
8. 지식은 영혼과 지혜의 관계처럼 마음과 같은 관계를 가집니다.

출처: ko.gadget-info.com

지식과 지혜의 개념 및 차이점을 표[1]로 정리하면 다음과 같다.

비교의 근거	지식	지혜
의미	학습하고 경험함으로써 무언가 또는 누군가에 관한 정보 및 사실의 수집은 지식입니다.	지혜는 삶을 판단하고 올바른 선택을 할 수 있는 능력입니다.
개념	조직화된 정보	응용 지식
자연	선택적	포괄적인
방법	결정론적	비 결정적
결과	이해	심판
접근	이론적인	영적인
취득	그것은 얻거나 배우게 됩니다.	그것은 개발되었습니다.
관련	마음	영혼

1 출처: https://ko.gadget-info.com/difference-between-knowledge

지식과 지혜의 차이점을 간단히 정리하자면, 지식은 단순히 체계화된 정보 정도로 이해할 수 있다. 그리고 지혜란 지식을 바탕으로 판단하고 올바른 선택을 할 수 있는 능력을 의미한다. 결국 지식이 습득되고 활용되고 응용되는 과정을 거쳐 지혜로 발전하게 된다고 볼 수 있다. 정보의 궁극적인 목표가 의사결정에 활용하는 것이라면 웹의 궁극적인 목표는 정보·지식을 활용하여 올바른 선택을 할 수 있는 능력, 즉 지혜를 얻는 거라고 이해할 수 있다.

ChatGPT의 지식 체득

검색엔진이라는 기술을 이용하여 정보 검색은 손쉽게 할 수 있지만, 검색된 정보를 요약하고 이를 체계화하여 지식으로 체득하는 과정은 결국 사람의 몫이었다. 그런데 최근 사람을 대신하여 필요한 정보를 찾고 이를 체계화하여 지식이라는 결과를 제시할 수 있는 기술이 소개됐다. 바로 ChatGPT다. ChatGPT는 웹이나 다양한 정보를 학습 및 체계화하여 체득된 지식을 제시한다.

그림 4-11은 검색엔진과 ChatGPT의 차이점을 보여준다. 검색엔진은 웹에 존재하는 수많은 정보를 크롤링하여 검색된 정보 목록을 제시해 줄 뿐이다. 이용자는 검색된 정보를 선택하고 이 정보를 체득하는 과정을 거쳐야만 한다. 하지만 ChatGPT는 웹에 존재하는 수많은 정보를 스스로 학습하고 체득된 지식을 생성하여 제시해 준다. ChatGPT는 그동안 사람이 담당했던 정보를 검색하고, 정보를 선택하고, 정보를 학습 및 체득하는 과정을 생략하게 해준다.

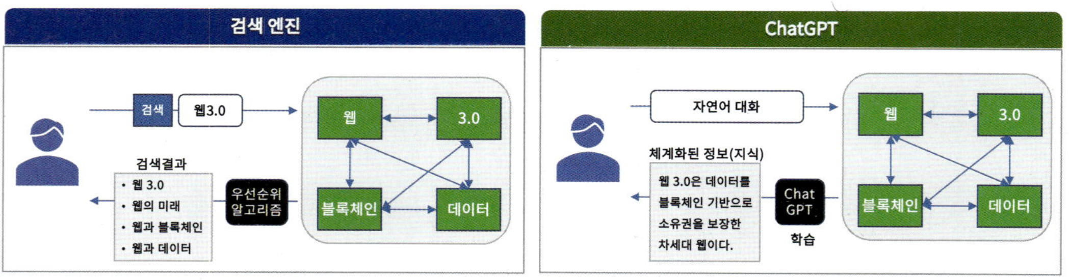

그림 4-11 검색엔진과 ChatGPT 비교

ChatGPT의 시사점을 정리해 보면, 기존에는 검색엔진을 활용하여 정보를 검색·수집·습득했다. 이런 검색엔진은 2가지 측면에서 한계가 있다. 첫째, 검색엔진은 찾고자 하는 정보가 포함될 가능성이 높은 웹사이트 후보 목록을 우선순위에 따라 제시해 줄 뿐, 결국 원하는 정보가 들어 있는 페이지를 이리저리 찾아다니며 관련 정보를 체크하는 탐색비용이 상당히 높다. 둘째, 수많은 관련 정보를 찾았다고 하더라도, 이런 정보를 연계·구조화·체계화하여 지식이라는 결과물을 얻기까지 상당한 학습 노력이 필요하다.

하지만 ChatGPT는 웹에 산재한 수많은 정보를 학습하여 조직화되고 체계화된 지식을 직접 제공한다. 사람이 수행하던 검색, 선별, 학습, 체계화 과정을 모두 대신해 준다. 또한 ChatGPT는 수많은 학습 과정을 통해 최적화된 지식을 제공한다. 사람이라면 아무리 많은 시간을 들여 학습하더라도 한계가 있으며 많은 학습 시간과 비용이 소요된다. 하지만 ChatGPT는 사람의 그런 비용을 제거해 주었고 거기에다 최적화된 지식까지 도출하여 제시해 준다.

한마디로 ChatGPT를 통해 '지식의 보편화'가 실현됐다고 볼 수 있다. 웹이 정보에 대한 접근을 제공했고, 검색엔진이 정보 검색을 제공했다면, ChatGPT는 지식의 보편화를 구현했다고 볼 수 있다. 그런데 ChatGPT는 체계화된 정보(지식)를 제공해 주는 역할만 수행할 뿐, 이런 지식을 습득하고 이해해서 지식을 응용 · 활용하면서 올바른 선택을 할 수 있는 능력(지혜)을 얻는 것은 여전히 사람의 몫이다.

ChatGPT와 메타버스를 활용한 지혜 체득

ChatGPT에 이어 메타버스도 살펴보자. 메타버스는 '3D 가상현실'과 구분되는 개념이다. 3D 가상현실이 가상현실 자체를 의미하는 것이라면 메타버스는 이런 3D 가상현실과 연계하여 가상현실에서 다양한 상호작용과 경제 활동, 그리고 새로운 가치와 서비스가 창조되는 것을 의미한다.

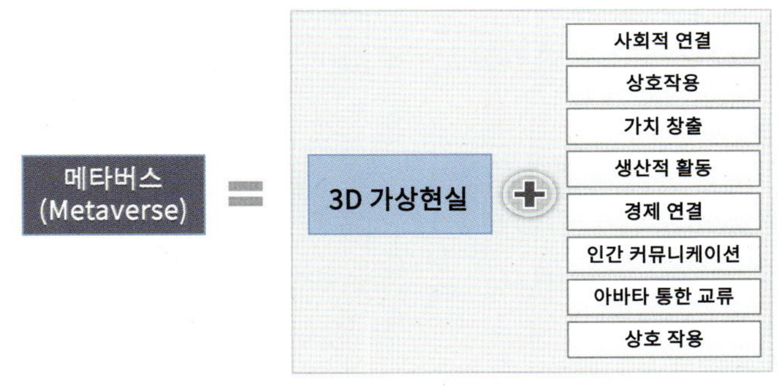

그림 4-12 메타버스 개념 이해

정리하면, 메타버스란 3D 가상현실을 기반으로 '사회적 연결', '상호작용', '가치 창출', '생산적 활동', '경제 활동', '커뮤니케이션'이 가미된 형태로서 가상현실에서 상호작용하면서 새로운 경험과 가치를 창출하는 '새로운 세상' 관점에서 이해할 수 있다.

그럼 메타버스와 정보는 어떤 관계가 있을까?

메타버스와 정보의 관계는 2가지 측면에서 살펴볼 수 있다. 첫째는 체험 · 경험을 통한 정보 · 지식의 습득이다. 기존 웹은 텍스트나 이미지 영상을 통해 정보나 지식을 습득했다면, 메타버스는 체험과 경험을 통해 더욱 현실적이고 직관적으로 느낄 수 있어 습득 효과가 탁월하다. 둘째는 메타버스를 통해 실행과 실증을 통해 지혜를 얻을 수 있다.

두 번째 측면을 좀 더 자세히 살펴보자. 영화 '아이언맨'을 보면, 주인공(토니)이 인공지능(자비스)과 대화를 주고받으면서 새로운 물질을 개발하는 과정이 나온다. 단순히 영화의 한 장면 정도로 치부할 수 있지만, 최근 소개된 ChatGPT를 보면 머지않아 충분히 실현 가능한 일 같다.

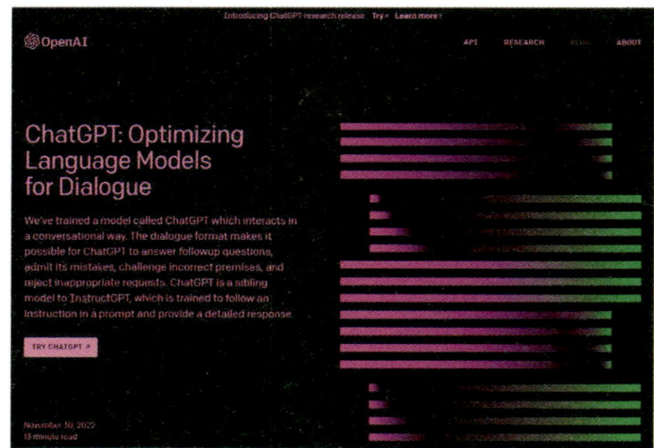

그림 4-13 ChatGPT와 메타버스를 활용한 정보 취득

토니는 새로운 물질 개발을 위해 자비스와 대화를 이어 나간다. 토니의 주문에 따라 자비스는 새로운 정보 · 지식을 제시한다. 제시된 정보 · 지식을 가상으로 실행하고 작동해 봄으로써 제시된 지식의 활용 및 응용 과정을 거쳐 지혜를 얻고 새로운 물질 개발에 성공한다. 지식은 단순히 체계화된 정보일 뿐이지만, 지혜는 이런 지식을 실행하고 응용하면서 가치 있는 선택을 하는 의사결정 능력이다. 토니는 자비스가 제시한 지식을 홀로그램으로 실행하고 시뮬레이션하는 과정을 거쳐 새로운 물질을 개발(지혜)할 수 있었다. 즉, 인공지능과 메타버스의 조합을 통해 기존에 사람 영역이었던 지식과 지혜까지 대신할 수 있게 됐다고 볼 수 있다. ChatGPT를 통해 지식과 지혜를 얻고 이를 메타버스와 연계하여 실행하고 검증하는 과정을 거쳐 지혜가 완성된다. 미래의 웹은 인공지능과 메타버스로 귀결될 것이며, 결국에는 지혜의 영역까지 담당하게 될 것이다.

ChatGPT와 메타버스를 이용한 '정보의 활용성'

ChatGPT와 메타버스의 활용을 그림 4-14로 한번 정리해 보겠다. 정보는 정보에 대한 접근, 정보 검색, 정보 체득 과정을 거친다. 전통적으로 이 모든 과정은 사람의 몫이었다. 하지만 기술의 발전으로 하나씩 기계가 대신해 주고 있다. 웹을 통해 정보에 대한 접근이 수월해졌고, 검색엔진을 통해 정보 검색이 편리해졌으며, ChatGPT와 메타버스를 통해 정보 체득이 훨씬 더 용이해졌다. 그리고 이런 기술을 통해 지식과 지혜도 쉽게 얻을 수 있게 됐다.

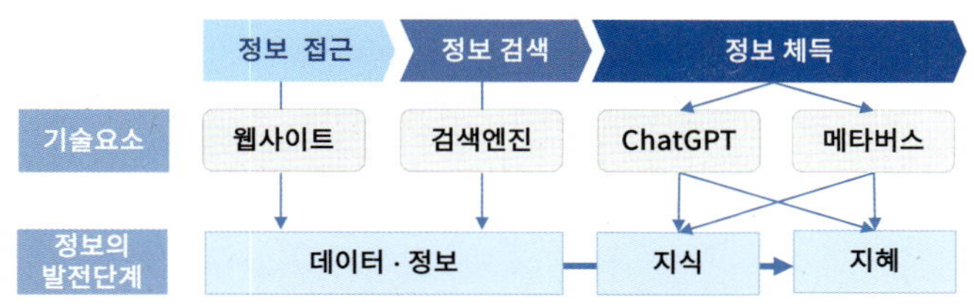

그림 4-14 정보 체득을 위한 ChatGPT와 메타버스

그림 4-15는 정보라는 관점에서 웹 3.0(또는 차세대 웹)을 바라본 것이다. 정보는 정보의 접근, 검색, 체득 과정을 거쳐 결국 정보의 활용 단계로 발전할 것이다. 지혜란 체계화된 지식을 응용하고 활용하는 능력이라고 볼 수 있다. 웹 2.0에서는 검색엔진을 통해 정보에 대한 접근과 검색을 제공했다면, 웹 3.0에서는 ChatGPT와 메타버스를 통해 체득된 정보를 제공할 것이다. 이에 따라 사람의 역할도 정보 체득은 ChatGPT에 맡기고 정보 활용만 담당하는 일이 될 것이다.

그림 4-15 ChatGPT와 메타버스 활용에 따른 인간의 역할 변화

정보의 궁극적인 목표인 정보의 활용을 위해 정보에 접근하고 검색하고 체득하는 과정을 거쳤다. 기술과 도구의 발전으로 정보 접근, 검색, 체득을 쉽게 할 수 있는 시대가 되었다. ChatGPT와 메타버스는 더 발전할 것이고, 결국 정보 활용에도 직간접적으로 도움을 줄 것이다. 이런 정보의 체득과 활용을 편리하게 하는 것은 결국 기술이다. 최근 계속 새로운 혁신 기술이 소개되면서 정보의 체득과 활용을 지원해 주고 있다.

결국 정보 관점에서 웹 3.0의 지향 방향은 그림 4-16에서 보는 것처럼 '정보의 활용성'으로 이해할 수 있다.

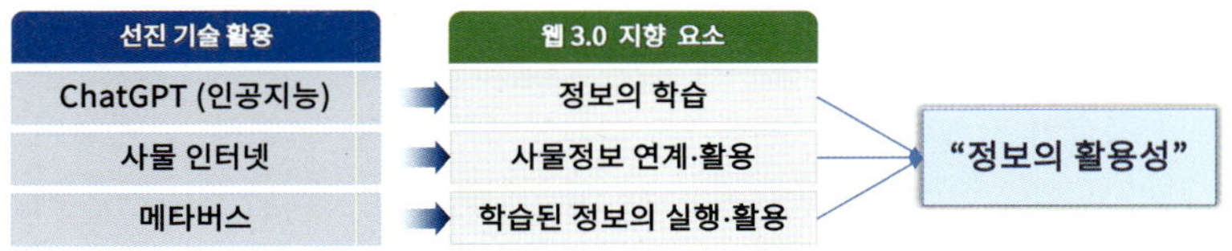

그림 4-16 웹 3.0 구현에 부합한 키워드 도출

3) 정보 관점 웹 3.0의 이해

'정보 관점'에서 웹 3.0을 살펴봤다. 웹 2.0의 문제점을 개선하는 방향으로 '정보의 공정성'이라는 키워드를 도출했고, 정보 관점에서 미래 웹이 추구해야 할 지향점으로 '정보의 활용성'이라는 키워드를 도출했다.

정보라는 관점에서 웹 3.0을 정리하면 그림 4-17처럼 이해할 수 있다.

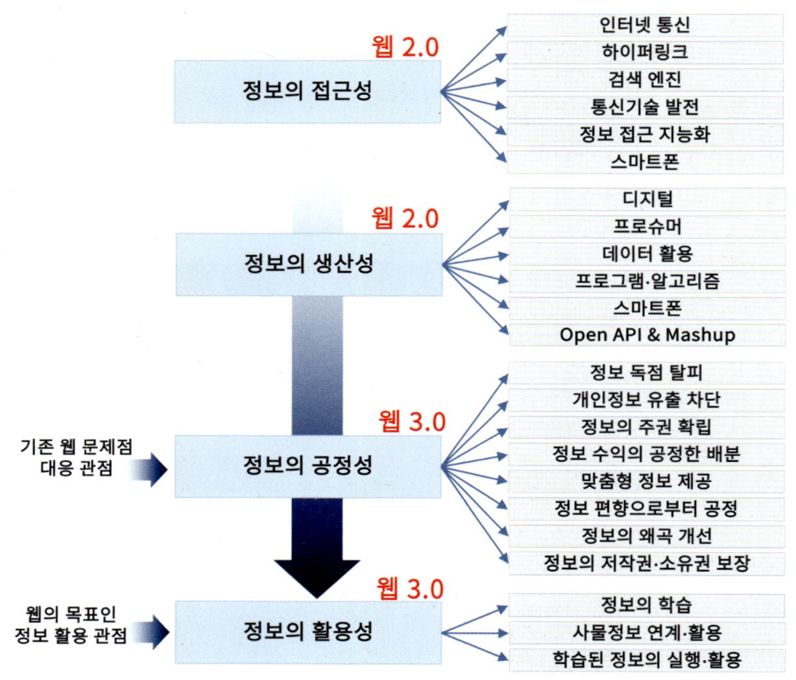

그림 4-17 웹 3.0 구현을 위한 세부 요소 식별

웹의 출현으로 정보의 접근성과 생산성 혁신을 가져왔다. 웹과 관련된 다양한 기술의 소개로 웹 2.0 시대가 시작됐고, 웹 2.0 시대에도 정보의 접근성과 생산성은 더욱더 확대됐다.

웹 2.0의 문제점이 대두되면서 이런 문제점을 개선하려는 움직임이 있었다. 이를 정보 관점에서 정리하면 '정보의 공정성'이라는 키워드로 정리할 수 있다.

또한 새로운 혁신 기술이 차세대 웹을 주도하는 모습도 감지된다. 인공지능, 메타버스, 사물인터넷 등을 활용하여 사람이 하던 영역을 기계나 도구가 대체하면서 더 세련된 서비스를 빠르게 제공한다. 이를 정보 관점에서 정리하면 '정보의 활용성'이라는 키워드로 정리할 수 있다.

그림 4-18은 지금까지 살펴본 내용을 정보 발전 단계, 데이터의 진화 단계, 다양한 기술을 이용하여 웹 3.0 관점에서 정리한 것이다. 물론 주관적인 의견임을 참조해 주길 바란다.

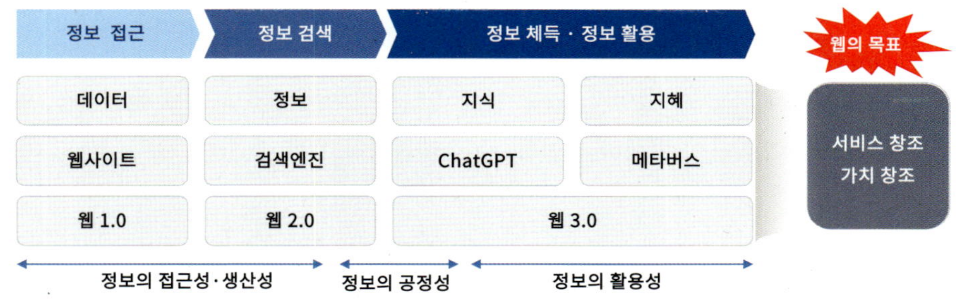

그림 4-18 정보 관점 웹 3.0의 구현 개념도

ChatGPT와 메타버스는 웹 3.0 또는 차세대 웹 구현을 견인할 중요 요소로 자리매김할 것이다. 이 부분은 6장에서 좀 더 자세히 살펴보겠다.

4.2.2 '플랫폼' 관점에서 웹 3.0 이해

빅테크 기업들의 독점 플랫폼 때문인지 플랫폼이 '중앙화, 독점'이라는 느낌과 연계되면서 플랫폼에 대한 부정적 인식이 존재하는 것으로 보인다. 산업현장에서 '표준'이 없는 상황을 상상해 보자. 다양성도 좋지만, 표준과 기준이 없으면 엄청난 비효율과 생산성 저하가 야기된다. 플랫폼도 이런 맥락에서 이해할 필요가 있다. 수요자가 공급자를, 또는 공급자가 수요자를 직접 찾아 다니는 것은 엄청난 탐색비용과 기회비용을 야기한다. 이런 비효율성을 개선하기 위해 수요자와 공급자가 모두 모일 수 있는 하나의 장소를 구축하는 것이 필요하다. 이해관계자들을 모두 하나의 플랫폼으로 끌어들여 비효율과 낭비를 제거하고 생산성을 극대화할 수 있으며 이해관계자들이 하나의 플랫폼에서 상호작용하는 과정에서 더 새로운 서비스와 가치도 창출할 수 있다. 플랫폼은 태생적으로 중앙화와 독점이라는 역할과 임무를 가지고 태어났다. 플랫폼은 사람들의 경제활동 진화 과정의 산물이며, 모든 서비스 분야와 생태계 역시 플랫폼 기반으로 진행 · 발전하는 것이 수순이다.

탈중앙화 화폐 시스템을 지향했던 비트코인도 탈중앙 기반으로 화폐를 발행 및 유통하기 위한 하나의 플랫폼이다. 참여자들은 비트코인이라는 플랫폼에 참여해야 채굴할 수 있고 트랜잭션 검증 및 장부에 접근할 수 있다. 플랫폼은 절대 사라지지 않는다. 진화 및 발전할 뿐이다. 웹에서도 플랫폼은 아주 중요한 역할을 한다.

1) 플랫폼으로서 웹

인터넷 시대 이전에는 사람들이 원하는 정보를 찾기 위해 도서관이나 수많은 사람을 찾아다녀야 했다. 즉, 정보 접근 및 탐색 비용이 너무 컸다. 하지만 웹사이트가 생기면서, 정보를 제공하고자 하는 사람은 웹사이트를 통해 정보를 제공했고 정보를 원하는 사람은 정보를 찾아다닐 필요 없이 웹사이트에 접근하여 정보를 획득할 수 있었다. 결국 웹사이트는 정보 제공자와 정보 이용자를 연결해 주고 웹사이트를 통해 상호작용이 발생하는 접점, 즉 플랫폼이라고 할 수 있다. 웹사이트도 하나의 플랫폼이다.

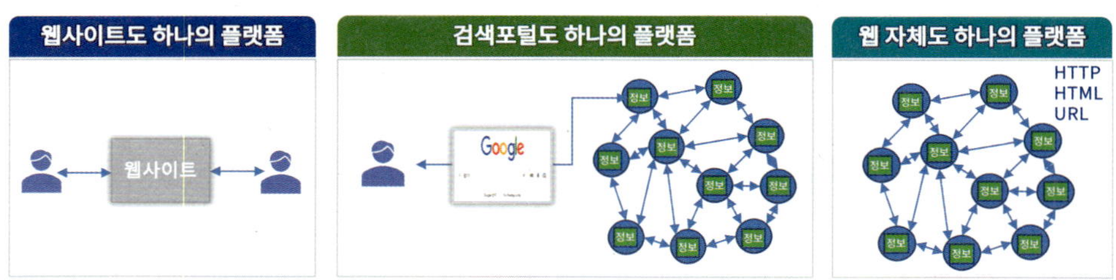

그림 4-19 플랫폼으로서의 웹

웹사이트가 늘어나고 정보가 방대해지면서 수많은 웹사이트에서 본인이 원하는 정보를 찾는 것도 큰 비용이었다. 그래서 검색엔진을 장착한 검색포털이 등장했다. 정보의 바다라고 할 수 있는 웹에서 원하는 정보를 찾기 위해서는 무조건 검색포털을 이용하게 된다. 검색포털은 정보 검색자와 정보의 바다를 연결해 주는 관문, 즉 플랫폼이라고 할 수 있다. 이용자들은 검색포털을 통해 웹에 접근하고, 웹의 정보는 검색포털을 통해 제공된다.

인터넷은 다양한 서비스를 제공한다. 그중 하나가 웹 서비스다. 웹사이트로 구성된 거대한 웹은 정보의 바다로서, 정보를 찾고 소비하기 위해 웹에 접근한다. 그리고 정보는 웹을 통해 제공된다. 이런 관점에서 웹 자체도 하나의 거대한 정보 제공 · 공유 · 소비 플랫폼이라고 할 수 있다.

간단하게 정리하면, 이 세상 대부분의 정보와 서비스는 웹이라는 플랫폼 기반으로 작동한다고 이해할 수 있다. 웹에 플랫폼이라는 꼬리표는 떨어질 수도 없고 떨어져서도 안 된다.

2) 플랫폼으로서 웹의 변화 · 발전

웹은 플랫폼과 뗄 수 없는 관계이며 다양한 관점에서 플랫폼과 연관되어 있다. 따라서 플랫폼의 다양한 관점과 플랫폼의 변화 · 발전 과정을 살피면서 웹도 어떻게 변화 · 발전하는지를 간접적으로 유추해 볼 수 있다.

플랫폼 기능 관점

웹 분야에서도 다양한 기능의 플랫폼이 제공된다. '정보 공유' 기능의 플랫폼도 있고, '정보 검색' 기능의 플랫폼도 있으며, '지식 정보 제공' 목적의 플랫폼도 있다. ChatGPT도 웹사이트를 통해 서비스가 제공되는 웹 플랫폼이다.

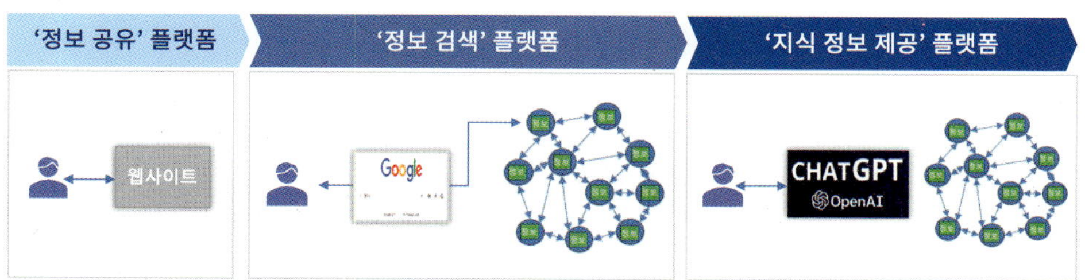

그림 4-20 플랫폼의 다양한 기능

좀 더 세분화하여 살펴보면, 페이스북이나 트위터는 SNS 기능 플랫폼이고, 카카오톡은 메신저 플랫폼이며, 당근마켓은 거래 기능 플랫폼이다. 다양한 기능을 제공하는 웹 플랫폼이 존재한다. 사실 오늘날은 대부분 서비스가 웹(플랫폼)을 통해 진행되기 때문에 모든 서비스 기능이 웹 플랫폼을 통해 제공된다고 이해해도 좋을 것이다.

플랫폼 콘텐츠 관점

웹사이트를 통해 제공되는 콘텐츠의 유형도 다양하다. 초기 웹사이트는 단순 텍스트 위주의 정보만 제공했다. 하지만 기술의 발전으로 이미지나 영상을 포함하는 멀티미디어 콘텐츠도 제공하고, 최근에는 새로운 경험과 현실에 존재하지 않는 가상의 현실을 체험할 수 있는 메타버스 콘텐츠도 웹을 통해 소비된다.

그림 4-21 플랫폼 콘텐츠 유형

콘텐츠 측면에서도 영역을 가리지 않고 사실상 모든 유형의 콘텐츠가 웹 플랫폼을 통해서 제공된다고 볼 수 있다.

플랫폼 접근 방식 관점

웹 서비스를 제공하는 웹 플랫폼에 접속 및 접근하기 위해서는 UI/UX뿐만 아니라 다양한 접속 장치가 필요하다. UI 측면에서는 CLI(Command-Line Interface)에서 현재는 GUI(Graphic User Interface)로 발전하고 있으며, 최근에는 NUI(Natural User Interface)도 많이 보급되고 있다.

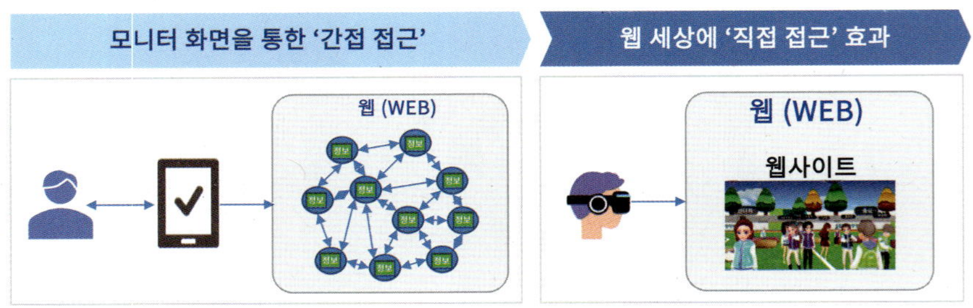

그림 4-22 플랫폼 접근 방식 유형

웹에 접근하는 형태 역시 기존에는 사각형 형태의 모니터나 스마트폰 화면을 통해 접근했다면, 요즘에는 VR 헤드셋 등을 이용하여 웹 세상에 직접 접근하는 효과도 누릴 수 있다. 웹에 접속하는 장치 측면에서도, 과거 PC에서 스마트폰으로 발전했으며, 최근에는 웨어러블 장치도 많이 활용한다.

플랫폼 데이터 저장 관점

웹 플랫폼을 통해 다양한 정보와 서비스를 제공하기 위해서는 방대한 데이터가 필요하다. 과거에는 이런 모든 데이터가 자체 전산실의 저장장치에 보관되어 있었다. 그러다 최근에는 클라우드로 이전(Migration)하는 추세다. 그리고 데이터 중앙 집중화에 대한 대안으로 IPFS도 소개된다.

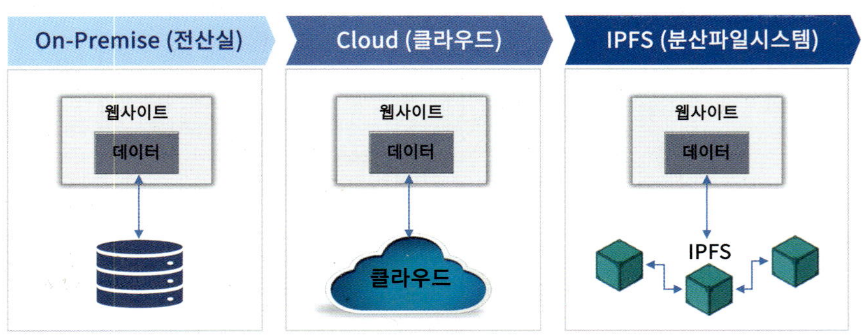

그림 4-23 플랫폼 데이터 저장 방식 유형

플랫폼 확장 관점

플랫폼은 기본적으로 효율성과 생산성을 추구하다 보니 다양한 형태로 파생되고 확장되기도 한다. 그림 4-24의 위쪽 그림은 유튜브라는 플랫폼을 통해 이용자들이 직접 참여하여 영상을 제공하고 소비하는 모습을 보여준다.

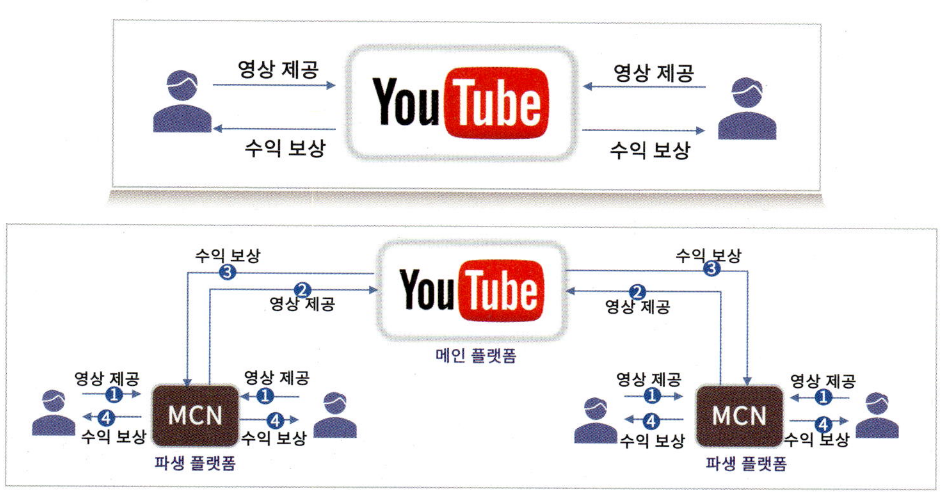

그림 4-24 플랫폼의 확장 사례

그런데 더 고품질의 영상을 제작하기 위해서는 상당한 인프라와 전문성이 요구됐다. 그래서 MCN(Multi-Channel Network)이라는 파생 플랫폼이 생겨났다. MCN은 연예기획사와 비슷한 역할을 한다. 콘텐츠 생산자가 MCN으로부터 유튜브 기획 및 제작에 필요한 제반 인프라와 지원을 제공받고 발생한 수익을 MCN과 분배하는 방식이다. 현재는 유튜브에 직접 접근하기도 하지만, MCN을 통해 연결되기도 한다.

플랫폼 소유 관점

그림 3-35에서 설명했던 것처럼, 플랫폼은 플랫폼 운영자(또는 소유자)와 구분하여 이해할 필요가 있다. 비트코인은 '탈중앙화된 화폐 시스템'이라는 플랫폼이지만, 특정 소유자가 없으며 탈중앙화된 자율 조직 형태로 운영된다. 유튜브는 영상 콘텐츠 플랫폼이며 구글이라는 기업이 소유하고 운영한다.

그림 4-25에서 보는 것처럼, 웹 2.0에서 말하는 플랫폼의 문제는 웹 플랫폼 자체라기보다는 플랫폼의 소유 및 운영자인 빅테크 기업이 문제라고 볼 수 있다. 이런 관점에서 문제점을 개선하는 대상

은 플랫폼이 아니라 빅테크 기업이다. 이를 위한 하나의 방법으로서 탈중앙화된 자율 조직, 즉 DAO를 앞서 제시했다.

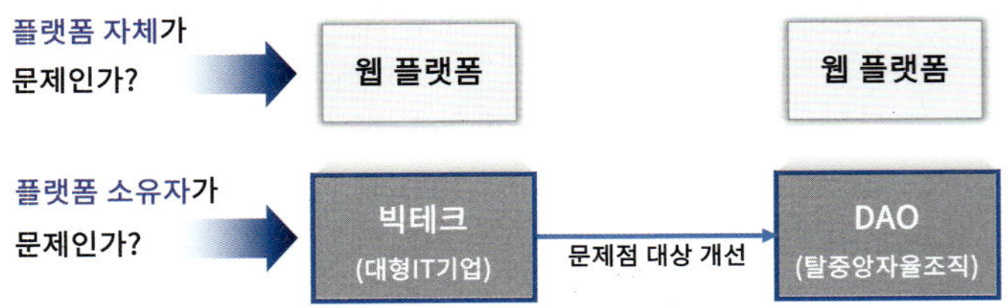

그림 4-25 플랫폼과 플랫폼 소유자 구분

그런데 3.1.4절에서 DAO는 협의적 관점의 DAO와 광의적 관점의 DAO로 구분해서 이해할 필요가 있다고 했다. 협의적 관점에서 보면 DAO는 현실의 조합과 같은 단순한 이익 추구 집단이다. 공동의 이해관계를 가진 집단이 본인의 수익 극대화를 추구한다면 운영방식 및 의사결정에서 기존 빅테크와 크게 다르지 않을 것이다.

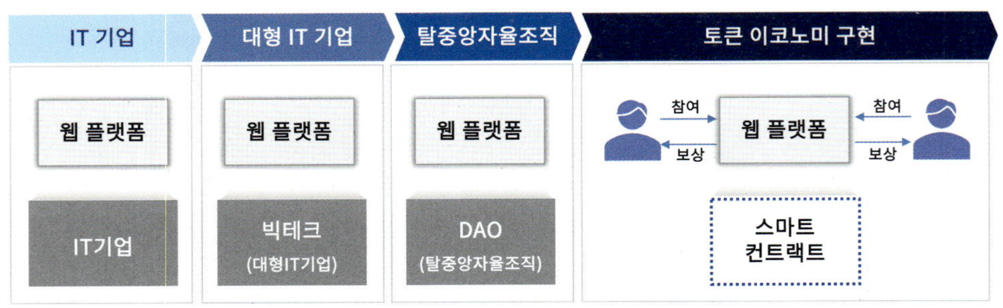

그림 4-26 DAO와 토큰 이코노미

그래서 생각해 볼 수 있는 것이 '광의적 관점의 DAO'다. 그림 4-26은 동일한 웹 플랫폼을 소유하는 주체의 다양한 유형을 보여준다. 초기에는 벤처 IT 기업이 플랫폼을 운영했다. 이들 중 일부는 거대 빅테크 기업으로 성장했다. 그리고 이런 빅테크 기업의 문제점 대응 차원에서 DAO가 플랫폼 운영자의 주체가 될 수 있지만, 빅테크 기업과 크게 다르지 않을 수도 있다. 이때 웹 플랫폼을 특정 개인기업이나 단체가 소유하지 않고 생태계 참여자 모두가 인센티브와 스마트 컨트랙트라는 프로토콜 기반으로 시스템을 설계한다면 기존 플랫폼의 독점 소유 · 수익의 문제점을 다소 해결할 수 있는 대안이 될 수 있다. 광의적 관점의 DAO는 4.4.3절에서 좀 더 살펴보겠다.

3) 웹 3.0에서의 플랫폼

웹 1.0에서는 웹사이트 자체가 하나의 플랫폼이었고, 웹 2.0에서는 거대 빅테크 플랫폼뿐만 아니라 검색포털이 주요한 플랫폼이었다. 앞으로의 웹 환경에서는 어떤 플랫폼이 주도할까? 쉽게 떠오르는 플랫폼은 ChatGPT와 메타버스다. 기존 이용자들은 웹에 접근하기 위해 거의 습관적으로 네이버나 구글을 통했다. 하지만 ChatGPT가 보편화되고 진화한다면 ChatGPT를 통해 웹 정보의 학습된 지식을 얻고자 할 것이며, 경험 가치와 새로운 가상현실에서 정보를 얻고 활동하기 위해 제페토나 호라이즌과 같은 메타버스 플랫폼에 접속할 수 있다. ChatGPT뿐만 아니라 다양한 메타버스 서비스도 모두 웹사이트라는 플랫폼을 통해 서비스가 제공된다.

4.2.3 '디지털' 관점에서 웹 3.0 이해

인터넷과 웹이 구현되고 서비스로 활용되기 위해서는 전제 조건이 있다. 바로 디지털(Digital)이다. 아날로그 형태의 정보 단위(글자, 소리, 이미지)나 정보 매체는 인터넷으로 전송할 수 없다. 결국 아날로그 정보가 디지털로 전환돼야 한다. 물리적 형태의 정보가 디지털 형태로 전환되자 비로소 인터넷을 통해 쉽게 전송할 수 있었다. 데이터가 디지털로 전환되고 업무 프로세스도 디지털로 전환되자, 정보 공유뿐만 아니라 모든 업무와 서비스가 웹으로 구현됐다. 더 나아가 이제 물리적인 세상이 디지털로 전환을 준비하고 있다. 메타버스 세상이다. 이제 현실의 세상에 추가하여 웹에서 디지털 세상을 함께 영위하게 될 것이다. 결국 웹은 디지털의 성숙도와 연계해서 발전한다고 볼 수 있다.

1) 디지털의 발전 방향

앞서 디지털은 디지티제이션(Digitization), 디지털라이제이션(Digitalization), 디지털 트랜스포메이션(Digital Transformation)으로 발전해 간다고 했다. 디지털의 발전 형태를 인터넷과 웹의 관점에서 좀 더 자세히 살펴보자.

디지티제이션(Digitization)

인터넷이 없던 시대에는 원격(遠隔)에 산재한 정보에 접근하기 위해서는 정보가 위치한 장소로 직접 이동해야 했다. 하지만 인터넷 시대의 도래로 직접 이동할 필요 없이 현재의 위치에서 인터넷을 통해 어디든지 쉽게 정보에 접근할 수 있는 시대가 되었다.

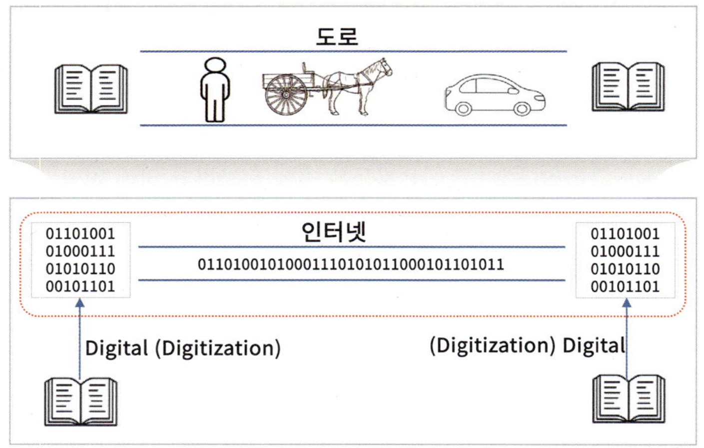

그림 4-27 인터넷 활용을 위한 디지티제이션

그림 4-27은 인터넷 이전과 이후 정보에 접근하는 모습의 차이를 보여준다. 그런데 아래쪽 그림을 보면 인터넷을 활용하기 위해서는 전제 조건이 필요하다. 인터넷은 기본적으로 디지털화된 데이터를 처리하고 전송하기 때문에 인터넷을 이용하기 위해서는 정보가 미리 디지털 형태로 전환돼야 한다. 아날로그 형태의 데이터를 디지털 형태로 바꾸는 것을 '디지티제이션(Digitization)'이라고 한다. 정리하면, 정보의 형태가 디지털로 전환되면서 인터넷을 기반으로 한 웹 서비스가 가능하게 되었다고 볼 수 있다.

디지털라이제이션(Digitalization)

이미 대부분 데이터나 콘텐츠는 디지털로 전환됐다. 그뿐만 아니라 업무 프로세스도 대부분 디지털로 전환되는 추세다. 과거에 타인에게 송금하기 위해서는 은행에 직접 방문해서 종이 송금 요청서에 기입하여 현금과 함께 제공하면 은행 담당자가 처리해 주었다. 지금은 대부분 인터넷 뱅킹 또는 모바일 뱅킹을 이용한다. 은행을 방문할 필요 없이 스마트폰 앱을 통해 언제 어디서나 클릭 몇 번만으로 송금 서비스가 가능하다. 업무 프로세스가 디지털로 전환된 대표적인 사례다. 이처럼 업무 프로세스가 디지털 형태로 전환하는 것을 '디지털라이제이션(Digitalization)'이라고 한다.

업무 프로세스가 디지털 형태로 전환됐다는 것은 웹 관점에서도 큰 의미가 있다. 기존 웹이 단순히 정보를 제공하는 공간이었다면 업무가 디지털로 전환되면서 서비스도 이제 웹을 통해 제공할 수 있게 됐다. 오늘날 사람들은 업무 대부분을 웹을 통해 처리한다. 업무와 서비스가 웹을 통해 처리된다는 것은 웹의 가치와 활용성이 한 단계 도약하는 계기가 된 것이라고 볼 수 있다.

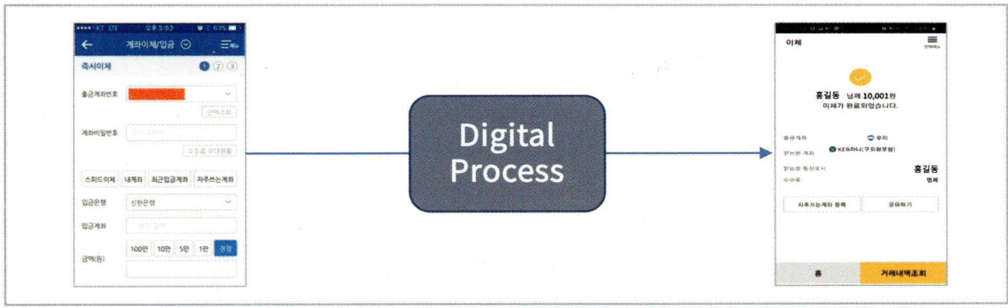

그림 4-28 디지털 프로세스 구현을 위한 디지털라이제이션

최근에는 업무 프로세스뿐만 아니라 자산도 디지털 형태로 전환되고 관련 서비스도 모두 디지털로 전환되어 가는 추세다. 전통적으로 가치를 지닌 자산을 '0, 1'로 구성된 디지털 형태로 전환한다는 것에 주저함이 있었다. 하지만 전자증권법을 통해 모든 증권이 전자 형태로 발행되고 증권 거래 역시 디지털 기반으로 처리된다. 중앙은행은 지폐 대신 CBDC(Central Bank Digital Currency)를 검토하고 있으며, 최근 금융위원회에서는 디지털 형태의 자산(토큰증권)을 분산원장(블록체인)에 저장할 수 있게 하는 토큰증권 가이드라인을 발표하기도 했다. 또한 탈중앙화 관점에서 금을 디지털 형태로 구현하고 이를 기반으로 화폐를 발행하는 비트코인이라는 디지털 자산도 유통되고 있다.

디지털 트랜스포메이션(Digital Transformation)

디지털의 발전 과정에서 새로운 혁신 기술(빅데이터, 인공지능, 클라우드 등)을 서비스에 접목하려는 시도도 늘어나고 있다. 그림 4-29를 살펴보자. 과거에는 상담원이 직접 전화를 이용하여 상담에 응했다. 하지만 상담도 기계가 자동으로 대응해 주는 시대가 도래했고 더 나아가 ChatGPT와 같은 고도화된 인공지능을 활용하여 모든 상담 서비스가 인공지능으로 대체될 것으로 보인다.

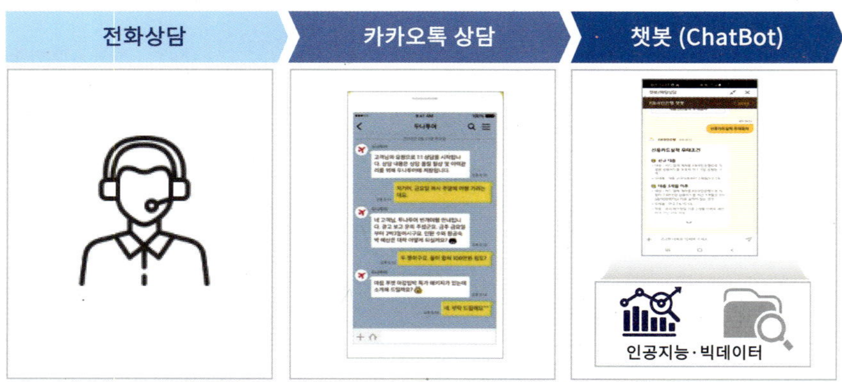

그림 4-29 혁신 기술을 활용한 디지털 트랜스포메이션

이처럼 업무 프로세스를 단순히 디지털로 전환하는 것을 넘어 디지털 혁신 기술을 이용하여 새로운 비즈니스 모델이나 새로운 가치를 창조하는 것을 '디지털 트랜스포메이션(Digital Transformation)'이라고 한다. 조만간 ChatGPT를 이용한 다양한 혁신 서비스가 소개될 것이며, 이들은 모두 웹사이트 기반으로 서비스가 이루어질 것이다. 웹에 대한 의존과 가치는 더욱더 확대될 것이다.

디지털 세상(Digital World)

데이터와 자산을 디지털로 전환하고 업무 프로세스도 디지털 기반으로 처리하지만, 물리적으로 디지털로 전환하는 것이 불가능한 영역이 있다. 바로 사람을 포함한 물리적 형태의 세상이다. 물리적 형태의 사람, 도로와 건물, 산과 바다 등은 디지털로 전환하는 것이 사실상 불가능하다. 하지만 실질적 전환은 불가능하더라도 가상적으로 디지털 형태의 세상을 구현하고 자유롭게 거래 활동과 경제활동을 이어 나갈 수는 있다. 메타버스는 가상의 세상, 즉 '디지털 세상(Digital World)'이라고 할 수 있다.

그림 4-30 세상이 디지털인 디지털 세상 (이미지 출처: 영화 '레디 플레이어 원')

메타버스 역시 실재하는 가상의 공간이 아니라 웹사이트에서 제공하는 하나의 콘텐츠일 뿐이다. 사람들은 가상 현실 체험 및 재미를 위해 웹사이트에 접근한다.

기존 웹이 단순히 정보에 대한 취득과 서비스 이용 측면이었다면, 메타버스 환경에서는 정보와 서비스 영역을 넘어 일상의 확장과 또 다른 경제 활동이 웹을 통해 구현된다고 볼 수 있다.

2) 디지털 관점의 웹 3.0 이해

디지털은 Digitization, Digitalization, Digital Transformation, Digital World로 발전해 가고 있다는 것을 살펴봤다. 그림 4-31은 디지털 발전 방향 및 이에 따른 웹 제공 서비스의 유형을 소개한다.

그림 4-31 디지털의 발전 단계

디지티제이션 단계에서는 정보가 웹을 통해 제공된다. 디지털라이제이션 단계에서는 업무나 서비스가 웹을 통해 제공되며, 디지털 트랜스포메이션 단계에서는 새로운 혁신 비즈니스가 웹을 통해 창조된다. 그리고 디지털 세상 단계에서는 새로운 세상과 경험이 웹을 통해 제공된다. 디지털 관련 정보 및 서비스는 모두 웹을 통해 제공된다. 디지털이 발전하고 진화할수록 웹 역시 더욱더 발전될 것이고, 사람들은 더욱더 웹에 의존할 수밖에 없게 된다.

웹의 진화는 디지털의 발전과 맥을 같이 한다. 디지털의 끝판왕이라고 할 수 있는 메타버스는 새로운 차세대 웹을 견인할 중요한 요소다. 따라서 웹 3.0 역시 메타버스와 연계해서 이해할 필요가 있다.

그림 4-32를 살펴보자. 메타버스를 기존 서비스와 다른 차원의 서비스로 구분할 필요는 없다. 페이스북, 인스타그램, 유튜브와 동일하게 웹사이트 기반으로 제공되는 콘텐츠의 한 유형일 뿐이다. 페이스북은 텍스트 형태의 콘텐츠를 제공하고 인스타그램은 이미지 형태의 콘텐츠를 제공한다. 유튜브는 영상 콘텐츠를 제공하고 메타버스는 가상 세계의 체험 · 경험 콘텐츠를 제공한다.

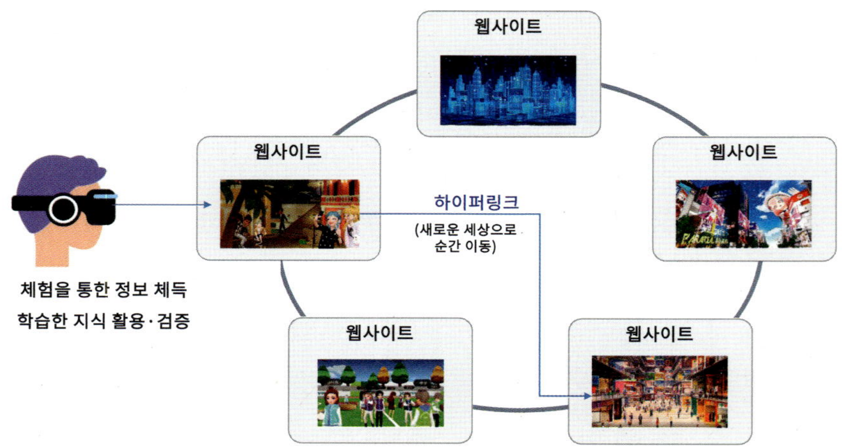

그림 4-32 웹과 메타버스

제페토에서는 다양한 테마 세상을 구현해 두고 다른 세상으로 바로 이동이 가능하다. 이는 마치 기존 웹에서 하이퍼링크를 통해 다른 웹사이트로 순간 이동하는 것과 유사하다.

그림 4-33은 디지털의 발전 단계에 따른 웹 관점의 요소를 한번 정리해 본 것이다.

Digital Data (디지털 정보)	Digital Process (디지털 프로세스)	Digital Innovation (디지털 혁신)	Digital World (디지털 세상)
Digitization	Digitalization	Digital Transformation	Digital World
데이터의 디지털화	서비스의 디지털화	사업모델·가치의 디지털화	세상의 디지털화
통신·컴퓨터	프로그램·서버	모바일·빅데이터·클라우드	메타버스
정보 검색 및 정보 기반 서비스 제공			체험 통한 지식·지혜 체득
웹 1.0	웹 2.0		웹 3.0

그림 4-33 디지털 단계별 웹 연계 개념도

특히 메타버스를 웹 관점에서 살펴보면, 기존 웹은 단순히 정보나 서비스를 제공하는 수준이었다. 하지만 메타버스는 단순한 정보 · 서비스 제공을 넘어 체험을 통해 다양한 지식과 지혜를 얻을 수 있으며, 웹에서 새로운 가상 세계와 경제 메커니즘을 설계하고 거기에서 새로운 세상과 경제활동이 가능하다는 것을 의미한다. 이런 관점에서 웹 3.0은 단순한 정보나 서비스가 아니라 지식이나 지혜를 얻고 새로운 경험 가치와 경제활동을 영위하는 개념으로 확대될 수 있다.

'웹 3.0'은 웹이라는 본질에 집중하면서 웹의 진화 · 발전 측면에서 살펴볼 필요가 있다고 설명했다. 그리고 웹의 진화와 발전을 '정보' 관점, '플랫폼' 관점, '디지털' 관점에서 이해해보고자 했다.

정리하면, 웹 3.0은 정보 관점에서 '정보의 공정성'과 '정보의 활용성', 플랫폼 관점에서 '플랫폼으로서의 웹', 디지털 관점에서는 '웹 기반 디지털 세상' 영역으로 구분할 수 있다. 그리고 영역별 세부 내용을 정리하면 다음 표와 같이 요약할 수 있다.

웹3.0 영역	웹 3.0 세부 내용
정보의 공정성	정보 독점 탈피 및 개인정보 보호
	정보의 주권 보장
	수익의 공정한 배분
	정보 편향 및 왜곡 개선
	정보의 저작권 · 소유권 보장
정보의 활용성	정보 학습을 통한 체득
	사물 정보 연계 · 활용
	체험 통한 학습 정보 실행 · 활용
플랫폼으로서의 웹	지식정보 · 정보 체득
	정보와 지식의 체험 및 활용
	데이터 분산 저장
	DAO · Token Economy
웹 기반 디지털 세상	웹 기반 디지털 세상 구현

웹 3.0을 총 4가지 영역으로 나눠 살펴봤고, 세부적으로는 13가지 내용을 식별했다. 이 13가지가 웹 3.0 구현의 세부 요소는 아니다. 다만, 차세대 웹(웹 3.0)이 아직 개념적으로 정의되지 않는 상황에서 이런 요소들을 한번 검토해 볼 수 있다는 의미로 제시한 것이다.

4.3 웹 3.0 구현 요소

4.2절에서는 차세대 웹(웹 3.0)이 지향할 요소를 식별해 봤다면, 4.3절에서는 이를 구현하기 위해 어떤 기술 및 요소가 필요한지 한번 살펴보겠다.

기존의 웹 3.0 접근 방식에서 필자가 다소 우려하는 부분은, 어떤 기술 요소를 특정하거나 특정 기술을 기반으로 웹 3.0을 구현하려는 강박관념이다. 이는 순서가 잘못됐다. 어떤 서비스를 구현하기 위해서는 요구사항 분석 및 정의가 우선이다. 그리고 요구사항에 맞게 설계하고 그 설계를 구현하기 위해 적합한 기술을 찾아서 접목하는 것이 올바른 순서다.

블록체인을 예로 들어보자. 사토시 나카모토는 탈중앙 화폐 시스템이 목적이었고 이를 구현하기 위한 하나의 도구이자 기술로 블록체인을 활용했을 뿐이다. 블록체인 기반으로 웹 3.0을 구축하겠다는 접근보다는 웹 2.0의 문제점 개선을 위해, 또는 웹의 발전적 설계를 위해 블록체인을 어떻게 접목하고 활용할 것인지의 관점에서 접근해야 한다. 블록체인 기반 여부가 목적이 돼서는 안 되고 웹 문제점 개선 및 웹 3.0 구현을 위해 블록체인을 어떻게 활용 및 연계하느냐가 중요하다.

따라서 필자는 발전적 웹 구현을 위한 요구사항을 먼저 식별하고 그 요구사항에 대응하기 위한 다양한 기술 및 아이디어를 서로 융합 및 연계하는 방향으로 설계가 이루어져야 한다고 생각한다. 블록체인도 다양한 기술 요소 후보 중 하나일 뿐이다. 블록체인이 굳이 필요 없거나 오히려 역효과가 우려된다면 과감히 빼야 한다. 경험해 보지 않았던 탈중앙화에 목맬 필요는 없다. 더구나 탈중앙화 '화폐 시스템' 용도로 개발한 기술을 굳이 웹에다 억지로 붙일 필요도 없다. 한편으로 블록체인은 민감한 화폐 시스템에서 이중지불 없이 탈중앙 분산 환경에서 안전한 화폐 서비스가 가능하다는 것을 검증해 보였다. 이런 잠재적 가치가 있는 기술을 웹 개선 분야에 활용할 수 있는 접점을 찾아보는 노력도 중요하다.

이제 4.2절에서 식별한 웹 3.0 세부 내용을 구현하기 위해 어떤 기술 및 요소가 필요한지 한번 정리해 보자. 필자가 생각하는 기술 및 요소는 그림 4-34와 같이 정리할 수 있다.

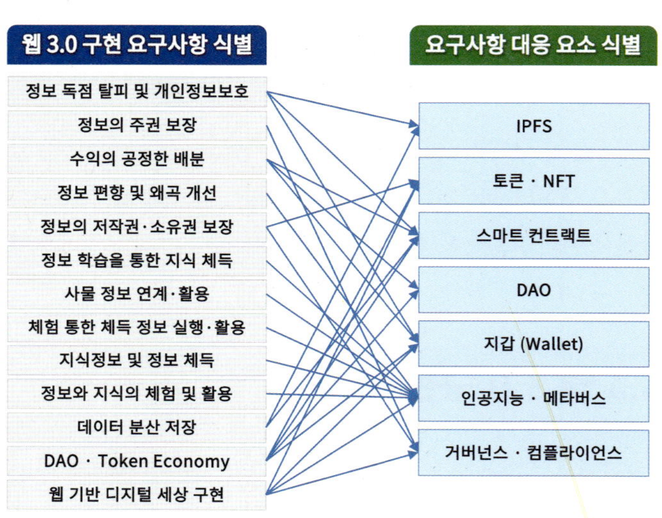

그림 4-34 웹 3.0 구현을 위한 요소 식별

그림 4-34를 통해 도출된 웹 3.0 구현 기술 및 요소를 정리하면, IPFS, 토큰 · NFT, 스마트 컨트랙트, DAO, 지갑, 인공지능과 메타버스, 거버넌스 · 컴플라이언스 등 7가지다. 이 7가지 요소로 웹 3.0을 구현할 수 있다는 의미는 아니다. 웹 3.0에서는 IPFS가 전통적인 데이터 저장 장치를 대체한다는 의미도 아니다. 다만 웹 발전 방향 관점에서 이런 요소들을 한번 주목해 볼 필요가 있다는 것이다.

식별된 7가지 기술 및 요소를 웹 관점에서 구조화하여 표현하면 그림 4-35와 같다.

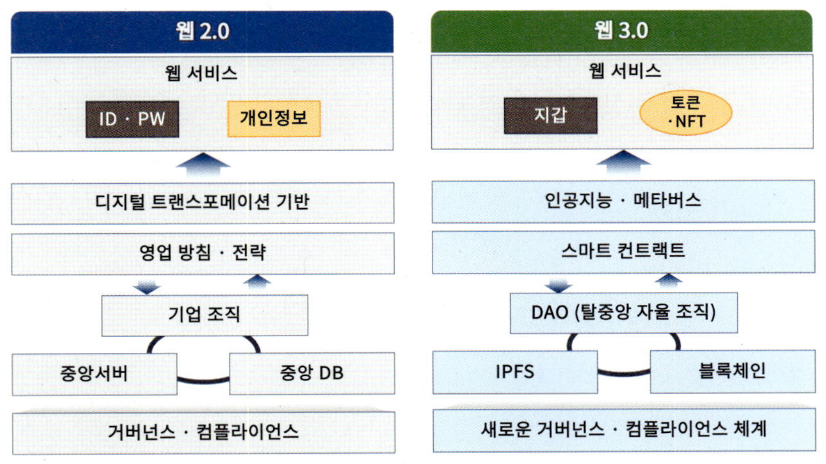

그림 4-35 웹 2.0과 웹 3.0의 구현 요소 비교

웹 3.0 환경에서도 웹 3.0 환경에 맞는 새로운 거버넌스와 컴플라이언스 체계가 필요할 것이다. 조직은 DAO를 검토해 볼 수 있고, 데이터 저장은 IPFS, 중앙 DB는 블록체인으로, 영업 방침과 전략은 스마트 컨트랙트로 대응할 수 있다. 마지막으로 다시 한번 주지시키자면, 웹 3.0 환경에서는 조직이 DAO로 바뀌고, 데이터 저장을 IPFS로 대체하고, 중앙DB 대신 블록체인을 활용한다는 의미가 아니다. 이런 기술들이 웹 발전 및 개선을 위해 부분적으로 연계되고 접목될 수 있다는 정도다.

식별된 7가지 요소를 하나씩 좀 더 자세히 살펴보겠다.

4.3.1 IPFS(Inter-Planetary File System)

데이터 분산 저장과 관련하여 주목받는 기술 · 서비스가 바로 IPFS다. IPFS의 개념을 살펴보고 웹 3.0 구현에 어떻게 활용 가치가 있는지 살펴보겠다.

1) IPFS 개념

IPFS 개념을 이해하기 위해 2가지 비유를 들어 보겠다. 먼저 택시 호출 사례다.

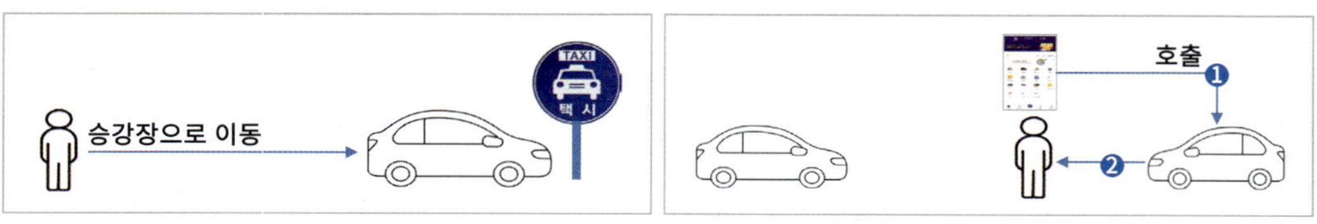

그림 4-36 IPFS 개념 이해를 위한 사례 1

일반적으로 택시를 이용하기 위해서는 택시 승강장으로 이동해야 한다. 그런데 택시 승강장은 몇 가지 한계점이 있다.

- 택시 승강장이 어디인지 찾아봐야 한다.
- 택시 승강장으로 이동해야 한다.
- 택시 승강장에 도착했는데, 대기 중인 택시가 없다면 헛걸음이다.
- 찾아갔는데 택시 승강장이 폐쇄됐다면 헛걸음이다.

이런 문제점에 대응하기 위해 택시 호출 앱 서비스가 있다. 앱에서 택시를 호출하면 가장 가까운 곳에 위치한 택시를 호출해 주고 택시는 이용자가 있는 곳으로 이동하여 승객을 탑승시킨다.

또 다른 사례인 식당 사례를 들어보겠다.

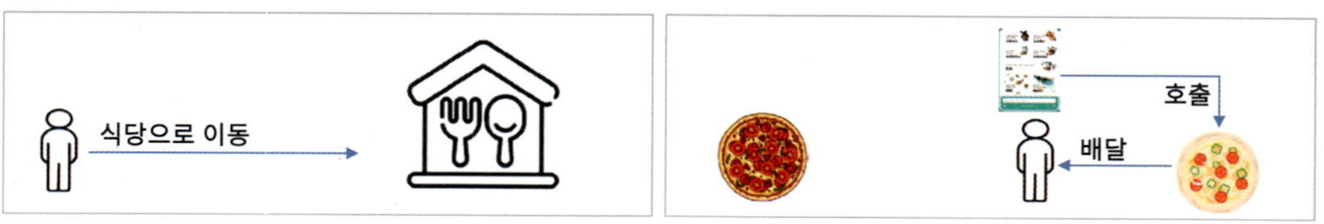

그림 4-37 IPFS 개념 이해를 위한 사례 2

식당을 이용하는 과정에서도 앞서 설명한 택시 승강장과 유사한 한계점이 발견된다. 이런 문제점에 대응하기 위해 배달 앱이 있다. 음식 주문자가 앱에서 원하는 음식을 선택하면 가까운 위치의 음식 제공업자를 연결해 주고 음식이 집까지 배달된다.

택시 승강장과 음식점 사례를 살펴봤는데, 승강장과 음식점 대신 앱을 이용하는 경우 몇 가지 시사점을 확인할 수 있다.

- 이용자는 승강장이나 식당을 직접 방문할 필요가 없으며, 임시휴업이나 폐업과 상관없이 원하는 음식을 언제든지 제공받을 수 있다.
- 이용자가 원하는 것은 승강장이 아니라 택시라는 서비스고, 또한 식당이 아니라 음식이라는 서비스다. 서비스를 이용하기 위해 서비스를 제공하는 장소를 굳이 방문할 필요는 없다.

이런 사례 이해를 바탕으로 IPFS 개념을 정리해 보자. IPFS를 살펴보기 전에 이용자들이 웹사이트에 있는 정보를 가져오는 과정을 이해할 필요가 있다. 1장의 그림 1-25를 보면 이용자는 원하는 정보가 저장된 위치(URL)를 식별하고, 정보가 저장된 웹사이트를 방문하여 원하는 정보를 요청한다. 정보 요청에 따라 해당 정보가 이용자에게 제공되는 절차를 따른다.

IPFS는 원하는 정보가 저장된 '웹사이트'를 직접 방문하는 것이 아니라, 해당 '정보 자체'를 호출하면 자동으로 해당 정보가 이용자에게 전달되는 방식이다. 이는 마치 앞선 사례에서 살펴본 앱을 통해 택시를 호출하거나 음식을 주문하는 것과 유사하다.

그림 4-38은 IPFS의 작동원리 및 절차를 보여준다.

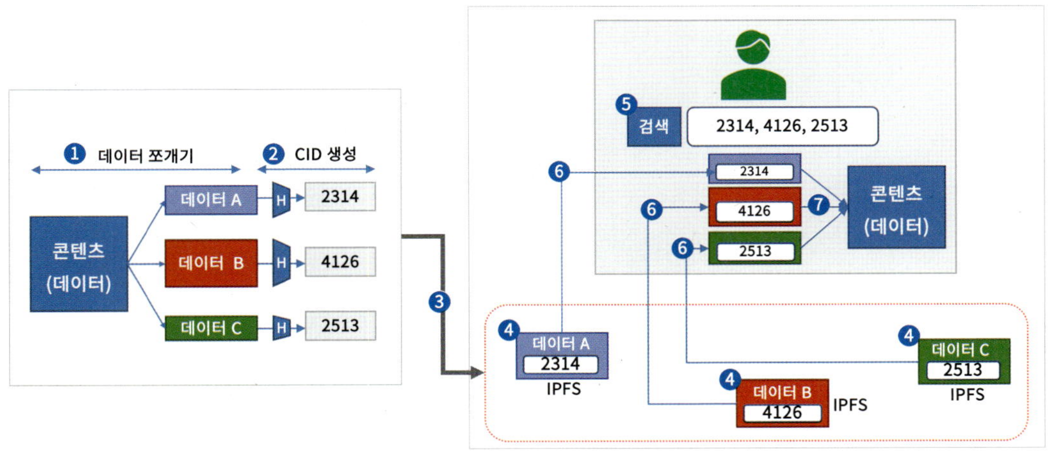

그림 4-38 IPFS 작동원리

❶ 저장하고자 하는 데이터가 있다면, 데이터를 일정한 크기에 따라 쪼갠다.

❷ 쪼개진 데이터에는 해당 데이터를 고유하게 식별할 수 있는 값(CID[2])이 생성된다.

❸ 쪼개진 데이터와 CID는 인터넷상에서 저장 공간을 제공하기로 허용한 임의의 서버에 분산 저장 또는 중복 저장된다.

2 CID - Contents ID로서, 해당 콘텐츠를 고유하게 식별하기 위해 부여된 값이다. 해당 콘텐츠의 해시값이 바로 CID가 된다.

❹ 쪼개진 데이터와 CID는 쌍으로 구성되어 인터넷상에 산재하여 존재하게 된다.

❺ 이용자는 원하는 데이터를 찾기 위해 해당 데이터가 저장된 주소(URL)를 찾는 것이 아니라, 해당 데이터 자체를 CID로 호출한다.

❻ 호출하는 이용자와 가장 가까운 곳에 위치한 CID와 해당 데이터가 이용자에게 전달된다.

❼ 이용자는 쪼개진 데이터를 모아서 원하는 데이터를 완성한다.

분산저장 장치에 해당하는 IPFS와 블록체인을 구분하기 위해 그림 4-39를 살펴보자.

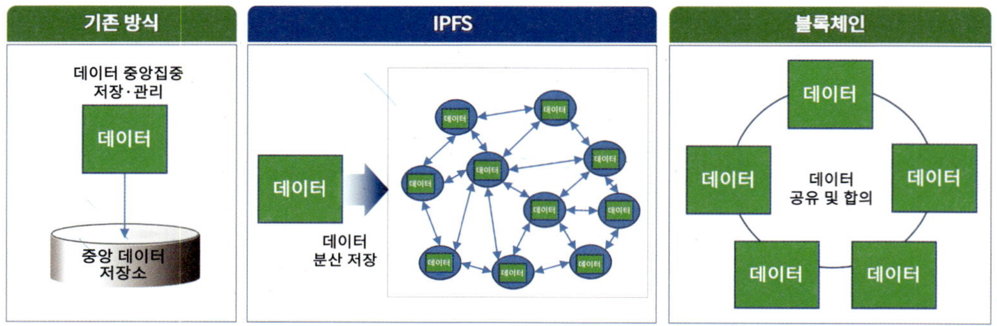

그림 4-39 데이터 저장 유형

맨 왼쪽 그림은 데이터가 중앙 저장소에 저장되는 것을 보여준다. 가운데 그림은 데이터가 쪼개져서 인터넷상에 분산 저장 및 중복 저장되는 것을 보여준다. 오른쪽 그림은 블록체인에서 원본 데이터 전체가 모든 노드에 전파되어 저장되는 모습을 보여준다.

이번에는 HTTP와 IPFS의 차이점을 이해하기 위해 그림 4-40을 참조해 보자. HTTP 상황에서는 이용자가 콘텐츠가 저장된 위치의 주소(www.web3.com)를 지정해서 해당 사이트로 이동하고 웹 사이트는 원하는 정보를 찾아서 이용자에게 제공한다. 반면 IPFS 상황에서는 콘텐츠 자체를 고유하게 식별할 수 있는 CID를 호출한다. 요청자와 가장 가까운 곳에 위치한 CID와 해당 콘텐츠가 이용자에게 전달된다.

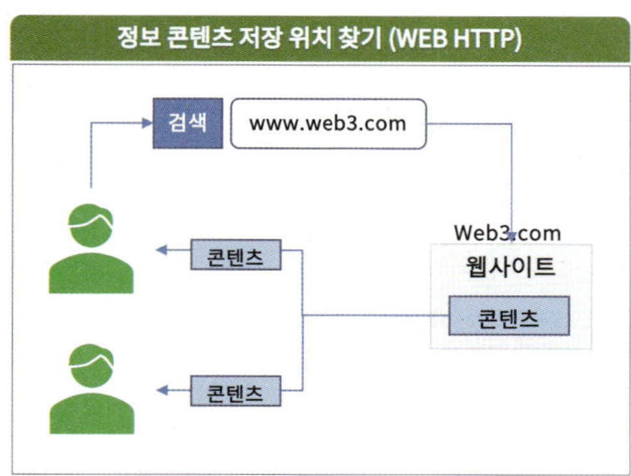

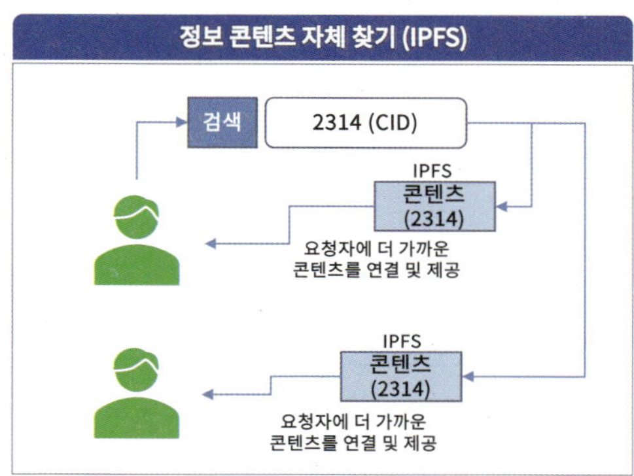

그림 4-40 HTTP와 IPFS 비교

참고로 IPFS는 별도의 중앙 저장소가 존재하지 않는다. 인터넷상에서 탈중앙 방식으로 저장 공간을 제공하기로 허용한 임시 저장소에 저장된다. 저장공간 제공을 유도하기 위해서는 인센티브가 필요하고, IPFS에서는 파일코인(Filecoin)을 발행하여 보상으로 지급한다.

2) IPFS 활용

그림 4-41은 필자가 직접 특정 파일을 IPFS에 저장한 사례다. 방식은 아주 간단하다.

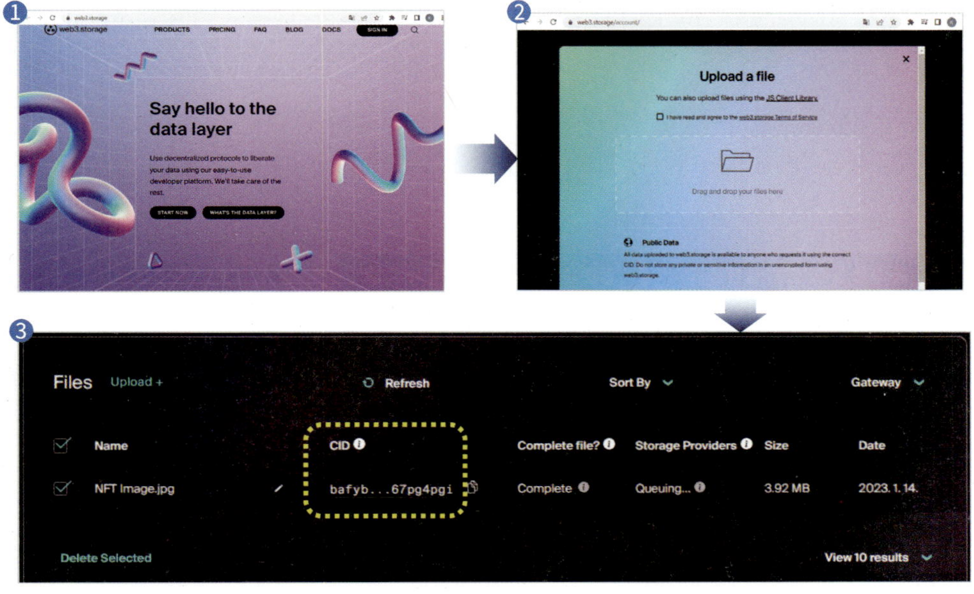

그림 4-41 IPFS 이용 사례

❶ IPFS 서비스를 제공하는 'web3.storage'를 방문한다.

❷ 회원 가입 후 IPFS에 저장하고자 하는 파일을 저장한다.

❸ 인터넷상의 임의의 저장소에 파일이 CID와 함께 저장되어 있는 것을 확인할 수 있다.

현재 IPFS를 실제 서비스에 활용하는 대표적인 사례는 NFT 발행 및 거래 플랫폼인 오픈씨다. 그림 4-42는 오픈씨에서 디지털 작품을 NFT로 발행하는 과정을 보여준다.

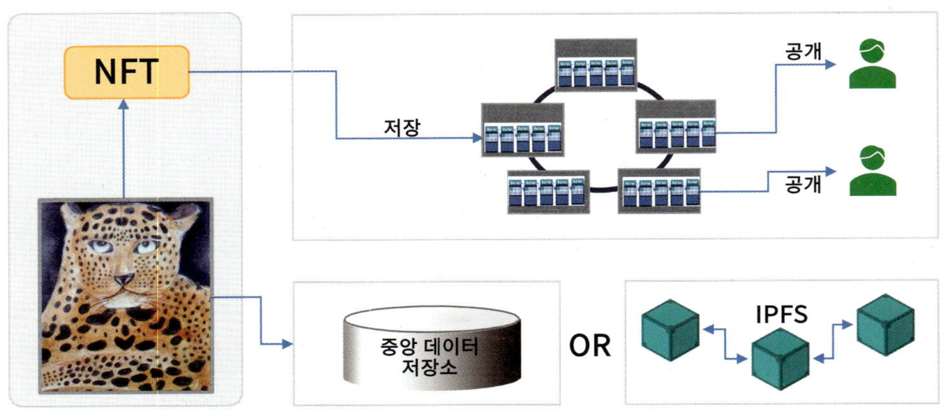

그림 4-42 NFT에서 IPFS 활용 방안

디지털 작품이 NFT로 발행되면 NFT는 블록체인에 저장한다. NFT는 매우 작은 데이터이기 때문에 블록체인에 저장하더라도 크게 문제가 되지 않는다. 하지만 디지털 원본 작품까지 블록체인에 저장하기에는 무리가 따른다. 그래서 오픈씨에서는 디지털 작품 원본을 저장할 수 있는 별도의 자체 중앙 저장소를 제공하거나 이용자가 선택할 경우 IPFS에 저장할 수 있게 되어 있다.

NFT를 발행하면 다양한 메타데이터(아이템 이름, 미디어, 설명, 속성, 라벨 등)가 생성된다. 이 메타데이터를 IPFS에 저장하다 보면 'Freezing Metadata'라는 창이 나타난다. 'Freezing Metadata' 옵션은 메타데이터가 IPFS에 영구적으로 저장되고 수정·삭제가 불가능하게 설정된다는 의미다.

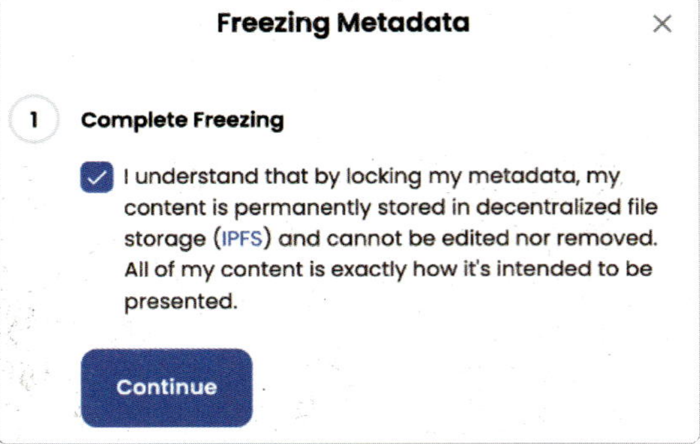

그림 4-43 Freezing Metadata와 IPFS

웹 2.0의 문제점으로 데이터의 독점과 그에 따른 수익 독점이 가장 큰 문제였다. IPFS를 활용하면 데이터가 분산 저장되고 다양한 기대효과가 있다. IPFS가 범용적으로 활용되고 기존 HTTP를 대체하기에는 무리가 있어 보인다. 하지만 기존 웹의 문제점에 대해 일부 보완적 역할을 할 것으로 기대된다.

4.3.2 토큰 · NFT

블록체인 관련하여 많이 오해하는 분야 중 하나가 토큰과 NFT다. 토큰과 NFT에 대한 기본 개념은 2.3.3절에서 이미 다루었기 때문에 여기에서는 활용 가치 측면만 다루겠다.

1) 토큰 · NFT 의미와 가치

2.3.3절에서 토큰의 목적을 거래의 편리성과 효율성이라고 설명했다. 토큰과 NFT는 거래의 편리성 · 효율성 관점에서 그 의미와 가치를 찾는 것이 필요하다.

그림 4-44에서처럼 지폐는 디지털 기반 서비스 환경에서 불편할 때가 많다. 이때 지폐를 기초자산으로 하고 이를 디지털 형태의 토큰으로 대체하여 발행할 수 있다. 토큰은 단순한 디지털이지만, 지폐를 그 기초자산으로 연계했기 때문에 가치를 간접적으로 부여받았다고 볼 수 있다.

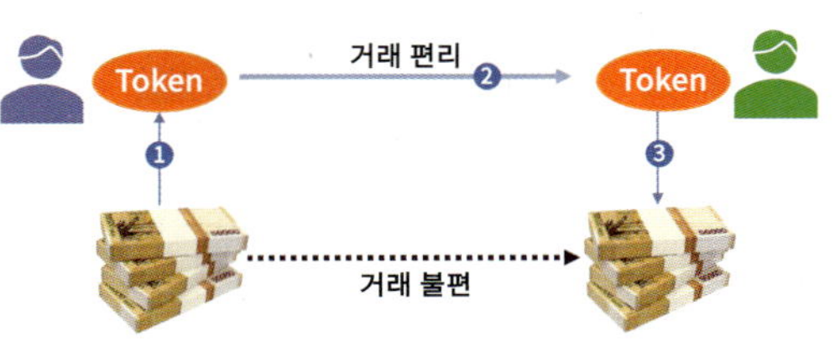

그림 4-44 거래의 편리성을 위한 토큰 · NFT 활용

대표적인 사례가 앞서 언급한 테더(Tether)다. 하나의 사례를 들었지만, 토큰과 NFT의 활용 가치는 거래의 편리성이다. 토큰을 가상화폐로 이해하거나 NFT를 고유성과 희소성의 가치를 부여하는 것으로 오해하는 경우가 많으나, 기본적으로 토큰과 NFT는 반드시 기초자산을 기반으로 하며 해당 기초자산의 편리성과 효율성을 제고하기 위한 방안으로 활용된다.

2) 토큰과 NFT 활용

토큰은 기본적으로 기초자산을 기반으로 하기 때문에 기초자산과 직접 연계되어 있다. 여기에서는 토큰의 대표 활용 사례 몇 가지를 간단히 소개하겠다.

신분용 토큰

토큰이란 기초자산을 어떤 역할과 목적에 맞게 대체한 것이다. 그림 4-45는 사람을 기초자산으로 하여 신분 증명 목적으로 상징화한 것이 바로 신분증이라는 것을 보여준다. 이 신분증은 전형적인 토큰 개념과 유사하다. 토큰이라 부르지 않을 뿐 신분용 토큰이라고 할 수 있다. 그런데 이 신분증은 다른 신분증과 대체가 불가능하다. 따라서 토큰 유형 관점에서 보자면 NFT(Non-Fungible Token)에 해당한다고 볼 수 있다. 참고로 앞선 그림 4-44는 지폐를 기초자산으로 발행된 토큰이기 때문에 서로 대체가 가능하며 토큰 유형으로 보자면 FT(Fungible Token)에 해당한다고 볼 수 있다.

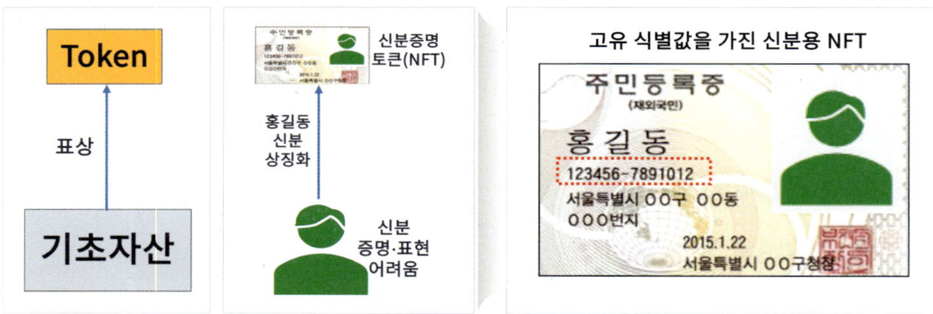

그림 4-45 NFT 활용 사례 - 신분증

그럼 디지털 형태의 신분 증명용 토큰(NFT)은 웹 환경에서 어떤 의미가 있을까? 현실 세상에서 개인의 신분을 증명하기 위해서는 주민등록증을 활용하면 된다. 하지만 디지털 기반의 웹 환경에서는 현실의 주민등록증으로 신분을 증명하기가 어렵다. 사람의 신분을 기초자산으로 하여 디지털 형태의 신분용 토큰을 발행한다면 웹이나 메타버스 환경에서 개인의 신분을 증명하는 데 유용할 것이다.

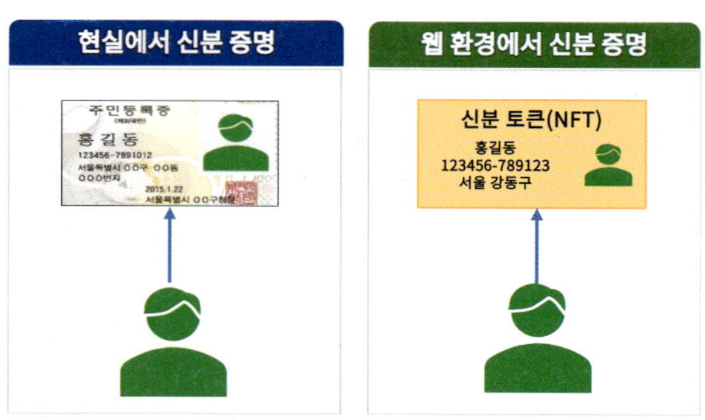

그림 4-46 웹 환경에서 신분용 NFT 활용

소유권 보장 토큰

디지털 작품의 소유권 보장을 위해 토큰을 활용하는 방안은 앞서 그림 3-69와 그림 3-70을 통해 자세히 설명한 바 있다. 디지털 작품은 완벽한 복제가 가능하여 원본과 사본의 구분이 불가능하고 무한 복제가 가능하기 때문에 누구나 해당 디지털 작품을 소유하게 된다면 소유권 이슈가 발생한다. 이때 소유권을 보장하기 위해 디지털 작품을 기초자산으로 하여 소유권 관점으로 표상한 것이 바로 토큰이다. 디지털 환경에서 토큰(NFT)은 소유권 보장을 위한 용도로 활용될 수 있다.

거버넌스 토큰

중앙화된 조직이나 시스템에서는 의사결정이 톱다운(Top-Down) 방식으로 하달된다. 반면 DAO나 탈중앙화된 조직에서는 참여자들의 투표에 의해 의사가 결정된다. 따라서 DAO에서는 투표가 아주 중요한 프로세스다.

DAO에서는 투표를 어떻게 진행할까? 다양한 투표 구현 시스템을 검토할 수 있겠지만, 투표용지를 토큰으로 상징화하고 해당 토큰을 전송하는 방식으로 투표가 진행된다. 이런 투표용 토큰을 거버넌스 토큰이라고 한다.

그림 4-47은 DAO에서 투표용 토큰이 어떻게 처리되는지를 설명해 준다. 토큰을 통한 투표 과정은 5.2.2절에서 자세히 다룬다.

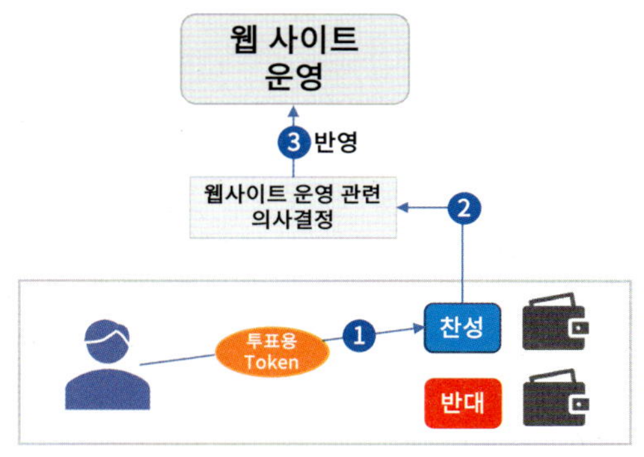

그림 4-47 거버넌스 토큰 (투표용 토큰)

3) 토큰과 NFT 한계와 활용 전망

거래하기 불편한 기초자산을 토큰으로 대체하여 활용하면 거래의 편리성과 효율성을 보장한다고 했는데, 이때 한 가지 문제가 있다. 그림 4-48에서 보는 것처럼, 토큰으로 발행할 때 해당 기초자산을 기반으로 발행됐다는 것을 보장할 수 있는 신뢰 장치가 필요하다.

그림 4-48 토큰화 과정에서의 신뢰 문제

앞서 테더(USDT)의 사례에서 살펴봤던 것처럼, 테더는 USD라는 기초자산을 기반으로 1:1로 페깅하여 발행한다고 했는데, 실제로 보관된 USD는 채 4%도 되지 않았다. 1억 USDT가 1억 USD라는 기초자산으로 발행됐다는 것을 보장해 줄 수 있는 별도의 신뢰 장치가 필요하다.

그림 4-49를 살펴보자. 왼쪽 그림은 실물 미술작품을 NFT로 발행하는 과정이다. NFT가 기초자산에 해당하는 작품을 기반으로 발행됐다는 것을 보증해 주기 위해서는 제3 신뢰기관이 필요하다. 오른쪽 그림은 실물 작품이 아니라 디지털 작품을 나타낸다. 그런데 디지털 작품의 경우에는 암호 기술을 이용해서 전자서명을 할 수 있기 때문에 NFT에 전자서명을 추가하는 방식으로 NFT와 기초자산과의 관계를 연결할 수 있다. NFT를 발행할 때 디지털 작품을 발행하거나 실물 작품을 디지털로 전환해서 발행하는 이유가 그것이다. 전자서명에 관한 기술적인 설명은 5장에서 자세히 소개하겠다.

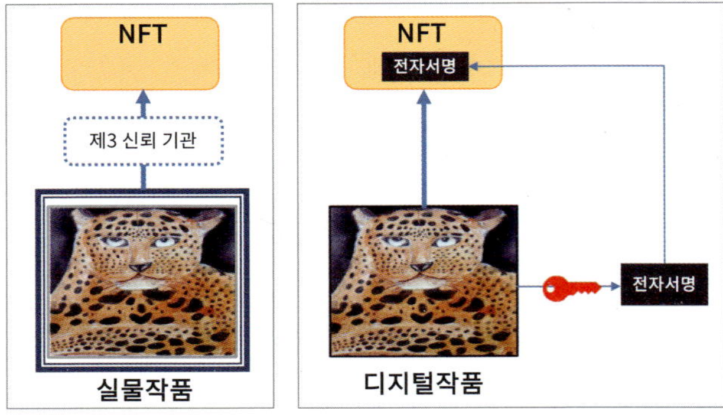

그림 4-49 암호 기술을 활용한 디지털 작품의 NFT 발행

정리하면, 토큰이나 NFT는 반드시 기초자산이 필요하고 그 기초자산을 기반으로 발행된다. 그런데 그 기초자산이 물리적 형체라면 토큰 · NFT로 발행하기 위해서는 신뢰를 보장할 수 있는 제3 신뢰기관이 필요하다. 반면 기초자산이 디지털 형태라면 암호 기술과 전자서명을 이용하여 제3 신뢰 기관 없이도 토큰 · NFT로 발행이 가능하다.

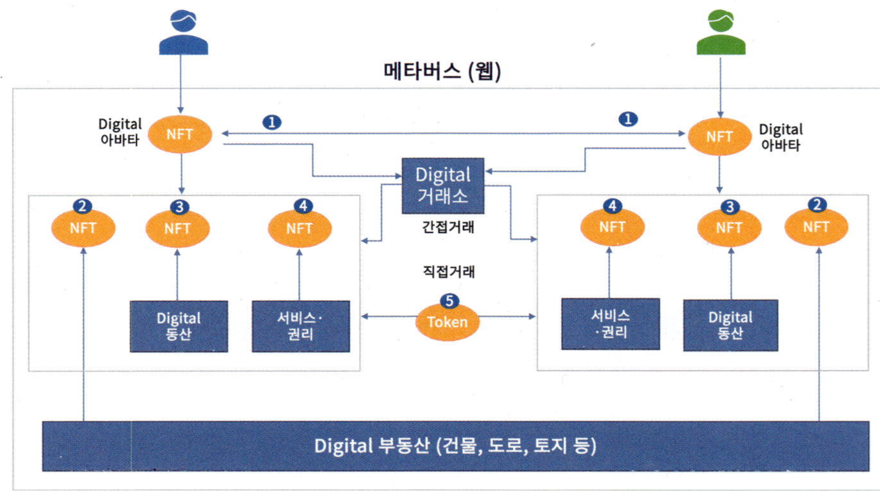

그림 4-50 메타버스에서 토큰 · NFT 활용

메타버스는 모든 것이 디지털이다. 디지털 세상에서는 요소나 아이템을 거래하기 위한 실체화나 시각화가 어렵기 때문에 디지털 기초자산 자체보다는 토큰으로 상징화하여 거래에 활용하는 것이 훨씬 더 쉽다. 더구나 모든 것이 디지털이기 때문에 암호 기술을 이용하여 제3 신뢰 기관 없이도 토큰 · NFT로 발행이 가능하고, 이를 블록체인과 연계하여 신뢰성도 보장할 수 있다.

4.3.3 스마트 컨트랙트

앞서 스마트 컨트랙트는 일종의 프로그램이고, 따라서 스마트 컨트랙트를 적용하기 위해서는 그 대상이 디지털이어야 한다고 했다. 자산도 디지털화되어 가고 관계 당국에서도 토큰증권 등을 허용하는 쪽으로 가이드가 나오면서 스마트 컨트랙트를 활용하여 거래의 편리성과 자동화를 구현할 수 있을 것 같다.

이 세상 모든 것을 디지털 형태의 토큰으로 대체할 수 있다. 이렇게 대체된 디지털 형태 토큰을 스마트 컨트랙트와 연계한다면 거래의 신뢰성뿐만 아니라 거래의 자동화와 신속성도 보장할 수 있다. 이번 절에서는 웹과 연계하여 스마트 컨트랙트가 어떻게 활용될 수 있는지를 3가지 관점에서 살펴보고자 한다.

1) 탈중앙화 구현 스마트 컨트랙트 활용

그림 4-51의 왼쪽 그림은 전통적인 계약서 기반 거래와 스마트 컨트랙트 기반 거래를 보여준다. 전통적인 계약서 기반 거래에서는 크게 2가지의 한계점이 존재한다. 첫째는 당사자 간에 계약서를 작성했다고 하더라도 계약서를 위변조할 수 있다는 점이다. 이에 대비하여 공증을 받는 경우가 많다. 둘째는 계약서 기반으로 계약 조건이 충족되었다고 하더라도 한쪽에서 일방적으로 계약 이행을 하지 않을 수 있다는 점이다. 이럴 경우 법원에 고소해서 사건을 해결해야 한다. 이처럼 전통적인 계약서 기반 거래는 신뢰성 문제가 발생한다.

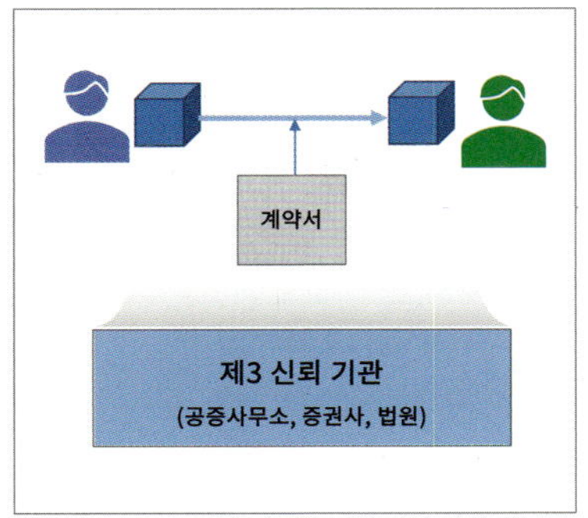

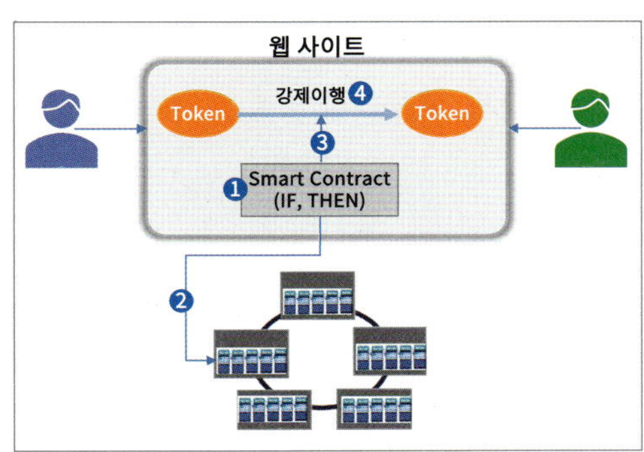

그림 4-51 스마트 컨트랙트와 블록체인을 활용한 신뢰성 보장 방안

그림 4-51의 오른쪽 그림은 스마트 컨트랙트 기반으로 거래하는 상황을 가정한 것이다. 당사자는 계약 내용을 스마트 컨트랙트로 작성하고 이를 블록체인에 저장하면 스마트 컨트랙트가 위변조되는 것을 차단할 수 있다. 그리고 계약 조건이 충족되면 네트워크에 참여한 모든 노드가 저장하고 있는 스마트 컨트랙트를 일제히 실행시켜 버리기 때문에 강제이행이 가능하다.

그림 4-52는 DAO라는 탈중앙 조직이 어떤 웹 사이트를 운영하는 상황을 가정한 것이다. DAO 기반으로 의사결정을 하기 위해 가장 중요한 요소는 바로 투표다. 투표 내용을 스마트 컨트랙트로 작성하고 투표 결과에 따라 의사결정이 자동으로 이행되게 설계한다면 중앙 기관 없이 DAO 기반으로 서비스를 운영해도 크게 문제가 없을 것이다.

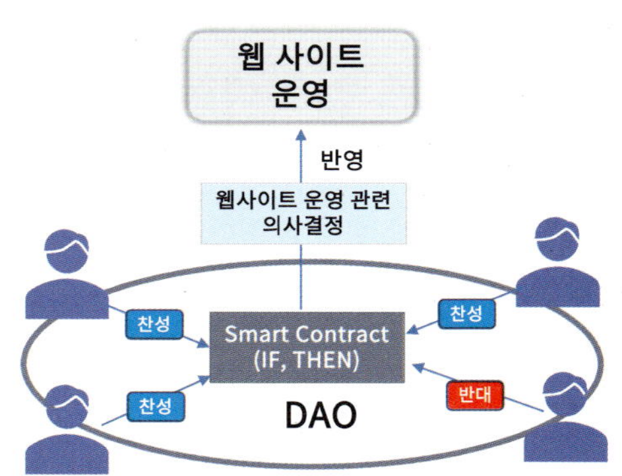

그림 4-52 스마트 컨트랙트를 활용한 DAO 구현

앞의 2가지 사례에서 살펴봤던 것처럼, 거래에 있어 가장 중요한 문제는 바로 신뢰 구현 방안이다. 일반적인 상황에서는 보통 제3 신뢰 기관을 통해 신뢰가 보장된다. 하지만 토큰, 스마트 컨트랙트, 블록체인을 연계한다면 제3 신뢰 기관 없이도 위변조 방지 및 거래의 강제이행, 그리고 신뢰성도 보장할 수 있다.

2) 토큰 이코노미 구현 스마트 컨트랙트 활용

토큰 이코노미가 주목받고 있다. 토큰 이코노미는 참여 · 기여에 따라 토큰이라는 인센티브가 제공되어 자발적으로 참여를 유인하고 생태계가 선순환으로 작동하는 메커니즘을 말한다. 이 메커니즘이 제대로 작동하기 위해 가장 중요한 요소는 '참여 · 기여에 따라 약정한 보상이 자동으로 그리고 반드시 돌아온다'라는 신뢰다. 이런

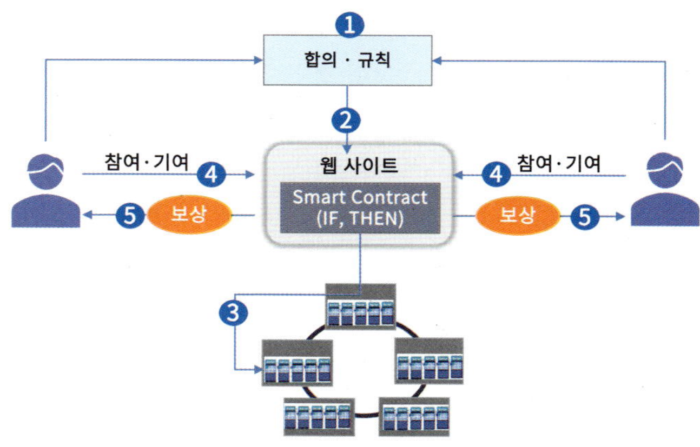

그림 4-53 스마트 컨트랙트를 활용한 토큰 이코노미 구현

메커니즘을 설계하기 위한 가장 이상적인 방법은 스마트 컨트랙트를 활용하는 것이다. 그림 4-53을 살펴보자.

어떤 서비스 웹사이트를 운영하고자 할 때 웹사이트를 특정 기업이나 조직이 독점하는 것이 아니라 서비스 참여자 전체가 토큰 이코노미 기반으로 거대한 생태계를 구축해 보는 것도 고려할 수 있다. 생태계 메커니즘을 스마트 컨트랙트로 구현하면 생태계 참여자들이 자발적으로 참여와 기여를 하고 이에 따른 적정한 보상이 자동으로 그리고 강제적으로 지급될 것이다. 그렇게 되면 토큰 이코노미 구현도 가능하다.

3) 디지털 세상 구현 스마트 컨트랙트 활용

메타버스 환경은 스마트 컨트랙트를 활용하기 위한 최적의 환경이다. 그림 4-54를 통해 설명해 보겠다.

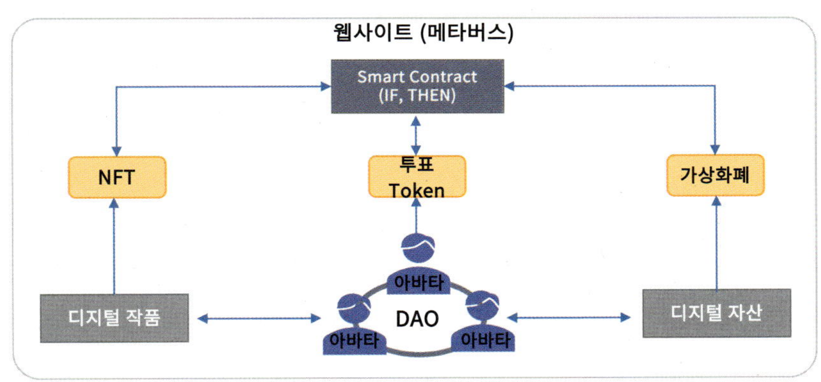

그림 4-54 메타버스에서의 스마트 컨트랙트 활용

먼저 구현 용이성 측면에서 살펴보자. 앞서 스마트 컨트랙트로 제어하기 위해서는 거래 대상이 디지털이어야 한다고 했다. 메타버스는 모든 것이 디지털이다. 디지털 형태의 기초자산은 토큰으로 대체하기도 쉽고 디지털 자산 자체를 스마트 컨트랙트로 제어할 수 있다. 즉, 기초자산의 모든 것을 스마트 컨트랙트로 작성하여 거래에 활용할 수 있다는 이야기다.

다음으로 스마트 컨트랙트에 대한 수요 측면에서 살펴보자. 모든 것이 디지털이기 때문에 토큰으로 대체하여 거래하기가 편리해진다. 이때 토큰을 발행할 때 스마트 컨트랙트 기반으로 발행하는 것이 필요하다. 또한 디지털 작품은 완벽 복제와 무한 복제가 가능해서 소유권을 보장하기가 어렵다. 이때 디지털 작품을 NFT로 발행해서 스마트 컨트랙트 기반으로 거래할 수 있다. 메타버스 세상에서 주목받는 DAO 운영을 위해서도 투표와 스마트 컨트랙트 연계는 필수다. 또한 메타버스에서는 익명성이 보장되어 거래 당사자의 신분을 검증하기 어렵고, 거래를 위한 제반 시설과 장치가 마련되어 있지 않으며, 현실 세상과 달리 신뢰를 보장할 수 있는 어떠한 제3 신뢰 기관도 존재하지 않는다. 이런 환경에서 거래 당사자가 스마트 컨트랙트 기반으로 거래를 자동화 · 강제화할 수 있다.

4.3.4 DAO (탈중앙 자율 조직)

앞서 '협의적 관점의 DAO'는 일종의 이익집단으로서 한계점이 있다고 지적했다. 하지만 이는 DAO에 대한 지나친 낙관과 확대 해석을 경계하기 위한 것이었지, DAO의 가치를 평가절하하려고 한 것은 아니다. DAO는 분명 미래 조직의 한 형태로 자리 잡을 것이며, 웹 생태계에서도 큰 의미를 지닌다. 이번 장에서는 DAO가 웹 3.0 구현에 있어 어떤 의미와 역할이 기대되는지 간단히 살펴보고자 한다.

1) 웹사이트 소유 · 운영 주체

웹 2.0의 가장 큰 문제로 지적되어 온 것이 플랫폼 독점이다. 하지만 이는 어디까지나 플랫폼 소유 · 운영 조직의 문제이지, 플랫폼 자체의 문제로 간주하기는 어렵다고 했다.

웹 2.0 환경에서는 대부분 빅테크 플랫폼이 웹 시장을 장악하고 있지만, 환경의 변화로 웹 서비스 운영 주체나 조직의 형태가 다각화되고 변화되는 모습을 볼 수 있다. DAO는 현재 온라인 기반으로 다양한 프로젝트를 진행하고 있다. 또한 최근 가상자산 확산으로 DAO의 서비스 영역이 더욱더 확장되는 분위기다. 특히 메타버스 확산으로 가장 주목받는 분야도 DAO다. 메타버스는 단순한 가상현실이 아니라 거래 및 경제활동을 내포하는 개념으로 이해할 수 있다. 따라서 메타버스 환경에서 다양한 거래 및 경제활동을 영위해 나가기 위해 이해관계자들은 조직을 구성하여 경제활동에 참여하게 될 것이다.

앞에서 언급한 서비스나 프로젝트는 모두 웹 기반으로 구현되고 작동할 것이다. 결국 향후 웹 기반 다양한 서비스나 프로젝트를 운영하는 주체로서 DAO가 큰 역할을 할 것으로 기대할 수 있다.

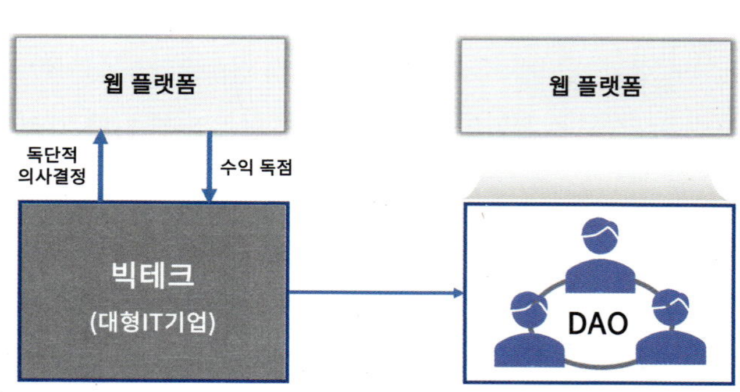

그림 4-55 웹 플랫폼 소유 · 운영 주체

웹 3.0 구현 대상은 플랫폼이 아니라 플랫폼의 소유 · 운영 주체라고 볼 수 있다. 다양한 유형의 웹 플랫폼 운영 주체가 생겨날 것이며, DAO가 대표적인 조직의 한 형태로 자리 잡을 거라고 예측한다.

2) 다양한 웹 서비스와 가치 창출

온라인 기반으로 활동하는 DAO는 조직의 구성과 해체가 속전속결로 추진되고 익명성이라는 무기를 기반으로 다양한 혁신과 건전한 일탈행위를 보여준다. 이로 인해 서비스가 다양해지고 현실의 프레임에서 볼 수 없었던 새로운 미래상을 제시하기도 한다.

다양한 웹 서비스 구현

현실에서의 조직은 구성 및 해체가 쉽지 않다. 더구나 현실의 조직이 법인을 설립한다면 상당히 복잡한 절차가 요구된다. 이런 관점에서 현실의 조직은 강하게 결합(Tightly Coupled)됐다는 특징을 지닌다. 반면 온라인 기반으로 활동하는 DAO는 그 조직의 구성 및 해체가 아주 쉽고 빠르다. 조직의 구성과 해체가 용이하다는 것은 긍정적으로 보면 역동적이며 다양한 시험과 변화를 모색할 수 있다는 이야기이기도 하다. 또한 한 사람이 다양한 DAO에 가담하여 중복 활동하는 것도 가능하다.

이해관계자들은 DAO를 조직하여 웹 기반의 다양한 서비스나 프로젝트에 투자 또는 출시를 시도할 수 있다. 책임과 권한도 분산되어 리스크가 적다 보니 공격적인 행동도 가능하며 진취적이며 창의적인 아이디어 발산도 가능하다. 이런 토대는 결국 웹 서비스의 다양화와 새로운 가치를 창출하는 밑거름으로 작용할 수 있다.

대의(大義) 구현 및 가치 창출

현재 추진되는 다양한 DAO 프로젝트 중에는 투자나 금전적인 이해관계로 조직된 DAO도 상당하지만, 대의(大義)를 위해 뭉친 조직도 많다. 대표적인 사례가 ConstitutionDAO다. ConstitutionDAO는 역사적인 기록물인 미국 헌법 초판 인쇄본이 개인으로 소유가 넘어가는 것을 반대하고 미국 헌법 초판을 대중이 언제든지 볼 수 있게 전시한다는 대의를 가지고 뭉친 자율 조직이다.

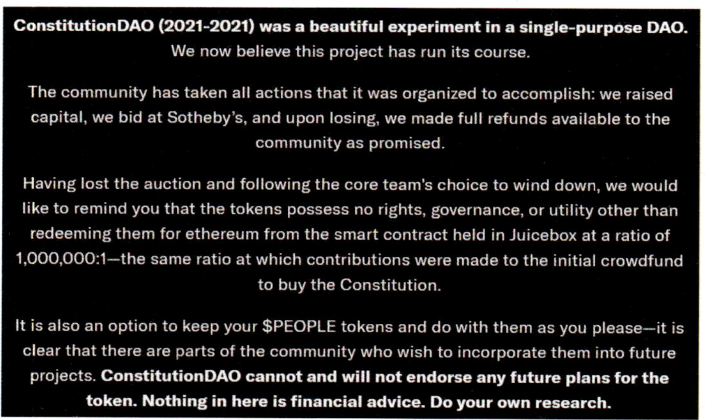
ConstitutionDAO (2021-2021) was a beautiful experiment in a single-purpose DAO. We now believe this project has run its course.

The community has taken all actions that it was organized to accomplish: we raised capital, we bid at Sotheby's, and upon losing, we made full refunds available to the community as promised.

Having lost the auction and following the core team's choice to wind down, we would like to remind you that the tokens possess no rights, governance, or utility other than redeeming them for ethereum from the smart contract held in Juicebox at a ratio of 1,000,000:1—the same ratio at which contributions were made to the initial crowdfund to buy the Constitution.

It is also an option to keep your $PEOPLE tokens and do with them as you please—it is clear that there are parts of the community who wish to incorporate them into future projects. **ConstitutionDAO cannot and will not endorse any future plans for the token. Nothing in here is financial advice. Do your own research.**

그림 4-56 ConstitutionDAO 홈페이지 게시글

설립 및 운영에 많은 비용이 소요되는 일반 기업은 철저하게 수익 목적으로 설립되고 운영할 수밖에 없지만, 온라인 기반으로 쉽게 구성 및 해체가 가능한 조직은 수익보다는 대의를 좇는 경우도 자주 보인다.

이런 대의를 웹 서비스 개선에 연계한 사례가 있다. 예를 들어, 앞서 소개한 'Brave'와 'IPFS' 프로젝트가 그렇다. 이들 프로젝트는 수익보다는 기존 웹 서비스의 한계점과 문제점에 대한 대안으로 제시된 프로젝트다. DAO는 기존 웹 서비스의 한계점 개선을 위한 이런 대의 활동을 이어갈 수도 있다.

3) 메타버스에서의 조직 형태

DAO는 기존 웹의 문제점 극복 및 웹 서비스의 개선 차원에서도 의미가 있지만, 차세대 웹에서 중요한 부분을 담당하게 될 메타버스 세상에서는 더 큰 역할이 기대된다.

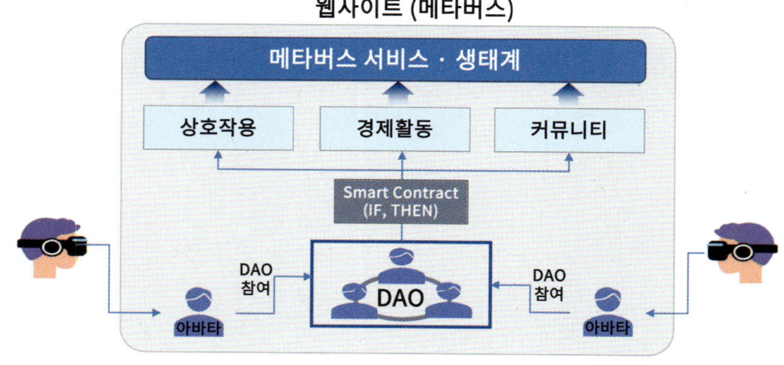

그림 4-57 메타버스에서의 조직 형태

메타버스도 온라인상의 하나의 (가상) 세계다. 다양한 상호작용과 거래, 그리고 경제 행위가 나타날 것이다. 메타버스 세상에 상호작용과 경제의 주체로 아바타가 존재하지만, 자연스럽게 조직이나 회사도 생겨날 것이다. 이런 메타버스 세상에는 현실의 조직 형태가 정착하기 어렵다. 이때 가능한 조직의 형태가 바로 DAO라고 볼 수 있다. DAO는 현실에서도 온라인 기반으로 새로운 조직의 형태로 부상하겠지만, 메타버스 세상에서는 가장 일반적인 조직의 형태가 될 것으로 예상된다.

4.3.5 지갑(Wallet)

일반적으로 지갑이라고 하면 가상자산 분야에서 사용되는 개념으로 생각할 수 있다. 실제로 지갑은 가상자산이나 NFT를 거래할 때 필요하다. 그런데 이런 지갑이 웹 3.0과 무슨 연관이 있을까?

1) 지갑의 개념

우선 지갑에 대한 정확한 개념을 이해할 필요가 있다. 인터넷 시대 이전에는 모든 사람이 지갑을 휴대하고 다녔다. 그러다 인터넷 뱅킹과 간편결제 시대로 넘어오면서 더 이상 지갑을 사용하지 않게 되었다.

그런데 비트코인 출현 이후 가상화폐를 거래할 때 지갑(Wallet)이라는 것을 이용한다. 가상화폐에서 사용하는 지갑은 과거 우리가 사용하던 지갑 형태가 아니라 모바일 뱅킹 앱과 유사한 UI(User Interface)와 기능을 가진다.

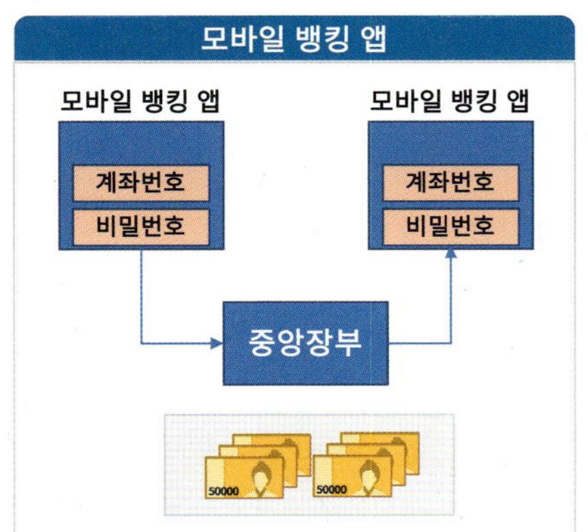

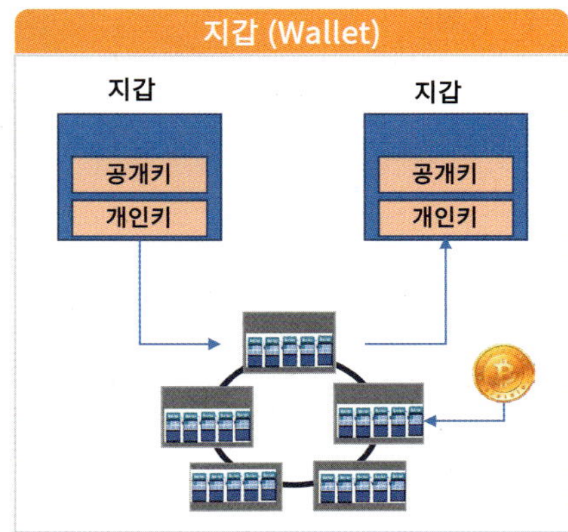

그림 4-58 모바일 뱅킹 앱과 지갑 비교

그림 4-58의 왼쪽 그림은 모바일 뱅킹 앱을 통해 송금하는 과정을 보여준다. 모바일 뱅킹 앱에는 현금이 실제로 들어 있지 않다. 앱과 연계된 계좌번호와 비밀번호를 통해 서로 거래할 뿐이다. 송신자가 계좌번호와 비밀번호를 통해 송금을 요청하면 해당 내역이 은행의 중앙장부에서 상태를 변경한다. 수신자는 본인 비밀번호를 통해 변경된 장부를 통해 입금을 확인할 수 있다.

오른쪽 그림은 가상화폐에서 사용하는 지갑의 모습을 보여준다. 가상화폐에 사용되는 지갑도 모바일 뱅킹 앱과 유사하다. 지갑에는 어떠한 가상화폐도 들어 있지 않다. 다만 개인키와 공개키만 저장되어 있고 이 키를 이용하여 가상화폐 거래가 이루어진다. 개인키와 공개키를 통한 거래내역은 중앙장부가 아닌 블록체인이라는 장부에 저장된다.

그림 4-59는 지갑의 모습을 보여준다. 지갑에는 개인키와 공개키가 들어 있고, 이 2개의 키를 이용하여 송금 주소, 전자서명, 서명 검증 등의 역할을 수행한다.

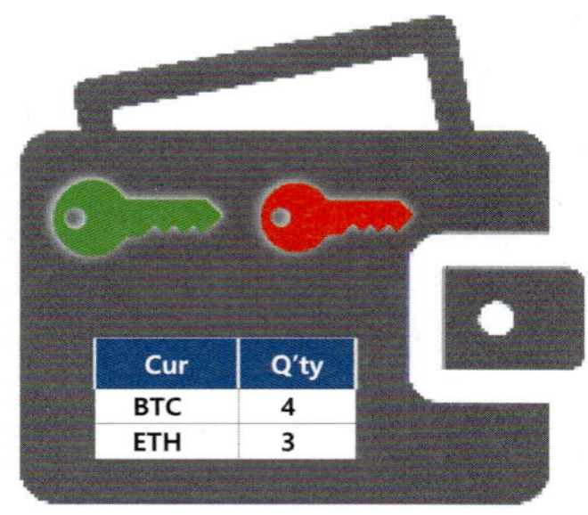

그림 4-59 지갑(Wallet) 개념도

모바일 뱅킹 앱에서는 계좌번호와 비밀번호뿐만 아니라 잔고 내역도 확인할 수 있다. 하지만 해당 잔고가 앱에 실제로 존재하는 것이 아니라 은행의 중앙장부 내역을 UI 형태로 보여주는 역할만 한다. 지갑에도 가상자산 잔고 현황을 보여준다. 참고로 모든 가상화폐는 블록체인에 저장되어 있으며 지갑은 블록체인에 존재하는 본인의 잔고 현황을 UI 형태로 보여줄 뿐이다.

2) 지갑의 역할

과거 물리적 형태의 지갑에는 현금과 신분증을 휴대하고 다녔다. 거래 및 경제 활동에서 가장 중요한 요소가 바로 신원인증과 거래 매개 수단(현금)이다. 이런 관점에서 지갑은 거래 및 경제 활동에서 필수 요소였다. 따라서 과거에는 모든 사람이 이런 지갑을 휴대하고 다녔다.

가상자산 분야 지갑(Wallet)에는 공개키와 개인키만 저장되어 있지만, 이 공개키 · 개인키는 다양한 역할을 수행한다. 탈중앙 환경에서 개인 간 송금에도 활용되고 트랜잭션을 서명하고 검증하는 용도로도 활용된다. 공개키와 개인키를 이용하여 안전한 전송 및 전자서명 구현이 가능하다. 이런 공개키와 개인키를 저장하는 곳이 바로 지갑이다. 많은 사람이 지갑을 단순히 가상화폐를 거래하는 용도로 한정하여 이해하지만, 실제로 지갑은 신원인증, 전자서명, 가상화폐 거래 등에 폭넓게 활용된다. 이런 관점에서 지갑은 미래 웹과 메타버스 세상으로 진입하기 위한 필수 휴대품이라고 할 수 있다. 과거 물리적 지갑이 그랬던 것처럼 지갑(Wallet)은 신원인증 및 거래 활동을 위한 가장 핵심 요소라고 할 수 있다. 과거 물리적 지갑에 포함된 현금과 신분증이 역할 측면에서 지갑(Wallet)의 공개키 · 개인키와 매칭된다고 볼 수 있다. 공개키 · 개인키를 통한 안전한 전송 및 전자서명 과정은 암호 기술에 대한 이해가 필요한 관계로 5장에서 자세히 살펴보기로 하고 넘어가겠다.

3) 웹 3.0에서 지갑의 활용

지갑에 보관된 개인키와 공개키는 안전한 전송 및 전자서명 등에 활용된다고 했는데, 미래 웹에서 구체적으로 어떻게 활용될 수 있는지 몇 가지 사례를 들어 설명해 보겠다.

Token Economy에서의 지갑 활용

'토큰'하면 여전히 많은 사람이 가상화폐 개념으로 생각하는 경우가 많지만, 앞서 여러 차례 설명했던 것처럼, 토큰은 기초자산을 다른 것으로 대체한 것이다. 토큰은 현재도 일상에서 많이 사용하지만, 앞으로 그 활용과 범위는 더 확대될 것으로 예상된다. 특히 가상자산 영역의 확산과 메타버스 시대 도래에 따라 토큰의 개념이 확장되고 활용 분야도 더 확대될 것이다. 금융위원회에서 발표한 토큰증권 역시 토큰의 개념과 활용이 제도권 내에서 변화 · 발전되어 가는 것을 보여준 대표 사례라 할 수 있다.

앞서 그림 4-53에서 다룬 토큰 이코노미의 핵심은 인센티브 목적의 '토큰'을 활용하는 것이다. 토큰 이코노미 자체가 토큰의 상호 거래라고 할 수 있다. 토큰을 주고받기 위해서는 중앙 시스템이 필요할 수도 있겠지만, 토큰 이코노미 철학 자체가 중앙 시스템이 아닌 생태계 참여자들의 자발적인 참여로 작동하기 때문에 토큰은 공개키와 개인키를 통해 지급 및 거래가 이루어진다. 그림 4-60은 개인키와 공개키를 통해 보상용 토큰이 개인 대 개인으로 전송되는 과정을 보여준다.

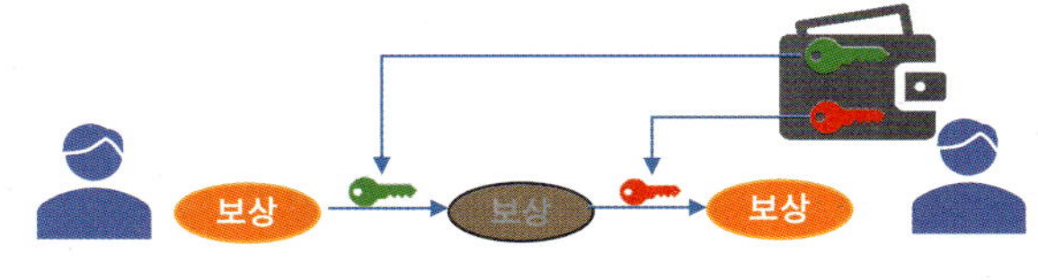

그림 4-60 지갑을 활용한 송금

지갑을 소유한 토큰 수신자가 지갑에 저장된 공개키를 송신자에게 전송하면, 수신자는 지갑에 저장된 개인키를 이용하여 해독하는 방식으로 전송이 이루어진다.

디지털 작품의 소유권 보장을 위한 지갑 활용

오픈씨에서 디지털 작품을 NFT로 발행하고 NFT를 거래하기 위해서는 지갑이 필요하다. 디지털 작품의 소유권을 보장하기 위한 하나의 수단이 바로 NFT다. 기초자산에 해당하는 디지털 작품을 NFT로 발행하기 위해서 개인키로 암호화하는 방식으로 전자서명을 할 수 있다. 이렇게 생성된 전자서명을 NFT에 포함시킨다면 제3 신뢰 기관 없이도 디지털 작품과 NFT 간의 관계를 신뢰할 수 있다. 앞선 그림 4-49에서 디지털 작품을 개인키로 전자서명하고, 이렇게 생성된 전자서명을 NFT에 포함하는 과정을 설명했다.

메타버스에서 지갑의 활용

그림 4-50을 다시 한번 보자. 메타버스 세상에서는 모든 것이 토큰 또는 NFT 기반으로 작동한다. 토큰 · NFT를 발행할 때 개인키로 전자서명하고 그 전자서명을 검증할 때 공개키가 활용된다. 그리고 토큰 · NFT를 상호 거래하는 경우에도 공개키와 개인키가 활용된다. 이것이 바로 메타버스 세상에서 지갑이 중요한 이유다.

4.3.6 인공지능 · 메타버스 · IoT

앞서 차세대 웹은 기존 웹의 문제점을 해결하는 방향으로 접근하는 것보다는 미래 혁신 기술들이 끌고 리드하는 방향으로 진행될 것이라는 의견을 간단히 언급했다.

'정보'라는 관점에서 이해해 보자. 사람들이 정보에 접근하고 필요한 정보를 검색하는 이유는 정보를 학습하여 지식을 얻고 그 지식을 활용하기 위한 것이다. 인터넷과 웹의 출현으로 정보에 대한 접근이 용이해졌다. 그리고 정보의 바다에서 원하는 정보를 편리하게 찾아주는 쪽으로 발전했다. 이것이 현재 웹의 모습이다. 사람들은 이렇게 찾은 정보를 학습하고 체계화하여 지식을 얻고 활용한다. 그런데 ChatGPT의 출현으로 정보를 학습하고 체계화하는 과정이 기계의 도움을 받을 수 있게 됐다. ChatGPT의 출현으로 사람들은 더 이상 정보를 학습하고 체계화하는 데 많은 시간과 노력을 기울이지 않아도 된다. 사람들은 이제 ChatGPT가 정리해 준 지식을 가지고 적절히 활용하면 된다.

기존에 사람들이 정보를 체득하는 방식은 주로 텍스트, 이미지, 영상에 의존했다. 하지만 사람들이 정보를 체득하는 데 더 효율적이고 강력한 방식은 바로 체험하는 것이다. 직접 체험은 어렵더라도 가상의 현실에서 간접 체험 방식을 통해 더 효율적이고 직관적인 정보 체득이 가능하다. 또한 메타버스가 인공지능과 연계한다면 생성된 지식을 직접 실행하는 방식으로 지혜도 얻을 수 있게 된다.

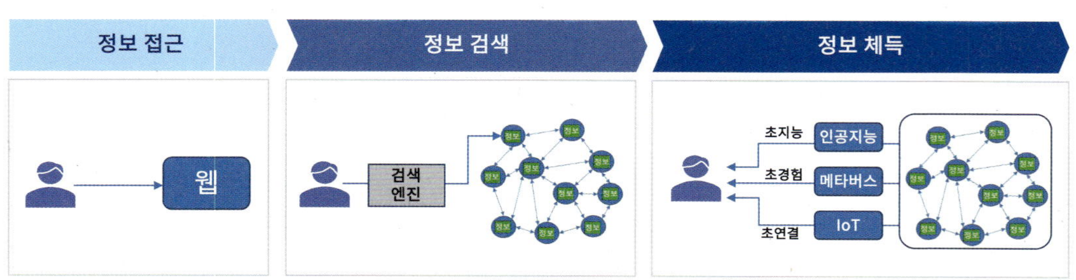

그림 4-61 웹 정보 체득을 위한 인공지능 · 메타버스 · IoT 활용

최근까지 웹에서 제공되는 데이터와 정보는 대부분 사람들이 작성하고 생성한 콘텐츠였다. 그런데 IoT(사물인터넷)를 통해 엄청난 규모의 사물 데이터가 실시간으로 생성되고 웹으로 저장되고 활용된다. IoT를 통해 수집된 정보는 그 규모와 다양성 측면에서 인간이 생성하는 정보를 훨씬 압도한다. 산업 현장의 데이터뿐만 아니라 스마트 도시에서 뿜어져 나오는 수많은 데이터, 더 나아가 지구 밖에서 생성되고 수집된 데이터가 웹을 통해 제공될 수도 있다.

정리하면, 차세대 웹은 인공지능과 연계하여 초지능의 정보와 지식을 제공하게 될 것이며, 메타버스를 통해 초경험 서비스를 제공할 수 있고, IoT와 연계되면 초연결 세상을 제공하게 될 것이다. 이런 관점에서 차세대 웹은 인공지능, 메타버스, IoT가 중요한 역할을 할 것으로 기대된다. 이 부분에 대해서는 6장에서 자세히 설명하겠다.

4.3.7 거버넌스 · 컴플라이언스

웹 3.0은 왠지 자율적이자 자발적으로 운영되고 법 · 규제보다는 기술을 기반으로 작동하는 그런 웹의 형태로 이해할 수 있다. 이런 관점에서 웹 3.0 구현 요소로 '거버넌스 · 컴플라이언스'를 언급하는 것은 왠지 어울리지 않아 보인다. 자율과 탈중앙화가 향후 지향해야 할 가치처럼 인식되고 규제는 왠지 철폐의 대상으로 간주되어 차세대 웹은 규제나 컴플라이언스가 없는 환경을 생각할 수도 있다.

많은 사람이 웹 3.0 구현을 위해 탈중앙화나 블록체인을 외치지만, 필자는 아이러니하게도 웹 3.0 시대에 맞는 새로운 거버넌스 체계 수립과 웹의 기존 문제점에 대응하기 위한 관련 법규 제정 및 강화가 필요하다고 이야기하고 싶다. 이상이 아닌 현실적인 관점으로 볼 때, 웹 2.0의 문제점에 대응하고 해결할 수 있는 가장 강력하고 직접적인 영향을 줄 수 있는 방법은 바로 '웹 2.0 문제점에 대한 강력한 규제 법안'이다. 다른 한편, 웹 3.0을 앞당기기 위한 가장 현실적인 방안도 결국 '웹 3.0 진흥법' 제정이라고 할 수 있다. 이상은 추구하되 현실을 무시하면 안 된다. 법치주의에서는 모든 것이 법에 의해 지배받는다. 아무리 좋은 기술도 법적으로 뒷받침되지 않으면 사장될 것이다. 웹 2.0의 문제점 해결을 위해 웹 3.0을 외칠 필요가 없다. 간단한 법 제 · 개정만으로 웹 2.0의 문제점들은 간단히 해결될 수 있다. 지난 10년간 국내 IT 변화 및 발전 과정을 지켜보면서 법이 미치는 영향력과 통제력이 실로 엄청나다는 것을 뼈저리게 느껴왔다. IT 분야의 진흥을 위한 예산 할당과 지원 방안도 결국 법에 근거하며, 규제와 통제 역시 법에 기반한다.

1) 법 규제에 대한 오해

새로운 정부가 들어설 때마다 규제 타파를 외친다. 이런 분위기에 익숙해지다 보니 은연중에 규제란 나쁜 것이고 타파해야 하는 대상으로 생각하는 경우가 많다. 행정규제기본법에 따르면, 규제는 '특정한 행정 목적을 실현'하기 위해 규정하는 것이라고 설명한다. 다시 말하면 필요에 의해 규제를 제정한다는 의미다. 규제란 결코 나쁜 것이 아니다.

MEMO

행정규제기본법 제2조(정의)

규제란 국가나 지방자치단체가 **특정한 행정 목적을 실현**하기 위하여 국민의 권리를 제한하거나 의무를 부과하는 것으로서 법령 등이나 조례 · 규칙에 규정되는 사항을 말한다.

그럼 필요에 의해 만든 규제를 왜 타파의 대상으로 외치는 것일까? 오해를 방지하기 위해서는 '규제 타파'를 좀 더 정확하게 이해할 필요가 있다. 규제 타파는 규제 자체를 타파해야 한다는 의미가 아니라 시대에 맞지 않고 현실성이 떨어지는 규제를 찾아서 개선 및 제거해야 한다는 의미다. 규제는 필요에 의해 만들었지만, 한번 만들어 놓으면 쉽게 바뀌거나 폐지되지 않는다. 세상은 하루가 다르게 변해가고 있는데, 과거의 규제가 현실의 역동성을 따라가지 못하기 때문에 문제가 되는 것이다. 이런 규제가 바로 타파의 대상이다.

웹 2.0의 문제점에 대응하는 가장 확실한 방법은 문제점을 규제하는 법의 제 · 개정이다. 웹 3.0의 도입 및 발전을 위해 가장 확실한 방법은 진흥법을 제정하는 것이다. 동시에 웹 3.0 진흥과 맞지 않는 규제는 타파해 나가야 한다.

2) 웹 플랫폼 문제점 대응 방안

현재 웹 2.0에서 가장 문제가 되는 부분이 거대한 빅테크 기업의 플랫폼이다. 플랫폼이 문제가 되기 때문에 플랫폼을 없앤다는 것은 자동차가 문제가 있으니 자동차를 없앤다는 것과 같다. 현 빅테크 플랫폼의 문제는 플랫폼 자체가 아니라 그 플랫폼을 운영하고 운영 방식을 결정하는 빅테크 기업이라는 것을 앞서 지적했다. 그럼 빅테크 기업의 문제점을 어떻게 해결해야 할까? 그림 4-62는 빅테크 기업의 문제점을 해결하는 2가지 방법을 보여준다.

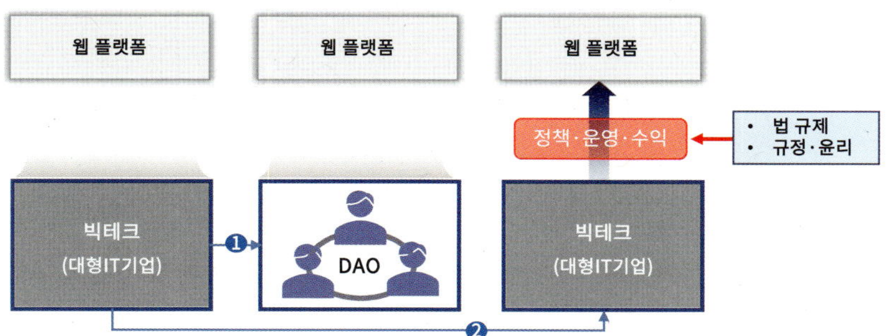

그림 4-62 빅테크 기업의 문제점 대응 방안

❶ 첫 번째 방법은 기존 빅테크 기업을 DAO나 토큰 이코노미 생태계 방식으로 대체하는 것이다.

❷ 두 번째 방법은 빅테크 기업의 플랫폼 운영이나 의사결정 과정을 법으로 제재하는 것이다. 문제점을 야기하는 운영이나 잘못된 의사결정을 하지 못하도록 관련 법을 강화하거나 새롭게 제정하는 것이다.

첫 번째 방법은 구현 가능성이 문제다. DAO도 이익집단이기 때문에 빅테크 기업과 다를 거라는 보장도 없고 토큰 이코노미는 이상적이지만 구현 가능성이 낮다.

두 번째 방법은 웹 2.0의 문제점을 직접 제재하고 해결할 수 있다는 장점은 있지만, 근원적인 해결책이라기보다는 대증요법(對症療法)[3]에 불과할 수 있다.

올바른 접근법은 첫 번째 방법과 두 번째 방법을 병행하는 것이다. 단기적으로는 두 번째 방법을 적용하면서 궁극적으로는 첫 번째 방법 또는 다른 다양한 방법을 찾아가려는 노력이 필요하다.

3) 법 규제를 통한 문제점 대응

빅테크 플랫폼의 문제점이 지속적으로 대두되자 각 국가에서도 이를 제재하고 규제하기 위한 법안을 준비하고 있다. 글로벌 거대 빅테크 플랫폼 기업(구글, 아마존, 페이스북, 애플)이 둥지를 틀고 있는 미국에서도 강력한 빅테크 규제 법안이 추진 중이다. 바이든 대통령 취임 이후 곧바로 '플랫폼 반독점 패키지 5대 법안'이 발의됐다.

유럽의회는 2022년 7월 디지털시장법(DMA)과 디지털서비스법(DSA)을 최종 승인했다. 디지털시장법(DMA)은 빅테크 플랫폼 기업들의 불공정 행위를 차단해 공정한 경쟁 관계를 구축하는 것이 목적이고, 디지털서비스법(DSA)은 온라인 플랫폼 기업들에 대한 규제를 강화하는 것이 목적이다.

3 대증요법 – 어떤 질환의 환자를 치료하는 데 있어 근원적인 원인에 대한 치료보다는 증세에 대해서만 실시하는 치료법

그동안 지속해서 제기되어 왔던 개인정보를 활용한 광고를 규제하고 유해 콘텐츠를 제한하는 내용이 포함되어 있다. 미국, EU뿐만 아니라 영국, 인도 등에서도 빅테크 플랫폼 규제를 준비하고 있다.

MEMO

바이든, 의회에 빅테크 규제 강화 법안 촉구

조 바이든 미 대통령이 11일(현지시간) 미국의 빅테크 기업들이 개인정보를 과도하게 수집해 악용하고, 극단주의와 양극화를 조장하며, 경제 불균형을 초래하고, 여성과 소수자들의 인권을 침해하며, 어린이들까지도 위험에 빠트리고 있다며 **미 의회가 초당적으로 나서서 빅테크 기업들에 책임을 물을 수 있는 강력한 법을 제정하라고 촉구**했다.

빅테크 기업들이 일반인들의 구매행위와 웹사이트 방문 및 이동지에 대한 정보를 수집하고 자녀들에 대한 정보도 수집하고 있으며 수백만 명의 청소년들이 괴롭힘, 폭력, 트라우마, 정신적 문제로 고통당하고 있다. 소셜 미디어 회사들이 돈벌이를 위해 어린이들을 상대로 하고 있는 실험에 대해 책임을 물어야 한다.

출처: NEWSIS 기사

MEMO

독과점으로 돈 벌던 플랫폼, 잔치는 끝났다…구글 · 페이스북은?

유럽연합의 규제 강화는 올해 빅테크 기업들에게 가장 큰 도전이 될 전망이라고 신문은 지적했다. **지난해 7월 유럽의회는 디지털 시장법(DMA)과 디지털서비스법(DSA)을 통과**시켰다. 주요 플랫폼의 **안전한 인터넷 환경 조성을 위해 폭력 등 유해 콘텐츠를 제한하고 업체들이 사용자 개인정보를 활용해 광고하는 것도 규제**한다. 유럽연합뿐 아니라 영국 · 인도 등도 유사 규제 도입을 고려하고 있어 빅테크 기업에 대한 규제 강화가 국제적 흐름이 될 것이라고 전문가들은 지적했다. 앤 휘트 프랑스 그랑제꼴(EDHEC) 경영대학원 앤 휘트 교수(법학)는 "유럽연합들의 규제는 이미 시장에 영향을 미치고 있다. 국제적으로 압력이 커진다면 조만간 빅테크 회사들은 규제를 경영에 반영해야 할 것"이라고 말했다. 출처: 한겨레 기사

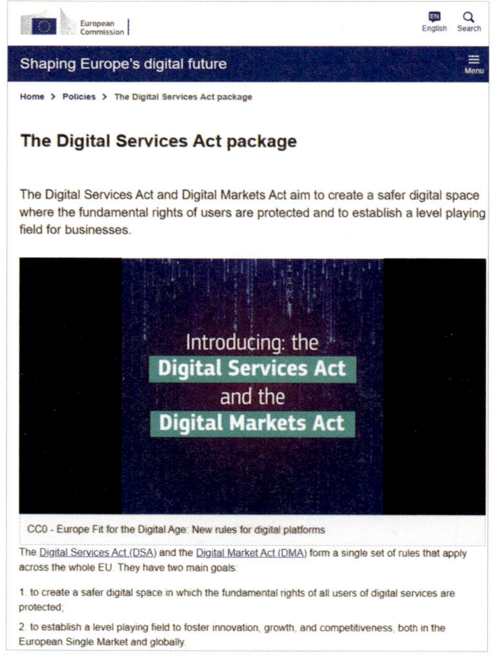

그림 4-63 EU 집행위원회, DMA · DSA 승인(출처: 유럽의회 홈페이지)

2장에서 소개했던 미 하원의 '디지털 시장의 경쟁 조사' 보고서에서는 반독점 개혁을 위해 3가지 방안을 권고하고 있다. '디지털 시장의 공정한 경쟁 촉진', '합병 및 독점화와 관련된 법률 강화', '반독점법의 강력한 감독 및 집행 권한 회복'이 그것이다. 반독점 개혁을 위한 핵심은 규제와 감독이라는 것을 제시하고 있다.

2장에서 '소셜 딜레마'라는 다큐를 소개했다. 다큐에 출연했던 인터뷰 참여자들이 공통적으로 언급했던 해결책은 바로 '강력한 규제와 법'이었다.

대한민국 국민 대부분이 매일 사용하는 카카오톡이 가끔 피로감을 줄 때가 있다. 단체 대화방에 반강제적으로 초대되어 본인의 관심과 상관없는 수많은 문자가 실시간으로 접수되면 피로감이 상당하다. 퇴장하고 싶어도 퇴장했다는 문구가 기록되기 때문에 예의상 참여를 유지한다. 이런 분위기에서 2023년 2월 다른 이용자들에게 알리지 않고 대화 참여를 종료할 수 있게 기술적 조치를 취하도록 하는 일명 '카톡 조용히 나가기법'이 발의됐다. 이렇게 규제와 법 제정을 통해 국민적 피로감을 주는 특정 서비스의 기능을 개선할 수도 있다.

2023년 3월 강남에서 여성이 납치되어 살해된 사건이 있었다. 배경으로 P 코인의 시세 조종 정황을 포착했으나 검찰은 P 코인 수사에는 신중한 모습을 보인다는 기사가 있었다. 자본시장법상 주가 시세 조종은 처벌받지만, 암호화폐 시세 조종은 불법 행위로 볼 수 있는지에 대한 해석의 차이 때문이다. 법조계에서는 이에 맞는 적절한 규제가 마련되어야 한다는 목소리를 내고 있다.

인터넷 서비스 분야뿐만 다른 산업 분야에서도 마찬가지로, 어떤 문제점에 대응하는 가장 확실하고 직접적인 방법은 법적 규제다. 규제는 나쁜 것이 아니라 문제점을 차단하는 것이다. 자동차가 사고 위험이 높으니 자동차를 없애 버리는 것은 현실적인 방안이 아니다. 안전관련 법규를 강화하고 제조 과정상 안전 설계 지침을 마련하고 음주운전을 엄벌하는 강력한 법이 필요하다. 유사하게 중앙화된 독점 플랫폼의 문제점을 개선하는 방안은 '탈중앙화'나 '탈플랫폼화'가 아니다. 단기적으로는 문제점에 대한 강력한 규제이고, 장기적으로는 근원적인 해법을 위한 지속적인 고민과 노력이다.

블록체인 분야를 한번 살펴보자. 2017년과 2018년은 ICO로 뜨거웠다. 정말 무법천지였다. 정부는 모든 ICO를 금지했다. 정부가 블록체인 산업의 발목을 잡는다는 업계의 볼멘소리가 높았지만, 정부는 꿈쩍도 하지 않았다. 가상자산은 결국 특정금융정보법(특금법)에 의해 제도권의 통제를 받게 되었고, 토큰은 결국 토큰증권이라는 형태만 허용하는 가이드가 발표됐다. 이 토큰증권은 결국 자본시장법의 통제를 받게 됐다.

4.3절에서는 웹 3.0 구현을 위한 기술 및 요소에 대해 알아봤다. 다시 한번 언급하지만, 이런 요소를 기반으로 웹 3.0이 구현된다는 의미가 아니다. 웹 2.0의 문제점 개선 방향과 웹 3.0의 지향성을 대표할 수 있는 키워드 몇 개로 간략하게 정리했을 뿐이다.

4.4 웹 3.0 생태계

4.3절에서 웹 3.0의 구현 요소에 대해 알아봤다. 요소 개별적으로 살펴봤는데, 4.4절에서 이 구현 요소가 상호 연계되고 생태계를 구성하는 다양한 사례를 소개해 보고자 한다.

4.4.1 웹 3.0 생태계 개요

그림 4-64는 필자가 제시하는 웹 3.0 생태계 개념도다. 앞서 식별한 7가지 요소를 웹의 작동 구조와 원리에 각각 매칭시켰다. 물론 더 다양한 시나리오와 구조가 가능하겠지만, 우선 간략하게 제시해 본 것이다. 앞서 계속 반복 설명했던 내용을 상기하면 다음 생태계 개념도를 충분히 이해할 수 있을 거라 생각하고 추가적인 설명은 생략하겠다.

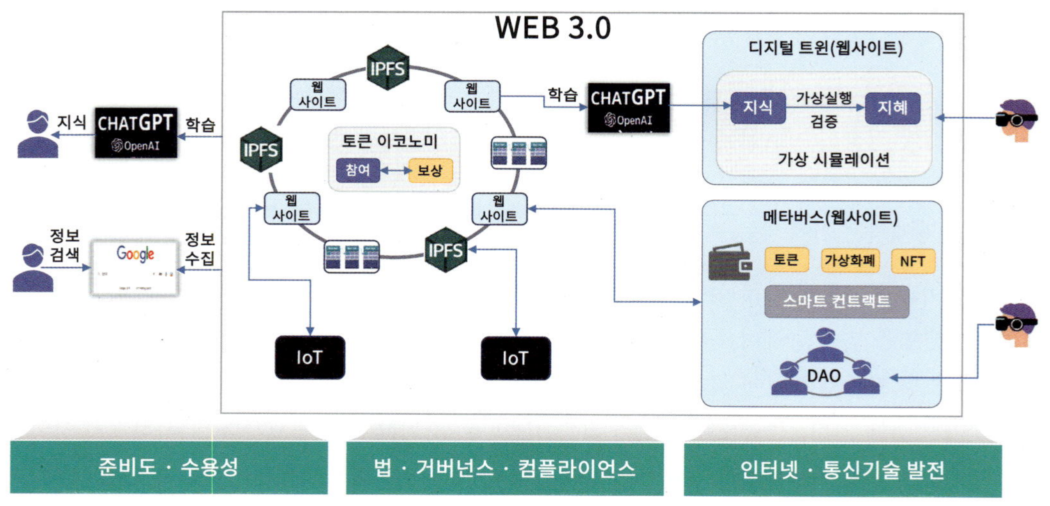

그림 4-64 웹 3.0 생태계 개념도

IPFS가 HTTP를 대체할 것이라는 보고서도 많이 소개되고 웹 3.0을 블록체인 기반으로 단정적으로 규명해 버리는 사례도 많이 본다. 앞서 설명했던 것처럼 IPFS나 블록체인은 다가올 웹 환경에서 의미 있는 역할과 미래 가치에 대한 시사점을 제시하겠지만, 당분간은 기존 웹 환경에 대한 보완적 역할과 협업적 지위를 유지할 것으로 생각한다.

그림 4-65는 웹 생태계에서 각 노드의 역할 구성을 간략하게 구조화한 것이다. 웹 생태계는 여전히 웹 서버와 브라우저 기반으로 작동할 것이며, 데이터의 분산 및 저장을 위해 IPFS가 보완적으로

연계될 것이며, 토큰 이코노미와 스마트 컨트랙트가 연계된 서비스는 블록체인과 연계되어 기존 웹을 보완할 것으로 예상한다.

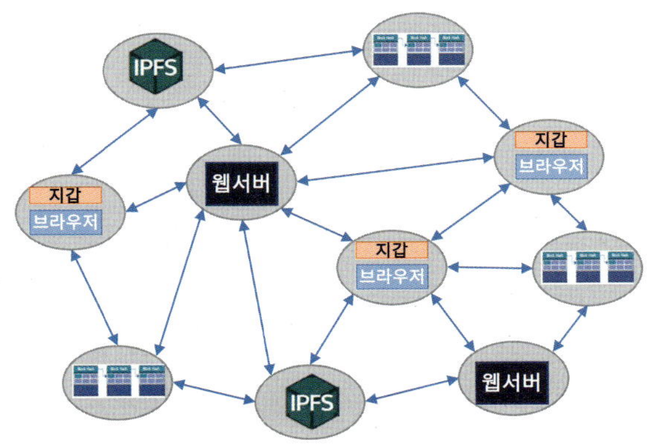

그림 4-65 웹 3.0 생태계 환경의 웹 구성도

4.4.2 프로토콜 경제와 웹 3.0

3.1.2절에서 플랫폼 경제와 프로토콜 경제의 차이점을 간단히 살펴봤다. 프로토콜 경제의 핵심은 바로 스마트 컨트랙트라는 것도 이해했다. 그림 4-66을 통해 기존 플랫폼 경제와 프로토콜 경제가 어떻게 비교되는지 좀 더 자세히 살펴보겠다.

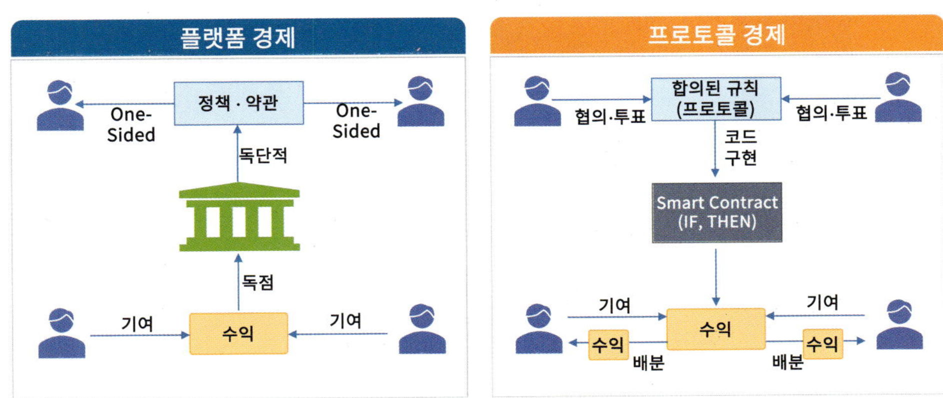

그림 4-66 플랫폼 경제와 프로토콜 경제 구현 개념도

- 플랫폼 경제는 특정 기업이나 단체가 플랫폼을 소유하고 운영한다면, 프로토콜 경제는 합의된 계약을 기반으로 작동한다.
- 플랫폼 경제는 플랫폼 소유자가 제정한 정책과 약관에 따라 움직인다면, 프로토콜 경제는 합의된 규칙, 즉 프로토콜(Protocol) 기반으로 작동한다.

- 플랫폼 경제가 발생 수익을 독점하는 구조라면, 프로토콜 경제는 사전에 합의된 프로토콜에 따라 수익이 생태계 참여자에게 배분되는 구조다.

그림 4-67은 프로토콜 경제가 작동하는 절차를 크게 3단계로 구분하여 설명한다.

1. 프로토콜 수립 - 중앙기관이 아닌 참여자들의 자발적 참여와 투표를 통한 규칙(프로토콜) 설정
2. 프로토콜 신뢰성 보장 - 수립된 프로토콜을 신뢰성을 확보 · 유지하기 위해 참여자의 검증 및 합의 과정을 거쳐 블록체인에 저장
3. 프로토콜 기반 경제 구현 - 조건이 성립되면 합의된 프로토콜에 따라 자동 · 강제 이행되면서 서비스 구현

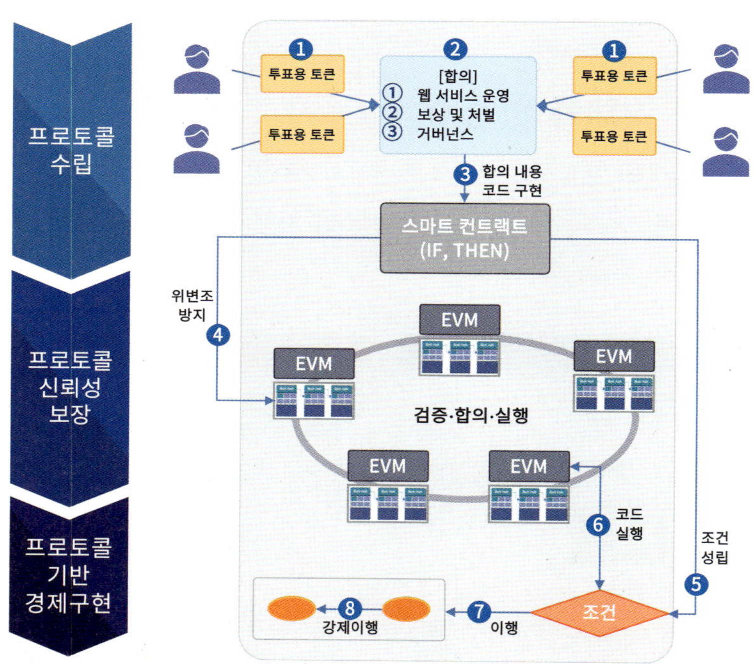

그림 4-67 프로토콜 경제 기반 웹 3.0 개념도

❶ 참여자들이 의견을 공유하고 안건을 상정하여 투표를 통해 합의 도달

❷ 투표를 통해 합의된 내용을 프로토콜(규칙)로 결정

❸ 프로토콜을 스마트 컨트랙트(코드)로 구현

❹ 프로토콜의 신뢰성 확보 및 이행을 위해 스마트 컨트랙트를 블록체인에 저장

❺ 스마트 컨트랙트 조건을 충족하는 이벤트 발생

❻ 조건에 충족되면 스마트 컨트랙트(코드)를 호출하여 실행

❼ 스마트 컨트랙트가 실행되면서 보상 이행

❽ 스마트 컨트랙트는 블록체인 EVM에서 실행되어 강제 이행 효과

프로토콜 경제를 구현하기 위해서는 토큰 · NFT, 스마트 컨트랙트, DAO, 지갑 등이 활용된다. 7가지 요소에는 식별되지 않았지만, 이런 요소들이 작동하기 위해서는 기본적으로 블록체인이 필요하다. 여기에서 블록체인은 탈중앙 구현이 아니라 스마트 컨트랙트를 저장하고 EVM을 실행하는 용도로 활용된다.

4.4.3 토큰 이코노미와 웹 3.0

웹 2.0 독점 플랫폼 문제 대응 방안으로 DAO를 검토해 볼 수 있지만, DAO 역시 한계점이 있다. 그림 4-68을 살펴보자. 왼쪽 그림은 기존 빅테크 기업에 의해 운영되는 플랫폼을 보여준다. 빅테크 기업은 다시 세분하여 살펴보면, 소수의 경영진과 다수의 주주로 구성되어 있다. 이들은 모두 기업의 수익 극대화에 관심이 있고 그런 방향으로 의사결정을 할 것이다.

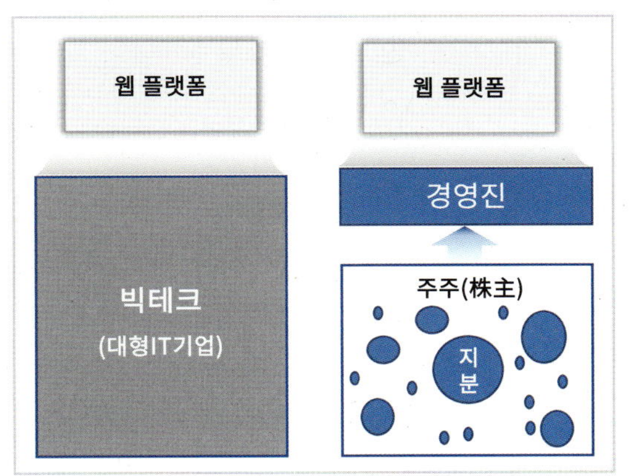

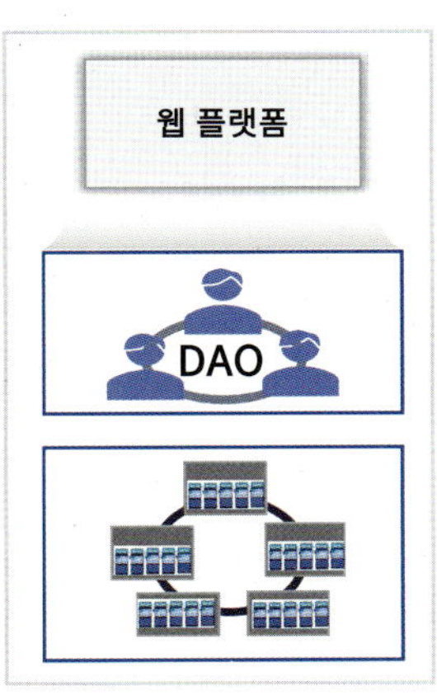

그림 4-68 DAO 한계점

오른쪽 그림은 DAO를 통한 플랫폼 운영을 보여준다. DAO를 운영하기 위해 토큰이나 스마트 컨트랙트가 필요하며 이를 블록체인을 활용하여 구현할 수 있다. 그런데 DAO 역시 공동의 이해 관계를 목적으로 결합된 조직으로서 본인의 이익이 우선이며 의사결정도 그런 방향으로 진행할 것이다. 이런 관점에서 보면 주식회사와 DAO는 큰 차이가 없어 보인다. 그림 4-69는 주식회사와 DAO가 구조적으로 크게 다르지 않다는 것을 보여준다.

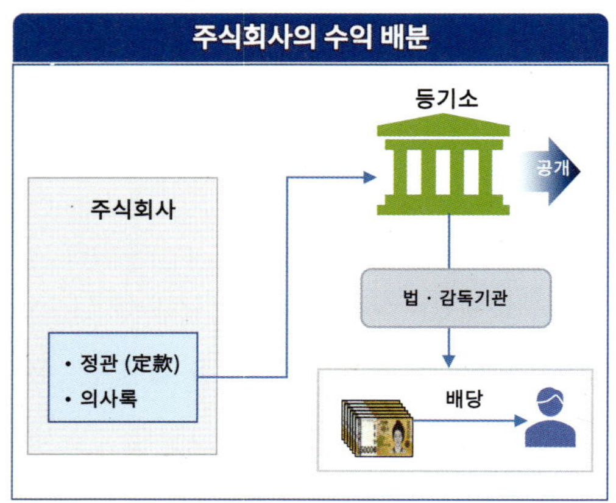

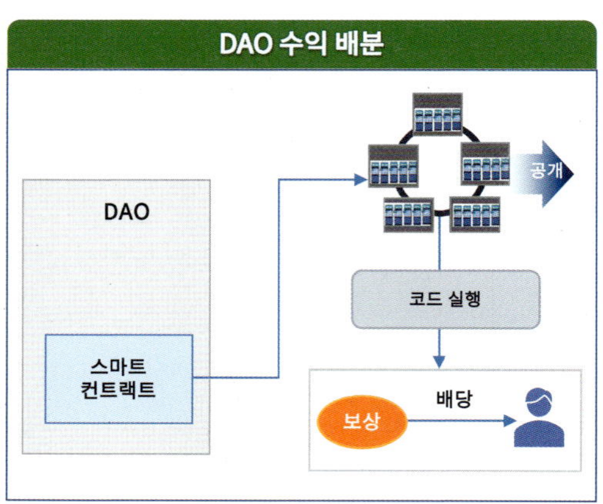

그림 4-69 주식회사와 DAO의 수익 배분 비교

주식회사는 회사 운영과 관련된 정관과 의사록 등을 등기소에 등기하고 대외적으로 공개한다. 그리고 법과 감독기관의 지침에 따라 운영과 수익을 배당한다. DAO는 합의된 계약을 블록체인에 저장하고 대외적으로 공개하며 합의된 계약에 따라 실행한다.

이런 협의적 관점의 DAO 한계점에 대한 대안으로 토큰 이코노미를 제시했다. 토큰 이코노미의 대표적인 사례가 스팀잇(Steemit)이다. 필자 역시 스팀잇을 토큰 이코노미 관점에서 상당히 긍정적으로 평가했고, 다양한 보고서에서 토큰 이코노미의 대표적인 사례로 스팀잇이 많이 소개됐다. 성공적으로 안착하지 못하고 활성화되지 못해서 아쉽다.

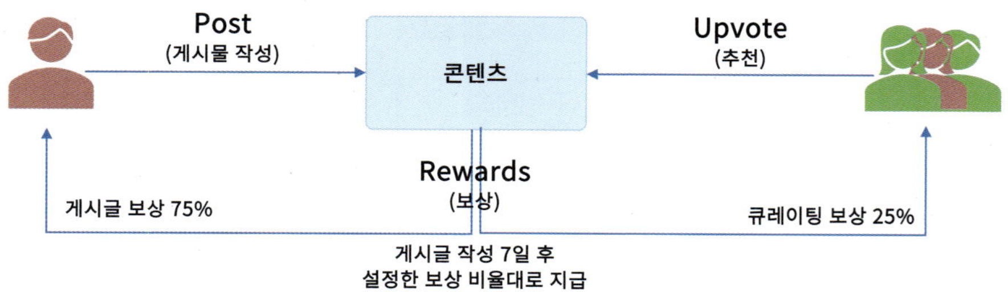

그림 4-70 토큰 이코노미 대표 사례 - 스팀잇

스팀잇은 특정 기업에 의해 운영되지 않고 DAO와 같은 조직에 의해서도 작동하지 않는다. 생태계 모든 참여자가 인센티브 기반으로 참여하여 콘텐츠를 생산하고 소비하는 선순환 메커니즘이다.

기존 콘텐츠 플랫폼의 문제는 광고가 많고 양질의 콘텐츠 생산을 독려할 수 있는 동기 부여가 부족했다. 스팀잇은 광고를 제거하고 생태계 모든 참여자에게 보상을 지급하는 토큰 이코노미를 설계했다. 보상을 통해 자발적인 콘텐츠 생산을 유인했으며 콘텐츠 소비자들은 '좋아요'를 통해 콘텐츠 정화와 품질 제고에 기여했다. 소비자들의 평가에 따라 보상 규모가 결정되기 때문에 생산자는 더 좋은 품질의 콘텐츠를 생산하려고 노력했다. 콘텐츠 생산자뿐만 아니라 콘텐츠에 대한 평가 참여자에게도 보상이 돌아가게 설계하여 참여, 보상, 품질 제고, 참여 확대라는 선순환 생태계 조성으로 이어지게 했다.

이런 토큰 이코노미를 웹 생태계에도 그대로 적용할 수 있으며, 웹 생태계를 토큰 이코노미로 구현한다면 기존 웹 2.0의 한계점을 개선하면서 새로운 차세대 웹의 발전적인 모습으로 진행될 수도 있다. 그림 4-71은 필자가 생각하는 토큰 이코노미 기반 웹 3.0 생태계 개념도다. 웹 생태계를 구성하는 모든 요소(웹 서비스, 데이터, 개인정보, 데이터 저장, 조직)가 '참여와 보상' 관점에서 설계될 수 있으며, 이런 요소들이 생태계 전체적으로 선순환 작동하면서 새로운 가치가 창조되고 생태계가 확장하는 모습을 기대할 수 있다.

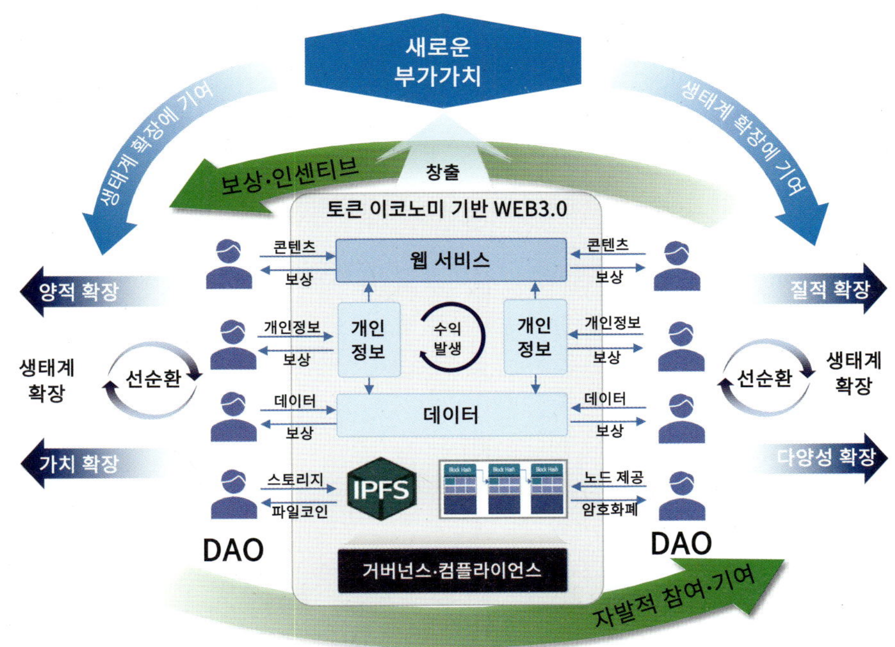

그림 4-71 토큰 이코노미 기반 웹 3.0 개념도

- **웹 서비스**: 웹 서비스 콘텐츠 생산 · 제공 · 유통을 보상과 연계하여 설계
- **데이터**: 데이터 생산 · 제공 · 거래를 보상과 연계하여 설계
- **개인정보**: (익명 처리된) 개인정보에 대한 제공 · 거래를 보상과 연계하여 설계

- **IPFS:** 여유 스토리지를 제공하고 토큰으로 보상
- **블록체인:** 노드 참여 및 검증 · 합의를 수행하고 토큰으로 보상

이상적으로 제시했지만, 인센티브 기반으로 생태계 전체가 선순환으로 작동하도록 설계하는 것은 결코 쉬운 일이 아니다. 스팀잇을 비롯하여 수많은 토큰 이코노미가 소개되고 시도됐지만, 주목받을 정도로 크게 성공한 모델은 아직 없다. 토큰 이코노미는 분명 많은 시사점을 제시해 주기 때문에 지향해야 할 하나의 가치이자 목표로 삼고 이를 지속해서 추구하는 노력은 필요해 보인다.

4.4.4 플랫폼과 웹 3.0

플랫폼은 태생적으로 중앙집중화할수록, 데이터가 통합될수록 더 큰 가치를 발휘한다. 플랫폼 자체를 분산시키거나 탈중앙화하는 것은 아이러니하게도 플랫폼의 잠재성과 가치를 훼손한다. 플랫폼의 중앙화를 문제 삼는 것은 모순이다.

플랫폼 문제점 대응 관점에서 중요한 것은, 플랫폼 운영을 어떻게 할 것인지, 플랫폼 운영의 의사결정을 어떻게 할 것인지, 발생한 수익을 어떻게 배분할 것인지, 플랫폼 기반의 데이터를 어떻게 관리할 것인지 등이다. 탈중앙화 플랫폼이라는 것은 플랫폼 자체를 탈중앙화하는 것이 아니라 플랫폼의 참여자, 의사결정, 데이터, 수익 배분의 독점적 폐해를 차단하는 것이다.

이런 관점에서 웹 3.0 플랫폼은 조직적으로는 광의적 관점의 DAO, 운영 측면에서는 참여와 보상에 기반한 토큰 이코노미 구현, 데이터 측면에서는 분산 저장으로 구현된 형태로 이해할 수 있다. 물론 현실적인 구성 요소라기보다는 지향해야 할 목표 관점에서 그렇다는 것이다.

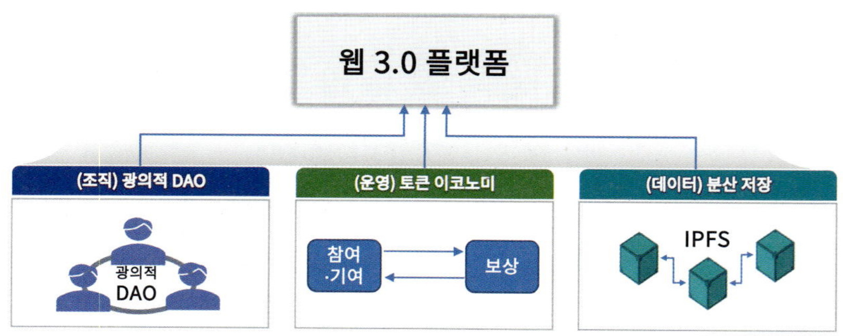

그림 4-72 웹 3.0 플랫폼 구현 요소

그림 4-73은 웹 플랫폼의 구현 방안을 보여준다. 유튜브라는 플랫폼 자체는 문제가 없다. 유튜브를 어떻게 운영하고, 의사결정하고, 보상을 분배하느냐가 관건이다.

그림 4-73 다양한 웹 플랫폼 구현 방안

왼쪽 그림은 현재 구글이 소유한 형태의 플랫폼 모습이다. 구글은 운영 및 의사결정을 독점적으로 수행한다. 창작자에 대한 보상도 주어지지만, 상당한 수익을 독점한다. 가운데 그림은 DAO라는 조직에 의해 유튜브가 운영되는 것을 보여준다. DAO도 여전히 한계는 있다. 오른쪽 그림은 토큰 이코노미 기반으로 설계되고 IPFS와 블록체인이 적절히 조합된 플랫폼의 모습이다.

그림 4-74는 플랫폼 관점의 웹 3.0 생태계의 개념도다. 유튜브라는 플랫폼에 특정한 운영 · 소유 기업이나 조직이 존재하지 않는 것을 가정하여 표현한 것이다.

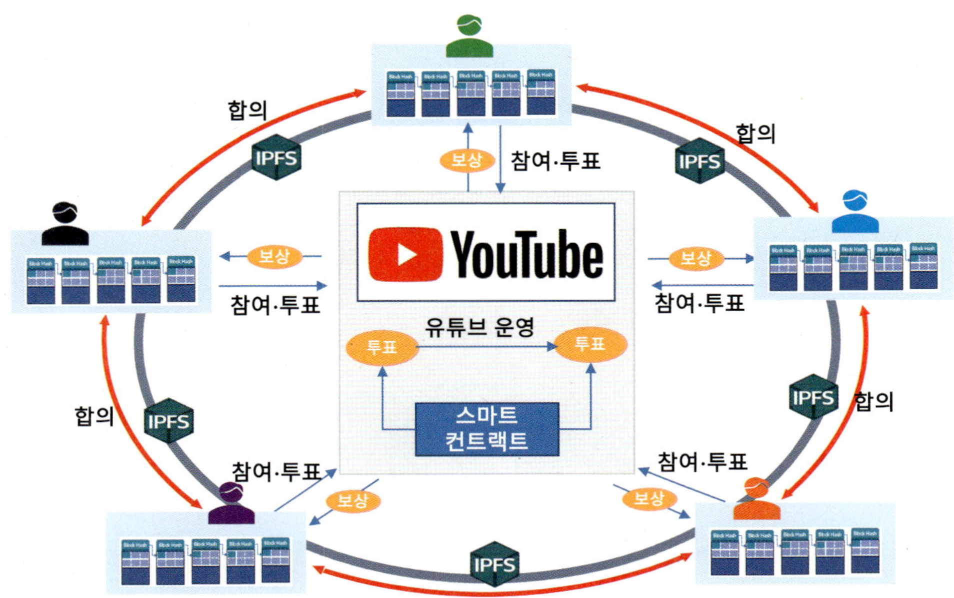

그림 4-74 플랫폼 기반 웹 3.0 개념도

유튜브 생태계의 모든 참여자는 자유롭게 콘텐츠 생산에 참여하고 적절한 보상을 받는다. 보상은 사전 합의된 규칙에 따라 스마트 컨트랙트 기반으로 자동으로 처리된다. 운영방식과 의사결정 과정에는 투표를 이용한다. 시스템 작동에 필요한 제반 인프라(서버, 스토리지, 데이터베이스) 등은 참여자들이 제공하고 기여한 만큼 보상받게 설계한다.

웹 3.0 관점에서 플랫폼을 평가하고 접근하기 위해서는 플랫폼 자체가 아니라 플랫폼을 기반으로 연계되고 작동되는 생태계 전체의 건전성을 평가하는 방식이어야 한다.

4.4.5 가상자산과 웹 3.0

가상자산이 불법 및 투기와 많이 연계되면서 다소 부정적인 이미지를 풍기게 됐다. 더구나 테라 몰락, FTX 파산, 위메이드 이슈 등과 함께 부정적인 인식이 높아진 것도 사실이다. 가상자산에 대한 잘못된 이해와 많은 오해가 문제가 되고 있지만, 비트코인, 코인, 토큰, NFT 등의 가상자산은 특히 미래 웹 생태계에서 아주 중요한 의미와 역할을 지닌다.

그림 4-75는 웹 생태계에서 가상자산(코인, 토큰, NFT)이 활용될 수 있는 분야와 위치를 식별한 것이다.

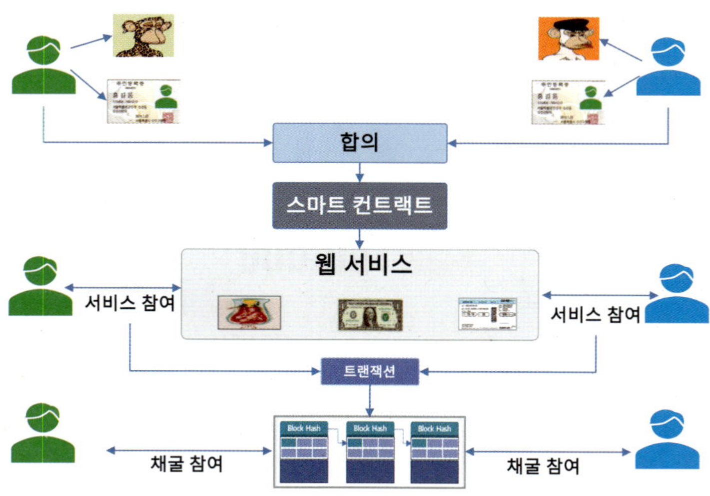

그림 4-75 가상자산 활용 분야 식별

웹 생태계에서 가상자산이 활용될 수 있는 분야로, 이용자의 신분증, 이용자의 아바타, 서비스 이용권, 디지털 작품의 소유권, 가상자산, 거래 매개 수단, 거래 트랜잭션 처리 수수료, 생태계 매개 수단, 채굴 참여 등으로 식별할 수 있다.

그림 4-75를 기준으로 가상자산이 활용될 수 있는 분야를 식별해서 정리하면 그림 4-76과 같다. 관련 내용과 설명은 앞서 충분히 다루었기 때문에 그냥 넘어가겠다.

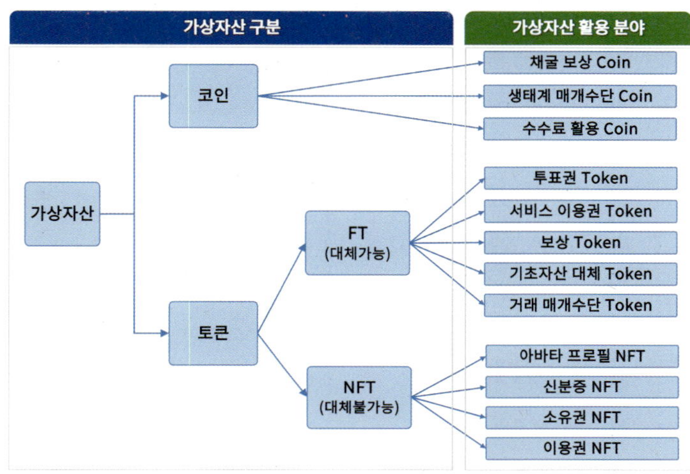

그림 4-76 가상자산 활용 분야

가상자산이 활용될 수 있는 분야에 가상자산을 각각 대입하면 그림 4-77과 같다.

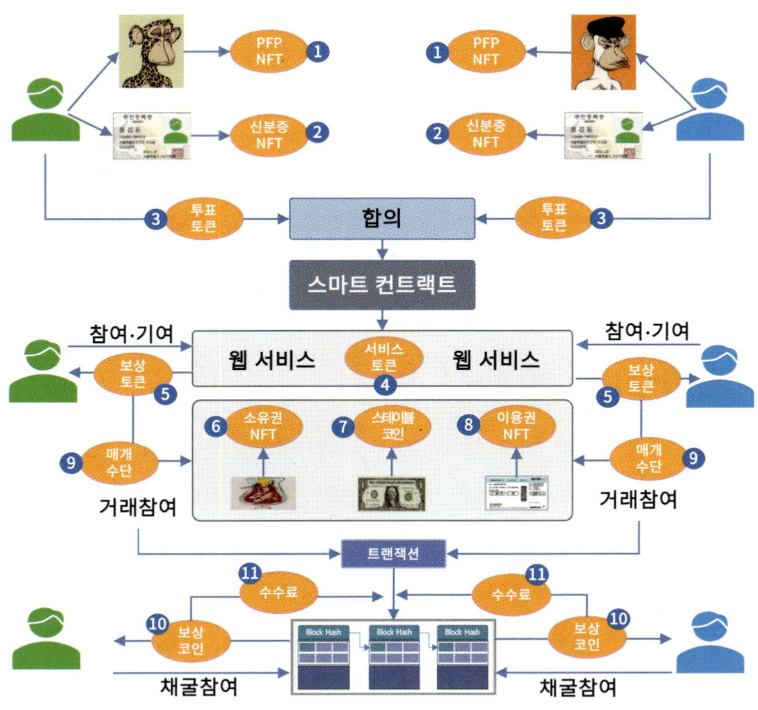

그림 4-77 가상자산 기반 웹 3.0 개념도

그림 4-77을 이해하기 쉽게 표로 정리하면 다음과 같다.

구분		No	활용분야	설명
코인		❿	채굴 보상 Coin	블록체인 참여 및 채굴에 대한 보상으로 지급
		❿	생태계 매개수단 Coin	보상 받은 Coin을 생태계 내에서 매개수단으로 활용
		⓫	서비스 이용권 Coin	활용 사례로 서비스(트랜잭션 처리) 이용권으로 활용
토큰	FT (대체가능)	❸	투표권 Token	투표권리를 상징화하여 토큰으로 발행
		❹	서비스 이용권 Token	서비스 이용권리를 상징화하여 토큰으로 발행
		❺	보상 Token	서비스에 대한 참여·기여 대가로 이용권 토큰 지급
		❼	기초자산 대체 Token	거래가 불편한 기초자산을 상징화하여 토큰 발행
		❾	거래 매개수단 Token	서비스 이용 토큰을 서비스 거래 매개수단으로 활용
	NFT (대체불가능)	❶	아바타 프로필 NFT	메타버스 환경에서 아바타 프로필을 NFT로 발행
		❷	신분 증명 NFT	신분증을 전자적 형태로 상징화한 전자신분증 발행
		❻	소유권 보장 NFT	디지털 작품의 소유권리를 상징화하여 NFT 발행
		❽	이용 권리 NFT	무형의 이용권리를 상징화하여 NFT 발행

가상자산에 대한 잘못된 이해 때문에 가상자산의 진정한 활용 분야와 가치를 이해하지 못하고 있다. 그 때문에 2.3.3절에서 많은 지면을 들여 가상자산을 설명했다. 토큰이나 NFT를 블록체인이나 가상자산 관점에서 이해하면 이해의 폭이 제한된다. 오히려 서비스를 제공하는 웹 환경에서 토큰이나 NFT를 이해해야 그 본질을 이해할 수 있다.

그림 2-69를 다시 한번 살펴보기 바란다. 토큰은 블록체인 이전부터 다양한 서비스 분야에서 이미 사용되고 있었고, 블록체인과 꼭 연계할 필요도 없다. 그리고 NFT는 그냥 토큰으로 간주하는 것이 이해하기 편하다. 토큰과 NFT를 블록체인에서 분리하고 웹 생태계 관점에서 활용 방안을 검토하기 바란다.

4.4.6 웹 3.0의 기술 생태계

마지막으로 웹 3.0 구현에 필요한 기술 생태계를 한번 정리해 보겠다. 먼저 그림 4-78은 웹 3.0 생태계 인프라 측면을 보여준다. 웹 3.0 시대가 도래하더라도 전통적인 브라우저와 웹 서버 구조는 변하지 않는다. 메타버스와 인공지능도 결국 이런 브라우저·웹 서버 구조로 구현되고 서비스될 것이다. 그리고 서비스에서 원활한 거래를 위해 토큰의 적극적 활용이나 토큰 이코노미 구현을 위해 토큰 발행과 스마트 컨트랙트도 중요한 역할이 기대된다. 물론 토큰 이코노미가 잘 구현되기 위해서는 지갑이나 블록체인 같은 인프라도 중요하다. 데이터 분산 및 보완적 필요에 따라 IPFS도 연계될 것이다.

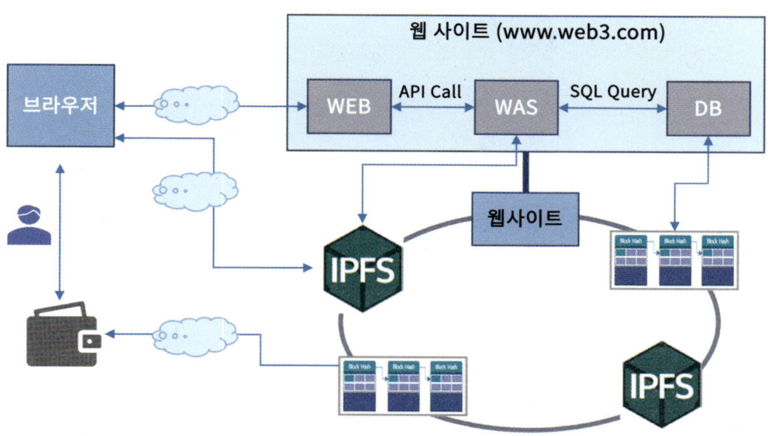

그림 4-78 웹 3.0 구현 인프라 기술

웹 3.0 구현에 필요한 기술 생태계 요소를 식별해서 정리하면 그림 4-79와 같다.

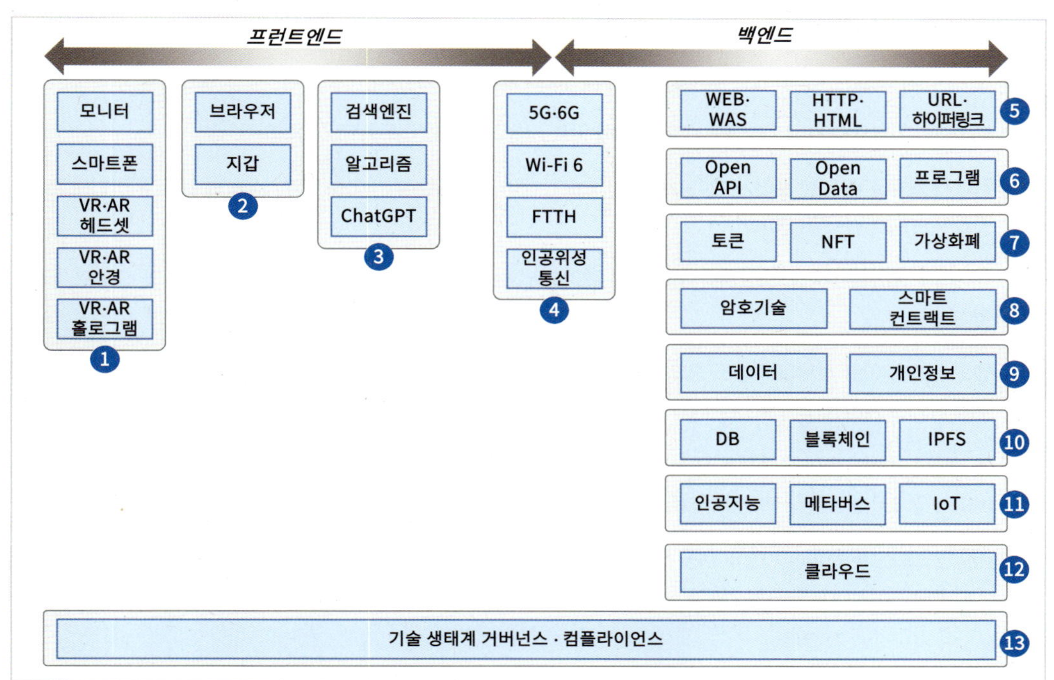

그림 4-79 웹 3.0 구현을 위한 기술 생태계

❶ 웹에 접근하기 위해서는 장치(Device)가 필요하다. PC를 거쳐 최근에는 대부분 스마트폰을 통해 웹에 접근한다. 하지만 메타버스 서비스가 확대되고 VR · AR 헤드셋이 개선되면 웹에 접근하는 장치도 점점 헤드셋이나 웨어러블 디바이스 형태로 바뀔 것이다.

❷ 웹사이트에 접속하기 위해서는 기본적으로 웹 브라우저가 필요하다. MS는 ChatGPT를 자사 웹브라우저인 엣지(Edge)에 장착했다. 브라우저 환경에도 많은 변화가 예상된다. 블록체인이나 가상자산이 보편화되면 지갑 역시 중요한 접속 장치로 그 역할이 기대된다.

❸ 검색엔진 알고리즘은 인공지능과 연계하여 더 고도화될 것이며, 검색엔진과 함께 ChatGPT가 향후 웹 환경에서 중요한 역할이 기대된다.

❹ 웹 서비스는 결국 네트워크 통신을 통해 이루어진다. 따라서 통신과 네트워크 기술의 발전은 웹 서비스 개선 및 확장에 직접적인 영향을 미친다. 특히 대용량 데이터 전송 및 처리가 필요한 메타버스 서비스 구현을 위해서는 통신 기술의 발전이 가장 중요하다.

❺ 이용자가 원하는 정보는 결국 웹사이트에 저장되어 있다. 이용자가 원하는 정보의 저장 및 처리를 위해 WEB 서버와 WAS 서버가 필요하며 HTTP, HTML, URL, Hyperlink 기술은 여전히 중요하다.

❻ 다양한 서비스 로직을 처리하기 위한 프로그램, 프로그램과 데이터를 외부에 공개 및 활용하기 위한 Open API와 Open Data가 활용된다.

❼ 서비스 활성화를 위해 아이템 대체 및 거래 매개 수단으로서 토큰이나 NFT 등 가상화폐도 활성화될 것이다.

❽ 블록체인 기반 서비스나 가상화폐 구현을 위해 암호 기술과 스마트 컨트랙트도 중요하다.

❾ 웹에서 빼놓을 수 없는 분야가 데이터와 개인정보다. 데이터에 대한 주권 이슈나 개인정보의 활용 및 마이데이터 활성화 방안으로 진행될 것이다.

❿ 데이터를 저장할 장치도 중요하다. 전통적인 데이터베이스는 여전히 중요하지만, 점차 블록체인과 IPFS로 확대될 것이다.

⓫ 웹의 미래를 이끌 차세대 기술도 중요하다. 인공지능을 통해 초지능 서비스, 메타버스를 통해 초경험 서비스, IoT를 통해 초연결 서비스가 웹 환경을 더욱 풍성하게 만들 것이다.

⓬ 과거에는 대부분 자체 전산실에 웹 서버 및 인프라 환경을 구성했지만, 이제는 대부분 클라우드로 이전하는 추세다. 따라서 앞으로는 모든 인프라가 클라우드 기반으로 작동할 것이다.

⓭ 기술만으로는 부족하다. 기술의 적용 및 활용 규칙, 제약 요소 등 새로운 생태계 구현을 위한 새로운 형태의 거버넌스와 컴플라이언스도 요구될 것이다.

웹 3.0이
온다

05

웹 3.0 구현 기술 및 구현 방안

4장에서 차세대 웹 구현을 위한 기술 요소들을 개념적으로 살펴봤다. 5장에서는 이런 요소들이 기술적으로 어떻게 작동하는지 살펴보고자 한다. 토큰 · NFT 발행, 지갑, 스마트 컨트랙트, DAO에서의 투표 활동 등을 이해하기 위해서는 기본적으로 암호 기술과 블록체인 기술을 이해해야 한다. 다른 2권의 책[1]을 통해 암호 기술과 블록체인은 자세히 다루었기 때문에 이번에는 핵심 내용만 간단히 살펴보겠다.

5.1절에서는 암호 기술, 블록체인, 스마트 컨트랙트를 기술적 관점에서 이해한다. 5.2절에서는 이런 기술들을 기반으로 프로토콜 경제, 토큰 이코노미, 가상자산 거래 등이 어떻게 구현되는지 알아본다. 마지막으로 5.3절에서는 특정 서비스를 하나 선정하여 서비스 구현을 위해 암호 기술과 블록체인 기술이 실제로 어떻게 활용되는지 이해해 보겠다.

5.1 웹 3.0 구현 기술 이해

비트코인은 완전한 탈중앙 기반 화폐 시스템을 목표로 했다. 그리고 이를 위해 블록체인 기술을 활용했다. 비트코인은 블록체인 기술을 활용하여 완전히 탈중앙화된 시스템을 구현했다. 하지만 현재 블록체인은 완전한 탈중앙시스템 구현에 활용되기보다는 하이브리드 형태나 토큰 · NFT 발행 또는 스마트 컨트랙트 구현 등에 다양하게 연계되어 활용되고 있다. 블록체인 기술을 제대로 이해하기 위해서는 암호 기술에 대한 이해가 필수다. 암호 기술은 블록체인을 이해하는 데도 도움이 되지만, 웹 3.0 서비스 작동 원리를 이해하는 데도 중요한 개념이다.

1 (엮은이) 저자의 도서 『비트코인 · 블록체인 바이블』(위키북스, 2021), 『NFT 실체와 가치』(위키북스, 2022)를 말한다.

5.1.1 암호 기술

비트코인은 암호화폐라고 부를 정도로, 처음부터 끝까지 암호 기술로 이루어져 있다. 비트코인과 블록체인의 형체, 작동원리, 서비스 방식 등 모든 것이 암호 기술과 연계되어 있다. 여기에서는 암호 기술의 가장 기본적인 비대칭키 암호와 해시(Hash) 함수를 이해해 보겠다.

1) 암호 원리와 키(Key) 개념

암호라고 하면 식별 가능한 메시지를 다른 사람이 식별하지 못하게 형태를 변형하고 전송 후 이를 다시 원문으로 복구하는 것을 말한다. 원래 암호는 이처럼 기밀성(숨기는 것)을 목적으로 개발됐지만, 암호 기술의 발전으로 이제는 무결성, 전자서명, 부인방지 등 다양하게 활용되고 있다.

암호의 원리에 대해 간단히 이해해 보자. 고대 로마에서 사용한 시저 암호(Caesar Cipher)는 알파벳을 평행으로 이동시키는 방식으로 암호문을 만들었다. 그림 5-1을 통해 설명하면, 'block'을 암호문으로 만들기 위해 알파벳을 평행으로 3자리 이동하면 'EORFN'이 나온다. 정리하면, block을 3자리 이동하면 EORFN으로 암호화되고 이를 다시 3자리 반대로 이동하면 원문인 block이 나오는 것을 알 수 있다.

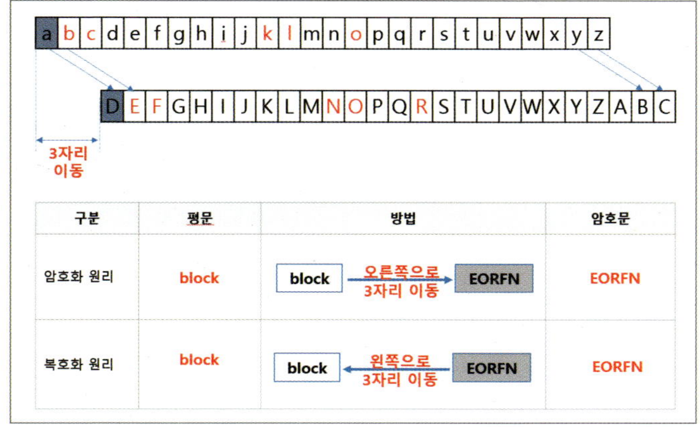

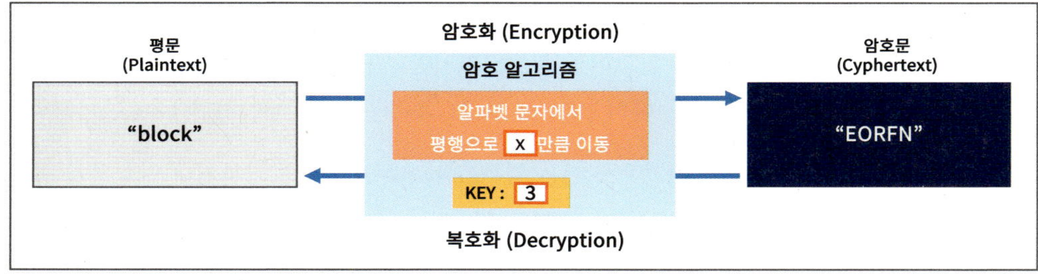

그림 5-1 암호 개념도

그림 5-1 암호 개념도를 정리하면 다음과 같다.

- **평문**: 'block'
- **암호 알고리즘**: 알파벳 문자에서 평형으로 x만큼 이동
- **키(Key)**: '3'
- **암호문**: 'EORFN'

암호 알고리즘은 공개해도 되지만, 키는 인가된 사람 외에는 절대 공개하면 안 된다. 그런데 그림 5-1은 너무 구조가 단순해서 키를 모르더라도 평문과 암호문의 관계 패턴을 계속 관찰하면 쉽게 키가 3이라는 것을 알 수 있다. 따라서 오늘날에는 이렇게 단순하게 설계하지 않는다.

그림 5-2는 조금 더 진화된 암호를 보여준다. 그림 5-1에서는 모든 문자에 하나의 키를 일괄 적용했다면, 그림 5-2는 문자마다 서로 다른 키를 별도로 적용한다.

그림 5-2 암호 키(Key) 개념

'b'는 3자리 이동, 'l'는 4자리 이동, 'o'는 2자리 이동, 'c'는 1자리 이동, 'k'는 1자리 이동했다. 여기에서 키는 '3, 4, 2, 1, 1'이 된다. 암호 알고리즘은 동일하지만, 키가 더 복잡해졌다. 'block'에 '3, 4, 2, 1, 1'을 대입하면 'EORFN'이 되고, 다시 'EORFN'에 '3, 4, 2, 1, 1'을 대입하면 'block'이 된다.

앞으로 '키'를 자주 언급할 것이다. 여기에서 키는 평문을 암호문으로 암호화하거나 암호문을 평문으로 해독하기 위한 비밀번호 정도로 이해해도 좋다.

2) 비대칭키 암호 이해

초기에는 기밀성 목적의 대칭키라는 암호를 사용했다. 그런데 키 배송 문제로 비대칭키 암호가 소개됐고 현재는 비대칭키를 많이 사용한다. 비대칭키의 소개로 그 활용이 기존 기밀성에서 다양한 용도로 확대됐다. 하지만 비대칭키는 처리 속도 등의 이슈도 있어 현재는 대칭키와 비대칭키를 혼용 또는 하이브리드 형태로 사용한다.

대칭키와 비대칭키 이해

키 개념을 이해했으니 암호 작동 절차를 이해해 보자. 평문을 암호화할 때 키가 필요하다. 그림 5-3에서처럼 암호화할 때의 키와 복호화할 때의 키가 동일한 경우를 '대칭키'라고 한다. 그림 5-3은 대칭키가 작동하는 원리와 그 한계점을 보여준다.

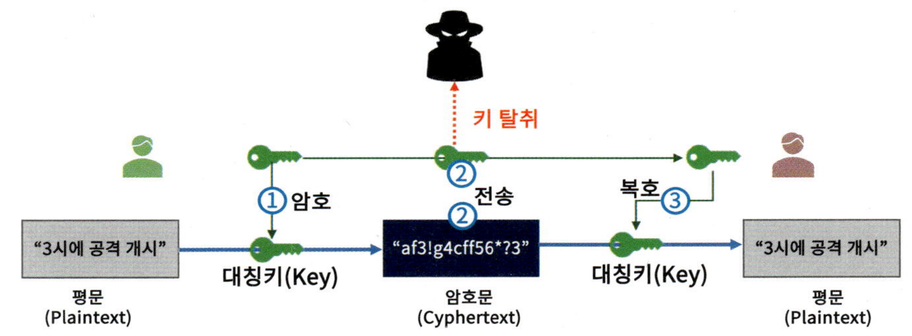

그림 5-3 대칭키 작동 절차 및 한계점

송신자는 대칭키를 이용하여 평문을 암호문으로 암호호화하고 암호문과 키를 함께 수신자에게 전달한다. 수신자는 전달받은 키를 이용하여 암호문을 평문으로 복호화한다. 그런데 키가 절대 공개되면 안 되는데, 그림 5-3에서처럼 키가 수신자에게 전달되는 과정에서 탈취될 염려가 있다. 이를 '키 배송 문제'라 한다.

이런 키 배송 문제를 해결하기 위한 방안으로 개발한 것이 '비대칭키' 암호 기술이다. 비대칭키는 쉽게 암호화에 쓰이는 키와 복호화에 쓰이는 키가 서로 다르다. 비대칭키는 2개의 키(공개키, 개인키)를 발행하는데, 공개키와 개인키는 서로 쌍의 관계로서 수학적으로 밀접하게 연관되어 있어 공개키로 암호화하면 쌍의 관계인 개인키로만 해독이 가능하고 반대로 개인키로 암호화하면 공개키로만 해독된다. 그리고 공개키는 외부에 공개하고 개인키는 오직 본인만 간직하면서 외부에 절대 공개해서는 안 된다. 마치 통장번호는 송금하는 사람에게 공개하지만, 통장 비밀번호는 절대 외부에 공개하지 않는 것과 같다. 그림 5-4는 비대칭키의 작동원리를 설명하고 키 배송 문제의 해결 방안을 제시한다.

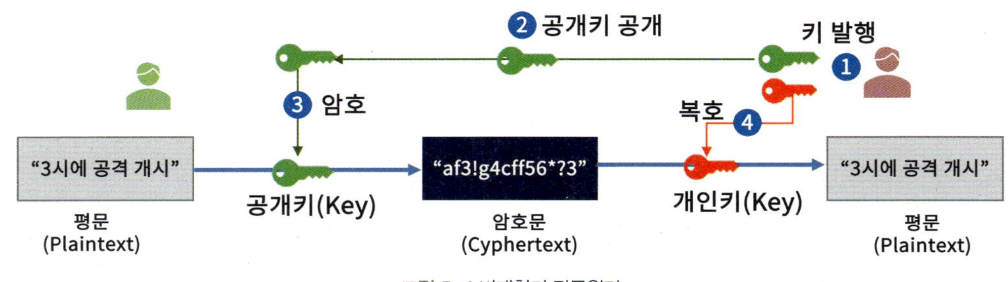

그림 5-4 비대칭키 작동원리

❶ 암호문을 전달받은 쪽(수신자)에서 비대칭키(개인키와 공개키)를 발행

❷ 공개키만 송신자에게 전송

❸ 송신자는 공개키를 이용하여 평문을 암호문으로 암호화하여 전송

❹ 수신자는 본인만 간직하고 있는 개인키를 통해 복호화

비대칭키에서는 암호화키와 복호화키가 서로 다르기 때문에 암호화키를 배송할 필요가 없어 키 배송 문제를 해결할 수 있다.

비대칭키의 특징 및 활용

비대칭키의 중요한 특징을 2가지로 요약할 수 있다. 첫째, 개인키와 공개키는 서로 쌍의 관계라는 것과 둘째, 공개키는 외부에 공개가 가능하지만 개인키는 절대 공개하면 안 된다는 것이다.

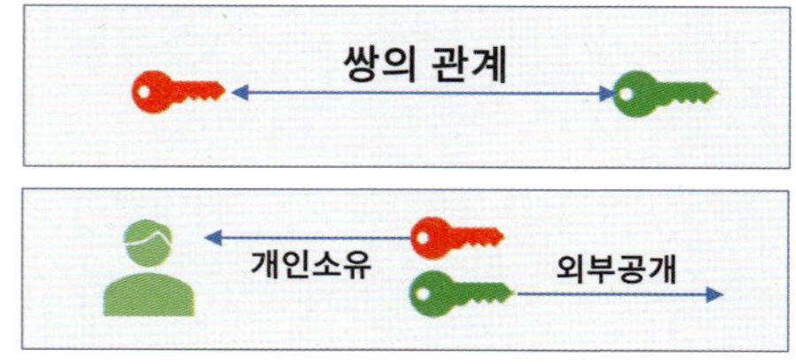

그림 5-5 비대칭키 특징

비대칭키는 원래 대칭키의 키 배송 문제 해결을 위해 개발됐지만, 비대칭키가 지닌 독특한 특징 때문에 다양하게 활용된다. 비대칭키는 크게 안전한 전송, 전자서명, 부인방지 등의 목적으로 활용된다. 여기서는 안전한 전송과 전자서명만 살펴보겠다. 그림 5-6은 비대칭키를 활용한 사례다.

그림 5-6에서 2가지 사례를 자세히 살펴보면, 키를 발행하는 사람이 서로 다르다. 안전한 전송 목적으로 활용할 경우에는 수신자가 키를 발행해서 공개키를 송신자에게 공개한다. 전자서명 목적으로 활용할 경우에는 송신자(서명자)가 키를 발행해서 공개키를 수신자(검증자)에게 전송하는 절차를 따른다.

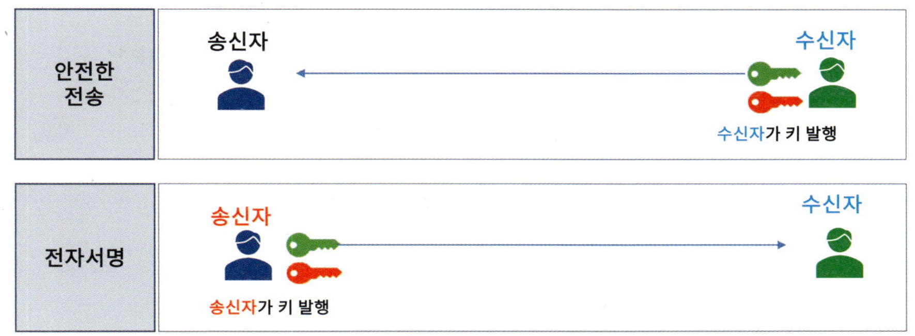

그림 5-6 비대칭키 2가지 활용 방안

안전한 전송은 앞서 살펴봤기 때문에 그림 5-7에서 전자서명만 추가로 설명해 보겠다. 전자서명 개념은 뒤에서 설명하기로 하고 먼저 키를 어떻게 활용하는지 살펴보자.

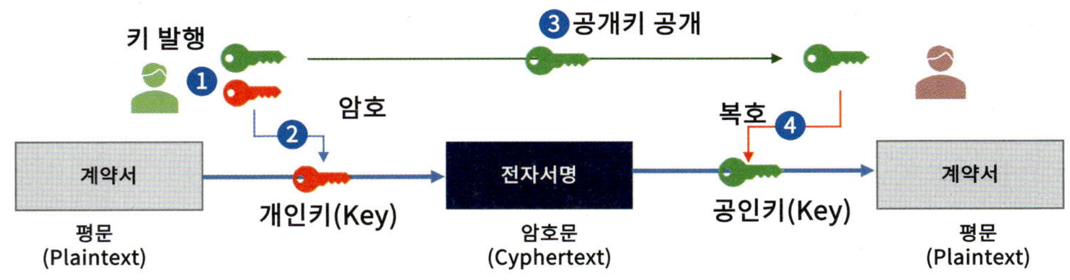

그림 5-7 비대칭 활용 전자서명 개념도

❶ 송신자(서명자)가 공개키와 개인키를 발행

❷ 송신자(서명자)는 개인키를 이용하여 계약서를 암호화(서명)

❸ 계약서, 전자서명, 공개키를 수신자(검증자)에게 전달

❹ 수신자(검증자)는 공개키를 이용하여 전자서명 검증

전자서명 개념

요즘엔 계약서에 서명을 많이 이용하지만, 설명하기 쉽게 인감도장을 사례로 들어 설명해 보겠다. 그림 5-8은 인감도장과 비대칭키를 활용한 서명과 검증 과정을 보여준다.

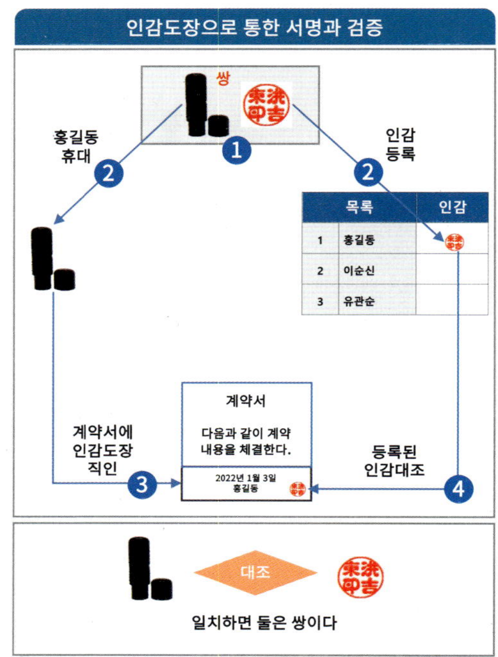

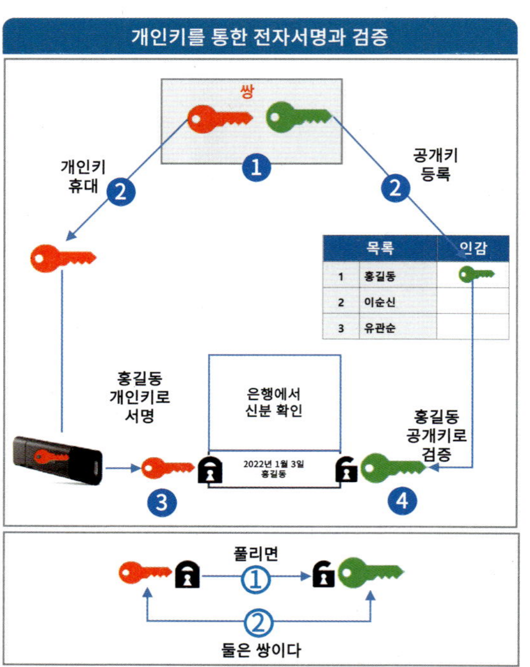

그림 5-8 인감도장과 비대칭키를 통한 전자서명 비교

먼저 그림 5-8의 왼쪽 그림을 살펴보자.

❶ 인감도장과 인감은 서로 쌍의 관계다.

❷ 홍길동은 인감을 등기소에 등록하고 인감도장은 오직 본인만 간직한다.

❸ 계약서에 서명이 필요할 경우 홍길동은 인감도장으로 날인한다.

❹ 홍길동의 인감도장이 맞는지 확인하기 위해 등기소 홍길동의 인감과 대조를 통해 진위 여부를 확인한다.

그림 5-8의 오른쪽 그림은 공개키와 개인키를 이용해서 서명하는 방식인데, 인감도장 방식과 아주 유사하다. 그리고 이렇게 비대칭키를 사용하는 것은 우리가 이미 사용하는 방식이다. 바로 공동인증서(과거 공인인증서)다. 우리가 공인인증서를 신청하면 관계 기관은 공개키와 개인키를 발행해 준다. 공개키는 PKI라는 공개키 저장소에 저장하고 개인키는 개인에게 발급하여 보통 USB 메모리에

담아 휴대한다. 그러다가 은행 등에 본인 신분 인증이나 전자서명이 필요한 경우 USB 메모리에 담긴 개인키를 제시하면 PKI에서 쌍의 관계인 공개키를 가져와 서로 대조하는 방식으로 검증한다.

전자서명은 우리가 종이 계약서에 서명하는 것과 동일한 개념이다. 단지 전자적 방식으로 서명할 뿐이다. 전자서명을 설명하기 전에 서명의 의미를 이해해 보자. 우리가 계약서에 서명한다는 것은 계약 내용에 대한 동의의 표시이며, 계약 관계가 해당 날짜에 존재했다는 것에 대한 확약이고, 계약 내용에 대한 이행을 보증하겠다는 약속이다. 그럼 어떤 방식으로 표시하고 확약하고 약속하는 것이 좋을까? 나중에 문제가 발생했을 때 내가 서명한 적이 없다고 발뺌해 버릴 수도 있다. 그래서 이런 것을 방지하기 위해서 오직 당사자만 할 수 있거나 당사자만 소유하고 있는 것으로 서명한다. 독특한 필체의 서명은 다른 사람이 흉내 내기 어렵기 때문에 그 사람이 서명했다는 것을 보증할 수 있다. 우리나라에서는 중요한 계약에 서명 대신 인감도장을 많이 사용한다. 인감도장은 오직 본인만 간직하고 있기 때문에 본인이 했다는 것을 보증할 수 있기 때문이다. 정리하면, 서명은 오직 본인만을 특정할 수 있는 장치(서명 또는 인감도장)를 이용하여 확약을 표시하는 것이다.

그림 5-9는 전자서명의 개념을 보여준다. 왼쪽 그림은 종이 계약서에 본인만 소유한 인감도장으로 직인하는 방식으로 본 계약서에 대한 동의 및 이행 약속을 의미한다.

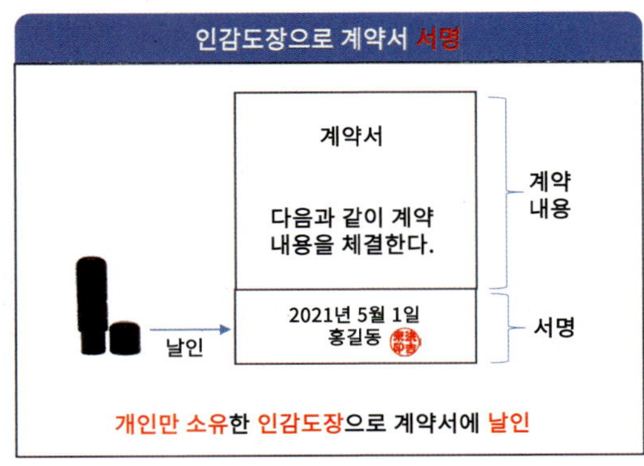

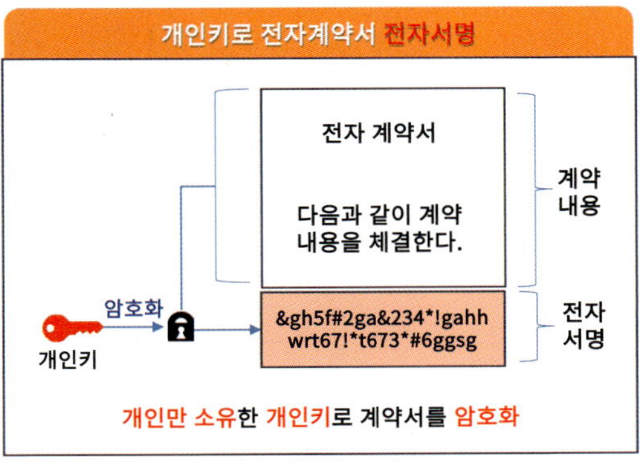

그림 5-9 전자서명 개념

그런데 전자문서 및 전자계약서에는 인감도장을 직접 날인할 수 없다. 따라서 전자계약서의 경우에는 전자서명이라는 방식을 이용한다. 전자서명은 일반 서명과 원리는 유사하지만 다른 방식을 취한다. 디지털 형태의 전자계약서를 작성했다면, 서명자는 본인만 소유하고 있는 개인키로 전자계약서를 암호화한다. 즉, 전자계약서를 개인키로 암호화하면 암호문이 생성되는데, 그 암호문이 바로 전자서명이 된다.

전자서명 및 검증 절차를 그림 5-10을 통해 상세히 알아보자.

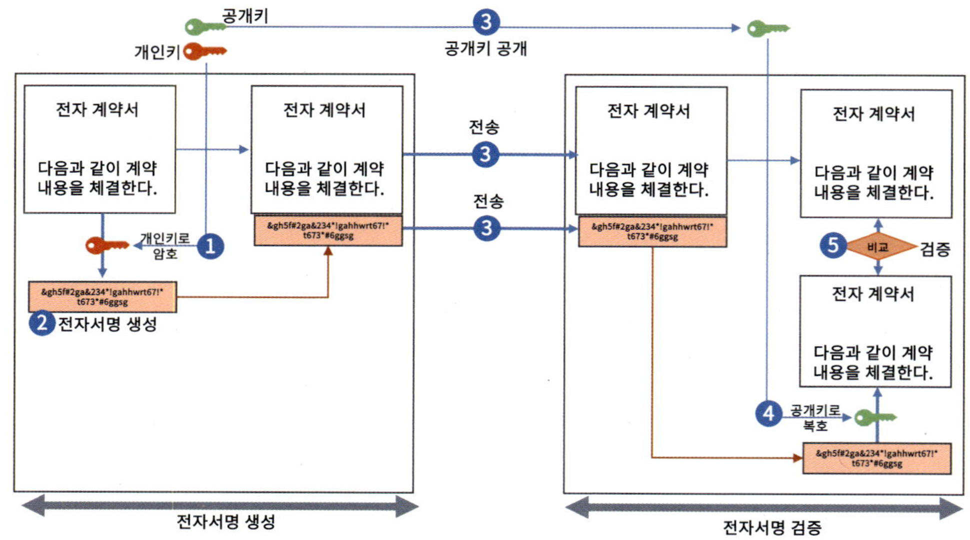

그림 5-10 전자서명 생성 및 검증 상세 절차

❶ 서명자는 본인이 간직하고 있는 개인키로 전자계약서를 암호화한다.

❷ 전자계약서를 개인키로 암호화한 암호문이 바로 전자서명이다.

❸ 서명자는 전자계약서와 전자서명, 그리고 공개키를 함께 외부에 공개한다.

❹ 검증자는 공개된 공개키로 전자서명을 복호화한다.

❺ 복호화된 전자계약서와 원본 전자계약서를 상호 비교하여 일치하면 전자서명이 맞다는 것이 검증된다.

비대칭키의 2가지 활용에 대해 살펴봤는데, 정리하면 다음 표와 같다.

암호 기술	기능	비대칭키 세부 역할	
비대칭키	데이터의 안전한 전송	공개키 (암호)	전송 전 데이터 암호
		개인키 (해독)	전송 후 데이터 해독
	전자서명 및 검증	개인키 (해독)	전자서명 생성
		공개키 (암호)	전자서명 검증

3) 해시(Hash) 이해

해시(Hash)는 블록체인을 이해하는 데 있어 아주 중요한 개념이다. 블록체인의 구조적 형체와 POW 작동원리가 모두 해시(Hash) 기술에 기반한다.

양방향 암호와 일방향 암호

해시를 이해하기 위해서는 먼저 양방향 암호와 일방향 암호를 구분해서 이해할 필요가 있다. 양방향 암호는 암호화 과정과 복호화 과정이 모두 존재하는 암호를 말한다. 암호화를 했으면 당연히 복호화 과정이 필요하다. 이를 양방향 암호라고 한다. 앞서 살펴본 대칭키 암호와 비대칭키 암호가 양방향 암호에 속한다.

그런데 암호화만 되고 복호화가 안 되는 암호도 있다. 이를 일방향 암호라고 한다. 얼핏 이해되지 않을 수 있다. 복호화가 안 된다면 무슨 의미가 있겠는가 하겠지만, 일방향 암호도 중요한 역할과 기능을 수행한다.

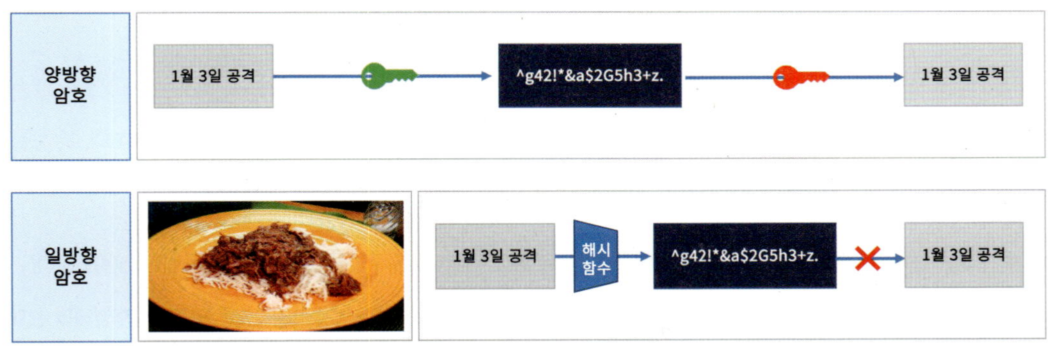

그림 5-11 양방향 암호와 일방향 암호(Hash)

일방향 암호의 대표적인 사례가 바로 해시(Hash)다. 해시는 원래 '고기와 감자를 잘게 다져 섞어 만든 요리'를 가리킨다. 고개를 잘게 갈아버렸기 때문에 더 이상 원형으로 복구할 수 없다는 의미인데, 암호에서의 해시도 한 번 암호화하면 다시 원형으로 복호화할 수 없다는 의미에서 일방향 암호라 한다.

해시 개념 이해

해시 함수는 개념적으로 '임의의 데이터를 입력했을 때 고정된 길이의 데이터를 출력하는 함수'로 정의된다. 하지만 이는 개념적인 정의일 뿐 다양한 특징과 활용성을 지닌다.

해시를 쉽게 이해하기 위해 비유를 통해 설명해 보겠다. 그림 5-12를 보면, 해시의 개념이 주민등록번호와 유사하다는 것을 보여준다.

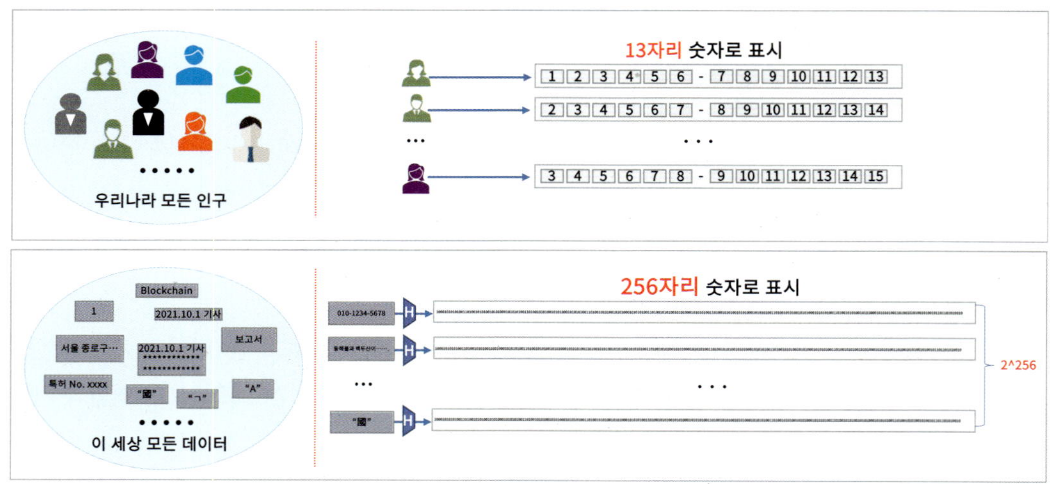

그림 5-12 해시(Hash) 개념도

우리나라에서는 대한민국 국민으로 출생하면 13자리로 구성된 주민등록번호가 부여된다. 주민등록번호를 부여하는 이유는 국민 개개인을 고유하게 식별하기 위한 목적이다. 주민등록번호의 특징을 한번 정리해 보자.

❶ 국민 한 사람 한 사람에게 고유한 식별번호(주민등록번호)가 부여된다. 주민등록번호가 서로 동일한 경우는 없다.

❷ 주민등록번호는 랜덤(random)하게 부여된다. (과거에는 지역에 기반하여 번호가 부여됐지만, 법이 개정되어 현재는 뒷부분 번호가 랜덤하게 부여된다.)

❸ 랜덤하게 부여됐기 때문에 주민등록번호를 보고 그 사람의 신원을 유추하는 것은 불가능하다.

주민등록번호의 특징을 앞서 정의한 해시 개념(임의의 데이터를 입력했을 때 고정된 길이의 데이터를 출력하는 함수)에 대입해서 살펴보겠다.

❶ 어떤 데이터를 입력하더라도 그 데이터를 고유하게 식별할 수 있는 값이 출력된다. 이를 다르게 표현하면, 입력값이 조금만 바뀌어도 출력값(해시값)은 완전히 달라진다.

❷ 어떤 입력값에 대해 출력값은 랜덤하게 결정된다.

❸ 출력값을 보고 입력값을 유추하는 것은 불가능하다.

해시의 특징 이해

앞서 정리한 해시의 특징이 활용 측면에서 어떤 의미가 있는지 살펴보겠다. 먼저 '출력값이 랜덤하게 결정된다'는 특징이다. 해시의 랜덤 특징과 그 활용을 이해하기 위해 그림 5-13처럼 주사위 던지기와 비유해 보겠다.

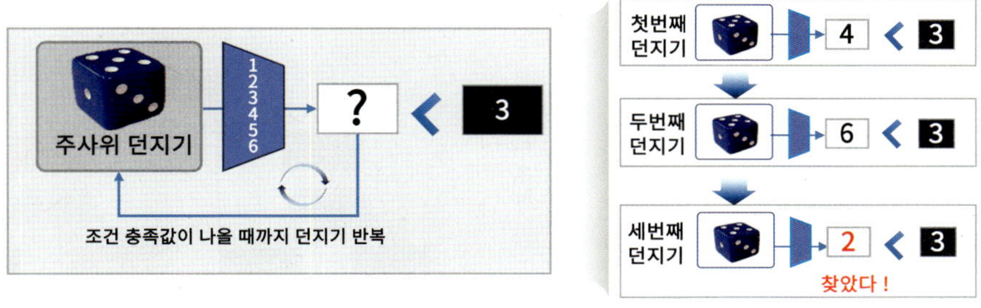

그림 5-13 해시 특징 - 1) 랜덤

주사위 던지기는 대표적인 랜덤(무작위) 특징을 지닌다. 주사위의 이런 랜덤 특징을 활용하여 게임을 하나 구상해 볼 수 있다. 예를 들어 친구들끼리 모여 주사위를 던져 '3'보다 작은 값이 먼저 나오는 사람이 이기는 게임을 한다고 가정해 보자. 주사위는 랜덤하게 나오기 때문에 게임에 참여한 사람들은 3보다 작은 값이 나올 때까지 열심히 주사위를 계속 던질 것이다.

앞서 그림 2-79에서 살펴본 POW도 해시의 랜덤 특징을 이용한 일종의 게임이라고 볼 수 있다. 해시값이 랜덤하게 결정되기 때문에 목푯값보다 작은 값을 빨리 찾을 수도 있고 늦게 찾을 수도 있다. 앞서 목푯값보다 작은 해시값을 찾게 되면 비트코인이 채굴되어 보상으로 지급된다고 설명했다.

그림 5-14는 비트코인이 채굴되는 시간을 그래프로 나타낸 것이다. 일반적으로 약 10분 단위로 채굴되는 것으로 알려졌지만, 그림을 보면 적게는 5분, 많게는 48분이 소요되기도 한다. 이렇게 비트코인 채굴 시간이 들쑥날쑥한 것은 바로 해시의 랜덤 특징을 이용해서 채굴 게임을 하기 때문이다.

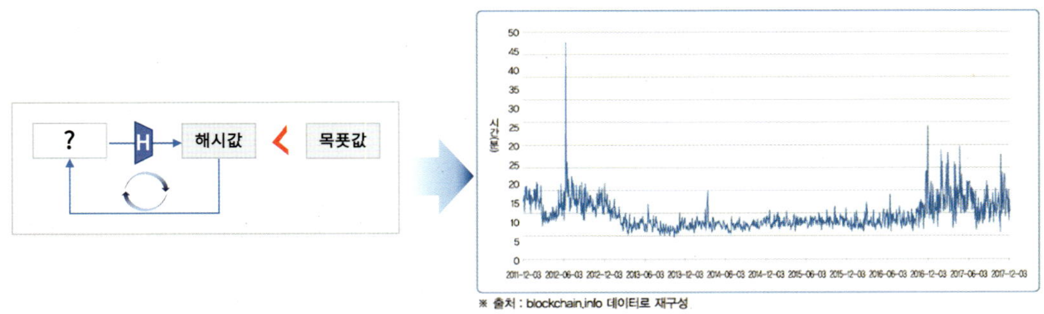

그림 5-14 해시의 랜덤 특징을 활용한 비트코인 채굴

다음으로 '입력값이 조금만 바뀌어도 출력값이 완전히 달라진다'는 특징을 살펴보겠다. 어떤 입력값을 해시 함수에 대입하면 임의의 값이 출력되는데, 입력값이 조금만 변해도 출력값은 완전히 달라진다. 그림 5-15의 왼쪽 그림을 보면, '블록체인'에서 '.' 하나만 달라져도 결괏값(해시값)이 완전히 달라지는 것을 확인할 수 있다.

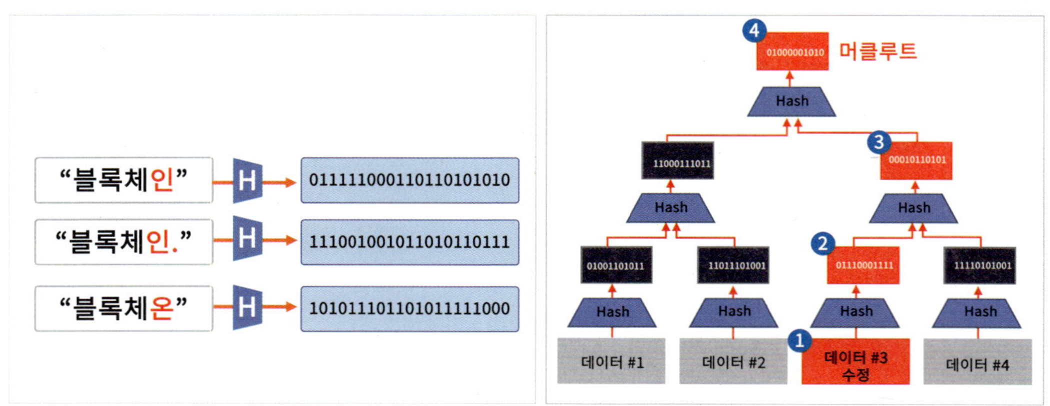

그림 5-15 해시 특징 - 2) 입력값의 사소한 변경에 민감 반응

오른쪽 그림은 해시를 이용해서 머클트리를 구성하는 것을 보여준다. 회사 서버에 수많은 회사 데이터 파일이 저장되어 있는데, 각 데이터 파일이 변경됐는지를 매일 확인해야 하는 상황을 가정해 보자. 일반적인 상황에서는 각 데이터 파일을 하나씩 검토해서 수정 여부를 확인해야 할 것이다. 그런데 각 데이터 파일의 해시값을 구하고 2개의 해시값을 더해서 다시 하나의 해시값을 구하는 방식으로 연결하면 그림 5-15의 오른쪽 그림처럼 구성할 수 있다. 이를 머클트리(Merkle Trees)라고 한다. 그리고 머클트리의 최상단에 위치한 해시값을 머클루트(Merkle Root)라고 한다. 이런 구조는 앞서 그림 2-77을 통해 간단히 살펴봤다. 이런 머클트리 구조가 블록을 구성할 때 실제로 사용된다. 이런 머클트리 구조를 활용하면 참 유용할 때가 많다. 먼저 그림 5-15에서 ❶ 3번 데이터 파일이 수정됐다면 ❷ 3번 데이터 파일에 대한 해시값도 수정될 것이며, ❸ 그 해시값이 포함된 상위 해시값도 수정될 것이며, ❹ 결국 최상위 값도 변하게 된다. 머클트리 구조에서는 최상단의 머클루트 값의 변화 여부만으로 서버에 있는 모든 파일의 수정 여부를 확인할 수 있게 된다. 머클트리는 입력값의 사소한 변경에도 출력값이 완전히 달라진다는 해시의 특징을 활용한 것이다.

4) 암호 기술 활용

앞서 비대칭키의 활용 방안을 표로 정리했는데, 여기에 추가하여 비대칭키가 비트코인과 블록체인에서 어떻게 활용되는지를 정리하면 다음 표와 같다.

암호 기술	기능	비대칭키 세부 역할		비대칭키 활용 (비트코인 사례)	
비대칭키	데이터의 안전한 전송	공개키 (암호)	전송 전 데이터 암호	공개키 (암호)	비트코인 송금 주소 역할
		개인키 (해독)	전송 후 데이터 해독	개인키 (해독)	수신된 비트코인 접근 비밀번호 역할
	전자서명 및 검증	개인키 (해독)	전자서명 생성	개인키 (해독)	비트코인 송금 트랜잭션 전자서명
		공개키 (암호)	전자서명 검증	공개키 (암호)	네트워크에 전파된 트랜잭션 검증

그리고 해시가 블록체인에서 활용되는 방안은 앞서 살펴봤던 그림 2-77, 2-78, 2-79를 참조하기 바란다.

5.1.2 블록체인 기술

이번에는 블록체인 기술에 대해 알아보겠다. 2.3.4절에서 블록체인에 대해 개념적 · 구조적으로만 살펴봤는데, 이번 장에서는 작동원리와 작동 절차 관점에서 좀 더 자세히 살펴보겠다.

1) 블록체인 작동원리

앞서 블록은 장부와 유사하다고 했다. 블록은 Body, Header, Block Hash로 구성된다.

- Body: 트랜잭션(거래내역)이 모두 저장되는 영역
- Header: 트랜잭션에 대한 요약 및 블록 관련 정보 포함
- Block Hash: 해당 블록을 하나의 값으로 표현

Header는 다시, 이전블록 Hash, 머클루트, 버전, 타임, 난이도, Nonce로 구성된다. 그림 5-16은 블록이 완성되어 가는 절차를 보여준다. 장부도 처음에는 모두 비어 있는 상태지만, 단계적으로 채워가는 것과 유사하게, 블록도 단계적으로 빈 공간을 채워 나가면서 최종 완성되는 절차로 진행한다.

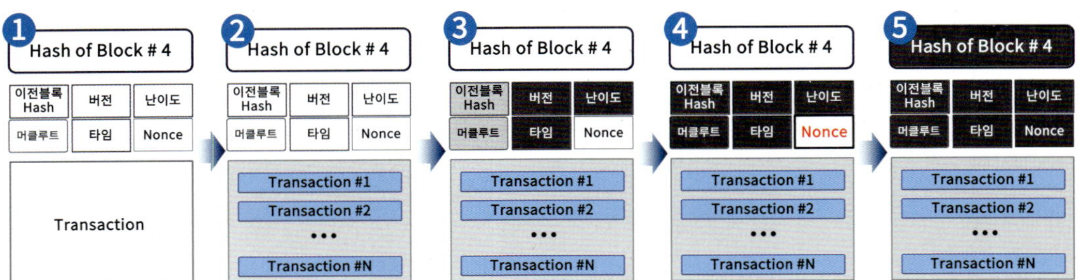

그림 5-16 블록의 완성 절차

❶ 블록이라는 장부가 모두 비어 있는 상태

❷ 거래내역(트랜잭션)이 모두 Body에 채워진 상태

❸ Body가 모두 채워지면 '머클루트' 값이 결정되고, 이전 블록의 해시값을 가져와서 '이전블록 Hash'가 결정되며 버전, 난이도, 타임은 시스템적으로 주어짐

❹ 다른 영역은 모두 채워졌고 'Nonce' 값과 Block Hash만 비어 있는 상태

❺ Nonce 값이 결정되면 Block Hash까지 최종 결정되어 장부가 완성됨

❸ 단계에서 머클루트 값이 결정되는 과정은 앞선 그림 2-77를 참조하길 바라며, '이전블록 Hash'가 결정되는 과정은 그림 2-78을 다시 한번 참조하길 바란다.

이제 ❺ 단계에서 Nonce 값과 Block Hash가 결정되는 과정을 설명해 보겠다. 그림 5-17은 Nonce 값을 찾는 원리를 보여준다.

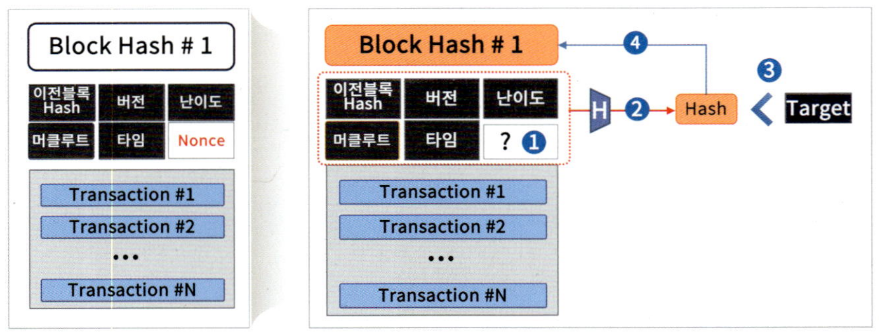

그림 5-17 블록의 논스(Nonce) 결정 과정

Header의 6개 항목을 모두 더한 값을 해시 함수에 대입했을 때 나온 해시값이 시스템적으로 정의된 목푯값보다 작으면 조건이 충족되어 Block Hash가 결정된다. 그런데 현재 Nonce 값은 아직 정해지지 않은 상태이기 때문에 목푯값보다 작은 해시값이 나오는 Nonce 값을 찾으면 된다.

그럼 Nonce 값을 어떻게 구하는지 그림 5-18을 통해 설명해 보겠다. Nonce 값을 찾는 과정은 앞선 그림 5-13에서 설명한 주사위 던지기 게임과 유사하다. 랜덤한 결괏값이 나오는 주사위 던지기를 통해 목푯값인 3보다 작은 값이 나오면 이기는 게임이라고 한다면 목푯값보다 작은 값이 나올 때까지 던져보는 방법밖에 없다.

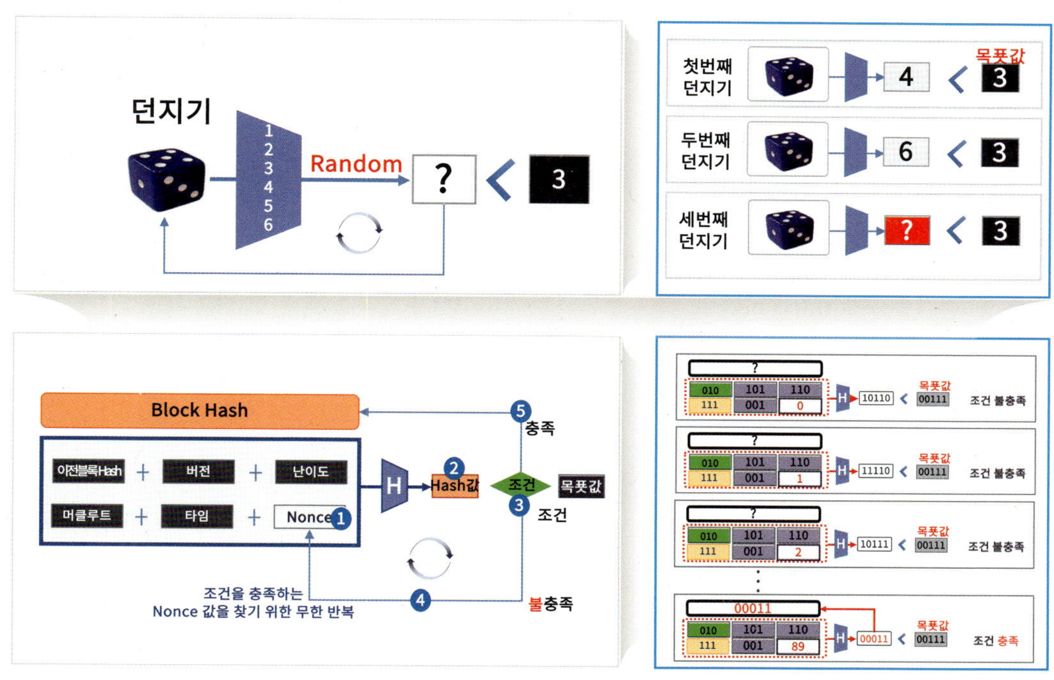

그림 5-18 작업증명(POW) 개념도

해시의 특징은 랜덤이기 때문에 Header의 6개 구성항목에 대한 해시값이 목푯값보다 작은 값을 찾기 위해서는 Nonce 값을 0부터 차례대로 대입해 보는 방법밖에 없다.

먼저, Nonce에 '0'을 대입해 본다. 0을 대입했을 때 Header의 해시값이 목푯값보다 커서 조건을 충족하지 못한다. 다시 Nonce에 '1'을 대입해서 Header의 해시값이 목푯값보다 작은지 체크해 본다. Header의 해시값이 목푯값보다 작은 값이 나올 때까지 계속 Nonce 값을 갱신하면서 해시값을 구해 봐야 한다. Nonce에 '89'를 대입했더니 해시값이 목푯값보다 작았다. 드디어 해시값이 목푯값보다 작다는 것을 충족하는 Nonce 값을 찾았다. 이때 Nonce 값은 89로 결정되고, Nonce 값을 89로 해서 나온 해시값(00011)이 Block Hash로 결정된다.

여기에서 목푯값보다 작은 해시값을 충족하기 위한 Nonce 값을 찾는 과정을 작업(Work)이라고 하고 조건을 충족하는 Nonce 값은 작업을 수행해서 완료했다는 증명, 즉 작업증명(Proof Of Work)이라고 한다. 랜덤의 특성상, Nonce 값은 단 한 번에 쉽게 찾을 수 있는 값이 아니다. 수많은 작업을 수행해야만 찾을 수 있다. 따라서 조건을 충족하는 Nonce 값을 찾았다는 것은 수많은 (연산) 작업을 완료했다는 증거, 즉 작업증명이 되는 것이다. 비트코인에서는 Nonce 값을 가장 먼저 찾게 되면, 바꿔 말하면 힘든 작업을 가장 먼저 완료했다는 것을 증명하면 비트코인이 채굴되어 보상으로 지급된다. 이를 채굴이라고도 한다.

2) 블록체인 작동 절차

이번에는 블록체인 작동 절차에 대해 알아보겠다. 작동 절차 설명에 앞서 노드에 대한 배경지식이 필요하다. 컴퓨터에 'Bitcoin Core'라는 비트코인 프로그램을 설치하게 되면 비로소 비트코인 네트워크에 참여할 수 있다. 이렇게 네트워크에 참여한 컴퓨터를 '노드(Node)'라고 한다. 그림 5-19 왼쪽 그림은 노드의 구성과 블록 생성 절차를 보여준다. 오른쪽 그림은 이런 노드들이 네트워크를 통해 연결된 모습이다.

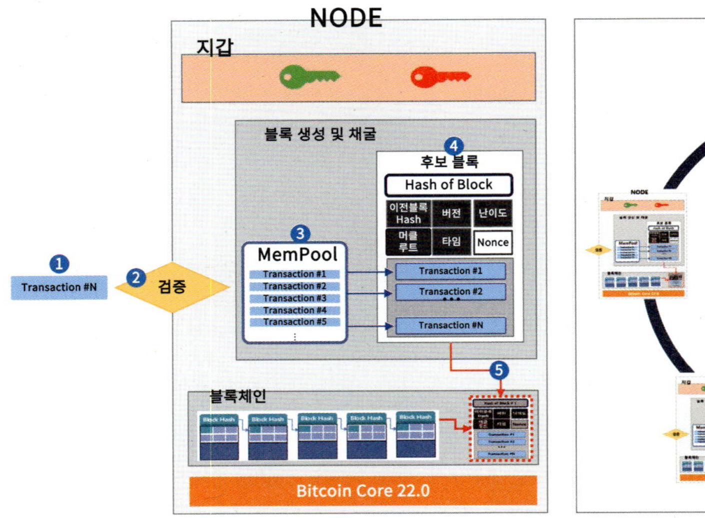

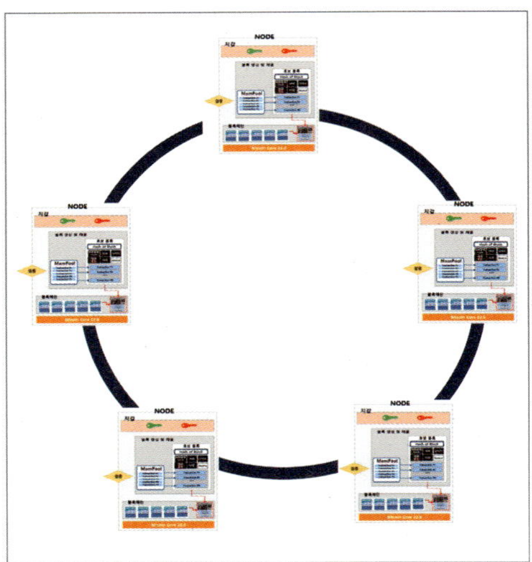

그림 5-19 노드의 구성 및 블록 생성 절차

Bitcoin Core라는 프로그램이 설치된 노드(Node)에는 기본적으로 지갑과 블록체인이 저장되어 있다. 이에 추가하여 새로운 트랜잭션이 생성됐을 때 이를 검증하고 블록을 생성하는 메커니즘이 설계되어 있다.

새로운 트랜잭션이 생성되어 블록을 만들고 블록체인에 연결되는 과정을 살펴보자.

1. **트랜잭션 생성**: 비대칭키를 이용하여 새로운 트랜잭션을 생성한다.
2. **검증 메커니즘**: 생성된 트랜잭션은 네트워크를 통해 참여한 모든 노드에 전파되며, 각 노드는 전파된 트랜잭션이 정상적인 트랜잭션인지를 검증한다.
3. **MemPool**: 트랜잭션이 전파되어 검증 과정을 마치면, 우선 'MemPool'이라는 임시 저장소에 저장되어 대기한다.
4. **후보블록**: 일정시간 동안 MemPool에 트랜잭션이 쌓이면, 각 노드는 후보블록을 생성하여 MemPool에 대기 중인 트랜잭션들을 후보블록 Body에 저장시킨다. 후보블록은 Nonce 값이 아직 결정되지 않는 상태를 의미한다. 네트워크에 참여한 모든 노드는 각자의 후보블록(Nonce 값이 결정되지 않은 블록)을 생성한 상태다. 네트워크에 참여한 노드들은 Nonce 값을 찾기 위한 경쟁에 돌입하고 Nonce 값을 가장 먼저 찾은 노드의 후보블록이 대표블록으로 선정된다.
5. **블록체인**: 대표블록이 선정되어 전파되면 각 노드는 이미 저장 중인 기존 블록체인에 추가하여 블록체인을 갱신해 나간다.

노드의 구성과 블록체인 절차를 간단히 살펴봤는데, 이제 블록체인 작동 절차를 단계별로 상세히 알아보겠다.

(1) 초기 블록체인

네트워크에 참여한 모든 노드는 각자 블록체인을 저장하고 있고 블록체인이 모두 동기화된 상태다.

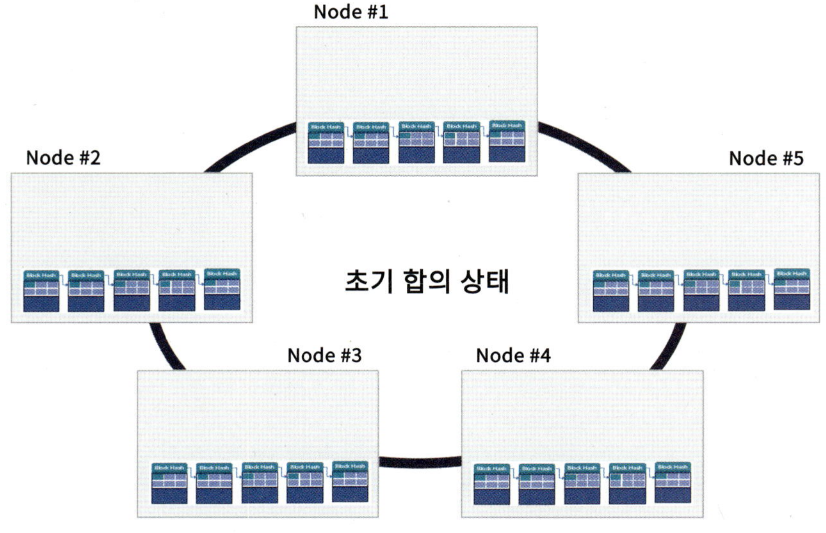

그림 5-20 블록체인 작동 절차 – 1) 초기 블록체인

(2) 새로운 트랜잭션 생성

Node #1이 새로운 트랜잭션을 생성해서 전파하고 검증을 거쳐 MemPool에 저장된다.

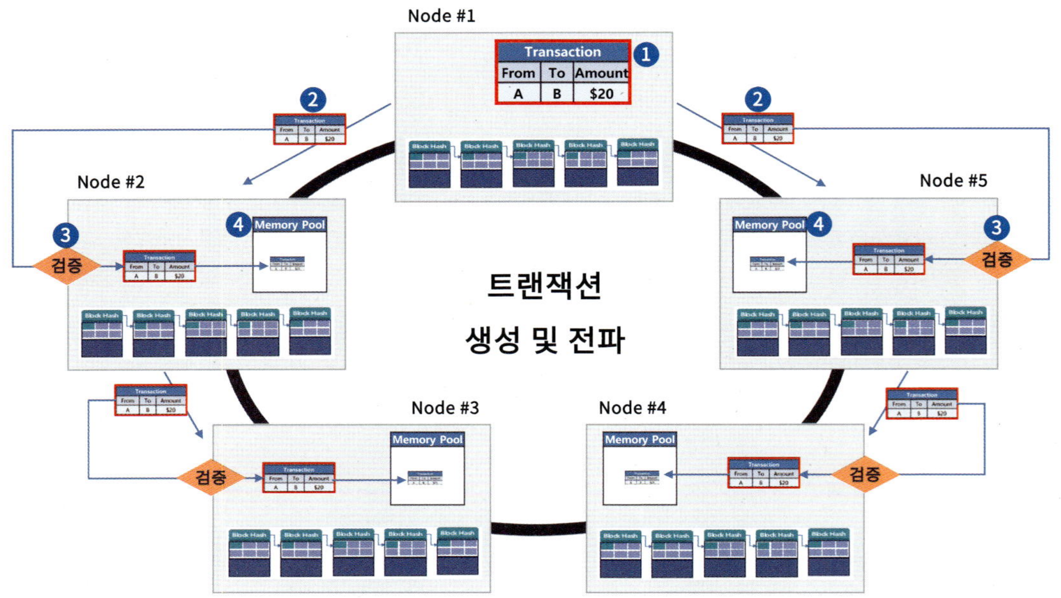

그림 5-21 블록체인 작동 절차 – 2) 새로운 트랜잭션 생성

❶ Node #1이 'A에서 B로 $20을 송금'하는 트랜잭션을 생성

❷ 생성된 트랜잭션은 네트워크에 연결된 모든 노드에 전파

❸ 각 노드는 전파된 트랜잭션의 유효성을 검증

❹ 유효성이 검증된 트랜잭션을 각 노드의 MemPool에 임시 저장

(3) 후보블록 생성

트랜잭션들이 각 노드의 MemPool에 임시 저장되고 일정 시간이 지난 후 후보블록에 포함된다. 각 노드는 각자의 후보블록을 생성한다.

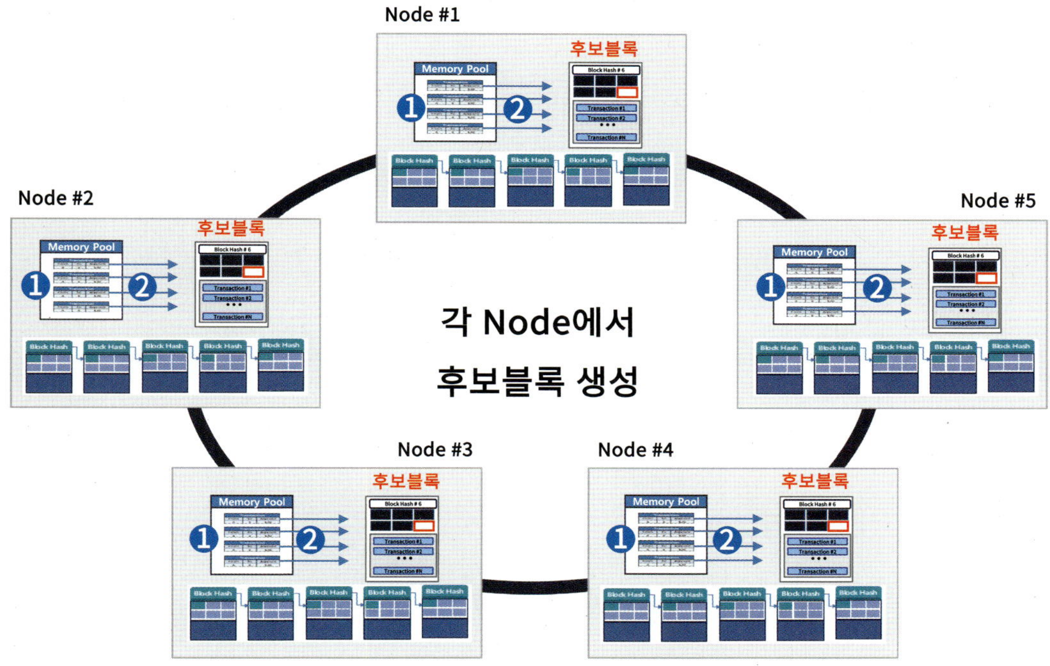

그림 5-22 블록체인 작동 절차 - 3) 후보블록 생성

❶ 트랜잭션들이 MemPool에 일정 시간 동안 임시 저장

❷ 일정 시간이 지난 후, MemPool에 저장된 트랜잭션들이 각 노드의 후보블록 Body에 저장. 후보블록은 'Nonce' 값과 'Block Hash'만 비어 있는 상태

(4) Nonce 값을 찾기 위한 경쟁 돌입

각 노드의 후보블록은 Nonce 값이 아직 결정되지 않는 상태로서, 네트워크에 참여한 노드는 각자의 후보블록에서 이 Nonce 값을 가장 먼저 찾기 위한 경쟁에 돌입한다. Nonce 값을 찾기 위한 과정은 앞선 그림 5-18을 참조하길 바란다.

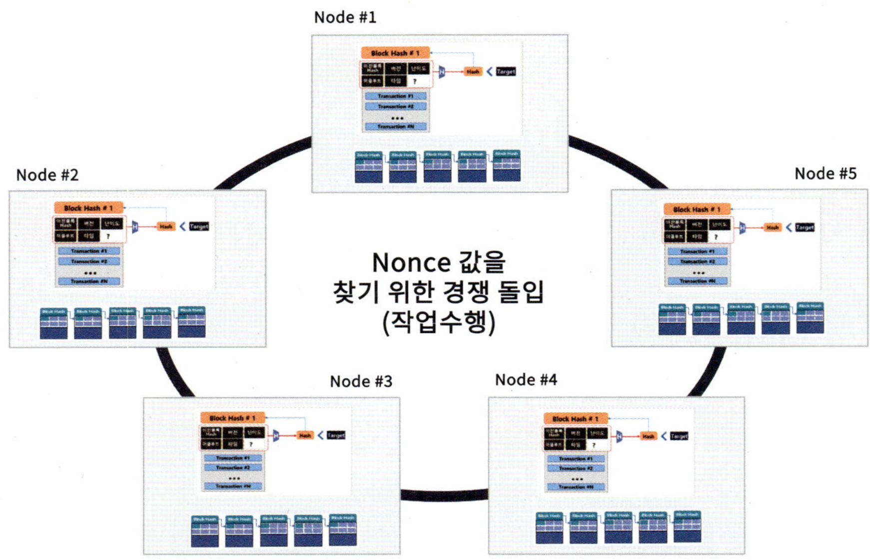

그림 5-23 블록체인 작동 절차 - 4) Nonce 값을 찾기 위한 경쟁(작업) 돌입

(5) POW 및 보상 (비트코인 발행)

네트워크에 참여한 노드 중에서 Nonce 값을 가장 먼저 찾게 되면(작업 수행을 완료했다는 것을 가장 먼저 증명하면), 작업에 대한 대가로 비트코인이 지급된다.

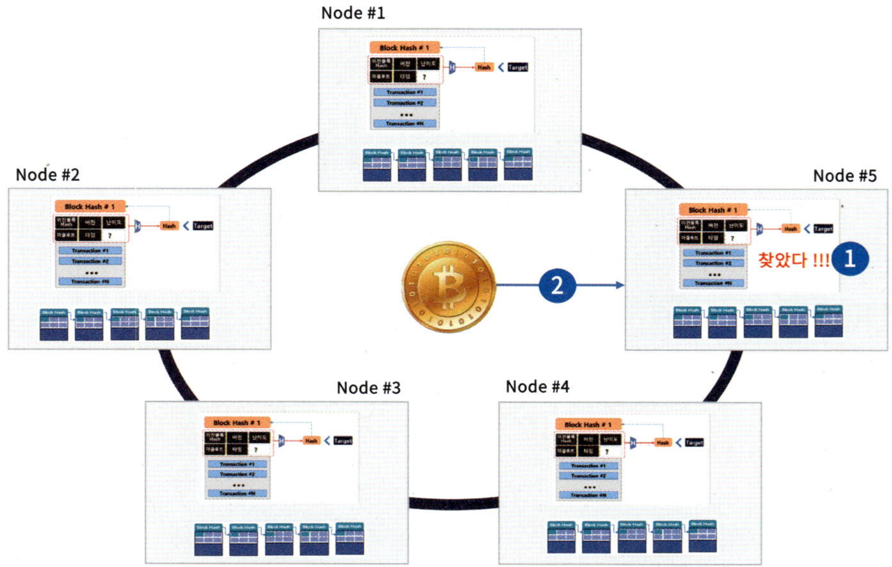

그림 5-24 블록체인 작동 절차 - 5) 작업 수행에 대한 보상으로 비트코인 지급

❶ 각 노드는 각자의 후보블록에서 Nonce 값을 찾기 위한 작업(Work)에 돌입하고 Node #5가 가장 먼저 Nonce 값(Proof Of Work)을 찾음

❷ Nonce 값을 가장 먼저 찾은 Node #5는 보상으로 비트코인을 지급받음

(6) 블록 전파 및 합의 도달

Nonce 값을 가장 먼저 찾은 노드의 후보블록이 대표블록으로 선정되고, 이를 네트워크에 참여한 모든 노드에게 전파하는 방식으로 블록체인 합의에 도달한다.

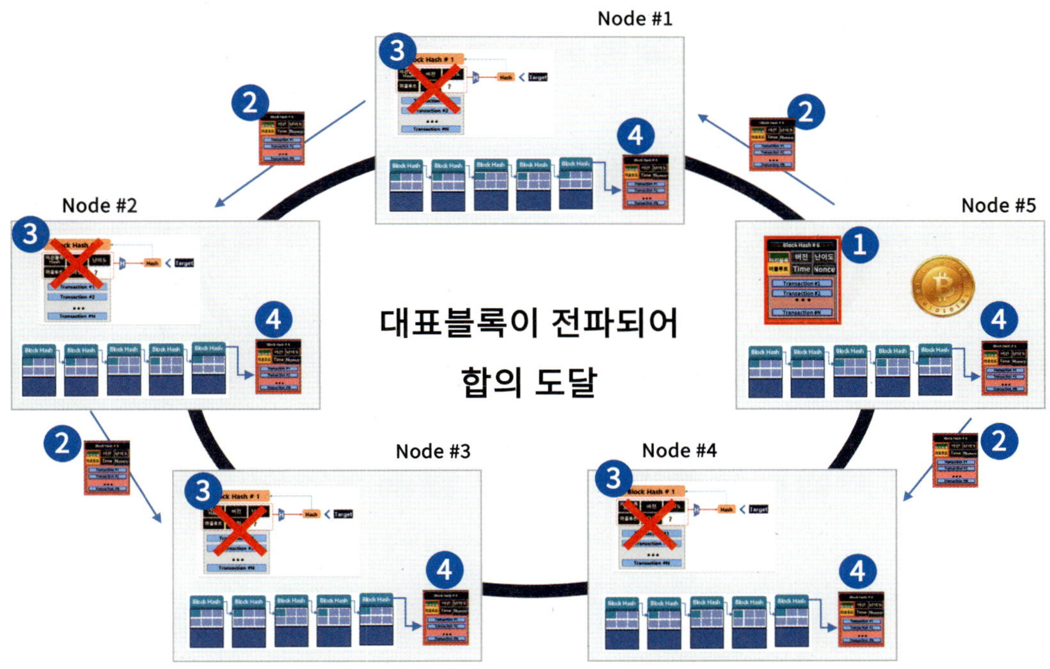

그림 5-25 블록체인 작동 절차 - 6) 블록 전파 및 합의 도달

❶ Node #5가 Nonce 값을 가장 먼저 찾으면, Block Hash가 결정되면서 블록이 완성되고 동시에 대표블록으로 선정

❷ 대표블록으로 선정되면 네트워크를 통해 다른 노드에 전파

❸ 대표블록이 전파되면 다른 노드들은 작업 중이던 후보블록을 모두 폐기

❹ 대표블록을 각 노드가 저장하고 있던 블록체인에 추가로 연결

(7) 화폐 발행 및 블록 생성 완료

Node #5가 Nonce 값을 가장 먼저 찾으면 최종 블록이 완성되고 보상으로 비트코인이 발행된다. 동시에 대표블록으로 선정되어 전파하는 방식으로 네트워크에 참여한 노드의 블록체인이 모두 동기화된다.

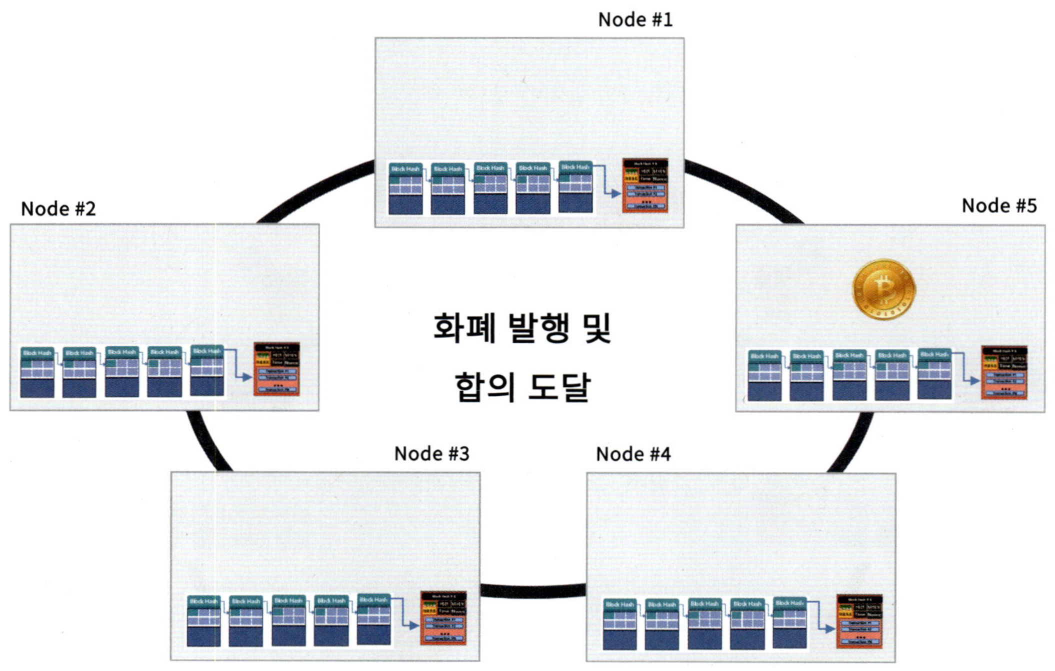

그림 5-26 블록체인 작동 절차 - 7) 화폐 발행 및 블록 생성 완료

5.1.3 스마트 컨트랙트 구현 기술

앞서 스마트 컨트랙트에 관해서는 여러 차례 설명했다. 이더리움에서 말하는 스마트 컨트랙트는 단순히 프로그램 정도로 이해해도 무방하다. 그런데 이런 프로그램이 블록체인과 연계해서 작동하면 더 의미 있는 역할을 기대할 수 있다. 앞에서는 단순히 프로그램 정도의 개념으로 살펴봤지만, 이번에는 스마트 컨트랙트가 계약 관점에서 어떤 의미를 지닐 수 있는지 이해해 보겠다.

다음 그림 5-27을 통해 스마트 컨트랙트의 개념을 다시 한번 살펴보자. 음료수 자판기에는 '1,000원이 입력되면 음료수를 출력한다'는 프로그램이 미리 설정되어 있다. 이후 천원을 입력하고 버튼을 누르면 조건이 충족되어 자동으로 음료수가 출력된다.

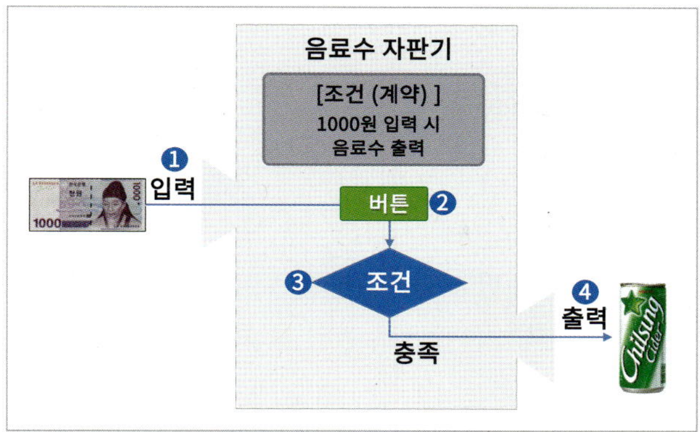

그림 5-27 스마트 컨트랙트 개념 비유

이런 스마트 컨트랙트를 계약 관점에서 살펴보자. 우리가 일반적인 계약을 체결하고 이행하는 과정을 보면 크게 3단계로 구분된다.

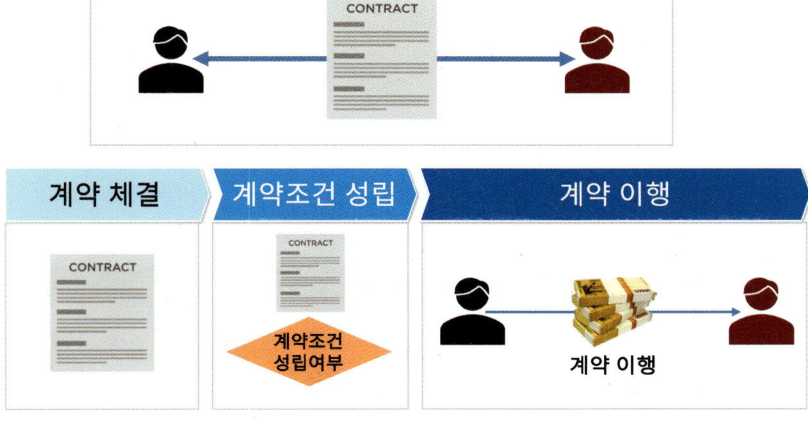

그림 5-28 계약 절차

1. **계약서 체결**: 당사자가 합의하여 계약서를 체결한다.
2. **계약조건 성립 여부 확인**: 계약 조건이 성립됐는지를 해석한다.
3. **계약 이행**: 계약 조건이 성립되면 계약 내용을 이해한다.

그런데 이런 전통적인 계약은 단계별 한계점이 존재한다.

1. 계약서의 위변조: 계약서를 위변조하는 사례가 종종 발생한다.

❷ **계약 조건의 성립 여부 해석**: 합의된 계약이라 하더라도 그 해석을 놓고 분쟁이 발생하는 경우도 많다.

❸ **계약 불이행**: 계약 조건이 성립돼도 이런저런 핑계로 또는 배 째라는 식으로 계약을 이행하지 않는 경우도 발생한다.

전통적인 계약 관련 문제점에 대응하기 위해 일반적으로 제3 신뢰 기관을 활용한다. 그림 5-29를 보면, 계약 위변조 차단을 위해 공증사무소와 같은 제3 신뢰 기관을 활용한다. 계약조건의 성립에 대한 해석상의 분쟁을 해결하기 위해 변호사와 같은 제3 신뢰 기관을 이용하기도 한다. 그리고 계약 조건이 성립됐는데도 계약을 이행하지 않을 경우 법원 결정을 통해 강제이행을 하기도 한다.

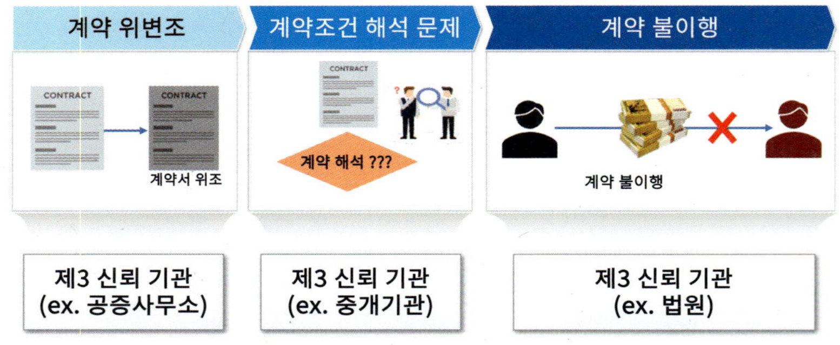

그림 5-29 전통적 계약의 한계점 및 제3 신뢰 기관

그런데 스마트 컨트랙트를 블록체인과 연계하면 이런 제3 신뢰 기관 없이도 신뢰를 보장할 수 있는 방안이 있다. 그림 5-30을 통해 살펴보겠다.

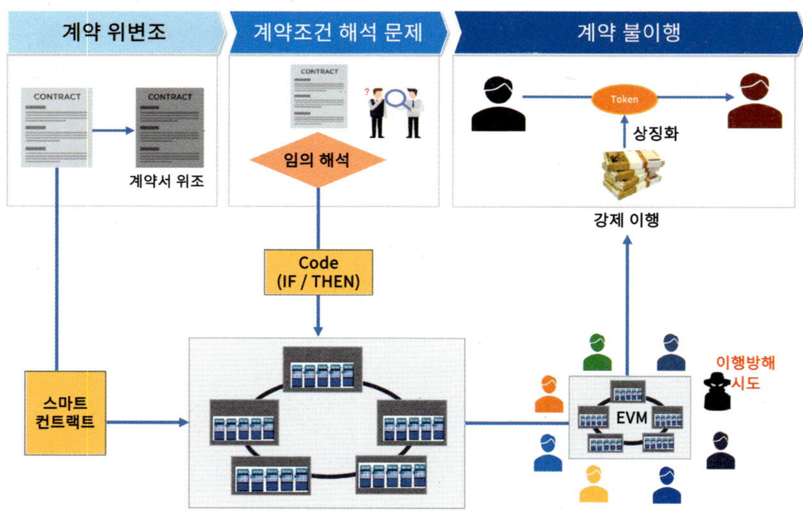

그림 5-30 스마트 컨트랙트와 블록체인을 활용한 계약 진행

❶ **스마트 컨트랙트의 블록체인 저장**: 합의된 계약 내용을 스마트 컨트랙트로 작성하고 이를 블록체인에 저장하면 위변조를 차단할 수 있다.

❷ **성립 조건 여부를 IF/Then 구문으로 처리**: 해석의 여지를 차단하기 위해 성립 조건의 모든 상황을 IF/Then 구문으로 해서 스마트 컨트랙트를 작성한다.

❸ **블록체인 EVM을 통한 강제 이행**: 작성된 스마트 컨트랙트가 네트워크상의 모든 블록체인 노드에 저장되고, 조건이 성립되면 각 노드는 일제히 스마트 컨트랙트를 실행한다. 악의적인 노드가 있다고 하더라도 나머지 모든 노드가 실행되기 때문에 이행을 차단할 수 없고 사실상 강제이행이 가능하다.

5.2 웹 3.0 구현 방안

5.1절에서 암호 기술, 블록체인, 스마트 컨트랙트를 살펴봤다. 이제 이런 기술과 개념이 실제로 어떻게 활용되는지 살펴보고자 한다.

5.2.1 탈중앙화 구현 방안

비트코인은 암호 기술과 블록체인 기술을 활용하여 완전한 탈중앙화 시스템을 구현해 보였다. 여기서 말하는 탈중앙화는 비트코인 같은 완전한 탈중앙시스템 개념보다는 하이브리드 형태 또는 부분별 탈중앙화 방안에 좀 더 가깝다고 이해하면 된다.

앞선 2.3.4절에서 비트코인 설계를 위한 탈중앙화 구현 요소를 제시했다. 그림 2-73과 2-74를 다시 한번 검토하면 다음과 같은 정리가 가능하다.

- **목표**: 탈중앙 · 분산장부
- **요구사항**: 탈중앙 화폐, 거래 장부, 합의 도달, 수정 · 삭제 차단, 인센티브
- **구현 방안**: 블록체인, POW

비트코인은 화폐 목적의 시스템이었다면, 이제 화폐가 아닌 일반적인 관점의 탈중앙화를 구현하기 위한 방안으로 그림 5-31처럼 제시해 보고자 한다. 물론 웹 3.0도 이런 탈중앙화 개념으로 검토할 수 있다.

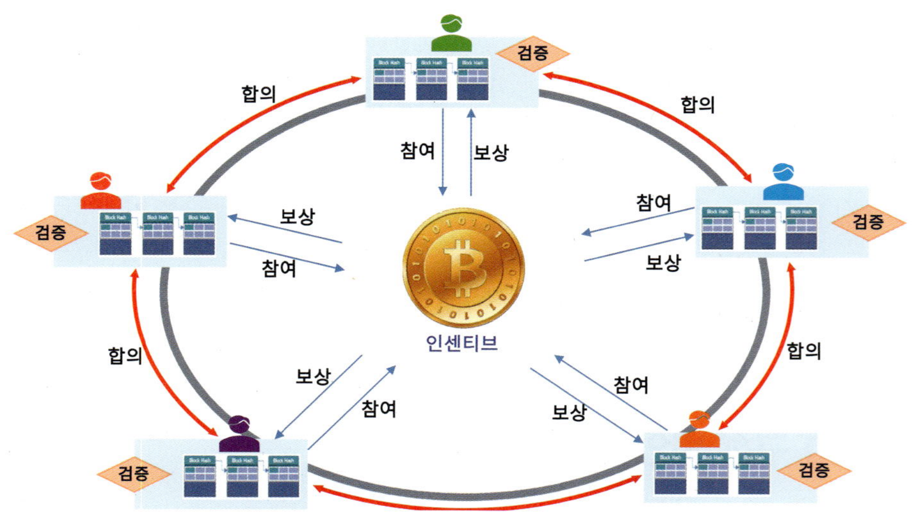

그림 5-31 탈중앙화 구현을 위한 참여자 모두 검증 참여 및 인센티브 지급

그림 5-31을 구현 요소 관점에서 정리하면 다음과 같이 4가지로 식별할 수 있다.

❶ 참여자 모두가 검증에 참여

❷ 분산된 장부 간의 합의 도달

❸ 수정 · 삭제 원천 차단 방안

❹ 인센티브 지급 방안

탈중앙화 구현을 위한 4가지 요소를 하나씩 자세히 살펴보자.

1) 트랜잭션 검증

중앙시스템 구조에서는 트랜잭션(거래내역)이 발생하면 트랜잭션의 유효성 및 정합성을 중앙시스템이 점검하여 처리한다. 하지만 탈중앙시스템 구조에서는 트랜잭션을 검증할 주체가 없다. 따라서 탈중앙시스템은 모두가 검증에 참여하는 방식으로 설계할 수 있다. 각 노드는 전파된 트랜잭션을 다양한 기준으로 검증하지만, 여기서는 트랜잭션에 대한 전자서명 생성과 검증 정도만 살펴보겠다. 그림 5-32는 전자서명의 생성과 검증 과정을 보여준다. 그림 5-10에서 설명했던 전자서명 과정과 함께 참조하면 좋을 것 같다.

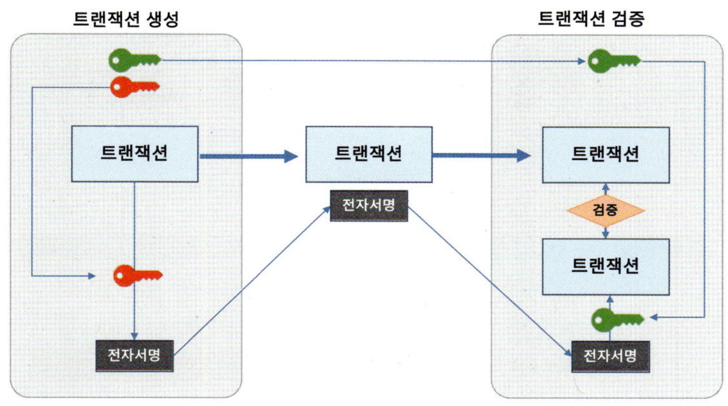

그림 5-32 트랜잭션 검증 방법

트랜잭션 생성자는 본인만 간직하고 있는 개인키로 트랜잭션을 암호화하여 전자서명을 생성한다. 그리고 트랜잭션과 전자서명, 그리고 공개키를 네트워크에 모두 공개한다. 네트워크 참여자들은 공개된 공개키를 이용하여 트랜잭션과 전자서명을 검증한다.

모든 거래 관계에서는 본인의 서명과 서명 검증 과정이 필요하다. 전자적 형태의 트랜잭션도 (전자) 서명이 필요하다. 중앙시스템 구조에서는 중앙시스템이 트랜잭션을 검증하면 되지만, 탈중앙 환경에서는 참여자 모두가 검증에 참여한다. 비트코인을 비롯한 탈중앙 환경에서는 검증에 참여한 대가로 수수료 개념의 보상을 지급한다.

2) 합의 알고리즘

합의란 두 사람 이상의 의견이 서로 다를 경우 의견을 일치시키는 것을 말한다. 앞서 DeFi 사례에서 스테이킹(Staking)을 설명하면서 합의 개념을 설명했다. 점심 메뉴 선정 과정에서 '다수 의견 채택' 방식과 '대표자 의견 채택' 방식이 존재할 수 있다고 설명했다. 앞서 다룬 그림 5-33을 다시 한번 살펴보면, '대표자 의견 채택' 방식도 지분을 가장 많은 사람(노드)을 대표자로 뽑는 POS 방식이 있을 수 있고, (연산) 작업을 가장 많이 한 노드를 대표자로 선정하는 POW 방식이 있을 수 있다.

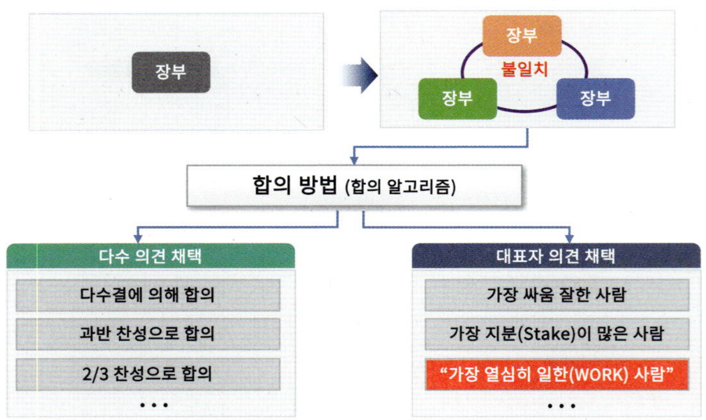

그림 5-33 합의 알고리즘 유형

중앙시스템 환경에서는 중앙기관과 중앙시스템에서 화폐도 발행하고 장부도 작성하고 시스템도 운영 · 관리하면 된다. 그런데 탈중앙시스템에서는 화폐를 발행할 주체도 없고, 장부를 작성할 작성자도 없고, 시스템을 작동시킬 주체도 없다. 따라서 탈중앙 환경에서는 대표자를 선정해서 위임하는 방식으로 화폐를 발행하고 장부를 작성하게 했다. 그럼 누구를 대표자로 뽑고 어떻게 대표자를 뽑을지에 대한 이슈가 발생한다. 이때 대표자를 선정하는 방식 및 과정이 바로 합의 알고리즘이다. 결론적으로 탈중앙시스템 구현을 위해서는 대표자를 선정해야 하고 이 대표자를 선정하는 과정 및 절차가 필요하다.

비트코인에서는 컴퓨팅 연산작업을 가장 많이 수행한 노드를 대표자로 선정하는 방식으로 설계했다. 네트워크에 참여한 노드 중에서 작업(Work)을 가장 많이 수행했다는 것을 증명(Proof Of Work)하면 대표자로 선정해 주는 방식이다. 결국 연산 작업을 가장 빨리 수행해서 Nonce 값을 가장 먼저 찾은 노드가 장부를 생성하게 되고 화폐가 발행되어 보상으로 지급된다. 대표자를 선정하는 작업증명 과정은 그림 5-18을 참조해 주길 바라며, 네트워크상에서 진행되는 절차에 대해서는 앞선 그림 5-22, 5-23, 5-24를 다시 한번 참조하길 바란다.

3) 수정 · 삭제 차단 방안

탈중앙화 환경에서는 누구나 네트워크에 참여가 가능하고 장부를 소유하게 됨으로써 투명성을 높였다. 그런데 한 가지 문제점이 있다. 악의적인 노드가 네트워크에 참여 가능하고 장부를 악의적으로 수정 및 삭제할 수 있다는 점이다. 결국 탈중앙화를 구현하기 위해서는 악의적인 노드에 의해 장부가 수정 · 삭제되지 않게 해야 한다.

블록체인에서는 어떻게 수정 · 삭제가 불가능하도록 설계했는지 그림 5-34를 통해 설명해 보겠다. 먼저 앞선 그림 5-18을 통해 Nonce 값을 구하는 방법도 다시 한번 확인해 주길 바란다.

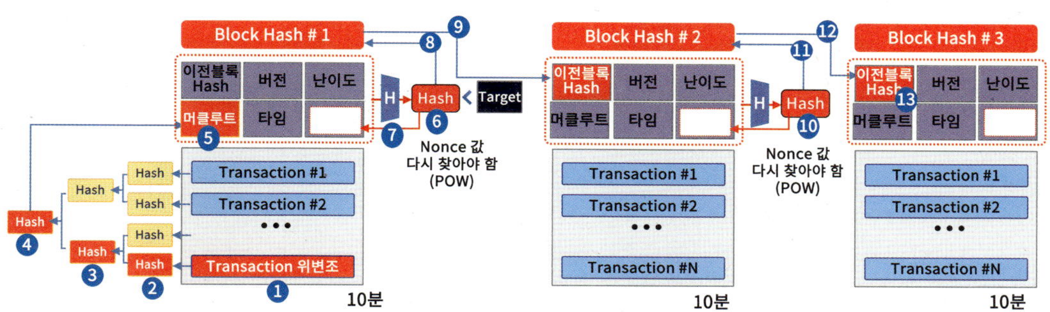

그림 5-34 수정 · 삭제 방지 방안

블록체인이 완성된 상황에서 악의적인 노드가 'Block Hash #1' 블록에 저장된 트랜잭션 하나를 위변조하려고 했다고 가정해 보겠다.

❶이 위변조되었기 때문에 ❷도 변하고 ❸도 변하고, 결국 머클루트인 ❹도 변한다. 머클루트는 블록의 헤더인 머클루트와 연계되기 때문에 ❺도 변한다. ❺가 변했기 때문에 Header 전체에 대한 해시값인 ❻이 변한다.

그런데 블록이 완성되기 위해서는 해시값이 목푯값(Target)보다 작아야 하는데, 변경된 ❻이 목푯값보다 클 수 있다. 이럴 경우 블록 완성 조건에 위배되기 때문에 결국 ❼ Nonce 값을 다시 찾아 조건에 충족하게 해야 한다.

10분의 작업을 통해 Nonce 값을 다시 찾았다고 끝나는 것이 아니다. ❻이 변했기 때문에 ❽이 변하고, 결국 ❾도 변하게 된다. ❾가 변했기 때문에 ❿도 변한다. ❿이 변하면 목푯값보다 작아야 한다는 조건에 위배될 수 있기 때문에 'Block Hash #2' 블록도 약 10분의 작업을 통해 Nonce 값을 다시 찾아야 한다. 결국 ⓫도 변하고 ⓬도 변하고 ⓭도 변하게 되면서 'Block Hash #3'도 Nonce를 다시 찾아야 한다.

Block들이 모두 체인처럼 연결되어 있기 때문에 체인에 연결된 모든 블록의 Nonce 값을 약 10분을 들여 다시 찾아야 하는데, 연결된 모든 블록의 Nonce 값을 다시 찾는다는 것은 사실상 불가능하다. 따라서 블록체인에서는 구조적으로 수정 · 삭제가 불가능하다.

참고로 ❻ 상황에서 목푯값보다 작은 값이 나올 수 있다. 그럼 'Block Hash #1' 블록에서는 Nonce 값을 다시 찾을 필요가 없다. 하지만 'Block Hash #1'이 변경됐기 때문에 ❿의 해시값이 바뀐다. 결국 체인으로 연결된 블록체인은 모두는 아니더라도 영향을 주게 되고 영향을 받은 블록은 Nonce 값을 다시 찾아야 한다.

이해를 돕기 위해, 수정 · 삭제 관련하여 비트코인 백서에 나온 내용을 참조해 보자.

> "블록은 작업을 다시 하지 않고서는 수정할 수 없다. 블록들이 체인처럼 모두 연결되어 있기 때문에 연결된 모든 블록의 작업을 다시 해야 한다."

4. Proof-of-Work

To implement a distributed timestamp server on a peer-to-peer basis, we will need to use a proof-of-work system similar to Adam Back's Hashcash [6], rather than newspaper or Usenet posts. The proof-of-work involves scanning for a value that when hashed, such as with SHA-256, the hash begins with a number of zero bits. The average work required is exponential in the number of zero bits required and can be verified by executing a single hash.

For our timestamp network, we implement the proof-of-work by incrementing a nonce in the block until a value is found that gives the block's hash the required zero bits. Once the CPU effort has been expended to make it satisfy the proof-of-work, the block cannot be changed without redoing the work. As later blocks are chained after it, the work to change the block would include redoing all the blocks after it.

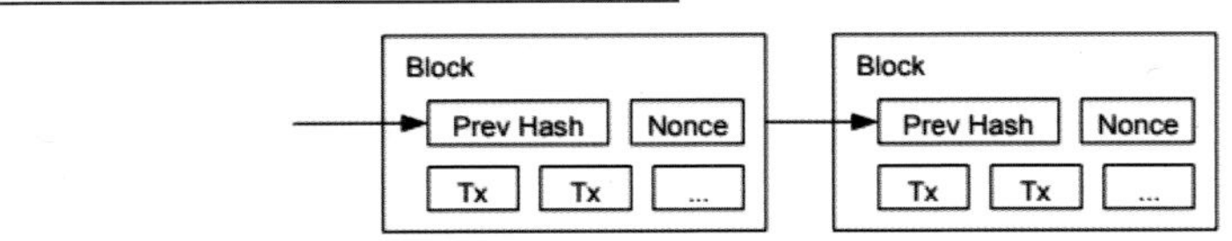

그림 5-35 백서에 소개된 수정 · 삭제 방지 방안

정리하면, 탈중앙 환경에서는 누구나 네트워크에 참여가 가능하며 악의적인 노드에 의한 장부의 수정 · 삭제가 안 되도록 설계하는 방안이 필요하다. 탈중앙 구현을 위한 블록체인은 모두 해시로 연결되어 사소한 변경에도 연결된 모든 블록이 민감하게 반응하기 때문에 수정 · 삭제가 불가능하다. 블록체인에서 수정 · 삭제가 불가능한 이유는 해시라는 함수를 이용하여 블록체인을 구성하기 때문이며, 이때 해시의 특징인 '입력값의 사소한 변화에도 민감하게 반응한다'라는 개념을 활용했다고 볼 수 있다.

4) 인센티브 지급 방안

중앙시스템과 달리 탈중앙시스템은 서비스를 수행하고, 장부를 생성하고, 시스템을 작동시킬 어떠한 주체도 없다. 결국 탈중앙시스템에서는 자발적인 참여를 통해 시스템을 작동시킬 수밖에 없다. 그리고 참여자들의 자발적인 참여를 유인하기 위해서는 결국 인센티브가 필요하다. 비트코인(Bitcoin) 화폐 시스템에서는 비트코인(BTC)을 발행해서 인센티브로 활용했고 다른 블록체인에서도 가상화폐를 발행하여 인센티브로 활용한다.

5.2.2 프로토콜 경제 구현 방안

이번에는 암호 기술과 스마트 컨트랙트 기술을 활용하여 프로토콜 경제를 구현하는 방안에 대해 살펴보겠다. 프로토콜 경제란 결국 스마트 컨트랙트를 기반으로 작동하며, 프로그램 형태인 스마트 컨트랙트를 적용하기 위해서는 기초자산이 (디지털) 토큰으로 대체돼야 한다. 이런 관점에서 이더리움 백서에서도 응용 분야의 첫 번째로 토큰 시스템(Token Systems)이 소개됐다.

그림 5-36에서 보는 것처럼 스마트 컨트랙트를 활용하기 위해서는 우선 기초자산이 토큰으로 대체돼야 한다.

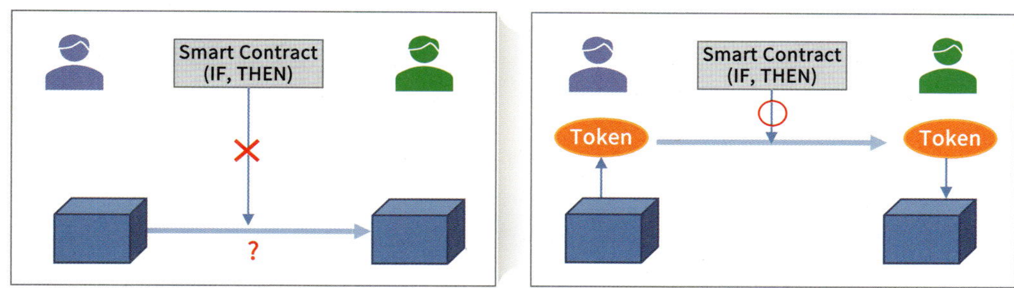

그림 5-36 프로토콜 경제 구현을 위한 디지털 형태 토큰 필요

정리하면, 프로토콜 경제를 구현하기 위해서는 우선 토큰이 필요하고 이 토큰을 스마트 컨트랙트와 연계하여 다양한 프로토콜 경제 서비스 구현이 가능하다. 따라서 여기서는 스마트 컨트랙트를 통해 토큰 기반으로 서비스를 처리하는 2가지 사례를 소개하고자 한다. 스마트 컨트랙트를 활용해서 토큰을 발행하는 것과 스마트 컨트랙트를 토큰과 연계해서 투표 시스템을 구현하는 방안이 그것이다.

프로토콜 경제 구현을 위한 토큰 발행

먼저 토큰을 발행하는 방안이다. 그림 5-37은 스마트 컨트랙트를 활용해서 토큰을 발행하는 절차를 보여준다. ICO 등을 통해 자금을 모집하고 모집된 자금을 기반으로 (유틸리티) 토큰을 발행하는 상황을 가정해 보자. 참고로 스마트 컨트랙트 기반으로 토큰을 발행하기 위해서는 현금 대신 디지털 형태인 가상화폐로 자금을 모집해야 한다. 예시에서는 이더(ETH)로 자금을 모집하고 모인 자금을 기반으로 토큰을 발행하는 상황이다.

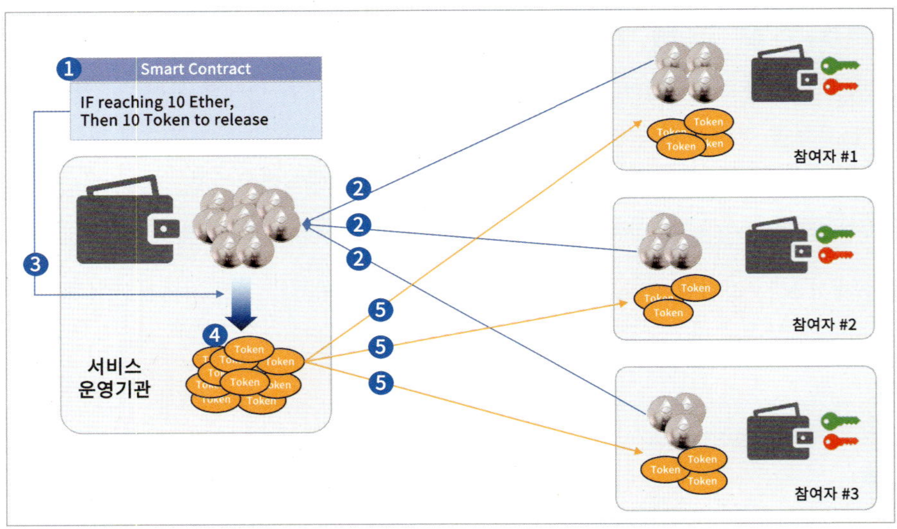

그림 5-37 스마트 컨트랙트를 활용한 토큰 발행 상세 절차

❶ 스마트 컨트랙트를 작성한다. '총 10ETH라는 목표 금액에 도달하면, 10개의 토큰을 발행해서 투자 지분에 따라 배분한다.'

❷ ICO에 참여하기를 희망하는 참여자들은 ETH를 전송한다.

❸ 스마트 컨트랙트에서 설정한 조건(10ETH 목표 금액 도달)에 충족됐다.

❹ 조건에 충족했기 때문에 스마트 컨트랙트에 의해 10개의 토큰이 발행된다.

❺ 스마트 컨트랙트에서 투자 지분에 따라 발행된 토큰을 배분하기로 설정했기 때문에 투자 금액에 따라 토큰을 배분한다.

프로토콜 경제 구현을 위한 투표 시스템

다음은 스마트 컨트랙트를 활용한 투표 과정을 살펴보겠다. 스마트 컨트랙트 기반 투표 과정을 이해하기 위해서는 먼저 투표의 일반적인 절차에 대한 이해가 필요하다. 그림 5-38을 보면, 투표는 '선거 개설', '투표용지 지급', '투표 및 계수'로 구성됨을 확인할 수 있다.

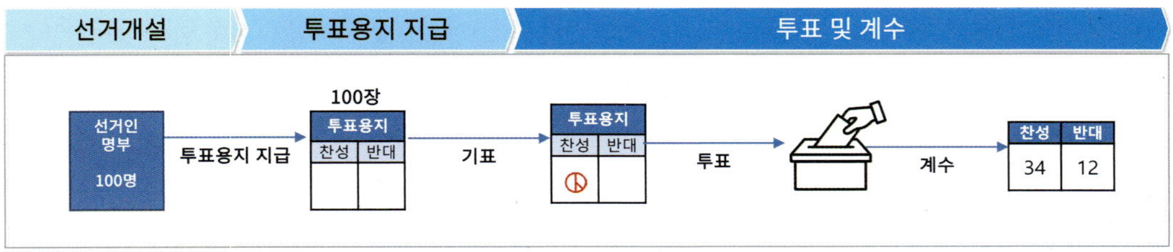

그림 5-38 투표의 일반 절차

- **선거 개설**: 선거인 명부(선거권을 가진 사람을 기록한 장부)를 준비하고 선거인 명부에 등록된 선거인의 수만큼 투표용지를 준비한다.
- **투표용지 지급**: 선거인이 선거인 명부에 포함되어 있으면 신분 확인 후 투표용지를 지급한다.
- **투표 및 계수**: 지급받은 투표용지에 기표하고 투표함에 넣어 나중에 계수를 진행한다.

투표의 일반적인 절차에 대한 이해를 바탕으로, 이제 스마트 컨트랙트를 통해 투표를 진행하는 과정을 살펴보자. 먼저 그림 5-39는 '선거 개설'과 '투표용지 지급' 과정을 보여준다. 앞서 암호 기술에서 '비대칭키'를 이용해서 '안전한 전송' 및 '전자서명'에 활용될 수 있다고 설명했다. 프로토콜 경제 환경에서는 '개인키와 공개키'를 신분 증명에도 활용하고 토큰 전송에도 이용한다.

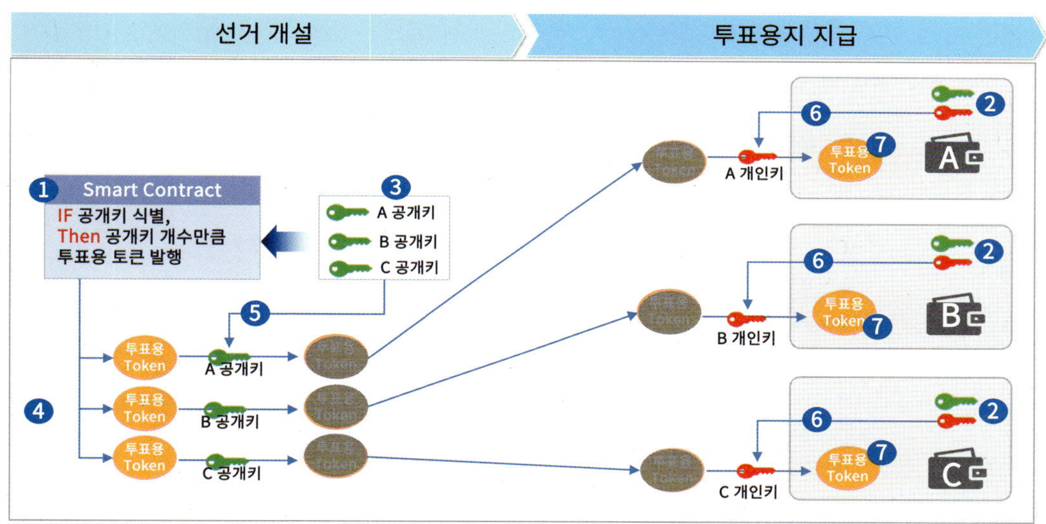

그림 5-39 스마트 컨트랙트를 활용한 투표용지 지급 방안

❶ '공개키를 식별해서 공개키의 개수만큼 투표용 토큰을 발행한다'는 스마트 컨트랙트를 작성한다.

❷ 프로토콜 경제 참여자들은 지갑을 발급받는데, 지갑에는 각자의 '개인키와 공개키'가 보관되어 있다.

❸ 공개키는 공개되어 있기 때문에 'A공개키', 'B공개키', 'C공개키'를 포함하여 총 3개의 공개키를 식별했다(3개의 공개키를 식별했다는 것은 네트워크 참여자가 3명이고 선거인이 3명이라는 이야기다).

❹ 스마트 컨트랙트에 따라 식별된 공개키의 숫자만큼 투표용 토큰을 발행한다. 공개키의 개수가 3개였기 때문에 총 3개의 투표용 토큰을 발행한다(투표용 토큰이란 쉽게 말해 종이 형태의 투표용지를 디지털 형태의 토큰으로 대체했다는 의미다).

❺ 발행된 투표용 토큰을 각 선거인에게 전송해야 하는데, 투표용 토큰을 수신자에게 전송하기 위해서는 수신자의 공개키로 암호화해야 한다(이 부분이 이해되지 않으면 그림 3-77과 그림 5-4를 참조해 주길 바란다).

❻ 수신자의 공개키로 암호화했다는 것은 수신자의 개인키로만 해독이 가능하기 때문에 이는 수신자에게 전송했다는 의미가 된다.

❼ 수신자의 공개키로 암호화된 투표용 토큰을 각 수신자의 개인키로 해독함으로써 투표용 토큰이 선거인에게 모두 하나씩 전송됐다(이는 마치 투표의 일반절차에서 선거인 명부 확인 및 신분 확인 후 투표용지를 지급하는 것과 같다).

다음으로 그림 5-40은 지급받은 투표용 토큰을 '기표 및 투표하는 과정'을 보여준다. 이는 마치 투표용지에 기표하고 투표함에 넣는 것과 비슷한 절차다. 예를 들어 특정 후보자에게 투표한다는 것은 해당 후보자의 지갑에 투표용 토큰을 전송한다는 의미로 해석할 수 있다.

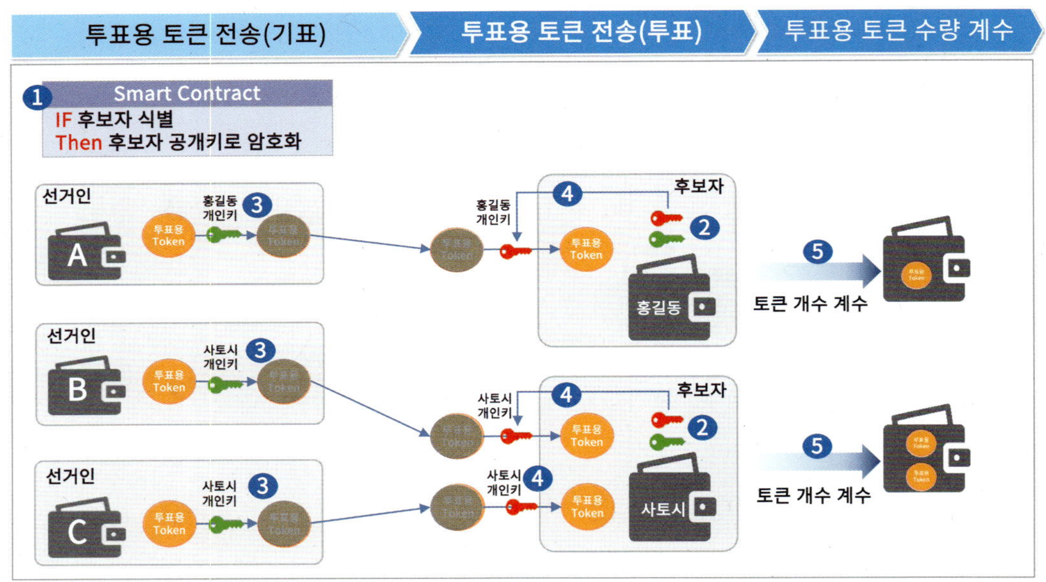

그림 5-40 스마트 컨트랙트를 활용한 투표 및 계수 방안

❶ '투표하고자 하는 후보자를 선택했으면 해당 후보자의 공개키로 암호화한다'라는 스마트 컨트랙트를 작성한다.

❷ 선거에 출마한 각 후보자의 지갑에는 개인키와 공개키가 저장되어 있다.

❸ 선거인들은 지급받은 투표용 토큰을 투표하고자 하는 후보의 공개키로 암호화한다(특정 후보의 공개키로 암호화했다는 것은 해당 후보의 개인키로만 해독이 가능하기 때문에 투표용 토큰이 전송되는, 즉 기표 및 투표 행위로 이해할 수 있다).

❹ 각 후보자의 공개키로 암호화된 투표용 토큰은 각 후보자의 개인키로 해독이 가능하기 때문에 후보자에게 기표한 것과 동일하다.

❺ 각 후보자는 암호화된 투표용 토큰을 본인의 개인키로 해독하여 지갑에 보유한 총 투표용 토큰의 개수를 카운팅한다.

5.2.3 토큰 이코노미 구현 방안

토큰 이코노미는 원래 행동 심리학의 치료법 중 하나다. 행동 장애가 있는 사람에게 보상(토큰)을 통해 자발적으로 올바른 행동으로의 변화를 유도하는 치료 방법으로 연구되었다. 이런 개념은 비트코인 작동원리와 유사하다. 탈중앙화된 환경에서 보상(비트코인) 제공을 통해 자발적으로 네트워크에 참여하여 화폐 발행 및 시스템 검증 · 작동에 참여하도록 유인하는 것이다. 따라서 블록체인을 토큰 이코노미 관점에서 생태계나 서비스에 적용해 보려는 시도가 많았다. 중앙 관리자나 중앙시스템이 존재하지 않는 환경에서 자발적 참여 유인을 위한 보상 메커니즘 설계를 통해 생태계와 서비스가 선순환적으로 건전하게 발전해 나갈 수 있도록 설계한 것이 바로 블록체인 기반 토큰 이코노미라고 할 수 있다. 토큰 이코노미는 토큰을 기반으로 자발적 참여를 유도하기 때문에 중앙시스템보다는 탈중앙화 기반에 더 가깝다고 볼 수 있다.

토큰 이코노미는 토큰, 블록체인, DAO, 스마트 컨트랙트 기반으로 작동하는 메커니즘으로 이해할 수 있다. 앞서 살펴본 프로토콜 경제가 토큰 이코노미 구현을 위한 기반이라고 볼 수 있다. 그림 5-41은 토큰과 스마트 컨트랙트를 활용한 토큰 이코노미 구현 방안을 보여준다. 그림 5-41은 앞선 그림 5-30을 구현 관점에서 좀 더 자세히 표현한 것이다.

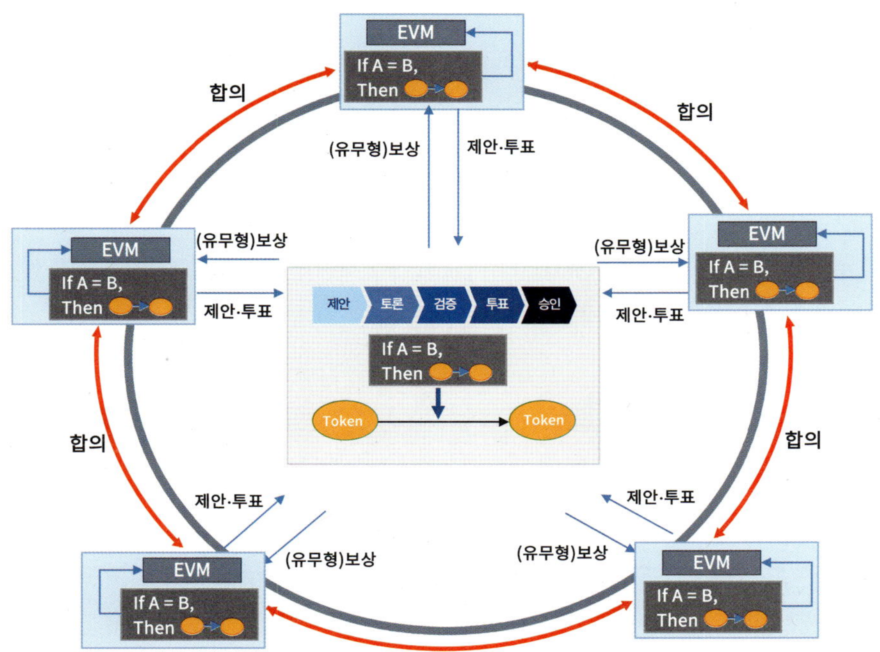

그림 5-41 토큰과 스마트 컨트랙트를 활용한 토큰 이코노미 구현 개념도

네트워크 참여자들은 (토큰) 보상을 기반으로 자발적으로 기여 · 제안 · 투표에 참여하고, 이는 스마트 컨트랙트 기반으로 자동으로 처리되고 이행된다. 토큰 발행, 토큰 기반 투표, 스마트 컨트랙트 세부 작동 절차는 앞서 설명했기 때문에 넘어가겠다.

부가적으로 보상이나 수익 관점과 연계된 키워드로 DAO, P2E, 토큰 이코노미가 있었다. 차이점과 연관성을 간단히 살펴보자면, DAO는 먼저 공동의 이해관계를 목적으로 구성된 조직이다. 온라인 기반으로 지분투자와 의사결정에 참여하고 발생한 수익을 배분받는 구조다. 다양한 유형의 DAO가 있지만, 가장 일반적인 형태는 수익 활동, 즉 온라인 기반으로 경제활동을 하고 그 수익을 가져가는 것이다. 반면 P2E는 경제활동 개념보다는 게임, 취미, 여가 등을 통해서 일부 보상을 받는 구조로 볼 수 있다. 그리고 토큰 이코노미는 '보상'이라는 콘셉트를 기반으로 사람의 자발적인 행동 변화나 개선을 유도하는 설계 메커니즘 정도로 이해할 수 있다. 토큰 이코노미는 다양한 서비스 및 생태계 설계에도 적용할 수 있고, P2E나 DAO 설계 및 운영도 결국 토큰 이코노미 기반으로 가능하다. DEX에서 풀(Pool)에 참여하고 보상으로 (토큰) 이자를 지급받는 방식도 일종의 토큰 이코노미라고 볼 수 있다.

5.2.4 가상자산 거래 구현 방안

앞서 토큰이나 NFT 등은 가상화폐나 가상자산 관점이 아니라 기초자산의 거래 편리성을 위해 중요한 개념이라고 했고, 특히 디지털 세상(메타버스)에서는 그 활용과 역할이 더 확대될 것이라고 설명했다. 토큰이나 NFT가 활성화되면 당연히 거래나 유통도 활발하게 늘어날 것이다. 이번 5.2.4절에서는 가상자산이 전송 및 거래되는 과정에 집중해서 자세히 살펴보고자 한다.

토큰이 전송 및 거래되는 과정을 그림 5-42와 같이 총 5단계로 구분해서 설명해 보겠다. 이해하기 쉽게 비트코인 사례로 설명해 보겠다.

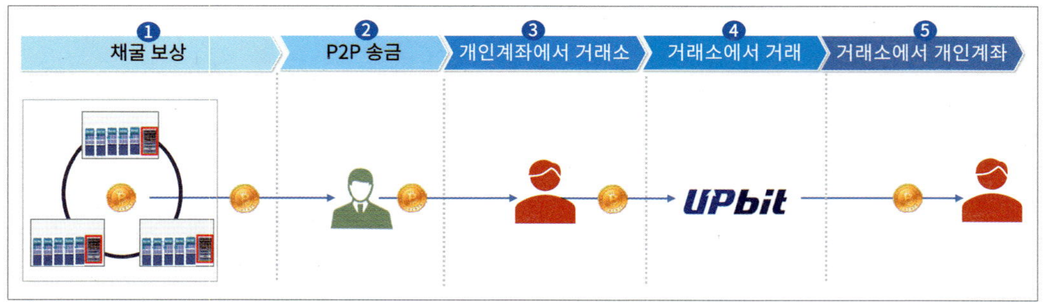

그림 5-42 가상화폐 송금 5단계

❶ 채굴에 성공하여 보상으로 비트코인을 지급받는 단계다.

❷ 비트코인을 P2P로 전송하는 과정이다.

❸ 전송받은 비트코인을 거래 · 환전하기 위해 거래소로 전송하는 과정이다.

❹ 거래소에서 비트코인이 거래되는 과정이다.

❺ 거래소에서 비트코인을 다시 개인 계좌로 전송하는 과정이다.

그럼, 단계별로 상세히 알아보겠다.

1) 채굴 보상으로 비트코인 지급

앞선 그림 5-23을 통해, 채굴에 참여하고 보상으로 비트코인을 지급받는 과정을 살펴봤다. 그림 5-43은 Nonce 값을 가장 먼저 찾으면 채굴된 비트코인이 채굴자의 개인 지갑으로 전송되는 과정을 보여준다.

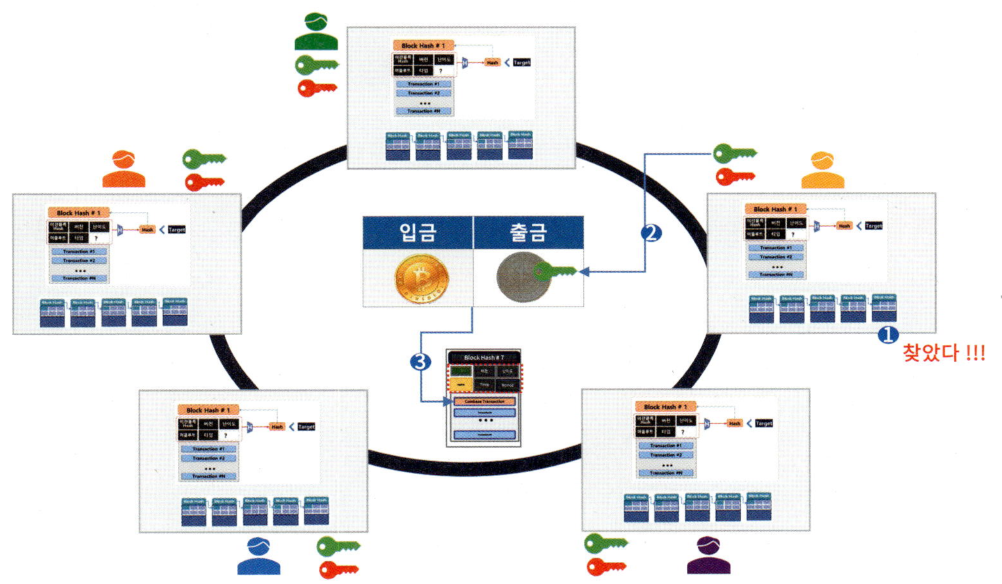

그림 5-43 채굴자에 보상 지급 방법

❶ 네트워크 참여자들이 채굴 경쟁에 참여하여 한 노드가 Nonce 값을 가장 먼저 찾아서 채굴에 성공했다.

❷ 네트워크에 참여한 노드들은 모두 개인키와 공개키를 가지고 있으며 공개키는 공개된 상황이다. 이때 채굴에 성공한 노드의 공개키로 채굴된 비트코인을 암호화한다. 다른 그림으로 이해하자면, 이는 그림 3-77의 ②번 과정을 의미한다.

❸ 채굴자에게 송금하는 트랜잭션이 생성되어 블록체인에 저장된다. 다른 그림으로 이해하자면, 이는 앞선 그림 5-21과 5-22에 해당한다.

그림 5-43 상황을 좀 더 자세하게 표현하면 그림 5-44와 같다.

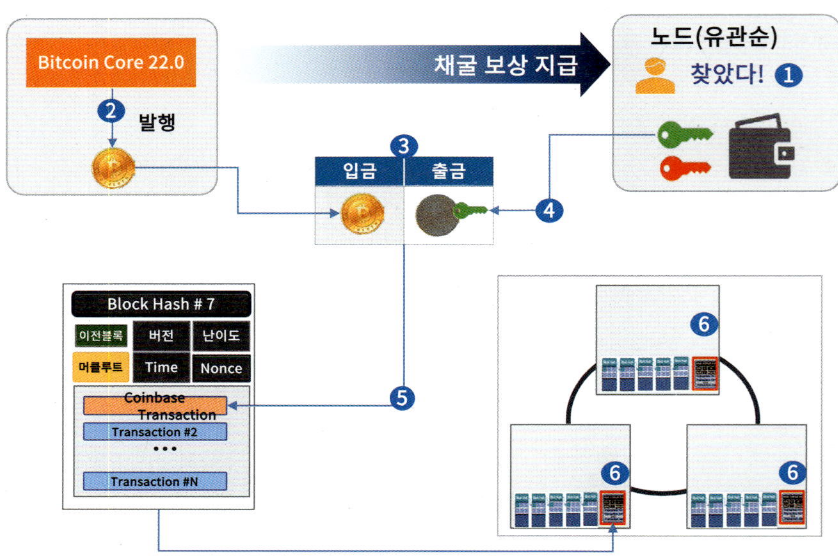

그림 5-44 채굴자에 보상으로 비트코인 지급 상세 절차

❶ 유관순 노드가 Nonce 값을 가장 먼저 찾았다(채굴에 성공했다).

❷ 비트코인 시스템은 새로운 비트코인을 발행한다.

❸ 새롭게 발행된 비트코인이 포함된 거래내역(트랜잭션)을 생성한다.

❹ 비트코인을 유관순의 공개키로 암호화하여 트랜잭션을 완성한다.

❺ 완성된 트랜잭션은 네트워크에 전파되어 검증 과정을 거쳐 후보블록에 포함된다.

❻ POW 과정을 거쳐 대표블록으로 선정되어 기존 블록체인에 연결된다.

2) P2P 송금

이번에는 채굴에 성공하여 비트코인을 획득한 유관순이 홍길동에게 P2P로 비트코인을 전송하는 과정을 알아보겠다. 유관순의 비트코인을 다시 홍길동에게 전송하기 위해서는 먼저 유관순의 개인키로 해독하고 이를 다시 홍길동의 공개키로 암호화하는 트랜잭션을 완성해야 한다.

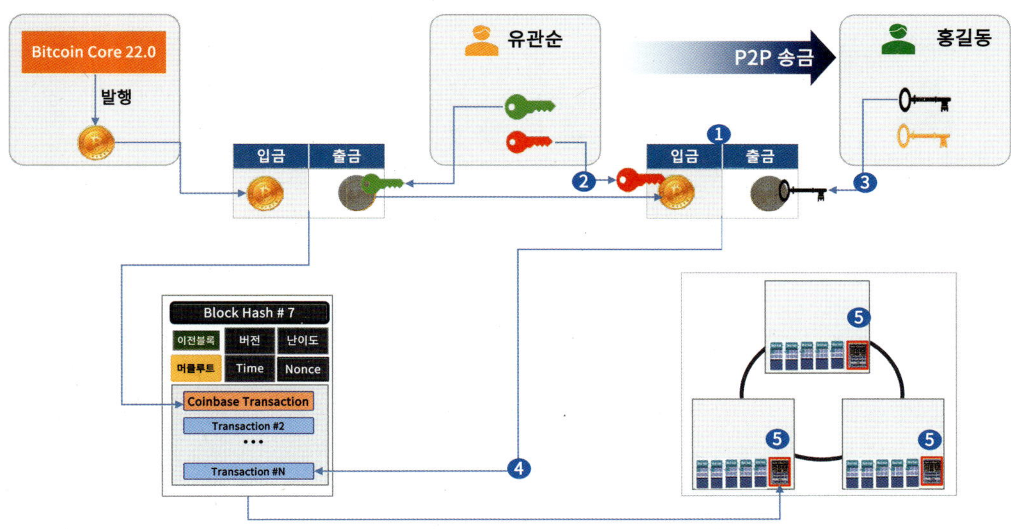

그림 5-45 P2P(개인 대 개인) 비트코인 전송 상세 절차

❶ 유관순이 홍길동에게 비트코인을 전송하기 위한 트랜잭션을 생성한다.

❷ 먼저 유관순의 공개키로 암호화된 비트코인을 유관순의 개인키로 해독한다.

❸ 해독된 비트코인을 다시 홍길동의 공개키로 암호화하여 트랜잭션을 완성한다.

❹ 완성된 트랜잭션은 네트워크에 전파되어 검증 과정을 거쳐 후보블록에 저장된다.

❺ POW 과정을 거쳐 대표블록으로 선정되어 기존 블록체인에 연결된다.

3) 개인 지갑에서 거래소로 전송

이번에는 비트코인을 거래하기 위해 거래소로 전송하는 과정을 살펴보겠다. 거래소로 전송하는 과정과 거래소에서 거래되는 과정을 이해하기 위해서는 약간의 배경지식이 필요하다. 우선 관련 배경지식을 살펴보고 전송 절차를 이해해 보겠다. 먼저 그림 5-46을 통해 가상자산 거래소와 유사한 증권거래소의 작동원리를 간단히 살펴보겠다. 3장에서 모든 주식은 주식예탁결제원에 보관되고 증권거래소는 단순히 장부의 상태를 변화시키는 방식으로 거래가 이루어진다고 설명했다.

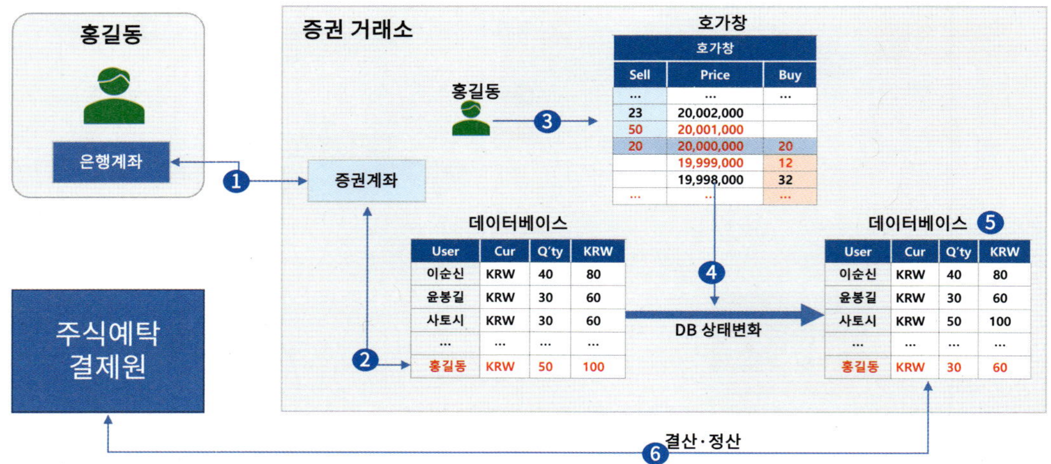

그림 5-46 증권거래소 개념도

❶ 홍길동이 증권거래소에서 주식을 거래하기 위해서는 먼저 본인 은행 계좌에 있는 현금을 증권계좌로 이체해야 한다.

❷ 증권거래소는 증권계좌 잔고를 바탕으로 모든 증권 거래 참가자에 대한 데이터베이스를 갱신한다.

❸ 홍길동은 증권거래소의 거래 호가창에 본인이 사거나 팔고자 하는 금액과 수량을 입력한다.

❹ 호가창에서 거래가 체결되면 증권거래소의 데이터베이스 상태를 변경한다.

❺ 데이터베이스의 상태 변화를 통해 데이터베이스 장부가 갱신된다.

❻ 변경된 데이터베이스 내용에 따라 주식예탁결제원에 실제 보관된 주식의 상태를 결산 및 정산 처리한다.

이번에는 가상자산거래소의 작동원리에 대해 살펴보자. 그림 5-47은 가상자산거래소의 작동원리를 설명한다. 그림 5-46과 비교해 보면 가상자산 거래소도 증권거래소와 매우 유사하다는 것을 알 수 있다. 참고로 주식시장에서는 모든 주식증권이 예탁결제원에 저장되어 있다고 했는데, 비트코인 같은 가상자산은 블록체인에 저장되어 있다.

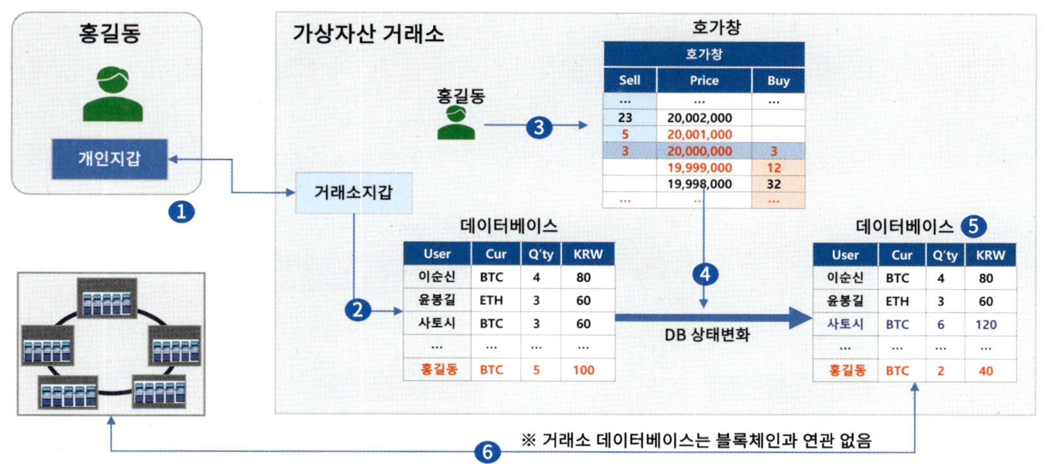

그림 5-47 가상자산거래소 개념도

❶ 개인 지갑에서 거래소 지갑으로 비트코인을 이전한다.

❷ 거래소 지갑 정보를 기반으로 거래소 데이터베이스를 갱신한다.

❸ 홍길동은 가상자산 거래소 호가창을 통해 금액과 수량을 입력한다.

❹ 거래가 체결되면 데이터베이스의 상태를 변경한다.

❺ 데이터베이스의 상태 변화를 통해 데이터베이스 장부가 갱신된다.

❻ 참고로 거래소 데이터베이스는 블록체인과 별도로 결산 및 정산 처리를 하지 않는다. 다만 거래소 지갑에서 개인 지갑으로 이전할 때 트랜잭션이 발생하고 이 트랜잭션이 블록체인에 저장될 뿐이다.

많은 사람이 가상자산거래소에서 가상자산 거래가 이루어지면 트랜잭션이 발생하여 블록체인에 저장하는 것으로 이해하지만, 가상자산거래소의 거래는 증권거래소와 동일하게 자체 데이터베이스를 통해 거래가 이루어진다. 가상자산거래소에서 발생한 거래내역은 블록체인에 저장되지 않는다.

증권거래소와 가상자산거래소의 작동원리에 대한 이해를 바탕으로, 이제 홍길동 개인 지갑에서 가상자산거래소로 비트코인을 전송하는 과정을 그림 5-48을 통해 살펴보자. 앞선 그림 4-58을 설명하면서 지갑에는 공개키와 개인키만 존재하고 비트코인과 거래내역은 모두 블록체인에 저장된다고 했다. 우리가 거래를 위해 비트코인을 상대방에게 전송한다고 생각하지만, 비트코인은 상대방 지갑으로 이전되는 것이 아니라 항상 블록체인에 저장되어 있고 단지 소유자가 바뀌었다는 내용(기록)을 계속 블록체인에 기록하는 것뿐이다. 홍길동이 비트코인을 거래소로 이전한다는 것은 거래소에 홍길동 소유의 지갑(거래소 지갑)을 하나 더 만들고 '홍길동 개인 지갑'에서 '홍길동 거래소 지갑'으로 이전한다는 의미다. 이는 마치 '홍길동 은행 계좌'에서 '홍길동 증권 계좌'로 이전한다는 의미와 같다. 물론 지갑에는 비트코인이 저장되어 있는 것이 아니며 공개키와 개인키만 저장되어 있다. 정리하면, 홍길동이 거래하기 위해서 비트코인을 가상자산거래소로 전송한다는 의미는 거래소에 홍길동 지갑을 하나 더 만들고, '거래소 홍길동 지갑'의 공개키로 암호화하는 것이다.

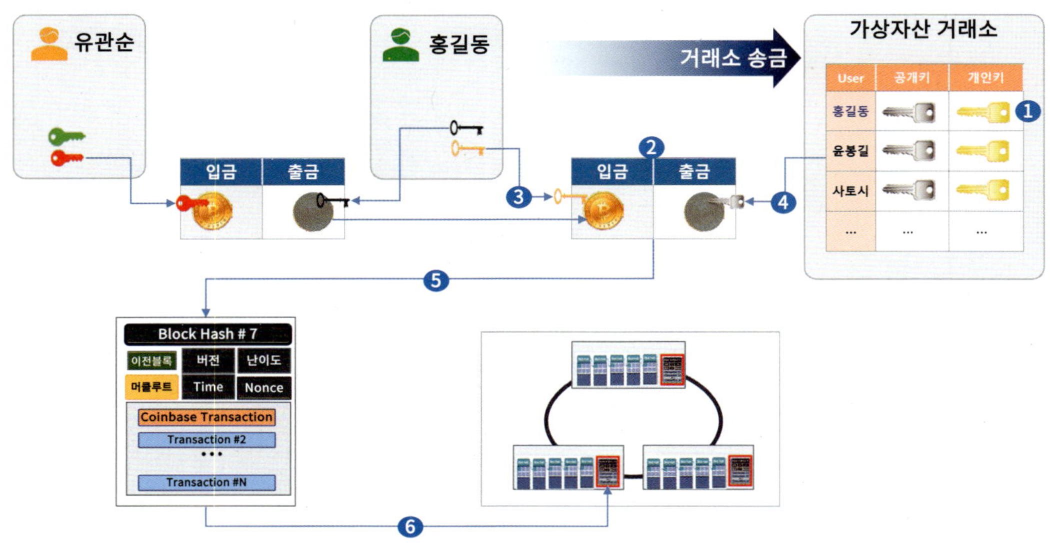

그림 5-48 가상자산 거래소로 비트코인 전송 상세 절차

❶ 홍길동이 거래소를 이용하기 위해서는 먼저 거래소에 회원가입을 해야 한다. 거래소에 가입하면 거래소에서는 홍길동의 거래소 지갑을 개설해 준다. 지갑에는 홍길동의 거래소용 공개키와 개인키가 저장되어 있다. 물론 회원들의 (공개키와 개인키가 포함된) 지갑은 개별적으로 존재하지 않고 거래소 통합 데이터베이스에 기록되어 관리된다.

❷ 홍길동은 본인의 비트코인을 거래소로 이전하기 위해 트랜잭션을 생성한다.

❸ 홍길동 공개키로 암호화된 비트코인을 홍길동 '개인 지갑 개인키'로 해독한다.

❹ 해독한 비트코인을 홍길동 '거래소 공개키'로 암호화하여 트랜잭션을 완성한다.

❺ 완성된 트랜잭션은 네트워크에 전파되어 (대표) 블록에 저장된다.

❻ 블록은 기존 블록체인에 연결된다.

앞서 모든 비트코인 거래내역은 블록체인에 저장된다고 했다. 그림 5-48에서 홍길동이 거래소로 전송한 트랜잭션은 블록체인에만 저장된다. 따라서 거래소는 홍길동이 거래소로 비트코인을 전송했다는 내용이나 기록을 알 수 없다. 그럼 거래소는 홍길동이 거래소로 비트코인을 전송했다는 것을 어떻게 알 수 있을까? 그림 5-49를 통해 설명해 보겠다.

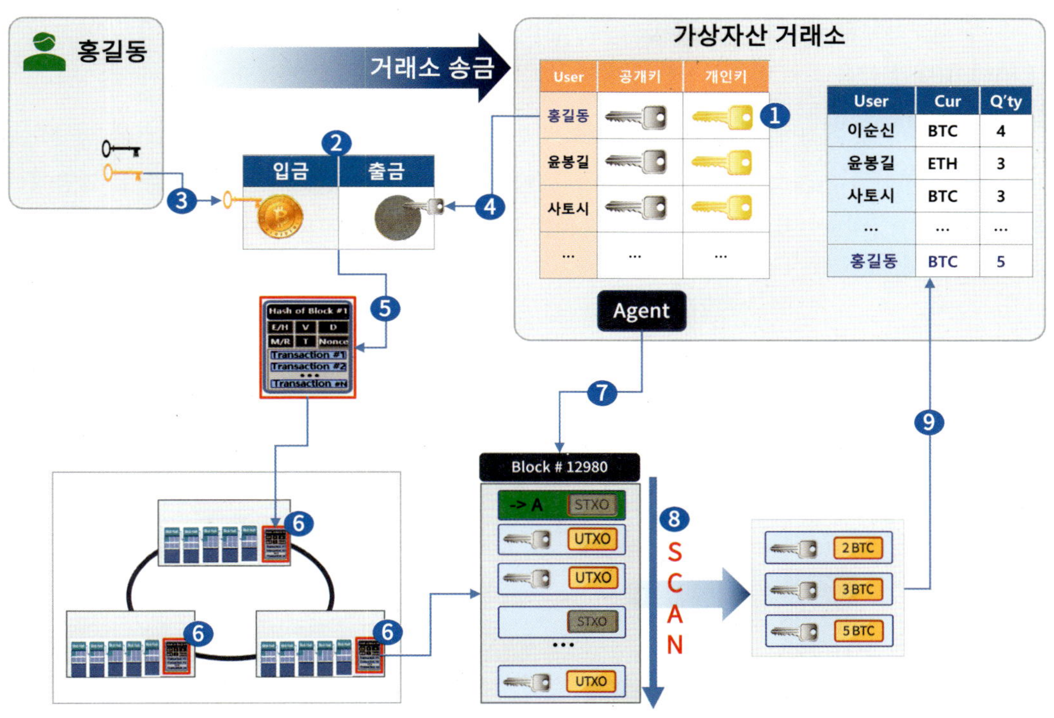

그림 5-49 가상자산 거래소 데이터베이스 업데이트 상세 절차

❶ ~❻ 까지는 그림 5-48과 동일하다.

❼ 블록체인은 모두에게 공개되어 있다. 따라서 거래소의 크롤링 에이전트가 블록체인에 접근하여 모든 거래내역을 탐색한다.

❽ 에이전트는 모든 거래기록을 스캔하면서 본인 거래소에서 발행된 공개키로 암호화된 비트코인 거래내역을 모두 식별해서 찾아낸다(거래소에서 발행된 공개키로 암호화되었다는 의미는 해당 비트코인이 거래소 지갑으로 이전되었다는 것을 의미한다).

❾ 본인 거래소 공개키로 암호화된 거래내역을 모두 수집해서 거래소 데이터베이스에 반영한다. 비트코인의 모든 거래내역은 블록체인에만 저장되지만, 거래소에서 발행된 공개키로 암호화된 내역을 확인하면 거래소로 송금한 트랜잭션이라는 것을 알 수 있게 된다.

4) 거래소에서 거래

가상자산거래소를 방문하는 상황은 2가지다. 하나는 현재 본인이 비트코인을 소유하고 있어 이 비트코인을 거래소에서 매도하는 상황이고, 다른 하나는 현재 비트코인을 소유하고 있지 않지만 현금으로 거래소에서 비트코인을 매수하는 상황이다. 따라서 가상자산거래소 데이트베이스에는 원화(KRW)에 대한 항목도 있고 가상자산에 대한 항목도 있다.

그림 5-50은 은행 계좌에서 거래소 원화 계좌로 현금을 송금하여 거래소 데이터베이스를 갱신하는 모습과 가상자산을 거래소로 전송하여 데이터베이스를 갱신하는 모습을 함께 보여준다. 그림에서 홍길동이 5BTC(비트코인)를 거래소로 전송하고 원화(KRW) 1억 원을 거래소로 전송하는 상황을 가정해 보겠다.

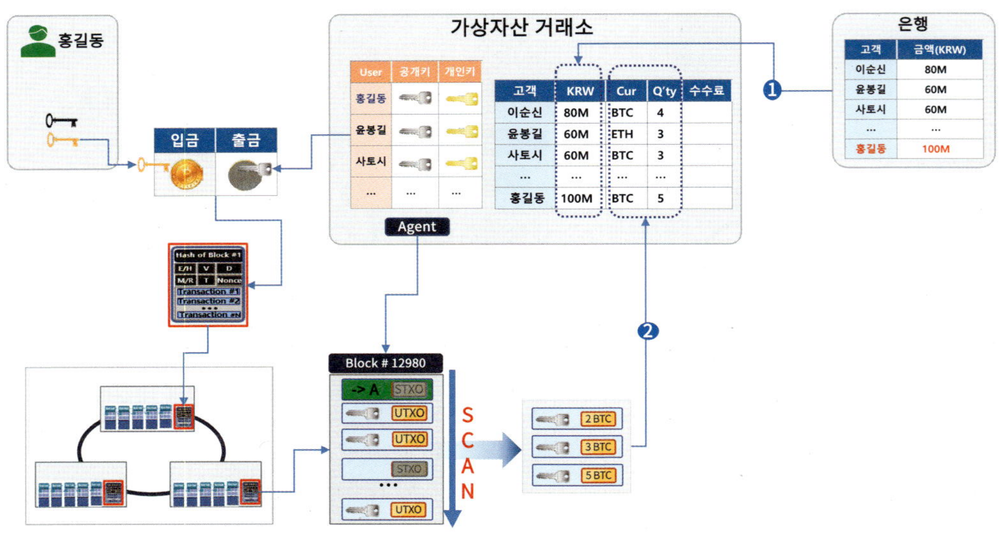

그림 5-50 가상자산 거래소 전체 데이터베이스 업데이트 상세 절차

❶ 홍길동은 1억 원을 은행 계좌에서 거래소 원화 계좌로 전송했고, 따라서 거래소 데이터베이스의 원화 계좌 항목이 갱신됐다.

❷ 홍길동은 거래소로 5BTC를 전송했고, 관련 내역은 거래소 데이터베이스의 가상자산 항목에 갱신됐다.

이제 거래소에서 거래가 이루어지는 과정을 살펴보자. 앞서 설명했던 것처럼 거래소에서 발생한 거래는 블록체인에 기록되는 것이 아니라 거래소의 데이터베이스에 기록되고 갱신될 뿐이다. 그림 5-51에서 현재 홍길동은 1억 원의 현금과 5BTC를 소유한 상황이며, 5BTC 중에서 2BTC를 20,000,000원에 매도주문을 내놓은 상태다. 이때 사토시가 2BTC를 20,000,000원에 매수하여 거래가 체결됐다. 거래 체결 이전 데이터베이스에서는 홍길동에 5BTC가 기록되어 있었지만, 거래 체결 이후 데이터베이스는 3BTC로 변경됐음을 확인할 수 있다. 2BTC를 매도했기 때문에 매도한 금액은 원화 계좌 항목에 반영되어 1.4억 원으로 변경됐다.

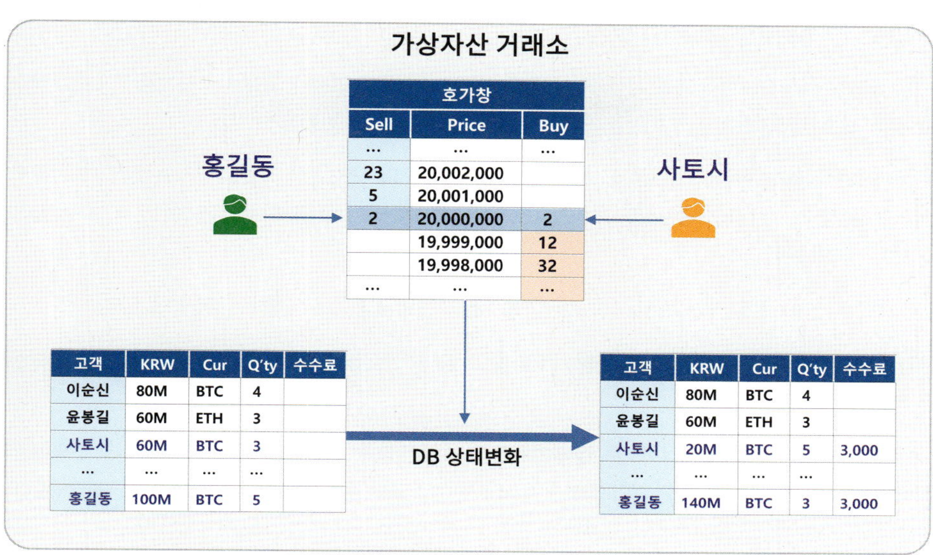

그림 5-51 가상자산 거래소 거래

특금법 시행으로 현재 가상자산거래소는 시중은행 계좌와 연동되어 있다. 그림 5-52는 가상자산거래소 데이터베이스와 은행 데이터베이스가 연동되어 상태가 변하는 모습을 보여준다.

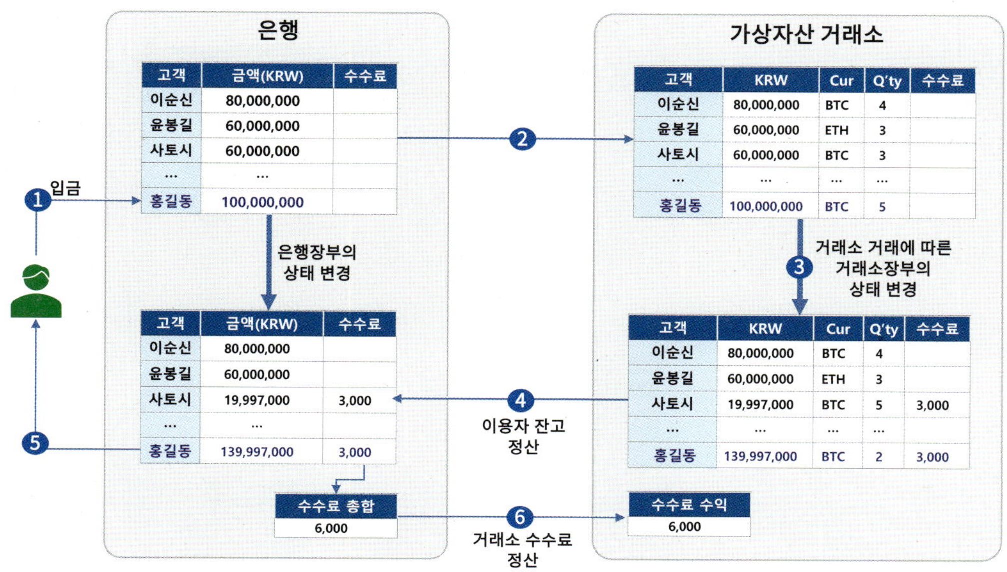

그림 5-52 가상자산 거래소에서 거래 완료 및 정산

❶ 홍길동은 1억 원을 은행 계좌에 입금한다.

❷ 은행 계좌에서 거래소 현금 계좌로 현금이 직접 전송되는 것처럼 보이지만, 실제로 모든 현금은 은행(계좌)에 그대로 남아 있고 은행 계좌의 잔고 현황만 거래소의 데이터베이스와 동기화했을 뿐이다.

❸ 가상자산거래소에는 현금이나 가상자산이 일절 존재하지 않으며, 오직 고객의 잔고 현황에 대한 기록, 즉 데이터베이스만 존재한다. 이 데이터베이스를 기반으로 호가창을 통해 거래가 체결되면 변경된 데이터를 데이터베이스에 갱신하여 기록할 뿐이다.

❹ 거래소에서 거래가 완료되면 거래소 데이터베이스의 잔고 현황을 은행에 통보하여 정산하게 된다.

❺ 거래소의 데이터베이스 내역에 따라 은행 계좌의 잔고 상태가 변경되면 이제 홍길동은 현금을 은행에서 인출할 수 있게 된다.

❻ 거래소는 고객의 현금이나 가상화폐를 일체 가지고 있지 않기 때문에 수수료 내역에 대한 내용을 은행에 통지하면 은행은 해당 수수료 내역을 은행 데이터베이스에서 정산하고 해당 금액을 거래소 법인통장으로 송금해 준다.

5) 거래소에서 개인 지갑으로 전송

이제 마지막으로 거래소에서 매입했거나 거래하고 남은 비트코인을 거래소 외부의 홍길동 개인 지갑으로 이전하는 과정을 살펴보자.

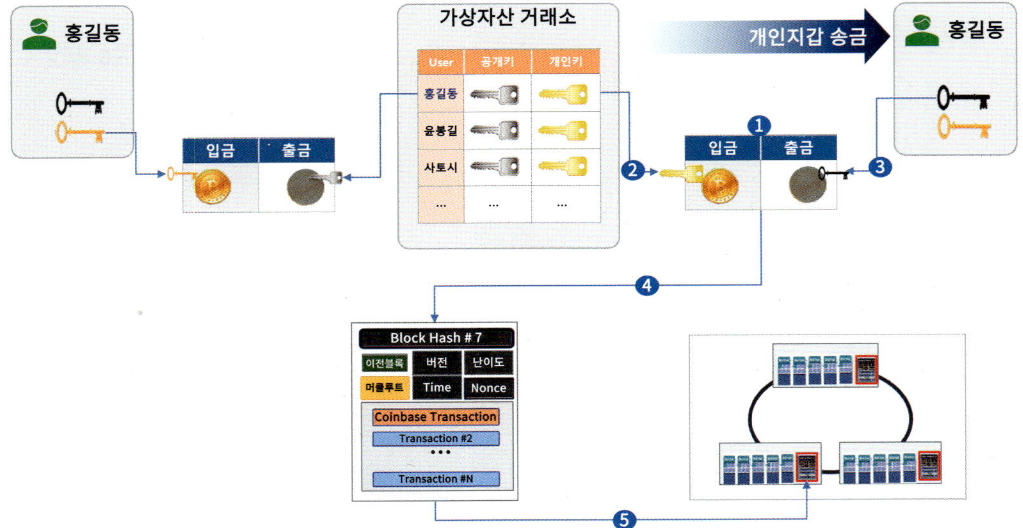

그림 5-53 가상자산 거래소에서 개인 지갑으로 비트코인 전송 상세 절차

❶ 홍길동이 외부 개인 지갑으로 비트코인을 전송하기 위한 트랜잭션을 생성한다.

❷ 홍길동이 비트코인을 거래소로 전송할 때는 거래소에서 생성한 홍길동의 '거래소 공개키'로 암호화했다. 반대로 거래소에서 외부 홍길동 개인 지갑으로 이전할 때는 다시 홍길동 '거래소 개인키'로 먼저 해독해야 한다.

❸ 해독된 비트코인은 다시 홍길동 '개인 지갑의 공개키'로 암호화하여 트랜잭션을 완성한다.

❹ 완성된 트랜잭션은 블록에 저장된다. 거래소 내에서 발생한 거래내역은 블록체인에 저장되지 않지만, 거래소로 전송하는 거래내역과 거래소에서 나가는 거래내역은 블록체인에 저장된다.

❺ 대표블록으로 선정되어 기존 블록체인에 연결된다.

5.2.5 신원인증 구현 방안

거래 및 경제활동에서 가장 중요한 항목이 바로 신원인증이다. 웹 3.0으로 발전해 가고 있고 메타버스 세상에서의 거래 활동도 늘어날 것이다. 이에 신원을 인증하는 방법도 다양하게 변화 및 발전될 것이다. 여기에서는 비대칭키를 활용한 신원인증 구현 방안을 간단히 살펴보고자 한다.

이미 우리는 공동인증서(과거 공인인증서)를 통해 아주 오래전부터 비대칭키를 통한 신원인증 방법을 사용해 오고 있다. 최근 주목받는 DID도 기본 원리는 공동인증서와 동일하다. 약간의 차이점이라면 DID에서는 공개키를 기존 PKI 대신 블록체인에 저장한다는 정도다.

비대칭키는 개인 지갑에 저장하고 다니면서 전자서명, 신원인증 등에 다양하게 활용할 수 있다. 그런 관점에서 비대칭키를 보관하는 지갑의 중요성은 더욱 커졌다고 볼 수 있다.

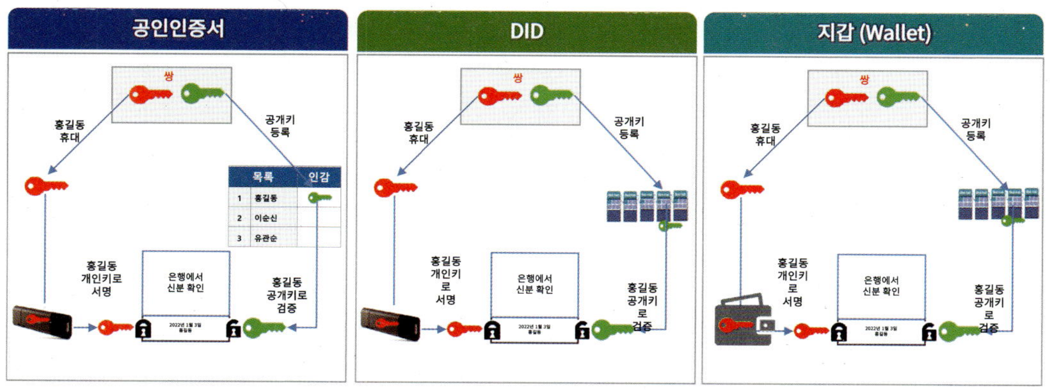

그림 5-54 신분 증명 유형

앞서 비대칭키를 통한 가상자산 거래, 전자서명, 프로토콜 경제와 토큰 이코노미 구현, 신분 증명 등 정말 다양한 분야에서 지갑이 활용된다는 것을 살펴봤다. 비트코인에서도 Bitcoin Core라는 프로그램을 설치하면 가장 먼저 부여되는 것이 바로 지갑이다. 따라서 이런 비대칭키를 보관하는 지갑은 향후 웹 3.0 시대의 중요한 도구가 될 것이다. 웹 3.0 생태계에 접근하는 일종의 관문 역할을 하게 될 것이라고 생각한다.

5.3 구현 사례

5.1절과 5.2절을 통해 웹 3.0 구현을 위한 기술 요소 및 개별 구현 방안을 살펴봤다. 이제 이런 요소들을 종합적으로 활용하여 특정 서비스를 구현하는 사례를 한번 제시해 보고자 한다.[2]

5.3.1 웹 3.0 사례

DAO가 웹 3.0 또는 메타버스 세상에서 새로운 조직의 형태가 될 것으로 소개되고, 미래 조직의 중요한 한 형태가 될 것으로 주목받는다. 하지만 현실의 조직과 회사는 일정한 법적 준수사항과 규제사항을 따르도록 요구받고 있다. 우리나라 민법과 상법에서는 조직과 회사의 설립, 형태, 운영 등에 대한 법적 준수 내용을 제시하고 있다. 온라인과 탈중앙화에 기반한 DAO는 기존 법체계와 상충하는 부분이 많다. 이런 법적인 상충 때문에 DAO가 활성화되지 못하고 서비스 확장에도 제약이 있다.

DAO를 기존 법체계로 편입해야 한다는 목소리도 있지만, 그럴 경우 DAO는 전통적인 조직의 형태와 다르지 않으며 DAO의 태생적 가치와 철학이 훼손될 수도 있다. 특별법을 신설하거나 개정한다고 하더라도 법 신설 · 개정에 많은 시간이 소요될 수 있고, 특별법을 제정한다는 것 자체가 법체계로 편입되는 것이기 때문에 근본적으로 다르지 않다.

이에 기존 법체계로의 편입이나 특별법 신설이 아닌, 기술적 · 제도적 장치를 통해 현실 조직 · 회사의 법적 요구사항을 준수하는 방안을 설계해 보는 것도 하나의 대안이 될 수 있다. 이런 시도는 현실의 법 · 제도를 적용하기 어려운 향후 메타버스 세상의 도래에 대한 준비 차원에서도 의미가 있다.

이번 웹 3.0 서비스 사례로 가정하는 것은 일명 '탈중앙 디지털 등기소' 구현이다. 현재 법적으로 규정된 등기소 개념과 등기소의 역할을 앞서 살펴본 기술 요소들을 활용하여 설계한 가칭 '탈중앙 디지털 등기소'를 구현하는 방안을 검토해 보고자 한다.

2 이 단원의 내용은 저자의 논문 "DAO의 법인등기 요건 충족을 위한 블록체인 · 스마트계약 기술 활용 방안 연구"의 내용을 참조하여 작성했음을 밝힌다.

법인 등기 관련 요구사항 식별

기존 등기소를 '탈중앙 디지털 등기소'로 구현해 보기 위해서는 먼저 기존 등기소의 의미 · 기능 · 역할에 대한 법적 요구사항을 식별해 볼 필요가 있다. 현재 법인 등기와 관련하여 규정된 법은 상법과 상업등기법이 있다. 상법은 주로 등기 대상의 요구항목을 규정하고 상업등기법은 등기사항을 규정한다.

그림 5-55는 상법 중에서 법인 등기의 요구사항과 관련된 조항을 분석하여 도출된 요구사항 키워드를 보여준다.

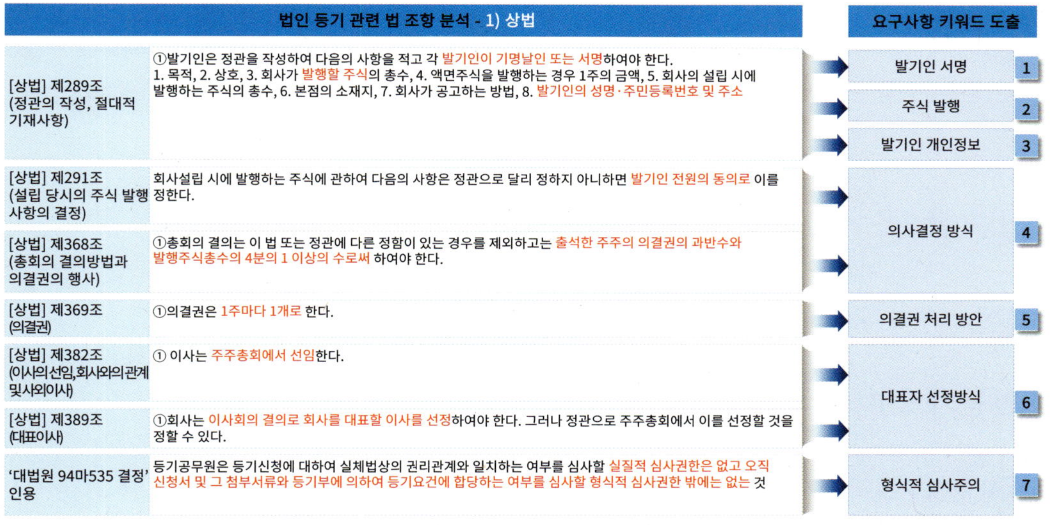

그림 5-55 상법에서 법인 등기 구현 요구사항 키워드 도출

상법 조항 분석을 통해 총 7가지 정도의 요구사항 키워드를 도출할 수 있다. 발기인 서명, 주식 발행, 발기인 개인정보, 의사결정 방식, 의결권 처리 방안, 대표자 선정 방식, 형식적 심사주의가 그것이다.

그림 5-56은 상업등기법 중에서 법인 등기의 요구사항과 관련된 조항을 분석하여 도출된 요구사항 키워드를 보여준다.

법인 등기 관련 법 조항 분석 - 2) 상업등기법		요구사항 키워드 도출	
[상업등기법] 제2조(정의)	1. "상업등기"란 「상법」 또는 다른 법령에 따라 상인 또는 합자조합에 관한 일정한 사항을 등기부에 기록하는 것 또는 그 기록 자체를 말한다.	장부 기록	8
[상업등기법] 제2조(정의)	2. "등기부"란 전산정보처리조직에 의하여 입력 · 처리된 등기정보자료를 대법원규칙으로 정하는 바에 따라 편성한 것을 말한다.	공적 장부(公的帳簿)	9
[상업등기규칙] 제13조(등기기록편성)	등기기록은 그 종류에 따라 전산정보처리조직에 의하여 별지 제1호부터 제9호까지 양식의 각 란에 등기정보로 편성한다.		
[상업등기법] 제4조(관할 등기소)	등기사무는 등기 당사자의 영업소 소재지를 관할하는 등기사무를 담당하는 지방법원 또는 그 지원(支院) 또는 등기소(이하 "등기소"라 한다)에서 담당한다.	제3신뢰기관	10
[상업등기법] 제11조(등기부의 종류 등)	② 등기부는 영구히 보존하여야 하며, 등기신청서나 그 밖의 부속서류는 대법원규칙으로 정하는 기간 동안 보존하여야 한다.	장부의 영속성	11
[상업등기법] 제13조(등기부손상방지와복구)	① 대법원장은 등기부의 전부 또는 일부가 손상될 우려가 있거나 손상된 때에는 대법원규칙으로 정하는 바에 따라 등기부의 손상방지 · 복구 등 필요한 처분을 명령할 수 있다.	장부의 무결성	12
[상업등기법] 제15조(등기사항열람과증명)	① 누구든지 수수료를 내고 대법원규칙으로 정하는 바에 따라 등기기록에 기록되어 있는 사항의 전부 또는 일부의 열람과 이를 증명하는 등기사항증명서의 발급을 신청할 수 있다.	장부의 투명 공개성	13
[상업등기법] 제25조(인감의 제출)	① 등기신청서에 기명날인 할 사람은 미리 그 인감을 등기소에 제출하여야 한다.	공인된 신원인증	14
[상업등기법] 제75조(경정등기의신청)	등기 당사자는 등기에 착오나 빠진 부분이 있을 때에는 그 등기의 경정(更正)을 신청할 수 있다.	장부의 수정권	15
[상업등기법] 제77조(말소등기의신청)	등기 당사자는 등기가 다음 각 호의 어느 하나에 해당하는 경우에는 그 등기의 말소를 신청할 수 있다.	장부의 삭제권	16

그림 5-56 상업등기법에서 법인 등기 구현 요구사항 키워드 도출

상업등기법 조항 분석을 통해 총 9가지 정도의 요구사항 키워드를 도출할 수 있다. 장부 기록, 공적 장부, 제3 신뢰 기관, 장부의 연속성, 장부의 무결성, 장부의 투명 공개성, 공인된 신원인증, 장부의 수정권, 장부의 삭제권 등이 그것이다.

법인 등기 요구사항 정의

법인 등기의 개념은 '조직이나 정관 등 법인 관련 사항을 공적 장부에 등기하고 누구나 볼 수 있도록 공개하는 제도'다.

법인 등기의 개념과 도출된 요구사항 키워드 16개를 서로 매핑하면 그림 5-57처럼 정리할 수 있다.

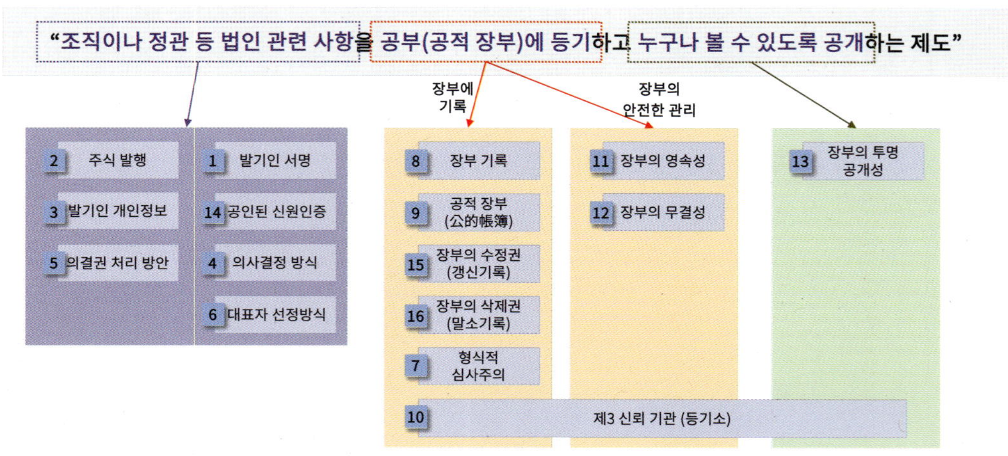

그림 5-57 등기 개념과 요구사항 키워드 관계

그림 5-58은 현실의 등기소를 개념적으로 표현한 것이며, 추가로 상법과 상업등기법에서 규정하는 16가지 요구사항이 등기소 개념도에서 어느 위치에 해당하는지 매칭하여 표현하고 있다.

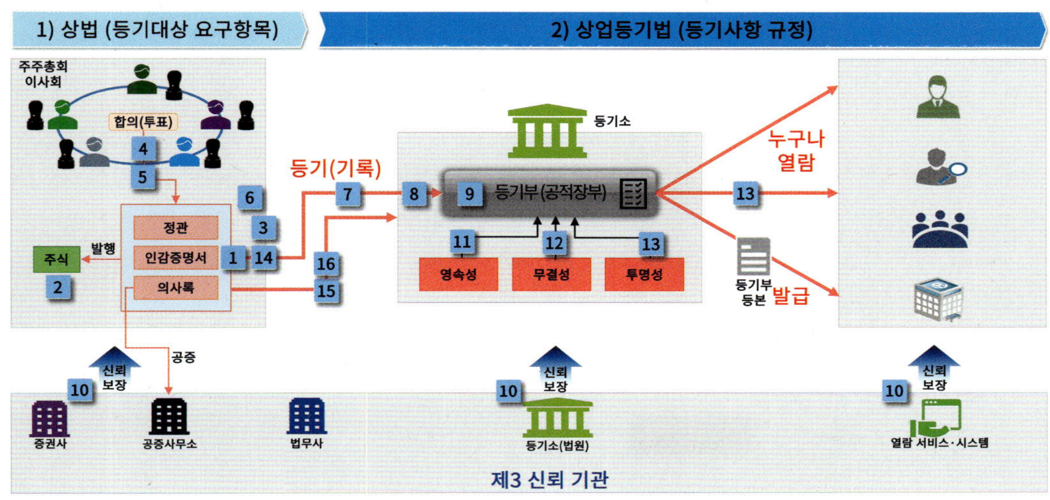

그림 5-58 등기 개념도와 등기 구현 요구사항 키워드 매핑

5.3.2 웹 3.0 사례 구현 방안

이제 그림 5-58에서 제시한 등기소 개념도를 기반으로 다양한 기술 요소를 활용하여 '탈중앙 디지털 등기소'를 설계하고 구현하는 방안을 알아보겠다.

❶ 먼저 기술 요소들의 활용성을 다시 한번 정리해 본다.

❷ 기술 요소들의 활용성을 법인 등기를 위한 16가지 요구사항과 매핑시킨다.

❸ 16가지 요구사항을 구현하기 위해 기술 요소들을 적절히 설계한다.

1) 웹 3.0 구현 (기술) 요소 활용성 분석

먼저 해시의 활용성에 대해 살펴보자. 해시의 특징을 잘 활용하면 무결성 검증, 메시지 축약, 무한한 경우의 수 활용, 일방향성 기능을 구현할 수 있다.

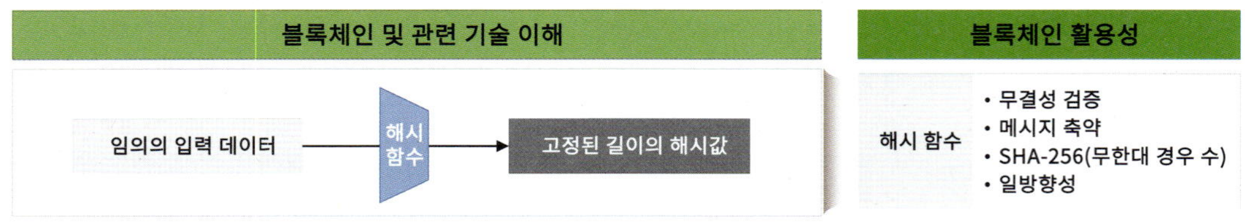

그림 5-59 해시(Hash) 활용성 식별

다음으로 비대칭키의 활용성이다. 비대칭키는 2개의 키가 서로 쌍의 관계이고, 하나는 공개되고 다른 하나는 개인적으로 보관한다는 특징을 이용하면 데이터의 안전한 전송과 전자서명 등에 활용할 수 있다.

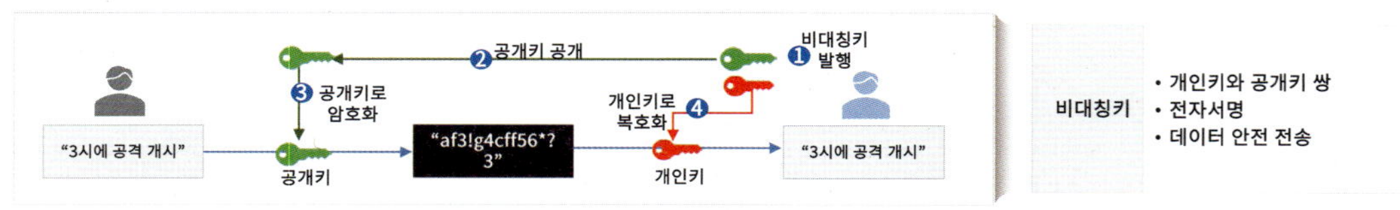

그림 5-60 비대칭키 활용성 식별

다음은 트랜잭션과 블록체인의 활용성이다. 트랜잭션은 거래내역을 기록한 최소 단위이며, 트랜잭션의 우선순위에 따라 거래 관계성을 추적할 수 있다. 그리고 블록체인은 거래 장부의 역할을 하면서 거래의 위변조를 차단하는 역할을 수행한다. 그리고 이를 분산 구조로 설계하면 투명성과 탈중개를 보장할 수 있다.

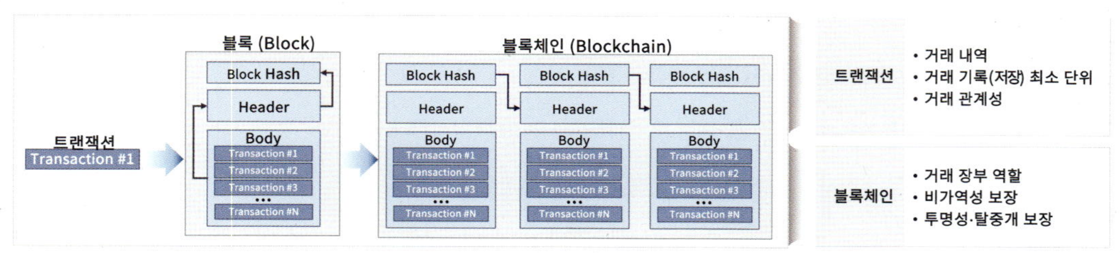

그림 5-61 트랜잭션과 블록체인 활용성 식별

마지막으로 토큰과 스마트 컨트랙트의 활용성이다. 토큰은 기초자산을 기반으로 발행된 일종의 증권 개념으로서 보상용 토큰이나 투표용 토큰 등 다양한 활용이 가능하며, 특히 토큰 이코노미 구현을 위한 핵심 요소다. 그리고 스마트 컨트랙트는 거래 이행 자동화 · 강제화 구현도 가능하다. 또한 블록체인과의 연계를 통해 신뢰성도 보장할 수 있다.

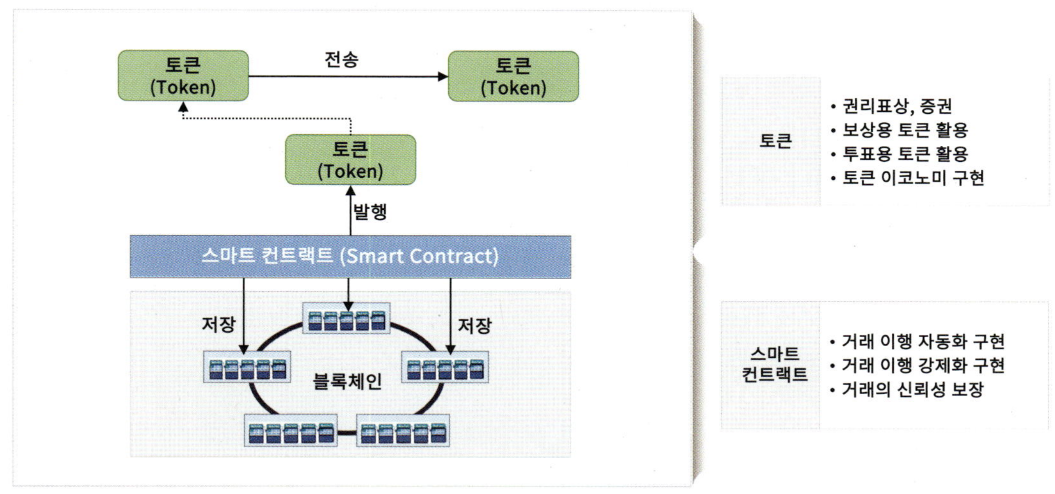

그림 5-62 토큰과 스마트 컨트랙트 활용성 식별

2) 웹 3.0 구현 요소 활용성과 법인 등기 요구사항 매핑

5.1절과 5.2절에서 식별했던 (기술) 요소들을 다양하게 연계 및 융합하면 다양한 활용 방안을 구현할 수 있다. 이런 기술들의 활용 방안을 16가지 법인 등기 요구사항과 매핑하면 그림 5-63과 같다.

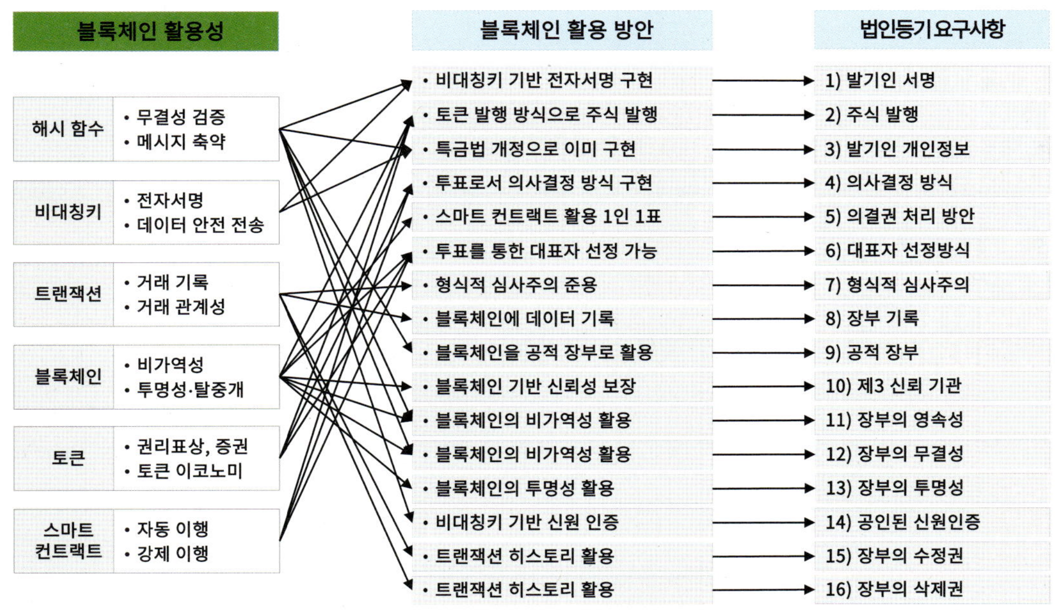

그림 5-63 블록체인 관련 기술 활용성과 법인 등기 요구사항 매핑

3) '탈중앙 디지털 등기소' 구현 방안

어떤 서비스를 구현할 때는 그 서비스의 요구사항을 식별하고 요구사항을 하나씩 설계 및 구현하여 서비스를 완성하게 된다. 기술 요소들을 활용하여 16가지 법인 등기 요구사항을 하나씩 설계해 보겠다.

『⑧장부 기록, ⑨공적 장부, ⑬장부의 투명 공개』 구현 방안

블록체인을 활용하여 거래 내역의 위변조를 차단하고 블록체인을 분산 형태로 구성하여 투명하게 공개한다면 '장부 기록, 공적 장부, 장부의 투명 공개' 구현이 가능하다.

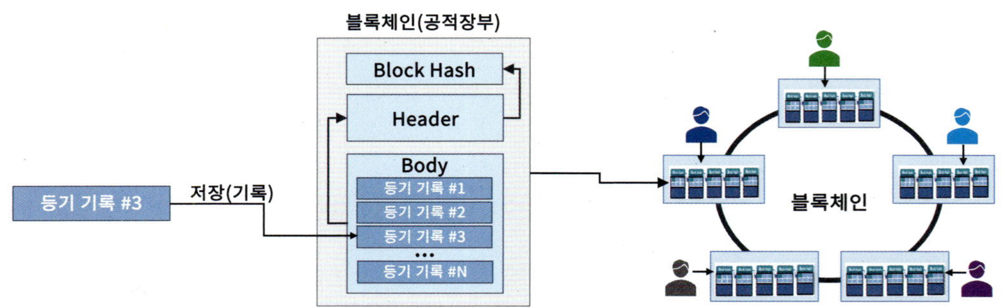

그림 5-64 '장부기록 · 공적장부 · 장부투명공개' 구현 방안

- ❽ **장부 기록**: 등기 내용을 등기소의 공적 장부에 등기(기록)하는 행위는 트랜잭션을 블록체인에 저장하는 방식으로 구현 가능하다.
- ❾ **공적 장부**: 블록체인이 일종의 장부이기 때문에 블록체인 자체가 공 적장부 역할을 수행한다고 볼 수 있다.
- ⓭ **장부의 투명 공개**: 등기소의 공적 장부가 외부에 투명하게 공개되는 요구사항은 모든 노드가 블록체인을 소유하여 저장하는 방식으로 구현 가능하다.

『⑪장부의 영속성, ⑫장부의 무결성』 구현 방안

블록체인은 해시를 통해 모든 거래내역과 장부가 연결되는 독특한 구조를 지닌다. 블록체인의 이런 구조를 활용하면 장부의 영속성과 장부의 무결성을 보장할 수 있다. 그림 5-65는 이미 앞선 그림 5-34에서 설명한 내용이다.

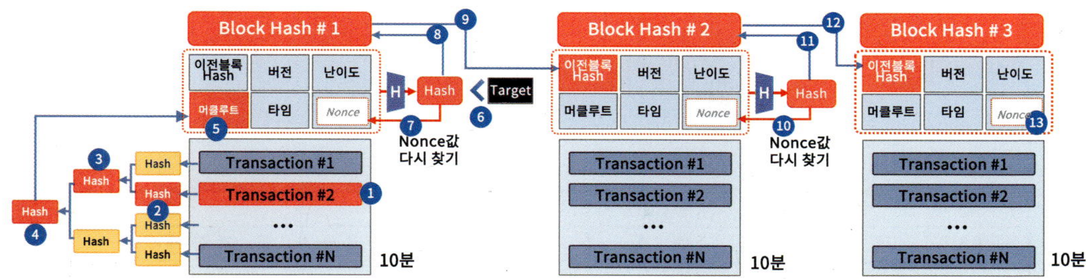

그림 5-65 '장부의 영속성 · 장부의 무결성' 구현 방안

⓫ **장부의 영속성**: 블록체인에 기록된 데이터가 삭제되지 않는 특징을 활용하면 장부의 영속성 구현이 가능하다.

⓬ **장부의 무결성**: 블록체인에 저장된 데이터는 수정이 불가능하기 때문에 장부의 무결성 구현이 가능하다.

『⑮장부의 수정권, ⑯장부의 삭제권』 구현 방안

블록에 저장된 트랜잭션(거래내역)들은 거래상 우선순위가 있다. 블록에 저장될 때는 순서에 상관없이 저장되지만, 논리적인 포인터로 모두 연결되어 있기 때문에 트랜잭션의 우선순위를 결정할 수 있다. 블록체인은 기본적으로 트랜잭션의 수정과 삭제가 불가능하지만, 해당 내역을 직접 수정하지 않더라도 수정할 내용을 추가하는 방식으로 수정을 구현할 수 있다. 예를 들어 수정 전후 데이터가 각각 있다면 시간상으로 최근 데이터가 수정된 데이터로 유효하며 오래된 데이터는 유효하지 않는 것으로 판정할 수 있다.

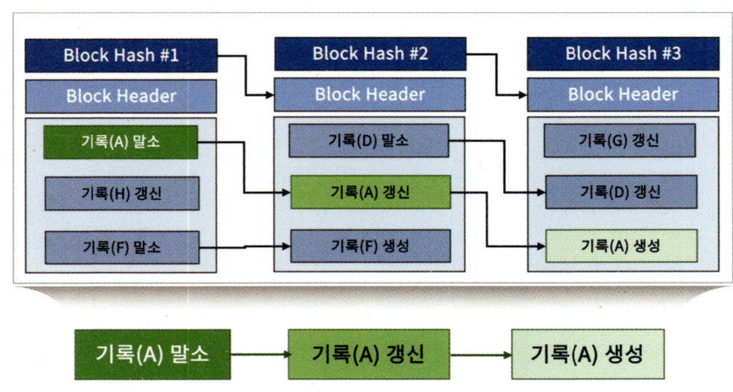

그림 5-66 '장부의 수정권 · 장부의 삭제권' 구현 방안

⓯ **장부의 수정권**: 블록체인에 저장된 데이터는 수정이 불가능하지만, 수정 및 말소 데이터를 추가로 저장할 경우 수정권 구현이 가능하다.

⓰ **장부의 삭제권**: 블록체인에 저장된 데이터는 삭제가 불가능하지만, 수정 및 말소 데이터를 추가로 저장하는 방식으로 삭제권 구현이 가능하다.

장부의 수정권과 삭제권을 좀 더 쉽게 이해하기 위해 그림 5-67을 살펴보자. 등기부등본에서는 등기 내역을 수정하거나 삭제하지 않는다. 다만 수정 및 삭제할 내용을 계속 추가로 기록하는 방식으로 등기부등본을 갱신한다. 이런 구조에서는 최신 정보가 유효한 정보라는 것을 알 수 있다.

【 갑 구 】	(소유권에 관한 사항)			
순위번호	등 기 목 적	접 수	등 기 원 인	권 리 자 및 기 타 사 항
3	소유권이전청구권가등기	2001년 1월 7일 제123호	2001년 1월 5일 매매예약	가등기권자 김갑동 400101-1079181 서울특별시 중구 서소문동 1
	소유권이전	2003년 10월 21일 제5134호	2003년 10월 5일 매매	소유자 김갑동 400101-1079181 서울특별시 중구 서소문동 1
~~4~~	~~소유권이전~~	~~2003년 3월 25일~~ ~~제3987호~~	~~2003년 3월 24일~~ ~~매매~~	~~소유자 이을남 560320 1124434~~ ~~서울특별시 중구 정동 7~~
5	4번소유권이전등기말소			3번 가등기의 본등기로 인하여 2003년 10월 21일 등기

그림 5-67 등기부등본의 수정 · 삭제 방식

『②주식(토큰) 발행』 구현 방안

토큰은 기초자산을 다른 것으로 대체한 상징물이다. 유형의 자산뿐만 아니라 무형의 권리도 기초자산으로 하여 토큰 발행이 가능하다. 예를 들어 투표 권리를 상징화한 투표권 토큰이 대표 사례다. 주식 역시 회사의 유 · 무형 가치를 기초자산으로 하여 발행된 토큰 개념으로 이해할 수 있다. 따라서 주식도 디지털 형태의 토큰으로 발행 가능하다. 토큰이 발행되고 스마트 컨트랙트 기반으로 처리되는 과정은 앞서 살펴봤기 때문에 넘어가도록 하겠다.

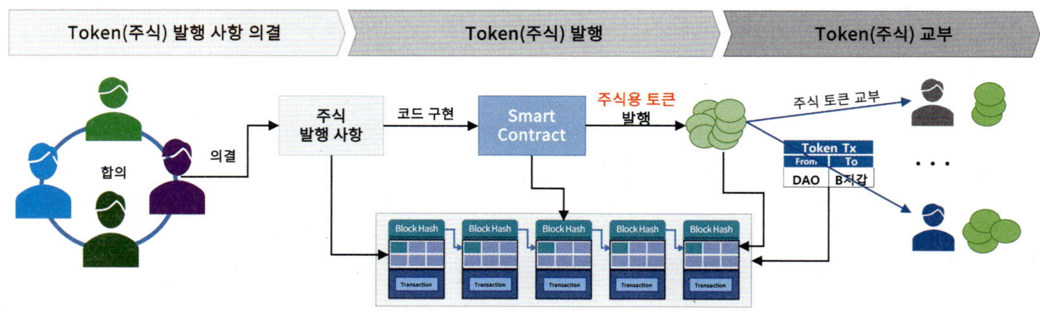

그림 5-68 '주식 발행' 구현 방안

❷ **주식(토큰) 발행**: 주식 발행 및 교부 내용을 스마트 컨트랙트로 작성하고 블록체인에 저장하고 실행하면 (전자적) 주식 발행 및 교부가 가능하다.

『④의사결정 방식, ⑤의결권 처리 방안, ⑥대표자 선정 방식』 구현 방안

주식회사에서도 의사결정이나 대표자 선정 방식 등은 중요하다. 따라서 상법에서는 관련 내용을 등기하도록 규정하고 있다. 앞서 DAO 구현을 위해 가장 중요한 요소는 투표라고 했다. 그리고 투표권 토큰을 통한 투표 및 의사결정 과정도 설명했다.

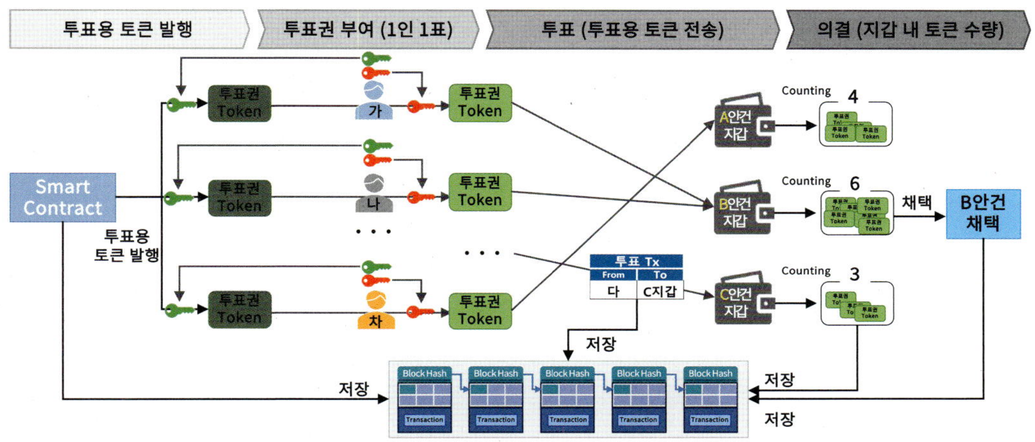

그림 5-69 '의사결정 · 의결권 처리 · 대표자 선정' 구현 방안

❹ **의사결정 방식:** 블록체인과 스마트 컨트랙트를 통해 투표용 토큰을 발행하고 토큰을 전송하는 방식으로 투표 구현 및 의사결정 구현이 가능하다.

❺ **의결권 처리 방안:** 의사결정 방식과 동일하고 투표권 토큰을 전송하는 방식으로 의결권 처리 구현이 가능하다.

❻ **대표자 선정 방식:** 후보자 지갑에 저장된 투표용 토큰의 개수로 대표자가 선정되며 스마트 컨트랙트와 토큰이 블록체인에 저장되기 때문에 신뢰성도 보장한다.

『⑩제3 신뢰 기관』 구현 방안

전통적으로 모든 거래는 신뢰성 확보를 위해 제3 신뢰 기관을 기반으로 한다고 설명했다. 등기 제도에서 제3 신뢰 기관에 해당하는 등기소의 역할은 등기된 내용이 위변조되지 않도록 철저하게 관리하면서 누구에게나 투명하게 공개하는 것이다. 블록체인을 이용하면 이런 기능을 충분히 구현할 수 있다. 따라서 블록체인을 통해 등기소라는 제3 신뢰 기관을 대신하여 구현할 수 있다.

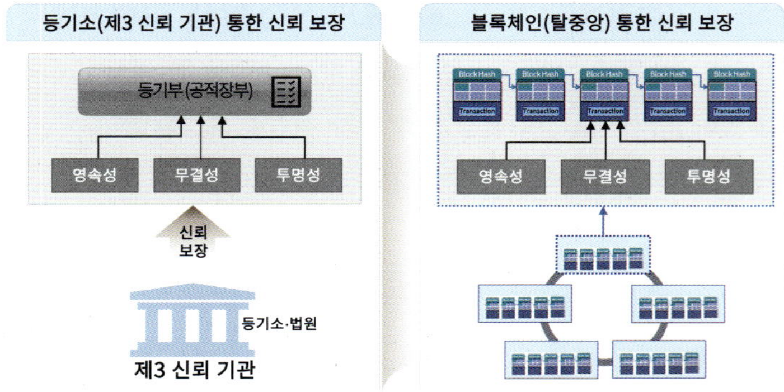

그림 5-70 '제3 신뢰 기관' 구현 방안

⑩ **제3 신뢰 기관:** 현실에서는 등기소(제3 신뢰 기관) 기반으로 등기가 이루어지지만, 블록체인을 이용할 경우 제3 신뢰 기관 없이도 등기 구현이 가능하다.

『①발기인 서명, ⑭공인된 신원 인증』 구현 방안

주식회사뿐만 아니라 대부분의 거래 및 조직에서는 서명이나 신원 인증이 필요하다. 앞서 비대칭키를 활용하여 전자서명이나 신원 인증이 가능하다고 했다. 등기에서는 인감을 등기소에 등록해야 하지만, 비대칭키를 통해서 전자서명과 신원 인증 구현이 가능하다.

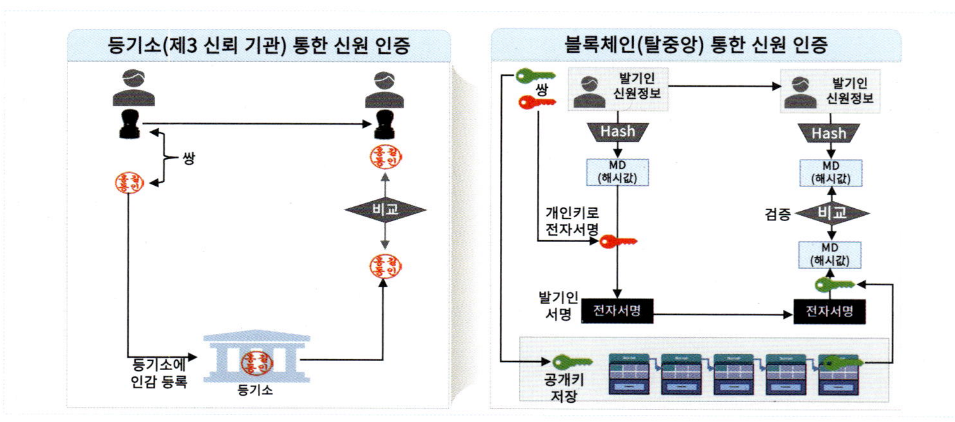

그림 5-71 '발기인 서명 · 신원 인증' 구현 방안

❶ **발기인 서명:** 현실의 인감을 통한 서명과 유사하게 비대칭키 암호 기술을 이용하면 인감과 동일한 방식으로 서명 구현이 가능하다.

⑭ **공인된 신원 인증:** 인감을 등기소에 제출하는 것과 유사하게 공개키를 블록체인에 저장하는 방식으로 구현이 가능하다.

『⑦형식적 심사주의』 구현 방안

한국의 등기 제도는 등기의 형식적 성립 요건만 갖추면 다른 조사 없이 서류심사만으로 등기할 수 있게 허용하는 '형식적 심사주의'를 채택하고 있다. 블록체인에서 트랜잭션이 생성되어 네트워크에 전파되면 검증 과정을 거친다. 검증은 주로 구문검사, 서명검증, 논리검사 등으로 진행되며 트랜잭션이 이중 지불을 시도한 악의적인 트랜잭션인지는 검증하지 않는다. 블록체인의 트랜잭션 검증 방식은 한국의 등기 제도 방식과 유사하다.

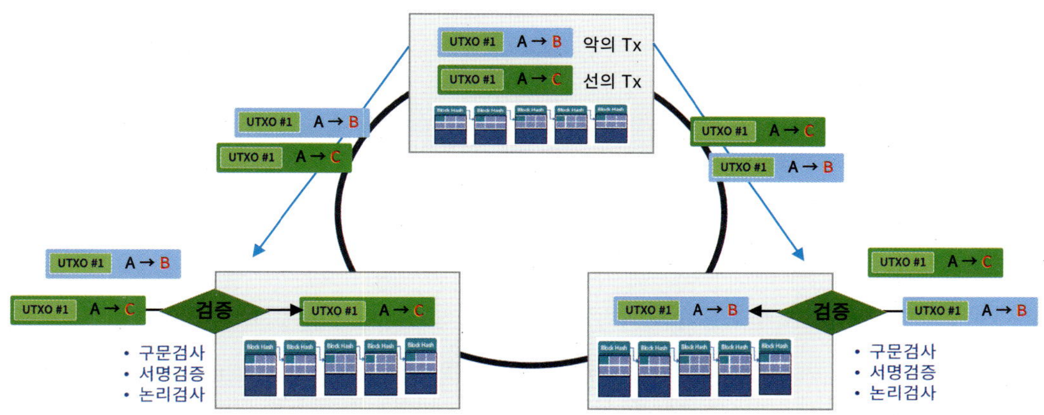

그림 5-72 '형식적 심사주의' 구현 방안

❼ **형식적 심사주의:** 법인 등기는 형식적 심사주의 방식을 채택하고 있으며, 블록체인 트랜잭션 검증 역시 형식적 심사주의를 채택하고 있기 때문에 특별히 이슈 사항은 아닌 것 같다.

『③발기인 개인정보』 구현 방안

상법에는 발기인 개인정보(성명, 주민등록번호, 주소)를 정관에 기입하도록 명시하고 있다. 반면에 블록체인은 비대칭키를 통해 가상자산이 처리되기 때문에 익명성이 보장되어 상법 요구사항과 배치될 수 있었다. 그런데 가상자산이 테러 지원이나 자금세탁 등에 악용되면서 FATF(국제자금세탁방지기구)는 가상자산에 대한 새로운 기준을 제시했다. 우리나라도 이에 보조를 맞추기 위해 특금법을 개정했다. 결과적으로 현재 가상자산은 익명성이 보장되지 않고 개인정보 및 거래내역이 모두 관리된다. 가상자산은 원래 익명성이 보장되어 상법상의 등기 구현 방안과 상충하는 요소가 있었으나, 특금법의 개정으로 이제 더 이상 익명성이 보장되지 않기 때문에 등기 구현에 특별한 이슈는 없을 것 같다.

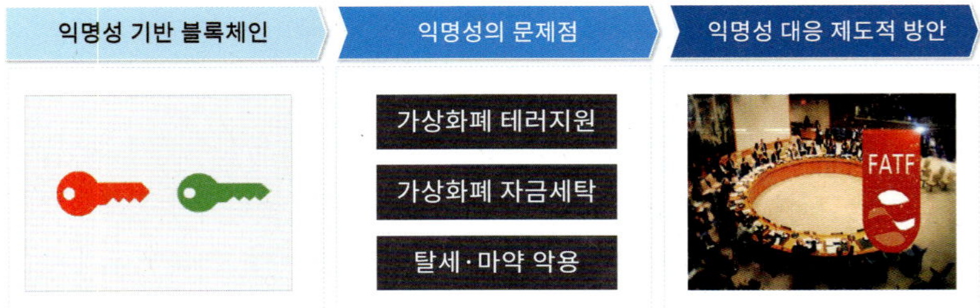

그림 5-73 법 · 제도적 장치를 통한 개인정보 구현 방안

❸ **발기인 개인정보**: 현재 가상자산의 거래는 특금법 개정으로 발기인 개인정보를 식별하여 블록체인에 저장하는 것은 크게 문제가 없을 것 같다.

4) '탈중앙 디지털 등기소' 구현 모델(안)

법인 등기를 위한 16가지 요구사항을 웹 3.0 구현 (기술) 요소들을 활용하여 구현할 수 있는 방안을 제시해 보았다. 16가지 요구사항이 모두 구현된 모습을 하나로 통합하여 표현한 '탈중앙 디지털 등기소' 개념도는 그림 5-74와 같을 것이다. 현실의 등기소 개념도를 보여줬던 그림 5-58과 비교해서 살펴보면, 기본적인 구조는 비슷하지만 전통적 등기소 기반으로 등기를 구현하는 대신 블록체인과 관련 기술들을 연계하여 등기소에서 요구하는 기능을 구현할 수 있다는 것을 알 수 있다. 그리고 16가지 요구사항이 위치하는 지점도 함께 표시했다.

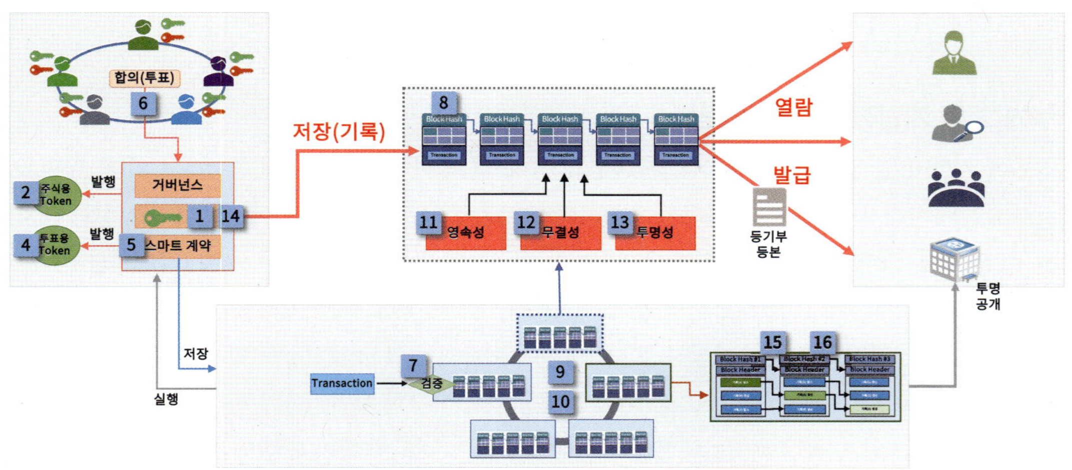

그림 5-74 블록체인 기반 등기 개념도와 등기 구현 요구 기술 매핑

법인 등기를 위해 법적으로 규정된 요구사항에 대해 다양한 기술 요소를 활용하여 '탈중앙 디지털 등기소'를 구현해 봤는데, 이렇게 하면 실질적으로 '탈중앙 디지털 등기소'가 구현된다는 것을 의미하는 것이 아니라, 다양한 기술 요소들이 어떻게 활용되고 어떻게 설계될 수 있는지를 보여준 하나의 사례 정도로 이해해 주면 좋겠다.

06

차세대 웹 (Next Generation Web)

우리는 현재 웹(Web)의 시대에 살고 있다고 해도 과언이 아니다. 모든 정보, 서비스, 비즈니스가 웹을 기반으로 작동하고 있다. 웹에 대한 의존과 종속은 시간이 갈수록 더욱더 심화될 것이다.

그럼 이렇게 중요한 웹의 미래는 어떤 모습일까?

여기서 '웹 3.0' 대신 '차세대 웹'이라는 명칭을 사용하는 이유는, 첫째 웹 3.0에 대한 개념이 아직 정립되지 않는 상황에서 섣불리 사용할 경우 웹 3.0의 개념에 혼동을 줄 수 있기 때문이고, 둘째 현재 '웹 3.0'이 기존 웹의 문제점 대응에 초점이 맞춰진 반면 차세대 웹이라는 명칭을 통해서 웹의 본질에 충실하면서 기존 웹의 계승 · 발전적 측면에서 바라봐야 한다는 것을 강조하기 위한 의도가 있다.

웹 2.0이 추구하고자 했던 가치와 철학은 오늘날 풍성하고 발전된 웹의 시대를 여는 데 중요한 역할을 했다. 동시에 다양한 부작용이나 문제점을 양산했던 것도 사실이다. 웹 2.0이 지닌 문제점을 개선하고 대응하려는 노력도 의미가 있고 중요하다. 그런데 웹의 새로운 미래를 논하는 자리에서 단순히 '기존 웹의 문제점 대응'에 초점을 맞추는 것이 웹의 미래 모델 설계 방향이라고 평가하기에는 왠지 뭔가 부족해 보인다. 새로운 웹으로의 도약을 이끌기 위해서는 새로운 혁신 동력이 필요하지 않을까?

웹 2.0에 대한 대응과 블록체인 기술 등을 활용하는 방안은 4장과 5장을 통해 소개했다. 마지막 6장에서는 웹의 본질적 가치가 무엇이고 웹의 미래와 차세대 웹 구현을 위한 새로운 혁신 동력이 무엇인지 살펴보고자 한다.

6.1 웹의 진화

기존 웹의 문제점 개선도 필요하겠지만, 웹의 미래를 설계해 본다면 웹의 본질에 집중하면서 기존 웹을 계승 · 발전시키는 동시에 새로운 혁신 동력을 적극 활용하여 웹의 본질적 가치 관점에서 현재의 웹을 한 단계 끌어올리는 방향이 오히려 더 타당하지 않나 하는 생각이 든다.

그럼 웹에 있어 새로운 혁신 동력은 무엇일까?

6.1.1 새로운 기술 시대 도래

웹은 인터넷 기반의 하나의 서비스 사례일 뿐이다. 웹도 인터넷이라는 기반 기술이 없었다면 실현이 불가능했고, 웹 1.0을 지나 웹 2.0으로 개화가 가능했던 것도 모두 기술이 뒷받침됐기 때문이다. 이런 관점에서 본다면 차세대 웹 또는 웹 3.0도 결국 기술의 진전이나 발전에 기반할 것이라 생각한다. 미래 서비스를 검토할 때 가장 우선적으로 체크해야 하는 부분이 바로 기술이다. 통신 기술, 검색 기술 등 다양한 기술이 웹에 연계되어 있고, 계속 새로운 기술이 웹에 접목되고 있다.

그런데 최근 기존 기술과 차원이 다른 기술 요소들이 소개되어 웹에 접목되고 있다. 미래의 모습을 '초지능', '초현실', '초연결'이라는 키워드로 대변하는 경우가 많다. 인공지능으로 대변되는 초지능, 메타버스 기반의 초현실, IoT가 이끌어갈 초연결을 미래 ICT의 키워드로 소개한다. 이 3가지 키워드는 웹 · 정보라는 영역과도 많은 연관이 있다. 이 각각의 키워드를 구현하기 위한 기술 요소들은 무엇일까?

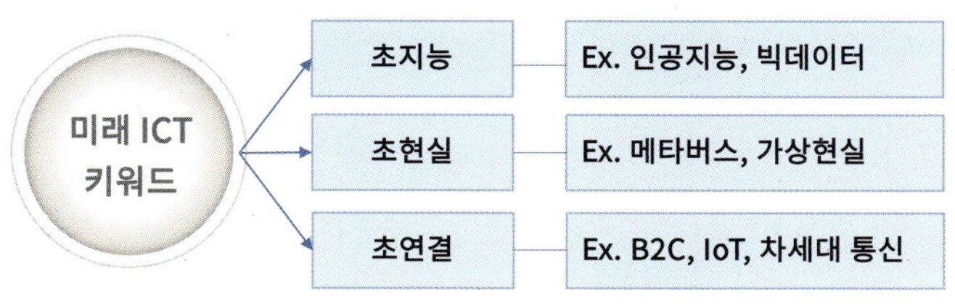

그림 6-1 미래 ICT 키워드

웹의 본질에 해당하는 '정보'라는 관점에서 차세대 웹을 이끌 핵심 키워드는 인공지능, 메타버스, IoT가 될 것이라 생각한다. 그리고 각각의 키워드 구현을 위한 기술 요소는 그림 6-1과 같이 정리할 수 있을 것 같다.

6.1.2 웹의 발전 방향

정보라는 관점에서 웹을 바라볼 때 웹 2.0을 이을 차세대 웹의 핵심 요소로 '정보의 공정성'과 '정보의 활용성'을 그림 4-17에서 제시했다.

기존 웹 2.0의 문제점을 개선하려는 방향성을 '정보의 공정성'이라는 키워드로 요약했고, 새로운 혁신 기술을 활용하여 웹의 궁극적인 목표인 정보의 체득과 활용성을 제공하는 방향으로 '정보의 활용성'이라는 키워드를 도출했다.

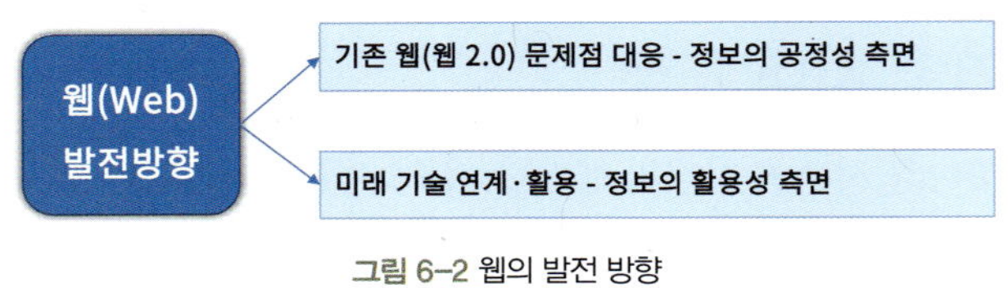

그림 6-2 웹의 발전 방향

정보라는 것은 정보의 접근, 검색, 체득 과정을 거쳐 결국 정보의 활용 단계로 발전한다. ChatGPT를 통해 체계화된 정보(지식)를 제공하여 정보의 체득이 용이해졌으며, ChatGPT와 메타버스를 연계하여 정보의 체득뿐만 아니라 정보를 활용할 수 있는 지혜도 제공하고 있다. 또한 IoT를 연계하여 정보의 영역이 사물로까지 확대되어 더욱 풍성한 정보 활용이 가능해졌다. 이런 관점에서 차세대 웹의 방향성은 초지능, 초현실, 초연결이라는 키워드와 연계되며, 그림 6-3과 같이 정리할 수 있다.

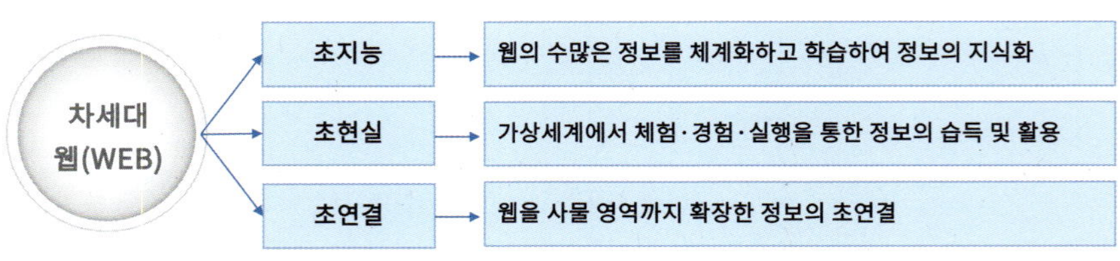

그림 6-3 차세대 웹 키워드

6.1.3 웹의 미래

차세대 웹의 모습은 우선 웹의 진정한 가치를 계승 · 발전시키면서 동시에 기존 웹이 가진 한계점과 문제점도 단계적으로 개선해 나가는 모습일 것이다. 하지만 진정한 웹의 미래는 인공지능, 메타버스, IoT와 같은 기술이 새로운 가치를 제공하는 웹으로 견인하는 모습일 거라고 생각한다.

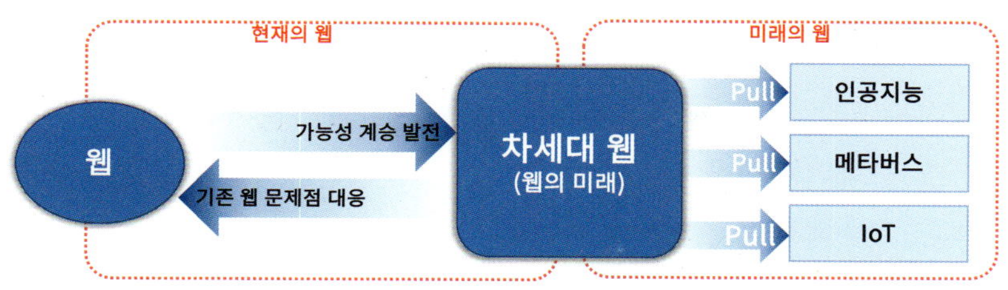

그림 6-4 차세대 웹 견인 요소

웹의 미래는 3가지 관점에서 생각해 볼 수 있다.

1. 인공지능 관점 – 기존에는 단순히 정보를 검색하고 찾기 위해 웹에 접근했다면 ChatGPT의 출현으로 지식과 지혜를 얻기 위해 웹을 활용할 것이다.
2. 메타버스 관점 – 기존에는 웹에 존재하는 정보를 끌어내어 현실 세상에서 이 정보를 활용하고 실행하는 방식이었다면, 메타버스 환경에서는 웹 안에서 경험과 체험을 즐기고 새로운 생활과 경제활동이 웹 세상에서 이루어질 것이다.
3. 초연결 관점 – 기존의 웹은 사람이 생성한 정보가 업로드된 웹사이트 간의 연결이었다면, IoT 활성화에 따라 사람과 사물, 사물과 사물, 사람과 사람이 서로 초연결되는 세상이 도래할 것이다(사람 머리에 칩을 장착한다면 사람과 사람의 연결도 가능).

3가지 기술이 웹의 미래 방향성 제시와 어떻게 연계될 수 있는지 하나씩 좀 더 자세히 살펴보자.

6.2 인공지능 기반 초지능 웹

ChatGPT가 연일 화재다. 새로운 기술과 혁신적인 제품이 나오면 자연스럽게 대중의 관심과 언론의 주목을 받는 것은 맞지만, ChatGPT는 기존의 이벤트와 차원이 다른 것 같다. 이번 절에서는 우선 인공지능이 무엇인지 간단하게 알아보고, 인공지능이 웹과 어떤 관련성이 있는지 알아보겠다. 이어서 인공지능이 이끌 웹의 미래에 대해서도 살펴보겠다.

6.2.1 인공지능 이해

인공지능을 개념적으로 쉽게 이해해 보자. 인공지능이 어떻게 학습하고 어떻게 활용되는지를 최대한 간단하게 추상화해서 설명해 보겠다.

1) 인공지능이란 무엇인가?

먼저 '인공(人工)'이라는 의미부터 알아보자. '인공'의 반대는 '자연'이다. 자연은 사람의 임의적 힘이나 가공이 아닌 스스로 존재하거나 저절로 이루어지는 것을 말한다. 그렇다면 인공이란 사람의 힘이나 임의적인 가공으로 이루어지는 것을 의미한다. 즉, 자연스럽게 이루어지는 것이 아니라 임의로 가공하여 생성되고 이루어지는 것을 말한다. 인공위성, 인공호수, 인공수정, 인공눈물 등 우리 주변에도 많은 '인공'이 있다.

인간은 다른 동물과 다르게 학습능력, 인지능력, 언어능력, 판단능력, 추리능력 등을 가진다. 이런 능력은 학습을 통해 고도화되고 이런 능력을 바탕으로 판단과 의사결정을 하고 더 나아가 예측을 하게 된다. 이것을 '지능(知能)'이라고 한다. 지능은 인간만이 가진 고유한 영역이다. 그런데 인간이 아닌 사물에 임의적인 힘이나 가공(인공)을 통해 지능을 갖추게 하는 것이 바로 '인공지능'이다.

그럼 이런 지능을 어떻게 인공적으로 갖추게 하는 것일까? 인공지능의 분야는 다양하지만 여기에서는 '학습을 통해 판단 및 예측하는 모델'을 살펴보겠다.

인공지능 개념

사람들은 살아가면서 다양한 예측을 한다. 월별 날씨, 지역별 날씨, 시간대별 교통체증, 지역별 교통체증, 월별 판매추이 등을 예측하여 그에 따른 의사결정을 하게 된다. 사람들이 이처럼 예측할 수 있다는 것은 과거 수많은 경험을 통해 이미 학습되었고 학습을 통한 일정한 패턴이나 판단 능력을 갖추고 있다는 것을 의미한다. 어린아이보다는 청소년, 청소년보다는 성인이 더 정확한 예측을 할 수 있다는 것은 그만큼 오랜 세월 동안 경험(학습)을 통해 예측 능력을 향상시켰다는 의미다.

사람들은 보고 듣고 느끼고 경험하는 방식으로 학습한다. '보고 듣고 느끼고 경험한 것'을 다르게 표현하면 '데이터'다. 자연 · 사회 현상에서 발생하는 수많은 이런 데이터를 학습하고, 학습을 통해 일정한 패턴이나 인사이트를 확보하여 활용하는 것이다.

'보고, 듣고, 느끼고, 경험하고' ➞ '패턴, 공식, 인사이트' ➞ '판단, 의사결정'

데이터의 구조를 이해할 필요가 있다. '사과', '컴퓨터', '32도', '시속 30km', '강릉', '4월' 등은 데이터가 아니라 단순히 단어다. 데이터가 되기 위해서는 그 단어에 의미를 부여해야 한다. 즉, 의미 있는 단어가 데이터다. 의미 있는 단어를 구성하기 위한 데이터의 구조는 (3월 온도, 10도), (잠실 교통 속도, 30km/h), (강릉 수온, 5도)와 같은 형태로 표현할 수 있다. 이런 데이터 구조를 수학적인 개념으로 표현하면 (X, Y)로 정리할 수 있다. 그럼 데이터의 구조를 (X, Y)로 표현해 보겠다. (1, 3),

(3, 9), (2, 7)이라는 데이터가 있다면, 이는 1월 온도가 3도이고, 3월 온도가 9도이고, 2월 온도가 7도라는 의미다.

이제 그림 6-5를 통해 인공지능의 개념을 설명해 보겠다. (X, Y) 형태로 구성된 수많은 데이터가 있다고 가정해 보자. 이해하기 쉽게 (X, Y)를 (월, 온도)로 가정해 보겠다. 몇 년의 축적된 '월별 온도'라는 데이터가 있다. 이제 (월, 온도) 데이터를 각각 X값과 Y값으로 좌표에 표시하면 그림 6-5의 왼쪽 그림과 같다.

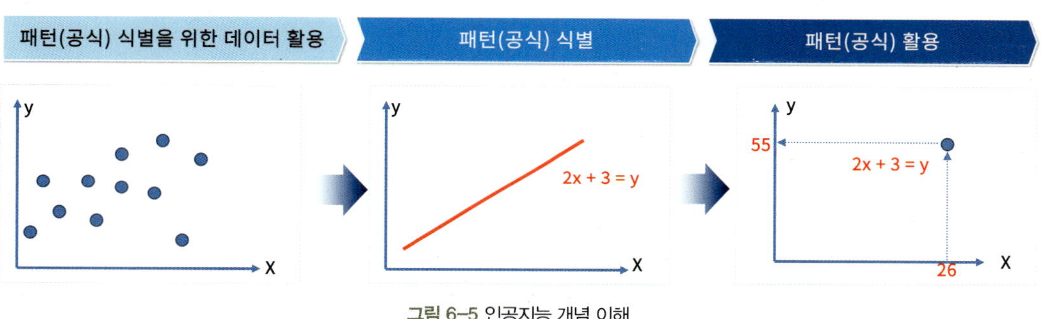

그림 6-5 인공지능 개념 이해

좌표에 표시된 데이터는 일부 패턴에서 벗어난 데이터도 있지만, 일정한 각도로 우상향하는 큰 패턴을 보여준다. 이 패턴을 정리하면 'Y=2X+3'이라는 공식을 얻을 수 있다. 즉, '월'과 '온도'와의 관계가 'Y=2X+3'이라는 패턴(공식)을 찾아낸 것이다. 이제 이런 패턴을 가지고 특정 월의 온도를 예측할 수 있다. 예를 들어 3월의 평균 온도를 예측하고자 할 때 X값에 '3'을 대입하면 '9도'라는 것을 예측할 수 있다.

- (월, 온도) → 학습 데이터
- Y=2X+3 → 학습을 통해 발견한 패턴(모델)
- 3월 온도는 9도 → 학습된 모델을 통해 예측

이것을 인공지능(ChatGPT 4.0)에 비유해 보겠다

- (월, 온도) → 학습 데이터
- Y=2X+3 → ChatGPT 4.0
- 3월 온도는 9도 → ChatGPT 프롬프트에 '3월'을 입력하면 '9도'라는 답변 제공

수많은 데이터를 학습하여 도출한 패턴이 우리가 말하는 인공지능이다. 인공지능은 사람의 지능 학습 과정과 유사하다. 인간은 보고, 듣고, 경험하면서 학습하고 이를 일정한 공식으로 패턴화한다. 그리고 이 패턴을 기반으로 판단하고 예측한다. 인공지능도 마찬가지다.

데이터 → 학습(인공지능 모델) → 예측(인공지능 활용)

그림 6-5의 과정을 좀 더 상세히 정리하면 그림 6-6과 같다.

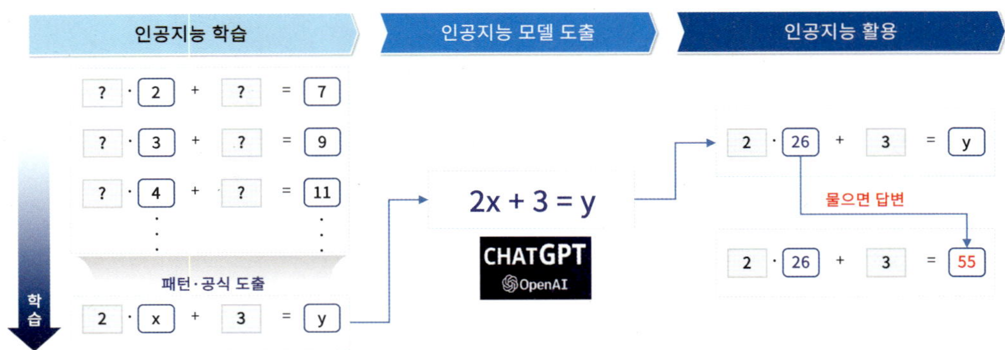

그림 6-6 인공지능 학습 · 모델 · 활용

(2, 7), (3, 9), (4, 11) 등의 데이터를 이용해서 'X값과 Y값의 관계를 찾는 과정'이 '학습'이라고 볼 수 있다. 수많은 학습을 통해 'X'와 'Y'가 'Y=2X+3'이라는 관계에 있다는 것을 찾아냈다. 학습을 통해 찾아낸 관계 모형이 바로 '인공지능 모델'이다. 이제 이렇게 학습된 인공지능 모델을 활용하면 된다.

파라미터(가중치) 이해

인공지능 관련 기사나 보고서를 보면 파라미터나 가중치라는 단어가 자주 등장한다. 파라미터라는 개념에 대해 알아보자. (X, Y)에 (2, 7), (3, 9), (4, 11)이라는 데이터를 계속 대입(학습)하다 보면 'Y=2X+3'이라는 모델을 찾아냈다. 결국 데이터를 학습하는 이유는 X와 Y의 관계에 해당하는 'Y=2X+3'이라는 공식을 찾기 위한 것이며, 이는 결국 '2'와 '3'을 찾기 위한 과정이라고 이해할 수 있다.

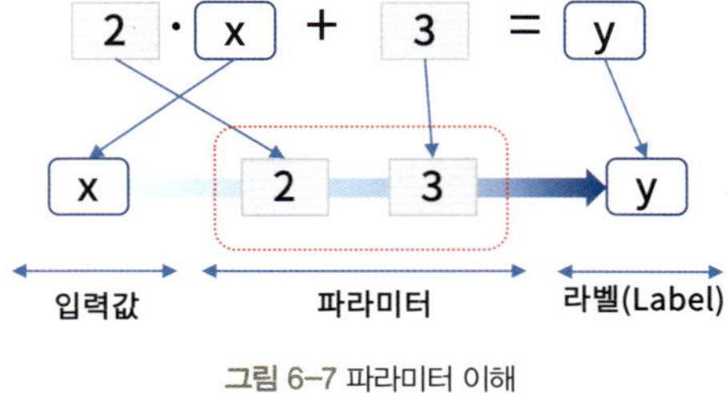

그림 6-7 파라미터 이해

그림 6-7을 보면, X는 입력값이고 Y는 정답(라벨)이다. 정답(라벨)이 존재하는 상황에서 입력값을 계속 대입하면 2와 3이라는 값을 찾아낼 수 있다. 이것이 파라미터다.

어린이가 예측하는 것과 성인이 예측하는 것은 차이가 날 수 있다. 차이의 근거는 학습량이다. 학습량이 많은 성인의 예측이 더 정확할 가능성이 높다. 이처럼 학습량이 많아질수록 예측이 더 정확할 수 있는데, 학습 데이터가 많아질수록 'X와 Y의 관계식'이 달라질 수 있으며 앞서 도출했던 2와 3이라는 파라미터도 변경될 수 있다.

그림 6-8을 살펴보자. 입력값과 정답(라벨)의 관계를 정확히 이해하기 위해 데이터를 대입(학습)한 초기 과정에서는 '2'와 '3'이라는 파라미터 값을 찾아냈다. 그런데 더 많은 데이터를 계속 대입하다 보니, '2'와 '3'이 아니라 '2'와 '4'라는 것을 발견하게 되었다.

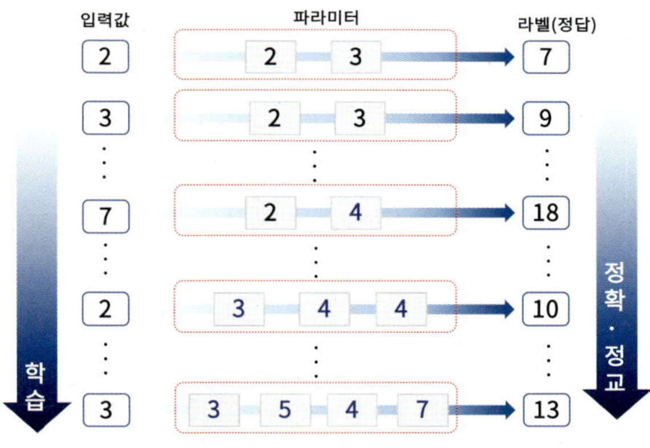

그림 6-8 학습(파라미터 조정) 이해

또한 더 많은 데이터를 계속 학습시키고 정확도를 높이려다 보니, 기존 2개의 파라미터로는 부족해서 파라미터를 3개로 늘렸다. 데이터를 계속 학습시켜서 누적 학습량이 늘어나자 초기 파라미터값도 수정됐고 파라미터 개수도 더 늘어났다. 이렇게 데이터의 학습량이 늘어날수록 파라미터의 값과 개수가 변경되는데, 이를 학습 과정이라고 한다. 인공지능에서 학습이란 바로 데이터를 대입(학습)시켜 이 파라미터를 튜닝하는 과정이라고 할 수 있다.

인공지능 '학습'의 개념 이해

인공지능 학습이란 파라미터를 찾아내는 과정이라고 설명했는데, 이를 좀 더 구조화하여 표현하면 그림 6-9와 같다. (3, 8)이라는 구조의 데이터는 3월의 온도가 8도라는 의미로, 3월의 온도에 대한 정답(8)이 포함되어 있다. 이처럼 3에 해당하는 것이 입력값이고 정답에 해당하는 8을 라벨

(Label)이라고 한다. (X, Y)는 (입력값, 라벨)을 의미한다. 학습이란 X와 Y의 관계를 찾아내는 것이고, 그 관계를 구성하는 값이 바로 파라미터다. 학습량이 늘어날수록 X와 Y의 관계를 구성하는 값은 변하고, 이 관계를 구성하는 최적의 값을 찾아내는 것이 바로 학습이다.

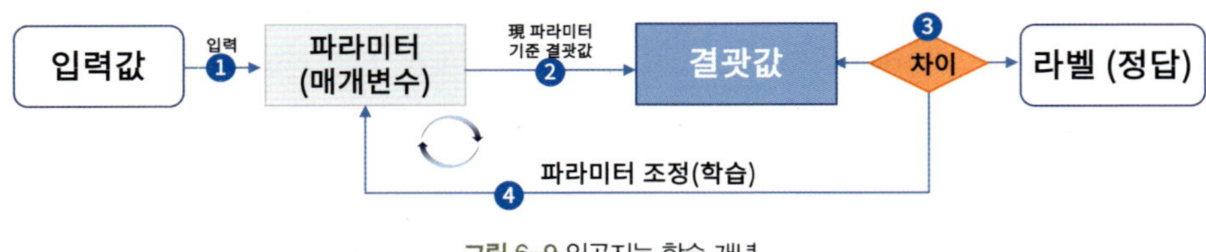

그림 6-9 인공지능 학습 개념

❶ 입력값과 라벨이 정해진 상황에서 입력값을 대입한다.

❷ 입력값을 대입하여 결괏값을 도출한다.

❸ 도출된 결괏값과 라벨(정답)을 비교하여 차이를 식별한다. 차이가 발생한다는 것은 파라미터에 오차가 있다는 것을 의미한다.

❹ 차이가 나는 정도를 다시 파라미터에 반영하여 파라미터를 조정한다. 이 파라미터를 조정해 가는 과정이 바로 인공지능 학습이다. 즉, ❶ ~ ❹ 과정을 계속 반복하여 결괏값과 라벨의 차이가 발생하지 않도록 최적의 파라미터를 산출하는 것이 바로 학습이다.

이해를 돕기 위해 다시 그래프 형태로 설명해 보겠다. 파라미터가 어떻게 조정되는지 그래프를 통해 살펴보자. 그림 6-5에서 (X, Y) 데이터를 통해 Y=2X+3이라는 공식을 찾아냈다. 이 공식에서 파라미터는 '2'와 '3'이다. 그런데 그림 6-10의 가운데 그림처럼 데이터 학습을 계속 늘렸더니 기울기 패턴이 조금 변했다. 더 많은 데이터 학습을 통해 얻어낸 패턴은 'Y=2X+2'라는 것을 찾아냈다. 기존 파라미터값이 '2'와 '3'에서 '2'와 '2'로 변한 것이다.

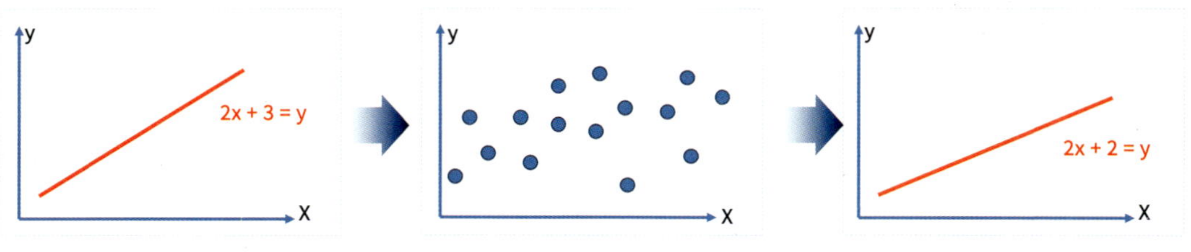

그림 6-10 파라미터 조정

그림 6-11은 그림 6-10보다 더 많은 데이터로 학습할 경우 패턴과 파라미터가 변하는 모습을 보여준다. 기존 패턴은 'Y=2X+2'이고 파라미터는 '2'와 '2'였지만, 학습 데이터양이 더 많아지자, 패턴이

좀 더 명확화되고 구체화되는 것을 확인할 수 있다. 새로운 패턴을 표현하기 위해서는 기존의 패턴과 파라미터에 대한 수정이 필요하고, 2개의 파라미터로 표현하는 데 어려움이 있었다. 그렇게 많은 학습을 통해 새롭게 도출한 패턴은 'Y=3X³+2X²+7'이고 '3', '2', '7'이라는 파라미터를 찾아낼 수 있었다.

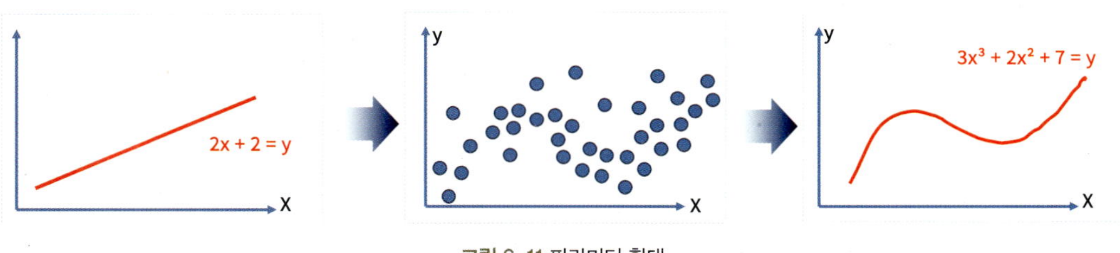

그림 6-11 파라미터 확대

정리하면, 학습 데이터가 늘어날수록 X와 Y의 관계가 'Y=2X+3'에서 'Y=2X+2'로, 그리고 다시 'Y=3X³+2X²+7'로 변경되어 가는 것을 알 수 있다. 이는 학습 데이터가 늘어날수록 패턴은 더 복잡해지고 정확도는 더 높아진다는 것을 의미한다. 파라미터도 '2, 3'에서 '2, 2'로 변하고, 다시 '3, 2, 7'로 변해가는 것을 알 수 있다.

학습 데이터가 늘어날수록 학습 데이터를 반영할 수 있는 공식은 복잡해지고 파라미터도 늘어날 것이다. 공식이 복잡해지고 파라미터가 늘어난다는 것은 다른 관점에서 보면 정확도가 높아진다는 것을 의미한다. 참고로 ChatGPT는 파라미터가 총 100조 개라고 한다. 그만큼 많은 데이터를 학습했다는 것이고 정확도가 높다는 것을 의미한다고 볼 수 있다. 그림 6-12는 100조 개의 파라미터를 지닌 ChatGPT 모델을 개념적으로 표현해 본 것이다. 실제로 저렇게 구성되어 있다는 의미는 아니다. 그림 6-12에서 파라미터가 최종 결정되지 않았기 때문에 그림에서는 '?'로 표시했다.

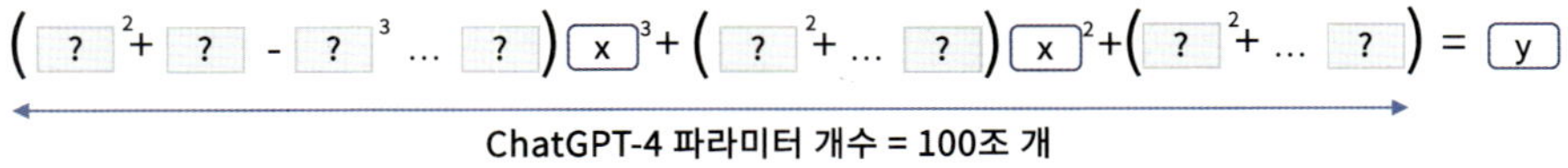

(? ² + ? - ? ³ … ?) x ³ + (? ² + … ?) x ² + (? ² + … ?) = y

ChatGPT-4 파라미터 개수 = 100조 개

그림 6-12 ChatGPT 파라미터

ChatGPT는 웹에 존재하는 수많은 데이터를 학습하여 그림 6-12와 같은 모델을 완성했다. 이렇게 완성된 ChatGPT 모델을 이용자가 활용하면 되는데, 그림 6-12에서 'X'는 이용자의 질문이고, 'Y'는 ChatGPT의 답변이라고 생각하면 된다.

2) 인공지능과 데이터 · 정보의 관계

사람도 결국 학습을 통해 지능을 갖추게 된다. 많이 학습하면 할수록 지능은 높아진다. 인공지능도 마찬가지다. 인공지능도 학습을 많이 하면 할수록 지능(모델의 정확도)이 높아진다. 인공지능은 데이터를 기반으로 학습하기 때문에 '인공지능과 데이터'의 관계는 아주 중요하다. 인공지능과 데이터의 관계를 2가지 관점에서 살펴보자.

데이터양과 모델 복잡도와 연산력

인공지능은 학습 데이터가 많을수록 정확도와 완성도가 높아진다. 그리고 학습 데이터양이 늘어나면 늘어날수록 공식은 복잡해지고 파라미터의 개수도 늘어난다. 공식이 복잡해지고 파라미터가 늘어나면 정확도는 높아지지만, 한 가지 문제가 있다. 공식이 복잡해지기 때문에 그만큼 연산력이 뒷받침돼야 한다는 점이다.

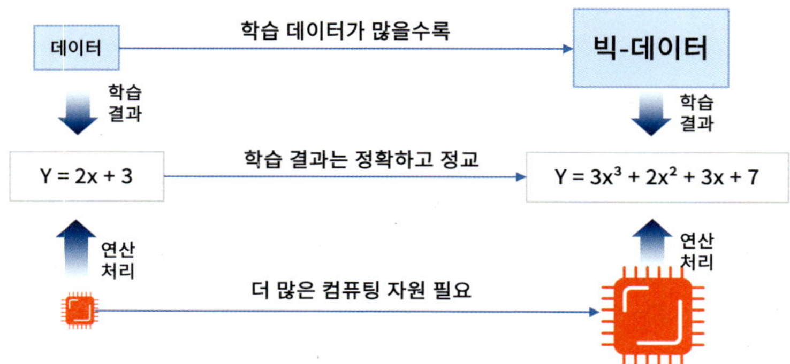

그림 6-13 데이터 · 연산 장치와 인공지능의 연관성

결국 학습 데이터의 양은 모델 복잡도와 파라미터 개수와 관련성이 있고, 이는 다시 연산 처리 속도와 관련이 있다. 최근 인공지능이 급속하게 발전할 수 있었던 이유는 딥러닝 기술도 중요하지만, 결국 데이터의 양이 늘어났고 연산 처리 속도가 발전했기 때문이다. GPU 등을 연계한 병렬 처리로 빠른 연산이 가능해졌고, 클라우드 기반으로 대용량 데이터 처리가 가능해진 것도 인공지능 발전의 중요한 요소다.

데이터 품질과 인공지능 신뢰성

사람이 학습할 때도 수많은 잘못된 정보를 접한다. 2장에서 예로 든 NBA 농구 선수 카이리 어빙 사례처럼 유튜브 등을 통해 습득한 잘못된 정보는 사람의 지능에 대한 신뢰성을 훼손한다. 인공지능도 마찬가지다. 인공지능은 오직 입력된 데이터를 기반으로 학습할 뿐이다. 그런데 입력 데이터에 오류가 있거나 정보가 편향되어 있다면, 이를 기반으로 학습한 인공지능 모델에 대한 신뢰성이 떨어진다.

그림 6-14를 보면 일정한 패턴에서 이격된 노이즈 데이터가 있다. 이런 노이즈 데이터를 학습에 반영한다면 인공지능의 신뢰성을 떨어뜨리는 문제를 야기한다.

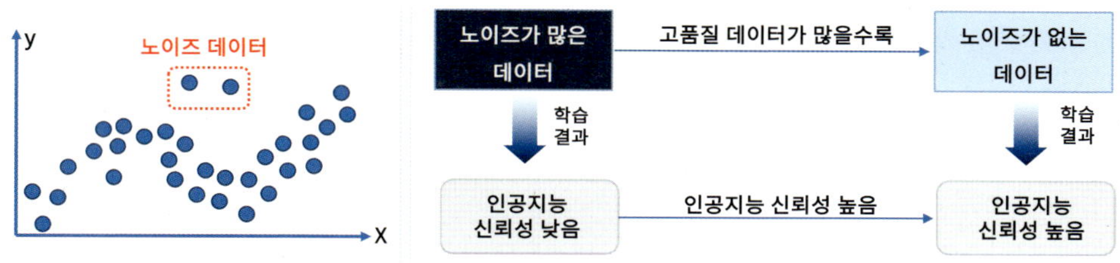

그림 6-14 데이터 품질과 인공지능의 연관성

정리하면, 데이터의 품질이 높으면 높을수록 인공지능의 모델에 대한 신뢰성은 높아진다. 인공지능의 정확성과 신뢰성 확보를 위해서는 많은 데이터도 중요하지만 노이즈가 최소화된 고품질 데이터도 중요하다.

데이터에 노이즈가 포함되어 있을 경우 이를 해결하는 방법은 노이즈 데이터가 패턴에 영향을 주지 않을 정도로 훨씬 더 많은 학습데이터로 학습시키는 것이다. 그런데 수많은 데이터로 학습시키는 것은 결국 시간과 비용 문제로 이어진다. 따라서 고품질의 데이터로 짧은 시간과 적은 비용으로 학습시키는 것이 더 효율적이다.

3) ChatGPT와 웹의 관계

인공지능에 대해 살펴봤는데, 그럼 인공지능과 웹은 어떤 관계가 있을까? 인공지능과 웹의 관계는 3가지 관점에서 살펴볼 수 있다. 첫째는 인공지능 학습을 위한 웹의 활용, 둘째는 웹을 통한 인공지능 서비스, 셋째는 인공지능과 웹의 선순환 관계다.

인공지능 학습을 위한 웹의 활용

인공지능을 고도화하고 실제 서비스에 활용하기 위해서는 결국 인공지능을 학습시켜야 하고, 또한 학습시키기 위해서는 데이터가 필요하다. 인공지능은 1950년대부터 연구되어 꾸준히 발전해 왔다. 연구적 성과도 있었지만, 2번의 빙하기를 거쳤고 서비스도 상당히 제한적이었다. 그런데 2010년대에 접어들면서 인공지능은 급격한 발전 양상을 보였고, 현실 서비스에서도 다양하게 활용되기 시작했다. 인공지능의 진화 및 발전을 위해서는 풍부한 데이터, 강력한 연산 장치, 고도화된 알고리즘의 삼박자가 잘 맞아야 한다.

2010년을 거치면서 본격적인 웹 2.0 시대가 도래했다. 엄청난 데이터가 웹 기반으로 생성됐고, 이런 데이터는 실시간으로 공유 및 전파됐다. 이는 인공지능이 학습할 데이터가 풍부해졌다는 의미였다. ChatGPT도 웹에 존재하는 수많은 정보와 데이터가 존재했기 때문에 탄생할 수 있었다. 웹은 인공지능 학습을 위한 데이터를 제공하는 원천(Source)이라고 볼 수 있다.

웹을 통한 인공지능 서비스

현재 웹은 단순한 정보 제공 및 공유를 넘어, 사실상 대부분 서비스가 웹 기반으로 제공된다. 현실의 다양한 서비스가 인공지능과 직간접적으로 연계되면서 고도화되고 있다. 결국 인공지능 관련 서비스도 웹 기반으로 제공될 수밖에 없다. ChatGPT도 웹을 통해 서비스를 제공하고 있으며, 기존의 웹 서비스도 ChatGPT를 연계하여 고도화된 서비스를 제공할 것이다. 인공지능과 연계한 메타버스도 결국 웹을 통해 서비스된다.

인공지능과 웹의 선순환 관계

기존 웹 서비스들이 인공지능과 연계하여 서비스를 고도화하거나 인공지능 기반 혁신 서비스를 새롭게 창출하여 역시 웹 기반으로 제공하고 있다. 인공지능과 연계된 고도화된 서비스와 혁신 서비스는 더 많은 사용자와 더 많은 이용을 웹으로 끌어들이는 효과가 있다. 이런 상호작용을 통해 웹은 더 풍부해지고 데이터는 누적된다. 그리고 이렇게 누적된 데이터는 다시 인공지능을 학습시켜 서비스를 더욱더 개선 및 혁신시킨다.

그림 6-15는 이런 선순환 상황을 설명해 준다.

웹 정보 ➜ 학습 데이터로 활용 ➜ 서비스 고도화 · 혁신 ➜ 서비스 이용 · 활용 증가 ➜ 이용 · 활용을 통한 웹 정보 · 데이터 확대 ➜ 더욱 많은 데이터를 학습 데이터로 활용 ➜ 서비스 혁신 강화…

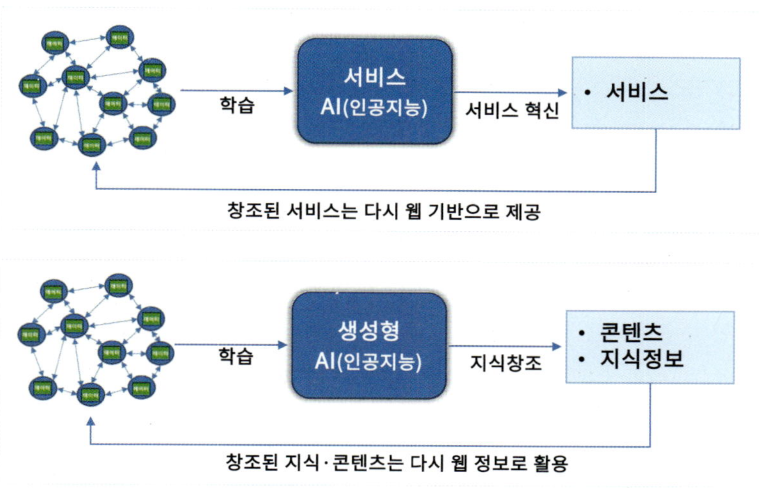

그림 6-15 인공지능과 웹의 관계

최근 주목받는 생성형 인공지능은 이런 선순환 생태계를 더욱더 가속화할 것으로 예상된다. 기존 인공지능은 서비스나 콘텐츠를 고도화하는 데 목적이 있었다면 생성형 인공지능은 서비스나 콘텐츠를 새롭게 창조해 준다. 창조된 서비스와 콘텐츠는 다시 생성형 인공지능 학습을 위한 원천 데이터로 활용되어 더 고도화되고 다양한 서비스와 콘텐츠 생성을 이끌게 될 것이다. 웹이 '연결을 통한 혁신'을 이루었다면, 인공지능과 연계한 웹은 '고도화를 통한 혁신'을 이루었고, 생성형 인공지능과 연계한 웹은 '콘텐츠 창조를 통한 혁신'을 가져올 것이다.

그림 4-17에서 웹을 통해 '정보의 접근성', '정보의 생산성', '정보의 공정성', '정보의 활용성' 단계로 발전해 왔다고 설명했다. 생성형 인공지능은 정보의 활용성뿐만 아니라 정보의 생산성 측면에서도 혁신적인 변곡점을 제시할 것이라 생각한다. ChatGPT도 생성형 인공지능이다. 앞으로 ChatGPT가 생성해 낼 콘텐츠는 다시 웹으로 유입되어 웹 정보를 더욱더 풍성하게 할 것이다.

6.2.2 ChatGPT가 이끌 웹의 모습

앞서 인공지능과 웹의 관계를 '학습을 위한 웹의 활용'과 '웹을 통한 인공지능 서비스'라는 비교적 단순한 관점에서 의존 관계를 살펴봤는데, 6.2.2절에서는 웹의 본질인 '정보'라는 관점에서 둘의 관련성을 좀 더 자세히 살펴보고, 6.2.3절에서는 인공지능이 웹 환경에서 어떤 역할과 기능을 수행할 수 있는지를 살펴보겠다.

1) 정보 연결 관점 ChatGPT

웹의 출현은 물리적으로 이격된 정보에 대한 접근이나 정보의 상호 연결을 가능하게 했다는 데 큰 의미가 있다. 그런데 정보의 연결은 다시 크게 3단계로 발전해 오고 있음을 알 수 있다.

첫 번째 단계는, 웹 초기에는 인터넷을 통해 브라우저에서 URL(물리적 주소)을 기준으로 웹사이트라는 물리적인 공간에 접속하는 방식으로 연결했다. 또는 웹사이트에서 다른 웹사이트로의 연결이었다. 다음 단계로, 시맨틱 웹 개념이 제시되고 발전하면서 이제는 의미적으로 관련 있는 정보끼리 직접 연결할 수 있는 방안도 소개됐다. 마지막 단계로, ChatGPT는 정보에 대한 물리적 · 의미적 접근이나 연결 개념을 넘어 정보를 모두 모아서 융합하고 새로운 지식 · 지혜를 창조하여 제공하고 있다.

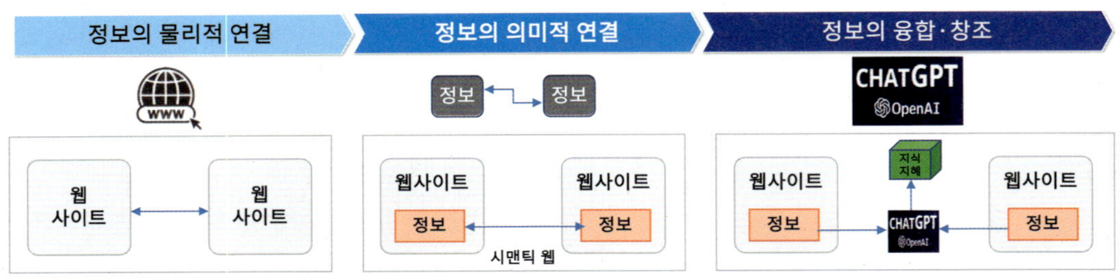

그림 6-16 정보의 발전 방향과 ChatGPT의 역할

1. **정보의 물리적 연결**: 웹사이트를 서로 연결
2. **정보의 의미적 연결**: 의미적으로 관련된 정보를 서로 연결
3. **정보의 융합 · 창조**: 정보를 학습(융합)하여 지식 · 지혜 창조

기존에는 정보를 단순히 접근 또는 연결하는 것이었다면, ChatGPT의 출현으로 정보를 화학적으로 융합하고 체계화하여 지식이라는 것을 도출한다. 정리하면, 웹의 출현으로 '정보의 물리적 연결'이 가능해졌고, 시맨틱 웹 기술의 발전으로 '정보의 의미적 연결'이 가능해졌으며, 이제 ChatGPT를 통해 '정보의 물리적 · 의미적 결합'에서 '정보의 화학적 융합'으로 발전해 가고 있다고 볼 수 있다.

2) 정보 체득 관점 ChatGPT

웹이 출현하기 이전에는 사람들이 필요한 정보 · 데이터를 수집하기 위해서는 엄청난 발품과 손품을 팔아야 했고, 무수히 많은 시간과 비용을 쏟아야 했다.

그런데 웹의 출현으로 사람들은 자리에 앉아서 모니터와 키보드만으로 전 세계에 산재한 수많은 정보에 쉽게 접근할 수 있게 됐다. 하지만 본인이 필요한 정보가 저장된 웹사이트 주소 목록과 필요한 정보의 위치를 모두 체크하고 관리하는 것은 다시 상당한 번거로움과 많은 시간 · 비용을 야기했다.

웹사이트와 정보가 폭발적으로 증가하면서 자연스럽게 검색엔진이 출현했다. 현재는 검색엔진 시대다. 웹은 말 그대로 정보의 바다다. 지금까지 웹은 정보의 바다에서 원하고 필요한 정보를 빠르게 접근하고 쉽게 찾는 데 초점이 맞춰져 있었다. 그런데 이렇게 찾은 다양한 정보를 체계적으로 정리하고 학습하여 정보를 체득하는 과정은 여전히 사람의 몫이었다.

그런데 ChatGPT의 출현으로 웹의 판도가 달라졌다. 검색엔진은 필요한 정보를 빠르게 찾아주는 장점이 있었지만, 여전히 이용자에게 최적화된 정보 검색에는 한계가 있었다. 그래서 이용자는 수많은 검색 활동을 통해 필요한 정보를 찾아야 했다. 그런데 더 큰 문제는 이렇게 찾은 정보를 다시 분류하고 정리하고 체계화하여 학습하는 과정을 거쳐야 비로소 지식으로 획득할 수 있다는 것이다. 수많은 정보를 지식으로 체득하는 과정은 상당히 힘들고 시간이 많이 소요되는 일이다. 그런데 ChatGPT는 웹의 수많은 정보를 스스로 학습하여 최적화된 지식을 생성하여 제공해 준다. 이제 더 이상 필요한 정보를 검색하는 수고와 수집된 정보를 학습하는 노력은 하지 않아도 되는 시대가 됐다.

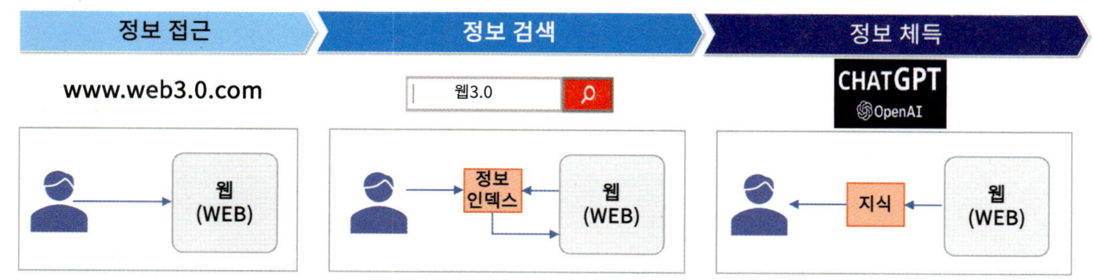

그림 6-17 정보 체득 관점의 ChatGPT

1. **정보 접근**: 웹사이트 직접 접근, 하지만 URL 및 정보 위치 별도 관리 필요
2. **정보 검색**: 검색엔진으로 정보 검색, 하지만 검색 활동 및 정보 체계화 과정 필요
3. **정보 체득**: ChatGPT가 체계화된 정보(지식) 제공

GPT는 Generative Pre-trained Transformer의 약자로서, 생성형 인공지능을 의미한다. GPT를 Chat 목적으로 파인튜닝(Fine-tuning)[1]한 모델이 바로 ChatGPT다. 생성형 모델인 GPT는 Chat

1 파인 튜닝(Fine-tuning) - 일반적인 범용 학습 모델을 특정 서비스나 목적에 맞게 미세하게 조정하는 학습 과정

목적 외에 다른 분야에도 파인튜닝 과정을 거쳐 다양한 활용이 기대된다. 수집된 정보를 정리하고 체계화하는 과정은 상당한 시간이 소요되고, 사람의 학습 능력에 따라 지식의 크기와 깊이가 달라진다. 그런데 ChatGPT가 그런 지식의 체계화 과정을 대신해 주게 됐다. 웹의 출현으로 '정보의 보편화 시대'가 열렸다면, ChatGPT의 출현으로 '지식의 보편화 시대'가 활짝 열렸다고 볼 수 있다.

MEMO **생성형 인공지능**

이용자의 특정 요구에 따라 결과를 생성해 내는 인공지능을 말한다. 데이터를 학습하여 소설, 시, 이미지, 비디오, 코드, 미술 등 다양한 콘텐츠 생성에 이용된다. ChatGPT도 생성형 인공지능의 한 종류이며, ChatGPT는 문장을 생성해 주는 인공지능이다.

3) 인간의 역할 관점 ChatGPT

웹이나 검색엔진, 또는 ChatGPT는 모두 정보를 찾고 활용하는 데 편리성을 제공하는 도구다. 이런 도구들의 소개로 정보 접근, 검색, 체득, 활용이라는 일련의 과정에서 사람의 역할도 변화했으며, 이런 도구들을 통해 얻는 정보의 가치도 변하게 되었다.

기존의 웹과 검색엔진 시대에는 정보 체득과 정보 활용은 사람의 몫이었다. 검색엔진을 통해 얻은 정보를 분석하고 정리하는 것은 사람의 역할이었다. 즉, 정보를 지식화하고 지혜로 활용하는 것은 사람이 수행해야 할 영역이었다.

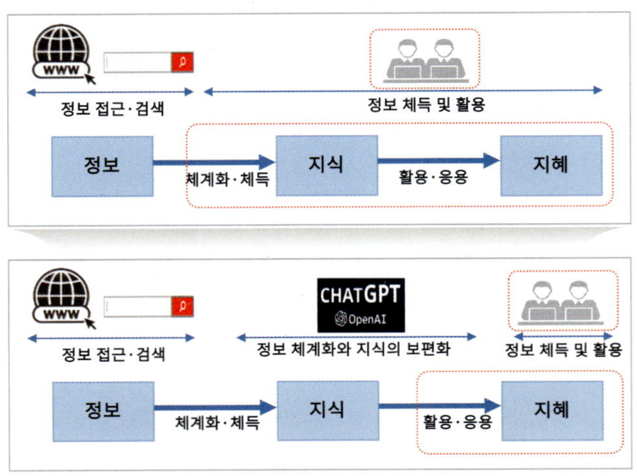

그림 6-18 ChatGPT 활용과 정보를 다루는 인간의 역할

그런데 ChatGPT의 등장으로 웹 정보의 체계화나 지식의 보편화는 ChatGPT와 같은 도구가 대신해 주고, 사람들은 이제 도구가 제공하는 지식을 활용하는 역할로 맡게 됐다. ChatGPT를 통해 정보의 지식화가 가능해졌고, 이제 사람들은 지식을 어떻게 활용할 것인지, 즉 지혜의 영역만 담당하게 되었다.

그림 6-19는 ChatGPT의 등장으로 달라진 사람의 역할을 정리한 것이다. 우선 사람들의 ChatGPT에 대한 이용과 의존도는 계속 높아질 것이다. 하지만 정보에 대한 추가 보완이나 확인을 위해 여전히 정보 검색은 당분간 유효할 것이다. 그리고 그동안 사람이 수행해 왔던 정보 검색, 지식 체계화, 지식 창조는 ChatGPT가 대신 수행해 줄 것이다. 결국 사람은 정보를 활용하고 의사결정 하는 역할을 할 것으로 정리할 수 있다.

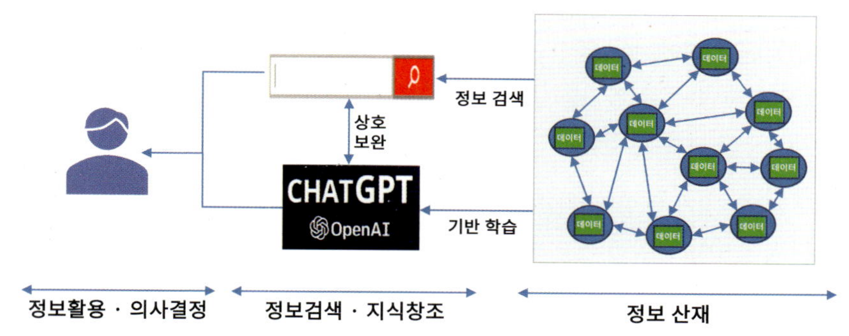

그림 6-19 ChatGPT 활용으로 정보에 대한 인간의 역할 변화

6.2.3 인공지능 기반 웹의 미래

인공지능이 모든 산업과 서비스에 연계 및 융합되어 가는 상황에서 인공지능은 웹 환경에도 다양하게 활용되고 중요한 역할을 할 것으로 보인다. 웹이 인공지능 학습을 위한 정보 제공의 원천(Source)으로 활용된다는 단순한 논리에서 벗어나, 인공지능이 웹 생태계에서 어떻게 활용될 수 있는지 살펴보자. ChatGPT는 Chat 목적에 특화된 인공지능일 뿐이며, 포괄적인 인공지능을 의미하지는 않는다. 여기에서는 ChatGPT로 한정하지 않고 일반적인 인공지능이 웹 생태계에 어떻게 활용되는지를 살펴보겠다.

인공지능이 웹 생태계에서 활용되는 방안은 다양하겠지만, 필자는 우선 크게 4가지 정도만 식별하고자 한다. 그림 6-20은 인공지능의 정보 검색, 정보 체득, 정보 생성, 정보 활용 분야에서의 활용 가능성 및 활용 사례를 보여준다.

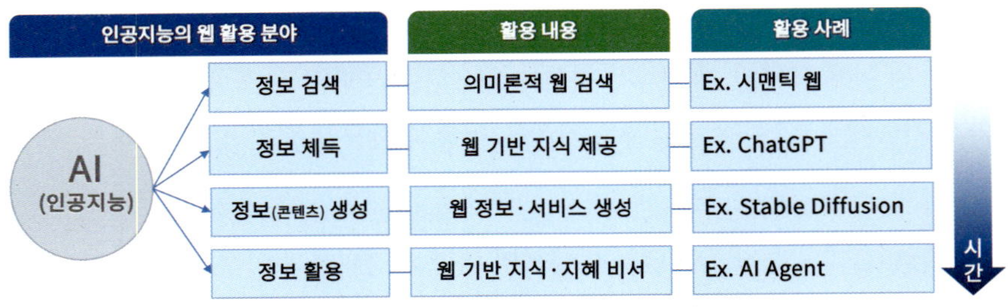

그림 6-20 인공지능 활용 관점 발전 방향

1) 의미론적 웹 검색

'의미론적 웹 검색'은 2장에서 간단히 살펴본 시맨틱 웹을 의미한다. 시맨틱 웹은 10여 년 전에 많은 주목을 받았다. 시맨틱 웹의 개념은 간단하지만, 이를 실제로 구현하는 것은 상당히 어렵다. 검색엔진에서 부분적으로 시맨틱 웹 기술을 구현하고 있지만, 완전한 시맨틱 웹을 구현하는 것은 상당히 어렵고 시간이 더 오래 걸릴 것 같다.

시맨틱 웹을 구현하는 2가지 방법이 있다고 설명했는데, 인공지능을 통해 시맨틱 웹을 구현하려는 시도도 있었다. 웹에 있는 다양한 정보를 학습하면 정보의 의미론적 상호 관계를 이해할 수 있고, 이런 학습을 통해 정보를 의미적으로 이해하여 웹 검색 등에 활용할 수 있다. 그림 6-21은 시맨틱 웹에 활용되는 인공지능을 보여준다.

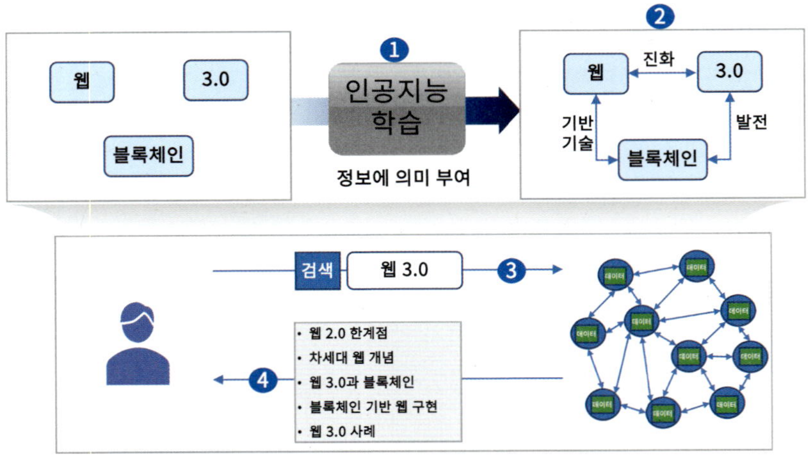

그림 6-21 시맨틱 웹에 활용되는 인공지능

❶ 웹에 존재하는 수많은 정보를 인공지능으로 학습한다.

❷ 인공지능 학습을 통해 정보의 의미론적 관계 및 메타정보를 이해할 수 있다.

❸ 인공지능 학습을 통해 시맨틱 웹이 구현된 상황에서 이용자가 특정 키워드(웹 3.0)로 검색한다.

❹ '웹 3.0'이라는 키워드와 의미론적으로 연계되는 정보를 검색하고 연계 정보의 상호 관련성을 논리적으로 연계하여 정보를 노출한다.

ChatGPT의 등장으로 시맨틱 웹의 위상과 가치는 한풀 꺾일 것 같다. 하지만 정보 검색이 여전히 유효한 상황에서 인공지능을 활용한 시맨틱 웹 구현 노력은 계속될 것 같다. 기존에는 이용자들이 입력한 특정 키워드에만 민감하게 반응했다면 시맨틱 웹 환경에서는 검색 키워드를 의미론적으로 이해하여 이용자가 미처 생각하지 못했던 영역이나 관련 정보를 자동으로 검색해 줄 수 있다.

2) 웹 기반 지식 제공

웹 기반 정보를 학습하여 체계화한 지식을 직접 제공하는 대표적인 사례가 바로 ChatGPT다. ChatGPT는 앞서 살펴봤기 때문에 그냥 넘어가겠다.

3) 웹 정보 · 서비스 생성

ChatGPT는 GPT라는 모델을 Chat(챗) 목적으로 파인튜닝(Finetuning)한 모델이다. 인공지능은 그 분야와 활용성이 다양하다. 기존에는 인공지능이 자동차 번호판 식별이나 안면인식 등 주로 판별 및 식별 분야에 많이 활용됐다. 그런데 최근에는 인공지능이 문자나 기사를 생성하거나 이미지나 영상을 생성하기도 하고, 프로그램 코드를 대신 생성해 주기도 한다. 이처럼 새로운 형태의 문자 · 이미지 · 영상 · 사운드 등을 생성해 주는 인공지능을 생성형 인공지능(Generative AI)이라고 한다. 생성형 인공지능의 대표적인 사례가 바로 ChatGPT다. ChatGPT는 문자를 생성해 주는 생성형 인공지능이며, 이 외에도 다양한 콘텐츠(영상, 사운드, 코드, 이미지)를 생성해 주는 인공지능이 소개되고 있다.

스테이블 디퓨전(Stable Diffusion)이라는 생성형 인공지능이 있다. 'Text-to-Image 인공지능' 모델로서 원하는 이미지 상을 텍스트로 입력하면 텍스트 내용에 맞게 이미지를 생성해 주는 모델이다. STT(Sound To Text) 기술도 상당히 진전됐기 때문에 결국 사람의 언어로 필요한 이미지나 영상을 얼마든지 창조해 내는 시대가 도래한 것이다.

이런 생성형 인공지능은 웹 생태계에서도 중요한 의미와 가치를 지닌다. 그림 6-22는 생성형 인공지능과 웹 생태계와의 관계를 설명해 준다. 기존에는 웹에 존재하는 수많은 정보나 콘텐츠가 사람에 의해 생성됐다. 하지만 생성형 인공지능을 통해 세련되고 풍부한 정보나 콘텐츠가 생성되는 시대가 도래한 것이다. 그리고 새롭게 생성된 정보나 콘텐츠는 다시 웹으로 유입되어 더 다양한 콘텐츠 생성을 위한 학습 데이터로 활용될 수 있다.

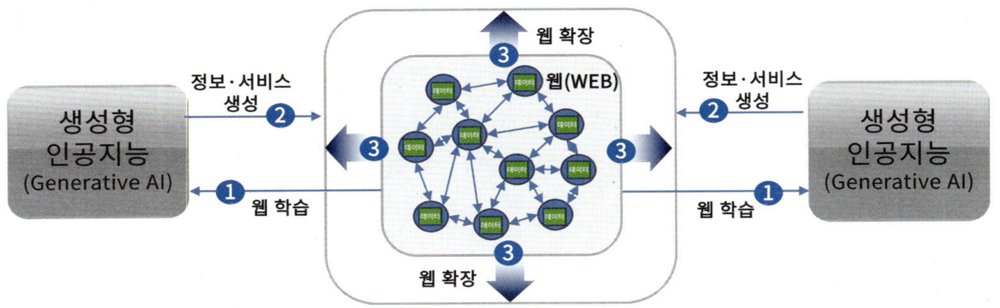

그림 6-22 웹 정보 · 서비스 생성에 활용되는 인공지능

❶ 생성형 인공지능은 웹에 존재하는 수많은 데이터나 정보를 학습한다.

❷ 학습을 토대로 스스로 새로운 콘텐츠를 창조하고 생성한다. 그리고 생성된 콘텐츠는 결국 웹을 통해서 소비되고 유통된다. 웹상에서 유통된 콘텐츠는 다시 생성형 인공지능 학습을 위한 데이터로 활용된다.

❸ 더 창의적인 콘텐츠가 생성되고 유통되면서 웹은 정보의 규모나 가치 측면에서 더욱더 팽창할 것이며, 콘텐츠를 소비하고 유통하는 상호작용을 통해 웹은 더 확장될 것이다.

그림 6-23 인공지능이 생성한 이미지 (출처: Wikipedia)

인공지능이 생성하는 수많은 다양한 콘텐츠(문자, 이미지, 영상 등)는 결국 사람이 생성한 콘텐츠 데이터를 기반으로 학습한 결과물이기 때문에 사람에 의해 생성되는 정보나 콘텐츠는 여전히 중요하다.

4) 인공지능 개인비서

ChatGPT는 GPT 모델을 Chat 목적으로 파인튜닝한 것이라고 했다. 그러면 더 나아가 GPT를 개인비서 목적으로 파인튜닝하거나 ChatGPT를 추가로 개인비서 목적으로 파인튜닝하는 것도 가능하다. ChatGPT에 개인비서 역할에 필요한 학습을 추가하거나 특정 개인에 특화된 학습을 추가한다면 일명 개인비서용 GPT(Private Secretary GPT) 모델도 가능할 것이다.

이런 개인비서용 인공지능도 2가지 형태로 나뉜다. 하나는 이용자가 질문하면 답변하는 단방향(Push 방식) 개인비서이고, 다른 하나는 인공지능이 이용자의 말, 행동, 습관, 생체정보 등을 추가로 학습하면서 스스로 제안 또는 코치해 주는 양방향(Pull 방식) 개인비서다.

현재는 ChatGPT를 이용하기 위해서는 웹 브라우저에 직접 접속해야 하는 과정을 거쳐야 한다. 하지만 좀 더 발전하면 ChatGPT가 Agent 형태의 개인비서와 연계되어 웨어러블 장치에 연결되거나, 아니면 심지어 사람의 뇌나 피부 등에 침습하는 방식으로 활용될 수도 있다. 그림 6-24는 ChatGPT가 개인비서 에이전트가 연계되고 에이전트가 침습 등을 통해 개인비서로 활용될 수 있음을 보여준다.

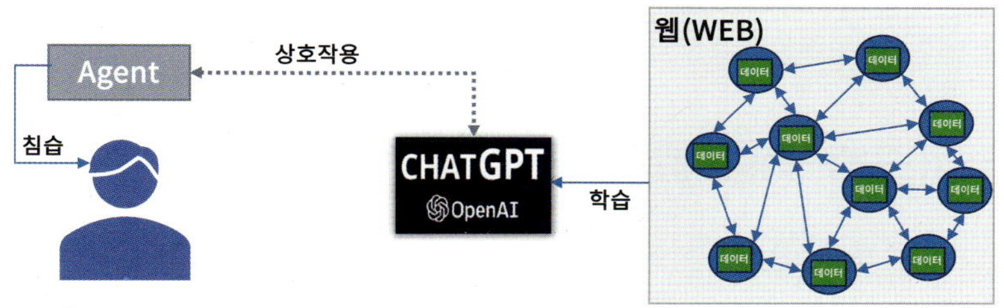

그림 6-24 지능형 비서에 활용되는 인공지능

인공지능형 개인비서가 활용된다고 하더라도 결국 인공지능 개인비서도 학습이라는 과정이 필요하고 학습하기 위해서는 웹에 존재하는 다양한 정보를 활용할 수밖에 없다.

6.3 메타버스 연계 초경험 웹

4장에서 메타버스 개념을 간단히 살펴봤다. 메타버스는 가상현실과 유사한 개념이지만, 메타버스 세상은 가상현실과 달리 상호작용하고 거래 및 경제활동이 가능하다고 말했다.

메타버스와 아바타라는 용어가 처음 등장한 것은 바로 1992년에 발표된 『스노 크래시(Snow Crash)』라는 소설이다. 소설에서는 메타버스를 '고글과 이어폰을 통해 컴퓨터가 만들어 낸 전혀 다른 세계'라고 설명하고 있으며, 아바타는 '메타버스에 들어온 사람들이 서로 의사소통을 하고자 사용하는 소리를 내는 가짜 몸뚱이'라고 규정하고 있다. 최근에는 메타버스와 아바타라는 용어와 그 의미가 익숙하고 보편화된 개념이 됐지만, 인터넷이나 웹이 아직 보편화되지 않았던 1992년 당시로는 상당히 파격적인 개념이었다.

메타버스도 결국 웹 기반으로 구현되기 때문에 차세대 웹을 이해하는 데 메타버스는 상당히 중요한 의미를 지닐 것 같다. 먼저 6.3.1절에서는 현재 웹이 메타버스와 어떻게 연계되는지에 초점을 맞춰 설명하고, 6.3.2절에서는 차세대 웹 구현에 메타버스가 어떻게 활용될 수 있는지를 설명해 보고자 한다.

들어가기에 앞서 메타버스에 대한 개념과 범위를 규정하는 것이 좋을 것 같다. 4장에서 메타버스 개념을 간단히 살펴봤다. 여기서 다양한 가상현실 기술이 언급된다. 가상현실(VR), 증강현실(AR), 혼합현실(MR), 확장현실(XR), 그리고 홀로그램 등 다양한 용어가 존재하며, 여기에 더하여 메타버스라는 용어까지 사용된다. 이 책에서는 이런 다양한 가상현실 기술을 모두 아우르는 대표 용어를 '메타버스'로 규정하고 범용적으로 사용하겠다.

6.3.1 메타버스가 이끌 웹의 모습

메타버스는 웹과 상당한 연관성을 찾을 수 있다. 여기서는 4가지 관점에서 메타버스와 웹의 관련성을 검토해 보겠다.

1) 메타버스와 웹의 관계

메타버스와 웹은 어떤 관계가 있을까? 먼저 메타버스는 웹에서 제공하는 서비스(콘텐츠)의 한 유형이다. 웹은 정보뿐만 아니라 다양한 서비스도 제공한다. 이에 추가하여 메타버스도 웹을 통해 제공된다고 보면 된다.

웹 서비스로서의 메타버스

초기 웹사이트는 텍스트 정보만 제공했다. 텍스트 정보를 웹사이트에 게시하면 이용자가 웹사이트에 접속하여 텍스트 정보에 접근할 수 있었다. 그러다가 이미지나 영상도 웹사이트를 통해 소비하게 됐고 다양한 서비스도 웹을 통해 이용할 수 있게 됐다. 그리고 이제는 웹을 통해 메타버스에 접근하여 다양한 경험과 체험을 즐길 수 있게 됐다. 그림 6-25는 웹사이트를 통해 제공되는 다양한 콘텐츠(서비스)를 보여준다.

그림 6-25 웹사이트를 통해 제동되는 다양한 콘텐츠

정리하면, 메타버스는 웹사이트를 통해 제공되는 정보 · 콘텐츠 · 서비스 중 하나다. 웹을 통해 정보, 이미지, 영상, 서비스 등 다양한 정보와 콘텐츠가 제공되는데, 메타버스도 이처럼 웹을 통해 제공되는 콘텐츠 중 하나일 뿐이다.

메타버스 서비스 제공업체가 메타버스 콘텐츠를 개발하여 웹사이트에 저장하면 이용자들은 웹사이트에 접근하여 메타버스 콘텐츠를 소비하는 것이다.

그림 6-26 메타버스도 웹사이트에서 제공하는 콘텐츠의 일부 (이미지 출처: 구글 이미지)

그림 6-26은 다양한 메타버스 서비스가 웹사이트를 통해 제공되는 것을 보여준다. 제페토 내에도 다양한 가상공간을 만들어 놓고 공간을 이동해 가면서 체험할 수 있다. 현재 서비스되는 다양한 메타버스는 상호호환이 되지 않지만, 향후 메타버스 환경이 발전되고 표준화되면 제페토에서 호라이즌 월드로 이동하는 것도 충분히 가능해 보인다. 이는 마치 웹에서 하이퍼링크와 유사한 기능으로 이해할 수 있다.

메타버스와 웹 3.0

메타버스는 웹의 콘텐츠 · 서비스의 한 유형이라는 관점에서 웹과 연관성이 있다. 그러면 메타버스와 웹 3.0은 어떤 관계가 있을까? 현재 메타버스는 대부분 거대 빅테크 플랫폼 기업이 제공한다. 만일 웹 3.0을 독점 플랫폼 문제점 대응 관점에서 바라본다면 메타버스 플랫폼은 웹 3.0과 상반되는 개념이 된다.

현재 메타버스를 준비하는 기업은 대부분 웹 2.0의 문제점 당사자인 거대 빅테크 플랫폼 기업들이다. 네이버는 '제페토'라는 메타버스 서비스를 제공하고 있으며, 메타(페이스북)도 '호라이즌 월드'라는 메타버스 플랫폼 서비스를 출시했다. 메타는 최근에 '메타 퀘스트 프로'라는 VR 헤드셋을 출시하기도 했으며, 애플은 2023년에 '리얼리티 프로'라는 MR 헤드셋 출시를 준비 중인 것으로 알려져 있다.

페이스북이라는 빅테크 플랫폼 기업이 인스타그램 서비스를 제공하고, 구글은 유튜브 서비스를 제공한다. 이와 유사하게 메타는 호라이즌 월드라는 메타버스 서비스를 제공한다. 이런 맥락에서 메타버스 플랫폼은 웹 2.0의 문제점을 그대로 가지고 있다고 이해할 수 있다.

그림 6-27은 독점 플랫폼 기업이 페이스북, 제페토, 메타버스 서비스를 소유하면서 운영하는 모습을 보여준다. 이런 관점에서 보면 메타버스는 웹 2.0에 가깝다고 볼 수 있다.

그림 6-27 메타버스와 웹 2.0 관련성

페이스북이나 메타버스는 단순히 웹 기반으로 제공되는 서비스 플랫폼일 뿐이다. 서비스플랫폼 자체가 웹 2.0과 웹 3.0을 구분하지는 않는다. 앞서 서비스 플랫폼의 문제는 플랫폼 자체가 아니라 플랫폼의 운영 주체, 운영 방식, 수익 배분 방식에 의해 결정된다고 했다. 따라서 메타버스가 웹 2.0이냐, 웹 3.0이냐를 논할 필요가 없다. 현재 대부분의 메타버스 서비스는 빅테크 플랫폼 기업에 의해 제공된다. 따라서 메타버스는 웹 2.0이라고 볼 수 있다.

그림 6-28을 살펴보자. 왼쪽 그림은 블록체인과 DAO를 통해 페이스북이라는 서비스가 운영되는 모습을 가정한 것이다. 왼쪽 그림은 빅테크 플랫폼의 문제점을 탈피한 구조이기 때문에 웹 3.0이라고 볼 수 있다. 반면 오른쪽 그림은 독점 빅테크 플랫폼 기업이 메타버스 서비스를 제공하고 있다. 따라서 여기 메타버스 서비스는 웹 2.0이라고 할 수 있다. 페이스북이나 메타버스는 웹 서비스의 한 유형이며, 웹 3.0과 상관이 없다. 다만 해당 서비스를 운영하는 방식과 주체의 구성에 따라 웹 3.0 여부가 결정된다고 볼 수 있다.

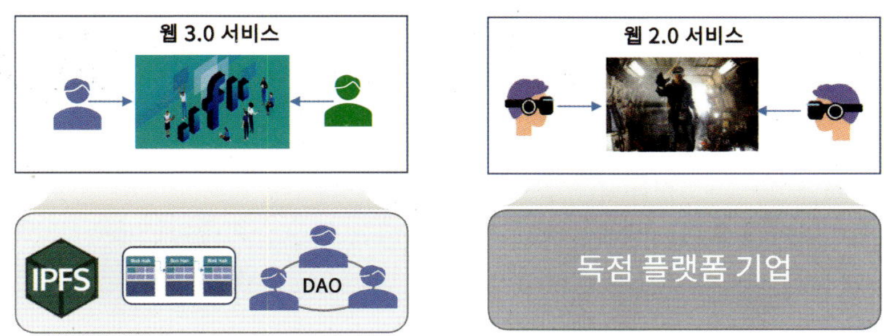

그림 6-28 메타버스와 웹 3.0 관련성

정리하면, 웹 3.0을 중앙 독점 플랫폼에 대한 대응 관점에서 본다면 현재 메타버스가 대부분 빅테크 기업에 의해 운영되고 있기 때문에 오히려 웹 2.0에 가깝다고 볼 수 있다. 그런데 웹 3.0을 탈중앙화 관점이 아닌 '정보'라는 관점에서 본다면 메타버스는 웹 3.0 구현에 중요한 요소라고 볼 수 있다. 이 부분은 뒤에서 다시 한번 설명하겠다.

2) '현실과 가상' 연계 방식에 따른 메타버스

앞서 4장에서 가상현실과 메타버스를 개념적으로 구분하면서 가상현실은 가상현실 그 자체를 의미하는 것이라면, 메타버스는 가상현실이라는 공간에서 다양한 상호작용과 경제활동을 영위하는 것이라고 설명한 바 있다.

이런 관점에서 보면 메타버스에서는 필연적으로 아바타가 필요하다. (물론 가상현실에서도 아바타를 구현할 수 있지만 필수 요소는 아니다.) 현실의 나 자신이 가상 세계에서 상호작용하고 경제활동을 할 수 있는 분신과 같은 아바타가 메타버스에서는 필요하다.

현실의 자신과 가상 세계의 또 다른 자신(아바타)과의 연결 정도 또는 상호관계에 따라 그림 6-29처럼 정리할 수 있다.

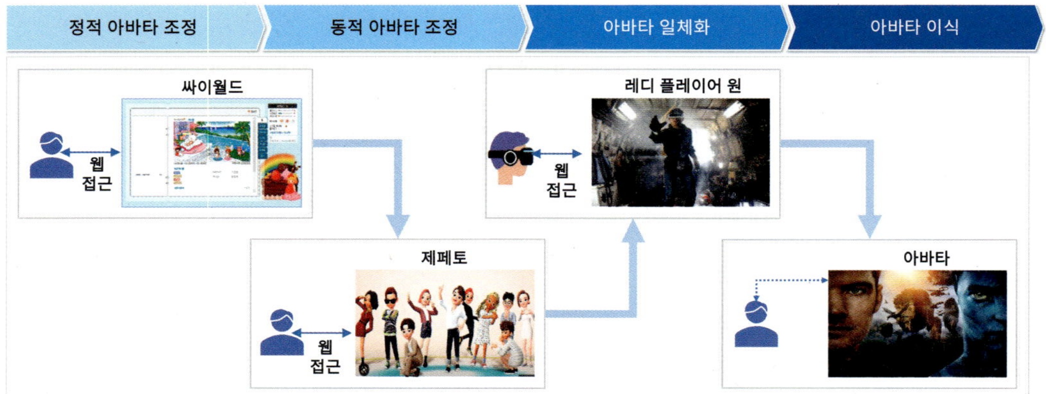

그림 6-29 현실과 가상 세계 연계 방식에 따른 메타버스 발전 방향

싸이월드에도 아바타가 있었다. 하지만 싸이월드 아바타는 자신을 싸이월드에서 대변하는 상징적인 이미지였을 뿐 현실의 자신과 연계성도 떨어지고 싸이월드에서 다른 아바타와의 상호작용성도 없다고 볼 수 있다.

메타버스 서비스인 제페토 내에서 아바타는 자신이 원하는 방향과 행동이 현실의 사용자에 의해 동적으로 조정된다. 자신의 아바타와 메타버스 내의 다른 아바타와 상호작용도 가능하고 커뮤니케이션도 가능하다.

앞으로 도래할 메타버스를 가장 잘 이해할 수 있는 콘텐츠는 스티븐 스필버그 감독의 영화인 '레디 플레이어 원(Ready Player One)'이 아닐까 생각한다. VR 헤드셋을 쓰고 가상의 세계에서 본인의 아바타를 통해 완전히 다른 가상의 세계에서 살아가고 활동하는 모습을 보여준다. 현실의 자신과 메타버스에서의 아바타는 물리적으로 분리되어 있지만, 가상 세계에서는 현실의 자신을 느끼지 못하고 메타버스 세상에 완전히 귀속되어 일체화된다.

마지막으로 영화 '아바타'와 같은 상황이 있다. 참고로 영화 '아바타'는 메타버스가 아니다. 현실에 있는 다른 생명체의 육체를 빌리고 정신적으로 동화되는 것이다.

현실과 가상 세계와의 연계 방식을 '웹' 관점에서 한번 살펴보자. 나 자신은 메타버스에서 아바타를 통해 구현되며 아바타는 웹상에 구현된다. 따라서 현실의 자신과 아바타의 상호작용은 이용자와 웹과의 상호작용이라고 볼 수 있다. 싸이월드 사례는 현실의 자신과 웹이 정적으로 상호작용한다고 볼 수 있으며, 제페토 사례는 현실의 자신과 웹이 동적으로 상호작용한다고 볼 수 있다. 레디 플레이어 원 사례는 현실의 자신이 웹과 상호작용하는 것이 아니라 웹과 동조화되는 것이고, 마지막으로 영화 아바타 사례는 메타버스가 아니다. 이 사례는 뒤에서 다시 언급하겠다.

기존의 웹은 현실 세상에서 단순히 웹에 존재하는 정보나 콘텐츠에 대한 접근 개념이었다면, 메타버스 환경에서는 웹에 존재하는 (가상) 세계에서 살아가는 것을 의미한다. 웹이 단순히 정보의 바다가 아니라 현실의 세상이 확장된 또 다른 공간적 개념이 된다.

3) 웹 정보 체득 관점 메타버스

필자는 웹을 계속 '정보'라는 관점에서 접근해 보고자 했다. 웹의 출현으로 정보 접근이 가능해졌고, 검색엔진으로 정보 검색이 용이해졌으며, ChatGPT를 통해 정보 체득도 가능해졌다. 그럼 메타버스는 '정보'라는 관점에서 어떤 시사점이 있을까?

웹을 통해 제공되는 정보(콘텐츠)의 유형을 보면, 초기 텍스트에서 이미지와 영상으로 다양화됐으며, 이제는 메타버스를 통해 경험을 제공한다. 기존의 웹에서는 텍스트 정보, 이미지 정보, 영상 정보 등을 제공했다. 반면, 경험은 현실에서만 가능한 영역이었다. 그런데 메타버스는 온라인 세상인 '웹'에서 경험을 통한 정보를 얻을 수 있는 환경이다. 아무리 텍스트 정보나 이미지 또는 영상 정보를 이용하여 지식을 얻는다고 하더라도 경험을 통한 정보 · 지식의 획득은 차원이 다르다.

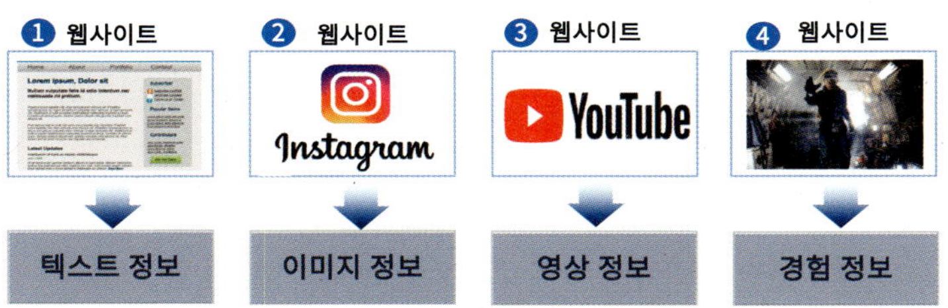

그림 6-30 정보 체득 관점의 메타버스

'백문(百聞)이 불여일견(不如一見)'이라는 말이 있다. 백 번 듣는 것이 한 번 보는 것만 못하다는 말이다. 이 표현이 발전하여 '백견(百見)이 불여일행(不如一行)'이라는 말도 사용된다. 백 번 보는 것이 한 번 체험해 보는 것만 못하다는 말이다. 실제 경험이나 체험은 그만큼 중요하다.

필자는 과거에 정보를 획득하고자 할 때, 주로 구글을 이용하여 텍스트 정보나 이미지 정보를 검색해서 활용했다. 하지만 최근에는 구글보다는 유튜브를 검색해서 영상 위주의 정보를 많이 활용한다. 텍스트 또는 이미지 기반 정보보다 영상 정보가 훨씬 더 이해하기 쉽고 정보 습득이 빠르기 때문이다. 그런데 영상 정보다 직접 체험을 통한 정보는 습득력이 훨씬 더 뛰어나다. 더구나 유튜브 영상은 창작자에 의해 이미 완성된 콘텐츠로서 시청자는 수동적으로 소비해야 하지만, 메타버스 속 콘텐츠는 이용자가 능동적 · 선별적으로 소비할 수 있다.

메타버스는 상호작용이 가능하여 이용자 주도로 정보를 획득할 수 있으며 직접 체험 · 경험이 가능하기 때문에 정보의 체득성도 뛰어나다. 웹에서도 수많은 영상 정보를 얻을 수 있지만, 해당 영상은 시청자의 의도나 관심과 상관없이 연출자에 의해 의도되고 단방향으로만 제공되는 정보다. 메타버스는 비록 가상현실이기는 하지만, 이용자가 가상현실에서 본인의 관심과 의도대로 정보를 탐구하고 영상 및 경험 정보를 얻을 수 있다. 이용자는 (가상의) 세상 · 사물과 직접 상호작용이 가능하며 궁금한 바를 직접 조작하거나 실행해 보고 실행된 결과를 직접 체험 및 학습할 수 있다. 또한 경험 · 체험을 통한 정보의 획득은 텍스트 · 이미지 · 영상 정보를 일방향으로 받는 것보다 훨씬 더 직관적이며 정보의 체득성이 뛰어나다.

그림 6-31은 (메타버스) 경험을 정보의 체득성 관점에서 간단히 정리한 것이다.

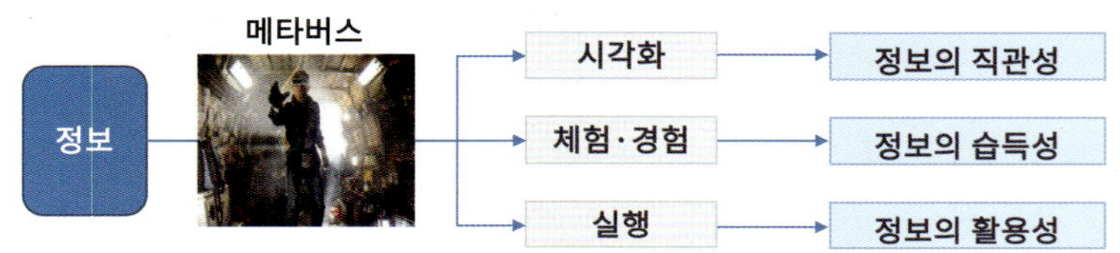

그림 6-31 메타버스를 활용한 정보의 체득성

메타버스를 통한 정보는 시각화가 탁월하다. 시각화가 탁월하다는 것은 정보의 직관성이 뛰어나다는 것을 의미한다. 또한 메타버스를 통한 정보는 체험과 경험을 통해 획득되기 때문에 정보의 습득성도 매우 우수하다. 그리고 학습한 지식에 대한 검증이나 관련된 지혜를 얻기 위해 필요한 부분을 직접 가상으로 실행해 볼 수 있기 때문에 정보의 활용성도 매우 뛰어나다고 볼 수 있다.

현실 세상에서도 직접적인 체험 · 경험은 중요하지만, 메타버스에서는 차원이 다른 체험 · 경험 서비스를 제공한다. 모든 것이 디지털인 디지털 세상(메타버스)에서는 모든 것을 가상으로 구현할 수 있기 때문에 체험의 범위와 깊이가 현실의 경험 · 체험과 비교할 수 없다. 현실에 존재하는 세상을 간접적으로 체험할 수 있는 것은 물론이고, 물리적으로 불가능한 과거의 체험이나 미래의 체험도 가능하다. 현실적 체험뿐만 아니라 가공된 체험도 가능하고 증강된 체험도 가능하다. 이런 다양한 체험 · 경험을 통한 정보의 체득성은 매우 탁월하다.

4) 웹 접근 장치 관점 메타버스

전통적으로 웹에 접근하기 위해서는 웹 브라우저가 필요했다. 웹 브라우저를 PC에 설치하고 컴퓨터 모니터와 키보드, 그리고 마우스를 조작하여 웹에 접근하여 정보를 검색하는 방식이었다. 이후 다양한 진전이 있었고 다양한 인터페이스가 소개되고 있다.

입력 장치 또는 제어 장치 관점에서 좀 더 자세히 보자면, 초기 키보드를 통해 명령어를 직접 입력하는 방식으로 시작하여 이후 마우스와 UI(User Interface)로 발전했다. 이후에 터치(Touch)를 통한 UI(User Interface)가 소개됐으며, 아이폰의 등장으로 웹 접근을 위한 장치는 스마트폰과 터치로 대세가 굳어졌다. 현재는 립 모션(Leap Motion), 리얼센스(RealSense), 제스처 인식, 시선 추적(Eye Tracking), 표정 이해(Facial Expression) 기술도 소개되고 있으며 뇌 · 컴퓨터 인터페이스(Brain-Computer Interface)도 연구되고 있다.

모니터 측면에서 살펴보면, 모니터 스크린을 통해 웹 정보를 검색하고 검색된 정보를 확인할 수 있었다면, 최근에는 AR/VR 헤드셋을 통해 모니터 역할을 대신할 수 있는 제품이 도입되고 있다. 최근 메타에서 출시한 퀘스트 프로(Quest Pro)라는 헤드셋을 이용하면 3개의 가상 모니터를 구현할 수 있다. 선명성과 해상도도 상당히 개선되어 실제 업무에 활용할 수 있는 단계다. 애플에서도 리얼리티 프로(Reality Pro)라는 AR/VR 헤드셋 출시를 준비하고 있다. 기존 AR/VR은 전방 시야가 차단되어 있지만, 전방 시야 확보가 가능한 안경형 AR/VR 웨어러블 장치도 연구되고 있다.

영화 '아이언맨'과 '아바타'를 보면, 모니터나 어떤 특수 장치 없이 공간에 홀로그램이 재현되는 것을 볼 수 있다. 공간의 홀로그램을 손이나 음성으로 자유자재로 조작하는 모습도 연출된다. 이런 기술은 홀로그램을 포함한 MR(Mixed Reality) 기술로 분류된다. 현재는 영화 속의 모습이지만, 홀로그램과 MR 기술도 많이 진전되고 있다.

그림 6-32 메타버스 접속 인터페이스 유형 (이미지 출처: 구글 이미지)

현재 누구나 사용하는 스마트폰도 머지않아 다른 디스플레이 장치에 의해 대체될 것이다.

6.3.2 메타버스 연계 웹의 미래

2023년에 접어들어 메타버스에 대한 인기가 조금 떨어진 듯하다. 대규모 투자를 단행했던 빅테크 기업들이 메타버스 사업 인력을 대폭 구조조정을 한다거나 투자를 줄인다는 기사가 많이 소개된다. 이런 분위기를 이유로 메타버스 전망이 어둡다는 의견도 많이 나오는 것 같다. 메타버스는 좀 더 시간이 걸릴 것이다. 기술도 더 고도화돼야 하고 무엇보다도 콘텐츠가 따라줘야 하는데, 콘텐츠가 부족하다. 이런 분위기에서 ChatGPT가 혁신의 아이콘이자 미래 먹거리로 분위기를 띄우면서 메타버스 투자 기업도 메타버스보다는 인공지능에 좀 더 집중하는 모양새다.

메타버스라고 해서 특별한 것은 아니다. 단지 AR/VR 헤드셋이나 웨어러블 장치를 착용하여 웹사이트에 접근하여 가상 경험 및 체험을 하는 것이다. 결국 메타버스도 인스타그램이나 유튜브처럼 웹에서 제공하는 콘텐츠 중 하나일 뿐이며, 이런 관점에서 메타버스는 웹의 미래와 상당히 밀접한 관계가 있다.

메타버스 연계 웹의 미래는 2가지 관점에서 이해할 필요가 있다. 하나는 앞서 살펴본 체험 · 경험을 통한 '정보의 체득성'이고, 다른 하나는 축적된 정보나 지식을 실제로 실행하고 응용함으로써 지혜나 의사결정에 활용할 수 있는 '정보의 활용성' 측면이다. 정보의 체득성은 앞서 살펴봤기 때문에 여기에서는 메타버스를 통한 정보의 활용성 측면에서 살펴보겠다.

1) 메타버스와 ChatGPT 연계

그림 6-33은 필자가 생각하는 웹 관점에서 메타버스의 활용성 발전 단계를 보여준다. 메타버스를 통해 체험 · 경험을 통한 '정보의 체득성', 다음으로 실행과 시뮬레이션을 통해 지혜를 얻을 수 있는 '정보의 활용성', 마지막으로 이런 메타버스와 ChatGPT의 연계를 통한 '고도화된 정보의 활용성'이다.

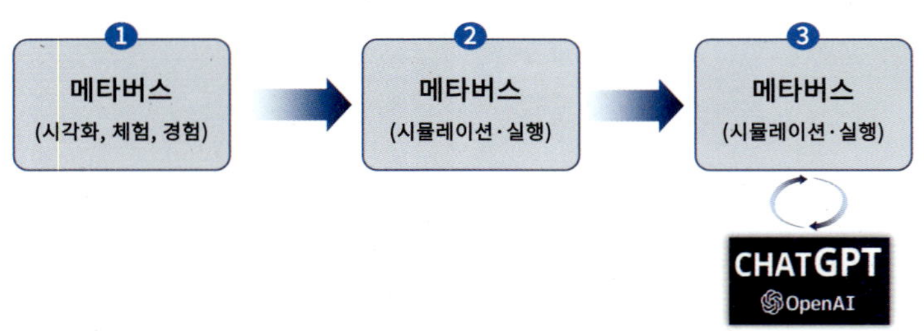

그림 6-33 메타버스와 ChatGPT 연계

❶ 상황은 체험과 경험을 통한 정보의 체득성이다. 앞서 디지털 세상에서는 모든 것을 구현하고 체험할 수 있다고 했다. 따라서 과거 · 미래에 대한 체험뿐만 아니라 가공된 체험, 그리고 증강된 체험도 가능하며 이로 인해 정보의 체득성을 극대화할 수 있다.

❷ 상황에서는 획득된 정보를 직접 실행해 보거나 시뮬레이션을 통해 정보의 활용성을 높일 수 있다. 사람들은 웹으로부터 다양한 정보와 지식을 얻는다. 하지만 획득한 정보 · 지식을 검증하고 다양한 시도와 시뮬레이션 활동을 통해 도출된 결과로 지혜를 얻어 의사결정 등에 활용한다. 즉, 획득한 정보 · 지식의 검증과 실행(시뮬레이션)은 지혜를 얻기 위한 중요한 단계다. 메타버스에서는 정보 · 지식의 실행과 시뮬레이션이 용이하기 때문에 실행된 결과를 통해 지혜를 얻고 의사결정 하는 데 많은 도움이 된다.

❸ 상황은 메타버스를 ChatGPT와 연계하여 활용하는 것이다. ❷ 상황에서는 비록 메타버스로 체험과 실행을 통해 지혜를 얻을 수 있지만, 그 과정이 결국 사람이 제시한 조건과 판단에 의해 결정된다. 그런데 ❸ 상황에서는 ChatGPT와 연계한다. 물론 ChatGPT도 완전하지는 못하지만, 사람보다 훨씬 더 많은 지식과 아이디어를 제공할 수 있다. 즉, 메타버스와 ChatGPT를 연계할 경우 고도화된 정보의 활용성을 제공한다.

그림 6-34는 영화 '마이너리티리포트'와 '아이언맨'의 한 장면이다. 두 장면 모두 홀로그램을 활용하는 상황으로 비슷해 보이지만, 근본적인 차이점이 있다. '마이너리티리포트'에서는 톰 크루즈가 여러 개의 프로젝터를 활용하여 이전에 찍은 영상을 홀로그램으로 띄워 놓고 손동작을 통해 목적에 맞게 조절한다. 원하는 장면을 얻기 위한 과정은 결국 사람의 판단에 의하며 사람의 손동작에 의해 홀로그램이 제어된다.

그림 6-34 메타버스와 인공지능 연계 사례 (이미지 출처: 유튜브 캡처)

반면 '아이언맨'에서는 주인공 토니가 '자비스'라는 인공지능과 대화하면서 신물질을 개발한다. 영화에서 토니가 "뭐처럼 보여, 자비스?"라고 물으면, "원자처럼 보이는데…"라고 답변하면서 대화를 이어 나간다. 자연어를 이해하고, 가상의 현실을 구현하고 지능 정보를 제공한다. 사람의 언어로 인공지능(자비스)이 홀로그램을 스스로 창조하고 그 영상에 대한 해석과 함께 사람의 질문에 대한 답변도 제시한다. '아이언맨'의 이 장면은 인공지능과 메타버스가 결합한 사례라고 할 수 있다.

'아이언맨'의 신물질 발명 장면에는 3가지 특징이 있다. 첫째는 인공지능과 자연어로 대화한다는 것이고, 둘째는 인공지능이 직접 필요한 정보를 제공하거나 아이디어를 제시한다는 것이며, 마지막은 사람의 요청으로 인공지능이 실행을 통해 유의미한 결과를 창조해서 제시한다는 것이다.

2) ChatGPT 연계 메타버스 활용

ChatGPT와 메타버스는 각자 훌륭한 역할과 서비스를 제공한다. 그런데 ChatGPT와 메타버스가 상호 연계될 경우 혁신적인 서비스 구현이 가능할 것이다. 물론 이런 모든 서비스는 웹 기반으로 제공된다.

'아이언맨'에서 토니가 자비스와의 대화를 통해 신물질을 발명하는 장면을 다시 한번 살펴보자.

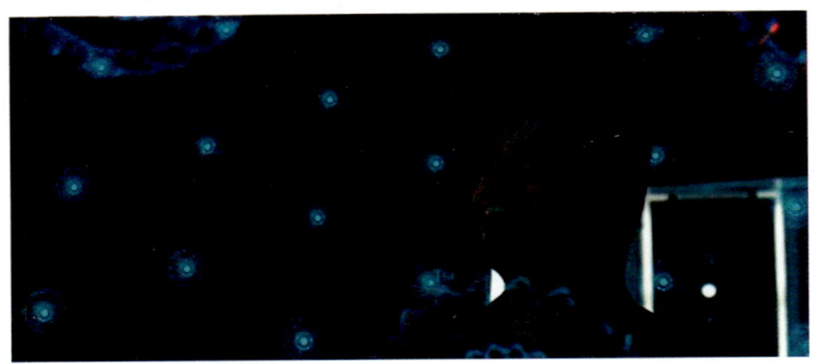

그림 6-35 메타버스와 인공지능을 통해 신물질을 발명하는 모습 (출처: 유튜브 캡처)

토니가 신물질을 발명하면서 자비스와 나누는 대화를 잠깐 인용해 보겠다.

토니: 자비스, 이거 스캔해서 입체영상 띄워 봐.

자비스: 1974년 엑스포 모델 스캔 완료됐습니다.

토니: 건물이 몇 개지?

자비스: 와플 가판대도 포함할까요?

토니: 상관없어, 일단 보여줘. 뭐처럼 보여, 자비스?

자비스: 원자처럼 보이는데...

토니: 그렇다면 핵은...... 여기쯤 있겠군. 지구 모형만 강조해 주겠어? 보행자 도로 다 지워.

자비스: 뭘 하려는 건가요?

토니: 새로운 물질을 발견하려는 거야. 조경 다 없애. 숲, 나무, 주차장, 출입구... 가건물들을 프레임으로 사용해서 양성자와 중성자를 구조화해 줘.

자비스: 팔라듐 대체 물질로 적합하지만, 유감스럽게도 합성이 불가능합니다.

토니: 리모델링할 준비해, 여길 뜯어고칠 거야.

자비스는 사람이 요청한 것에 대한 답변도 제공하고 실행도 하지만, 추가로 질문(뭘 하려는 건가요?)도 한다. 질문을 통해 사람이 원하는 의도를 더 정확히 파악하려는 것으로 해석할 수 있다. 물론 영화 속 한 장면이지만, 현재 출시된 ChatGPT의 성능을 보면 머지않아 현실적으로 충분히 실현 가능한 모습이라고 볼 수 있다.

그림 6-36은 사람이 ChatGPT와 대화하면서 우주 비행선을 메타버스 기반으로 설계하는 모습을 가정한 것이다. 웹이라는 정보의 바다로부터 학습을 통해 무한한 지식을 장착한 ChatGPT는 사람과의 대화를 통해 우주 비행선 설계에 대한 방법, 아이디어, 실제 설계도 등을 메타버스를 통해 제시할 수 있을 것이다. 사람은 ChatGPT가 제시한 개념, 아이디어, 설계도를 메타버스를 통해 확인하고 검증하면서 우주 비행선 설계를 완성해 나갈 수 있다.

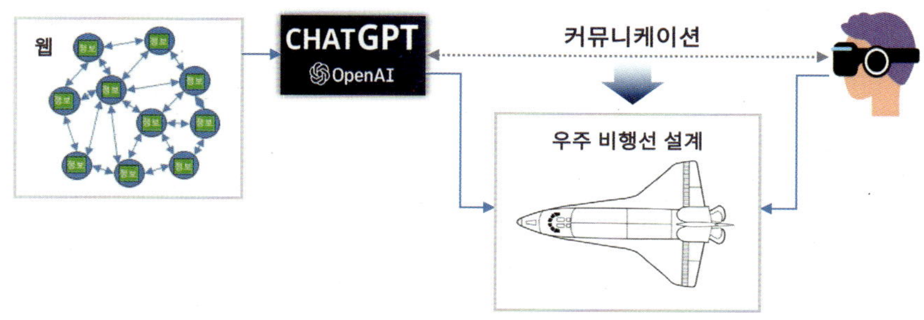

그림 6-36 메타버스와 ChatGPT를 활용한 제품 설계

6.4 IoT(사물인터넷)를 통한 초연결 웹

웹은 기본적으로 정보를 웹사이트에 업로드하는 방식으로 정보가 생산되고, 이렇게 생산된 정보는 웹을 통해 공개 · 공유되는 과정으로 소비되고 활용된다. 전통적으로 정보의 생산·소비 · 활용의 주체는 사람이었다. 사람들은 수많은 정보를 웹에 제공하고 소비도 한다. 최근 생성형 인공지능을 통해 기계(인공지능)도 다양한 정보를 생성하기 시작했지만, 인공지능이 생성한 정보도 결국은 사람이 생성한 정보를 학습한 결과물이다.

IoT(사물인터넷)가 정보 관점에서 중요한 시사점은 사람의 영역으로 한정됐던 정보가 사물의 영역까지 확장되었다는 것이며, 이는 웹 관점에서 사람의 영역으로 한정됐던 웹이 이제 사물 영역까지 확장된다는 것을 의미한다.

6.4.1 IoT가 이끌 웹의 모습

먼저 IoT(사물인터넷)의 개념부터 간단히 살펴보자. IoT라는 용어가 등장하기 이전부터 유사한 개념이 사용됐다. USN(유비쿼터스 센서 네트워크), M2M(사물지능통신) 등의 용어가 이미 사용됐었다. 그리고 이를 포괄하고 좀 더 확장되는 개념으로 IoT라는 용어와 개념이 사용된다.

IoT(사물인터넷) 개념

IoT는 Internet Of Things의 약자로서, 사물이 사람의 별도 개입 과정 없이 인터넷을 통해 통신하면서 데이터 교환, 센싱, 정보처리 등 지능적 관계를 형성하는 연결망을 의미한다. 말 그대로 사물의 인터넷이다. 그런데 사물이 인터넷으로 연결된다는 개념은 이미 M2M에서 적용됐던 개념이고, IoT는 사물뿐만 아니라 사람이나 서비스를 포함한 다양한 주체가 인터넷을 통해 서로 연결되며 상호작용을 하는 확대된 개념으로 이해하는 것이 옳을 것 같다. 최근 주목받고 있는 스마트시티 구현을 위한 핵심 인프라이자 요소가 바로 IoT이다.

이런 IoT 개념이 발전하여 최근에는 '지능형 IoT'라는 개념도 등장했다. 지능형 IoT는 기존 IoT에 인공지능이나 반도체를 탑재하여 각 사물이 스스로 지능을 가지고 인지 · 판단 · 대응 · 학습을 수행하고 사물의 자율적인 협업을 통해 지능화된 서비스를 제공하는 것을 말한다.

IoT와 웹 관련성

그럼 IoT와 웹은 어떤 관련성이 있을까? 웹은 인터넷을 통해 정보에 대한 접근이나 공개 및 공유를 하는 서비스라면, IoT는 인터넷을 통해 사물의 정보가 연결되고 교환되는 것을 의미한다. IoT는 사물로부터 생성된 데이터 · 정보가 사물끼리 P2P로 작동할 수도 있지만, 웹 기반으로 저장되고 공유 · 활용될 수도 있다. 사물 데이터 · 정보가 사물끼리, 또는 사물에서 사람으로, 그리고 사람에서 사물로 정보가 교환될 수 있다. 이때 웹을 통해 저장되고 공개되고 처리될 수 있다. IoT를 통해 데이터가 수집되는 것도 웹으로 연결되고, 수집된 사물 데이터가 연계되어 서비스 개선이나 새로운 서비스 창출도 결국 웹을 통해 이루어진다.

웹을 정보 · 서비스의 생산과 소비라는 관점에서 보면 기존의 웹은 사람의 영역이었다. 사람들이 정보를 생성하여 웹에 저장하거나 웹 기반으로 정보가 생성 · 수집됐다. 그리고 이렇게 수집된 정보의 소비 · 활용 주체도 결국 사람이었다. 그런데 웹이 IoT와 접목되면서 이런 정보의 생산과 소비의 주체가 사물에까지 확대됐다고 볼 수 있다.

그림 6-37은 웹의 생산과 소비 · 활용의 다양한 시나리오를 제시한다.

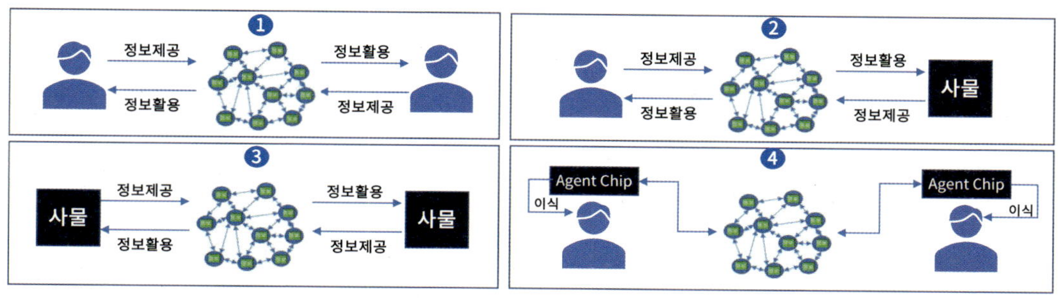

그림 6-37 사물로 확장되는 웹

❶ 전통적인 웹 주체로서 사람들이 정보를 생산 · 제공하고 역시 사람들이 이 정보를 소비 · 활용한다.

❷ 사람이 생성 · 제공한 정보를 사물이 활용하고, 반대로 사물이 생성한 정보를 사람이 사용 · 활용하기도 한다.

❸ 사물끼리 생성된 정보를 소비 · 활용할 수도 있다.

❹ 에이전트 칩 형태의 사물이 사람의 머리나 피부에 침습되어 사람과 사물의 일체화가 이루어질 수도 있다.

IoT를 통한 초연결 시대 구현

기존 웹이 '정보의 바다'였다면, 이런 웹이 IoT와 연계되면 정보의 생성 · 활용의 범위가 사람의 영역을 넘어 모든 사물로까지 확대되는 '초연결' 시대가 가능하게 될 것이다.

2022년 '산업 디지털 전환법'이 제정됐다. 산업 디지털 전환법의 목적은 산업데이터의 생성 및 활용의 활성화다. 산업데이터는 쉽게 말해 IoT를 통해 생성되는 데이터를 의미한다. 이런 사물 데이터를 생성하고 활용하기 위한 플랫폼이자 토대는 결국 웹이 될 수밖에 없다. 사물 데이터 역시 웹 기반으로 생성되고 유통되고 활용될 것이다.

1장에서 웹은 인터넷 기반의 응용 서비스 중 하나일 뿐이고 정보에 대한 접근이나 활용을 목적하는 서비스라고 했다. 사물인터넷이란 인터넷 기반으로 (사물의) 데이터 · 정보에 대한 접근이나 활용을 목적으로 한다. 사람의 영역(생성 · 소비 측면)이던 웹이 이제 사물의 영역까지 확대되어 초연결 시대를 열게 될 것이다.

MEMO **산업 디지털 전환법**

- **제1조(목적)** 산업데이터 생성 · 활용의 활성화와 지능정보기술의 산업 적용을 통하여 산업의 디지털 전환을 촉진함으로써 산업 경쟁력 확보 및 국민의 삶의 질 향상과 국가 경제발전에 이바지
- **제9조(산업데이터 활용 및 보호 원칙)** ① 산업데이터를 생성한 자는 해당 산업데이터를 활용하여 사용 · 수익할 권리를 가짐
- **제10조(산업데이터 활용 촉진)** ① 산업통상자원부장관은 산업데이터의 합리적 유통 및 공정한 거래 등 안전한 산업데이터 생성 · 활용 환경 보장하고 기업등의 산업데이터 생성 · 활용 활성화 지원
- **제12조(산업데이터의 표준화)** ① 산업통상자원부장관은 산업데이터 상호 호환성 및 활용 효과성 제고, 기업 간 협력 가능성 증대 등을 위해 다음 각 호의 사항과 관련된 표준화를 추진

6.4.2 초연결 지향 웹의 미래

IoT는 그 자체로서도 의미와 가치가 있으며, 웹 기반으로 작동할 경우 초연결 시대가 가능하다. 그런데 이런 IoT가 앞서 살펴본 ChatGPT나 메타버스와 연계 및 융합한다면 더 혁신적인 서비스 구현도 가능하다.

그림 6-38은 IoT가 ChatGPT와 상호작용하면서 우주선을 메타버스 기반의 디지털 트윈으로 운용하는 상황을 보여준다. 실제 우주선과 동일한 모델을 가상으로 구현하여 이를 실제 우주선 점검 및 개선을 위한 용도로 사용할 수 있다. 이때 실제 우주선과 가상의 모델을 연계 및 상호작용하는 요소가 바로 IoT다.

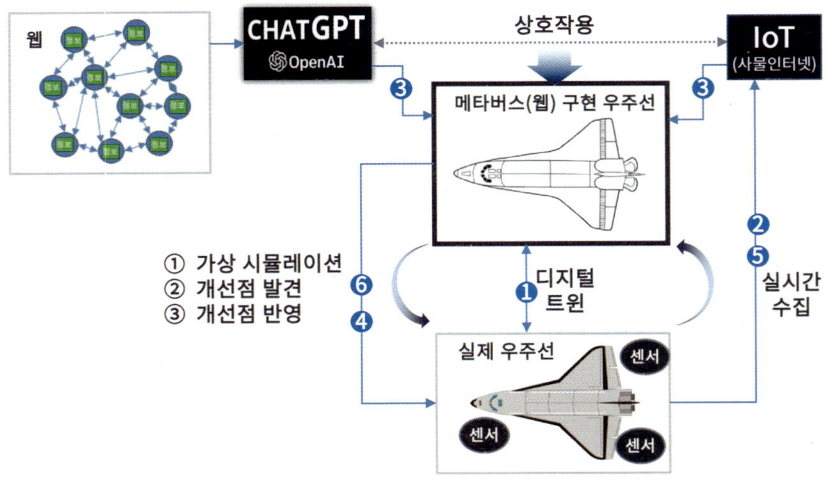

그림 6-38 ChatGPT · 메타버스 · IoT를 연계한 디지털 트윈 구현 방안

❶ 실제 우주선에는 수많은 센서가 달려 있고, 이 센서 데이터를 기반으로 실제 우주선과 동일한 가상의 디지털 우주선인 디지털 트윈을 구현할 수 있다.

❷ 실제 우주선에 장착된 센서는 실시간으로 우주선의 상태 및 변화를 체크하면서 사물인터넷을 통해 생성 및 수집된다.

❸ 이렇게 실시간으로 생성된 데이터는 디지털 우주선인 디지털 트윈에 반영되어 현재의 운영상태를 점검하고 문제점과 개선점을 파악하여 개선 피드백 사항을 식별한다. 이때 IoT는 ChatGPT와 상호작용이 가능하다.

❹ 식별된 개선 피드백은 다시 실제 우주선에 반영되어 우주선의 운영 및 문제점 선제 대응에 활용된다.

❺ 일회성으로 끝나지 않고 지속적으로 실시간 데이터가 생성 및 수집되어 개선되는 선순환이 지속된다.

이런 디지털 트윈도 결국 웹을 통해 구현된다. 사람이 디지털 트윈 구현에 관여할 수 있겠지만, ChatGPT가 IoT를 통해 수집된 수많은 데이터를 학습할 경우 사람의 관여 없이 IoT와 상호작용하면서 디지털 트윈의 모든 과정 및 절차가 자동으로 이루어질 수 있다.

MEMO

디지털 트윈(Digital Twin)

현실에 존재하는 장치와 동일한 쌍둥이(Twin) 모델을 가상(Digital)으로 구현하고, 현실 장치에 장착된 다양한 센서를 통해 입수한 데이터를 디지털 쌍둥이 모델(Digital Twin)에서 시뮬레이션하여 장치의 현재 상태를 파악하고 도출된 개선 사항은 다시 현실의 장치에 피드백을 주는 솔루션 정도로 이해할 수 있다. 주로 원자력이나 에너지, 자동차, 항공, 국방 등의 산업 분야에서 활용된다.

IoT를 ChatGPT 및 메타버스와 연계하는 방안은 스마트시티 구현에도 활용될 수 있다.

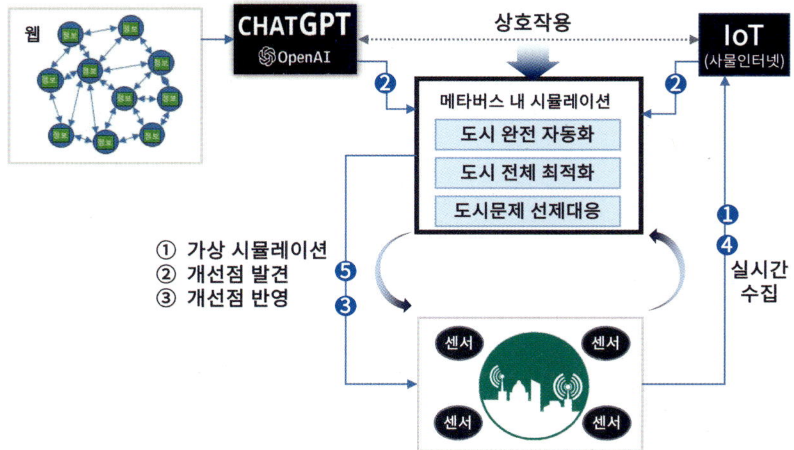

그림 6-39 ChatGPT · 메타버스 · IoT를 연계한 스마트시티 구현 방안

❶ 도시의 기능(교통, 주차, 범죄, 상하수도, CCTV, 미세먼지 측정 등) 요소마다 장착된 센서를 통해 도시 기능 구현 및 운영에 관한 모든 데이터가 실시간으로 수집된다.

❷ 이렇게 수집된 데이터는 메타버스 환경이나 디지털 트윈을 통해 도시의 현황과 문제점을 실시간 시뮬레이션한다. 이때 ChatGPT와의 지속적인 상호작용을 통해 최적의 시뮬레이션 환경 구성 및 개선 피드백을 도출할 수 있다.

❸ 식별된 개선 피드백은 도시 기능 및 운영에 실시간 · 자동으로 반영된다.

2건의 사례에서 살펴봤던 것처럼, IoT가 보편화되고 ChatGPT와 연계된다면 웹은 기존 모습과 완전히 다른 양상으로 전개될 수도 있다. 사람의 관여 없이 IoT 기반으로 자동으로 작동하는 것이다. 그리고 그 작동 메커니즘의 중심에는 웹이 존재할 것이다. '인터넷' 기반으로 '웹'이라는 서비스가 도입된 것처럼, 이제 '사물인터넷' 기반으로 '사물 웹'이라는 서비스가 출현한다고도 볼 수 있다.

6.5 차세대 웹 전망

차세대 웹에 해당하는 웹 3.0 개념이 여전히 명확하지 않고 웹에 대한 다양한 발전 방향과 관점이 논의되는 상황에서 차세대 웹의 모습을 전망하는 것은 쉽지 않다. 다만 앞서 전반적으로 언급한 내용을 기반으로 차세대 웹의 모습을 전망해 보고자 한다. 앞서 언급했던 것처럼, 웹의 본질에 집중하고 웹의 발전적인 관점에서 웹의 전망을 간략하게 소개해 보겠다.

6.5.1 ChatGPT와 메타버스가 이끌어 갈 웹의 발전 전망

웹의 발전 및 진화를 이해하는 다양한 관점이 존재하지만, 이 책에서는 '데이터 · 정보'에 집중하고 그 데이터 · 정보의 활용 및 가치 측면에서 웹을 이해하고자 했다. 웹의 발전 전망 역시 이런 관점으로 접근해 보고자 한다.

1) 웹 발명 이전 단계

디지털 통신과 컴퓨터의 출현으로 기존의 아날로그 데이터가 디지털 형태로 전환됐다. 하지만 웹이 아직 발명되기 이전 단계에서 정보에 대한 접근이나 검색은 여전히 사람이 수행해야 하는 영역이었다.

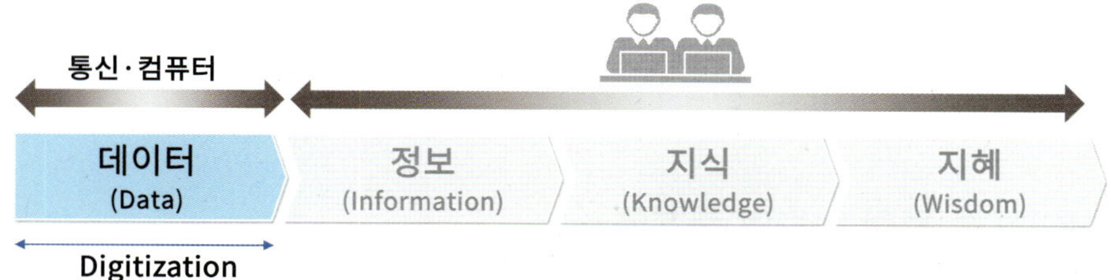

그림 6-40 웹(WEB) 발명 이전 정보 형태

- **DIKW 단계**: 데이터(Data)
- **디지털**: 아날로그 데이터를 단순히 디지털 형태로 전환한 '디지티제이션(Digitization)'
- **기술 발전**: 통신과 컴퓨터
- **웹의 역할**: 웹이 발명되기 이전 상황
- **사람의 역할**: 디지털 데이터를 검색 · 가공하고 학습 통해 지식 · 지혜 획득

2) 웹과 검색엔진 발명 단계

웹이 발명되면서 정보에 대한 접근이 용이해졌으며, 정보의 바다에서 원하는 정보를 찾기 위해 검색엔진이 개발되어 필요한 정보에 아주 쉽게 접근할 수 있게 되었다.

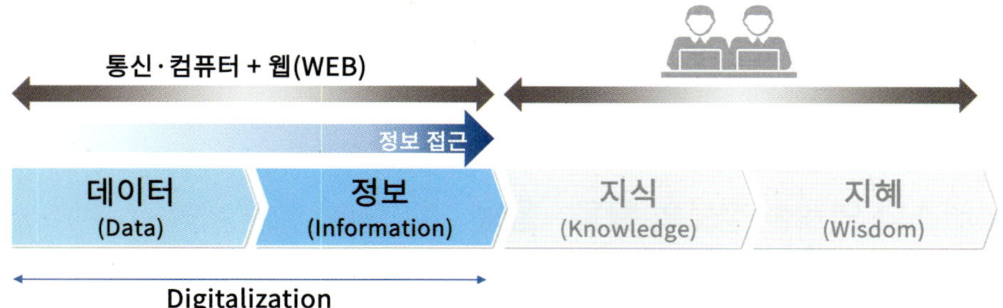

그림 6-41 웹(WEB) 발명 이후 정보 형태

- **DIKW 단계**: 정보(Information)
- **디지털**: 업무나 프로세스도 디지털 기반으로 전환한 '디지털라이제이션(Digitalization)'
- **기술 발전**: 통신과 컴퓨터, 웹

- **웹의 역할**: 웹의 발명으로 정보에 대한 접근 및 검색 편의성 제공
- **사람의 역할**: 접근 · 검색된 정보를 가공 · 체계화하여 지식 · 지혜 획득

3) ChatGPT를 통한 정보의 체계화

검색엔진을 통해 필요한 정보를 쉽게 찾을 수 있었지만, 찾은 정보를 정리하고 체계화하여 지식으로 발전시키는 것은 여전히 사람의 역할이었다. 하지만 ChatGPT의 출현으로 정보를 학습하고 체계화하는 과정이 줄어들었다.

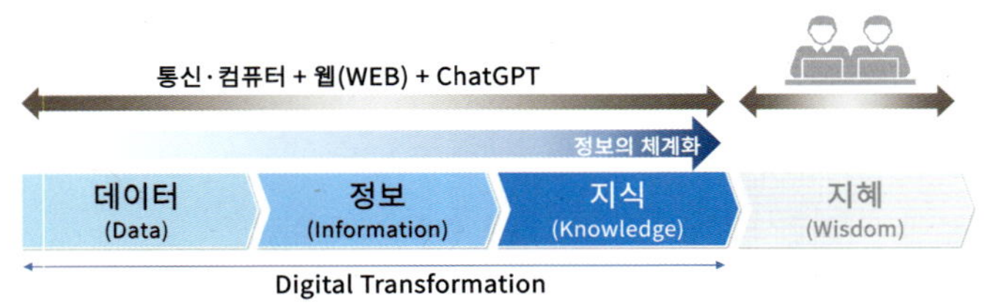

그림 6-42 ChatGPT 활용에 따른 정보 형태

- **DIKW 단계**: 지식(Knowledge)
- **디지털**: 혁신 기술 기반 부가가치 창출 및 혁신하는 '디지털 트랜스포메이션(Digital Transformation)'
- **기술 발전**: 통신과 컴퓨터, 웹, ChatGPT
- **웹의 역할**: 생성형 인공지능 통해 정보의 체계화 및 학습된 지식 제공
- **사람의 역할**: 제공되는 지식을 응용 · 활용하여 의사결정에 활용하는 지혜

4) 메타버스와 연계한 정보의 활용 · 응용

지식은 결국 응용하고 활용하여 지혜를 얻기 위한 것이다. 현실에서 지식을 응용하고 활용하는 것은 물리적인 제약이나 상당한 비용이 소요됐다. 하지만 메타버스 세상에서 획득된 지식을 직접 검증하고 활용할 수 있게 되면서 지혜도 더불어 제공했다.

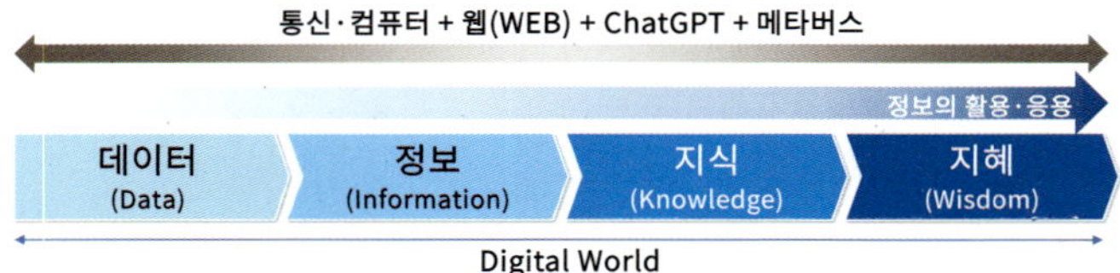

그림 6-43 ChatGPT와 메타버스 연계를 통한 정보 형태

- **DIKW 단계**: 지혜(Wisdom)
- **디지털**: 데이터와 프로세스를 넘어 세상 자체가 거대한 '디지털 세상(Digital World)'
- **기술 발전**: 통신과 컴퓨터, 웹, ChatGPT, 메타버스
- **웹의 역할**: ChatGPT를 통한 지식이 메타버스에서 실행되면서 지혜 제공
- **사람의 역할**: ChatGPT와 메타버스를 활용한 지혜 획득

5) ChatGTP와 메타버스 고도화에 따른 지혜 의존

ChatGPT와 메타버스가 고도화된다면 사람들은 결국 지혜에 있어서도 ChatGPT와 메타버스에 의존하게 될 것이다. 이때 사람은 ChatGPT와 메타버스가 제공하는 지혜를 바탕으로 의사결정하는 역할을 하게 될 것이다.

그림 6-44 ChatGPT와 메타버스가 도래한 환경에서 정보 관점 인간의 역할

- **DIKW 단계**: 지혜(Wisdom)
- **디지털**: 디지털 세상(Digital World)
- **기술 발전**: 통신과 컴퓨터, 웹, ChatGPT, 메타버스
- **웹의 역할**: ChatGPT와 메타버스가 고도화되면서 지혜도 제공
- **사람의 역할**: 제공된 지식과 지혜를 바탕으로 의사결정

6) 의사결정도 의존

궁극적으로 사람들은 의사결정도 ChatGPT와 메타버스에 의존하게 될 것이다. ChatGPT와 메타버스가 고도화되면 그 결과와 의사결정도 신뢰하게 된다. 결국 의사결정도 인공지능에 의존하는 시대가 도래할 것이다. 이때는 인간의 역할이 의사결정의 방향성을 제어하는 윤리나 법 제정 정도로 축소될 것이다.

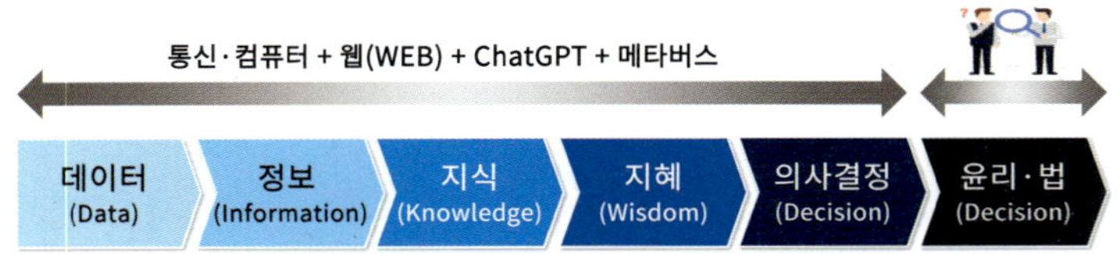

그림 6-45 ChatGPT와 메타버스가 보편한 미래, 정보 관점 인간의 역할

- **DIKW 단계**: 지혜(Wisdom)
- **디지털**: 디지털 세상(Digital World)
- **기술 발전**: 통신과 컴퓨터, 웹, ChatGPT, 메타버스
- **웹의 역할**: 궁극적으로 의사결정도 ChatGPT와 메타버스에 의존
- **사람의 역할**: 기술을 적용하고 의사결정 방향에 대한 윤리와 법 제정

6.5.2 다양한 관점의 웹 전망

앞서 웹을 단순히 '데이터 · 정보' 관점에서 전망했지만, 좀 더 다양한 관점으로 웹을 전망해 볼 수도 있다. 여기서는 총 8가지 관점에서 웹을 전망해 보겠다.

1) 차세대 웹과 4차 산업혁명

4차 산업혁명이 한참 주목받던 2018년 정부는 '데이터 산업 활성화 전략'을 발표했다. '데이터 산업 활성화 전략'의 첫 페이지 내용을 보면 다음과 같다.

> **데이터는 4차 산업혁명을 견인하는 핵심 동인**
>
> 4차 산업혁명 시대 데이터가 모든 산업의 발전과 새로운 가치 창출의 촉매 역할을 하는 '데이터 경제(Data Economy)'로 패러다임 전환 중
>
> 4차 산업혁명의 진전에 따라 각종 IoT · 센서 등에서 발생하는 대량의 데이터가 데이터 기반 산업 · 경제활성화를 견인하는 원동력으로 작용할 전망

인용 내용을 보면, 4차 산업혁명의 핵심 키워드는 '데이터'라는 것을 알 수 있다. 하지만 '데이터' 자체를 의미한다기보다는 데이터를 활용하여 새로운 부가가치를 창출하고 이로 인해 새로운 성장 동력 및 산업 · 경제 활성화를 이끄는 것으로 이해할 수 있다. 따라서 4차 산업혁명의 핵심 키워드를 다시 검토하면 '데이터의 활용성'이라고 할 수 있다.

데이터의 활용성을 제고하기 위해서는 우선 다양하고 많은 데이터가 생성돼야 하고 이런 데이터가 상호 연결되고 거래되면서 새로운 서비스와 가치 창출을 위해 활용 및 융합돼야 한다.

데이터가 생성되고 상호 연결 및 거래되면서 새로운 가치 창출을 위해 활용되는 기반 인프라는 바로 웹이라고 할 수 있다. 결국 4차 산업혁명을 구현하기 위한 기반 인프라가 웹이라고 할 수 있다. 또한 웹을 '데이터 · 정보'라는 관점에서 살펴보면, 차세대 웹의 키워드는 '정보의 활용성'이다.

정리하면, 웹은 4차 산업혁명 구현을 위한 기반 인프라이며, 4차 산업혁명의 목표와 차세대 웹의 지향점은 '데이터 활용성'으로 일치한다.

2) 차세대 웹과 일자리 문제

산업혁명 이후 기계가 빠르게 보급되면서 사람들의 노동력을 대체해 가기 시작했다. 실제로 수많은 노동자가 실업자로 전락했다. 기계가 모든 일자리를 대체할 것이라는 분위기가 팽배해지자, 이에 화가 난 노동자들이 기계를 파괴하는 '러다이트 운동(Luddite Movement)'을 전개하기도 했다.

그림 6-46 19세기 초 영국 러다이트 운동 (출처: Wikipedia)

과거 영국에서 자동차가 처음으로 등장하자 마차 산업 종사자들은 일자리를 잃을까 걱정하여 강력한 로비를 통해 '레드플래그 법(Red Flag Acts)'이라는 우스꽝스러운 법을 만들기도 했다. 우리나라도 카카오에서 카풀(Carpool) 플랫폼을 내놓자 이에 반대하여 분신자살을 시도하는 택시 기사도 있었다. 새로운 기술과 혁신 서비스는 항상 기존 생태계에서 생계를 이어가는 사람들과 충돌이 발생하기 마련이다.

인공지능이 소개되고 그 잠재성이 검증되면서 인공지능이 사람들의 일자리를 빠르게 대체할 것이라는 어두운 전망이 쏟아지기도 했다. 그러다 ChatGPT의 출현은 이런 전망이 현실이라는 것을 자각하게 만든 결정적인 계기가 되었다. ChatGPT 3.5 버전이 나왔을 때, 'ChatGPT를 통해 사라질 직업'이라는 기사나 보고서 등이 소개됐다. 얼마 지나지 않아 ChatGPT 4가 출시됐다. ChatGPT 4 발표 직후 마이크로소프트에서는 코파일럿(Co-Pilot)을 전격 공개했다. 우려와 두려움은 정말 현실이 되어 가고 있다.

그럼, 정말 ChatGPT가 보편화되면 사람들의 일자리를 빠르게 대체할까? 그에 대해 답하기 전에 산업혁명 당시 기계 보급에 따른 일자리 변화 상황을 살펴보자. 모두 아는 것처럼, 기계가 모든 일자리를 대체할 것이라는 우려와 달리, 사람들의 일자리는 계속 유지되고 있다. 다만 일자리의 형태가 달라졌을 뿐이다. 기존에는 단순히 사람의 노동력에 기반한 일자리였다면, 기계의 보급으로 기계와 협업하거나 기계를 활용하는 일자리는 여전히 유지됐다. 또한 기계에 대한 수요가 증가하자 기계를 개발하고 운영 및 유지보수하기 위한 새로운 산업 및 일자리가 생겨났다. 그리고 기계를 통해 새로운 제품과 서비스가 창출되자 이런 새로운 분야와 관련된 일자리가 창출되기 시작했다. 추가로 기계의 출현으로 생산성이 폭증하자 이제 사람들은 여가와 문화 쪽에 관심을 갖기 시작했고 문화와 레저 산업의 확산 및 관련 일자리도 꾸준히 창출되고 있다. 결과적으로 보면 기계의 보급은 사람의 일자리를 대체했다기보다는 일자리의 형태를 재규정했다고 보는 것이 맞을 것이다.

ChatGPT가 사람들의 일자리에 대한 위협임은 분명하다. 다만 한동안은 인공지능이 사람의 업무를 완전히 대체한다기보다는, 사람이 ChatGPT라는 도구를 이용해서 생산성을 더욱 극대화하고 좀 더 가치가 높은 업무를 수행하게 될 것이라 믿는다. 또한 ChatGPT 보급에 따라 산업 · 서비스가 재편되고 새로운 산업과 서비스도 창출될 것이며 그에 따른 새로운 일자리도 창출될 것이라 믿는다.

'협동 로봇'이라는 개념이 몇 년 전부터 소개되고 있다. 공장이나 산업 현장에는 사람의 일자리가 산업로봇에 의해 많이 대체되어 가는 분위기다. 산업로봇은 사람의 노동력을 대체하고 공장 업무를 자동화하는 개념으로 이해할 수 있다. 기계적으로 반복되고 프로세스가 명확하게 정의된 업무는 산업로봇에 의한 대체나 완전 자동화가 가능하다. 반면 많은 업무는 여전히 유연성과 적절한 판단이 필요한 영역이다. 이런 영역은 산업로봇이나 완전자동화가 어렵다. 협동 로봇은 인간과 협업하거나 인간의 업무 보조를 목적으로 설계된 로봇으로서, 인간의 업무를 도와주거나 보완해 줌으로써 업무의 생산성과 효율성을 높이는 목적으로 활용된다.

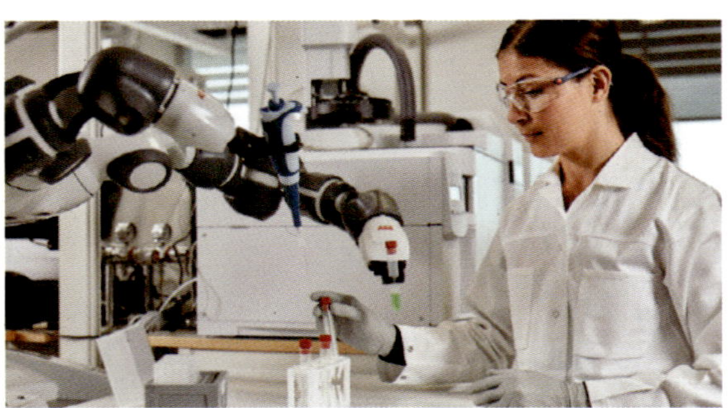

그림 6-47 협동 로봇 활용 (이미지 출처: 로봇신문)

다음과 같이 정리할 수 있을 것 같다.

- **사람**: 유연성은 높으나 생산성이 낮다.
- **산업로봇**: 생산성은 높으나 유연성이 떨어진다.
- **협동 로봇(사람과 로봇 협업)**: 유연성과 생산성이 모두 향상된다.

최근 RPA(Robotic Process Automation)를 적용하려는 기업이 확산되고 있다. RPA는 수작업으로 진행하던 규칙 기반의 단순하고 반복적인 업무를 로봇 소프트웨어를 통해 자동화하는 솔루션이다. RPA도 사람의 업무를 대체한다는 개념보다는 단순한 업무를 빠르고 효율적으로 처리해서 생산성을 향상시키고 사람은 좀 더 가치 있는 일에 집중하도록 하자는 개념이다.

ChatGPT도 당분간은 협동 로봇 또는 RPA와 같은 포지션으로 활용될 것으로 예상된다. 수많은 정보를 체계화하여 지식화하는 일은 ChatGPT에 일임하고 사람은 ChatGPT가 제공하는 지식을 활용 및 응용하여 새로운 가치를 만드는 일에 더 집중하면 된다. 사람이 일을 하고 정보를 획득하는 목적은 지식을 얻기 위함이 아니라 지식을 활용하는 지혜를 얻기 위함이다. 많은 시간과 노력이 요구되는 지식 획득 과정은 ChatGPT에 맡기고 이제 사람은 ChatGPT가 제공하는 지식을 어떻게 활용하고 응용하여 지혜를 얻을지에 더 집중하면 된다. ChatGPT는 일종의 도구다. ChatGPT가 사람의 일자리를 대체하는 것이 아니라, 사람들은 ChatGPT라는 도구를 적극적으로 활용하여 더욱 가치 있는 일에 집중하고 더 유익한 가치를 창조하게 될 것이다.

3) 차세대 웹과 법 규제

앞서 웹 2.0의 문제점에 대응하는 가장 현실적이면서 확실한 방법은 법 규제라는 의견을 제시했다. 차세대 웹 시대에도 새로운 문제점 및 부작용이 따를 것이라 생각한다. 차세대 웹의 잠재적 문제점에 대응하는 방법 역시 법 규제라고 강조하고 싶다.

ChatGPT는 정말 혁신적인 서비스임에는 분명하지만, 잠재적인 문제점도 많이 내포되어 있다. ChatGPT가 본격 개화도 하기 전에 ChatGPT의 잠재적인 문제점에 대응하기 위해 유럽 각국과 미국은 규제를 검토하기 시작했다. 이탈리아 개인정보 보호 규제 당국은 가입자 개인정보 유출 문제가 발생하자 ChatGPT 사용을 일시적으로 금지하기로 결정했다. 이탈리아 데이터 보호청은 OpenAI가 알고리즘 훈련을 위해 수집한 방대한 개인정보 데이터 사용에 법적 근거가 없다며 조사에 착수했으며, ChatGPT가 생성하는 답변이 자녀의 발달과 자기 형성 과정에 부적절하다는 것도 문제 삼았다. 이에 유럽 각국과 미국도 규제를 검토하기 시작했으며, 비영리단체들도 AI 설계에 관한 안전기준을 정할 때까지 약 6개월간 실험 및 연구를 중단해야 한다고 호소하기도 했다.

ChatGPT와 메타버스는 기존 웹 2.0이 가진 문제점보다 훨씬 더 심각하고 다양한 문제점을 야기할 수 있다. 이런 문제점에 대응하기 위한 규제 역시 절대적으로 필요하다.

국내 게임업계는 글로벌 경쟁력 강화 등을 이유로 자율 규제 방식을 강하게 요구해 왔다. 이런 자율 규제라는 방패를 쓰고 게임사들은 확률형 아이템을 팔면서 아이템이 나올 확률 정보는 공개하지 않았다. 게임사들은 이 점을 수익을 극대화하는 방향으로 철저히 악용했다. 좋은 아이템은 나올 확률을 최소화하여 게임 유저들이 많은 비용을 지불하게 유도했다. 더구나 특정 아이템이 당첨되는 것을 막아 놓고서 게임 유저들이 항의하자 그제야 사실을 통보하는 사례도 있었다. 이것은 분명히 사기다. 사기를 규제하는 것은 너무나 당연하다. 이런 배경 속에서 확률형 아이템 규제를 담은 게임산업법 개정안이 2023년 2월 27일 국회 본회의를 통과했다. 잘못된 것은 바로잡는 것이 맞다. 가장 현실적이고 직접적인 제재 수단은 바로 법과 규제다.

다만, 법적 규제를 검토할 때는 한 가지 주의할 점이 있다. 2017년 ICO가 많은 사기와 문제점을 야기하자 금융위원회는 국내 ICO를 전면 금지하는 규제안을 발표했다. 당시 현장 분위기를 잘 알고 있는 필자 역시 정부의 규제안을 지지하는 편이지만, ICO 전면 금지 규제안에 대해서는 아쉬운 대목이 있다. 취지는 동의하지만, 방법상 아쉬움이 있다는 이야기다. 우리나라 규제 방식은 주로 원천 차단이나 대증 요법에 의존한다.

문제가 있다고 원천 차단하는 것은 스마트한 규제가 아니다. 자동차가 사고 위험이 있으니 자동차를 타지 못하도록 원천 차단하는 것과 같다. 새로운 기술이나 서비스는 부작용이 따른다. 부작용은 대응해 가면 되는 것이지 부작용을 우려해서 그 잠재성까지 원천 차단하는 것은 올바른 접근이 아닐 것이다.

2023년 2월에 인터넷에서 이슈가 됐던 기사가 있었다. 보건복지부에서 자살 예방을 위해 산화형 착화제가 사용된 번개탄 생산을 금지한다는 것이었다. 자살의 근본적인 원인에 대한 접근 없이, 번개탄만 친환경으로 바꾼다고 자살 문제가 해결되는 것은 아니다. 문제는 번개탄이 아니라 자살 이유다. 2022년 서울에서 기록적인 폭우로 반지하의 피해가 컸다. 이에 대한 대응책으로 서울시는 반지하에서 거주하지 못하도록 하는 대책을 내놓았다. 반지하에서 거주하지 못하게 하는 것은 세계적인 흐름이기 때문에 적절한 대응으로 볼 수도 있다. 하지만 그에 앞서 주거 빈민들을 위한 대책이 우선일 것이다. 무작정 반지하 거주를 차단하면 풍선효과처럼 다닥다닥 붙어있는 쪽방이나 고시촌으로 이주하고, 최근에 불이 났던 비닐하우스 등으로 이주하게 되어 화재 등의 더 큰 위험이 있을 수 있기 때문이다.

관계 당국이 원천 차단이나 대증요법을 사용하는 이유는 규제하기 편리하고 대응하기 쉽기 때문이다. 앞서 법의 절대적인 영향력이 얼마나 큰지 설명한 적이 있다. 적절하지 못한 규제 하나가 산업 전체를 퇴행시킬 수 있고 스마트한 규제 하나가 산업 경쟁력을 높일 수 있다.

4) 인공지능과 개인비서 시대

인공지능에는 '사전학습(Pre-training)'과 '파인튜닝(Fine-tuning)'이라는 개념이 있다. 사전학습은 거대한 데이터세트(Data Set)를 이용해 미리 학습하는 것이다. 일반화된 인공지능 모델이라고 할 수 있다. 파인튜닝은 이미 만들어진 일반 인공지능 모델을 특정한 서비스나 목적에 맞게 모델을 튜닝하거나 추가로 학습하는 것을 말한다.

비유가 적절한지 모르겠지만, 군대 훈련소에 입소하면 전반기 교육과 후반기 교육으로 나뉜다. 전반기 교육은 군인이 되기 위해 받는 일반적인 기초 군사훈련이다. 기초 군사훈련을 마치고 바로 자대로 배치되기도 하지만, 주특기를 부여받은 인원들은 해당 군사특기에 맞는 후반기 교육을 추가로 실시한다. 전반기 훈련은 사전학습에 해당하고 후반기 훈련은 파인튜닝으로 비유할 수 있다.

GPT는 Generative **Pretrained** Transformer의 약자로서, 사전학습 모델이다. 이 범용 사전학습 모델인 GPT를 챗(Chat) 목적으로 추가로 학습 및 (파인)튜닝한 모델이 바로 ChatGPT다. GPT라는 범용 모델을 가져다가 다양한 분야로 파인튜닝하여 활용할 수 있다. GPT를 마이크로소프트 검색엔진인 빙(Bing)에 파인튜닝한 것이 '빙챗(Bing Chat)'이고, GPT를 MS 오피스에 적용한 것이 '코파일럿(Co-Pilot)'이다.

이를 확대 해석하면, 범용 사전학습 모델을 다양한 목적과 서비스에 맞게 추가 학습하거나 파인튜닝을 적용할 경우 다양한 분야로 확장 및 맞춤형 서비스 구현도 가능할 것이다. 특정 개인을 위한 목적으로 파인튜닝할 수도 있을 것이다. 이렇게 되면 이 인공지능 모델은 특정 개인에 대한 개인비서 역할도 가능하게 된다.

파인튜닝을 하지 않더라도 현재 출시된 ChatGPT를 개인비서 역할로 활용할 수 있다. 예를 들어 ChatGPT 프롬프트에서 질문할 때 개인에 대한 정보를 제시해 주고 질문하면 해당 개인에 최적화된 답변이 도출될 수 있다.

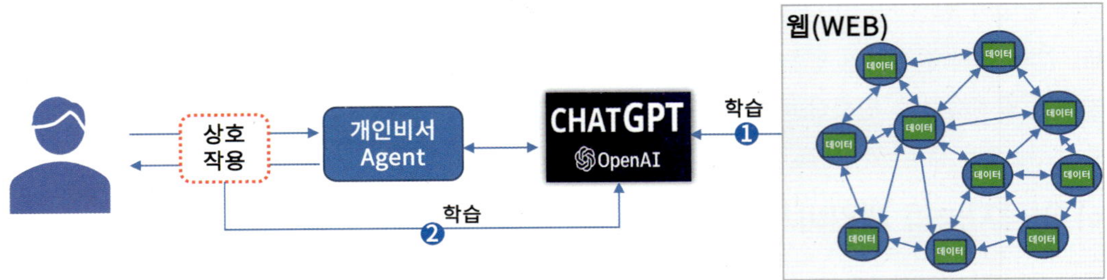

그림 6-48 ChatGPT 기반 개인비서 시대

그림 6-48은 ChatGPT를 개인비서로 활용하는 방안을 보여준다. ChatGPT 또는 GPT는 웹의 수많은 정보로 사전학습을 진행하고 특정 사용자용 개인비서 에이전트와 연계할 수 있다. 이용자가 개인비서 에이전트와 상호작용하는 모든 과정을 ChatGPT에 추가로 학습시키면 특정 사용자용 인공지능 개인비서도 만들 수 있을 것이다.

5) 웹과 인공지능의 한계점

웹에는 수많은 정보가 쏟아지고 실시간으로 전파 및 공유된다. 물론 대부분 유익하고 필요한 정보지만, 왜곡된 정보나 가짜뉴스도 범람한다는 것을 2.2.3절에서 언급했다. 사람들의 웹에 대한 의존도가 높으면 높을수록 웹 기반 정보에 대한 신뢰성 문제는 더 중요해진다.

인공지능도 마찬가지다. ChatGPT가 주목받으면서 동시에 잠재적인 문제점도 꾸준히 제기된다. 대표적인 문제점이 인공지능에 내놓은 결과물에 대한 신뢰성과 편향성이며, 인공지능은 답변으로 제시한 결과물에 대해 그렇게 제시한 근거와 이유를 설명하지 못한다.

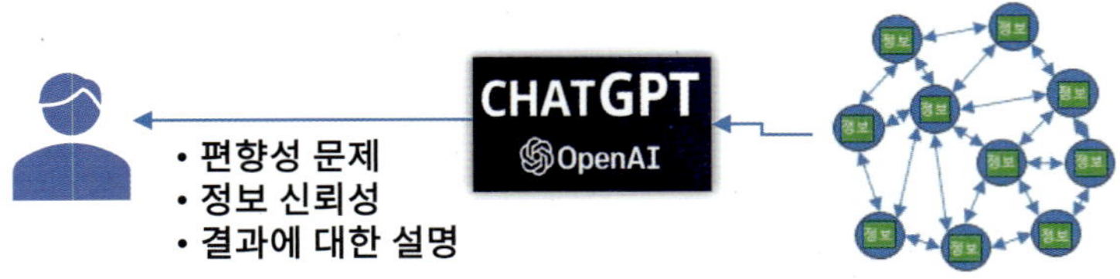

그림 6-49 인공지능의 한계점

인공지능의 한계점을 하나씩 살펴보자. 인공지능에서 편향성 이슈는 2가지 영역에서 발생한다. 하나는 인공지능 모델·알고리즘을 설계하는 과정에서 개발자의 생각과 사상이 은연중에 투영될 수밖에 없다. 이런 차원에서 인공지능 개발 윤리나 가이드에 대한 내용도 검토되고 있다. 하지만 편향성

이슈에 대한 보다 근원적인 이유는 바로 데이터의 편향성이다. 인공지능은 빈 깡통이다. 이런 빈 깡통을 어떤 데이터로 어떻게 학습시키느냐에 따라 인공지능이 내놓는 답은 완전히 달라진다. 인공지능의 편향성은 결국 데이터의 편향성에 의해 결정된다고 볼 수 있다. 학습데이터 영역에서 편향성 데이터를 제거하거나 정제하는 작업이 필요하다.

다음은 신뢰성 문제다. ChatGPT가 내놓은 답변을 믿고 신뢰할 수 있느냐의 문제다. 이와 관련하여 대표적인 사례가 '세종대왕 맥북 던짐 사건'이다. 존재하지도 않는 상황을 마치 사실인 것처럼 만들어서 제공한다. 세종대왕 사례는 누구나 아는 내용이기 때문에 특별히 문제가 안 되겠지만, 만일 우리가 잘 알지 못하는 영역에서 이렇게 답변을 내놓는다면 사람들은 그것을 사실인 양 믿을 수도 있게 된다. 신뢰성 문제는 데이터에 대한 신뢰성도 문제지만, 이런 '환각(Hallucination)' 이슈도 해결해야 할 중요한 과제다. 마이크로소프트에서는 ChatGPT를 웹 검색과 연계하는 방식으로 이런 환각 문제를 줄여나가고 있다.

마지막으로 인공지능이 제시한 결과에 대한 근거와 설명 이슈다. 이런 문제점 대응을 위해 '설명가능한 인공지능(eXplained AI)'도 많이 연구되고 있다. XAI(eXplaiend AI)는 사용자가 인공지능 시스템의 동작과 최종 결과를 이해하고 올바르게 해석하여 결과물이 생성되는 과정을 설명 가능하게 해 주는 기술이다. 인공지능 답변의 도출 근거 및 과정을 제시한다면 사람들은 그 신뢰성 정도를 판단할 수 있을 것이다.

ChatGPT는 다양한 잠재적 문제점을 가지고 있고 유럽 각국에서도 규제를 검토하고 있다. 여기서는 앞에서 언급한 바와 같이 정보와 웹이라는 관점에서 3가지 정도만 언급하고 넘어가겠다.

6) 메타버스와 인공지능 연계

앞서 메타버스와 인공지능을 연계하는 방안을 자비스의 신물질 개발 과정을 사례로 들어 설명했는데, 이것은 단순히 하나의 사례일 뿐 인공지능은 현실 세계뿐만 아니라 메타버스에서도 아주 다양하고 보편적으로 활용될 것으로 예상한다.

우선 메타버스를 좀 더 잘 이해할 필요가 있다. 현재 메타버스는 단순히 게임이나 SNS 서비스 정도로 인식된다. 하지만 개선된 VR 헤드셋이 출시되고 있으며 훌륭한 콘텐츠도 소개되고 있어 메타버스 세상은 점점 더 확대될 것이다. 메타버스는 단순히 가상현실로 이해하면 안 된다. 메타버스는 가상현실에서의 상호작용, 더 나아가 경제활동이 포함된 개념이라고 강조했다.

메타버스를 영화 '레디 플레이어 원'과 같은 가상현실로만 한정할 필요는 없다. 메타버스 거래 및 경제활동을 좀 더 광의적으로 이해하면, 현재 온라인상에서 이루어지는 모든 거래 및 생활, 그리고 경제활동이 잠재적 메타버스라고 이해할 수 있다. 현실의 거래 및 경제활동은 점점 온라인으로 옮겨가고 있다. 실체가 보이지 않는 온라인 세상에서 거래 및 경제활동을 위해 아바타와 시설 및 서비스를 시각적으로 구현하면 좀 더 현실감을 느낄 수 있고 상호작용도 더 활발해질 수 있다. 이것이 바로 메타버스에서의 거래 및 경제활동이다. 정리하면, 현실의 거래를 온라인으로 옮기고 온라인을 시각적으로 구현한 것을 메타버스로 이해할 수도 있다. 이런 관점에서 보면 현실의 거래에 활용되는 인공지능 기술이 메타버스에도 그대로 적용될 수 있다는 이야기가 된다.

그림 6-50의 왼쪽 그림을 살펴보자. 현실 세계에서 어떤 제품을 만드는 회사가 이용자의 쇼핑 활동 기반 데이터를 학습하여 맞춤형 서비스나 다양한 마케팅 활동을 하는 모습을 보여준다.

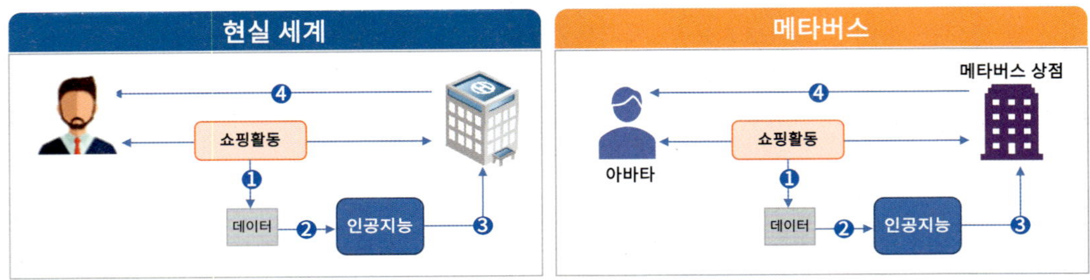

그림 6-50 메타버스에서 인공지능의 활용

❶ 이용자가 특정 제품이나 서비스에 대한 쇼핑 활동을 하면, 이런 쇼핑 활동 및 상호작용 과정에서 다양한 데이터가 생성된다.

❷ 이렇게 생성된 데이터를 수집하여 인공지능으로 학습시킨다.

❸ 회사는 학습된 인공지능으로 고객의 취향 · 선호도 등을 파악한다.

❹ 고객의 취향 및 선호도에 맞게 맞춤형 마케팅을 실시한다.

메타버스도 가상 세계지만, 온라인 세상에서 이루어지는 거래 및 경제활동과 다르지 않다. 메타버스에서도 본인을 대신한 아바타가 메타버스 상점에서 다양한 쇼핑 활동 및 상호작용을 할 수 있고, 수집된 데이터가 학습하고 이를 마케팅에 활용할 수 있다. 이처럼 메타버스에서 발생한 데이터를 학습하여 동일하게 적용할 수 있다.

'몬드리안 에이아이'라는 국내 인공지능 업체는 메타버스 세상에서 생성된 데이터를 수집 · 분석하여 시각화하고, 이를 다시 메타버스 환경에서 활용하는 플랫폼을 제시하고 있다. 그림 6-51에 소개된 플랫폼을 보면, 메타버스 기반 데이터 분석 플랫폼 역시 현실의 데이터 분석 플랫폼과 다를 것이 없다.

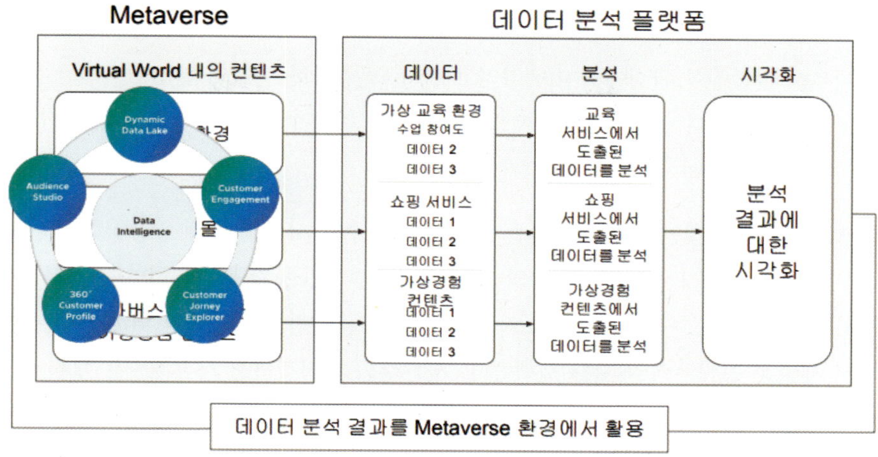

그림 6-51 메타버스 데이터를 인공지능으로 분석 및 활용 (출처: 몬드리안 에이아이 자료)

7) 영화 '아바타'는 메타버스인가?

지인으로부터 영화 '아바타'가 메타버스 아니냐는 질문을 받은 적이 있다. 메타버스 세상에서 '아바타'라는 용어가 사용되다 보니, 영화 '아바타'가 메타버스라고 생각한 것 같다.

메타버스는 가상의 세계다. 현실에 존재하지 않지만, 디지털 기술을 통해 가상으로 구현한 세상이다. 그 가상의 세계에 본인을 대신하는 아바타가 활동하는 것이다. 하지만 영화 '아바타'는 가상 세계가 아니라 현실 세계다. 현실과 다소 동떨어진 설정에 나비족의 모습도 그래픽 냄새가 풍기다 보니 가상현실로 생각할 수 있지만, 영화 '아바타'는 현실 세계에 존재하는 모습을 설정한 것이다.

영화에서 주인공 제이크는 가상 세계로 접속하는 것이 아니라, 현실 세상에 존재하는 나비족 몸체를 이용하는 것뿐이다.

그림 6-52 현실 세계의 아바타 (출처: 영화 아바타)

1992년 발표된 『스노 크래시』라는 소설에서 메타버스와 아바타라는 용어가 함께 소개됐다. 아바타라고 하면 메타버스 세상에서의 나를 대신하는 형체라 이해할 수 있다. 하지만 아바타는 좀 더 포괄적으로 사용된다. 과거 싸이월드에서도 아바타가 활용됐다. 최근 SNS에서 개인 프로필 이미지를 NFT로 발행하는 PFP가 유행이다. 여기에서 말하는 개인 프로필 이미지도 일종의 아바타다.

8) 탈중앙화라는 이상과 현실

웹 3.0을 대부분 탈중앙화 관점에서 이해하려고 한다. 탈중앙화 관점의 웹 3.0이 적절한지 여부는 독자들의 판단에 맡기겠다. 여기에서는 웹 3.0과 별개로 '탈중앙화' 자체에 집중해서 탈중앙화라는 이상과 현실에 대해 간략하게 소개해 보고자 한다.

필자는 『비트코인 · 블록체인 바이블』이라는 책에서 공산주의 사례를 통해 탈중앙화의 이상과 현실을 지적한 바 있다. 초기 자본주의는 소수의 자본가가 다수의 노동자를 착취하는 구조적인 한계점과 문제점을 지니고 있었다. 그래서 마르크스와 레닌은 이런 문제점을 해결하기 위해 기존 체제를 부정하고 완전히 새로운 공산주의 체제를 선택했다. 자본주의를 척결하고 사유재산을 부정하고 누구나 똑같이 일하고 발생한 소득을 동일하게 분배하는 것이 공산주의 방식이었다. 당시 대다수 노동자는 자본주의가 지닌 구조적인 문제점을 타파하고 누구나 평등하게 분배하는 공산주의를 지지했다.

그런데 여기서 3가지 항목을 고민해야 한다. 첫째는 기존 자본주의 문제점을 해결하기 위해 공산주의 혁명 이외에는 다른 방법이나 대안이 없었냐는 것이다. 둘째는 '모든 사람이 똑같이 일하고 동일하게 배분한다'는 경제 논리가 현실적으로 실현 가능하냐는 것이다. 마지막으로 '무조건적인 평등'과 '성과에 상관없는 동일 분배'가 과연 정의에 부합하는지도 살펴봐야 한다.

1789년 프랑스에서 봉건주의를 몰락시킨 프랑스 대혁명이 발생했다. 루이 16세는 처형됐고 쿠데타로 집권한 나폴레옹은 황제로 등극했다. 프랑스 혁명 이후 나폴레옹의 등장과 몰락 과정을 보면 상당한 시사점을 던져준다.

그림 6-53 프랑스 대혁명과 나폴레옹 황제

첫째, 프랑스 시민들은 봉건주의를 타파했다는 상당한 자부심을 가졌다. 하지만 프랑스 혁명 이후 시민들은 어수선한 정치와 사회질서에 피로감을 느꼈고, 이런 틈을 타고 집권한 강력한 카리스마를 지닌 나폴레옹을 전폭적으로 지지했다. 결국 나폴레옹은 황제에 등극했다. 왕을 몰아냈던 시민들은 아이러니하게도 나폴레옹 황제 등극에 절대적인 지지를 보냈다.

둘째, 나폴레옹은 황제에 등극하면서 본인은 앞선 왕들과 분명히 다를 것이라고 강조했다. 하지만 황제 자리에 오르자 철저한 중앙 집권 정책을 추진하면서 언론과 사상을 통제하고 독재 권력을 확립해 나갔다. 기존 왕과 전혀 다를 것이 없었다.

셋째, 나폴레옹은 프랑스 역사상 최초로 국민투표라는 방식을 통해 황제가 됐다. 프랑스 국민은 99.8%라는 압도적인 지지를 보냈다. (나중에 역사학자들에 의해 일부 부정투표가 있었다는 것이 밝혀졌지만, 여전히 높은 지지율을 얻은 것은 맞다.)

시사점을 요약하면, 프랑스 시민은 기존의 중앙화를 타파했지만 오히려 더 강력한 중앙화를 지지했다. 중앙화를 비판했던 세력들은 정작 권력을 잡게 되자 기존 중앙화 세력과 다를 것이 없었다. 비록 중앙화로 회귀하는 한계점도 있었지만, 국민투표라는 제도를 도입하고 중앙화의 문제점을 개선하려는 노력도 새롭게 시도됐다. 이러한 시사점을 봤을 때 과연 탈중앙화는 실현될 수 있을까, 탈중앙화가 되면 다른 문제점은 없을까, 중앙화를 유지하면서 문제점을 개선하는 다른 방안은 없을까 하는 질문이 머릿속에 떠오른다.

웹 3.0을 탈중앙화된 웹으로 많이 이해한다. 탈중앙화된 웹이 정말 도입된다면 과연 이용자의 선택과 평가는 어떨까? 탈중앙화 웹을 지지할까? 아니면 거대 빅테크 기업의 최첨단 기술력과 화려한 이미지로 무장한 중앙화 웹 서비스를 여전히 지지할까? 빅테크 기업도 돈을 벌어야 하기 때문에 이용자에게 옵션을 제시할 수 있다. 서비스 이용료를 지불하든지, 아니면 광고 수익을 위해 개인정보를 요구할 수 있다. 이때 이용자들은 어떤 선택을 할까?

현재 문제는 빅테크 기업의 독점 플랫폼이다. 그럼 이런 빅테크 기업이 모두 제거되면 기존 독점 플랫폼 문제는 해결될까? 호랑이 없는 골에 토끼가 왕 노릇 한다는 속담이 있다. 국내 소프트웨어 산업을 진흥한다는 취지에서 대기업의 공공분야 SW 시장의 독점 문제점을 개선하고 중소기업을 육성한다는 차원에서 대기업 참여를 제한하는 소프트웨어 진흥법이 개정됐다. 대기업 SI가 사라진 자리에는 중견 SI 기업이 대신했다. 중견 SI 기업이 소프트웨어 시장을 독식했고, 어느덧 대기업으로 성장했다. 중소기업 육성은 전혀 이루어지지 않았다. 현재의 '당근마켓' 플랫폼은 개인적으로 긍정적으로 평가하고 싶다. 하지만 당근마켓이 성장하고 영향력이 확대되면 기존 빅테크 기업의 횡포를 따라하지 않을 거라고 장담할 수 없다.

프랑스 혁명으로 봉건주의가 무너졌지만, 다시 강력한 중앙집권체제로 회귀했다. 하지만 프랑스 혁명을 통해 시민들의 의식은 선진화됐고 절대권력자도 시민의 눈치를 살피는 상황에 이르게 됐다. 황제 체제 회귀로 인해 프랑스 혁명이 평가절하될 수 있지만, 프랑스 혁명이 싹 틔운 절대왕정 타파라는 혁명 정신은 오늘날 민주주의 시대를 여는 시발점이 됐다. 탈중앙화된 웹이 실현될지, 그리고 실현되더라도 이용자들이 과연 지지를 보낼지는 의문이다. 하지만 탈중앙화된 웹이나 분산 웹이 지향하는 목표와 가치는 계속 기존 웹의 문제점을 개선해야 한다는 소명 의식을 고취하면서 발전된 웹의 미래상과 새로운 어젠다를 계속 양산해 갈 것이라 믿는다.

웹 3.0의 핵심은 탈중앙화 여부가 아니다. 기존 웹이 가진 문제점을 어떻게 해결할 것이냐 하는 관점에서 접근해야 한다. 탈중앙화도 해법 중 하나일 수 있다. 탈중앙화 외 다른 방안은 없는지, 그리고 탈중앙화가 과연 구현 가능한지와 다른 부작용은 없는지도 살펴야 한다.

마무리하며

웹 3.0이 화두다. 모두들 웹 3.0을 외쳐 대고 마케팅에 활용하려 한다. 다른 한편에서는 웹 3.0이 단순한 마케팅 용어에 불과하다고 평가절하하고 무시하기도 한다. 이 책에서는 웹 3.0을 평가절하하려고 하지도 않았고, 그렇다고 찬양하려고 하지도 않았다. 단지 실체도 없고 개념도 모호한 웹 3.0을 이해해 보려고 했다.

웹 2.0이라는 용어가 소개되고 언론의 많은 관심을 받으면서, 웹 2.0에 대한 장밋빛 전망이 쏟아져 나오기도 했고 다른 한편으로는 마케팅 용어에 불과하다는 경계의 목소리도 있었다. 당시 웹 2.0의 분위기는 현재 웹 3.0의 분위기와 상당히 유사해 보인다. 웹 2.0이 결국 인고의 과정과 성장통을 통해 활짝 개화했던 것처럼 웹 3.0도 그렇게 될 것이라 믿는다.

다가올 웹 3.0을 정확히 이해하고 올바른 방향성을 점검하는 것도 웹 3.0을 준비하는 과정에서 아주 중요한 과제다. 이 책에서는 다양한 관점에서 웹 3.0의 개념과 방향성을 점검해 보고자 했다. 웹 3.0의 개념과 방향성을 특정하지는 않았지만, 이 책에서 전반적으로 제시했던 방향성을 간략하게 요약하면 그림 6-54와 같다.

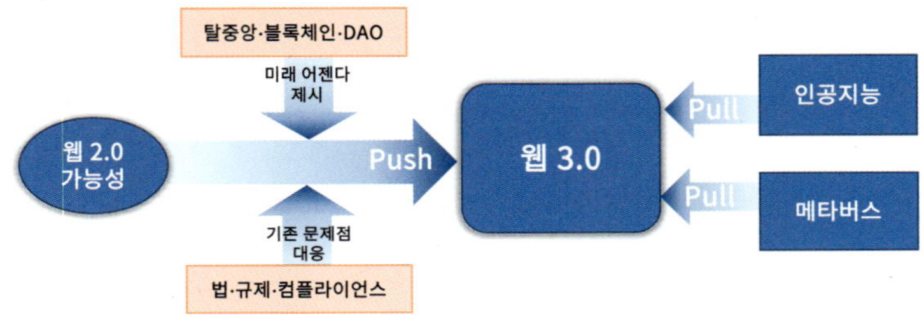

그림 6-54 웹 3.0이란?

❶ 웹 2.0의 문제점 개선에 집중하기보다는 웹 2.0의 가치를 계승 · 발전하는 방향으로 웹 3.0을 바라봐야 한다.

❷ 기존 웹 2.0의 문제점도 개선해야 한다. 문제점 개선을 위한 다양한 방법이 있겠지만, 가장 현실적인 방법은 법과 규제다.

❸ 탈중앙 · 블록체인 · DAO 등이 제시하는 가치와 철학은 다소 이상적이지만, 웹의 미래 모델 설계를 위한 방향성 · 어젠다를 꾸준히 제시할 것이라 믿는다.

❹ 더욱 현실적인 웹 3.0 구현 방안으로서 웹 3.0을 이끌 새로운 혁신 동력이 중요하다. 인공지능과 메타버스가 웹의 새로운 혁신 동력이 될 것이라 생각한다.

김춘수 시인의 '꽃'이라는 시가 있다.

내가 그의 이름을 불러주기 전에는
그는 다만
하나의 몸짓에 지나지 않았다.

내가 그의 이름을 불러주었을 때,
그는 나에게로 와서
꽃이 되었다.

웹 2.0 탄생 배경을 다시 한번 반추해 보자. 2001년 닷컴버블이 붕괴하고 살아남은 기업에 대한 관심이 쏟아졌고, 이들 기업의 공통점과 특징을 기존 웹과 구분하기 위해 '웹 2.0'이라는 호칭을 부여했다. 호명(呼名)의 계기가 어떻든, 웹 2.0이라는 이름이 부여되면서 웹 2.0에 대한 본격적인 논의와 다양한 의견이 이루어졌고, 몇 년 후 웹 2.0은 활짝 개화하여 새로운 혁신 서비스와 다양한 가치를 양산했다.

웹 2.0이 존재하지 않았지만, **웹 2.0이라는 '이름'을 불러주었을 때** 비로소 웹 2.0이 **우리에게 다가와 개화**했다.

현재 웹 3.0은 실체가 없다. 하지만 언젠가 다가올 웹 3.0의 모습을 기대하며 '웹 3.0'이라는 호칭과 함께 웹 3.0의 지향점을 탐구하면서 자유롭게 의견을 개진하고 준비해 가다 보면 웹 3.0이 우리 일상에 어느덧 자리 잡게 될 것이라 생각한다. 실체도 없는 웹 3.0이라고 부정만 할 것이 아니라, 다가올 발전된 웹의 모습을 '웹 3.0'이라는 호칭과 함께 준비해 갔으면 한다.

ㅌ

ㅍ

ㅎ